21世纪高等院校财政学专业教材新系

政府会计

（第四版）

4th Edition

王银梅 编著

GOVERNMENT ACCOUNTING

东北财经大学出版社
Dongbei University of Finance & Economics Press
大连

图书在版编目（CIP）数据

政府会计 / 王银梅编著．—4版．—大连：东北财经大学出版社，2025.2．—（21世纪高等院校财政学专业教材新系）．—ISBN 978-7-5654-5523-0

Ⅰ．F810.6

中国国家版本馆CIP数据核字第20251D6K15号

东北财经大学出版社出版

（大连市黑石礁尖山街217号　邮政编码　116025）

网　　址：http://www.dufep.cn

读者信箱：dufep@dufe.edu.cn

大连天骄彩色印刷有限公司印刷　东北财经大学出版社发行

幅面尺寸：185mm×260mm　字数：894千字　印张：37.25

2025年2月第4版　2025年2月第1次印刷

责任编辑：石真珍　王玲　张爱华　责任校对：那　欣

封面设计：张智波　版式设计：原　皓

定价：79.00元

教学支持　售后服务　联系电话：（0411）84710309

如有印装质量问题，请联系营销部：（0411）84710711

第四版前言

随着经济与社会的发展，2000年前后，我国在财税领域推进了部门预算、国库集中支付、政府收支分类、非税收入和政府采购制度等一系列改革。近年来，我国经济与社会发展进入新常态，党的十八届三中全会提出建立现代财政制度的目标，而建立现代财政制度的核心是建立科学规范、约束有力、公开透明、全面实施预算绩效管理的现代预算制度。党的二十大提出要健全现代预算制度，对现代预算制度建设提出了更高的要求。现代预算制度建设要求政府会计信息能够准确和全面地反映各级政府整体财务状况和运转情况，反映政府资产、负债和行政成本等存量信息，提高政府的公共服务能力，满足财政长期可持续发展的要求，以有效发挥政府会计的作用。在此背景下，政府会计的主体地位日益凸显。

为了适应新要求、新趋势，我国推进了政府会计改革以建立完善的政府会计准则制度体系，并从2015年开始陆续公布并实施了《政府会计准则——基本准则》、《政府会计准则第1号——存货》至《政府会计准则第9号——财务报表编制和列报》、《〈政府会计准则第3号——固定资产〉应用指南》、《政府会计制度——行政事业单位会计科目和报表》和《政府会计准则制度解释第1号》等。同时，2018年3月，财政部发布《政府综合财务报告编制操作指南（试行）》和《政府部门财务报告编制操作指南（试行）》；2018年9月，中共中央、国务院发布《关于全面实施预算绩效管理的意见》。这些制度和准则均体现了“预算管理和财务管理”的双向要求，为构建权责发生制政府综合财务报告制度、促进财政长期可持续发展奠定了基础。政府会计的全面改革对政府会计教学和培训工作提出了新的要求，也对教材编写工作提出了更高的要求。

本书顺应时代发展，依据《财政总会计制度》《政府会计制度——行政事业单位会计科目和报表》，并辅之以最新的《事业单位财务规则》《行政单位财务规则》《政府会计准则——基本准则》《政府会计准则——具体准则》《政府会计准则制度解释》编写而成。全书共分三篇二十章。第一篇为政府会计总论，介绍了我国政府会计改革、政府会计的基本理论、基本核算程序和方法以及规范体系。后两篇分别介绍了财政总会计、行政事业单位会计具体核算业务的理论及实务。

本书具有以下特点：

1. 课程思政引导。政府会计课程具有天然的思政教育功能。本书在介绍政府会计的功能时，在国家治理视域下，详细分析了政府会计课程的思政教育功能，并引导教师在传授课程专业知识的基础上，讲解思政内容，以培养学生树立正确的人生观、世界观和价值观。

2. 体系新。本书的编写依据是最新出台并实施的相关政府会计准则、制度、财务规则，以及个人所得税、增值税改革政策，这使本书能有效满足政府会计改革对政府会计教学、培训工作的新要求。

3. 内容全。本书包含总论和我国政府会计主会计系统的两大会计，即财政总会计、行政事业单位会计，全面介绍了我国政府会计相关的基础知识，以及各主体会计的财务管理要求、具体核算业务和会计报告、合并财务报表的编制与分析。

4. 文字简练、通俗易懂。起步容易是本书的又一大特点。编著者根据多年的教学经验和不同读者的需求，尽量用通俗易懂的方式和简练的文字进行表述，避免晦涩难懂，即使没有会计基础知识的读者也能够读懂本书。

5. 图文并茂。很多人觉得学习会计具有一定的难度，为了便于读者看懂并理解会计核算业务，用最短的时间取得实效，本书在每一篇开始部分，首先介绍会计核算体系，包括会计科目和核算思路，并尽可能采用图示来表述会计核算思路，即用图示加文字解说的形式帮助读者理解、掌握政府会计知识。

6. 理论与实务紧密结合。本书在注重理论讲授的同时，突出政府会计教学的技能性、操作性和实践性，用大量的例题进行实务性讲解，并在每章最后配有思考与练习题（其中，第五章的思考与练习题涵盖了第六章至第九章相关的内容，故第六章至第九章省略了相应的思考与练习题），以供读者巩固理论，并进行实务训练。

本书既可用作应用型本科财经类专业的教材，也可用作高等职业院校财经类专业的教材，还可用作政府机关、事业单位等财会人员培训、自学的参考用书。此外，本书的后两篇中各会计系统具有相对独立性，因此读者在使用本书时，无须遵循篇章顺序，可以根据专业特点和自身需要进行取舍。比如，财政学专业的读者应全面学习本书的内容，会计学专业的读者则可侧重学习行政事业单位会计的内容。

本书第四版依据第三版出版后公布的政府会计准则、政府会计准则制度解释、行政事业单位财务规则、财政总会计制度等进行了修改和调整。修订的主要内容有：一是增加了第一篇政府会计总论中的政府会计改革成果、现状、规制体系，调整了会计要素、会计等式。二是重新编写了第二篇财政总会计。三是修改了第三篇行政事业单位会计中的一些重要内容，包括固定资产明细科目调整、自行研究开发项目形成无形资产相关内容的调整、“文物文化资产”科目修改为“文物资源”科目及会计处理和列报的相应调整、预算管理一体化带来的系列变化、市县级政府取消国库集中支付结余权责发生制的列支规定带来的系列变化、事业单位使用从结余提取专用基金规定的变化带来的系列调整、净资产变动表的调整等。

本书在编写出版过程中还凝结了多人的智慧和辛劳。博士生马文涛，硕士生李晨晨、梁夏瑜等同学承担了本书编写的一些前期工作，东北财经大学出版社在本书出版过程中给予了大力支持。此外，本书还参考借鉴了其他相关教材的内容，在此一并表示感谢。

由于编写时间仓促，加之编著者水平有限，书中难免有疏漏和不足，敬请读者批评指正。

编著者

2024年11月

于中南财经政法大学

目　录

第一篇　政府会计总论

第一章　政府会计概述 ……2
第一节　政府会计改革 ……2
第二节　政府会计的内涵、特点及功能 ……6
第三节　政府会计体系……13
第四节　政府会计规制体系……17
思考与练习题……21
第二章　政府会计基本理论及工具……23
第一节　政府会计假设及原则……23
第二节　政府会计要素及科目……26
第三节　政府会计记账方法……28
第四节　会计账务处理程序……29
思考与练习题……31

第二篇　财政总会计

第三章　财政总会计概述……34
第一节　财政总会计的职责及特点……34
第二节　财政总会计的账务组织……36
思考与练习题……46
第四章　总会计之财务会计科目使用……48
第一节　总会计资产类科目……48
第二节　总会计负债类科目……66
第三节　总会计收入类科目……75
第四节　总会计费用类科目……82
第五节　总会计净资产类会计科目……92
思考与练习题……96
第五章　总会计之预算会计科目使用 ……104
第一节　总会计预算收入类科目 ……104
第二节　总会计预算支出类科目 ……115
第三节　总会计预算结余类科目 ……126
思考与练习题 ……132

第六章　总会计日常活动核算业务 ……137
第一节　总会计日常收支活动核算业务 ……137
第二节　总会计上下级政府财政往来活动核算业务 ……146
第三节　总会计暂收暂付性和其他日常活动核算业务 ……151
思考与练习题 ……159
第七章　总会计投资活动核算业务 ……160
第一节　国库现金管理类投资业务 ……160
第二节　有价证券投资业务 ……161
第三节　股权投资业务 ……163
思考与练习题 ……169
第八章　总会计筹资活动核算业务 ……170
第一节　政府债券核算业务 ……170
第二节　主权外债核算业务 ……182
思考与练习题 ……197
第九章　总会计之预算会计单独核算业务 ……199
第一节　调入调出预算资金及待发国债 ……199
第二节　待处理收支年终转账 ……201
思考与练习题 ……202
第十章　财政总会计报告 ……203
第一节　会计报表编制前的准备工作 ……203
第二节　总会计报表的编制 ……211
第三节　财政总会计报表的审核、汇总与分析 ……237
思考与练习题 ……238

第三篇　行政事业单位会计

第十一章　行政事业单位会计概述 ……243
第一节　行政事业单位会计的要求及特点 ……243
第二节　行政事业单位会计账簿组织 ……245
思考与练习题 ……251
第十二章　单位资产的核算 ……254
第一节　单位资产概述 ……254
第二节　资金类资产的核算 ……257
第三节　应收及暂付款项类资产的核算 ……270
第四节　存货类资产的核算 ……283
第五节　固定资产的核算 ……296
第六节　无形资产的核算 ……318
第七节　投资类资产的核算 ……332
第八节　管理类资产的核算 ……345
第九节　待摊待处理类资产的核算 ……368

思考与练习题 ……373
第十三章 单位负债的核算 ……380
第一节 单位负债概述 ……380
第二节 暂收及应付类款项的核算 ……384
第三节 借款及其他负债类款项的核算 ……405
思考与练习题 ……410
第十四章 单位财务会计收入的核算 ……414
第一节 财务会计收入概述 ……414
第二节 转移性收入 ……417
第三节 自收收入 ……421
思考与练习题 ……431
第十五章 单位财务会计费用的核算 ……434
第一节 财务会计费用概述 ……434
第二节 消耗性费用 ……435
第三节 转移性费用及其他类费用 ……444
思考与练习题 ……447
第十六章 单位净资产的核算 ……450
第一节 净资产概述 ……450
第二节 盈余类科目 ……451
第三节 基金及其他类科目 ……456
思考与练习题 ……460
第十七章 单位预算收入的核算 ……462
第一节 预算收入概述 ……462
第二节 转移性预算收入 ……463
第三节 自收性预算收入 ……472
思考与练习题 ……480
第十八章 单位预算支出的核算 ……483
第一节 预算支出概述 ……483
第二节 消耗性预算支出 ……484
第三节 转移性支出 ……500
思考与练习题 ……502
第十九章 单位预算结余的核算 ……504
第一节 预算结余概述 ……504
第二节 资金结存 ……507
第三节 财政拨款结转结余 ……511
第四节 非财政拨款结转结余类 ……516
思考与练习题 ……526
第二十章 单位会计报告 ……529
第一节 单位会计报告概述 ……529

第二节　单位会计报表的编制 ……531
第三节　单位会计报表的审核与分析 ……573
第四节　单位合并财务报表的编制 ……576
思考与练习题 ……582
参考文献 ……585

第一篇　政府会计总论

第一章 政府会计概述

☞ 学习目的

通过本章的学习，了解现阶段我国政府会计的改革现状、政府会计的概念，在与企业会计及西方国家政府会计进行比较的基础上，了解我国政府会计的内涵及特点，掌握我国政府会计的组成及分级，了解我国政府会计的核算目标及在国家预算管理中的重要地位和作用，了解我国政府会计规制体系的组成。

第一节 政府会计改革

一、我国预算会计的历史演变

从1949年中华人民共和国成立到2018年底，我国实行的是"预算会计制度体系"，其属于制度规范型会计体系。这一时期的预算会计制度体系并不是一成不变的，它随着经济与社会环境的变化及财政预算制度的改革而不断发展和完善。根据预算会计制度体系的主体框架，可将它的形成与发展大致划分为三个阶段。

第一阶段（1950—1995），即预算会计制度体系形成阶段。中华人民共和国成立后，百废待兴，为了建设新中国，国家相继出台了各类制度，以加强各方面管理。预算会计管理也不例外，1950年12月，财政部颁布了《各级人民政府暂行总预算会计制度》和《各级人民政府暂行单位预算会计制度》，第一次对预算会计的名称与体系进行了界定，并对预算会计的会计科目、会计报表、记账方法和会计年度等组织管理体系与核算要求做出了比较系统、全面、明确的规定，初步建立了统一的预算会计制度和核算体系。这一时期的预算会计制度体系由总预算会计和单位预算会计构成。

之后，为了适应国内经济形势的变化，又对这套制度进行了多次的修改和完善，主要包括：（1）1953年，在借鉴苏联经验的基础上，对总预算会计制度的总则、会计科目、会计报表等进行了全面修订，将会计要素由原来的岁入、岁出、资产、负债、资产负债共同类五类改为资产和负债两类；（2）1963年，财政部出台了《各级财政机关总预算会计制度》《行政事业单位预算会计制度》，并于1965年召开全国预算会计会议，总结了1949年以来的预算会计理论成果与实践经验，确定了预算会计的职能是服务于国家预算管理，同时进一步完善了《各级财政机关总预算会计制度》和《行政事业单位预算会计制度》；（3）1984年，财政部在1963年制度的基础上出台了新修订的《财政机关总预算会计制度》，对总预算会计制度进行了进一步的规范；（4）1988年，在全国预算会计工作会议上，财政部对《财政机关总预算会计制度》进行了部分修订，对1966年颁布的《行政事业单位会计制度》进行了全面修订，并更名为《事业行政单位预算会计制度》对外颁布。这些改革均是对预算会计制度内容进行的技术性的修订和完善，未改变预算会计制度体系由总预算会计制度和单位预算会计制度构成的框架体系。此外，1988年，财政部、卫生部、国家教育委员会先后发布《医院会计制度（试行）》《高等学校会计制度（试行）》等行业事业单位会计制度。

第二阶段（1996—2012），即预算会计制度体系发展和完善阶段。随着社会主义市场经济体制和公共财政体制的确立，产生于计划经济体制和国家财政体制的原预算会计制度体系越来越无法满足财政预算管理的需要，预算会计改革被提上国家议事日程。1994年2月，财政部预算会计改革常务工作组成立。1996年2月，财政部发布《预算会计核算制度改革要点》，明确了预算会计改革的指导思想、改革目标、会计体系、核算方法和改革步骤等重要内容，并以此为依据启动了对预算会计的改革工作。

财政部为了加强财政预算管理，进一步规范各级财政总预算会计核算，于1997年、1998年初先后发布了《财政总预算会计制度》《事业单位会计准则（试行）》《事业单位会计制度》《行政单位会计制度》《高等学校会计制度（试行）》《医院会计制度》[①]，并于1998年1月1日起开始实施，1988年制定的《财政机关总预算会计制度》《事业行政单位预算会计制度》《高等学校会计制度（试行）》《医院会计制度（试行）》同时废止。由此，形成了由财政总预算会计、行政单位会计、一般事业单位会计、高校和医院等行业事业单位会计等构成的新的预算会计制度体系。

第三阶段（2013—2018），即向政府会计体系过渡阶段。随着经济与社会的发展，2000年前后，我国在财政预算领域推进了部门预算、国库集中支付、政府收支分类、非税收入和政府采购制度等一系列改革。尤其是近年来，我国经济与社会发展进入新常态，党的十八届三中全会提出建立现代财政制度的目标，而建立现代财政制度的核心是建立全面规范、约束有力、公开透明、讲求绩效的现代预算制度，这就需要预算会计信息能够准确和全面地反映各级政府整体财务状况和运转情况，反映政府资产、负债和行政成本等存量信息，提高政府公共服务能力，满足财政长期可持续发展的要求，以有效发挥预算会计的作用。

在此背景下，为了适应新要求、新趋势，我国对预算会计进行了一系列改革，于2014年前后陆续公布并实施了修订后的《医院会计制度》《高等学校会计制度》《事业单位会计制度》《事业单位财务规则》《事业单位会计准则》《行政单位会计制度》《行政单位

---

① 《财政总预算会计制度》于1997年6月25日发布，《事业单位会计制度》于1997年7月17日发布，《行政单位会计制度》于1998年2月6日发布，《高等学校会计制度（试行）》于1998年3月31日发布，《医院会计制度》由财政部、卫生部于1998年11月17日发布。

财务规则》《财政总预算会计制度》等。这些制度和准则均体现了“预算管理和财务管理”的双向要求，为构建权责发生制政府综合财务报告制度、促进财政长期可持续发展奠定了基础。这一时期的预算会计制度体系虽然在构成框架上没有变化，但在内容和核算方式上发生了很大的变化，创造性地引入“双分录”的形式对同一业务进行核算，以同时满足预算管理和财务管理的“双目标”要求，为预算会计制度体系向政府会计体系转变奠定了基础。

二、我国政府会计改革

（一）改革背景及方案

随着我国国家治理体系和治理能力现代化建设的逐步推进，作为国家治理基础和重要支柱的财政，在国家治理改革中起着越来越重要的作用，预算会计核算面临更高的要求，要能全面、如实地反映政府的“家底”，以加强政府资产负债管理；需要客观地反映政府运行成本，以科学评价政府的运营绩效；需要提供信息准确、及时、完整的政府综合财务报告，以全面反映政府的公共受托责任。

现行预算会计制度体系的固有缺陷使其无法满足以上需求：一是核算范围窄，不能如实反映政府“家底”，不利于政府加强资产负债管理；二是缺乏费用要素，不能客观反映政府运行成本，不利于科学评价政府的运营绩效；三是缺乏统一、规范的政府会计标准体系，不能提供信息及时、完整的政府财务报告，不利于政府可持续性评价；四是会计制度各自独立核算、相互分割，不能形成一个有机的整体，不利于数据的合并和对比；五是制度规范缺乏顶层设计，不利于根据环境变化灵活应变。

据此，国家在借鉴企业会计和西方发达国家政府会计成功经验的基础上，确立了致力于建立政府会计体系的改革目标，并着手进行较大跨度的改革。2014年12月，国务院批转财政部制定的《权责发生制政府综合财务报告制度改革方案》（以下简称《改革方案》），确立了政府会计改革的指导思想和整体推进框架。按照《改革方案》，政府会计改革分三步走：

第一步，2014—2015年的工作。①组建政府会计准则委员会。②修订发布《财政总预算会计制度》。③制定发布《政府会计准则——基本准则》。④研究起草政府会计相关具体准则及应用指南。⑤制定发布政府财务报告编制办法和操作指南。⑥开展政府资产、负债清查核实工作。⑦完善《行政事业单位国有资产管理办法》等。⑧开展财政管理信息系统一体化建设。

第二步，2016—2017年的工作。①制定发布政府会计相关具体准则及应用指南。②开展政府财务报告编制试点。③研究建立政府综合财务报告分析指标体系。

第三步，2018—2020年的工作。①制定发布政府会计相关具体准则及应用指南，基本建成具有中国特色的政府会计体系。②完善行政事业单位财务制度和会计制度、《财政总预算会计制度》等。③对政府财务报告编制试点情况进行评估，适时修订政府财务报告编制办法和操作指南。④全面开展政府财务报告编制工作。⑤研究推行政府成本会计。⑥建立健全政府财务报告分析应用体系。⑦制定发布政府财务报告审计制度、公开制度。

（二）改革成果及会计现状

截至2024年7月，改革取得了较大进展，在政府会计方面的改革成果如下：

（1）1项基本准则。2015年10月23日发布《政府会计准则——基本准则》，自2017年1月1日起实施。

（2）11项具体准则，2项应用指南。2016年7月6日发布4项具体准则：《政府会计准则第1号——存货》《政府会计准则第2号——投资》《政府会计准则第3号——固定资产》《政府会计准则第4号——无形资产》，自2017年1月1日起施行；2017年2月21日发布《〈政府会计准则第3号——固定资产〉应用指南》，与《政府会计准则第3号——固定资产》同步实施；2017年4月17日发布《政府会计准则第5号——公共基础设施》，自2018年1月1日起施行；2017年7月28日发布《政府会计准则第6号——政府储备物资》，自2018年1月1日起施行；2018年10月21日发布《政府会计准则第7号——会计调整》，自2019年1月1日起施行；2018年11月9日发布《政府会计准则第8号——负债》，自2019年1月1日起施行；2018年12月26日发布《政府会计准则第9号——财务报表编制和列报》，自2019年1月1日起施行；2019年12月17日发布《政府会计准则第10号——政府和社会资本合作项目合同》，自2021年1月1日起施行；2023年10月20日发布《政府会计准则第11号——文物资源》及其应用指南，自2025年1月1日起施行。

（3）两套会计制度。2017年10月24日发布《政府会计制度——行政事业单位会计科目和报表》，自2019年1月1日起施行；2022年11月18日发布《财政总会计制度》，自2023年1月1日起施行。

（4）7项解释。2019年7月16日发布《政府会计准则制度解释第1号》，自2019年1月1日起施行；2019年12月17日发布《政府会计准则制度解释第2号》，自2019年1月1日起施行；2020年10月23日发布《政府会计准则制度解释第3号》，自公布之日起施行；2021年12月22日发布《政府会计准则制度解释第4号》，该解释“关于财政国库集中支付结余不再按权责发生制列支的相关会计处理”适用于2021及以后年度，“关于部门（单位）合并财务报表范围中所属事业单位的确认”适用于编制2021及以后年度的部门（单位）合并财务报表，“关于部门（单位）合并财务报表的编制程序和抵销事项的处理”适用于编制2022及以后年度的部门（单位）合并财务报表，其余规定自2022年1月1日起施行；2022年9月21日发布《政府会计准则制度解释第5号》，自发布之日起施行；2023年10月20日发布《政府会计准则制度解释第6号》，自公布之日起施行；2023年12月6日发布《政府会计准则制度解释第7号》，自公布之日起施行。

（5）1项指引。2019年12月17日发布《事业单位成本核算基本指引》，自2021年1月1日起施行。

通过持续改革，目前我国政府会计改革初步形成了由财政总会计和单位会计构成的政府会计体系。其主要变化包括：（1）改制度规范为准则规范。新政府会计体系规范分基本准则、具体准则和制度三个层次，既有基本概念、基本原则方面的顶层规范，也有会计要素、特殊事项方面的中层规范和具体操作层面的底层规范。（2）统一了所有的单位会计制度，不再区分单位的性质和行业，合并了行政单位和事业单位制度，取消了行业事业单位制度，不再区分基建会计和单位大账会计，取消各单位基建会计。（3）扩大了核算范围。将政府所有的资产和负债均纳入政府会计核算范围。（4）改“双分录”为“双会计”核算模式。在同一政府会计主体下，设财务会计和预算会计进行平行核算，以同时满足财务管理和预算管理的“双目标”。

根据《政府会计准则——基本准则》的规定，财务会计是指以权责发生制为基础对政府会计主体发生的各项经济业务或者事项进行会计核算，主要反映和监督政府会计主体财务状况、运行情况和现金流量等的会计；预算会计是指以收付实现制为基础对政府会计主体预算执行过程中发生的全部收入和全部支出进行会计核算，主要反映和监督预算收支执行情况的会计。

2019年1月1日，全国开始全面实施《政府会计制度——行政事业单位会计科目和报表》，我国政府会计的工作实践处于原预算会计制度和政府会计制度的混用时期，即财政总预算会计沿用原预算会计制度体系下的《财政总预算会计制度》（2015年10月发布），行政事业单位会计启用政府会计体系的相关规定。

2023年1月1日，全国开始全面实施《财政总会计制度》。自此，我国政府会计的工作实践正式开启全面启用政府会计体系的时代。

第二节 政府会计的内涵、特点及功能

一、政府会计的定义

根据我国官方组织出台的相关制度，可以将我国政府会计的定义归纳为：以价值为手段、以货币为计量单位，连续、全面、系统、完整地记录、核算、反映、监督各级政府及预算单位资金活动过程和结果以及财务状况的专业会计的总称。其目的是向会计信息使用者提供政府预算执行情况、财务状况等会计信息，反映政府公共受托责任的履行情况。

我国政府会计以货币为主要计量单位，对政府预算执行过程中的预算资金和其他资金活动过程进行核算、反映和监督。它的目的在于通过向会计信息使用者提供政府预算执行情况和财务状况等相关会计信息，加强对预算资金的管理和监督，提高财政资金的使用效益。我国现行政府会计具有双重目标：一是反映政府预算执行情况，为预算管理服务；二是反映政府财务状况，为政府财务管理服务。

二、预算会计和政府与非营利组织会计

我国原预算会计制度体系采用的是预算会计概念，新的政府会计准则制度体系虽然总体上采用的是政府会计概念，但每个政府会计主体由预算会计和财务会计平行做账构成完整的账套，因此预算会计这个概念不因为改革而被停用，但其整个账户组织和核算体系都发生了变化。所以，有必要将预算会计和政府与非营利组织会计进行比较。

目前，国际上关于预算会计的标准定义为：用于追踪拨款和拨款使用的政府会计。预算会计是用以追踪支出周期各阶段交易的信息系统，这种追踪对于确保预算执行的控制、记录和报告是必不可少的。这里的支出周期是指预算经由立法机关批准后，预算资金从国库到最终收款人（商品与劳务供应者）手中的过程，这一过程通常由分配拨款与拨付资金、承诺、核实以及付款四个阶段构成。

在西方发达国家，支出周期不仅被视作构建预算会计概念框架的基础，也被视作界定“预算会计”与“政府与非营利组织会计”的重要尺度。在这些国家，“预算会计”特指政府会计中用于追踪支出周期各阶段交易的部分。在各项政府活动中，凡是与支出周期各阶

段不相关的交易或会计事项，就不属于预算会计的核算范围，而由政府会计来反映。也就是说，预算会计追踪的是支出周期各阶段发生的财政资金流动——流量，一旦流量转化为存量——典型的例子是支出变为资产，预算会计就不再进行追踪，而由政府会计来“接管”。因此，在西方发达国家，政府会计是包括预算会计在内的一个重要会计分支。

综上，预算会计一般是指记录预算资金及其执行情况的会计。政府与非营利组织会计是把所有政府单位及政府构成实体作为核算范围，全面反映政府各种受托责任的会计，特指与企业会计相对应的，专门用以记录、计量和报告公共部门财务交易或事项的会计系统，有时也称为公共部门会计。

在我国政府会计准则体系下，预算会计核算范围是纳入政府会计主体预算管理的现金流入、流出及年终结转、结余情况，一般以收付实现制为会计基础，在实际收到预算收入时，将实际收到的金额确认为预算收入，在实际发生预算支出时，将实际支付的金额确认为预算支出，年终依据预算会计账务编制决算报告。决算报告的目标是向决算报告使用者提供与政府预算执行情况有关的信息，综合反映政府会计主体预算收支的年度执行结果，以有助于决算报告使用者进行监督和管理，并为编制后续年度预算提供参考和依据。

三、政府会计和企业会计

政府会计是我国两大会计系统之一。按照会计主体性质的不同，共有两大会计系统：一个是以公共部门为主体的政府会计；另一个是以私人部门为主体的企业会计。

我国的政府会计是与企业会计相对应的会计系统，两者存在较大差异。企业会计核算反映的资金活动和业务来源于对经济起基础调节作用的市场，其属于市场活动领域，其会计主体使用的是私人资金，提供的产品属于私人产品，在账务处理中需要对成本和利润进行计量和核算。而政府会计核算反映的资金活动和业务来源于对经济起宏观调控作用的政府，其属于公共活动领域，其会计主体使用的是公共资金，提供的产品属于公共产品，在账务处理中往往需要对收入和支出的执行结果以及政府财务状况进行计量和核算。

四、政府会计的特点

政府会计的特点主要是与企业会计相比较而言的，我国政府会计的主要特点可以概括为公共性、非营利性和财政性。

（一）公共性

我国会计体系划分为政府会计和企业会计的直接依据就在于两者会计主体的不同。政府会计的会计主体为公共部门，其属于公共部门会计；企业会计的会计主体为私人部门，其属于私人会计。

公共部门以实现政府公共职能为目的，为满足公共需求服务。其与私人部门相比，存在很大的不同：一是公共部门经济活动的目的，不是获取利润或利润等价物，而是弥补市场缺陷，提供市场不能或不能有效提供的产品和劳务，以满足社会公共需求。

二是公共部门的资金来源于市场主体的纳税、缴费和公债的认购，而不来源于产品和服务的出售，且其资金运动不是持续性循环，而是间断性循环。公共部门每个会计年度都以收税、收费、发债等形式从市场上获得资金（即财政收入），再在提供公共产品和服务的过程中，以从市场上购买商品和劳务等形式消耗资金（即财政支出），财政收入和财政支出大致平衡，无须预留下一个会计年度再生产的资金。到下一个会计年度，再进行财政收入和财政支出的循环。

三是公共部门追求的目标不是利润最大化，而是社会效益最大化。四是公共部门收费的目的是提高公共产品的使用效率，解决“搭便车”问题，而不是收回成本赚取利润。五是公共部门衡量业绩的标准是公共事务的完成情况及绩效，而不是利润率。

政府会计的公共性特点使其会计核算与企业会计存在以下不同：

1. 会计核算的任务不同。政府会计的核算任务主要是完成政府财政各项收支、费用、资产、负债的会计核算工作，反映政府财政预算执行情况和财务状况以及期末结转结余和盈余，不要求计算利润。而企业会计的首要任务是反映会计主体的盈利和亏损情况，以及目前企业的财务状况，要求计算利润和核算成本。

2. 会计核算的方式不同。政府会计的核算以政府财政资金运动为主线，反映财政资金从哪里来，又到哪里去。各项收入和支出需要分门别类地归集起来，不仅通过会计科目以总分类账核算的形式归集，还通过政府预算科目以明细账核算的形式归集，最终为政府决算和财务报告的编制服务。因此，在政府会计核算中，均采用《政府收支分类科目》设置明细账。企业会计则不同，其资金的流入通过销售商品和服务实现，其资金的流出是围绕产品和服务的生产而发生的，因此其核算以产品和服务为核心，核算产品成本是根本，一切核算任务均围绕产品展开。

3. 会计核算的过程不同。企业会计的收入主要通过销售产品和服务取得，而产品和服务的生产需要先投入资金才能进行，故难免出现“垫支”现象。因此，其资金运动是先支后收，相应地，其会计核算中应当把与业务相关的各项支出先计入成本，如产品成本，然后当产品和服务实现销售时，再计算收入。政府会计则不同，其资金运动是先收后支，基本不存在或很少存在“垫支”现象，在核算中应当把与公务执行相关的支出直接列为支出。

4. 会计核算成果的使用不同。企业会计通常为经营者和投资者服务，其会计核算结果必须如实地反映各种资产、资本和负债的变动情况，体现企业的盈利能力、经营状况和偿债能力，为经营者和投资者决策服务。政府会计的核算结果主要反映预算执行情况和公共部门受托情况，为各相关部门监督、管理和政府决策服务。

（二）非营利性

政府会计的非营利性源自其会计主体是不以营利为目的的公共部门。所谓营利，包括两方面的内涵：一是经营的目的在于获得利润；二是追求资本的扩张和资产增值。

企业会计的主体是市场主体，是以营利为目的的私人组织。企业要想生存和发展下去，就必须出售自己的产品和劳务，借以获得货币资金。企业产品在定价上必须是营利的，其不仅要计算成本和税费，还要计算利润，以获取更多的资本。相应地，在会计方面应当准确地计算产品成本和利润。如果企业不以高于成本价，即营利价格来出售产品，就无法实现营利的目的，这样不仅不能扩大再生产，连简单再生产都难以维持，最终导致企业无法生存，更谈不上发展。因此，企业会计具有营利性。

政府会计则不同，公共部门的生存和发展依靠的是公共权力，其资金主要通过税收等强制、无偿方式获得，不用通过出售其产品和服务来弥补生产成本。而且公共部门提供的是公共产品，公共产品的特殊性意味着其不可能用营利价格来出售。相应地，在会计方面不需要正确地计算产品成本和利润，但需要正确地反映资金的流动情况和结转结余情况。

政府会计的非营利性决定其在会计制度的设置方面，除了与企业会计有共性外，还存在特殊性：

1.不设所有者权益会计要素，而设净资产会计要素。所有者权益是指企业资产扣除负债后由所有者享有的剩余权益，包括实收资本（或股本）、资本公积、其他综合收益、盈余公积和未分配利润。在股份制企业，其又称为股东权益。政府不存在拥有剩余索取权的股东，尽管从理论上说，政府代表全民，但实际上缺少界定清晰的所有者权益，这导致政府会计要素中没有所有者权益项目，而只有净资产要素。

2.不设利润类科目，而设结余类科目。利润类科目是经营结果，结余类科目是预算执行结果。

3.以资金核算为中心设置会计科目体系。在政府会计中，虽然财产占有重要地位，但政府会计的体系以资金为中心，即以收入、支出和费用为中心建立科目体系。

4.采用双会计基础。在会计核算中，政府会计下的预算会计采用收付实现制，财务会计采用权责发生制，形成双会计基础的模式。

（三）财政性

政府会计的财政性特点包括三层意思：一是政府会计本身就是财政管理的延伸，其是财政管理不可或缺的一部分；二是政府会计必须严格遵守财政指令和财经纪律；三是政府会计所管理的资金绝大部分属于财政性资金。

政府会计的财政性特点使其在法律规范、资金管理等方面具有特殊性：

1.受财政管理相关法律法规的规范。政府会计除了受会计法律法规的规范外，还受财政管理相关法律法规的约束，而且这些约束具有相当的强制性。

2.资金用途具有强限制性。政府会计的资金用途事先由经立法机构审批确立的预算来确定，该规定具有法律效力，不得随意更改；如确需更改，必须经法定程序方可调整。

3.会计目标具有双重性。政府会计既要提供能够反映收支执行情况的会计信息，又要提供能够反映财政受托责任履行情况的财务状况信息。因此，政府会计在账务处理上采用了双会计基础，对政府会计主体发生的资产、负债、净资产、收入、费用等会计业务，采用以权责发生制为基础的会计核算，对预算收入、预算支出、预算结余等会计业务，采用以收付实现制为基础的会计核算，即采用双会计基础平行记账。

五、政府会计的职能与政府会计课程思政

政府会计的职能体现在基本职能、延伸职能、作用以及政府会计课程思政教育功能等方面。

（一）政府会计的基本职能

政府会计作为一门专业会计，首先需具备会计应有的基本职能，即核算、监督职能。

1.核算职能。会计核算是指以货币为主要计量单位，通过确认、计量、记录和报告等环节，对特定主体的经济活动进行记账、算账和报账，为相关会计信息使用者提供决策所需的会计信息。会计核算贯穿经济活动的整个过程，是会计最基本和最重要的职能。

会计的核算职能主要包括：（1）记账。将会计主体经济业务的原始凭证按照一定的规则和方法，记录在会计账簿中。（2）凭证审核。审核会计主体经济业务的原始凭证，确认

其真实性、准确性和合法性。(3) 记账凭证的编制。按照会计制度和会计政策的要求，编制各种会计凭证，如记账凭证、转账凭证、调整凭证等。(4) 会计账簿的编制。按照会计制度和会计政策的要求，编制各种会计账簿，如总账、明细账、日记账等。(5) 账务处理。对会计主体的经济业务进行分类、核算、汇总、调整和结转等处理，使其符合会计核算要求。(6) 财务报表的编制。按照会计制度和会计政策的要求，编制各种会计报表，如资产负债表、收入费用表等。(7) 财务分析。对会计报表进行分析，了解会计主体的预算执行状况、财务状况和发展趋势，为管理决策提供依据。

2.监督职能。会计监督是对经济活动和相关会计核算的真实性、合法性和合理性进行审查。

会计的监督职能主要包括：(1) 真实性审查。检查各项会计核算是否根据实际发生的经济业务进行。(2) 合法性审查。检查各项经济业务是否符合国家有关法律法规的要求，会计主体是否遵守财经纪律，其是否执行国家各项方针政策，以杜绝违法乱纪行为。(3) 合理性审查。检查各项财务收支是否符合客观经济规律及财政管理方面的要求，保证各项财务收支符合特定的财务收支计划的要求，以实现预算目标。

监督的内容主要包括：(1) 对原始凭证进行审核和监督：确保原始凭证的真实性和合法性。(2) 对伪造、变造、故意毁灭会计账簿或者账外设账等行为进行制止和纠正：防止财务信息的失真。(3) 对实物、款项进行监督，督促建立并严格执行财产清查制度：确保资产的安全和完整。(4) 对指使、强令编造、篡改财务报告的行为进行制止和纠正：保证财务信息的真实性和准确性。(5) 对财务收支进行监督：确保每一笔财务收支都符合相关规定。(6) 对违反单位内部会计管理制度的经济活动进行制止和纠正：确保内部管理制度的严肃性。(7) 对单位制定的预算、财务计划、经济计划、业务计划的执行情况进行监督：确保计划的顺利实施。

会计监督职能的实现方式包括预测、决策、控制、分析和考评等。这些方法可促使经济活动按照既定的要求开展，以达到预期的目的。

(二) 政府会计的延伸职能

随着国家治理现代化建设目标的提出与建设进程的逐步推进，以及经济社会的发展，财政的职能发生了重大转变，政府会计的职能也随之相应拓宽和发展。它的事前预测、事中控制、事后评价以及参与决策的职能逐步得到加强。因此，政府会计在确保基本职能实现的基础上，逐步向延伸职能发展。

政府会计的延伸职能主要包括预测经济前景、参与经济决策和评价经营业绩。

1.预测经济前景。政府会计可以通过分析财务报告等信息，判断和推测经济活动的发展变化规律，从而指导和调节经济活动。这种职能有助于政府更好地规划和管理公共资源，确保资源的合理分配和使用。

2.参与经济决策。政府会计可以运用财务报告等信息，采用定量和定性分析方法，对备选方案进行经济可行性分析，为政府决策提供相关的财务信息。这种职能有助于政府在制定政策时考虑经济因素，确保决策的科学性和合理性。

3.评价经营业绩。政府会计可以利用财务报告等信息，对政府会计主体的经营业绩进行定量和定性的对比分析，从而作出真实、客观、公正的综合评判。这种职能有助于评估政府会计主体的管理效果，发现问题并采取相应的改进措施。

（三）政府会计的作用

通过基本职能和延伸职能的履行，政府会计能够更好地服务于政府的管理和决策，在提高公共资源的利用效率、提高政府的财务透明度和维持公众的信任等方面发挥重要作用。

政府会计的主要作用包括监控预算执行过程的合规性、提高政府会计主体的经济效率、提高财政透明度、评价政府绩效和解除公共受托责任等。

1.监控预算执行过程的合规性。政府会计系统生成关于拨款和拨款使用情况的信息，是政府财政、国库等核心部门与为数众多的支出机构有效监控预算执行过程、确保预算执行合规性的前提条件。支出机构和核心部门需要了解预算执行过程的实际收入、支出去向与数额、收支进度等重要信息，并将这些信息与预算数据进行对比，寻找差异、分析差异的性质及导致差异产生的原因等，以便及时采取相应的调控措施，确保预算得以正确执行。

2.提高政府会计主体的经济效率。政府会计主体的经济活动要占用稀缺的公共资源，其必然要讲求经济效率，既要讲投入和产出的对比关系，也要讲产出应达到的经济社会效果及绩效。政府会计正是记录、分析和预测收益的工具，因此其对提高政府会计主体的效率是至关重要的。可以通过政府会计基本职能和延伸职能的履行，促使政府会计主体尽可能地节约开支，提供更多、更好的公共产品和服务。

3.提高财政透明度。财政透明度是指政府向公众公开政府组织结构和职能、财政政策目标、公共部门账户和财政预测等信息的程度。政府会计系统通过核算与披露政府资产、负债与净资产等相关信息，为公众及相关群体全面了解政府可控资产总量与构成以及负债、承诺以及应承担的社会义务的规模与结构等提供至关重要的基础性数据，使其得以正确评价政府的履职能力，从而提高了财政透明度，并因此提高了公众信任度。

4.评价政府绩效，解除公共受托责任。政府会计是帮助政府履行和解除公共受托责任的重要手段和途径。绩效性受托责任是指政府履职所取得的业绩与其所耗费公共资源之间的配比关系是否符合经济性、效率性和效果性的要求。政府会计系统核算与披露政府收入与取得的代价配比，部门、项目、服务的投入与产出配比等相关信息，为公众及相关群体评价政府工作绩效、解除公共受托责任提供了信息途径。

（四）政府会计课程思政教育功能

我国的国家治理现代化建设赋予了政府会计课程较为丰富的思政元素。政府会计课程具有天然的思政教育功能，主要缘于政府会计与国家治理关系密切。在政府会计课程教学中，应充分识别、提炼国家治理所蕴含的思政元素，并将国家治理理念融入政府会计专业知识点的传授，以充分发挥政府会计的课程思政功能。

政府会计与国家治理的密切关联主要体现在两方面：一是政府会计的基本职能使其成为国家治理中一个不可或缺的信息工具。作为能够综合反映政府履职行权情况的专业信息系统，政府会计可以参与、融入国家治理的各个方面，预期能够在财税资源配置与使用绩效评价、公共权力监督与制衡、公共受托责任解除与评价等多个领域发挥信息支持作用。建立健全的政府会计体系，并促使其得以有效执行是推进国家治理现代化的重要着力点。二是根据会计环境理论，政府会计依存于特定的环境。应推进国家治理现代化，打造政府会计适宜的公共环境。政府会计体系应当主动对标国家治理要求，进行一系列适应性的调整与变革。我国推进一系列预算会计和政府会计改革，本质上是国家治理要求引导下的思变。

国家治理现代化包括治理体系和治理能力现代化两大维度。因此，政府会计的课程思政教育功能主要体现在上述两个维度上。

1.国家治理体系现代化维度的政府会计课程思政元素。国家治理体系是一整套紧密相连、相互协调的国家制度体系。推进国家治理体系现代化的重点在于制度建设。财政是国家治理的基础和重要支柱，政府会计是财政管理重要的基础工作。因此，可以说政府会计制度是国家治理体系的重要组成部分。基于此，随着国家治理环境的变化，当原有的政府会计体系无法满足推进国家治理现代化的现实需要时，势必要进行政府会计制度变革，以建立与国家治理相适应的政府会计体系。因此，政府会计制度发展与变迁过程，不仅是政府会计课程中的专业知识点，也是思政教育要点，可以培养学生树立“持续发展意识、自我调整与适应意识”，促进学生把握不同历史阶段政府会计制度的特征，引导学生思考政府会计制度变迁背后的国家治理逻辑。

例如，教师在讲解政府会计目标定位、“双会计”模式运行原理、政府会计准则体系等课程内容时，应当强调国家治理要求对于政府会计制度建设的影响，突出政府会计服务国家治理的根本特性，明确政府会计制度建设的基本出发点是推进国家治理现代化，是落实中国特色社会主义制度的具体化，培养学生对政府会计制度的“制度认同、制度自信”意识。再如，国家治理体系是复杂的制度体系，需要不同制度的协同发力。作为国家治理体系的子系统，教师应重点讲解在国家治理体系下政府会计制度与其他制度之间的协调问题，从协同论、系统论等视角，进一步明确政府会计在国家治理中的价值，从而培养学生建立“协同意识、系统意识、全局意识”。

2.国家治理能力现代化维度的政府会计课程思政元素。国家治理能力是国家治理体系在运作过程中的功能表现。政府会计体系是国家治理体系的重要组成部分，相应地，由政府会计体系所生成的治理效能，理所当然地构成了国家治理能力的重要来源。基于国家治理能力现代化的维度，可以将政府会计治理能力的生成机理作为逻辑分析线索，深度挖掘政府会计课程中的思政元素。

从政府会计治理能力的生成机理看，政府会计治理能力的形成主要表现在两方面：一是制度执行层面。政府会计治理能力产生于政府会计制度本身的治理效应。政府会计制度最直接的作用，是基于制度本身的创新及其知识属性从技术层面，对制度执行过程中的行为进行规制和引导，影响政府会计制度执行主体的行为选择及决策效果，这一过程将促使政府会计制度本身所蕴含的治理效能被激发出来，进而提高政府会计的治理能力。二是信息运用层面。政府会计治理能力源于政府会计信息被相关主体运用所形成的衍生治理效应。从政府会计信息的生成逻辑看，政府会计信息是政府履职行权状况的数据化反映，在一定程度上能刻画出政府履职行权的轨迹，进而为国家治理主体监督公共权力运行、评价公共权力运行绩效等提供强有力的信息支持；政府会计信息被国家治理主体运用于决策、评价、监督、控制等活动，预期将会产生政府会计信息的衍生治理效应。

按照政府会计治理能力的形成机理，在政府会计课程思政建设中，从严格遵循政府会计制度、保障政府会计信息质量、科学运用政府会计信息等方面，让学生理解、掌握政府会计在国家治理中产生治理效能的基本逻辑，使其知晓政府会计制度的规则属性，培养学生主动运用、善于运用政府会计信息的意识和能力，促进政府会计在国家治理中的治理效能由“应然”转化为“实然”，进而持续强化政府会计对于国家治理现代化的助推作用。

第三节 政府会计体系

一、我国政府财政资金的流程

我国政府会计的核算反映工作围绕政府财政资金活动过程和结果而展开，有必要先介绍我国政府财政资金的流动过程，以便大家对我国政府会计体系各组成部分有一个感性的认识，进而理解各项会计所处的环节和具体任务，以及对本书后两篇的会计制度。图1-1简单描述了我国政府财政资金的流动过程。

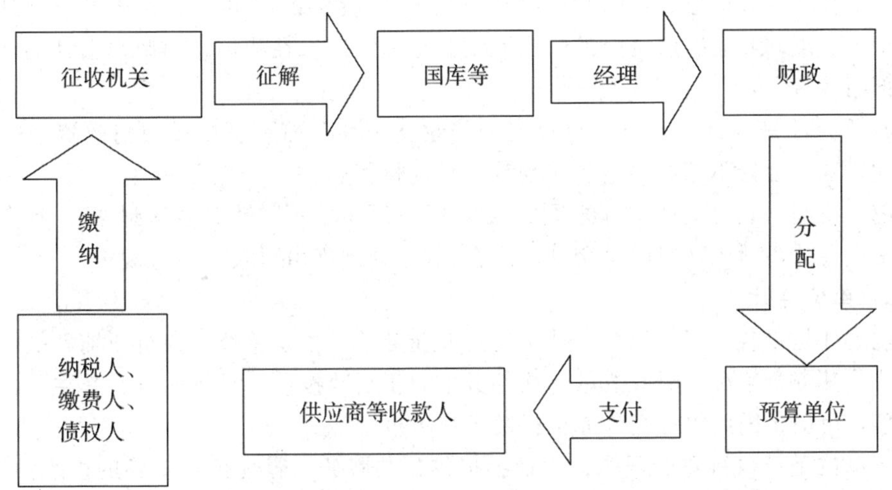

图1-1 政府财政资金流动过程图

图1-1是一个近乎封闭的图形——政府财政资金来源于市场，最后又回归到市场，体现了“取之于民，用之于民”的原则。我国政府财政资金流动过程大致可划分为以下4个阶段：(1) 征收机关征解财政资金。由各征收机关通过征收等方式从纳税人、缴费人等市场主体手中取得财政资金，并报解给国库。(2) 国库经理财政资金。国库对入库的财政资金负有出纳的职责，我国国库目前由中国人民银行经理。(3) 财政分配资金。各级政府的财政部门根据立法机构审批确立的预算向各预算单位分配财政资金。(4) 各预算单位使用财政资金。各预算单位在履行各项职能和任务的过程中，通过购买商品和劳务等形式将财政资金支付给供应商等收款人，使资金又回归到市场，财政资金流程终止。

二、我国政府会计的组成体系

我国现行政府会计是把所有政府单位及政府构成实体纳入核算范围，全面反映政府各种受托责任的会计系统，其需要整体反映政府财政资金的运动过程和结果。因此，在会计体系设置上，其遵循财政资金的流动程序和特点设置相应的会计，核算反映各环节的资金活动过程和结果。

根据我国政府财政资金流动各阶段，从财政收入的征解开始，我国目前设置的政府会计体系包括：收入征解会计（征解阶段）、国库会计（存库阶段）、财政总会计（分配阶段）、行政事业单位会计（使用阶段）。

在上述体系中，我们往往将财政总会计、行政事业单位会计称为政府会计的主系统，国库会计和收入征解会计分别为预算资金收入、出纳和支出等环节参与预算执行的会计，构成政府会计的辅助系统。简言之，我国政府会计体系是以财政总会计为核心、单位会计为基础，参与预算执行会计为辅助而形成的会计体系。

（一）财政总会计

财政总会计也称总会计，是各级政府财政核算、反映、监督政府一般公共预算资金、政府性基金预算资金、国有资本经营预算资金、社会保险基金预算资金以及财政专户管理资金、专用基金和代管资金等资金活动的专业会计。它是以各级政府为会计主体，以整个政府财政资金为核算对象，反映政府财政资金活动过程和结果的会计。财政总会计的基本任务是记录和反映政府财政资金的收支运动和分配情况。在我国，财政总会计的任务由各级财政部门执行。

财政总会计只核算反映政府财政资金的收支结存，而不直接反映财政资金的使用情况，因此财政总会计不存在现金和实物等项目的核算。

目前，我国财政总会计实行的是2022年11月颁布的《财政总会计制度》，社会保险基金预算资金会计不适用《财政总会计制度》，其会计制度由财政部另行规定。

（二）单位会计

单位会计是以各预算单位为会计主体的专业会计。预算单位是执行或辅助执行政府职能的单位，其资金来源于财政拨款，或部分来源于财政拨款。具体而言，其主要包括行政单位和事业单位，因此单位会计亦称行政事业单位会计。

行政单位是指执行政府职能，为社会提供公共服务，管理公共事务的组织。在我国，行政单位是指政府各行政执行机关和实行行政业务管理的其他机关，包括人大、政协、法院、检察院以及中国共产党和各民主党派的机关。行政单位具体执行政府某项或某几项政府职能，一般提供纯公共产品，其资金基本来源于财政拨款。

事业单位是指辅助执行政府某些具体职能的非权力机关，通常包括文化、教育、科学、体育、卫生等事业单位。事业单位为社会提供准公共产品，其资金来源主要有两个方面：一是财政拨款；二是事业性收费。此外，有些事业单位还有来源于市场经营活动的经营性资金。

2019年1月1日起，我国各预算单位统一实行政府会计体系，包括基本准则、各具体准则和指南、《政府会计制度——行政事业单位会计科目和报表》及相关补充规定等。

（三）辅助会计

辅助会计是参与政府预算执行的各特种业务会计，包括收入征解会计和国库会计。

1.收入征解会计。收入征解会计是指征收机构设置的用以记录和核算财政收入缴纳、报解的专业会计。收入征解会计核算的结果必须定期与国库、财政部门的预算会计进行对账，其会计任务由各征收机关执行。

2.国库会计。国家金库简称“国库”，是负责集中办理国家预算资金收纳和拨付的专职机构。国家的一切预算收入全部缴入国库，国家的一切预算支出全部通过国库拨付。国库工作是国家预算执行中的一个重要组成部分。国库会计是国库部门设置的，用于核算财政资金入库、出库、退库和解缴情况的专门会计，它属于政府会计。其会计任务由各级国库开户银行执行，在我国为中国人民银行。

三、我国政府会计的主体及客体

（一）政府会计的主体

会计主体是会计为之服务的单位。我国政府会计体系中各组成部分服务的单位是不同的，因此政府会计的主体也不一样。这里主要介绍主会计系统的主体。

财政总会计的主体是各级政府。行政事业单位会计的主体是其为之服务的各级行政单位和各级国有事业单位。

（二）政府会计的客体

政府会计的客体即核算对象，是政府会计所要核算、反映和监督的内容。一般来说，会计核算有两个基本对象，即资金和财产。其中，财产包括物资和固定资产。会计是一种反映和监督单位经营活动的重要工具，它主要是通过特定的会计方法来进行的。会计核算可达到两个基本目的：一是确定本单位的资金运动状况；二是确定本单位的收支和财务状态。由于每个单位的钱与物是不断变动的，因此会计上总是把钱和货币化的物作为自己的核算对象。一般地，会计核算应当以资金和财产为其核算对象。

目前，随着政府预算管理改革的逐步深入，政府会计的核算目的由单纯反映资金运动状况过渡到既要反映预算执行情况，也要反映财务状况。因此，我国现行政府会计以资金和财产为核算对象。具体而言，财政总会计的核算对象是各级政府预算资金及由此引起的财产变化情况；行政事业单位会计的核算对象是单位预算资金和业务资金，以及由此引起的财产变化情况。

四、我国政府会计的分级

（一）财政总会计系统分五级

各级政府财政总会计组成和分级的依据是政权结构和行政区划，并遵循责权利相结合的原则，实行一级政府一级财权、一级财权一级政府预算、一级政府预算一级财政总会计。

政府组织由中央政府和地方政府组成，我国政府具体设五级，即中央政府，省级政府（包括自治区和直辖市），设区的市级政府（包括自治州，以下简称“市级政府”），县级政府（包括自治县、不设区的市和市辖区），乡级政府（包括民族乡、镇）。省及其以下均属地方政府。因此，从中央到地方的财政部门自上而下分别设置中央、省、市、县、乡五级政府财政总会计，包括中央财政总会计和地方财政总会计。各级总会计设置在本级政府财政部门国库管理机构，即中央财政总会计设在财政部的国库司、省级财政总会计设在财政厅的国库处、市县级财政总会计设在财政局的国库科、乡级财政总会计设在财政所的国库股。

1.中央财政总会计负责反映和控制中央政府履行其职能时的财政收支及运用情况，即财政资金及相应资金来源等情况，包括中央政府对其直属机构及下级政府的财政拨款、直属机构及下级政府对中央政府的财政上缴收入等。

2.省级财政总会计负责反映和控制省级政府履行其职能时的财政收支及运用情况，即财政资金及相应资金来源等情况，包括省级政府对其直属机构及下级政府的财政缴拨款、省级政府与中央政府的财政解拨款等。

3.市级财政总会计负责反映和控制市级政府履行其职能时的财政收支及运用情况，即财政资金及相应资金来源等情况，包括市级政府与其上级政府、直属机构、下级政府的财政解缴拨款等。

4.县级财政总会计负责反映和控制县级政府履行其职能时的财政收支及运用情况，即财政资金及相应资金来源等情况，包括县级政府与其下级政府、直属机构、上级政府的财政解缴拨款等。

5.乡级财政总会计负责反映和控制乡级政府履行其职能时的财政收支及运用情况，即财政资金及相应资金来源等情况，包括乡级政府与其所属机构的财政缴拨款、乡级政府与其上级政府的财政解拨款、乡级政府自筹资金收入等。

（二）单位会计系统分三级

根据现行的行政管理体制和预算领拨款关系，单位会计系统一般分为主管会计单位、二级会计单位和基层会计单位三级。

1.主管会计单位，简称“主管单位”，也称主管部门会计单位。与同级财政部门直接发生经费领报关系或建立财务关系，并有所属会计单位的，为主管会计单位。主管会计单位是执行政府具体职能的机构，同时其管理下属的会计单位。主管会计单位直接与同级财政总预算会计发生财政收支关系，负责核定直属单位的资金来源和运用计划，并核定其财政拨款或补助数额。

主管单位一定是一级预算单位，一级预算单位不一定是主管单位。只有有下一级预算单位并直接从财政部门领拨经费的，才是主管单位；没有下一级预算单位的，则是一级预算单位。

2.二级会计单位，简称“二级单位”。与主管会计单位或上级会计单位发生经费领报关系、财务收支计划与会计决算审批关系，并有所属会计单位的，为二级会计单位。二级会计单位下边没有所属会计单位的，视同基层单位。二级会计单位是主管会计单位所属的独立从事公共劳务活动的经济核算单位，它与主管会计单位发生延伸的财政关系，与下属单位发生的延伸财政关系，并管理下属的会计单位。这就是说，二级会计单位并不与财政部门直接联系，而是通过主管单位会计间接联系。

3.三级会计单位，简称“基层单位”，也称基层会计单位。与主管会计单位或二级会计单位直接发生经费领报关系、财务收支计划与会计决算审批关系，下面没有附属会计单位的，为三级会计单位。三级会计单位是二级会计单位的所属单位，下面不再有其管辖的会计单位。基层会计单位是独立从事公共劳务活动的经济核算单位，通常与二级会计单位或主管会计单位发生直接的财政关系。

除上述会计单位外，不具备独立核算条件的行政事业单位，称为报销单位，也称报账单位。报销单位实行单据报账制度，其会计核算和经费领报由其所属会计单位负责。

（三）国库会计系统分四级

国库制度分为独立金库制、银行制和委托金库制。根据《国家金库条例》的规定，我国的国库业务由中国人民银行经理，在不设中国人民银行机构的地方，其国库业务可委托当地的中国工商银行或中国农业银行办理，业务上受上级国库领导。

国库机构按照国家财政管理体制设立，原则上一级财政设立一级国库，分设总库、分库、中心支库和支库四级，包括中央国库和地方国库。支库是基层国库。乡（镇）一级财政有的设有国库，大部分尚未设立国库。各级国库对同级政府财政负责。

国库会计主要是为预算管理服务的，也为金融管理提供某些资料。操作上的实际情况是：国库部门每月要报给中国人民银行的会计部门一个资金平衡表，对财政部门则要报日报、旬报和月报表；送银行的报表是根据银行的十几个会计科目编报的，送财政部门的报表有多少个预算科目，就要根据多少个科目编报，预算科目调整或增减，国库会计要相应做出调整或增减。因此，国库会计虽然设在银行，但它属于政府会计序列。

（四）政府预算收入征解会计系统分两部分

1.税收会计。税收是国家预算的重要组成部分，税收会计是对工商税收的资金运动进行反映和监督的必要手段。国家税务总局从1996年1月1日起在全国税务系统范围内全面进行税收会计改革。改革的主要内容：一是扩大核算范围，从应征款开始，对税源进行全过程核算；二是分户核算，按纳税人设立专户，全程监控；三是采用国际上通用的借贷记账法。税收会计适用的范围包括各级税务机构征管的工商税收类、企业所得税类等多种税收。

2.关税会计。关税是按照国家的规定，对进出国境的货物和物品所征收的一种税收。它是中央预算收入的一个组成部分。关税在贯彻国家对外贸易政策、维护国家主权和利益、促进对外交往等方面，具有重要的作用。

按照海关系统财务管理体制的规定，海关总署为主管会计单位，有所属单位的直属海关为二级会计单位，无所属单位的海关为基层会计单位。当地无国库或国库经收处的海关，所征税款汇解上一级海关记账。

第四节　政府会计规制体系

政府会计规制是指对政府会计活动进行规范的法律、法规、条例、制度等的总称。我国政府会计规制体系包括三个层次：第一层次是政府会计工作的基本法；第二层次是政府会计的行政法规；第三层次是政府会计的规章制度。

一、政府会计工作的基本法

政府会计工作的基本法是指由全国人民代表大会常务委员会制定颁布的、管理会计工作、调整会计关系的法律总规范，是制定政府会计行政法规和会计规章制度的法律依据。政府会计工作的基本法包括《中华人民共和国会计法》（以下简称《会计法》）和《中华人民共和国预算法》（以下简称《预算法》）。

（一）《会计法》

《会计法》是我国会计工作的基本法规，经1985年1月21日第六届全国人民代表大会常务委员会第九次会议通过。为满足我国市场经济发展的需要，分别于1993年12月、1999年10月和2024年6月对《会计法》进行了3次修订。

《会计法》全文共6章53条，包括总则、会计核算、会计监督、会计机构和会计人员、法律责任、附则。制定《会计法》的目的是规范会计行为，保证会计资料真实、完整，加强经济管理和财务管理，提高经济效益，维护社会主义市场经济秩序。会计工作应当贯彻落实党和国家路线方针政策、决策部署，维护社会公共利益，为国民经济和社会发展服务。

《会计法》作为专门规范会计工作的国家法律，是一切会计工作最重要的根本大法。国家机关、社会团体、公司、企业、事业单位和其他组织必须依照《会计法》办理会计事务。政府会计作为我国会计的一大会计体系，必然受《会计法》的规范。

（二）《预算法》

《预算法》是我国预算管理的基本法规，经1994年3月22日第八届全国人民代表大会第二次会议通过，并于1995年1月1日起施行。此后，历经4次审议，第十二届全国人民代表大会常务委员会第十次会议于2014年8月31日表决通过《全国人民代表大会常务委员会关于修改〈预算法〉的决定》，并决议于2015年1月1日起施行。

《预算法》全文共11章101条，包括总则、预算管理职权、预算收支范围、预算编制、预算审查和批准、预算执行、预算调整、决算、监督、法律责任、附则。制定《预算法》的目的是规范预算行为，加强预算管理，严肃财经纪律。政府会计作为核算、监督国家预算执行和行政事业单位收支预算执行的专业会计，必须认真贯彻执行《预算法》的规定，依法理财。

二、政府会计的行政法规

会计的行政法规是指由国家最高行政机关——国务院发布，或由国务院批准财政部发布，指导、规范会计工作的准则、条例、制度等行政法规。会计行政法规是基本法律规范的具体化，其以会计基本法为指导，同时又统驭具体的会计规章制度，是有关会计规章制度的制定依据。

政府会计的行政法规主要有《政府会计准则——基本准则》《政府会计准则——具体准则及应用指南》《行政单位财务规则》《事业单位会计准则》《事业单位财务规则》等。

（一）《政府会计准则——基本准则》

《政府会计准则——基本准则》于2015年10月23日由中华人民共和国财政部令第78号发布，共6章62条，包括总则、政府会计信息质量要求、政府预算会计要素、政府财务会计要素、政府决算报告和财务报告、附则。该准则自2017年1月1日起施行。

制定《政府会计准则——基本准则》的目的在于规范政府的会计核算，保证会计信息质量，其适用于各级政府、各部门、各单位（统称政府会计主体）。这里所说的各部门、各单位是指与本级政府财政部门直接或者间接发生预算拨款关系的国家机关、军队、政党组织、社会团体、事业单位和其他单位。军队、已纳入企业财务管理体系的单位和执行《民间非营利组织会计制度》的社会团体，不适用该准则。

（二）《政府会计准则——具体准则及应用指南》

我国于2016年开始用3年时间陆续颁布了政府会计准则的9项具体准则及第3号准则的应用指南，分别于2017年、2018年、2019年的1月1日起开始实施。颁布上述具体准则和应用指南是为了规范会计要素或特殊会计事项的确认、计量和相关信息的披露，其根据《政府会计准则——基本准则》制定，包括存货、投资、固定资产、无形资产、公共基础设施、政府储备物资、负债、会计调整、财务报表编制和列报等会计要素或特殊会计事项。各项具体准则一般由总则、确认、初始计量、后续计量、披露、附则等6章内容组成。

（三）《行政单位财务规则》

《行政单位财务规则》是为了规范行政单位的财务行为，加强行政单位财务管理和监督，提高资金使用效益，保障行政单位工作任务的完成而制定的规则。2012年12月6日，《行政单位财务规则》（财政部令第71号）发布，自2013年1月1日起施行；2023年1月28日，修订后的《行政单位财务规则》（财政部令第113号）发布，自2023年3月1日起施行，《行政单位财务规则》（财政部令第71号）同时废止。修订后的《行政单位财务规则》适用于规范各级各类国家机关、政党组织（统称行政单位）的财务活动。

2023年发布的《行政单位财务规则》着重从五个方面进行了修订：一是落实艰苦奋斗，厉行节约的重要精神。增加"艰苦奋斗，厉行节约""从严从简，勤俭办一切事业"等要求，明确各单位不得擅自扩大开支范围、提高开支标准，应合理安排支出进度，严控一般性支出。二是明确绩效管理新要求。将全面实施绩效管理作为行政单位财务管理的主要任务，将绩效结果作为预算编制的重要考虑因素，强调绩效结果应用，强化项目全生命周期管理。三是体现政府综合财务报告制度的新要求。根据政府会计"双功能、双基础、双报告"核算体系，将"财务报告和财务分析"一章修改为"财务报告和决算报告"，并对该章内容进行了全面修订，增加行政单位实行成本核算的规定。四是加强与政府会计准则制度的衔接。增加按照统一会计制度进行会计核算的总体要求，既避免造成与政府会计准则制度相关条款的大量重复，又与政府会计准则制度相衔接。五是衔接国有资产管理的新要求。与《行政事业性国有资产管理条例》相衔接，增加明确岗位职责、设置国有资产台账、汇总编制国有资产管理情况报告、及时办理资产权属登记等内容。

修订后的《行政单位财务规则》共11章66条，包括总则、单位预算管理、收入管理、支出管理、结转和结余管理、资产管理、负债管理、行政单位划转撤并的财务处理、财务报告和决算报告、财务监督、附则。

（四）《事业单位会计准则》和《事业单位财务规则》

1.《事业单位会计准则》①

《事业单位会计准则》经2012年12月5日中华人民共和国财政部部务会议修订通过，于2012年12月6日由中华人民共和国财政部令第72号发布，共9章49条，包括总则、会计信息质量要求、资产、负债、净资产、收入、支出或者费用、财务会计报告、附则，并于2013年1月1日起施行。1997年5月28日财政部印发的《事业单位会计准则（试行）》（财预字〔1997〕286号）同时予以废止。

制定《事业单位会计准则》的目的在于规范事业单位会计核算，保证会计信息质量，促进公益事业健康发展，其适用于各级各类事业单位。

2.《事业单位财务规则》

《事业单位财务规则》是为了进一步规范事业单位的财务行为，加强事业单位财务管

① 2022年《事业单位财务规则》修订时，并未对《事业单位会计准则》进行修订。鉴于《政府会计准则——基本准则》从各方面表现出的科学性、先进性，以及事业单位具备遵循《政府会计准则——基本准则》的可行性，而且事业单位按照上述基本准则的要求进行会计核算，不仅可以弥补《事业单位会计准则》存在的不足，还可以同时满足事业单位预算会计和财务会计的需求，使事业单位会计核算工作实现新突破，因此事业单位会计核算工作应以遵循上述基本准则为主。

理和监督，提高资金使用效益，保障事业单位健康发展，而制定的规则。2022年1月18日，财政部发布修订后的《事业单位财务规则》（财政部令第108号），自2022年3月1日起施行。《事业单位财务规则》（财政部令第68号）同时废止。《事业单位财务规则》适用于规范各级各类事业单位的财务活动。

2022年公布的《事业单位财务规则》主要做了四方面修订：一是体现预算管理改革的新精神。其明确提出全面实施绩效管理、未纳入预算的收入不得安排支出、实行项目库管理、如实反映依法举借债务情况等要求，对预算调剂作了规定，删除零余额账户用款额度等。二是体现政府综合财务报告制度的新要求。新增财务报告、决算报告的定义及构成等条款，删除了年度财务报告、财务情况说明书、财务分析及附件等，增加了事业单位实行成本核算等规定。三是衔接国有资产管理的新要求。与《行政事业性国有资产管理条例》相衔接，增加了设置国有资产台账、汇总编制行政事业性国有资产管理情况报告、定期盘点资产、及时办理资产权属登记、利用国有资产对外投资的程序性要求以及货币性资产损失核销等。四是与政府会计准则制度相衔接。在总则中新增关于会计核算的总体要求，取消“事业基金”和专用基金中的“修购基金”等。

新修订的《事业单位财务规则》共12章71条，包括总则、单位预算管理、收入管理、支出管理、结转和结余管理、专用基金管理、资产管理、负债管理、事业单位清算、财务报告和决算报告、财务监督、附则。

三、政府会计的规章制度

会计的规章制度是由财政部发布，或由财政部与其他部门联合发布，或由国务院主管业务部门制定、财政部同意发布，其就会计工作中某些方面所制定的具体制度或具体规范性文件，包括会计基础工作规范、税收会计制度、国库会计制度、会计电算化工作规范、会计从业资格管理办法、会计档案管理办法等。近几年，为了提高政府宏观调控能力，国家对会计制度进行了改革，先后推行了部门预算、国库集中收付、政府采购等制度。

这里只介绍由财政部发布的两个主要的政府会计规章制度，即《财政总会计制度》和《政府会计制度——行政事业单位会计科目和报表》。

（一）《财政总会计制度》

《财政总会计制度》是2022年11月财政部印发的规章制度，其目的是加强财政预算管理，提升国家财政治理效能，进一步规范各级政府财政总会计核算，保证会计信息质量，充分发挥财政总会计的职能作用。其由财政部根据深化预算管理制度改革、政府会计改革的要求，研究制定而成。该制度自2023年1月1日起执行。

《财政总会计制度》适用于中央，省、自治区、直辖市及新疆生产建设兵团，设区的市、自治州，县、自治县、不设区的市、市辖区，乡、民族乡、镇等各级政府财政部门总会计。

（二）《政府会计制度——行政事业单位会计科目和报表》

财政部于2017年10月24日发布《政府会计制度——行政事业单位会计科目和报表》，自2019年1月1日起施行。执行该制度的单位，不再执行《行政单位会计制度》《事业单位会计准则》《事业单位会计制度》《医院会计制度》《基层医疗卫生机构会计制度》《高等学校会计制度》《中小学校会计制度》《科学事业单位会计制度》《彩票机构会计制度》《地质勘查单位会计制度》《测绘事业单位会计制度》《国有林场与苗圃会计制度（暂行）》《国有建设单位会计制度》等制度。

制定《政府会计制度——行政事业单位会计科目和报表》的目的，是规范行政事业单位的会计核算，保证会计信息质量。该制度适用于各级各类行政单位和事业单位，纳入企业财务管理体系执行企业会计准则或小企业会计准则的单位不执行该制度。

此外，国务院主管部门以及省、自治区、直辖市财政部门根据《会计法》和有关的法规、条例、规章、制度，结合本地区、本部门的实际情况制定的补充规定和实施办法等，也是政府会计规制体系的组成部分。

思考与练习题

一、思考题

1.什么是政府会计？如何理解？

2.与企业会计相比，我国政府会计有哪些特点？

3.我国政府会计体系的组成及分级如何？

4.我国政府会计的规制有哪些？

5.简述我国政府会计改革。

6.简述政府会计的职能。

二、单项选择题

1.我国财政总会计的主体是（　　）。

A.财政部门　　B.各级政府　　C.政府机关　　D.行政单位

2.我国财政总会计分为（　　）级。

A.五　　B.四　　C.三　　D.二

3.我国单位会计分为（　　）级。

A.五　　B.四　　C.三　　D.二

4.财政部门的预算资金，以及由此引起的财产变化情况属于（　　）的客体。

A.财政总会计　　B.行政事业单位会计

C.税收会计　　D.国库会计

5.不具备独立核算条件的单位属于（　　）。

A.主管单位　　B.二级单位　　C.基层单位　　D.报销单位

6.我国《政府会计制度》于（　　）开始施行。

A.2016年1月1日　　B.2017年1月1日

C.2018年1月1日　　D.2019年1月1日

7.我国现行的《财政总会计制度》于（　　）开始施行。

A.2015年1月1日　　B.2016年1月1日

C.2019年1月1日　　D.2023年1月1日

三、多项选择题

1.下列属于我国政府会计主体范围的有（　　）。

A.财政部门　　B.政府　　C.行政单位　　D.事业单位

2.与企业会计相比，我国政府会计具有（　　）特点。

A.公共性　　B.非营利性　　C.营利性　　D.财政性

3.我国政府会计的主会计系统包括（　　）。

A.财政总会计　　B.行政事业单位会计

C.国库会计　　D.收入征解会计

4.根据独立核算条件，我国单位会计可分为（　　）。

A.报销单位会计　　B.主管单位会计　　C.二级单位会计　　D.基层单位会计

5.我国政府会计工作的基本法有（　　）。

A.《民法典》　　B.《经济法》　　C.《会计法》　　D.《预算法》

第一章即测即评

四、论述题

1.请阐述我国政府会计与企业会计及西方国家预算会计概念的区别与联系。

2.请从国家治理的视角分析政府会计的课程思政教育功能。

第二章

政府会计基本理论及工具

☞ **学习目的**

通过本章的学习，在理解政府会计基本原理的基础上，了解政府会计假设及核算原理，掌握政府会计应遵循的原则、会计要素、记账方法和财务处理程序。

第一节 政府会计假设及原则

一、会计假设

会计假设是组织政府会计工作必须具备的前提条件。政府会计基本假设包括以下四个方面：

（一）会计主体

会计主体是指政府会计工作特定的范围，也就是会计人员为之服务的、从事独立的非营利性经济活动的法定组织、机构或单位。政府会计主体的特征有：第一，该会计主体是依法组成的；第二，该会计主体的活动方式是非市场机制的。政府会计主会计系统包括财政总会计和行政事业单位会计，其会计主体各不相同。财政总会计的主体是各级政府，而不是各级政府的财政部门。行政事业单位会计的主体是各行政、事业单位。

（二）持续经营

持续经营是指政府会计主体的经济活动是连续、无限期进行的。财政总会计和行政事业单位会计统称为政府会计，其在客观上具有很强的持续运行的确定性；绝大多数行政事业单位会计具有稳定的财政来源，不以营利为目的，也不依赖营利生存，在客观上具有较强的持续运行能力。

（三）会计分期

会计分期是指政府会计核算的时间范围，也就是将会计主体持续不断的运行活动人为地划分为相等的期间，据此分阶段核算账目，按期编报会计报表，从而及时向各方面提供有关会计信息。最常见的会计分期是1年，我国《政府会计准则——基本准则》要求，政府会计核算应当划分会计期间，分期核算账目，按规定编制决算报告和财务报告。会计期间至少分为年度和月度两种。会计年度、月度等会计期间的起讫日期采用公历日期，其中会计年度自公历每年的1月1日起至12月31日止。

（四）货币计量

货币计量是政府会计核算的价值尺度，也就是在政府会计核算中要以人民币为记账本位币。如果发生外币收支，应当按照规定时间内中国人民银行公布的人民币外汇汇率折算为人民币核算。对于业务收支以人民币以外的货币为主的行政事业单位，可以选定其中一种货币作为记账本位币，但是在编报会计报表时，应当按照编报日期的人民币外汇汇率折算为人民币。

二、会计原则

会计原则是指在政府会计核算中必须遵循的规则。会计核算原则众多，大体上可分为两种类型：一类是会计信息的确认原则；另一类是会计信息的质量原则。

（一）会计信息的确认原则

1.限定性原则。这是指会计主体要按照国家有关方针政策和规章制度以及出资者的要求确认会计信息，并对基金进行单独核算。政府会计主体是直接和间接履行政府职能的，因此其经济活动的范围和方向具有严格的政策性。这要求其会计科目的设计便于同政府预算相衔接。基金是指具有专门用途的资金，其在会计主体的资金来源和运用中占有重要的地位。政府会计主体对其资金要区分限制性资金和非限制性资金，在限制性资金中要区分永久限制性资金和暂时限制性资金。限定性原则有利于正确反映公众的利益和其承担的费用。

2.双结账基础原则。结账基础亦称会计核算基础，是指计算、记录、确定本期收益和费用支出的会计处理原则。政府会计的结账基础为收付实现制和权责发生制双会计基础。

收付实现制，也称现收现付制或现金制，它以现金的实收实付为基础，对于赊欠、往来会计事项，则不列作当年收支，即会计主体确认每一会计期间的收入和费用时，以发生货币实际收付的会计期间为依据，而不是以收付权责发生的会计期间为依据。凡是在当期发生的货币收入或费用，在会计上都作为当期收付处理，而不论其权责是否发生在当期。收付实现制以会计期间发生的货币收付关系为依据来确认会计信息。预算单位不以营利为目的，应将本期实收的收入和实付的支出作为本期收支，而不能把本期应收未收或应付未付的款项列作本期预算收支，以便正确反映报告期的预算收支执行情况，及时编制会计报表和落实年度预算收支结余。

权责发生制，也称应计制，它不仅以现金的实收实付为基础，还以赊欠、往来事项的会计记录等为基础。权责发生制是指会计主体确认每一会计期间的收入和费用时，以发生取得收入的权利和支付费用的责任为依据。凡是当期已经发生的收入或费用，不论是否发生货币收付，都作为当期的收入和费用处理；凡不是当期发生的收入或费用，不论是否发生货币收付，都不作为当期的收入和费用处理。

3.历史成本原则。这是指政府会计主体在确认其财产物资的价值时，以取得或购建时发生的实际成本核算。这里的实际成本是指在取得或购建财产物资时实际支付的费用。历史成本原则以财产物资发生时的交易价格为依据，而不考虑以后市场价格的变动。这一原则有利于会计核算真实可靠，简便有效。

4.配比原则。这是指收入来源及与其相应的费用开支应当相互配比，以有利于对经济活动实行依法监督和成果监督。配比原则适用于事业单位的经营收支。

（二）会计信息的质量原则

1.完整性原则。这是指会计核算要对会计主体的所有财务收支进行核算，完整反映其经济活动的全貌。

2.真实性原则。这是指会计核算必须以实际发生的经济业务和证明经济业务发生的合法凭证为依据，如实反映预算的执行情况和结果，做到内容真实、数据准确、资料可靠、项目完整、手续完备。

3.相关性原则。这是指政府会计核算信息必须符合宏观经济管理的要求，满足各有关方面了解单位财务状况和收支情况的需要，以有利于行政事业单位加强内部财务管理和经济管理。

4.可比性原则。这是指会计核算必须符合国家的统一规定，提供相互可比的会计核算资料，不同单位会计指标应当口径一致，相互可比。

5.一贯性原则。这是指会计处理方法前后各期应当一致，不得随意变更。这样便于对同一单位的不同会计期间的会计信息进行比较，并对单位不同期间的财务状况有一个直观的了解。一贯性原则并不否定单位在必要时对会计处理方法作适当变更，单位可以根据实际情况变更会计处理方法，但应当将变更的情况、原因和对单位财务收支及结果的影响在财务报告中予以说明。

6.及时性原则。这是指行政事业单位各项经济业务应当及时进行会计核算。只有核算及时、信息传递及时，才能保证会计信息符合使用者需要。及时性原则的主要内容有：一是对会计事项的账务处理，应当在当期进行，不能延至下一会计期间；二是会计报表应当在会计期间结束后，按规定日期呈报给上级主管部门、财政部门、出资者及各方利益关系人，不得影响有关各方使用报表。

7.明晰性原则。这是指会计记录和会计报表应当清晰明了，便于理解和运用。因此，会计记录应准确清晰，账户对应关系明确，文字摘要清楚，数字金额准确，手续齐备，程序合理，以便信息使用者准确完整地把握信息的内容，更好地加以利用。

8.重要性原则。这是指会计报表应当全面反映事业单位的财务收支情况及其结果。对于重要的会计事项，要单独反映，并在会计报表中作重点说明；而对于次要的会计事项，在不影响会计信息真实性的情况下，可以适当简化会计核算，合并反映。

9.专款专用原则。这是指对指定用途的资金，应当按规定的用途使用，不得自行改变用途，这条原则是政府会计特有的原则。国家或某出资人为了发展某项事业而拨出专门款项，是为了保证达到预定目的或使该项事业顺利开展，这就要求对该项资金使用情况进行监督，并设置专门账户进行单独反映。

10.实质重于形式原则。政府会计主体应当按照经济业务或者事项的经济实质进行会计核算，不限于以经济业务或者事项的法律形式为依据。

第二节 政府会计要素及科目

一、会计要素

会计要素是对会计对象具体内容的基本分类，是构成会计科目体系不可或缺的因素。它是建立会计科目体系的基础，也是建立会计报表的基础。要弄清会计科目体系的结构及各会计科目之间的关系，首先要弄清会计要素的内涵和分类方法。

新的政府会计体系按照政府预算会计和政府财务会计分别设置会计要素。

1.政府预算会计要素。政府预算会计要素包括预算收入、预算支出与预算结余。

（1）预算收入是指政府会计主体在预算年度内依法取得并纳入预算管理的现金流入。预算收入一般在实际收到时予以确认，以实际收到的金额计量。

（2）预算支出是指政府会计主体在预算年度内依法发生并纳入预算管理的现金流出。预算支出一般在实际支付时予以确认，以实际支付的金额计量。

（3）预算结余是指政府会计主体预算年度内预算收入扣除预算支出后的资金余额，以及历年滚存的资金余额。预算结余包括结余资金和结转资金。其中，结余资金是指年度预算执行终了，预算收入实际完成数扣除预算支出和结转资金后剩余的资金；结转资金是指预算安排项目的支出年终尚未执行完毕或者因故未执行，且下年需要按原用途继续使用的资金。

2.政府财务会计要素。政府财务会计要素包括资产、负债、净资产、收入和费用。

（1）资产是指政府会计主体过去的经济业务或者事项形成的，由政府会计主体控制的，预期能够产生服务潜力或者带来经济利益流入的经济资源。

服务潜力是指政府会计主体利用资产提供公共产品和服务以履行政府职能的潜在能力。

经济利益流入表现为现金及现金等价物的流入，或者现金及现金等价物流出的减少。

政府会计主体的资产按照流动性，分为流动资产和非流动资产。流动资产是指预计在1年内（含1年）耗用或者可以变现的资产，包括货币资金、短期投资、应收及预付款项和存货等。非流动资产是指流动资产以外的资产，包括固定资产、在建工程、无形资产、长期投资、公共基础设施、政府储备资产、文物资源、保障性住房和自然资源资产等。

（2）负债是指政府会计主体过去的经济业务或者事项形成的，预期会导致经济资源流出政府会计主体的现时义务。

现时义务是指政府会计主体在现行条件下已承担的义务。未来发生的经济业务或者事项形成的义务不属于现时义务，不应当确认为负债。

政府会计主体的负债按照流动性，分为流动负债和非流动负债。流动负债是指预计在1年内（含1年）偿还的负债，包括应付及预收款项、应付职工薪酬和应缴款项等。非流动负债是指流动负债以外的负债，包括长期应付款、应付政府债券和政府依法担保形成的债务等。

（3）净资产是指政府会计主体资产扣除负债后的净额。净资产金额取决于对资产和负债的计量。

（4）收入是指报告期内导致政府会计主体净资产增加的，含有服务潜力或者经济利益的经济资源的流入。

（5）费用是指报告期内导致政府会计主体净资产减少的，含有服务潜力或者经济利益的经济资源的流出。

二、会计科目

会计科目是对会计对象的具体内容或用途进行分类的项目，是对会计要素进一步细分的结果。每一个经济类型就是一个会计科目，且每一个会计科目都有规定的名称和核算内容。

会计对象根据经济活动的内容进行分类，有利于反映和控制其经济活动。在会计核算中，会计科目是对账户设置的名称，因此会计科目和账户名称是一致的。会计科目由财政部制定颁发，统一实施。会计主体对会计科目的设置和使用，应当符合国家统一会计制度的规定。

政府会计的会计科目按照主要的政府会计主体分类，可分为政府财政总会计科目和行政事业单位会计科目；按照经济内容或用途分类，可分为资产、负债、净资产、收入和支出五大类，或分为资产、负债、净资产、收入、费用、预算收入、预算支出和预算结余八大类；按照核算层次或者会计核算对象内容反映的详细程度分类，可分为总账科目、二级科目和明细科目。总账科目是对会计核算对象内容进行总括分类的科目，又称总分类科目或一级科目，是设置总账的依据。二级科目与明细科目是对总账科目的进一步分类，用以详细反映核算对象的内容，对总账科目进行补充，是设置二级账与明细账的依据。

三、会计等式

会计等式是在反映和计量经济业务时，对会计要素用平衡方程的方式表示。会计等式表明了各项经济业务发生时会计要素的关系。会计等式是检验会计核算正确与否的参照式，有资金等式、结余等式和基本等式三种。

我国现行政府会计体系下，政府会计主体用预算会计和财务会计平行记账，因此，会计等式又分预算会计等式和财务会计等式。

1.预算会计等式。预算会计等式反映预算会计收入、支出和结余的关系。

预算收入-预算支出=预算结余　（2-1）

等式（2-1）是预算收支的执行结果，属于动态的恒等式。

2.财务会计等式。财务会计等式包括静态等式和动态等式。静态等式为等式（2-2），动态等式为等式（2-3）。

资产=负债+净资产　（2-2）

净资产=收入-费用　（2-3）

将等式（2-2）、（2-3）合并、整理，可得出等式（2-4）：

资产+费用=负债+净资产+收入　（2-4）

关于等式（2-2）、（2-3）、（2-4）的解释，同旧政府会计体系下相应等式的说明。

第三节　政府会计记账方法

记账方法是运用一定的记账符号、记账方向、记账规则，编制会计分录和登记账簿的方法，是会计核算的基本方法之一。会计有两大记账方法，即收付记账法和借贷记账法。我国现行政府会计采用借贷记账法。

一、记账符号

借贷记账法是以“借”“贷”为记账符号，在经济业务引起资金变动的双方账户中作方向相反、金额相等的资金变动情况记录。“借”“贷”记账符号具有抽象的双重含义，在不同的账户中有不同的定义。具体而言，在负债类、净资产类、收入类账户中，“借”被定义为减少，“贷”被定义为增加；在资产类、支出类、费用账户中，“借”“贷”双方被给出相反的定义。同样，各类账户余额的“借”“贷”方向亦不同，负债类、净资产类、收入类账户的余额一般在“贷方”；资产类、支出类、费用账户的余额一般在“借方”。政府会计各类账户记账方向见表2-1。

表2-1　　政府会计各类账户记账方向

账户类别	借方	贷方	余额方向
资产类	+	-	借方
负债类	-	+	贷方
净资产类	-	+	贷方
收入类	-	+	平时余额在贷方，期末转账后一般无余额
支出类	+	-	平时余额在借方，期末转账后一般无余额
预算收入类	-	+	平时余额在贷方，年终结账后一般无余额
预算支出类	+	-	平时余额在借方，年终结账后一般无余额
预算结余类	-	+	贷方

说明：“+”表示增加；“-”表示减少。

二、记账规则

借贷记账法的记账规则是：有借必有贷，借贷必相等。每笔经济业务，都要在两个或两个以上账户的相反方向予以等额反映。该记账规则的恒等式如下：

第一，余额平衡公式。

所有账户的借方余额合计=所有账户的贷方余额合计

第二，发生额平衡公式。

所有账户的借方本期发生额合计=所有账户的贷方本期发生额合计

三、账户结构

各类会计要素下所设置的会计科目是开设账户的依据。通常，一个会计科目就是一个会计账户的名称。账户结构主要用来反映记账符号和记账方向的相互关系，通常用丁字账户形式予以体现。

（一）资产部类账户

资产部类账户包括资产、费用、预算支出三类性质账户，其结构是借方记增加数，贷方记减少数，余额一般在借方。资产部类账户结构见表2-2。

表2-2　**资产部类账户结构**

借	贷
期初余额 本期发生额+	本期发生额-
本期借方发生额合计	本期贷方发生额合计
期末余额	

（二）负债部类账户

负债部类账户包括负债、净资产、预算收入和预算结余四类性质账户，其结构是借方记减少数，贷方记增加数，余额一般在贷方。负债部类账户结构见表2-3。

表2-3　**负债部类账户结构**

借	贷
本期发生额-	期初余额 本期发生额+
本期借方发生额合计	本期贷方发生额合计
	期末余额

新政府会计体系下的资产、费用、预算支出的账户结构同上述资产部类账户结构，收入、负债、净资产、预算收入、预算结余的账户结构同上述负债部类账户结构。

第四节　会计账务处理程序

账务处理程序也称会计核算组织程序，是指对会计数据进行记录、归类、汇总、陈报的步骤和方法。其具体内容包括：从原始凭证的整理、汇总，记账凭证的填制、汇总，日记账、明细分类账的登记，到会计报表编制的步骤和方法。账务处理程序可以概括为：原始凭证→记账凭证→会计账簿→会计报表。①

一、会计账务处理总程序

我国各经济单位通常采用的账务处理程序主要有四种：记账凭证账务处理程序、汇总记账凭证账务处理程序、科目汇总表账务处理程序和多栏式日记账账务处理程序。由于政府会计采用的是记账凭证账务处理程序，因此下面仅介绍该种程序。

记账凭证账务处理程序是指对它发生的经济业务事项，都要根据原始凭证或汇总原始

① 李伯兴，周建龙．会计学基础［M］．北京：中国财政经济出版社，2010：199-200.

凭证编制记账凭证，然后直接根据记账凭证逐笔登记总分类账的一种账务处理程序。它是基本的账务处理程序，其步骤如下：

第一步，取得经济业务的原始凭证；

第二步，整理原始凭证，编制汇总原始凭证；

第三步，根据原始凭证或汇总原始凭证，编制记账凭证；

第四步，根据收款凭证、付款凭证，逐笔登记库存现金日记账和银行存款日记账（该步骤只存在于单位会计）；

第五步，根据原始凭证、汇总原始凭证和记账凭证，登记各种明细分类账；

第六步，根据记账凭证，逐笔登记总分类账；

第七步，期末，根据总分类账和明细分类账的记录，编制会计报表和会计报告；

第八步，根据会计报表资料，进行会计分析。

记账凭证账务处理程序的特点是直接根据记账凭证逐笔登记总分类账。其优点是账务处理程序简单明了，易于理解，总分类账可以较详细地反映经济业务的发生情况。其缺点是登记总分类账的工作量较大。

二、会计凭证

（一）原始凭证

原始凭证又称单据，是在经济业务发生或完成时取得或填制的，用以记录或证明经济业务的发生或完成情况的文字凭据。它不仅可以用来记录经济业务发生或完成情况，还可以明确经济责任，是进行会计核算工作的原始资料和重要依据，是会计资料中最具法律效力的一种文件。按照来源的不同，可将原始凭证分为外来原始凭证和自制原始凭证。

1.外来原始凭证，是指在同外单位发生经济往来事项时，从外单位取得的凭证，如发票、飞机和火车的票据、银行收付款通知单，以及购买商品、材料时，从供货单位取得的发票等。

2.自制原始凭证，是指在经济业务事项发生或完成时，由本单位内部经办部门或人员填制的凭证，如收料单、领料单、开工单、成本计算单、出库单等。

我国政府会计主体不同，原始凭证种类也不同，具体情况见各篇会计概述部分。

（二）记账凭证

记账凭证又称记账凭单，是会计人员根据审核无误的原始凭证按照经济业务事项的内容加以分类，确定会计分录后所填制的会计凭证。它是登记账簿的直接依据。

三、会计账簿

会计账簿，简称账簿，是由具有一定格式、相互联系的账页所组成，用来序时、分类地全面记录经济业务事项的会计簿籍。设置和登记会计账簿，是重要的会计核算基础工作，它是连接会计凭证和会计报表的中间环节。

填制会计凭证后，还要设置和登记账簿，主要是因为二者虽然都用来记录经济业务，但具有不同的作用。在会计核算中，对每一项经济业务，都必须取得和填制会计凭证，因而会计凭证数量很多，又很分散，而且每张凭证只能记载个别经济业务的内容，所提供的资料是零星的，不能全面、连续、系统地反映和监督一个经济单位在一定时期内全部经济业务情况，且不便于日后查阅。因此，为了提供系统的会计核算资料，各会计主体必须在凭证的基础上运用设置和登记账簿的方法，把分散在会计凭证上的大量核算资料加以集中和归类整理，生成有用的会计信息，从而为编制会计报表、进行会计分析以及审计提供依据。

四、会计报表

会计报表是反映政府会计主体预算执行结果和财务状况的书面文件，包括主表和附注两部分。会计报表是政府会计主体财务报告的主要部分，是向外传递会计信息的主要手段，是根据日常会计核算资料定期编制的。会计报表是综合反映会计主体某一特定日期财务状况和某一会计期间预算执行情况的总结性书面文件。此外，财务报告仅依靠几张会计报表提供的信息已经不能满足或不能直接满足会计信息使用者的需要了，因此还需要通过报表以外的附注和说明来提供更多的信息。

政府会计各组成部分的会计报表的类别、格式及编制要求不太一样，具体内容详见各篇的会计报告章节。

思考与练习题

一、思考题

1.我国政府会计假设有哪些？

2.我国政府会计信息的确认原则有哪些？

3.我国政府会计的基本要素有哪些？与企业会计相比，有哪些不同？

4.我国政府会计的会计等式有哪些？

5.我国现行政府会计采用什么记账方法？

6.我国政府会计的账务处理程序是怎样的？

二、单项选择题

1.事业单位预付费用导致的现金流出被确认为（　　）。

A.资产　　B.负债　　C.支出　　D.净资产

2.下列不属于政府会计基本要素的是（　　）。

A.资产　　B.负债　　C.所有者权益　　D.净资产

3.会计分期确定政府会计核算的（　　）范围。

A.空间　　B.时间　　C.广度　　D.深度

4.政府会计主体在确认其财产物资的价值时，以取得或购建时发生的实际成本核算，属于政府会计的（　　）原则。

A.历史性　　B.配比　　C.一贯性　　D.可比性

5.我国现行政府会计采用（　　）记账方法。

A.收付　　B.加减　　C.借贷　　D.增减

6.在借贷记账法下，资产部类账户的“借”表示（　　）。

A.增加　　B.减少　　C.借入　　D.借出

三、多项选择题

1.下列原则中，属于我国政府会计信息确认原则的有（　　）。

A.限制性原则　　B.一贯性原则　　C.历史成本原则　　D.配比原则

2.下列要素中，属于政府会计资产部类的会计要素的有（　　）。

A.资产　　B.负债　　C.收入　　D.费用

3.下列要素中，属于政府会计负债部类的会计要素的有（　　）。

A.资产　　B.负债　　C.收入　　D.净资产

4.下列原则中，属于我国政府会计信息质量原则的有（　　）。

A.完整性原则　　B.真实性原则　　C.及时性原则　　D.可比性原则

5.我国政府会计的会计科目按照核算层次或会计核算对象内容反映的详细程度，可分为（　　）。

A.资产类科目　　B.总账科目　　C.二级科目　　D.明细科目

6.我国《政府会计准则——基本准则》要求，政府会计核算应当划分会计期间，会计期间至少分为（　　）。

A.年度　　B.季度　　C.月度　　D.旬度

第二章即测即评

四、论述题

请阐述我国政府会计设净资产要素而不设所有者权益要素的原因。

第二篇　财政总会计

第三章 财政总会计概述

☞ **学习目的**

通过本章的学习，了解财政总会计的定义、主要职责，理解财政总会计的特点及核算原理。

第一节 财政总会计的职责及特点

一、总会计的定义

财政总会计（以下简称“总会计”），是各级政府财政核算、反映、监督政府一般公共预算资金、政府性基金预算资金、国有资本经营预算资金、社会保险基金预算资金以及财政专户管理资金、专用基金和代管资金等资金活动的专业会计。

社会保险基金预算资金的会计核算制度与其他资金不同，由财政部另行规定。

由于我国是一级政府一级预算一级总会计，因此每个政府主体都有一套相对独立的总会计账。换言之，每个政府主体都以本政府范围为限设立各自的总会计账，用于核算、反映本政府财政资金运动的过程和结果。

二、总会计的职责

1.进行会计核算。办理政府财政各项收支、资产负债的会计核算工作，反映政府财政预算执行情况和财务状况。

2.进行财政资金收付调度管理。组织办理财政资金的收付、调拨，在确保资金安全性、规范性、流动性的前提下，合理调度管理资金，提高资金使用效益。

3.规范账户管理。加强对国库单一账户、财政专户、零余额账户和预算单位银行账户等的管理。

4.实行会计监督，参与预算管理。通过会计核算和反映，进行预算执行情况分析，并对总预算、部门预算和单位预算的执行实行会计监督。

5.协调预算收入征收部门、国家金库、国库集中收付代理银行、财政专户开户银行和其他有关部门之间的业务关系。

6.组织本地区的财政总决算、部门决算编审和汇总工作。

7.组织和指导下级政府的总会计工作。

三、总会计的特点

我国总会计主要反映政府财政资金收付调度管理的情况，其资金流动属于整个政府财政资金流动过程的统筹和分配环节，从总体上反映本级政府财政预算执行情况和财务状况。因此，总会计具有如下特点：

（1）直接为国家预算执行和管理服务，主要负责财政资金分配的核算。财政部门作为政府财政资金的核心机构，属于政府预算执行中的监督管理机构，在各职能部门和政府之间起着承上启下的作用，主要负责财政资金的分配和调度，并辅之以监督和指导。因此，总会计的账目属于资金调度性质的资金分配核算。

（2）确认基础，收入以缴入国库数为准，支出以拨款数（即出库数）为准。总会计的经济业务基本属于政府财政资金的流入和流出，需要如实地按照资金的实际入库、出库时间和相应的金额进行核算，因此在确认收支时，财政收入以实际入库时的实际入库数入账，财政支出以实际出库时的实际出库数入账。

（3）没有现金结算业务。总会计业务不经手现金，只进行预算资金的收支和划拨的核算。相应地，会计科目中不设置现金、银行存款等现金结算类业务科目。

（4）无存货、固定资产等实物资产核算业务。总会计除了核算反映财政资金的收付，以及由此引起的资产负债外，没有单位会计主体的实物性资产核算业务。相应的，会计科目中不设置库存物品、固定资产、在建工程等实物类科目。

（5）双功能、双会计、双基础。自2023年1月1日起，总会计开始实行新的政府会计制度，采用财务会计与预算会计的“双会计”平行核算模式，以满足财务目标和预算目标的“双目标”要求，实现“双功能”。财务会计实行权责发生制会计基础，预算会计实行收付实现制会计基础，呈现出“双基础”的特点。

四、总会计的核算目标

其包括向会计信息使用者提供政府财政预算执行情况、财务状况、运行情况和现金流量等会计信息，反映政府财政受托责任履行情况。

会计信息使用者包括人民代表大会、政府及其有关部门、政府财政部门自身和其他会计信息使用者。

总会计应当具备财务会计与预算会计双重功能，实现财务会计与预算会计适度区分但相互衔接，全面、清晰反映政府财政财务信息和预算执行信息的目标。相应的，财务会计与预算会计有各自的核算范围：（1）对于纳入预算管理的财政资金收支业务，在采用预算会计核算的同时，应当进行财务会计核算；（2）对于不同预算类型资金间的调入调出、待发国债等业务，仅需进行预算会计核算；（3）对于其他业务，仅需进行财务会计核算。

第二节 财政总会计的账务组织

一、会计科目

（一）会计科目内容

财政总会计科目详见表3-1。

表3-1 财政总会计科目表

序号	编号	名称	序号	编号	名称
一、资产类			二、负债类		
1	1001	国库存款	15	2001	应付短期政府债券
2	1002	其他财政存款		200101	应付国债
3	1003	国库现金管理资产		200102	应付地方政府一般债券
	100301	商业银行定期存款		200103	应付地方政府专项债券
	100399	其他国库现金管理资产	16	2011	应付国库集中支付结余
4	1011	有价证券	17	2012	与上级往来
5	1021	应收非税收入	18	2013	其他应付款
6	1022	应收股利	19	2014	应付代管资金
7	1031	借出款项	20	2015	应付利息
8	1032	与下级往来		201501	应付国债利息
9	1033	预拨经费		201502	应付地方政府债券利息
10	1034	在途款		201503	应付地方政府主权外债利息
11	1035	其他应收款	21	2021	应付长期政府债券
12	1041	应收地方政府债券转贷款		202101	应付国债
	104101	应收本金		202102	应付地方政府一般债券
	104102	应收利息		202103	应付地方政府专项债券
13	1042	应收主权外债转贷款	22	2022	借入款项
	104201	应收本金	23	2031	应付地方政府债券转贷款
	104202	应收利息		203101	应付本金
14	1061	股权投资		203102	应付利息
	106101	国际金融组织股权投资	24	2032	应付主权外债转贷款
	106102	政府投资基金股权投资		203201	应付本金

续表

序号	编号	名称	序号	编号	名称
	106103	企业股权投资		203202	应付利息
			25	2041	其他负债
			三、净资产类		
			26	3001	累计盈余
				300101	预算管理资金累计盈余
				300102	财政专户管理资金累计盈余
				300103	专用基金累计盈余
			27	3011	本期盈余
				301101	预算管理资金本期盈余
				301102	财政专户管理资金本期盈余
				301103	专用基金本期盈余
			28	3021	预算稳定调节基金
			29	3022	预算周转金
			30	3041	权益法调整
			31	3051	以前年度盈余调整
				305101	预算管理资金以前年度盈余调整
				305102	财政专户管理资金以前年度盈余调整
				305103	专用基金以前年度盈余调整
四、收入类			六、预算收入类		
32	4001	税收收入	56	6001	一般公共预算收入
33	4002	非税收入	57	6002	政府性基金预算收入
34	4011	投资收益	58	6003	国有资本经营预算收入
35	4021	补助收入	59	6005	财政专户管理资金收入
36	4022	上解收入	60	6007	专用基金收入
37	4023	地区间援助收入	61	6011	补助预算收入
38	4031	其他收入		601101	一般公共预算补助收入
39	4041	财政专户管理资金收入		601102	政府性基金预算补助收入
40	4042	专用基金收入		601103	国有资本经营预算补助收入

续表

序号	编号	名称	序号	编号	名称
				601111	上级调拨
			62	6012	上解预算收入
				601201	一般公共预算上解收入
				601202	政府性基金预算上解收入
				601203	国有资本经营预算上解收入
			63	6013	地区间援助预算收入
			64	6021	调入预算资金
				602101	一般公共预算调入资金
				602102	政府性基金预算调入资金
			65	6031	动用预算稳定调节基金
			66	6041	债务预算收入
				604101	国债收入
				604102	一般债务收入
				604103	专项债务收入
			67	6042	债务转贷预算收入
				604201	一般债务转贷收入
				604202	专项债务转贷收入
			68	6051	待处理收入
				605101	库款资金待处理收入
				605102	专户资金待处理收入
五、费用类			七、预算支出类		
41	5001	政府机关商品和服务拨款费用	69	7001	一般公共预算支出
42	5002	政府机关工资福利拨款费用	70	7002	政府性基金预算支出
43	5003	对事业单位补助拨款费用	71	7003	国有资本经营预算支出
44	5004	对企业补助拨款费用	72	7005	财政专户管理资金支出
45	5005	对个人和家庭补助拨款费用	73	7007	专用基金支出
46	5006	对社会保障基金补助拨款费用	74	7011	补助预算支出
47	5007	资本性拨款费用		701101	一般公共预算补助支出
48	5008	其他拨款费用		701102	政府性基金预算补助支出

续表

序号	编号	名称	序号	编号	名称
49	5011	财务费用		701103	国有资本经营预算补助支出
	501101	利息费用		701111	调拨下级
	501102	债务发行兑付费用	75	7012	上解预算支出
	501103	汇兑损益		701201	一般公共预算上解支出
50	5021	补助费用		701202	政府性基金预算上解支出
51	5022	上解费用		701203	国有资本经营预算上解支出
52	5023	地区间援助费用	76	7013	地区间援助预算支出
53	5031	其他费用	77	7021	调出预算资金
54	5041	财政专户管理资金支出		702101	一般公共预算调出资金
55	5042	专用基金支出		702102	政府性基金预算调出资金
				702103	国有资本经营预算调出资金
			78	7031	安排预算稳定调节基金
			79	7041	债务还本预算支出
				704101	国债还本支出
				704102	一般债务还本支出
				704103	专项债务还本支出
			80	7042	债务转贷预算支出
				704201	一般债务转贷支出
				704202	专项债务转贷支出
			81	7051	待处理支出
			八、预算结余类		
			82	8001	一般公共预算结转结余
			83	8002	政府性基金预算结转结余
			84	8003	国有资本经营预算结转结余
			85	8005	财政专户管理资金结余
			86	8007	专用基金结余
			87	8031	预算稳定调节基金
			88	8033	预算周转金
			89	8041	资金结存

续表

序号	编号	名称	序号	编号	名称
				804101	库款资金结存
				804102	专户资金结存
				804103	在途资金结存
				804104	集中支付结余结存
				804105	上下级调拨结存
				804106	待发国债结存
				804107	零余额账户结存
				804108	已结报支出
				804109	待处理结存

注："804107零余额账户结存"与"804108已结报支出"为支付中心会计使用科目。

（二）会计科目使用要求

总会计应当按照下列规定使用会计科目：

（1）总会计应当对有关法律、法规允许进行的经济活动，按照《财政总会计制度》的规定使用会计科目进行核算；不得将该制度规定的会计科目及使用说明作为进行有关经济活动的依据。

（2）总会计应当按照《财政总会计制度》的规定设置和使用会计科目，无须使用的总账科目可以不使用；在不影响会计处理和编报会计报表的前提下，各级总会计可以根据实际情况在相关科目体系下自行增设下级明细科目。

（3）总会计应当执行《财政总会计制度》统一规定的会计科目编号，不得随意打乱重编，以便于填制会计凭证、登记账簿、查阅账目，实行会计信息化管理。

（4）总会计在填制会计凭证、登记会计账簿时，应同时填列会计科目的名称及编号。

（5）总会计设置明细科目或进行明细核算，除遵循《财政总会计制度》的规定外，还应当满足政府财政预算管理和财务管理的需要。

（三）新增的总会计明细科目

为进一步加强财政总会计核算管理，充分发挥财政总会计职能作用，财政部于2024年10月发布《关于进一步加强财政总会计核算管理有关事项的通知》（财库〔2024〕23号），增设了部分明细会计科目。

一是增设财务会计明细科目。在"国库存款"科目下，增设"金库存款"和"待划转社会保险费"明细科目。在"其他应付款"科目下，增设"待划转社会保险费"、"收回存量资金"、"国库集中支付待清算资金"和"其他"明细科目。在"应收地方政府债券转贷款——应收本金"下，增设"未到期本金"和"已到期本金"。在"应付地方政府债券转贷款——应付本金"下，增设"未到期本金"和"已到期本金"。

二是增设预算会计明细科目。在"资金结存——待处理结存"科目下，增设"待处理收入结存"、"待处理支出结存"、"国库集中支付待清算资金"和"其他待处理事项"明细科目。

财政总会计增设的明细科目详见表3-2。

表3-2　**财政总会计增设明细科目表**

序号	科目编码	会计科目名称
一、财务会计科目		
(一）资产类		
	1001	国库存款
1	100101	金库存款
2	100111	待划转社会保险费
	……	……
	1041	应收地方政府债券转贷款
	104101	应收本金
3	10410101	未到期本金
	1041010101	一般债券
	1041010102	专项债券
4	10410102	已到期本金
	1041010201	一般债券
	1041010202	专项债券
(二）负债类		
	2013	其他应付款
5	201311	待划转社会保险费
6	201312	收回存量资金
7	201341	国库集中支付待清算资金
8	201399	其他
	……	……
	2031	应付地方政府债券转贷款
	203101	应付本金
9	20310101	未到期本金
	2031010101	一般债券
	2031010102	专项债券
10	20310102	已到期本金
	2031010201	一般债券
	2031010202	专项债券

续表

序号	科目编码	会计科目名称
二、预算会计科目		
（三）预算结余类		
	8041	资金结存
	……	……
	804109	待处理结存
11	80410901	待处理收入结存
12	80410911	待处理支出结存
13	80410941	国库集中支付待清算资金
14	80410999	其他待处理事项

二、会计凭证

（一）原始凭证

原始凭证是在经济业务发生或完成时取得或填制的，用来记录或证明经济业务的发生或完成情况的具有法律效力的文字凭据，是进行会计核算的原始资料和主要依据。总会计的原始凭证主要有：

1.国库报来的各种收入日报表及其附件，如各种“缴款书”“收入退还书”“更正通知书”等；

2.各种拨款和转账收款凭证，如预算拨款凭证、各种银行汇款凭证等；

3.主管部门报来的各种非包干专项拨款支出报表和基本建设支出月报；

4.其他足以证明会计事项发生经过的凭证和文件。

（二）记账凭证

记账凭证是根据审核无误的原始凭证加以归类整理填制的，用以确定会计分录并作为登记账簿的书面凭证。财政总会计记账凭证的参考格式主要有两种，分别见表3-3和表3-4。

表3-3 **记账凭证** 总号____

年 月 日 分号____

对方单位	摘要	借方		贷方		金额	记账符号	
		科目编号	科目名称	科目编号	科目名称			

附凭证 张

会计主管 记账 稽核 出纳 制单

表3-4 **记账凭证** 总号____

年　月　日 分号____

摘要	总账科目	明细科目	借方金额	贷方金额	记账符号	

附凭证　张

会计主管　记账　稽核　制单

记账凭证的编制方法如下：

（1）各级总会计应根据审核无误的原始凭证，归类整理编制记账凭证。记账凭证的各项内容必须填列齐全，经复核后据以记账。制证人必须签名或盖章。属于预拨经费转列支出、年终结账和更正错误的记账凭证，可不附原始凭证，但应由会计主管人员签章。

（2）记账凭证应按照会计事项发生的日期、顺序整理制证记账。按照制证的顺序，每月从第1号起编一个连续号。

（3）记账凭证的日期，按以下规定填列：月份终了尚未结账前，收到上月的收入凭证，可填列所属月份的最末一日。结账后，按实际处理账务的日期填列。根据支出月报的银行支出数编制的记账凭证，填列会计报表所属月份的最末一日；办理年终结账的记账凭证，填列实际处理账务的日期，并注上“上年度”字样。凭证编号仍按上年12月的顺序号连续编列。其余会计事项，一律按发生的日期填列。

（4）记账凭证每月应按顺序号整理，连同所附的原始凭证加上封面，装订成册保管。记账凭证封面样式见表3-5。

表3-5 **××××（财政部门名称）** 记账凭证封面

时间	年　月
册数	木月共　册　本册是第　册
张数	本册自第　号到第　号

会计主管　装订人

三、会计账簿

（一）账簿种类

1.总账。总账用以核算资金活动的总括情况，平衡账务，控制和核对各种明细账。总账格式上多为三栏式账簿，按会计科目名称设置账户。

2.明细账。明细账用以对总账有关科目进行明细核算。明细账格式可选用三栏式账簿或多栏式账簿。会计账簿格式有三栏式和多栏式。三栏式账簿见表3-6，多栏式账簿见表3-7。

表3-6 **总账**

本账页数 会计科目：

本户页数 户名：

年		凭证号	摘要	借方金额	贷方金额	余额	
月	日					借或贷	金额

表3-7 **明细账**

明细科目或户名： 第 页

年		摘要	借方	贷方	余额	借（贷）方余额分析	
月	日						

说明：各种收支明细账可采用本账格式。本账作支出明细核算时，“借（贷）方余额分析”栏以借方为主；本账作收入明细核算时，“借（贷）方余额分析”栏以贷方为主。

（二）账簿使用要求

1.会计账簿的使用，以每一会计年度为限。每一本账簿启用时，应填写“经管人员一览表”和“账簿目录”，附于账簿扉页上。

2.手工记账必须使用蓝、黑色墨水书写，不得使用铅笔、圆珠笔。红色墨水除登记收入负数时使用外，只能在划线、改错、冲账时使用。账簿必须按照编定的页数连续记载，不得隔页、跳行。如因工作疏忽发生跳行或隔页，应当将空行、空页划线注销，并由记账人员签名或盖章。登记账簿要及时准确，日清月结，文字和数字的书写要清晰整洁。

3.会计账簿应根据已经审核过的会计凭证登记。记账时，将记账凭证的编号记入账簿内，记账后，在记账凭证上用“√”注明，表示已登记入账。

4.各种账簿记录应按月结账，求出本期发生额和余额。

四、总会计账套分类

根据财政部《关于进一步加强财政总会计核算管理有关事项的通知》（财库〔2024〕23号）的规定，总会计需要统一账套设置，并明确账套核算内容。

1.统一账套设置。全国各级财政总会计统一设置财政总会计账、教育收费专户账、非税收入收缴专户账、财政代管资金专户账、社保基金专户账、支付中心账、专用基金账、专项支出类专户账、外币类专户账等9个类型账套开展总会计核算。各类账套实行全国统一的账套名称和账套编码。各地确有需要增设账套的，需向财政部（国库司）备案，新设账套的核算内容不能与上述9个账套交叉重复。

2.明确账套核算内容。财政总会计账核算一般公共预算、政府性基金预算和与国有资本经营预算资金有关的经济业务活动或事项；教育收费专户账核算纳入预算管理的教育收费资金收支业务；非税收入收缴专户账核算通过收入收缴管理系统收取、确认、划转的非税资金业务；财政代管资金专户账核由算财政部门代为管理的预算单位资金，以及其他需要在专户管理的非财政预算资金收支业务；社保基金专户账核算社会保障基金财政专户资金收支业务；支付中心账核算单独设立的国库支付执行机构发生的资金收支业务；专用基金账核算根据财政管理的要求，需单独核算的专用基金收支业务；专项支出类专户账核算根据财政管理的要求，需单独核算的专项支出类资金收支业务等；外币类专户账核算以外币原币为记账本位币的外币收支业务等。

总会计账套分类情况详见表3-8。

表3-8　**财政总会计账套分类情况表**

序号	账套编码	账套名称	核算内容	核算资金范围
1	1001	财政总会计账	核算一般公共预算、政府性基金预算和与国有资本经营预算等资金有关的经济业务活动或事项	政府预算资金
2	1002	教育收费专户账	核算纳入预算管理的教育收费资金收支业务	财政专户管理资金
3	1003	非税收入收缴专户账	核算通过收入收缴管理系统收取、确认、划转的非税资金业务	财政专户管理资金
4	1004	财政代管资金专户账	核算由财政部门代为管理的预算单位资金，以及其他需要在专户管理的非财政预算资金收支业务	财政专户管理资金
5	1005	社保基金专户账	核算社会保障基金财政专户资金收支业务	社会保障基金
6	1006	支付中心账	核算单独设立的国库支付执行机构发生的资金收支业务	政府预算资金
7	1007	专用基金账	核算根据财政管理的要求，需单独核算的专用基金收支业务	财政专户管理资金
8	1008	专项支出类专户账	核算根据财政管理的要求，需单独核算的专项支出类资金收支业务等	财政专户管理资金
9	1009	外币类专户账	核算以外币原币为记账本位币的外币收支业务等	政府预算资金 财政专户管理资金

五、总会计核算原理

总会计的任务是把财政代表本级政府总管财政资金的每笔业务活动，按照现行《财政总会计制度》的规定，如实地转化为会计信息。由于财政总管财政资金处于整个政府财政资金运动过程的分配环节，反映的只是整个政府财政资金入库（或财政专户）和出库（或财政专户）的资金情况，因此总会计没有实物资产和现金类货币资产，其原始凭证也只是一些入库（或财政专户）和出库（或财政专户）的报表及拨款凭证。此外，由于我国各级政府除了本级政府内部的财政资金业务外，还存在与上下级政府的资金业务往来，因此总会计还反映本级政府与上下级政府资金往来的业务活动。

总会计资金流动及入账原理如图 3-1 所示。

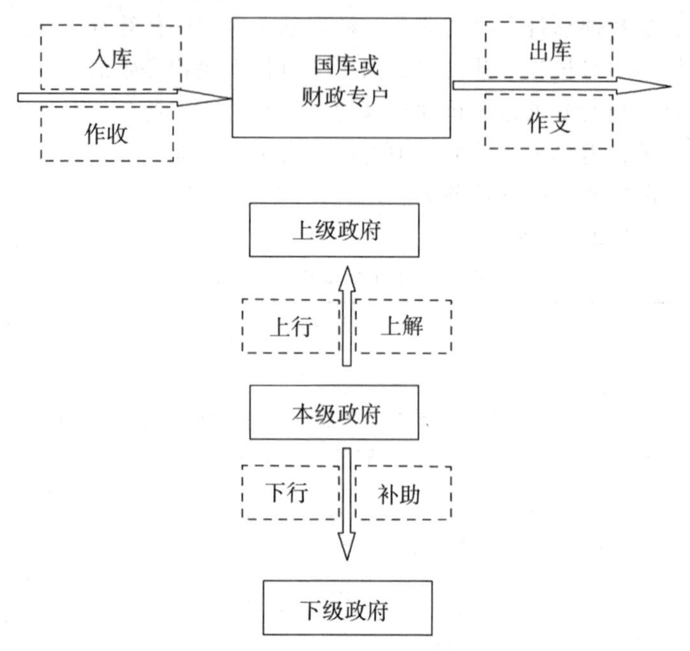

图 3-1　总会计资金流动及入账原理图

收入征收机构将财政资金征收起来后，按要求解缴到国库或财政专户，国库或财政专户报知财政部门，总会计即作收；财政部门根据预算将财政资金分配给各预算单位，各预算单位使用财政资金时，国库或财政专户拨付财政资金，财政资金出库，总会计即作支（或费用）。除了本级政府内部的这种入、出库资金流动外，还有上下级政府与本级政府之间的资金流动。本级政府的财政资金流向上级政府，总会计称作“上解”，当上解业务发生时，本级总会计作“上解”类支出或费用，上级总会计作“上解”类收入。反之，上级政府财政资金流向本级政府，总会计称作“补助”，当补助业务发生时，上级总会计作“补助”类支出或费用，本级总会计作“补助”类收入。简言之，总会计资金流动只是各级政府财政资金的总流控制，并不涉及实际意义上的收支业务活动。

思考与练习题

一、思考题

1.财政总会计的概念是什么？

2.财政总会计的任务有哪些？

3.财政总会计科目的使用要求有哪些？

4.简述财政总会计的原始凭证种类。

5.简述财政总会计的特点。

6.简述财政总会计的账套分类情况。

7.简述财政总会计新增明细科目情况。

二、单项选择题

1.我国财政总会计预算会计的核算基础以（　　）为主。

A.收付实现制　　B.权责发生制

C.修正的收付实现制　　D.修正的权责发生制

2.我国财政总会计没有（　　）结算业务。

A.存款　　B.现金　　C.收入　　D.支出

3.“有价证券”属于财政总会计（　　）类会计科目。

A.资产　　B.负债　　C.净资产　　D.费用

4.“已结报支出”属于财政总会计（　　）类会计科目。

A.资产　　B.负债　　C.净资产　　D.支出

5.具体执行各级财政总会计核算任务的部门是（　　）。

A.各级政府办　　B.各级党委办

C.各级人大常委会　　D.各级财政部门

三、多项选择题

1.下列属于财政总会计信息使用者的有（　　）。

A.人民代表大会　　B.政府及其有关部门

C.政府财政部门　　D.其他使用者

2.下列属于财政总会计信息质量要求的有（　　）。

A.真实可靠性　　B.相关有用性　　C.及时性　　D.可比性

3.下列会计科目中，属于财政总会计资产类科目的有（　　）。

A.“待发国债”　　B.“股权投资”　　C.“资产基金”　　D.“预算周转金”

4.财政总会计的存款类账户包括（　　）。

A.国库存款　　B.银行存款

C.国库现金管理存款　　D.其他财政存款

5.财政总会计的明细账包括（　　）。

A.收入明细账　　B.支出明细账　　C.往来款项明细账　　D.现金明细账

第三章即测即评

四、论述题

阐述财政总会计的核算原理。

第四章 总会计之财务会计科目使用

☞ 学习目的

通过本章的学习，掌握财政总会计之财务会计五大会计要素下各会计科目的使用方法及规定，主要包括核算范围及账务处理，为总会计各类业务进行双会计核算奠定基础。

第一节 总会计资产类科目

一、总会计资产概述

（一）资产定义

总会计资产是指政府财政占有或控制的，能以货币计量的经济资源。

总会计核算的资产按照流动性分类，分为流动资产和非流动资产。流动资产是指预计在1年内（含1年）变现的资产；非流动资产是指流动资产以外的资产。

（二）资产内容

总会计核算的资产具体包括财政存款、国库现金管理资产、有价证券、应收非税收入、应收股利、应收及暂付款项、借出款项、预拨经费、在途款、应收转贷款、股权投资等。

财政存款是指政府财政部门代表政府管理的国库存款和其他财政存款等。财政存款的支配权归属于同级政府财政部门，其由总会计负责管理，总会计统一在国库或选定的银行开立存款账户，统一收付，不得透支，不得提取现金。

国库现金管理资产是指政府财政在确保支付需要的前提下，将暂时闲置的国库存款存放在商业银行或者投资于货币市场形成的资产，包括国库现金管理商业银行定期存款以及国库现金管理其他资产。

有价证券是指政府财政按照有关规定取得并持有的有价证券。

应收非税收入是指政府财政应向缴款人收取但实际尚未缴入国库的

非税收入款项。应收股利是指政府因持有股权投资应当收取的现金股利或应当分得的利润。

应收及暂付款项是指政府财政业务活动中形成的债权，包括与下级往来和其他应收款等。应收及暂付款项应当及时清理结算，不得长期挂账。

借出款项是指政府财政按照对外借款管理有关规定借给预算单位临时急需，并按期收回的款项。借出款项仅限于政府财政对纳入本级预算管理的一级预算单位（不含企业）安排借款，不得经预算单位再转借企业。借款资金仅限于临时性资金周转或应对社会影响较大突发事件的临时急需垫款，借款期限不得超过一年，借款时应明确还款来源。

预拨经费是指政府财政在本级人民代表大会批准年度预算前，可以提前预拨已经列入年度预算的各部门基本支出、项目支出和对下级转移支付支出，以及法律规定必须履行支付义务的支出和用于自然灾害等突发事件处理的支出。除上述支出事项及财政部另有规定外，其他支出均不得提前预拨。预拨经费（不含预拨下年度预算资金）应在年终前转列费用或清理收回。

在途款是指报告清理期和库款报解整理期内发生的需要通过本科目过渡处理的属于上年度收入、费用等业务的款项。

应收转贷款是指政府财政将借入的资金转贷给下级政府财政的款项，包括应收地方政府债券转贷款、应收主权外债转贷款等。

股权投资是指政府持有的各类股权投资，包括国际金融组织股权投资、政府投资基金股权投资和企业股权投资等。

（三）资产类会计科目及其核算内容

总会计核算的资产，应当按照取得或发生时的实际金额进行计量。总会计资产类会计科目及其核算内容详见表4-1。

表4-1　**总会计资产类会计科目及其核算内容**

序号	科目编号	会计科目名称	核算内容
1	1001	国库存款	核算政府财政存放在国库单一账户的款项
2	1002	其他财政存款	核算政府财政未列入“国库存款”科目反映的各项财政存款
3	1003	国库现金管理资产	核算政府财政将暂时闲置的国库存款存放在商业银行或者投资于货币市场形成的资产
4	1011	有价证券	核算政府财政按照有关规定取得并持有的有价证券
5	1021	应收非税收入	核算政府财政应向缴款人收取但实际尚未缴入国库的非税收入款项
6	1022	应收股利	核算政府因持有股权投资应当收取的现金股利或应当分得的利润
7	1031	借出款项	核算政府财政按照对外借款管理有关规定借给预算单位临时急需，并按期收回的款项
8	1032	与下级往来	核算本级政府财政与下级政府财政的往来待结算款项
9	1033	预拨经费	核算政府财政按照预拨经费管理有关规定预拨给预算单位尚未列为费用的款项

续表

序号	科目编号	会计科目名称	核算内容
10	1034	在途款	核算报告清理期和库款报解整理期内发生的需要通过本科目过渡处理的属于上年度收入、费用等业务的款项
11	1035	其他应收款	核算政府财政临时发生的其他应收、暂付、垫付款项
12	1041	应收地方政府债券转贷款	核算本级政府财政转贷给下级政府财政的地方政府债券资金的本金及利息
13	1042	应收主权外债转贷款	核算本级政府财政转贷给下级政府财政的地方政府债券资金的本金及利息
14	1061	股权投资	核算政府持有的各类股权投资。包括国际金融组织股权投资、政府投资基金股权投资和企业股权投资等

二、货币性资产会计科目的使用

货币性资产是指政府财政部门代表政府管理的各类财政性存款及等同货币管理的资产。其包括国库存款、其他财政存款、国库现金管理资产、有价证券、在途款。

注意财政性存款与财政存款的区别。财政性存款指的是政府财政部门代表政府管理的各类存款；财政存款仅指政府财政部门代表政府管理的国库存款和其他财政存款。前者范围更广。

（一）国库存款

1.核算内容

本科目核算政府财政存放在国库单一账户（即国家金库，以下简称“国库”）的款项。其期末借方余额反映政府财政国库存款的结存数。

2.主要账务处理

（1）国库存款增加时，按照实际收到的金额，借记本科目，贷记有关科目。国库存款增加的业务主要包括以下内容：

一是收到预算收入时，借记本科目，贷记有关收入科目。当日收入数为负数时，用红字记入（采用计算机记账的，用负数反映）。

【例 4-1】某市财政局收到国库报来的“预算收入日报表”，其中税收收入250万元，非税收入60万元。

借：国库存款　　3 100 000

　贷：税收收入　　2 500 000

　　　非税收入　　600 000

二是收到国库存款利息收入时，借记本科目，贷记“非税收入”科目。

【例 4-2】某市财政局收到库款利息收入2万元。

借：国库存款　　20 000

　贷：非税收入　　20 000

三是收到缴入国库的来源不明的款项时，借记本科目，贷记“其他应付款”等科目。

【例4-3】某市财政局收到的国库报表上列示，收到市公安局缴来的不明性质的款项8万元。

借：国库存款 80 000

贷：其他应付款——市公安局 80 000

（2）国库库款减少时，按照实际支付的金额，借记有关科目，贷记本科目。

【例4-4】某市财政局根据支付中心报来的预算支出结算清单上列示的市教育局发生的办公经费10万元，记支出账。

借：政府机关商品和服务拨款费用 100 000

贷：国库存款 100 000

（3）国库存款外币业务的核算。总会计应当以人民币为记账本位币，以元为金额单位，元以下记至角、分。发生外币业务，在登记外币金额的同时，一般应当按照业务发生当日中国人民银行公布的汇率中间价，将有关外币金额折算为人民币金额记账。期末，各种以外币计价或结算的资产负债项目，应当按照期末中国人民银行公布的汇率中间价进行折算，因汇率变动产生的差额记入有关费用和支出科目。

【例4-5】某市财政局国库收到税收收入美元款15万美元，当日汇率中间价为6.20。

借：国库存款——美元户（150 000×6.20） 930 000

贷：税收收入（150 000×6.20） 930 000

【例4-6】年终，某市财政局计算一般公共预算资金的美元汇兑损失为1万元，政府性基金预算资金的英镑汇兑溢出为16 000元。

借：财务费用——汇兑损益 10 000

贷：国库存款——美元户 10 000

借：国库存款——英镑户 16 000

贷：财务费用——汇兑损益 16 000

（二）其他财政存款

1.核算内容

本科目核算政府财政未列入“国库存款”科目反映的各项财政存款。其期末借方余额反映政府财政持有的其他财政存款。本科目应当按照资金性质和存款银行等进行明细核算。

2.主要账务处理

（1）财政专户收到款项时，按照实际收到的金额，借记本科目，贷记有关科目。

【例4-7】某市财政局收到财政专户管理资金150万元。

借：其他财政存款 1 500 000

贷：财政专户管理资金收入 1 500 000

（2）其他财政存款产生的利息收入，除规定作为专户资金收入外，其他利息收入都应缴入国库。按照规定作为专户资金收入的，借记本科目，贷记“应付代管资金”或有关收入科目。按照规定应缴入国库的，借记本科目，贷记“其他应付款”科目。其他财政存款利息收入缴入国库时，借记“其他应付款”科目，贷记本科目；同时，借记“国库存款”科目，贷记“非税收入”科目。

【例 4-8】某市财政局代管资金专户计提利息20万元，该利息按规定作为专户收入。

借：其他财政存款　　200 000

　贷：应付代管资金　　200 000

【例 4-9】某市财政局其他财政存款产生利息收入25万元，按规定应缴入国库。

（1）计提利息时：

借：其他财政存款　　250 000

　贷：其他应付款　　250 000

（2）利息缴入国库时：

借：其他应付款　　250 000

　贷：其他财政存款　　250 000

借：国库存款　　250 000

　贷：非税收入　　250 000

（3）其他财政存款减少时，按照实际支付的金额，借记有关科目，贷记本科目。

【例 4-10】某市财政局专户管理资金安排支出30万元。

借：财政专户管理资金支出　　300 000

　贷：其他财政存款　　300 000

（三）国库现金管理资产

1.核算内容

本科目核算政府财政将暂时闲置的国库存款存放在商业银行或者投资于货币市场形成的资产。期末借方余额反映政府财政开展国库现金管理业务形成的资产。本科目应按照业务种类设置“商业银行定期存款”“其他国库现金管理资产”明细科目，并可根据管理需要进行明细核算。

2.主要账务处理

（1）商业银行定期存款

①根据国库现金管理有关规定开展商业银行定期存款时，将国库存款转存商业银行，按照存入商业银行的金额，借记本科目，贷记“国库存款”科目。

【例 4-11】某市财政局按照国库现金管理有关规定，将库款1 000万元转存商业银行。

借：国库现金管理资产——商业银行定期存款　　10 000 000

　贷：国库存款　　10 000 000

②商业银行将定期存款收回国库时，按照实际收回的金额，借记“国库存款”科目，按照原存入商业银行的存款本金金额，贷记本科目，按照其差额，贷记“非税收入”科目。

【例 4-12】某市财政局将国库现金管理存款收回国库，实际收回1 020万元，该笔存款原存入商业银行的本金为1 000万元。

借：国库存款　　10 200 000

　贷：国库现金管理资产——商业银行定期存款　　10 000 000

　　　非税收入　　200 000

（2）其他国库现金管理业务可根据管理条件和管理需要，参照商业银行定期存款的账务处理。

（四）有价证券

1.含义

它是指政府财政按照有关规定取得并持有的政府证券。

2.管理原则

（1）各级政府只能用结余资金购买国家指定的有价证券。（2）按取得时实际支付的价款记账，应视同货币保管，不能列作支出。（3）取得利息及转让收入与账面成本的差额，计入当期相关收入或费用。

3.核算内容

本科目核算政府财政按照有关规定取得并持有的有价证券的金额。其期末借方余额反映政府财政持有的有价证券的金额。本科目应当按照有价证券种类进行明细核算。

4.主要账务处理

本科目只能核算本金数。

（1）购入有价证券时，按照实际支付的金额，借记本科目，贷记“国库存款”“其他财政存款”等科目。

【例4-13】某市财政局用国库存款购入国库券200万元。

借：有价证券——国库券　　2 000 000

　贷：国库存款　　2 000 000

（2）转让或到期兑付有价证券时，按照实际收到的金额，借记“国库存款”“其他财政存款”等科目，按照该有价证券的账面余额，贷记本科目，按照其差额，贷记或借记有关收入或费用科目。

【例4-14】某市财政局对到期的有价证券进行兑付，实际收到款项210万元，存入国库，该批证券的本金为200万元。

借：国库存款　　2 100 000

　贷：有价证券　　2 000 000

　　非税收入　　100 000

（五）在途款

1.核算内容

本科目核算决算清理期和库款报解整理期内发生的需要通过本科目过渡处理的属于上年度收入、费用等业务的资金数。其期末借方余额反映政府财政持有的在途款。

2.主要账务处理

报告清理期和库款报解整理期内收到属于上年度的收入等款项时，在上年度账务中，借记本科目，贷记有关收入科目或“应收非税收入”科目；收回属于上年度的费用等款项时，在上年度账务中，借记本科目，贷记“预拨经费”或有关费用科目。冲转在途款时，在本年度账务中，借记“国库存款”科目，贷记本科目。

【例4-15】某市财政局在库款报解整理期内的1月3日收到的国库报来的预算收入日报表上列示，收到上年度收入23万元，其中税收收入18万元，非税收入3万元，应收非税收入2万元。

（1）在上年12月31日的旧账上补记：

借：在途款　　230 000

贷：税收收入 180 000

非税收入 30 000

应收非税收入 20 000

（2）在本年1月3日的新账上冲转：

借：国库存款 230 000

贷：在途款 230 000

【例4-16】某市财政局在决算清理期内的1月5日，收回属于上年度多拨的经费5万元。

（1）在上年12月31日的旧账上补记：

借：在途款 50 000

贷：预拨经费 50 000

（2）在本年1月5日的新账上冲转：

借：国库存款 50 000

贷：在途款 50 000

【例4-17】某市财政局在决算清理期内的1月10日，收回上年度的一笔公务费12万元。

（1）在上年12月31日的旧账上补记：

借：在途款 120 000

贷：政府机关商品和服务拨款费用 120 000

（2）在本年1月10日的新账上冲转：

借：国库存款 120 000

贷：在途款 120 000

三、暂付及应收款项会计科目的使用

暂付及应收款项属于政府财政各种业务活动中形成的债权，属于往来待结算款项。其包括借出款项、与下级往来、应收股利、其他应收款、应收非税收入、应收地方政府债券转贷款、应收主权外债转贷款等。

（一）借出款项

1.核算内容

本科目核算政府财政按照对外借款管理相关规定借给预算单位临时急需的，并按期收回的款项。其期末借方余额反映政府财政借给预算单位尚未收回的款项。本科目应当按照借款单位等进行明细核算。

2.主要账务处理

（1）款项借出时，按照实际支付的金额，借记本科目，贷记“国库存款”等科目。

【例4-18】8月，市财政局经研究决定，将预算资金50万元借给市科委作为购买设备的临时用款。

借：借出款项——市科委 500 000

贷：国库存款 500 000

（2）收回借款时，按照实际收到的金额，借记“国库存款”等科目，贷记本科目。

【例4-19】9月，市财政局收到市科委之前所借的50万元资金。

借：国库存款　　500 000

　贷：借出款项——市科委　　500 000

（二）与下级往来

1.核算内容

本科目核算本级政府财政与下级政府财政的往来待结算款项。其期末借方余额反映下级政府财政欠本级政府财政的款项；期末贷方余额反映本级政府财政欠下级政府财政的款项。如余额在贷方，在编制资产负债表时，应用负数反映。本科目应当按照下级政府财政进行明细核算。

2.主要账务处理

（1）拨付下级政府财政所借款项时，借记本科目，贷记“国库存款”科目。

【例4-20】某省财政厅签发付款凭证，通知国库将预算资金100万元借给所属的甲县财政局，款项已拨付到位。

借：与下级往来——甲县财政局　　1 000 000

　贷：国库存款　　1 000 000

（2）两级财政年终结算时，确认应当由下级政府财政上解的收入数，借记本科目，贷记“上解收入”科目。

【例4-21】年终结算时，计算出A区财政局应上解本级财政而未解的预算收入为60万元。

借：与下级往来——A区财政局　　600 000

　贷：上解收入　　600 000

（3）两级财政年终结算时，确认应补助下级政府财政的费用，借记“补助费用”科目，贷记本科目。

【例4-22】年终结算时，计算出本级财政应拨而未拨B区财政局的补助款为26万元。

借：补助费用　　260 000

　贷：与下级往来——B区财政局　　260 000

（4）给下级政府的借款收回或转作补助费用时，借记“国库存款”“补助费用”等有关科目，贷记本科目。

【例4-23】将【例4-20】中借给甲县财政局的100万元借款中的60万元收回，余下的款项转作对甲县财政局的补助款。

借：国库存款　　600 000

　　补助费用　　400 000

　贷：与下级往来——甲县财政局　　1 000 000

（5）发生上解多交应当退回的，按照应当退回的金额，借记“上解收入”科目，贷记本科目。

【例4-24】A区财政局给本级财政的上解款多出50万元，应予以退回。

借：上解收入　　500 000

　贷：与下级往来——A区财政局　　500 000

（6）发生补助多补应当退回的，按照应当退回的金额，借记本科目，贷记“补助费用”科目。

【例4-25】本级财政给B区财政局的补助款多出70万元，应予以收回。

借：与下级往来——B区财政局　700 000

　贷：补助费用　700 000

（7）冲转上述上解、补助等待结算款。与下级往来应及时清理结算，属于转作补助费用的部分，应在当年结清，其他年末不能结清的余额，结转下年。待结算款的结清原则是：应解未解的，予以收回；应补未补的，予以拨付；多解的，予以退回；多补的，予以收回。

（8）有主权外债业务的财政部门，贷款资金由下级政府财政同级部门（单位）使用，且贷款的最终还款责任由本级政府财政承担的，本级政府财政部门支付贷款资金时，借记本科目或“补助费用”科目，贷记“国库存款”“其他财政存款”等科目；外方将贷款资金直接支付给供应商或用款单位时，借记本科目或“补助费用”科目，贷记“借入款项”或“应付主权外债转贷款”科目。

【例4-26】本级财政与C区财政局存在主权外债转贷业务，其中1笔500万元的贷款资金由C区政府直属单位使用，该笔贷款的最终还款责任由本级财政承担。根据相关规定，该笔贷款属于实行特设专户管理的专项转移支付资金。本年8月，本级财政拨付该笔贷款给C区财政局，款项已到位。年度终了，根据专项转移支付资金预算文件确认费用。

8月拨付款项时，

借：与下级往来——C区财政局　5 000 000

　贷：其他财政存款　5 000 000

年度终了，根据专项转移支付资金预算文件确认费用时，

借：补助费用　5 000 000

　贷：与下级往来——C区财政局　5 000 000

【例4-27】假设【例4-26】中的贷款资金不属于实行特设专户管理的专项转移支付资金。

借：补助费用　5 000 000

　贷：国库存款　5 000 000

（9）扣缴下级政府财政资金时，借记本科目，贷记“其他应付款”等科目。

该项业务例解，参见“应收地方政府债券转贷款”“应收主权外债转贷款”科目。

（三）应收股利

1.核算内容

本科目核算政府因持有股权投资应当收取的现金股利或利润。其期末借方余额反映政府财政应当收取但尚未收到的现金股利或利润。本科目应当按照被投资主体进行明细核算。

2.主要账务处理

（1）采用权益法核算。

① 持有股权投资期间，被投资主体宣告发放现金股利或利润的，根据股权管理部门提供的资料，按照应上缴政府财政的部分，借记本科目，贷记“股权投资（损益调整）”科目。

② 收到现金股利或利润时，按照实际收到的金额，借记“国库存款”科目，贷记本科目；按照实际收到的金额中未宣告发放的现金股利或利润，借记本科目，贷记“股权投资（损益调整）”科目。

（2）采用成本法核算。

① 持有股权投资期间，被投资主体宣告发放现金股利或利润时，根据股权管理部门提供的资料，按照应上缴政府财政的部分，借记本科目，贷记“投资收益”科目。

② 收到现金股利或利润时，按照实际收到的金额，借记“国库存款”科目，贷记本科目；按照实际收到的金额中未宣告发放的现金股利或利润，借记本科目，贷记“投资收益”科目。

“应收股利”科目账务处理的例解，参见“股权投资”科目。

（四）其他应收款

1.核算内容

本科目核算政府财政临时发生的其他应收、暂付、垫付款项。项目单位拖欠外国政府和国际金融组织贷款本息和相关费用导致相关政府财政履行担保责任，代偿的贷款本息费，也通过本科目核算。本科目应及时清理结算，期末原则上应无余额。本科目应当按照资金类别、债务单位等进行明细核算。

2.主要账务处理

（1）发生其他应收款项时，借记本科目，贷记“国库存款”“其他财政存款”等科目。

【例4-28】在某项直接支付的政府采购活动中，本级财政根据政府采购合同的约定，将预算资金50万元划入政府采购资金专户。

借：其他应收款——政府采购款　　500 000

　贷：国库存款　　500 000

借：其他财政存款　　500 000

　贷：其他应付款——政府采购款　　500 000

（2）收回其他应收款项时，借记“国库存款”“其他财政存款”科目，贷记本科目。将其他应收款项转列费用时，借记有关费用科目，贷记本科目。

【例4-29】接【例4-28】，根据规定将政府采购资金专户的预算资金划款给商品供应商，并将财政安排的预算资金转列为费用。

（1）划款时：

借：其他应付款——政府采购款　　500 000

　贷：其他财政存款　　500 000

（2）转列费用时：

借：政府机关商品和服务拨款费用　　500 000

　贷：其他应收款——政府采购款　　500 000

（3）政府财政对使用外国政府和国际金融组织贷款资金的项目单位履行担保责任，代偿贷款本息时，借记本科目，贷记“国库存款”“其他财政存款”等科目。政府财政行使追索权，收回项目单位贷款本息时，借记“国库存款”“其他财政存款”等科目，贷记本科目。政府财政最终未收回项目单位贷款本息、经核准列为费用时，借记有关费用科目，贷记本科目。

【例 4-30】某政府财政为本级政府某项目单位的外国贷款承担担保责任，该项贷款到期，该项目单位无力偿还本息，由本级财政履行担保责任代为偿还贷款本息共计 1 000 万元，该笔款项来源于一般公共预算资金。

借：其他应收款　　10 000 000

　贷：国库存款　　10 000 000

【例 4-31】接【例 4-30】，半年后，该政府行使追索权，收回垫付的所有本息，并将其存入国库。

借：国库存款　　10 000 000

　贷：其他应收款　　10 000 000

【例 4-32】接【例 4-30】，半年后，该政府财政确定上述项目单位无力偿还代垫的本息，经研究核准转列为费用。

借：资本性拨款费用　　10 000 000

　贷：其他应收款　　10 000 000

（五）应收非税收入

1.核算内容

本科目核算政府财政应向缴款人收取但实际尚未缴入国库的非税收入款项。对于非税收入管理部门不能提供已开具非税收入缴款票据、尚未缴入本级国库的非税收入数据的地区，可暂不使用本科目核算。本科目期末借方余额反映政府财政尚未入库的应收非税收入。本科目应参照《政府收支分类科目》中的“非税收入”科目进行明细核算，同时可根据管理需要，参照实际情况，按执收部门（单位）进行明细核算。

2.主要账务处理

（1）确认取得非税收入时，按照非税收入管理部门提供的已开具缴款票据、尚未缴入本级国库的非税收入金额，借记本科目，贷记“非税收入”科目。

【例 4-33】某政府财政部门收到非税收入管理部门提供的已开具缴款票据，显示金额为 10 万元，该笔非税收入尚未缴入本级国库。

借：应收非税收入　　100 000

　贷：非税收入　　100 000

（2）实际收到非税收入款项时，按照实际收到的非税收入金额，借记“国库存款”科目，按已列应收非税收入部分的金额，贷记本科目；按未列入应收非税收入部分的金额，贷记“非税收入”科目。

【例 4-34】某政府财政部门收到国库报来的非税收入日报表，其列示收到非税收入 39 万元，其中应收非税收入 9 万元。

借：国库存款　　390 000

　贷：非税收入　　200 000

　　　应收非税收入　　90 000

（六）应收地方政府债券转贷款

1.核算内容

本科目核算本级政府财政转贷给下级政府财政的地方政府债券资金的本金及利息。期末借方余额反映政府财政应收未收的地方政府债券转贷款本金及利息。本科目应设置“应收本金”和“应收利息”明细科目，并按照转贷对象进行明细核算，其下应根据管理规定设置“一般债券”“专项债券”等明细科目。其中，“应收利息”科目通常应根据债务管理部门计算并提供的政府债券转贷款的应收利息情况，按期进行核算。

2.主要账务处理

（1）向下级政府财政转贷地方政府债券资金时，按照转贷的本金，借记本科目，按照实际拨付的金额或债务管理部门确认的转贷金额，贷记“国库存款”或“与下级往来”等科目，按照其差额，借记或贷记有关费用科目。

（2）按期确认地方政府债券转贷款的应收利息时，根据债务管理部门计算确认的转贷款本期应收未收利息金额，借记本科目，贷记“财务费用——利息费用”等有关科目。

（3）收到下级政府财政偿还的地方政府债券转贷款本息时，按照收到的金额，借记“国库存款”“其他财政存款”等科目，贷记本科目。

（4）扣缴下级政府财政应偿还的地方政府债券转贷款本息时，按照扣缴的金额，借记“与下级往来”等科目，贷记本科目。

（5）豁免下级政府财政应偿还的地方政府债券转贷款本息时，根据债务管理部门转来的有关资料及有关预算文件，按照豁免金额，借记“补助费用”“与下级往来”等科目，贷记本科目。

（七）应收主权外债转贷款

1.核算内容

本科目核算本级政府财政转贷给下级政府财政的外国政府、国际金融组织贷款等主权外债资金的本金及利息。期末借方余额反映政府财政应收未收的主权外债转贷款本金及利息。本科目应设置“应收本金”和“应收利息”明细科目，并按照转贷对象进行明细核算。其中，“应收利息”科目通常应根据债务管理部门计算并提供的主权外债转贷款的应收利息情况，按期进行核算。

2.主要账务处理

（1）向下级政府财政转贷主权外债资金，且主权外债最终还款责任由下级政府财政承担的，应当分别按照以下情况处理：

① 本级政府财政支付转贷资金时，借记本科目，贷记“国库存款”“其他财政存款”科目。

② 外方或上级政府财政将贷款资金直接拨付给用款单位或供应商时，根据债务管理部门转来的有关资料，按照实际拨付的金额，借记本科目，贷记“借入款项”或“应付主权外债转贷款”科目。

（2）按期确认主权外债转贷款的应收利息时，根据债务管理部门计算确认的转贷款本期应收未收利息金额，借记本科目，贷记“财务费用——利息费用”等科目。

（3）收回下级政府财政偿还的主权外债转贷款本息时，按照收回的金额，借记“国库存款”“其他财政存款”等科目，贷记本科目。

（4）扣缴下级政府财政应偿还的主权外债转贷款本息时，按照扣缴的金额，借记“与下级往来”等科目，贷记本科目。

（5）债权人豁免下级政府财政应偿还的主权外债转贷款本息时，根据债务管理部门转来的有关资料及有关预算文件，按照豁免转贷款的金额，借记“应付主权外债转贷款”“借入款项”“应付利息”等科目，贷记本科目。

（6）本级政府财政豁免下级政府财政应偿还的主权外债转贷款本息时，根据债务管理部门转来的有关资料及有关预算文件，按照豁免金额，借记“补助费用”“与下级往来”等科目，贷记本科目。

（7）年末，根据债务管理部门提供的应收主权外债转贷款因汇率变动产生的期末人民币余额与账面余额之间的差额资料，借记或贷记“财务费用——汇兑损益”科目，贷记或借记本科目。

（8）本级政府财政首次确认以前年度转贷给下级政府财政的主权外债时，根据债务管理部门提供的有关资料，按照转贷主权外债本息余额，借记本科目，贷记“以前年度盈余调整”科目。

“应收地方政府债券转贷款”和“应收主权外债转贷款”科目的例解参见第八章总会计筹资活动核算业务。

四、其他资产科目的使用

其他资产科目是指上述科目之外的资产类科目，包括预拨经费和股权投资。

（一）预拨经费

预拨经费是指政府财政在本级人民代表大会批准年度预算前，可以提前预拨已经列入年度预算的各部门基本支出、项目支出和对下级转移支付支出，以及法律规定必须履行支付义务的支出和用于自然灾害等突发事件处理的支出。除上述支出事项及财政部另有规定外，其他支出均不得提前预拨。预拨经费（不含预拨下年度预算资金）应在年终前转列费用或清理收回。“预拨经费”科目核算政府财政预拨给预算单位尚未列为预算支出的款项。应按预算单位进行明细核算。

1.核算内容

本科目核算政府财政按照预拨经费管理有关规定预拨给预算单位尚未列为费用的款项。本科目期末借方余额反映政府财政年末尚未转列费用或尚待收回的预拨经费款项。本科目应当按照预算单位进行明细核算。

2.主要账务处理

（1）拨出款项时，借记本科目，贷记“国库存款”科目。

【例 4-35】11 月，某市财政局将预算资金预拨给市水利局用作下年水利建设经费 900 万元。

	借方	贷方
借：预拨经费——市水利局	900 万	
贷：国库存款		900 万

（2）转列费用时，借记有关费用科目，贷记本科目。

（3）收回预拨款项时，借记国库存款等科目，贷记本科目。

【例 4-36】接【例 4-35】，1 月，将上年预拨预算经费中的 800 万元转列费用，另外的 100 万元收回。

	借方	贷方
借：资本性拨款费用等	800 万	
国库存款	100 万	

贷：预拨经费——市水利局　　900万

（注意：这里的预拨经费与在"在途款"科目核算内容的区别）

（二）股权投资

股权投资是指政府持有的各类股权投资。其包括国际金融组织股权投资、投资基金股权投资和企业股权投资等。

股权投资通常采用权益法进行核算。政府无权决定被投资主体的财务和经营政策或无权参与被投资主体的财务和经营政策决策的，应当采用成本法进行核算。

1. 核算内容

本科目核算政府持有的各类股权投资。其包括国际金融组织股权投资、政府投资基金股权投资和企业股权投资等。本科目期末借方余额反映政府持有的各类股权投资的价值。本科目应当按照"国际金融组织股权投资""政府投资基金股权投资""企业股权投资"设置一级明细科目，在一级明细科目下，分别设置"投资成本""损益调整""其他权益变动"明细科目，同时应根据管理需要，按照被投资主体进行明细核算。

2. 主要账务处理

股权投资的账务处理可以采用权益法和成本法。下面分别从权益法和成本法下，以股权投资取得、持有和处置为主线介绍股权投资的账务处理。

第一，采用权益法核算。

（1）取得股权投资的主要账务处理

取得方式不同，账务处理不同。取得股权投资时，已宣告但尚未发放的现金股利，应当单独确认为应收股利。

①以现金取得股权投资时，按照实际支付的金额，借记本科目（投资成本），贷记"国库存款"科目。实际支付的金额中包含的已宣告但尚未发放的现金股利，应当单独确认为应收股利。

【例4-37】某政府财政用一般公共预算资金对投资基金进行股权投资，支付投资额1 000万元，占有该基金20%的份额，股权投资确认资料显示，该投资基金净资产公允价值为6 000万元。

借：股权投资——政府投资基金股权投资——投资成本　　1 000万
　　股权投资——政府投资基金股权投资——其他权益变动　　200万
　贷：国库存款　　1 000万
　　　权益法调整　　200万

②以现金以外其他资产置换取得股权投资时，按照股权管理部门确认的金额，借记本科目（投资成本），贷记相关资产类科目。

对于总会计主体而言，理论上能用于置换股权投资的资产主要有其他国库现金管理资产、有价证券和股权投资三类。

【例4-38】某政府财政以本级政府持有的有价证券置换政府投资基金。该笔有价证券账面余额为560万元。股权管理部门确认换入股权投资的金额为570万元。

借：股权投资——政府投资基金股权投资——投资成本　　570万
　贷：有价证券　　560万
　　　非税收入　　10万

③补记以前年度取得的投资。清查发现以前年度取得、尚未纳入财政总会计核算的股权投资时，根据股权管理部门提供的资料，按照股权投资的投资成本，借记本科目（投资成本），按照以前年度实现的损益中应享有的份额，借记本科目（损益调整），按照二者合计金额，贷记“以前年度盈余调整”科目；按照确定的其他权益变动金额，借记本科目（其他权益变动），贷记“权益法调整”科目。已宣告但尚未发放的现金股利，应当单独确认为应收股利。

【例4-39】某政府财政在清查资产时，发现两年前取得的一项政府投资基金股权投资未纳入总会计核算账目。股权管理部门提供的资料显示，该项投资的投资成本为1200万元，从取得该项投资至清查日，应享有的净利润份额为100万元，其他权益变动金额为5万元。根据规定对该项投资补充核算。

借：股权投资——政府投资基金股权投资——投资成本　　1 200万
　　股权投资——政府投资基金股权投资——损益调整　　100万
　贷：以前年度盈余调整　　1 300万
借：股权投资——政府投资基金股权投资——其他权益变动　　5万
　贷：权益法调整　　5万

④无偿划入股权投资时，根据股权管理部门提供的资料，按照股权投资的投资成本，借记本科目（投资成本），按照以前年度实现的损益中应享有的份额，借记本科目（损益调整），按照二者合计金额，贷记“其他收入”科目；按照确定的其他权益变动金额，借记本科目（其他权益变动），贷记“权益法调整”科目。

【例4-40】某政府财政接受上级政府财政无偿划入的一笔政府投资基金股权投资。股权管理部门提供的资料显示，该项投资的投资成本为2 300万元，以前年度实现的损益中应享有的份额为150万元，其他权益变动金额为8万元。

借：股权投资——政府投资基金股权投资——投资成本　　2 300万
　　股权投资——政府投资基金股权投资——损益调整　　150万
　贷：其他收入　　2 450万
借：股权投资——政府投资基金股权投资——其他权益变动　　8万
　贷：权益法调整　　8万

（2）持有投资期间的账务处理。

①被投资主体实现净利润的，根据股权管理部门提供的资料，按照应享有的份额，借记本科目（损益调整），贷记“投资收益”科目。

被投资主体发生净亏损的，根据股权管理部门提供的资料，按照应分担的份额，借记“投资收益”科目，贷记本科目（损益调整），但以“股权投资”的账面余额减记至零为限。发生亏损的被投资主体以后年度又实现净利润的，按照收益分享额弥补未确认的亏损分担额等后的金额，借记本科目（损益调整），贷记“投资收益”科目。

【例4-41】【例4-37】的投资中，年末该基金获得营利，净利润为350万。

借：股权投资——政府投资基金股权投资——损益调整　　350万
　贷：投资收益　　350万

若当年亏损350万元，则作相反的分录。

②被投资主体宣告发放现金股利或利润的，根据股权管理部门提供的资料，按照应上

缴政府财政的部分，借记“应收股利”科目，贷记本科目（损益调整）。

【例4-42】【例4-37】中的投资基金宣告发放现金股利，股权管理部门提供的资料列示，应上缴政府财政的金额为30万元。

借：应收股利 30万

贷：股权投资——政府投资基金股权投资——损益调整 30万

③收到现金股利或利润时，按照实际收到的金额，借记“国库存款”科目，贷记“应收股利”科目；按照实际收到金额中未宣告发放的现金股利或利润，借记“应收股利”科目，贷记本科目（损益调整）。

【例4-43】收到【例4-37】中的投资基金发放的现金股利35万元，其中5万元未宣告发放。

借：国库存款 35万

贷：应收股利 35万

借：应收股利 5万

贷：股权投资——政府投资基金股权投资——损益调整 5万

④被投资主体发生除净损益和利润分配以外的所有者权益变动的，根据股权管理部门提供的资料，按照应享有或应分担的份额，借记或贷记本科目（其他权益变动），贷记或借记“权益法调整”科目。

⑤股权投资持有期间，被投资主体以收益转增投资的，根据股权管理部门提供的资料，按照收益转增投资的金额，借记本科目（投资成本），贷记本科目（损益调整）。

【例4-44】该政府财政将【例4-37】中的70万元收益中的40万元转增投资。

借：股权投资——政府投资基金股权投资——投资成本 40万

贷：股权投资——政府投资基金股权投资——损益调整 40万

（3）处置投资的账务处理。

①处置股权投资时，根据股权管理部门提供的资料，按照被处置股权投资对应的“权益法调整”科目账面余额，借记或贷记“权益法调整”科目，贷记或借记本科目（其他权益变动）；按照处置收回的金额，借记“国库存款”科目，按照已宣告尚未领取的现金股利或利润，贷记“应收股利”科目，按照被处置股权投资的账面余额，贷记本科目（投资成本、损益调整），按照其差额，贷记或借记“投资收益”科目。

【例4-45】该政府财政处置【例4-37】中的投资基金，根据股权管理部门提供的资料，处置时，该笔投资的账面余额为1 135万元，其中投资成本为1 040万元；按权益法调整，贷方余额为200万元；收到处置金额1 146万元，其中已宣告尚未领取的现金股利为7万元。

借：权益法调整 200万

贷：股权投资——政府投资基金股权投资——其他权益变动 200万

借：国库存款 1 146万

贷：股权投资——政府投资基金股权投资——投资成本 1 040万

——损益调整 95万

应收股利 7万

投资收益 4万

②无偿划出股权投资时，根据股权管理部门提供的资料，按照被划出股权投资对应的“权益法调整”科目账面余额，借记或贷记“权益法调整”科目，贷记或借记本科目（其他权益变动）；按照被划出股权投资的账面余额，借记“其他费用”科目，贷记本科目（投资成本、损益调整）。

【例4-46】假设【例4-45】中的处置为无偿划出，按照规定进行账务处理。

借：权益法调整　　200万

　贷：股权投资——政府投资基金股权投资——其他权益变动　　200万

借：其他费用　　1 135万

　贷：股权投资——政府投资基金股权投资——投资成本　　1 040万

　　　　　　——损益调整　　95万

③企业破产清算时，根据股权管理部门提供的资料，按照破产清算企业股权投资对应的“权益法调整”科目账面余额，借记或贷记“权益法调整”科目，贷记或借记本科目（其他权益变动）；按照缴入国库清算收入的金额，借记“国库存款”科目，按照破产清算股权投资的账面余额，贷记本科目（投资成本、损益调整），按照其差额，借记或贷记“投资收益”科目。

清算例解参见【例4-45】。

第二，采用成本法核算。

（1）取得投资时的账务处理。

取得投资的方式不同，账务处理规定不同。同权益核算法，取得投资时，已宣告但尚未发放的现金股利，应当单独确认为应收股利。

①政府财政以现金取得股权投资时，按照实际支付的金额，借记本科目（投资成本），贷记“国库存款”科目。

【例4-47】某政府财政用一般公共预算资金对投资基金进行股权投资，支付投资额900万元，根据所占份额，该笔投资适用成本核算法。

借：股权投资——政府投资基金股权投资——投资成本　　900万

　贷：国库存款　　900万

②政府财政以现金以外其他资产置换取得股权投资时，按照股权管理部门确认的金额，借记本科目（投资成本），贷记相关资产类科目。

【例4-48】某政府财政以本级政府持有的有价证券置换政府投资基金。该笔有价证券账面余额为560万元。股权管理部门确认换入股权投资的金额为570万元。该笔投资适用成本法。

借：股权投资——政府投资基金股权投资——投资成本　　570万

　贷：有价证券　　560万

　　　非税收入　　10万

③通过清查发现以前年度取得、尚未纳入财政总会计核算的股权投资时，根据股权管理部门提供的资料，按照其确定的投资成本，借记本科目（投资成本），贷记“以前年度盈余调整”科目。已宣告但尚未发放的现金股利，应当单独确认为应收股利。

【例4-49】某政府财政在清查资产时，发现两年前取得的一项政府投资基金股权投资未纳入总会计核算账目。股权管理部门提供的资料显示，该项投资的投资成本为980万元。该笔投资适用成本核算法。

借：股权投资——政府投资基金股权投资——投资成本　980万

　贷：以前年度盈余调整　980万

④无偿划入股权投资时，根据股权管理部门提供的资料，按照其确定的投资成本，借记本科目（投资成本），贷记“其他收入”科目。

【例4-50】某政府财政接受上级政府财政无偿划入一笔政府投资基金股权投资。股权管理部门提供的资料显示，该项投资的投资成本为1 300万元。该笔投资适用成本核算法。

借：股权投资——政府投资基金股权投资——投资成本　1 300万

　贷：其他收入　1 300万

（2）处置投资时的账务处理。

①处置股权投资时，按照收回的金额，借记“国库存款”科目，按照已宣告尚未领取的现金股利或利润，贷记“应收股利”科目，按照被处置股权投资账面余额，贷记本科目（投资成本），按照其差额，贷记或借记“投资收益”科目。

【例4-51】某政府财政处置一笔政府投资基金股权投资，该笔投资账面余额为980万元，已宣告尚未领取的现金股利为58万元。处置投资实际收到的金额为1 000万元。该笔投资处置前适用的是成本法。

借：国库存款　1 078万

　贷：应收股利　58万

　　股权投资——政府投资基金股权投资——投资成本　980万

　　投资收益　40万

②无偿划出股权投资时，按照被划出股权投资的账面余额，借记“其他费用”科目，贷记本科目（投资成本）。

【例4-52】某政府财政无偿划出一支投资基金股权投资，该投资账面余额为1 000万元，适用成本法。

借：其他费用　1 000万

　贷：股权投资——政府投资基金股权投资——投资成本　1 000万

③企业破产清算时，根据股权管理部门提供的资料，按照缴入国库清算收入的金额，借记“国库存款”科目，按照破产清算股权投资的账面余额，贷记本科目（投资成本），按照其差额，借记或贷记“投资收益”科目。

其例解参见【例4-51】。

第三，成本法与权益法的转换。

（1）对股权投资的核算从成本法改为权益法的，应按照成本法下本科目（投资成本）的账面余额与追加投资成本的合计金额，借记本科目（投资成本），按照成本法下本科目的（投资成本）账面余额，贷记本科目（投资成本），按照追加投资的金额，贷记“国库存款”科目。

【例4-53】某政府财政由于追加成本，持有的投资基金股权投资从成本法改为权益法。采用成本法时，该投资的账面余额为1 000万元，追加的投资成本为500万元。

借：股权投资——政府投资基金股权投资——投资成本　1 500万

贷：股权投资——政府投资基金股权投资——投资成本 1 000万

国库存款 500万

（2）对股权投资的核算从权益法改为成本法的，按照“权益法调整”科目账面余额，借记或贷记“权益法调整”科目，贷记或借记本科目（其他权益变动）；按照权益法下本科目（投资成本、损益调整）的账面余额作为成本法下投资成本账面余额，借记本科目（投资成本），贷记本科目（投资成本、损益调整）。

其后，被投资单位宣告分派现金股利或利润时，属于已记入投资成本账面余额的部分，按照应分得的现金股利或利润份额，借记“应收股利”科目，贷记本科目（投资成本）。

【例4-54】某政府财政由于抽出部分投资成本，持有的投资基金股权投资从权益法改为成本法。采用权益法时，该投资投资成本的账面余额为1 000万元，损益调整的账面余额为360万元，权益法调整的贷方账面余额为76万元。

借：股权投资——政府投资基金股权投资——投资成本 1 360万

贷：股权投资——政府投资基金股权投资——投资成本 1 000万

股权投资——政府投资基金股权投资——损益调整 360万

借：权益法调整 76万

贷：股权投资——政府投资基金股权投资——其他权益变动 76万

第二节 总会计负债类科目

一、总会计负债概述

总会计负债是指政府财政承担的能以货币计量、需以资产偿付的债务。

总会计核算的负债按照流动性分类，分为流动负债和非流动负债。流动负债是指预计在1年内（含1年）偿还的负债；非流动负债是指流动负债以外的负债。

总会计核算的负债具体包括应付政府债券、应付国库集中支付结余、应付及暂收款项、应付代管资金、应付利息、借入款项、应付转贷款、其他负债等。

应付政府债券是指政府财政以政府名义发行的国债和地方政府债券的应付本金，包括应付短期政府债券和应付长期政府债券。

应付国库集中支付结余是指省级以上（含省级）政府财政国库集中支付中应列为当年费用，但年末未支付需结转下一年度支付的款项。

应付及暂收款项是指政府财政业务活动中形成的支付义务，包括与上级往来和其他应付款等。应付及暂收款项应当及时清理结算。

应付代管资金是指政府财政代为管理的，使用权属于被代管主体的资金。

应付利息是指政府财政以政府名义发行的政府债券及借入款项应支付的利息。

借入款项是指政府财政以政府名义向外国政府和国际金融组织等借入的款项，以及经国务院批准的以其他方式借入的款项。

应付转贷款是指政府财政从上级政府财政借入的债务转贷款的本金和利息，包括应付地方政府债券转贷款和应付主权外债转贷款等。

其他负债是指政府财政因有关政策明确要求其承担支出责任而形成的支付义务。

总会计核算的负债，应当按照承担的有关义务的金额或实际发生的金额进行计量。总会计负债类会计科目及其核算内容详见表4-2。

表4-2　**总会计负债类会计科目及其核算内容**

序号	科目编号	会计科目名称	核算内容
1	2011	应付国库集中支付结余	核算省级以上（含省级）政府财政国库集中支付中，应列为当年费用，但年末尚未支付需结转下一年度支付的款项
2	2012	与上级往来	核算本级政府财政与上级政府财政的往来待结算款项
3	2013	其他应付款	核算政府财政临时发生的暂收、应付、收到的不明性质款项和收回的结转结余资金等。税务机关代征入库的社会保险费，也通过本科目核算
4	2014	应付代管资金	核算政府财政代为管理的、使用权属于被代管主体的资金
5	2041	其他负债	核算政府财政因有关政策明确要求其承担支出责任而形成的支付义务
6	2001	应付短期政府债券	本科目核算政府财政以政府名义发行的期限不超过1年（含1年）的国债和地方政府债券的应付本金，其中，国债包括中央政府财政发行的国内政府债券和境外发行的主权债券等
7	2021	应付长期政府债券	核算政府财政以政府名义发行的期限超过1年的国债和地方政府债券的应付本金。其中，国债包括中央政府财政发行的国内政府债券和境外发行的主权债券等
8	2022	借入款项	核算政府财政以政府名义向外国政府、国际金融组织等借入的款项，以及经国务院批准的以其他方式借入的款项
9	2031	应付地方政府债券转贷款	核算地方政府财政从上级政府财政借入地方政府债券转贷款的本金和利息
10	2032	应付主权外债转贷款	核算本级政府财政从上级政府财政借入主权外债转贷款的本金和利息
11	2015	应付利息	核算政府财政以政府名义发行的政府债券应支付的利息，以及以政府名义借入款项本期应承担的利息等

二、应付及暂收款项负债科目的使用

应付及暂收款项是指政府财政业务活动中形成的债务，属于待支付的义务。其包括与上级往来、其他应付款、应付短期政府债券、应付长期政府债券、借入款项、应付地方政府债券转贷款、应付主权外债转贷款、应付利息等。

（一）其他应付款

1.核算内容

本科目核算政府财政临时发生的暂收、应付、收到的不明性质款项和收回的结转结余资金等。税务机关代征入库的社会保险费，也通过本科目核算。期末贷方余额反映政府财政尚未结清的其他应付款项。本科目应按照债权人或资金来源等进行明细核算。应当及时清理结算。

2.主要账务处理

（1）收到不明性质款项及收回结转结余资金时，借记“国库存款”“其他财政存款”等科目，贷记本科目。

【例4-55】市财政局收到的国库报表列示，收到市公安局缴来的不明性质的款项8万元。

借：国库存款　　80 000

　贷：其他应付款——市公安局　　80 000

（2）将有关款项清理退还、划转、转作收入时，借记本科目，贷记“国库存款”“其他财政存款”或有关收入科目。

【例4-56】市公安局缴来的不明性质的款项8万元中，有3万元属于误缴款项，当即退还；另外5万元属于应该缴给财政的非税收入。

借：其他应付款——市公安局　　80 000

　贷：国库存款　　30 000

　　　非税收入　　50 000

（3）社会保险费代征入库时，借记“国库存款”科目，贷记本科目。入库的社会保险费划转社保基金专户时，借记本科目，贷记“国库存款”科目。

【例4-57】市财政收到国库报来的日报表列明，收到本级税务机关代收的社会保险费2 000万。

借：国库存款　　2000万

　贷：其他应付款——社会保险费　　2 000万

将该笔社会保险费划转社保基金专户时，作相反的分录。

（4）收回的结转结余资金

①财政部门按原预算科目使用的，实际安排支出时，借记本科目，贷记“国库存款”“其他财政存款”等科目。

【例4-58】市财政将收回国库的某专项项目结转资金500万元拨回原项目建设单位，用于原项目建设支出。

借：其他应付款　　500万

　贷：国库存款　　500万

②收回的结转结余资金，财政部门调整预算科目使用的，实际安排支出时，借记本科目，贷记“以前年度盈余调整——预算管理资金以前年度盈余调整”等科目；同时，借记有关费用科目，贷记“国库存款”等科目。

【例4-59】市财政将收回国库的一笔一般公共预算结余资金125万元，由“对企业补助拨款费用”调整用作“对社会保障基金补助拨款费用”。

借：其他应付款 125万

　贷：以前年度盈余调整——预算管理资金以前年度盈余调整 125万

同时，

借：对社会保障基金补助拨款费用 125万

　贷：国库存款 125万

（5）有关款项确认冲减当年费用时，借记本科目，贷记有关费用科目；有关款项确认冲减以前年度有关费用事项的，借记本科目，贷记“以前年度盈余调整——预算管理资金以前年度盈余调整”等科目。

（二）与上级往来

1.核算内容

本科目核算本级政府财政与上级政府财政的往来待结算款项。期末贷方余额反映本级政府财政欠上级政府财政的款项；借方余额反映上级政府财政欠本级政府财政的款项。本科目可根据管理需要，按照往来款项的类别和项目等进行明细核算。

“与上级往来”与“与下级往来”科目相对应。

2.主要账务处理

（1）收到上级政府财政拨付的款项时，借记“国库存款”“其他财政存款”科目，贷记本科目。

【例4-60】某市财政向省财政借入款项100万元用于临时周转。

借：国库存款 100万

　贷：与上级往来——省财政 100万

（2）有主权外债业务的财政部门，贷款资金由本级政府财政同级部门使用，且贷款的最终还款责任由上级政府财政承担的，本级政府财政收到贷款资金时，借记“国库存款”“其他财政存款”等科目，贷记本科目或“补助收入”科目；外方或上级政府财政将贷款资金直接支付给供应商或用款单位时，借记有关费用科目，贷记本科目或“补助收入”科目。

（3）两级财政年终结算中确认的应当上交上级政府财政的款项，借记“上解费用”科目，贷记本科目。

【例4-61】体制结算中，市财政应解未解省财政预算收入为300万元。

借：上解费用 300万

　贷：与上级往来——省财政 300万

（4）两级财政年终结算中确认的应当由上级政府财政补助的款项，借记本科目，贷记“补助收入”科目。

【例4-62】体制结算中，省财政应补未补本市财政款项为500万元。

借：与上级往来——省财政 500万

　贷：补助收入 500万

（5）上级政府财政扣缴有关款项时，借记有关科目，贷记本科目。

例解参见债务转贷业务。

（6）归还上级政府财政的往来性款项时，按照实际归还的金额，借记本科目，贷记“国库存款”“其他财政存款”等科目。

【例 4-63】市财政归还【例 4-60】中的借款。

借：与上级往来——省财政 100万

　贷：国库存款 100万

（三）应付短期政府债券

1.核算内容

本科目核算政府财政以政府名义发行的期限不超过 1 年（含 1 年）的国债和地方政府债券的应付本金，其中，国债包括中央政府财政发行的国内政府债券和境外发行的主权债券等。期末贷方余额反映政府财政尚未偿还的短期政府债券本金。本科目应设置“应付国债”“应付地方政府一般债券”“应付地方政府专项债券”等明细科目。

债务管理部门应当设置辅助明细账，其主要包括政府债券金额、种类、期限、发行日、到期日、票面利率、偿还本金及付息情况等内容，并按期计算债券存续期应付利息。

2.主要账务处理

（1）实际收到短期政府债券发行收入时，按照实际收到的金额，借记“国库存款”科目，按照短期政府债券实际发行额，贷记本科目，按照发行收入和发行额的差额，借记或贷记有关费用科目。

（2）中央财政发生国债随卖业务时，按照实际收到的金额，借记“国库存款”等科目；根据国债随卖确认文件等相关债券管理资料，按照国债随卖面值，贷记本科目或“应付长期政府债券”科目；按照其差额，借记或贷记“财务费用——利息费用”科目。

（3）中央财政发生国债随买业务时，根据国债随买确认文件等相关债券管理资料，按照国债随买面值，借记本科目或“应付长期政府债券”科目；按照实际支付的金额，贷记“国库存款”等科目；按照其差额，借记或贷记“财务费用——利息费用”科目。

（4）实际偿还本级政府财政承担的短期政府债券本金时，借记本科目，贷记“国库存款”等科目。

（四）应付长期政府债券

1.核算内容

本科目核算政府财政以政府名义发行的期限超过 1年的国债和地方政府债券的应付本金。其中，国债包括中央政府财政发行的国内政府债券和境外发行的主权债券等。期末贷方余额反映政府财政尚未偿还的长期政府债券本金。本科目应设置“应付国债”“应付地方政府一般债券”“应付地方政府专项债券”等明细科目。

债务管理部门应设置辅助明细账，其主要包括政府债券金额、种类、期限、发行日、到期日、票面利率、实际偿还本金及付息情况等内容，并按期计算债券存续期应负担的利息。

2.主要账务处理

（1）实际收到长期政府债券发行收入时，按照实际收到的金额，借记“国库存款”“其他财政存款”科目，按照长期政府债券实际发行额，贷记本科目，按照其差额，借记或贷记有关费用科目。

（2）中央财政发生国债随卖业务时，账务处理参照“应付短期政府债券”科目使用说明中国债的随卖业务。

（3）中央财政发生国债随买业务时，账务处理参照“应付短期政府债券”科目使用说明中国债的随买业务。

（4）政府财政以定向承销方式发行长期政府债券时，根据债务管理部门转来的债券发行文件等有关资料，借记“以前年度盈余调整”“应收地方政府债券转贷款”等科目，按照长期政府债券实际发行额，贷记本科目，按照发行收入和发行额的差额，借记或贷记有关费用科目。

（5）实际偿还长期政府债券本金时，借记本科目，贷记“国库存款”“其他财政存款”等科目。

（五）借入款项

1.核算内容

本科目核算政府财政以政府名义向外国政府、国际金融组织等借入的款项，以及经国务院批准的以其他方式借入的款项。期末贷方余额反映本级政府财政尚未偿还的借入款项本金。本科目应按照债权人进行明细核算。

债务管理部门应设置辅助明细账，其主要包括借入款项对应的项目、期限、借入日期、实际偿还及付息情况等内容，并按期计算借款存续期应负担的利息。

2.主要账务处理

（1）本级政府财政收到借入的主权外债资金时，按照实际收到的金额借记“国库存款”“其他财政存款”科目，按照实际承担的债务金额，贷记本科目，按照实际收到的金额与承担的债务之间的差额，借记或贷记有关费用科目。

（2）本级政府财政借入主权外债，且由外方或上级政府财政将贷款资金直接支付给用款单位或供应商时，应根据以下情况分别处理：

① 本级政府财政承担还款责任，贷款资金由本级政府财政同级部门使用的，根据债务管理部门转来的有关资料，按照实际承担的债务金额，借记有关费用科目，贷记本科目。

② 本级政府财政承担还款责任，贷款资金由下级政府财政同级部门使用的，根据债务管理部门转来的有关资料及有关预算文件，借记“补助费用”或“与下级往来”科目，贷记本科目。

③ 下级政府财政承担还款责任，贷款资金由下级政府财政同级部门使用的，根据债务管理部门转来的有关资料，借记“应收主权外债转贷款”科目，贷记本科目。

（3）偿还主权外债本金时，按照实际支付的金额，借记本科目，贷记“国库存款”“其他财政存款”等科目。

（4）债权人豁免本级政府财政承担偿还责任的借入主权外债本金时，根据债务管理部门转来的有关资料，按照被豁免的本金，借记本科目，贷记“其他收入”等科目。

（5）债权人豁免下级政府财政承担偿还责任的借入主权外债本金时，根据债务管理部门转来的有关资料，按照被豁免的本金，借记本科目，贷记“应收主权外债转贷款”科目。

（6）年末，根据债务管理部门提供的借入款项因汇率变动产生的期末人民币余额与账面余额之间的差额资料，借记或贷记“财务费用——汇兑损益”科目，贷记或借记本科目。

（7）其他借入款项的账务处理参照本科目使用说明中借入主权外债业务。

（8）本级政府财政首次确认以前年度借入的主权外债时，根据债务管理部门提供的有关资料，按照借入主权外债的余额，借记“以前年度盈余调整”科目，贷记本科目。

（六）应付地方政府债券转贷款

1.核算内容

本科目核算地方政府财政从上级政府财政借入的地方政府债券转贷款的本金和利息。期末贷方余额反映本级政府财政尚未偿还的地方政府债券转贷款本金和利息。本科目应设置“应付本金”和“应付利息”等明细科目，其下可根据管理的规定设置“地方政府一般债券”“地方政府专项债券”等明细科目。其中，“应付利息”科目通常应根据债务管理部门计算并提供的政府债券转贷款的应付利息情况，按期进行核算。

2.主要账务处理

（1）上级政府财政转贷地方政府债券资金时，按照实际收到的金额或债务管理部门转来的相关资料，借记“国库存款”或“与上级往来”等科目，按照转贷本金金额，贷记本科目，按照其差额，借记或贷记有关费用科目。

（2）按期确认地方政府债券转贷款的应付利息时，根据债务管理部门计算确定的本期应付未付利息金额，借记“财务费用——利息费用”科目，贷记本科目。

（3）偿还本级政府财政承担的地方政府债券转贷款本息时，借记本科目，贷记“国库存款”等科目。

（4）上级政府财政扣缴地方政府债券转贷款本息时，借记本科目，贷记“与上级往来”等科目。

（5）上级政府财政豁免转贷款本息时，根据债务管理部门转来的有关资料及有关预算文件，按照豁免金额，借记本科目，贷记“补助收入”或“与上级往来”等科目。

（七）应付主权外债转贷款

1.核算内容

本科目核算本级政府财政从上级政府财政借入的主权外债转贷款的本金和利息。期末贷方余额反映本级政府财政尚未偿还的主权外债转贷款的本金和利息。本科目应设置“应付本金”和“应付利息”明细科目。债务管理部门应当设置辅助明细账，其主要包括应付主权外债对应的项目、期限、借入日期、实际偿还及付息情况等内容，并按期计算外债存续期应负担的利息。

2.主要账务处理

（1）收到上级政府财政转贷的主权外债资金时，按照实际收到的金额，借记“国库存款”“其他财政存款”科目，按照实际承担的债务金额，贷记本科目，按照实际收到的金额和承担的债务金额之间的差额，借记或贷记有关费用科目。

（2）从上级政府财政借入主权外债转贷款，且由外方或上级政府财政将贷款资金直接支付给用款单位或供应商时，应根据以下情况分别处理：

① 本级政府财政承担还款责任，贷款资金由本级政府财政同级部门使用的，根据债务管理部门转来的有关资料，借记有关费用科目，贷记本科目。

② 本级政府财政承担还款责任，贷款资金由下级政府财政同级部门使用的，根据债务管理部门转来的有关资料及有关预算文件，借记“补助费用”或“与下级往来”等科目，贷记本科目。

③ 下级政府财政承担还款责任，贷款资金由下级政府财政同级部门使用的，根据债

务管理部门转来的有关资料，借记“应收主权外债转贷款”科目，贷记本科目。

（3）按期确认主权外债转贷款的应付利息时，根据债务管理部门计算确认的转贷款本期应付未付利息金额，借记“财务费用——利息费用”科目，贷记本科目。

（4）偿还主权外债转贷款的本息时，借记本科目，贷记“国库存款”“其他财政存款”等科目。

（5）上级政府财政扣缴借入主权外债转贷款的本息时，借记本科目，贷记“与上级往来”科目。

（6）上级政府财政豁免主权外债转贷款的本息时，根据以下情况分别处理：

① 豁免本级政府财政承担偿还责任的主权外债转贷款本息时，根据债务管理部门转来的有关资料及有关预算文件，按照豁免转贷款的金额，借记本科目，贷记“补助收入”或“与上级往来”等科目。

② 豁免下级政府财政承担偿还责任的主权外债转贷款本息时，根据债务管理部门转来的有关资料及有关预算文件，按照豁免转贷款的金额，借记本科目，贷记“应收主权外债转贷款”科目，同时借记“补助费用”或“与下级往来”等科目，贷记“补助收入”或“与上级往来”科目。

（7）年末，根据债务管理部门提供的应付主权外债转贷款因汇率变动产生的期末人民币余额与账面余额之间的差额资料，借记或贷记“财务费用——汇兑损益”科目，贷记或借记本科目。

（8）本级政府财政首次确认以前年度转贷的主权外债时，根据债务管理部门提供的有关资料，按照转贷主权外债本息余额，借记“以前年度盈余调整”科目，贷记本科目。

（八）应付利息

1.核算内容

本科目核算政府财政以政府名义发行的政府债券应支付的利息，以及以政府名义借入款项本期应承担的利息等。期末贷方余额反映政府财政应付未付的利息金额。本科目应根据管理需要设置“应付国债利息”“应付地方政府债券利息”“应付地方政府主权外债利息”等明细科目。本科目应根据债务管理部门计算并提供的政府债券及借入款项的应付利息情况，按期进行核算。

2.主要账务处理

（1）根据债务管理部门计算确定的本期应付未付利息金额，借记“财务费用——利息费用”科目，贷记本科目。

（2）实际支付利息时，支付金额中已计提的部分，借记本科目，未计提的部分，借记“财务费用——利息费用”科目，贷记“国库存款”“其他财政存款”等科目。

（3）提前赎回已发行的政府债券、豁免政府财政承担的主权外债应付利息时，按照减少的当年已计提应付利息的金额，借记本科目，贷记“财务费用——利息费用”等科目。

减少以前年度已计提但尚未支付的利息金额，借记本科目，贷记“以前年度盈余调整”科目。

（4）期末，政府发行的以外币计价的政府债券及借入款项由于汇率变化产生的应付利息折算差额，借记或贷记“财务费用——汇兑损益”科目，贷记或借记本科目。

注：有关政府债券及主权外债相关会计科目使用的例解参见第八章总会计筹资活动核算业务。

二、暂存及代管款项负债科目的使用

它主要是指暂时存放在财政或由财政代为管理的款项，包括应付国库集中支付结余和应付代管资金。

（一）应付国库集中支付结余

1.核算内容

本科目核算省级以上（含省级）政府财政国库集中支付中，应列为当年费用，但年末尚未支付需结转下一年度支付的款项。期末贷方余额反映政府财政尚未支付的国库集中支付结余。本科目应按照预算单位进行明细核算；同时，可根据管理需要，参照《政府收支分类科目》中的支出经济分类科目进行明细核算。

2.主要账务处理

（1）年末，对当年发生的应付国库集中支付结余，借记有关费用科目，贷记本科目。

【例4-64】某省财政年末国库集中支付结余资金总额为1 500万元，其中，对事业单位补助拨款费用为500万元，资本性拨款费用为1 000万元。

借：对事业单位补助拨款费用　　500万
　　资本性拨款费用　　1 000万
　贷：应付国库集中支付结余　　1 500万

（2）实际支付应付国库集中支付结余资金时，借记本科目，贷记“国库存款”科目。

【例4-65】【例4-64】中，上年年末结转的对事业单位补助拨款费用在本年度发生支付。

借：应付国库集中支付结余　　500万
　贷：国库存款　　500万

（3）收回尚未支付的应付国库集中支付结余时，借记本科目，贷记“以前年度盈余调整”等科目。

【例4-66】【例4-64】中上年年末的对事业单位补助拨款费用，根据规定在本年度予以收回。

借：应付国库集中支付结余　　500万
　贷：以前年度盈余调整　　500万

（二）应付代管资金

1.核算内容

本科目核算政府财政代为管理的、使用权属于被代管主体的资金。期末贷方余额反映政府财政尚未支付的代管资金。本科目应根据管理需要进行相关明细核算。

2.主要账务处理

（1）收到代管资金时，借记“其他财政存款”等科目，贷记本科目。

【例4-67】某市财政收到某单位缴存的住房公积金120万元。

借：其他财政存款　　120万
　贷：应付代管资金——住房公积金　　120万

（2）支付代管资金时，借记本科目，贷记“其他财政存款”等科目。

支付分录与【例4-65】相反。

（3）代管资金产生的利息收入按照有关规定仍属于代管资金的，借记“其他财政存款”等科目，贷记本科目。

【例4-68】某市财政代管资金账户计提利息共计20万元。按照规定，此利息仍属于代管资金。

借：其他财政存款　　20万

　贷：应付代管资金　　20万

三、其他负债科目的使用

1.核算内容

其他负债科目核算政府财政因有关政策明确要求其承担支出责任而形成的支付义务。贷方余额反映政府财政承担的尚未支付的其他负债余额。本科目可根据管理需要，按照项目等进行明细核算。

2.主要账务处理

（1）政策明确由政府财政承担支出责任的其他负债，按照确定应承担的负债金额，借记“其他费用”科目，贷记本科目。

【例4-69】根据相关政策的规定，某市财政局应承担某场自然灾害的应急救灾支出责任，根据本场灾情确定政府承担的金额为100万元。

借：其他费用　　100万

　贷：其他负债　　100万

偿还其他负债时，作相反的分录。

（2）期末，根据债务管理部门转来的其他负债期末余额与账面余额的差额，借记或贷记本科目，贷记或借记“其他费用”科目。

【例4-70】某市财政期末与债务管理部门进行其他负债余额对账，债务管理部门转来的其他负债期末余额为530万元，本账簿其他负债的账面余额为500万元，予以调整。

借：其他费用　　30万

　贷：其他负债　　30万

第三节　总会计收入类科目

一、总会计收入概述

总会计的收入是指报告期内导致本级政府财政净资产增加的、含有服务潜力或者经济利益的经济资源的流入。

总会计核算的收入包括税收收入、非税收入、投资收益、转移性收入、其他收入、财政专户管理资金收入和专用基金收入等。

税收收入是指政府财政筹集的纳入本级财政管理的税收收入。

非税收入是指政府财政筹集的纳入本级财政管理的非税收入。

投资收益是指政府持有股权投资所实现的收益或发生的损失。

转移性收入是指在各级政府财政之间进行资金调拨所形成的收入，包括补助收入、上解收入和地区间援助收入等。其中，补助收入是指上级政府财政按照财政体制的规定或专项需要补助给本级政府财政的款项。上解收入是指按照财政体制的规定或专项需要由下级政府财政上交给本级政府财政的款项。地区间援助收入是指受援方政府财政收到援助方政府财政转来的可统筹使用的各类援助、捐赠等资金收入。

其他收入是指政府财政从其他渠道调入资金、豁免主权外债偿还责任，以及无偿取得股权投资等产生的收入。

财政专户管理资金收入是指政府财政纳入财政专户管理的教育收费等资金收入。

专用基金收入是指政府财政根据法律法规等规定设立各项专用基金（包括粮食风险基金等）取得的资金收入。

总会计核算的收入，应当按照开具票据金额或实际取得金额进行计量。

总会计收入类会计科目及其核算内容详见表4-3。

表4-3 总会计收入类会计科目及其核算内容

序号	科目编号	会计科目名称	核算内容
1	4001	税收收入	核算政府财政筹集的纳入本级财政管理的税收收入
2	4002	非税收入	核算政府财政筹集的纳入本级财政管理的非税收入
3	4021	补助收入	核算上级政府财政按照财政体制的规定或专项需要补助给本级政府财政的款项，包括税收返还、转移支付等
4	4022	上解收入	核算按照财政体制的规定或专项需要由下级政府财政上交给本级政府财政的款项
5	4023	地区间援助收入	核算受援方政府财政收到援助方政府财政转来的可统筹使用的各类援助、捐赠等资金收入。援助方政府已列入“地区间援助费用”科目的援助、捐赠等资金，受援方通过本科目核算
6	4031	其他收入	核算政府财政除税收收入、非税收入、投资收益、补助收入、上解收入、地区间援助收入、财政专户管理资金收入、专用基金收入以外的各项收入，包括从其他渠道调入资金、豁免主权外债偿还责任以及无偿取得股权投资等产生的收入
7	4041	财政专户管理资金收入	核算政府财政纳入财政专户管理的教育收费等资金收入
8	4011	投资收益	核算政府股权投资所实现的收益或发生的损失
9	4042	专用基金收入	核算政府财政按照法律法规和国务院、财政部的规定设置或取得的粮食风险基金等专用基金收入

二、实际收入类会计科目的使用

它包括税收收入、非税收入、财政专户管理资金收入、其他收入。

（一）税收收入

1.核算内容

本科目核算政府财政筹集的纳入本级财政管理的税收收入。本科目平时贷方余额反映本级政府财政税收收入的累计数。期末结转后，本科目应无余额。本科目应参照《政府收支分类科目》中的“税收收入”科目进行明细核算。

2.主要账务处理

（1）收到款项时，根据当日收入日报表所列本级税收收入数，借记“国库存款”科目，贷记本科目。

【例4-71】国库报来的预算收入日报表所列的当日取得的税收收入为15万元。

借：国库存款　　15万

　贷：税收收入　　15万

（2）年终转账时，本科目贷方余额转入本期盈余，借记本科目，贷记“本期盈余——预算管理资金本期盈余”科目。

【例4-72】某市财政年末“税收收入”科目的贷方余额为2亿元，予以转账。

借：税收收入　　2亿

　贷：本期盈余——预算管理资金本期盈余　　2亿

（二）非税收入

1.核算内容

本科目核算政府财政筹集的纳入本级财政管理的非税收入。平时贷方余额反映本级政府财政非税收入的累计数。期末结转后，本科目应无余额。本科目应参照《政府收支分类科目》中的“非税收入”科目进行明细核算。

2.主要账务处理

（1）确认取得非税收入时

①按照实际收到的非税收入金额，借记“国库存款”科目，贷记本科目。

【例4-73】国库报来预算收入日报表，收到非税收入23万元。

借：国库存款　　23万

　贷：非税收入　　23万

②全部实行非税收入电子化管理，非税收入管理部门具备条件提供已开具的缴款票据、尚未缴入本级国库的非税收入，按照本级应收的非税收入金额，借记“应收非税收入”科目，贷记本科目。

【例4-74】某市财政非税收入已全部实行电子化管理。非税收入管理部门提供的数据显示，本级应收非税收入69万元尚未入库。

借：应收非税收入　　69万

　贷：非税收入　　69万

（2）期末，非税收入管理部门应提供已列入应收非税收入中确认不能缴库的金额，借记本科目，贷记“应收非税收入”科目。

【例4-75】某市财政期末根据非税收入管理部门提供的数据，已列入应收非税收入中确认的19万元不能缴库。

借：非税收入　　19万

　贷：应收非税收入　　19万

（3）年终转账时，本科目贷方余额转入本期盈余，借记本科目，贷记“本期盈余——预算管理资金本期盈余”科目。

【例4-76】某市财政年末“非税收入”科目的贷方余额为7 000万元，予以转账。

借：非税收入　7 000万

　贷：本期盈余——预算管理资金本期盈余　7 000万

（三）财政专户管理资金收入

1.核算内容

本科目核算政府财政纳入财政专户管理的教育收费等资金收入。平时，贷方余额反映财政专户管理资金收入的累计数。期末结转后，本科目应无余额。本科目可根据管理需要，按照预算单位等进行明细核算。

2.主要账务处理

（1）收到财政专户管理资金时，借记“其他财政存款”科目，贷记本科目。

【例4-77】收到财政专户通知，收到教育收费20万元。

借：其他财政存款　20万

　贷：财政专户管理资金收入　20万

（2）年终转账时，本科目贷方余额转入本期盈余，借记本科目，贷记“本期盈余——财政专户管理资金本期盈余”科目。

【例4-78】年末，财政专户管理资金收入贷方余额为100万元，予以转账。

借：财政专户管理资金收入　100万

　贷：本期盈余——财政专户管理资金本期盈余　100万

（四）其他收入

1.核算内容

本科目核算政府财政除税收收入、非税收入、投资收益、补助收入、上解收入、地区间援助收入、财政专户管理资金收入、专用基金收入以外的各项收入，包括从其他渠道调入资金、豁免主权外债偿还责任以及无偿取得股权投资等产生的收入。本科目平时的贷方余额反映本级政府财政其他收入的累计数。期末结转后，本科目应无余额。本科目可根据管理需要，按照其他收入类别等进行明细核算。

2.主要账务处理

（1）从其他渠道调入资金时，按照调入的金额，借记“国库存款”科目，贷记本科目。

【例4-79】某市财政为了平衡一般公共预算，从其他渠道调入资金210万元。款项已入库。

借：国库存款　210万

　贷：其他收入　210万

（2）债权人豁免政府财政承担的主权外债时，政府财政按照减少的债务金额，借记“借入款项”等科目，贷记本科目。

（3）无偿划入股权投资时，账务处理参照“股权投资”科目使用说明中权益法和成本法下的对应业务。

（4）年终转账时，本科目贷方余额转入本期盈余。借记本科目，贷记“本期盈余——预算管理资金本期盈余”科目。

【例4-80】某市财政年末“其他收入”科目的贷方余额为670万元，予以转账。

借：其他收入　670万

　贷：本期盈余——预算管理资金本期盈余　670万

三、转移性收入类会计科目的使用

（一）补助收入

1.核算内容

本科目核算上级政府财政按照财政体制的规定或专项需要补助给本级政府财政的款项，包括税收返还、转移支付等。平时，贷方余额反映本级政府财政取得的补助收入的累计数。期末结转后，本科目应无余额。

2.主要账务处理

（1）年终与上级政府财政结算时，按照结算确认的应当由上级政府补助的收入数，借记“与上级往来”科目，贷记本科目。退还或核减补助收入时，借记本科目，贷记“与上级往来”科目。

【例4-81】某县财政根据预算管理部门提供的结算单，确认应由省财政补助270万元。

借：与上级往来　270万

　贷：补助收入　270万

（2）年终转账时，将本科目贷方余额转入本期盈余，借记本科目，贷记“本期盈余——预算管理资金本期盈余”科目。

【例4-82】年终，“补助收入”科目的贷方余额为500万元，予以转账。

借：补助收入　500万

　贷：本期盈余——预算管理资金本期盈余　270万

（二）上解收入

1.核算内容

本科目核算按照财政体制的规定或专项需要由下级政府财政上交给本级政府财政的款项。平时，贷方余额反映上解收入的累计数。期末结转后，本科目应无余额。本科目可根据管理需要，按照上解地区进行明细核算。

2.主要账务处理

（1）年终与下级政府财政结算时，按照结算确认的应上解金额，借记“与下级往来”科目，贷记本科目。退还或核减上解收入时，借记本科目，贷记“与下级往来”科目。

【例4-83】某市财政与下级财政年终结算时，根据预算管理部门提供的有关资料，应收未收该下级的财政上解款为90万元。

借：与下级往来　90万

　贷：上解收入　90万

（2）年终转账时，将本科目贷方余额转入本期盈余，借记本科目，贷记“本期盈余——预算管理资金本期盈余”科目。

【例4-84】年终，某市财政总会计“上解收入”科目的余额为12亿元。

借：上解收入　12亿

　贷：本期盈余——预算管理资金本期盈余　12亿

（三）地区间援助收入

1.核算内容

本科目核算受援方政府财政收到援助方政府财政转来的可统筹使用的各类援助、捐赠等资金收入。援助方政府已列入“地区间援助费用”科目的援助、捐赠等资金，受援方通过本科目核算。平时，贷方余额反映地区间援助收入的累计数。期末结转后，本科目应无余额。本科目可根据管理需要，按照援助地区等进行明细核算。

2.主要账务处理

（1）收到援助方政府财政转来的资金时，借记“国库存款”科目，贷记本科目。

【例4-85】某省财政收到兄弟省转来的援助资金2 000万元，存入国库。

借：国库存款　　2 000万

　贷：地区间援助收入　　2 000万

（2）年终转账时，将本科目贷方余额转入本期盈余，借记本科目，贷记“本期盈余——预算管理资金本期盈余”科目。

【例4-86】某省财政年末“地区间援助收入”的贷方余额为3 000万元，全部予以转账。

借：地区间援助收入　　3 000万

　贷：本期盈余——预算管理资金本期盈余　　3 000万

四、投资收益和专用基金收入会计科目的使用

（一）投资收益

1.核算内容

本科目核算政府股权投资所实现的收益或发生的损失。期末结转后，应无余额。本科目可根据管理需要，按照被投资主体进行明细核算。

2.主要账务处理

第一，采用权益法核算。

（1）股权投资持有期间，被投资主体实现净损益的，根据股权管理部门提供的资料，按照应享有或应分担的被投资主体实现净损益的份额，借记或贷记“股权投资（损益调整）”科目，贷记或借记本科目。

（2）处置股权投资时，根据股权管理部门提供的资料，按照处置收回的金额，借记“国库存款”科目，按照已宣告尚未领取的现金股利或利润，贷记“应收股利”科目，按照被处置股权投资的账面余额，贷记“股权投资（投资成本、损益调整）”科目，按照借贷方差额，贷记或借记本科目；同时，按照被处置股权投资对应的“权益法调整”科目的账面余额，借记或贷记“权益法调整”科目，贷记或借记“股权投资（其他权益变动）”科目。

（3）企业破产清算时，按照缴入国库清算收入的金额，借记“国库存款”科目，按照破产清算股权投资的账面余额，贷记“股权投资（投资成本、损益调整）”科目，按照其差额，借记或贷记本科目；同时，按照破产清算企业股权投资对应的“权益法调整”科目的账面余额，借记或贷记“权益法调整”科目，贷记或借记“股权投资（其他权益变动）”科目。

第二，采用成本法核算。

（1）股权投资持有期间，被投资主体宣告发放现金股利或利润的，根据股权管理部门提供的资料，按照应上缴政府财政的部分，借记“应收股利”科目，贷记本科目。

（2）收到现金股利或利润时，按照实际收到的金额，借记“国库存款”科目，贷记“应收股利”科目；按照实际收到金额中未宣告发放的现金股利或利润，借记“应收股利”科目，贷记本科目。

（3）处置股权投资时，按照收回的金额，借记“国库存款”科目，按照已宣告尚未领取的现金股利或利润，贷记“应收股利”科目，按照股权投资账面余额，贷记“股权投资（投资成本）”科目，按照借贷方差额，贷记或借记本科目。

（4）企业破产清算时，根据股权管理部门提供的资料，按照缴入国库清算收入的金额，借记“国库存款”科目，按照破产清算股权投资的账面余额，贷记“股权投资（投资成本）”科目，按照其差额，借记或贷记本科目。

第三，年终转账时，将本科目余额转入本期盈余，借记或贷记本科目，贷记或借记“本期盈余——预算管理资金本期盈余”科目。

“投资收益”科目属于股权投资业务，其例解参见“股权投资”科目的账务处理。

（二）专用基金收入

1.核算内容

本科目核算政府财政按照法律法规和国务院、财政部的规定设置或取得的粮食风险基金等专用基金收入。平时，贷方余额反映本级政府财政专用基金收入的累计数，期末结转后，应无余额。本科目可根据管理需要，按照专用基金的种类进行明细核算。

2.主要账务处理

（1）取得专用基金收入转入财政专户时，借记“其他财政存款”科目，贷记本科目。退回取得的专用基金收入时，借记本科目，或“以前年度盈余调整——专用基金以前年度盈余调整”科目，贷记“其他财政存款”科目。

【例4-87】收到上级财政部门拨付的粮食风险基金46万元，根据国家规定将基金存入指定银行财政专户。

借：其他财政存款　　46万

　贷：专用基金收入——粮食风险基金　　46万

退回上级当年拨付的专用基金收入时，作相反的会计分录。退回上级以前年度拨付的专用基金时，分录如下：

借：以前年度盈余调整——专用基金以前年度盈余调整　　46万

　贷：其他财政存款　　46万

（2）通过费用安排取得专用基金收入仍留存国库的，借记有关费用科目，贷记“专用基金收入”科目。

【例4-88】经研究，由本级一般公共预算资金安排粮食风险基金24万元，根据国家规定将基金仍留存国库。

借：其他拨款费用　　24万

　贷：专用基金收入——粮食风险基金　　24万

（3）年终转账时，将本科目贷方余额转入本期盈余，借记本科目，贷记“本期盈余——专用基金本期盈余”科目。

【例4-89】年终，“专用基金收入”科目的贷方余额为3 400万元，全部予以转账。

借：专用基金收入　　3 400万

　贷：本期盈余——专用基金本期盈余　　3 400万

第四节 总会计费用类科目

一、总会计费用概述

总会计费用是指报告期内导致政府会计主体净资产减少的、含有服务潜力或者经济利益的经济资源的流出。

总会计核算的费用包括政府机关商品和服务拨款费用、政府机关工资福利拨款费用、对事业单位补助拨款费用、对企业补助拨款费用、对个人和家庭补助拨款费用、对社会保障基金补助拨款费用、资本性拨款费用、其他拨款费用、财务费用、补助费用、上解费用、地区间援助费用、其他费用、财政专户管理资金支出、专用基金支出等。

总会计核算的费用，应当按照承担支付义务金额或实际发生金额进行计量。

总会计费用类会计科目及其核算内容详见表4-4。

表4-4 总会计费用类会计科目及其核算内容

序号	科目编号	会计科目名称	核算内容
1	5001	政府机关商品和服务拨款费用	核算本级政府财政拨付给机关和参公事业单位购买商品和服务的各类费用，不包括用于购置固定资产、战略性和应急性物资储备等的资本性拨款费用
2	5002	政府机关工资福利拨款费用	核算本级政府财政拨付给机关和参公事业单位在职职工和编制外长期聘用人员的各类劳动报酬及为上述人员缴纳的各项社会保险费等费用
3	5003	对事业单位补助拨款费用	核算本级政府财政拨付的对事业单位（不含参公事业单位）的经常性补助费用，不包括对事业单位的资本性拨款费用
4	5004	对企业补助拨款费用	核算本级政府财政拨付的对各类企业的补助费用，不包括对企业的资本金注入和资本性拨款费用
5	5005	对个人和家庭补助拨款费用	核算本级政府财政拨付的对个人和家庭的补助费用
6	5006	对社会保障基金补助拨款费用	核算本级政府财政拨付的对社会保险基金的补助费用，以及补充全国社会保障基金的费用
7	5007	资本性拨款费用	核算政府财政拨付给行政事业单位和企业的资本性拨款费用，不包括对企业的资本金
8	5008	其他拨款费用	核算本级政府财政拨付的经常性赠与、国家赔偿费用、对民间非营利组织和群众性自治组织补贴等拨款费用

续表

序号	科目编号	会计科目名称	核算内容
9	5011	财务费用	核算本级政府财政用于偿还政府债务的利息费用，政府债务发行、兑付、登记费用，以外币计算的政府资产及债务由于汇率变化产生的汇兑损益等
10	5021	补助费用	核算本级政府财政按财政体制的规定或专项需要补助给下级政府财政的款项，包括对下级的税收返还、一般性转移支付和专项转移支付等
11	5022	上解费用	核算本级政府财政按照财政体制的规定或专项需要上解给上级政府财政的款项
12	5023	地区间援助费用	核算援助方政府财政安排用于受援方政府财政统筹使用的各类援助、补偿、捐赠等
13	5031	其他费用	核算本级政府财政无偿划出股权投资时产生的投资损失、政府财政承担支出责任的其他负债
14	5041	财政专户管理资金支出	核算本级政府财政用纳入财政专户管理的教育收费等资金安排的支出
15	5042	专用基金支出	核算本级政府财政用专用基金收入安排的支出

二、消耗性费用会计科目的使用

它包括政府机关商品和服务拨款费用、政府机关工资福利拨款费用、对事业单位补助拨款费用、对企业补助拨款费用、对个人和家庭补助拨款费用、对社会保障基金补助拨款费用、资本性拨款费用、其他拨款费用、财务费用、其他费用、财政专户管理资金支出。

（一）政府机关商品和服务拨款费用

1.核算内容

本科目核算本级政府财政拨付给机关和参公事业单位用于购买商品和服务的各类费用，不包括用于购置固定资产、战略性和应急性物资储备等的资本性拨款费用。平时，借方余额反映本级政府机关商品和服务拨款费用的累计数。期末结转后，本科目应无余额。本科目可根据管理需要，参照《政府收支分类科目》中支出的经济分类科目，按照预算单位和项目等进行明细核算。

2.主要账务处理

（1）实际发生政府机关商品和服务拨款费用时，借记本科目，贷记“国库存款”科目。

【例4-90】某市财政总会计开出拨款凭证，由国库拨给市民政局商品服务类经费资金50万元。

借：政府机关商品和服务拨款费用 50万

贷：国库存款 50万

（2）当年政府机关商品和服务拨款费用发生退回时，按照实际收到的退回金额，借记“国库存款”科目，贷记本科目。

【例4-91】某市财政一笔拨出的商品服务类费用20万元当年发生退回，款项已入库。

借：国库存款 20万

贷：政府机关商品和服务拨款费用 20万

（3）年终转账时，将本科目借方余额转入本期盈余，借记“本期盈余——预算管理资金本期盈余”科目，贷记本科目。

【例4-92】某市财政年终转账时，一般公共预算支出账户的余额为20亿元，其中商品服务类费用为0.2亿元，予以转账。

借：本期盈余——预算管理资金本期盈余 0.2亿

贷：政府机关商品和服务拨款费用 0.2亿

（二）政府机关工资福利拨款费用

1.核算内容

本科目核算本级政府财政拨付给机关和参公事业单位在职职工和编制外长期聘用人员的各类劳动报酬及为上述人员缴纳的各项社会保险费等费用。平时，借方余额反映本级政府机关工资福利拨款费用的累计数，期末结转后，应无余额。本科目可根据管理需要，参照《政府收支分类科目》中支出的经济分类科目，按照预算单位和项目等进行明细核算。

2.主要账务处理

（1）实际发生政府机关工资福利拨款费用时，借记本科目，贷记“国库存款”科目。

【例4-93】某市财政总会计开出拨款凭证，由国库拨给市民政局工资福利类经费资金80万元。

借：政府机关工资福利拨款费用 80万

贷：国库存款 80万

（2）当年政府机关工资福利拨款费用发生退回时，按照实际收到的退回金额，借记“国库存款”科目，贷记本科目。

【例4-94】假设【例4-93】中拨付的工资福利经费当年被退回10万元。

借：国库存款 10万

贷：政府机关工资福利拨款费用 10万

（3）年终转账时，将本科目借方余额转入本期盈余，借记“本期盈余——预算管理资金本期盈余”科目，贷记本科目。

【例4-95】某市财政年终转账时，一般公共预算支出账户余额为20亿元，其中工资福利类为0.8亿元，予以转账。

借：本期盈余——预算管理资金本期盈余 0.8亿

贷：政府机关工资福利拨款费用 0.8亿

（三）对事业单位补助拨款费用

1.核算内容

本科目核算本级政府财政拨付的对事业单位（不含参公事业单位）的经常性补助费

用，不包括对事业单位的资本性拨款费用。平时，借方余额反映本级政府财政对事业单位补助拨款费用的累计数，期末结转后应无余额。本科目可根据管理需要，参照《政府收支分类科目》中支出的经济分类科目，按照预算单位和项目等进行明细核算。

2.主要账务处理

（1）实际发生对事业单位补助拨款费用时，借记本科目，贷记“国库存款”科目。

【例4-96】某市财政总会计开出拨款凭证，由国库拨给某事业单位补助款150万元。

借：对事业单位补助拨款费用　　150万

　贷：对事业单位补助拨款费用　　150万

（2）当年对事业单位的补助拨款费用发生退回时，按照实际收到的退回金额，借记“国库存款”科目，贷记本科目。

【例4-97】假设【例4-96】中拨付的补助款当年被退回35万元。

借：国库存款　　35万

　贷：对事业单位补助拨款费用　　35万

（3）年终转账时，将本科目借方余额转入本期盈余，借记“本期盈余——预算管理资金本期盈余”科目，贷记本科目。

【例4-98】某市财政年终转账时，一般公共预算支出账户余额为20亿元，其中对事业单位补助费用为0.4亿元，予以转账。

借：本期盈余——预算管理资金本期盈余　　0.4亿

　贷：对事业单位补助拨款费用　　0.4亿

（四）对企业补助拨款费用

1.核算内容

本科目核算本级政府财政拨付的对各类企业的补助费用，不包括对企业的资本金注入和资本性拨款费用。平时，借方余额反映本级政府财政对企业补助拨款费用的累计数，期末结转后，应无余额。本科目可根据管理需要，参照《政府收支分类科目》中支出的经济分类科目，按照预算单位和项目等进行明细核算。

2.主要账务处理

（1）实际发生对企业补助拨款费用时，借记本科目，贷记“国库存款”科目。

【例4-99】某市财政总会计开出拨款凭证，由国库拨给某企业补助款120万元。

借：对企业补助拨款费用　　120万

　贷：国库存款　　120万

（2）当年对企业补助拨款费用发生退回时，按照实际收到的退回金额，借记“国库存款”科目，贷记本科目。

【例4-100】假设【例4-99】中拨付的补助款当年被退回23万元。

借：国库存款　　23万

　贷：对企业补助拨款费用　　23万

（3）年终转账时，将本科目借方余额转入本期盈余，借记“本期盈余——预算管理资金本期盈余”科目，贷记本科目。

【例4-101】某市财政年终转账时，一般公共预算支出账户余额为20亿元，其中对企业补助费用为0.3亿元，予以转账。

借：本期盈余——预算管理资金本期盈余　　0.3亿

　贷：对企业补助拨款费用　　0.3亿

（五）对个人和家庭补助拨款费用

1.核算内容

本科目核算本级政府财政拨付的对个人和家庭的补助费用。平时，借方余额反映本级政府财政对个人和家庭补助拨款费用的累计数，期末结转后，应无余额。本科目可根据管理需要，参照《政府收支分类科目》中支出的经济分类科目，按照预算单位和项目等进行明细核算。

2.主要账务处理

（1）实际发生对个人和家庭补助拨款费用时，借记本科目，贷记“国库存款”科目。

【例4-102】某市财政总会计开出拨款凭证，由国库支付对个人和家庭的补助款98万元。

借：对个人和家庭补助拨款费用　　98万

　贷：国库存款　　98万

（2）当年对个人和家庭补助拨款费用发生退回时，按照实际收到的金额，借记“国库存款”科目，贷记本科目。

【例4-103】假设【例4-102】中拨付的补助款当年被退回8万元。

借：国库存款　　8万

　贷：对个人和家庭补助拨款费用　　8万

（3）年终转账时，将本科目借方余额转入本期盈余，借记“本期盈余——预算管理资金本期盈余”科目，贷记本科目。

【例4-104】某市财政年终转账时，一般公共预算支出账户余额为20亿元，其中对个人和家庭补助费用为0.1亿元，予以转账。

借：本期盈余——预算管理资金本期盈余　　0.1亿

　贷：对个人和家庭补助拨款费用　　0.1亿

（六）对社会保障基金补助拨款费用

1.核算内容

本科目核算本级政府财政拨付的对社会保险基金的补助费用，以及补充全国社会保障基金的费用。平时，借方余额反映本级政府财政对社会保障基金补助拨款费用的累计数，期末结转后，应无余额。本科目可根据管理需要，参照《政府收支分类科目》中支出的经济分类科目，按照预算单位和项目等进行明细核算。

2.主要账务处理

（1）实际发生对社会保障基金补助拨款费用时，借记本科目，贷记“国库存款”科目。

【例4-105】某市财政总会计开出拨款凭证，由国库支付对社会保险基金的补助款400万元。

借：对社会保障基金补助拨款费用　　400万

　贷：国库存款　　400万

（2）当年对社会保障基金补助拨款费用发生退回时，按照实际收到的金额，借记“国库存款”科目，贷记本科目。

【例4-106】假设【例4-105】中拨付的补助款当年被退回9万元。

借：国库存款　9万

　贷：对社会保障基金补助拨款费用　9万

（3）年终转账时，将本科目借方余额转入本期盈余，借记“本期盈余——预算管理资金本期盈余”科目，贷记本科目。

【例4-107】某市财政年终转账时，一般公共预算支出账户余额为20亿元，其中对社会保障基金补助费用为0.5亿元，予以转账。

借：本期盈余——预算管理资金本期盈余　0.5亿

　贷：对社会保障基金补助拨款费用　0.5亿

（七）资本性拨款费用

1.核算内容

本科目核算政府财政拨付给行政事业单位和企业的资本性拨款费用，不包括对企业的资本金注入。平时，借方余额反映本级政府财政资本性拨款费用的累计数，期末结转后，应无余额。本科目可根据管理需要，参照《政府收支分类科目》中支出的经济分类科目，按照预算单位和项目等进行明细核算。

2.主要账务处理

（1）实际发生资本性拨款费用时，借记本科目，贷记“国库存款”科目。

【例4-108】某市财政总会计开出拨款凭证，由国库拨付资本性拨款900万元。

借：资本性拨款费用　900万

　贷：国库存款　900万

（2）当年资本性拨款费用发生退回时，按照实际退回的金额，借记“国库存款”科目，贷记本科目。

【例4-109】假设【例4-108】中拨付的补助款当年被退回19万元。

借：国库存款　19万

　贷：资本性拨款费用　19万

（3）年终转账时，将本科目借方余额转入本期盈余，借记“本期盈余——预算管理资金本期盈余”科目，贷记本科目。

【例4-110】某市财政年终转账时，一般公共预算支出账户余额为20亿元，其中资本性拨款费用为1.5亿元，予以转账。

借：本期盈余——预算管理资金本期盈余　1.5亿

　贷：资本性拨款费用　1.5亿

（八）其他拨款费用

1.核算内容

本科目核算本级政府财政拨付的经常性赠与、国家赔偿费用、对民间非营利组织和群众性自治组织补贴等拨款费用。平时，借方余额反映本级政府财政其他拨款费用的累计数，期末结转后，应无余额。本科目可根据管理需要，参照《政府收支分类科目》中支出的经济分类科目，按照预算单位和项目等进行明细核算。

2. 主要账务处理

（1）实际发生其他拨款费用时，借记本科目，贷记“国库存款”科目。

【例4-111】某市财政总会计开出拨款凭证，由国库拨付给某群众性自治组织补贴款56万元。

借：其他拨款费用　　56万

　贷：国库存款　　56万

（2）当年其他拨款费用发生退回时，按照实际收到的退回金额，借记“国库存款”科目，贷记本科目。

【例4-112】【例4-111】中拨付的补贴款当年被退回6万元。

借：国库存款　　6万

　贷：其他拨款费用　　6万

（3）年终转账时，将本科目借方余额转入本期盈余，借记“本期盈余——预算管理资金本期盈余”科目，贷记本科目。

【例4-113】某市财政年终转账时，一般公共预算支出账户余额为20亿元，其中其他拨款费用为0.3亿元，予以转账。

借：本期盈余——预算管理资金本期盈余　　0.3亿

　贷：其他拨款费用　　0.3亿

（九）财务费用

1. 核算内容

本科目核算本级政府财政用于偿还政府债务的利息费用，政府债务发行、兑付、登记费用，以外币计算的政府资产及债务由于汇率变化产生的汇兑损益等。平时，借方余额反映本级政府财政财务费用的累计数，期末结转后，应无余额。本科目应设置“利息费用”“债务发行兑付费用”“汇兑损益”等明细科目。

2. 主要账务处理

第一，利息费用的主要账务处理。

（1）按期计提利息费用时，根据债务管理部门计算确定的本期应支付利息金额，借记本科目，贷记“应付利息”“应付地方政府债券转贷款——应付利息”“应付主权外债转贷款——应付利息”等科目。

（2）中央财政发生国债随卖业务时，账务处理参照“应付短期政府债券”科目使用说明中国债的随卖业务。

（3）中央财政发生国债随买业务时，账务处理参照“应付短期政府债券”科目使用说明中国债的随买业务。

（4）提前赎回已发行的政府债券、债权人豁免政府财政承担的主权外债应付利息时，按照减少的当年已计提应付利息金额，借记“应付利息”“应付地方政府债券转贷款——应付利息”“应付主权外债转贷款——应付利息”等科目，贷记本科目。

第二，债务发行兑付费用的主要账务处理。

（1）支付政府债务发行、兑付、登记款项时，按照实际支付的金额，借记本科目，贷记“国库存款”科目。

（2）收到或扣缴下级政府财政应承担的政府债务发行、兑付、登记款项时，按照实际收到或扣缴的金额，借记“国库存款”“其他财政存款”“与下级往来”等科目，贷记本科目。

第三，汇兑损益的主要账务处理。

（1）期末，将所有以外币计算的政府资产按期末汇率折算为人民币金额，折算后的金额小于账面余额时，按照折算差额，借记本科目，贷记“其他财政存款”“应收主权外债转贷款”等科目；折算后的金额大于账面余额时，按照折算差额，借记“其他财政存款”“应收主权外债转贷款”科目，贷记本科目。

（2）期末，将所有以外币计算的借入款项、政府债券、主权外债转贷款、应付利息等政府负债按期末汇率折算为人民币金额，折算后的金额小于账面余额时，按照折算差额，借记“借入款项”“应付长期政府债券”“应付主权外债转贷款”“应付利息”等科目，贷记本科目；折算后的金额大于账面余额时，按照折算差额，借记本科目，贷记“借入款项”“应付长期政府债券”“应付主权外债转贷款”“应付利息”等科目。

第四，年终转账时，将本科目借方或贷方余额转入本期盈余，借记或贷记“本期盈余——预算管理资金本期盈余”科目，贷记或借记本科目。

这里只例解年终转账的账务处理，其余参见按业务讲解的账务处理例题。

【例4-114】某市财政年终转账时，“财务费用——汇兑损益”科目为借方余额，总计30万元，予以转账。

借：本期盈余——预算管理资金本期盈余　　30万

　贷：财务费用——汇总损益　　30万

（十）其他费用

1.核算内容

本科目核算本级政府财政无偿划出股权投资时产生的投资损失、政府财政承担支出责任的其他负债等。平时，借方余额反映本级政府财政其他费用的累计数，期末结转后，应无余额。本科目可根据管理需要，按照类别进行明细核算。

2.主要账务处理

（1）政府财政无偿划出股权投资时，根据股权管理部门提供的资料，按照被划出股权投资对应的“权益法调整”科目账面余额，借记或贷记“权益法调整”科目，贷记或借记“股权投资（其他权益变动）”科目；按照被划出股权投资的账面余额，借记本科目，贷记“股权投资（投资成本、损益调整）”科目。

例解参见股权投资。

（2）关于政府财政承担支出责任的其他负债，按照确定应承担的负债金额，借记本科目，贷记“其他负债”科目。

例解参见其他负债。

（3）无偿划出股权投资时，账务处理参照“股权投资”科目使用说明中权益法和成本法下对应的业务。

（4）年终转账时，将本科目借方余额转入本期盈余，借记“本期盈余——预算管理资金本期盈余”科目，贷记本科目。

【例4-115】某市财政年终转账时，其他费用借方余额为45万元，予以转账。

借：本期盈余——预算管理资金本期盈余　　45万

贷：其他费用　　45万

（十一）财政专户管理资金支出

1.核算内容

本科目核算本级政府财政用纳入财政专户管理的教育收费等资金安排的支出。平时，借方余额反映财政专户管理资金支出的累计数，期末结转后，应无余额。本科目可根据管理需要，按照预算单位等进行明细核算。

2.主要账务处理

（1）发生财政专户管理资金支出时，借记本科目，贷记“其他财政存款”等科目。

【例4-116】某市财政由财政专户管理的教育经费发生一笔40万元的支出。

借：财政专户管理资金支出　　40万

贷：其他财政存款　　40万

（2）当年记入的财政专户管理资金支出发生退回时，按照实际退回的金额，借记“其他财政存款”科目，贷记本科目。

（3）以前年度财政专户管理资金支出发生退回时，按照实际退回的金额，借记“其他财政存款”科目，贷记“以前年度盈余调整——财政专户管理资金以前年度盈余调整”科目。

（4）年终转账时，将本科目借方余额转入本期盈余，借记“本期盈余——财政专户管理资金本期盈余”科目，贷记本科目。

【例4-117】年末，某市财政“财政专户管理资金支出”借方余额为230万元，全部予以转账。

借：本期盈余——财政专户管理资金本期盈余　　230万

贷：财政专户管理资金支出　　230万

三、转移性费用会计科目的使用

它包括补助费用、上解费用、地区间援助费用。

（一）补助费用

1.核算内容

本科目核算本级政府财政按财政体制的规定或专项需要补助给下级政府财政的款项，包括对下级的税收返还、一般性转移支付和专项转移支付等。平时，借方余额反映本级政府财政对下级补助费用的累计数，期末结转后，应无余额。本科目可根据管理需要，按照补助地区进行明细核算。

2.主要账务处理

（1）年终与下级政府财政结算时，按照结算确认的应当补助下级政府的费用数，借记本科目，贷记“与下级往来”科目。退还或核减补助费用时，借记“与下级往来”科目，贷记本科目。

例解参见“与下级往来”科目。

（2）专项转移支付资金实行特设专户管理的，根据有关支出管理部门下达的预算文件和拨款依据确认费用，借记本科目或“与下级往来”科目；资金由本级政府财政拨付给下级的，贷记“其他财政存款”等科目；资金由上级政府财政直接拨给下级的，贷记“与上级往来”或“补助收入”科目。

例解参见“与下级往来”科目。

（3）年终转账时，将本科目借方余额转入本期盈余，借记“本期盈余——预算管理资金本期盈余”科目，贷记本科目。

【例4-118】某市财政“补助费用”科目的借方余额为2 400万元，予以转账处理。

借：本期盈余——财政专户管理资金本期盈余　　2 400万

　贷：补助费用　　2 400万

（二）上解费用

1.核算内容

本科目核算本级政府财政按照财政体制的规定或专项需要上解给上级政府财政的款项。平时，借方余额反映本级政府财政上解费用的累计数，期末结转后，应无余额。本科目可根据管理需要按照项目等进行明细核算。

2.主要账务处理

（1）年终与上级政府财政结算时，按照结算确认的应当上解费用数，借记本科目，贷记“与上级往来”科目。退还或核减上解费用时，借记“与上级往来”等科目，贷记本科目。

例解参见“与上级往来”科目。

（2）年终转账时，将本科目借方余额转入本期盈余，借记“本期盈余——预算管理资金本期盈余”科目，贷记本科目。

【例4-119】年终，上解费用的科目余额为1 000万元，予以转账。

借：本期盈余——财政专户管理资金本期盈余　　1 000万

　贷：上解费用　　1 000万

（三）地区间援助费用

1.核算内容

本科目核算援助方政府财政安排用于受援方政府财政统筹使用的各类援助、补偿、捐赠等。平时，借方余额反映地区间援助费用的累计数，期末结转后，应无余额。本科目可根据管理需要，按照受援地区等进行明细核算。

2.主要账务处理

（1）发生地区间援助费用时，借记本科目，贷记“国库存款”科目。

【例4-120】某省财政安排给兄弟省统筹使用的援助资金为2 000万元，款项已通过国库划出。

借：地区间援助费用　　2 000万

　贷：国库存款　　2 000万

（2）年终转账时，将本科目借方余额转入本期盈余，借记“本期盈余——预算管理资金本期盈余”科目，贷记本科目。

【例4-121】某省财政“地区间援助费用”年末的借方余额为3 600万元，全部予以转账。

借：本期盈余——预算管理资金本期盈余　　3 600万

　贷：地区间援助费用　　3 600万

第五节　总会计净资产类会计科目

一、总会计净资产概述

总会计核算的净资产是指本级政府财政总会计核算的资产扣除负债后的净额。

总会计核算的净资产包括累计盈余、本期盈余、预算稳定调节基金、预算周转金、权益法调整、以前年度盈余调整等。

累计盈余是指政府财政一般公共预算资金、政府性基金预算资金、国有资本经营预算资金、财政专户管理资金、专用基金历年实现的盈余滚存的金额。

本期盈余是指政府财政一般公共预算资金、政府性基金预算资金、国有资本经营预算资金、财政专户管理资金、专用基金本期各项收入、费用分别相抵后的余额。

预算稳定调节基金是指政府财政为保持年度间预算的衔接和稳定而设置的储备性资金。

预算周转金是指政府财政为调剂预算年度内季节性收支差额，保证及时用款而设置的库款周转资金。

权益法调整是指政府财政按照持股比例计算应享有的被投资主体除净损益和利润分配以外的所有者权益变动的份额。

以前年度盈余调整是指政府财政调整以前年度盈余的事项。

总会计净资产会计科目及其核算内容详见表4-5。

表4-5　总会计净资产会计科目及其核算内容

序号	科目编号	会计科目名称	核算内容
1	3001	累计盈余	核算政府财政纳入一般公共预算、政府性基金预算、国有资本经营预算管理的预算资金，财政专户管理资金、专用基金历年实现的盈余滚存的金额
2	3011	本期盈余	核算政府财政一般公共预算资金、政府性基金预算资金、国有资本经营预算资金、财政专户管理资金、专用基金本期各项收入、费用分别相抵后的余额。设置补充和动用预算稳定调节基金，设置补充预算周转金产生的盈余变动事项，也通过本科目核算
3	3022	预算周转金	核算政府财政设置的用于调剂预算年度内季节性收支差额周转使用的资金
4	3041	权益法调整	核算政府财政按照持股比例计算应享有的被投资主体除净损益和利润分配以外的所有者权益变动的份额
5	3051	以前年度盈余调整	核算政府财政调整以前年度盈余的事项

二、盈余类净资产会计科目的使用

它包括累计盈余、本期盈余、以前年度盈余调整。

（一）本期盈余

1.核算内容

本科目核算政府财政纳入一般公共预算、政府性基金预算、国有资本经营预算管理的资金，财政专户管理资金、专用基金本期各项收入、费用分别相抵后的余额。

设置补充和动用预算稳定调节基金，设置补充预算周转金产生的盈余变动事项，也通过本科目核算。

期末结转后，本科目应无余额。

本科目应设置"预算管理资金本期盈余""财政专户管理资金本期盈余""专用基金本期盈余"等明细科目。

2.主要账务处理

第一，"预算管理资金本期盈余"明细科目的账务处理。

（1）年终转账时，将纳入一般公共预算、政府性基金预算、国有资本经营预算管理的各类收入科目本年发生额转入本科目的贷方，借记"税收收入""非税收入""投资收益""补助收入""上解收入""地区间援助收入""其他收入"等科目，贷记本科目；将纳入一般公共预算、政府性基金预算、国有资本经营预算管理的各类费用科目本年发生额转入本科目的借方，借记本科目，贷记"政府机关商品和服务拨款费用""政府机关工资福利拨款费用""对事业单位补助拨款费用""对企业补助拨款费用""对个人和家庭补助拨款费用""对社会保障基金补助拨款费用""资本性拨款费用""其他拨款费用""财务费用""补助费用""上解费用""地区间援助费用""其他费用"等科目。

例解参见各类收入和费用类会计科目。

（2）设置或补充预算稳定调节基金时，借记本科目，贷记"预算稳定调节基金"科目；动用预算稳定调节基金时，借记"预算稳定调节基金"科目，贷记本科目。

（3）设置或补充预算周转金时，借记本科目，贷记"预算周转金"科目。

（4）完成上述结转后，将本科目余额转入累计盈余。如为借方余额，贷记本科目，借记"累计盈余—预算管理资金累计盈余"科目；如为贷方余额，借记本科目，贷记"累计盈余——预算管理资金累计盈余"科目。

第二，"财政专户管理资金本期盈余"科目的账务处理。

（1）年终转账时，将财政专户管理资金收入的本年发生额转入本科目的贷方，借记"财政专户管理资金收入"科目，贷记本科目；将财政专户管理资金支出的本年发生额转入本科目的借方，借记本科目，贷记"财政专户管理资金支出"科目。

（2）完成上述结转后，将本科目余额转入累计盈余。借记或贷记本科目，贷记或借记"累计盈余——财政专户管理资金累计盈余"科目。

第三，"专用基金本期盈余"科目的账务处理。

（1）年终转账时，将专用基金收入的本年发生额转入本科目的贷方，借记"专用基金收入"科目，贷记本科目；将专用基金支出的本年发生额转入本科目的借方，借记本科目，贷记"专用基金支出"科目。

（2）完成上述结转后，将本科目余额转入累计盈余，借记或贷记本科目，贷记或借记"累计盈余——专用基金累计盈余"科目。

（二）以前年度盈余调整

1.核算内容

本科目核算政府财政调整以前年度盈余的事项。期末结转后，应无余额。本科目应设置“预算管理资金以前年度盈余调整”“财政专户管理资金以前年度盈余调整”“专用基金以前年度盈余调整”等明细科目。

2.主要账务处理

（1）调整增加以前年度收入时，按照调整增加的金额，借记有关科目，贷记本科目；调整减少的，作相反的会计分录。

（2）调整增加以前年度费用时，按照调整增加的金额，借记本科目，贷记有关科目；调整减少的，作相反的会计分录。

（3）对于政府以前年度取得的资产或承担的负债，在本年初次确认时，借记有关资产科目或贷记有关负债科目，贷记或借记本科目。

（4）年终转账时，将本科目余额转入累计盈余，借记或贷记“累计盈余”科目，贷记或借记本科目。

（三）累计盈余

1.核算内容

本科目核算政府财政纳入一般公共预算、政府性基金预算、国有资本经营预算管理的预算资金，财政专户管理资金、专用基金历年实现的盈余滚存的金额。期末余额反映专用基金累计盈余的累计数。本科目应设置“预算管理资金累计盈余”“财政专户管理资金累计盈余”“专用基金累计盈余”等明细科目。

2.主要账务处理

第一，“预算管理资金累计盈余”科目的主要账务处理。

（1）年终转账时，将“本期盈余——预算管理资金本期盈余”科目余额转入本科目，借记或贷记“预算管理资金本期盈余”科目，贷记或借记本科目。

（2）年终转账时，将“以前年度盈余调整——预算管理资金以前年度盈余调整”科目余额转入本科目，借记或贷记“以前年度盈余调整——预算管理资金以前年度盈余调整”科目，贷记或借记本科目。

第二，“财政专户管理资金累计盈余”科目的主要账务处理。

（1）年终转账时，将“本期盈余——财政专户管理资金本期盈余”科目余额转入本科目，借记或贷记“财政专户管理资金本期盈余”科目，贷记或借记本科目。

（2）年终转账时，将“以前年度盈余调整——财政专户管理资金以前年度盈余调整”科目余额转入本科目，借记或贷记“以前年度盈余调整——财政专户管理资金以前年度盈余调整”科目，贷记或借记本科目。

第三，“专用基金累计盈余”科目的主要账务处理。

（1）年终转账时，将“本期盈余——专用基金本期盈余”科目的余额转入本科目，借记或贷记“专用基金本期盈余”科目，贷记或借记本科目。

（2）年终转账时，将“以前年度盈余调整——专用基金以前年度盈余调整”科目的余额转入本科目，借记或贷记“以前年度盈余调整——专用基金以前年度盈余调整”科目，贷记或借记本科目。

三、其他类会计科目的使用

它包括预算周转金和权益法调整。

（一）预算周转金

1.预算周转金概述

预算周转金是指政府财政设置的用于调剂预算年度内季节性收支差额周转使用的资金。

经本级政府批准，各级政府财政部门可以设置预算周转金，额度不得超过本级一般公共预算支出总额的1%。年度终了时，各级政府财政部门可以将预算周转金收回并用于补充预算稳定调节基金。

预算周转金存入国库中，不另设存款户。周转动用时，本账户不进行核算。仍作贷"国库存款"处理，不能贷记"预算周转金"。若"国库存款"余额小于"预算周转金"，即表明"预算周转金"已被动用。

2.核算内容

"预算周转金"科目核算政府财政设置的用于调剂预算年度内季节性收支差额周转使用的资金。期末贷方余额反映预算周转金的累计规模。

3.主要账务处理

（1）设置或补充预算周转金时，借记"本期盈余——预算管理资金本期盈余"科目，贷记本科目。

（2）将预算周转金调入预算稳定调节基金时，借记本科目，贷记"预算稳定调节基金"科目。

（二）权益法调整

1.核算内容

本科目核算政府财政按照持股比例计算应享有的被投资主体除净损益和利润分配以外的所有者权益变动的份额。期末余额反映政府财政在被投资主体除净损益和利润分配以外的所有者权益变动中累计享有（或分担）的份额。本科目应根据管理需要，按照被投资主体进行明细核算。

2.主要账务处理

（1）被投资主体发生除净损益和利润分配以外的其他权益变动时，按照政府财政持股比例计算应享有的部分，借记或贷记"股权投资（其他权益变动）"科目，贷记或借记本科目。

（2）处置股权投资或因企业破产清算导致股权投资减少时，按照相应的"权益法调整"账面余额，借记或贷记本科目，贷记或借记"股权投资（其他权益变动）"科目。

（3）无偿划出股权投资时，根据股权管理部门提供的资料，按照被划出股权投资对应的"权益法调整"科目账面余额，借记或贷记本科目，贷记或借记"股权投资（其他权益变动）"科目；按照被划出股权投资的账面余额，借记"其他费用"科目，贷记"股权投资（投资成本、损益调整）"科目。

（4）由于管理需要，股权投资的核算由权益法改为成本法的，按照"权益法调整"科目账面余额，借记或贷记本科目，贷记或借记"股权投资（其他权益变动）"科目；按照权益法下“股权投资（投资成本、损益调整）”科目的账面余额作为成本法下“股权投资（投资成本）”的账面余额，借记“股权投资（投资成本）”科目，贷记“股权投资（投资成本、损益调整）”科目。

思考与练习题

一、资产类

（一）思考题

1.简述财政资产的内容。

2.简述财政资产的确认原则。

3.简述有价证券的定义及管理原则。

4.简述在途款的核算范围及核算方法。

5.政府财政为什么会发生预拨经费事项？

6.简述财政总会计“股权投资”科目的明细科目设置规定。

（二）单项选择题

1.国库存款发生外币业务，对于外汇资金需要折算（　　）次。

A.一　　B.两　　C.三　　D.零

2.“国库现金管理存款”科目核算政府财政开展国库现金管理业务存放在（　　）的款项。

A.中国人民银行　　B.商业银行　　C.财政专户　　D.国家金库

3.“在途款”科目的同一笔核算业务，需要同时列（　　）笔分录。

A.一　　B.两　　C.三　　D.四

4.借出款项核算的是财政按规定借给（　　）的临时急需，且需按期收回的款项。

A.下级财政　　B.直属预算单位　　C.上级财政　　D.本级企业

5.与下级往来核算的是本级财政与（　　）的往来待结算款项。

A.下级财政　　B.直属预算单位　　C.上级财政　　D.本级企业

6.应收股利核算政府因持有（　　）应当收取的现金股利或利润。

A.债券投资　　B.借款　　C.股权投资　　D.股票

7.预拨经费是财政本期预拨给预算单位（　　）期的款项。

A.本　　B.下　　C.本期或下期　　D.都不对

8.“股权投资”科目进行账务处理时，一般采用（　　）核算。

A.权益法　　B.成本法　　C.费用法　　D.其他

9.“待发国债”科目核算（　　）财政为弥补财政赤字，预计发行国债与实际发行国债之间的差额。

A.中央　　B.省级　　C.市（县）级　　D.乡（镇）级

10.“待发国债”科目的期末借方余额反映尚未使用的（　　）。

A.已发行国债　　B.实际发行国债　　C.国债发行额度　　D.国债总额

（三）多项选择题

1.财政性存款包括（　　）。

A.国库存款　　B.其他财政存款　　C.银行存款　　D.国库现金管理存款

2.在（　　）内收到属于上年的收入，通过“在途款”科目核算。

A.预算编制期　　B.预算执行期　　C.库款报解整理期　　D.决算清理期

3.在途款的核算范围包括特定时期的（　　）。

A.收到上年度收入　　B.收回上年度拨款

C.收回上年度支出　　D.收到来源不明款项

4.财政总会计的暂付及应收款项属于往来结算中形成的债权性质的款项，包括（　　）。

A.借出款项　　B.与下级往来　　C.应收股利　　D.其他应收款

5.“股权投资”科目应当按照（　　）设置一级明细科目。

A.国际金融组织股权投资　　B.投资基金股权投资

C.企业股权投资　　D.外国政府股权投资

（四）业务分录题

某市财政20××年发生以下经济业务，请写出各经济业务的会计分录。

1.收到国库报来的“预算收入日报表”及其附表，其上列示当日收到一般公共预算收入80万元（其中税收收入70万元，非税收入10万元），政府性基金预算收入30万元。

2.收到国库存款的计息通知，当期计提国库存款利息收入5 000元。

3.收到国库报来的“预算收入日报表”及其附表，其上列示收到市教育局缴入国库的一笔9万元款项，来源不明。

4.查明第3题中的9万元款项的来源，其中4万元为教育局误缴款项，应予以退回；5万元为一般行政事业性收费。

5.支付中心报来“预算支出结算清单”，其上列示市教育局发生直接支付经费10万元，记费用账。

6.1月5日，收到国库报来的“预算收入日报表”及其附表，其上列示收到属于上年的一般公共预算收入11万元，均为税收收入。

7.3月，经研究决定借给市民政局一笔急需款100万元，该笔款项约定借款期为3个月。

8.4月，签发付款凭证，通知国库将预算资金150万元借给下辖A区财政局。

9.为本级政府某直属项目单位承担担保责任的某项外国贷款到期，该项目单位无力偿还本息，本级财政履行担保责任代为偿还本息共计1 500万元。

10.5月，预拨给某直属单位6月经费30万元。

11.6月，按规定收回3月借给市民政局的借款。

12.用一般公共预算资金对投资基金进行股权投资，支付投资额为2 000万元，占有该基金20%的份额，股权投资确认资料显示，该投资基金净资产的公允价值为8 000万元。

13.12月，股权投资由于公允价值的变动，导致第12题中的投资基金价值上涨，按照该笔投资占有的份额，本投资价值上涨10万元。

14.12月，年终体制结算时，发现下辖A区财政局有应解未解款35万元。

15.12月，年终体制结算时，发现应补未补下辖B区财政局补助款50万元。

二、负债类

（一）思考题

1.财政负债的定义是什么？其包括哪些内容？

2.简述财政负债的确认原则。

3.简述“与下级往来”科目和“与上级往来”科目的联系与区别。

4.什么是政府债券？其类型有哪些？

5.什么是主权外债？其类型有哪些？

6.主权外债的预算管理原则是什么？

（二）单项选择题

1.“应付代管资金”科目核算政府财政代为管理的、使用权属于（　　）的资金。

A.财政　　B.预算单位　　C.被代管主体　　D.政府

2.借入款项是政府财政部门以（　　）名义向外国政府和国际金融组织等借入的款项，以及经国务院批准的以其他方式借入的款项。

A.财政　　B.借款单位　　C.政府　　D.人大

3.“其他负债”科目核算政府财政因有关政策明确要求其承担（　　）责任的事项而形成的应付未付款项。

A.支出　　B.代管　　C.收入　　D.拨款

（三）多项选择题

1.财政总会计的应付及暂收款项包括（　　）。

A.应付账款　　B.预收账款　　C.与上级往来　　D.其他应付款

2.“与上级往来”科目的核算范围包括（　　）。

A.向上级政府的临时借款　　B.对上级政府的应解未解款

C.上级政府对本级政府的应补未补款　　D.向上级政府的国债转贷款

3.暂存及代管类负债包括（　　）。

A.应付国库集中支付结余　　B.其他应付款

C.应付代管资金　　D.暂存款

4.“借入款项”科目应当设置的明细科目有（　　）。

A.“应付本金”　　B.“应付利息”　　C.债权人名称　　D.债务人名称

5.债务管理部门应当设置相应的辅助账，详细记录每笔借入款项的（　　）。

A.期限　　B.借入日期　　C.偿还情况　　D.付息情况

（四）业务分录题

某市财政局20××财政年发生以下经济业务，请写出各经济业务的会计分录：

1.收到的国库报表列示，收到市公安局缴来的不明性质款项10万元。

2.第1题中市公安局不明性质款项属于误缴，退给市公安局。

3.收到国库报来的日报表，其列示收到本级税务机关代收的社会保险费800万元。

4.收到为某项目单位承担还款责任的外国政府贷款资金1 000万元，存入财政专户。

5.将第4题中的外国政府贷款拨给项目单位。

6.第4题中外国政府贷款到期，收到项目单位缴来的贷款本金1 000万元，存入财政专户。

7.将第6题中项目单位缴来的贷款本金偿还给外国政府。

8.向省级财政借入临时急需款500万元，弥补某项目建设款的不足，款项已存入国库。

9.收到代管的住宅专项维修资金20万元，存入财政专户。

10.某物业公司申请住宅维修资金3万元，款项已拨付。

11.代管的住宅专项维修资金专户收到银行计息通知，当期利息收入为2万元，按规定上述利息仍属于代管资金。

12.根据相关政策的规定，某市财政局应承担某场自然灾害的应急救灾支出责任，根据本场灾情确定的政府承担金额为150万元。

13.通过国库，用一般公共预算资金拨付第12题中的应急救灾款150万元。

14.年末体制结算，算出应解未解省级财政80万元。

15.年末体制结算，算出省级财政应补未补本级财政60万元。

三、收入类

（一）思考题

1.简述总会计收入的定义及内容。

2.简述总会计收入类会计科目与《政府收支分类科目》的关联性。

3.简述总会计收入类会计科目的核算基础。

（二）单项选择题

1.“税收收入”科目核算政府财政筹集的纳入（　　）财政管理的税收收入。

A.本级　　B.中央　　C.上级　　D.下级

2.“税收收入”科目应参照（　　）中的“税收收入”科目进行明细核算。

A.《预算收支分类科目》　　B.《政府收支分类科目》

C.《财政总会计科目》　　D.《收支分类科目》

3.全面实行非税收入（　　），非税收入管理部门具备条件提供已开具的缴款票据、尚未缴入本级国库的非税收入，按照本级应收的非税收入金额，借记“应收非税收入”科目，贷记“非税收入”科目。

A.一体化管理　　B.信息化管理　　C.集中管理　　D.电子化管理

4.财政专户管理资金存入（　　）进行管理。

A.国库　　B.财政专户　　C.一般银行账户　　D.小金库

5.上级政府拨付给本级财政的税收返还属于（　　）收入。

A.补助　　B.上解　　C.税收　　D.非税

6.本级政府财政不同资金之间的调拨是为了（　　）。

A.平衡某预算收支　　B.提高资金支出速度

C.各类资金管理需要　　D.提高财政调控力

7.“专用基金收入”科目应当按照（　　）进行明细核算。

A.专用基金种类　　B.专用基金来源

C.专用基金使用部门　　D.专用基金管理部门

（三）多项选择题

1.下面属于总会计其他收入核算内容的事项的有（　　）。

A.从其他渠道调入资金
B.豁免主权外债偿还责任
C.无偿取得股权投资
D.取得行政事业性收费

2.核算上下级政府间的转移收入的科目有（　　）。

A.“调入资金”
B.“补助收入”
C.“上解收入”
D.“转移收入”

3.“上解收入”的明细科目有（　　）。

A.“一般公共预算上解收入”
B.“政府性基金预算上解收入”
C.上解地区名称
D.补助地区名称

（四）业务分录题

某市财政局20××年发生以下经济业务，请写出各经济业务的会计分录。

1.国库报来预算收入日报表，其列示当日取得增值税30万元、企业所得税20万元、车船税20万元。

2.国库报来预算收入日报表，其列示当日取得的政府性基金预算收入为：外贸发展基金收入30万元、育林基金收入18万元。

3.国库报来预算收入日报表，其列示当日国有资本经营预算收入共计120万元。

4.收到纳入财政专户管理教育收费资金35万元，存入专户。

5.收到省级财政拨入的补助款56万元。

6.省级财政将上次借给本级财政的80万元临时急需款转为补助，无须本级财政归还。

7.收到所属甲县缴来的上解款78万元，存入国库。

8.接到国库通知，收到兄弟市转来的援助资金200万元。

9.收到省财政厅拨付的粮食风险基金100万元，根据国家规定将基金存在指定的财政专户。

10.退回省财政厅拨付的粮食风险基金30万元。

11.经研究决定，将本级一般公共预算资金85万元安排为粮食风险基金，将款项存入指定财政专户。

12.年终进行结账，“税收收入”“非税收入”“财政专户管理资金收入”等科目的贷方余额分别为5 000万元、980万元和350万元，全部予以转账。

四、费用类

（一）思考题

1.简述总会计费用的定义及内容。

2.简述总会计费用与《政府收支分类科目》的关联性。

（二）单项选择题

1.总会计核算的费用，应当按照承担支付义务金额或（　　）进行计量。

A.实际发生金额
B.可能发生金额
C.预计发生金额
D.以上均不对

2.下列会计科目中，不属于费用类的是（　　）。

A.财政专户管理资金支出
B.专用基金支出
C.地区间援助费用
D.地区间援助支出

3.“上解费用”科目核算本级政府财政按照（　　）的规定解缴给上级政府财政的

款项。

A.政府文件　　B.税收体制　　C.财政体制　　D.财政部

4.“补助费用”科目平时余额在（　　）。

A.借方　　B.贷方　　C.借方或贷方　　D.无余额

5.（　　）科目核算援助方政府财政安排用于受援方政府财政统筹使用的各类援助、补偿、捐赠等。

A.“补偿费用”　　B.“捐赠费用”

C.“援助费用”　　D.“地区间援助费用”

（三）多项选择题

1.“政府机关商品和服务拨款费用”科目可设置（　　）明细科目。

A.《政府收支分类科目》中支出功能分类科目

B.《政府收支分类科目》中支出经济分类科目

C.预算单位

D.项目

2.核算上下级政府财政之间转移性费用的会计科目有（　　）。

A.“调出资金”　　B.“政府间援助费用”

C.“补助费用”　　D.“上解费用”

3.“补助费用”科目核算本级政府财政按财政体制规定或专项需要补助给下级政府财政的款项，包括（　　）。

A.税收返还　　B.一般性转移支付

C.专项转移支付　　D.横向转移支付

4.“对企业补助拨款费用”科目核算本级政府财政拨付的对各类企业的补助费用，不包括（　　）和（　　）。

A.对企业的价格补贴　　B.对企业的资本金注入

C.对企业的资本性拨款费用　　D.对企业的挖潜改造补助

5.“财务费用”科目应当设置（　　）等明细科目。

A.“利息费用”　　B.“债务发行兑付费用”

C.“汇兑损益”　　D.“借款费用”

（四）业务分录题

某市财政局20××年发生下列经济业务，请写出各经济业务财务会计的分录。

1.财政总会计开出拨款凭证，由国库拨给本市教育局行政经费34万元。

2.财政总会计开出拨款凭证，由国库拨给本市水利局资本性资金500万元。

3.财政总会计开出拨款凭证，由国库拨付给某企业补助经费800万元。

4.财政专户管理的教育经费发生一笔30万元的支出。

5.对所属的B县财政拨出专项补助款50万元。

6.9月，对所属的C县拨付专项转移支付资金90万元。

7.向省财政厅拨付上解款项100万元。

8.向兄弟市拨付援助资金200万元，用作政府机关商品和服务拨款费用。

9.将粮食风险基金20万元用于粮食库存管理。

10.年末结账时，“政府机关工资福利拨款费用”“对事业单位补助拨款费用”“对企业补助拨款费用”“财政专户管理资金支出”“补助费用”“上解费用”“地区间援助费用”的余额分别为1 200万元、1 100万元、890万元、960万元、600万元、1 000万元、300万元。对上述科目余额，全部进行转账。

五、净资产类

（一）思考题

1.什么是财政总净资产？其内容有哪些？

2.什么是预算周转金？其作用及管理要求是什么？

3.什么是预算稳定调节基金？其作用是什么？

4.简述总会计的本期盈余与累计盈余的关系。

（二）单项选择题

1.财政总会计的各项盈余应当（　　）结算一次。

A.每旬　B.每月　C.每季　D.每年

2.预算周转金是各级政府为调剂（　　），保证及时用款而设置的周转金。

A.年度内各月收支差额　B.年度内季节性收支差额

C.年度性收支差额　D.年终预算收支差额

3.根据国务院的规定，预算周转金额度不得超过本级一般公共预算支出总额的（　　）。

A.1%　B.2%　C.3%　D.4%

4.年度终了时，各级政府财政部门可以将预算周转金收回并用于补充（　　）。

A.一般公共预算　B.政府性基金预算

C.国有资本经营预算　D.预算稳定调节基金

5.目前，全国统一的专用基金只有（　　）。

A.农业发展基金　B.水资源建设专项基金

C.粮食风险基金　D.水利建设专项基金

（三）多项选择题

1.财政总会计的“累计盈余”科目应设置（　　）明细科目。

A.“预算管理资金累计盈余”　B.“财政专户管理资金累计盈余”

C.“专用基金累计盈余”　D.下年结转结余

2.各级政府一般公共预算的结余资金，可以用来补充（　　）。

A.预算周转金　B.资产基金　C.专用基金　D.预算稳定调节基金

3.“权益法调整”科目核算政府财政按照持股比例计算应享有的被投资主体除（　　）以外的所有者权益变动的份额。

A.市场价格变动　B.净损益

C.利润分配股权投资　D.应收股利

4.以下属于总会计“以前年度盈余调整”科目核算内容的有（　　）。

A.调整增加以前年度收入

B.调整增加以前年度费用

C.本年初次确认政府以前年度取得的资产

D.本年初次确认政府以前年度承担的负债

5.各级政府预算稳定调节基金的主要资金来源有（　　）。

A.本级政府一般公共预算的结余资金

B.上级政府拨入的补助资金

C.本级政府一般公共预算年度执行的超收收入

D.本级政府各预算年度执行的超收收入

第四章即测即评（资产类）

第四章即测即评（负债类）

第四章即测即评（收入类）

第四章即测即评（费用类）

第四章即测即评（净资产类）

（四）业务分录题

某市财政局20××年发生以下经济业务，请写出各经济业务的会计分录。

1. 年末，用当年一般预算结转结余资金67万元补充预算周转金。

2. 经研究决定，将30万元预算周转金调入预算稳定调节基金。

3. 退回上级上年拨付的专用基金46万元。

4. 年末，“专用基金收入”“专用基金支出”账户余额分别为350万元、320万元。

5. 收到国库通知，收到政府机关商品和服务拨款费用退回款项68万元，全部为以前年度列入的费用。

6. 年末收入费用结转完成后，“本期盈余”科目贷方余额为1300万元，其中，“预算管理资金本期盈余”为700万元，“财政专户管理资金本期盈余”为200万元，“专用基金本期盈余”为400万元。将其全部转入累计盈余。

7. 年末，“以前年度盈余调整”科目借方余额为230万元，其中“预算管理资金以前年度盈余调整”为130万元，“财政专户管理资金以前年度盈余调整”为30万元，“专用基金以前年度盈余调整”为70万元。将其全部转入累计盈余。

第五章

总会计之预算会计科目使用

☞ **学习目的**

通过本章的学习，掌握财政总会计之预算会计三大会计要素各会计科目的使用方法及规定，其主要包括各科目的核算范围及账务处理，从而为总会计各类业务的双会计核算奠定基础。

第一节　总会计预算收入类科目

一、总会计预算收入概述

1.预算收入的定义及内容

预算收入是指政府财政在预算年度内依法取得的并纳入预算管理的现金流入。

总会计核算的预算收入包括一般公共预算收入、政府性基金预算收入、国有资本经营预算收入、财政专户管理资金收入、专用基金收入、转移性预算收入、动用预算稳定调节基金、债务预算收入、债务转贷预算收入和待处理收入等。

一般公共预算收入是指政府财政筹集纳入本级一般公共预算管理的税收收入和非税收入。

政府性基金预算收入是指政府财政筹集纳入本级政府性基金预算管理的非税收入。

国有资本经营预算收入是指政府财政筹集纳入本级国有资本经营预算管理的非税收入。

财政专户管理资金收入是指政府财政纳入财政专户管理的教育收费等资金收入。

专用基金收入是指政府财政根据法律法规等规定设立各项专用基金（包括粮食风险基金等）取得的资金收入。

转移性预算收入是指在各级政府财政之间进行资金调拨以及在本级

政府财政不同类型资金之间调剂所形成的收入，包括补助预算收入、上解预算收入、地区间援助预算收入和调入预算资金等。补助预算收入是指上级政府财政按照财政体制的规定或专项需要补助给本级政府财政的款项，包括返还性收入、一般性转移支付收入和专项转移支付收入等。上解预算收入是指按照财政体制的规定或专项需要由下级政府财政上交给本级政府财政的款项。地区间援助预算收入是指受援方政府财政收到援助方政府财政转来的可统筹使用的各类援助、捐赠等资金收入。调入预算资金是指政府财政为平衡某类预算收支，从其他类型预算资金及其他渠道调入的资金。

动用预算稳定调节基金是指政府财政为弥补一般公共预算收支缺口动用的预算稳定调节基金。

债务预算收入是指政府财政根据法律法规等规定，通过发行债券、向外国政府和国际金融组织借款等方式筹集的纳入预算管理的资金收入。

债务转贷预算收入是指本级政府财政收到上级政府财政转贷的债务收入。

待处理收入是指本级政府财政收回的部门预算结转结余资金和转移支付结转资金。

2.预算收入入账标准

预算收入一般按实际收到的或发生的金额入账。中央总会计年末按照规定对部分收入事项采用权责发生制核算。

县（含县本级）以上各级财政的各项预算收入（含固定收入与共享收入）以缴入基层国库数额为准。

乡（镇）财政分两种情况：

（1）已建乡（镇）国库的地区，以乡（镇）国库收到数为准；

（2）未建乡（镇）国库的地区，以乡（镇）总会计收到的县级财政返回数额为准。

3.总会计预算收入类科目表

总会计预算收入类会计科目及其核算内容详见表5-1。

表5-1　**总会计预算收入类会计科目及其核算内容**

序号	科目编号	会计科目名称	核算内容
1	6001	一般公共预算收入	核算政府财政筹集的纳入本级一般公共预算管理的税收收入和非税收入
2	6002	政府性基金预算收入	核算政府财政筹集的纳入本级政府性基金预算管理的非税收入
3	6003	国有资本经营预算收入	核算政府财政筹集的纳入本级国有资本经营预算管理的非税收入
4	6005	财政专户管理资金收入	核算政府财政纳入财政专户管理的教育收费等资金收入
5	6011	补助预算收入	核算上级政府财政按照财政体制的规定或因专项需要补助给本级政府财政的款项，包括税收返还、一般性转移支付和专项转移支付等
6	6012	上解预算收入	核算按照财政体制的规定或专项需要由下级政府财政上交给本级政府财政的款项

续表

序号	科目编号	会计科目名称	核算内容
7	6013	地区间援助预算收入	核算受援方政府财政收到援助方政府财政转来的可统筹使用的各类援助、捐赠等资金收入。援助方政府已列入“地区间援助预算支出”的援助、捐赠等资金，受援方通过本科目核算
8	6021	调入预算资金	核算政府财政为平衡某类预算收支、从其他类型预算资金及其他渠道调入的资金
9	6051	待处理收入	核算本级政府财政收回的结转结余资金
10	6007	专用基金收入	核算本级政府财政按照法律法规和国务院、财政部的规定设置或取得的粮食风险基金等专用基金收入
11	6031	动用预算稳定调节基金	核算政府财政为弥补本年度预算资金不足，动用的预算稳定调节基金
12	6041	债务预算收入	核算政府财政根据法律法规等规定，通过发行债券、向外国政府和国际金融组织借款等方式筹集的纳入预算管理的债务收入
13	6042	债务转贷预算收入	核算省级以下（不含省级）政府财政收到上级政府财政转贷的债务收入

二、预算管理资金类预算收入会计科目的使用

它包括三本预算收入，即一般公共预算收入、政府性基金预算收入、国有资本经营预算收入。

（一）一般公共预算收入

1.核算内容

本科目核算政府财政筹集的纳入本级一般公共预算管理的税收收入和非税收入。平时，贷方余额反映本级一般公共预算收入的累计数，期末结转后，应无余额。本科目应根据《政府收支分类科目》中“一般公共预算收入”科目进行明细核算。

2.主要账务处理

（1）收到款项时，根据当日预算收入日报表所列一般公共预算本级收入数，借记“资金结存——库款资金结存”科目，贷记本科目。

【例5-1】国库报来预算收入日报表所列当日一般公共预算收入150万元。

借：资金结存——库款资金结存　　150万

　贷：一般公共预算收入　　150万

（2）年终转账时，将本科目贷方余额转入一般公共预算结转结余，借记本科目，贷记“一般公共预算结转结余”科目。

【例5-2】年终，“一般公共预算收入”科目贷方余额为10亿元，全部予以转账。

借：一般公共预算收入　　10亿

　贷：一般公共预算结转结余　　10亿

（二）政府性基金预算收入

1.核算内容

本科目核算政府财政筹集的纳入本级政府性基金预算管理的非税收入。平时，贷方余额反映本级政府性基金预算收入的累计数，期末结转后，应无余额。本科目应根据《政府收支分类科目》中的“政府性基金预算收入”科目进行明细核算。

2.主要账务处理

（1）收到款项时，根据当日预算收入日报表所列政府性基金预算本级收入数，借记“资金结存——库款资金结存”科目，贷记本科目。

【例5-3】国库报来预算收入日报表所列当日政府性基金预算收入90万元。

借：资金结存——库款资金结存　　90万

　贷：政府性基金预算收入　　90万

（2）年终转账时，将本科目贷方余额转入政府性基金预算结转结余，借记本科目，贷记“政府性基金预算结转结余”科目。

【例5-4】年终，“政府性基金预算收入”科目贷方余额为5 000万元，全部予以转账。

借：政府性基金预算收入　　5 000万

　贷：政府性基金预算结转结余　　5 000万

（三）国有资本经营预算收入

1.核算内容

本科目核算政府财政筹集的纳入本级国有资本经营预算管理的非税收入。平时，贷方余额反映本级国有资本经营预算收入的累计数，期末结转后，应无余额。本科目应根据《政府收支分类科目》中的“国有资本经营预算收入”科目进行明细核算。

2.主要账务处理

（1）收到款项时，根据当日预算收入日报表所列国有资本经营预算本级收入数，借记“资金结存——库款资金结存”科目，贷记本科目。

【例5-5】国库报来预算收入日报表所列当日国有资本经营预算收入30万元。

借：资金结存——库款资金结存　　30万

　贷：国有资本经营预算收入　　30万

（2）年终转账时，将本科目贷方余额转入国有资本经营预算结转结余，借记本科目，贷记“国有资本经营预算结转结余”科目。

【例5-6】年终，“国有资本经营预算收入”科目贷方余额为2 000万元。

借：国有资本经营预算收入　　2 000万

　贷：国有资本经营预算结转结余　　2 000万

三、财政专户管理资金收入科目的使用

1.核算内容

本科目核算政府财政纳入财政专户管理的教育收费等资金收入。平时，贷方余额反映财政专户管理资金收入的累计数，期末结转后，应无余额。本科目应根据《政府收支分类科目》中的收入分类科目进行明细核算。同时，根据管理需要，按预算单位等进行明细核算。

2. 主要账务处理

（1）收到财政专户管理资金收入时，借记“资金结存——专户资金结存”科目，贷记本科目。

【例 5-7】收到财政专户的通知，收到教育收费 20 万元。

借：资金结存——专户资金结存　　20 万

　贷：财政专户管理资金收入　　20 万

（2）年终转账时，将本科目贷方余额转入财政专户管理资金结余，借记本科目，贷记“财政专户管理资金结余”科目。

【例 5-8】年末，“财政专户管理资金收入”科目贷方余额为 100 万元，予以转账。

借：财政专户管理资金收入　　100 万

　贷：财政专户管理资金结余　　100 万

四、转移性预算收入会计科目的使用

根据转移方向，转移性预算收入可分三类：一是纵向转移性预算收入，包括补助预算收入和上解预算收入。二是横向转移性预算收入，指地区间援助预算收入。三是本级内部调剂性预算收入，指调入预算资金。

（一）补助预算收入

1. 核算内容

本科目核算上级政府财政按照财政体制的规定或专项需要补助给本级政府财政的款项，包括税收返还、一般性转移支付和专项转移支付等。平时，贷方余额反映本级政府财政收到上级政府财政调拨资金的累计数，期末结转后，应无余额。本科目下应设置“一般公共预算补助收入”“政府性基金预算补助收入”“国有资本经营预算补助收入”“上级调拨”等明细科目，可根据《政府收支分类科目》的规定进行明细核算。

其中，“一般公共预算补助收入”科目核算本级政府财政收到的上级政府财政的一般公共预算转移支付收入；“政府性基金预算补助收入”科目核算本级政府财政收到的上级政府财政的政府性基金转移支付收入；“国有资本经营预算补助收入”科目核算本级政府财政收到的上级政府财政的国有资本经营预算转移支付收入；“上级调拨”科目核算年度执行中，本级政府财政收到的暂不能明确资金类别的上级政府财政调拨资金或按年终结算应确认事项的金额。

2. 主要账务处理

（1）年度执行中，收到上级政府财政调拨的资金时，按照实际收到的金额，借记“资金结存——库款资金结存”科目，贷记“补助预算收入——上级调拨”等科目。专项转移支付资金实行特设专户管理的，收到资金时，按照实际收到的金额，借记“资金结存——专户资金结存”科目，贷记“补助预算收入——上级调拨”科目。

【例 5-9】某县财政收到上级财政的调拨款 300 万元，存入国库。

借：资金结存——库款资金结存　　300 万

　贷：补助预算收入——上级调拨　　300 万

有主权外债业务的财政部门，贷款资金由本级政府财政同级预算单位使用，且贷款的最终还款责任由上级政府财政承担的，本级政府财政部门收到贷款资金时，借记“资金结存——专户资金结存”科目，贷记“补助预算收入——上级调拨”科目；外方或上级政府财政将贷款资金直接支付给供应商或用款单位时，借记“一般公共预算支出”科目，贷记“补助预算收入——上级调拨”等科目；上级政府财政豁免本级政府财政主权外债，根据债务管理部门提供的有关资料和有关预算文件，借记“资金结存——上下级调拨结存”科目，贷记“补助预算收入——上级调拨”科目。

【例5-10】某县财政从省财政获得主权外债贷款500万元，其中300万元由省财政直接拨付给本县财政直属的用款单位。根据文件规定，该笔贷款由省财政承担还款责任。

借：资金结存——专户资金结存　200万

　　一般公共预算支出　300万

　贷：补助预算收入——上级调拨　500万

（2）根据预算管理需要，本级政府财政向上级政府财政归还资金时，按照实际转出的金额，借记“补助预算收入——上级调拨”科目，贷记“资金结存——库款资金结存”科目。

【例5-11】【例5-9】中，县财政按照规定归还上级财政调拨款30万元。

借：补助预算收入——上级调拨　30万

　贷：资金结存——库款资金结存　30万

（3）年终两级财政办理结算以后，根据预算管理部门提供的结算单确认上级补助预算收入，借记“补助预算收入——上级调拨”科目，贷记“补助预算收入——一般公共预算补助收入”“补助预算收入——政府性基金预算补助收入”“补助预算收入——国有资本经营预算补助收入”等科目；两级财政年终结算中发生应上交上级政府财政款项时，借记“上解预算支出”等科目，贷记“补助预算收入——上级调拨”等科目。

【例5-12】某县财政根据预算管理部门提供的结算单，确认【例5-9】中的270万元为一般公共预算补助资金。

借：补助预算收入——上级调拨　270万

　贷：补助预算收入——一般公共预算补助收入　270万

（4）完成上述结转以后，将本科目下各明细科目余额分别结转至相应的预算结余类科目，借记本科目，贷记“一般公共预算结转结余”“政府性基金预算结转结余”“国有资本经营预算结转结余”“资金结存——上下级调拨结存”等科目。

【例5-13】年终，“补助预算收入”科目的贷方余额为500万元，其中，一般公共预算补助为400万元，政府性基金预算补助为100万元。

借：补助预算收入——一般公共预算补助收入　400万

　贷：一般公共预算结转结余　400万

借：补助预算收入——政府性基金预算补助收入　100万

　贷：政府性基金预算结转结余　100万

（二）上解预算收入

1.核算内容

本科目核算按照财政体制的规定或专项需要由下级政府财政上交给本级政府财政的款项。平时，贷方余额反映上解收入的累计数，期末结转后，应无余额。本科目下，应按照不同资金性质设置“一般公共预算上解收入”“政府性基金预算上解收入”“国有资本经营预算上解收入”等明细科目，并按照上解地区进行明细核算。

2.主要账务处理

（1）年终与下级政府财政结算时，根据预算管理部门提供的有关资料，按照尚未收到的上解款金额，借记“补助预算支出——调拨下级”科目，贷记本科目。

【例5-14】某市财政与下级财政年终结算时，根据预算管理部门提供的有关资料，应收未收该下级财政上解款为90万元。

借：补助预算支出——调拨下级　　90万

　贷：上解预算收入　　90万

（2）年终转账时，本科目贷方余额应根据不同资金性质分别转入相应的结转结余科目，借记本科目，贷记“一般公共预算结转结余”“政府性基金预算结转结余”“国有资本经营预算结转结余”等科目。

【例5-15】年终，某市财政总会计“上解预算收入”科目余额为12亿元，其中，一般公共预算上解收入为8亿元，政府性基金预算上解收入为4亿元。

借：上解预算收入——一般公共预算上解收入　　8亿

　贷：一般公共预算结转结余　　8亿

借：上解预算收入——政府性基金预算上解收入　　4亿

　贷：政府性基金预算结转结余　　4亿

（三）地区间援助预算收入

1.核算内容

本科目核算受援方政府财政收到援助方政府财政转来的可统筹使用的各类援助、捐赠等资金收入。援助方政府已列入“地区间援助预算支出”的援助、捐赠等资金，受援方通过本科目核算。平时，贷方余额反映地区间援助收入的累计数，期末结转后，应无余额。本科目应根据管理需要，按照援助地区等进行明细核算。

2.主要账务处理

（1）收到援助方政府财政转来的资金时，借记“资金结存——库款资金结存”科目，贷记本科目。

【例5-16】某省财政收到兄弟省转来的援助资金2 000万元存入国库。

借：资金结存——库款资金结存　　2 000万

　贷：地区间援助预算收入　　2 000万

（2）年终转账时，将本科目贷方余额转入一般公共预算结转结余，借记本科目，贷记“一般公共预算结转结余”科目。

【例5-17】某省财政年末“地区间援助预算收入”贷方余额为3 000万元，全部予以转账。

借：地区间援助预算收入　　3 000万

　贷：一般公共预算结转结余　　3 000万

（四）调入预算资金

1.核算内容

本科目核算政府财政为平衡某类预算收支、从其他类型预算资金及其他渠道调入的资金。平时，贷方余额反映调入预算资金的累计数，期末结转后，无余额。本科目下，应按照不同资金性质设置“一般公共预算调入资金”“政府性基金预算调入资金”等明细科目。

2.主要账务处理

(1)从其他类型预算资金及其他渠道调入一般公共预算时，按照调入或实际收到的金额，借记“调出预算资金——政府性基金预算调出资金”“调出预算资金——国有资本经营预算调出资金”“资金结存——库款资金结存”等科目，贷记“调入预算资金——一般公共预算调入资金”科目。

【例5-18】某市财政从政府性基金预算资金调入资金100万元，用于平衡一般公共预算收支。

借：调出预算资金——政府性基金预算调出资金　　100万

　贷：调入预算资金——一般公共预算调入资金　　100万

(2)从其他类型预算资金及其他渠道调入政府性基金预算时，按照调入或实际收到的资金金额，借记“资金结存——库款资金结存”等科目，贷记“调入预算资金——政府性基金预算调入资金”科目。

【例5-19】某市财政从一般公共预算调入30万元，用于平衡政府性基金预算。

借：调出预算资金——一般公共预算调出资金　　30万

　贷：调入预算资金——政府性基金预算调入资金　　30万

(3)年终转账时，本科目贷方余额按明细科目分别转入相应的结转结余科目，借记本科目，贷记“一般公共预算结转结余”“政府性基金预算结转结余”等科目。

【例5-20】年终，“调入预算资金”科目余额为500万元，其中一般公共预算调入资金为300万元，政府性基金预算调入资金为200万元。

借：调入预算资金——一般公共预算调入资金　　300万

　贷：一般公共预算结转结余　　300万

借：调入预算资金——政府性基金预算调入资金　　200万

　贷：政府性基金预算结转结余　　200万

五、其他类别预算收入会计科目的使用

它包括待处理收入、动用预算稳定调节基金、专用基金收入、债务预算收入、债务转贷预算收入等。

(一)待处理收入

1.核算内容

本科目核算本级政府财政收回的结转结余资金。平时，贷方余额反映待处理收入的累计数，期末结转后，应无余额。本科目下，应设置“库款资金待处理收入”“专户资金待处理收入”等明细科目。

2.主要账务处理

(1)收到收回的结转结余资金时，借记“资金结存——库款资金结存”等科目，贷记本科目。

【例5-21】某省财政年末，根据结转结余资金收回发文资料，收回本级政府结转结余资金共计1 000万元。

借：资金结存——库款资金结存　　1 000万

贷：待处理收入　　1 000万

（2）收回的结转结余资金，财政部门按原预算科目使用的，实际安排支出时，借记本科目或“资金结存——待处理结存”科目，贷记“资金结存——库款资金结存”科目。

【例5-22】某省财政按原预算科目使用收回的结转资金200万元，其中50万元的资金为已年终转账资金。原预算属于一般公共预算。

借：待处理收入　　150万

资金结存——待处理结存　　50万

贷：资金结存——库款资金结存　　200万

（3）收回的结转结余资金，财政部门调整预算科目使用的，实际安排支出时，借记本科目或“资金结存——待处理结存”科目，按原结转预算科目，贷记“一般公共预算支出”等科目；同时，按实际支出预算科目，借记“一般公共预算支出”等科目，贷记“资金结存——库款资金结存”等科目。

【例5-23】某省财政用收回的结转结余资金安排支出时，调整预算科目使用，由原政府性基金预算支出调整为一般公共预算支出，金额为200万元，其中50万元为已年终转账资金。

借：待处理收入　　150万

资金结存——待处理结存　　50万

贷：政府性基金预算支出　　200万

借：一般公共预算支出　　200万

贷：资金结存——库款资金结存　　200万

（4）年终，将本科目贷方余额转入资金结存，借记本科目，贷记“资金结存——待处理结存”科目。

【例5-24】年终，某省财政“待处理收入”科目贷方余额为300万元，予以转账。

借：待处理收入　　300万

贷：资金结存——待处理结存　　300万

（二）动用预算稳定调节基金

1.核算内容

本科目核算政府财政为弥补本年度预算资金不足，动用的预算稳定调节基金。平时，贷方余额反映动用预算稳定调节基金的累计数，期末结转后，应无余额。

2.主要账务处理

（1）动用预算稳定调节基金时，借记“预算稳定调节基金”科目，贷记本科目。

【例5-25】某省财政由于当年出现赤字，经研究决定，调用预算稳定调节基金150万元来弥补财政赤字。

借：预算稳定调节基金　　150万

贷：动用预算稳定调节基金　　150万

（2）年终转账时，将本科目贷方余额转入一般公共预算结转结余，借记本科目，贷记“一般公共预算结转结余”科目。

【例5-26】某省财政年末“动用预算稳定调节基金”账户贷方余额为1 000万元，全额进行转账。

借：动用预算稳定调节基金　1 000万

　贷：一般公共预算结转结余　1 000万

（三）专用基金收入

1.核算内容

本科目核算本级政府财政按照法律法规和国务院、财政部的规定设置或取得的粮食风险基金等专用基金收入。平时，贷方余额反映取得专用基金收入的累计数，期末结转后，应无余额。本科目应按照专用基金种类进行明细核算。

2.主要账务处理

（1）通过预算支出安排取得专用基金收入并将资金转入财政专户的，借记“资金结存——专户资金结存”科目，贷记本科目；同时，借记“一般公共预算支出”等科目，贷记“资金结存——库款资金结存”等科目。退回专用基金收入时，作相反的会计分录。

【例5-27】经研究，由本级一般公共预算资金安排粮食风险基金24万元，根据国家规定将基金转入财政专户进行管理。

借：资金结存——专户资金结存　24万

　贷：专用基金收入——粮食风险基金　24万

同时，

借：一般公共预算支出　24万

　贷：资金结存——库款资金结存　24万

（2）通过预算支出安排取得的专用基金收入，资金仍留存国库的，借记“一般公共预算支出”等科目，贷记本科目。

【例5-28】若【例5-27】中的基金仍留存国库。

借：一般公共预算支出　24万

　贷：专用基金收入——粮食风险基金　24万

（3）年终转账时，将本科目贷方余额转入专用基金结余，借记本科目，贷记“专用基金结余”科目。

【例5-29】年终，“专用基金收入”科目贷方余额为3 400万元，全部予以转账。

借：专用基金收入　3 400万

　贷：专用基金结余　3 400万

（四）债务预算收入

1.核算内容

本科目核算政府财政根据法律法规等规定，通过发行债券、向外国政府和国际金融组织借款等方式筹集的纳入预算管理的债务收入。平时，贷方余额反映债务预算收入的累计数，期末结转后，应无余额。本科目应设置“国债收入”“一般债务收入”和“专项债务收入”等明细科目，并根据《政府收支分类科目》中的“债务收入”科目进行明细核算。

2.主要账务处理

（1）省级以上（含省级）政府财政收到政府债券发行收入时，按照实际收到的金额，借记“资金结存——库款资金结存”科目，按照政府债券实际发行额，贷记本科目，按照其差额，借记或贷记有关支出科目。

（2）中央财政发生国债随卖业务时，按照实际收到的金额，借记“资金结存——库款资金结存”科目；根据国债随卖确认文件等相关债券管理资料，按照国债随卖面值，贷记本科目，按照实际收到金额与面值的差额，借记或贷记“一般公共预算支出”科目。

（3）按定向承销方式发行的政府债券，根据债务管理部门转来的债券发行文件等有关资料进行确认，由本级政府财政承担还款责任，贷款资金由本级政府财政同级部门使用的，借记“债务还本预算支出”科目，贷记本科目；转贷下级政府财政的，借记“债务转贷预算支出”科目，贷记本科目。

（4）政府财政向外国政府、国际金融组织等机构借款时，按照实际提款的外币金额和即期汇率折算的人民币金额，借记“资金结存——库款资金结存”“资金结存——专户资金结存”等科目，贷记本科目。

（5）本级政府财政借入主权外债，且由外方或上级政府财政将贷款资金直接支付给用款单位或供应商时，应根据以下情况分别处理：

① 本级政府财政承担还款责任，贷款资金由本级政府财政同级部门使用的，本级政府财政根据贷款资金支付有关资料，借记“一般公共预算支出”科目，贷记本科目。

② 本级政府财政承担还款责任，贷款资金由下级政府财政同级部门使用的，本级政府财政根据贷款资金支付有关资料及预算文件，借记“补助预算支出——调拨下级”等科目，贷记本科目。

③ 下级政府财政承担还款责任，贷款资金由下级政府财政同级部门使用的，本级政府财政根据贷款资金支付有关资料，借记“债务转贷预算支出”科目，贷记本科目。

（6）年终转账时，将本科目下“国债收入”“一般债务收入”的贷方余额转入“一般公共预算结转结余”，借记“债务预算收入——国债收入”“债务预算收入——一般债务收入”等科目，贷记“一般公共预算结转结余”科目；将本科目下“专项债务收入”的贷方余额转入“政府性基金预算结转结余”，借记“债务预算收入——专项债务收入”科目，贷记“政府性基金预算结转结余”科目，可根据预算管理需要，按照专项债务对应的政府性基金预算收入科目，分别转入“政府性基金预算结转结余”相应的明细科目。

债务预算收入的例解参见筹资业务。

（五）债务转贷预算收入

1.核算内容

本科目核算省级以下（不含省级）政府财政收到上级政府财政转贷的债务收入。平时，贷方余额反映债务转贷预算收入的累计数，期末结转后，应无余额。本科目应设置“一般债务转贷收入”“专项债务转贷收入”等明细科目，并根据《政府收支分类科目》中的“债务转贷收入”科目进行明细核算。

2.主要账务处理

（1）省级以下（不含省级）政府财政收到地方政府债券转贷收入时，按照实际收到的金额或债务管理部门确认的金额，借记“资金结存——库款资金结存”“补助预算收入——上级调拨”等科目，贷记本科目；实际收到的金额与债务管理部门确认的到期应偿还转贷款本金之间的差额，借记或贷记有关支出科目。

（2）实行定向承销方式转贷的地方政府债券，省级以下（不含省级）政府财政根据债务管理部门提供的有关资料进行确认，借记“债务还本预算支出”科目，贷记本科目。

（3）省级以下（不含省级）政府财政收到主权外债转贷收入的具体账务处理如下：

① 本级财政收到主权外债转贷资金时，借记“资金结存——库款资金结存”“资金结存——专户资金结存”科目，贷记本科目。

② 从上级政府财政借入主权外债转贷款，且由外方或上级政府财政将贷款资金直接支付给用款单位或供应商时，应根据以下情况分别处理：

一是本级政府财政承担还款责任，贷款资金由本级政府财政同级部门使用的，本级政府财政根据贷款资金支付有关资料，借记“一般公共预算支出”科目，贷记本科目。

二是本级政府财政承担还款责任，贷款资金由下级政府财政同级部门使用的，本级政府财政根据贷款资金支付有关资料及预算文件，借记“补助预算支出——调拨下级”等科目，贷记本科目。

三是下级政府财政承担还款责任，贷款资金由下级政府财政同级部门使用的，本级政府财政根据转贷资金支付有关资料，借记“债务转贷预算支出”科目，贷记本科目；下级政府财政根据贷款资金支付有关资料，借记“一般公共预算支出”科目，贷记本科目。

（4）年终转账时，将本科目下“一般债务转贷收入”明细科目的贷方余额转入“一般公共预算结转结余”，借记本科目，贷记“一般公共预算结转结余”科目；将本科目下“专项债务转贷收入”明细科目的贷方余额转入“政府性基金预算结转结余”，借记本科目，贷记“政府性基金预算结转结余”科目，可根据预算管理需要，按照专项债务对应的政府性基金预算收入科目，分别转入“政府性基金预算结转结余”相应的明细科目。

债务转贷预算收入的例解参见筹资业务。

第二节　总会计预算支出类科目

一、总会计预算支出概述

（一）预算支出内容

预算支出是指各级政府财政在预算年度内依法发生并纳入预算管理的现金流出。

总会计核算的预算支出包括一般公共预算支出、政府性基金预算支出、国有资本经营预算支出、财政专户管理资金支出、专用基金支出、转移性预算支出、安排预算稳定调节基金、债务还本预算支出、债务转贷预算支出和待处理支出等。

一般公共预算支出是指政府财政管理的由本级政府安排使用的列入一般公共预算的支出。

政府性基金预算支出是指政府财政管理的由本级政府安排使用的列入政府性基金预算的支出。

国有资本经营预算支出是指政府财政管理的由本级政府安排使用的列入国有资本经营预算的支出。

财政专户管理资金支出是指政府财政用纳入财政专户管理的教育收费等资金安排的支出。

专用基金支出是指政府财政用专用基金收入安排的支出。

转移性预算支出是指各级政府财政之间进行资金调拨以及在本级政府财政不同类型资金之间调剂所形成的支出，包括补助预算支出、上解预算支出、地区间援助预算支出和调出预算资金等。补助预算支出是指本级政府财政按财政体制的规定或专项需要补助给下级政府财政的款项，包括对下级的税收返还、一般性转移支付和专项转移支付等。上解预算支出是指按照财政体制的规定或专项需要由本级政府财政上交给上级政府财政的款项。地区间援助预算支出是指援助方政府财政安排用于受援方政府财政统筹使用的各类援助、捐赠等资金支出。调出预算资金是指政府财政为平衡预算收支，在不同类型预算资金之间的调出支出。

安排预算稳定调节基金是指政府财政安排用于弥补以后年度预算资金不足的储备性资金。

债务还本预算支出是指政府财政偿还本级政府承担的债务本金支出。

债务转贷预算支出是指本级政府财政向下级政府财政转贷的债务支出。

待处理支出是指政府财政按照预拨经费管理有关规定预拨给预算单位尚未列为预算支出的款项。待处理支出（不含预拨下年度预算资金）应在年终前转列支出或清理收回。

（二）预算支出的确认金额

预算支出一般在实际发生时予以确认，以实际发生的金额计量。

一般公共预算支出、政府性基金预算支出、国有资本经营预算支出一般应当按照实际支付的金额入账。省级以上（含省级）政府财政年末可按规定采用权责发生制将国库集中支付结余列支入账。中央政府财政年末可按有关规定对部分支出事项采用权责发生制核算。从本级预算支出中安排提取的专用基金，按照实际提取金额列支入账。财政专户管理资金支出、专用基金支出应当按照实际支付的金额入账。转移性预算支出应当根据财政体制的规定和预算管理需要，按实际发生的金额入账。债务转贷预算支出应当按照实际转贷的金额入账。债务还本预算支出应当按照实际偿还的金额入账。待处理支出应当按照实际支付的金额入账。

（三）预算支出管理要求

总会计应当加强预算支出管理，科学预测和调度资金，严格按照批准的年度预算办理支出，严格审核拨付申请，严格按照预算管理的规定和实际拨付金额列报支出，不得办理无预算、超预算的支出，不得任意调整预算支出科目。

对于各项支出的账务处理，必须以审核无误的国库划款清算凭证、资金支付凭证和其他合法凭证为依据。

（四）预算支出会计科目及其核算内容

总会计预算支出会计科目及其核算内容详见表5-2。

表5-2 **总会计预算支出会计科目及其核算内容**

序号	科目编号	会计科目名称	核算内容
1	7001	一般公共预算支出	核算政府财政管理的由本级政府安排使用的列入一般公共预算的支出
2	7002	政府性基金预算支出	核算政府财政管理的由本级政府安排使用的列入政府性基金预算的支出

续表

序号	科目编号	会计科目名称	核算内容
3	7003	国有资本经营预算支出	核算政府财政管理的由本级政府安排使用的列入国有资本经营预算的支出
4	7005	财政专户管理资金支出	核算本级政府财政用纳入财政专户管理的教育收费等资金安排的支出
5	7011	补助预算支出	核算本级政府财政按照财政体制的规定或专项需要补助给下级政府财政的款项，包括对下级的税收返还、一般性转移支付和专项转移支付等
6	7012	上解预算支出	核算本级政府财政按照财政体制的规定或专项需要上交给上级政府财政的款项
7	7013	地区间援助预算支出	核算援助方政府财政安排用于受援方政府财政统筹使用的各类援助、捐赠等资金支出
8	7021	调出预算资金	核算政府财政为平衡预算收支，在不同类型预算资金之间的调出支出
9	7051	待处理支出	核算政府财政按照预拨经费管理有关规定预拨给预算单位尚未列为预算支出的款项
10	7041	债务还本预算支出	核算政府财政偿还本级政府财政承担的纳入预算管理的债务本金支出
11	7042	债务转贷预算支出	核算本级政府财政向下级政府财政转贷的债务支出
12	7031	安排预算稳定调节基金	核算政府财政安排用于弥补以后年度预算资金不足的储备资金

二、预算管理类预算支出会计科目的使用

它包括一般公共预算支出、政府性基金预算支出、国有资本经营预算支出。

（一）一般公共预算支出

1.核算内容

本科目核算政府财政管理的由本级政府安排使用的列入一般公共预算的支出。平时，借方余额反映一般公共预算支出的累计数，期末结转后，科目应无余额。本科目应根据《政府收支分类科目》中支出功能分类科目和支出经济分类科目进行明细核算。同时，可根据预算管理需要，按照预算单位和项目等进行明细核算。

2.主要账务处理

（1）实际发生一般公共预算支出时，借记本科目，贷记“资金结存——库款资金结存”等科目。

【例5-30】某市财政总会计开出拨款凭证，由国库拨给市民政局经费资金50万元。

借：一般公共预算支出　　50万

　　贷：资金结存——库款资金结存　　50万

（2）已支出事项发生退回时，借记“资金结存——库款资金结存”等科目，贷记本科目。

【例5-31】某市财政已支出事项20万元发生退回，款项已入库。

借：资金结存——库款资金结存　　20万

　贷：一般公共预算支出　　20万

（3）年终转账时，将本科目借方余额转入一般公共预算结转结余，借记“一般公共预算结转结余”科目，贷记本科目。

【例5-32】某市财政年终转账时，一般公共预算支出账户余额为20亿元，予以转账。

借：一般公共预算结转结余　　20亿

　贷：一般公共预算支出　　20亿

（二）政府性基金预算支出

1.核算内容

本科目核算政府财政管理的由本级政府安排使用的列入政府性基金预算的支出。平时，借方余额反映政府性基金预算支出的累计数，期末结转后，应无余额。本科目应根据《政府收支分类科目》中支出功能分类科目和支出经济分类科目进行明细核算。同时，可根据预算管理需要，按照预算单位和项目等进行明细核算。

2.主要账务处理

（1）实际发生政府性基金预算支出时，借记本科目，贷记“资金结存——库款资金结存”等科目。

【例5-33】某市财政总会计开出拨款凭证，由国库拨给市水利建设资金300万元。

借：政府性基金预算支出　　300万

　贷：资金结存——库款资金结存　　300万

（2）已支出事项发生退回时，借记“资金结存——库款资金结存”等科目，贷记本科目。

【例5-34】某市财政已支出事项57万元发生退回，款项已入库。

借：资金结存——库款资金结存　　57万

　贷：政府性基金预算支出　　57万

（3）年终转账时，将本科目借方余额转入政府性基金预算结转结余，借记“政府性基金预算结转结余”科目，贷记本科目。

【例5-35】年终，某市财政“政府性基金预算支出”借方余额为5 400万元，全部予以转账。

借：政府性基金预算结转结余　　5 400万

　贷：政府性基金预算支出　　5 400万

（三）国有资本经营预算支出

1.核算内容

本科目核算政府财政管理的由本级政府安排使用的列入国有资本经营预算的支出。平时，借方余额反映国有资本经营预算支出的累计数，期末结转后，应无余额。本科目应根据《政府收支分类科目》中支出功能分类科目和支出经济分类科目进行明细核算。同时，根据预算管理需要，按照预算单位和项目等进行明细核算。

2.主要账务处理

(1) 实际发生国有资本经营预算支出时，借记本科目，贷记“资金结存——库款资金结存”等科目。

【例 5-36】某市财政总会计开出拨款凭证，由国库拨付国有资本经营预算支出 7 800 万元。

借：国有资本经营预算支出　　7 800 万

　贷：资金结存——库款资金结存　　7 800 万

(2) 已支出事项发生退回时，借记“资金结存——库款资金结存”等科目，贷记本科目。

【例 5-37】某市财政将已发生的国有资本经营预算支出 90 万元予以退回，款项已存入国库。

借：资金结存——库款资金结存　　90 万

　贷：国有资本经营预算支出　　90 万

(3) 年终转账时，将本科目借方余额转入国有资本经营预算结转结余，借记“国有资本经营预算结转结余”科目，贷记本科目。

【例 5-38】年终，某市财政“国有资本经营预算支出”借方余额为 1.5 亿元，全部予以转账。

借：国有资本经营预算结转结余　　1.5 亿

　贷：国有资本经营预算支出　　1.5 亿

三、财政专户管理资金支出及待处理支出科目的使用

(一) 财政专户管理资金支出

1.核算内容

本科目核算本级政府财政用纳入财政专户管理的教育收费等资金安排的支出。平时，借方余额反映财政专户管理资金支出的累计数，期末结转后，应无余额。本科目应根据《政府收支分类科目》中支出功能分类科目和支出经济分类科目进行明细核算。同时，可根据管理需要，按照预算单位和项目等进行明细核算。

2.主要账务处理

(1) 发生财政专户管理资金支出时，借记本科目，贷记“资金结存——专户资金结存”等科目。

【例 5-39】某市财政财政专户管理的教育经费发生一笔 40 万元的支出。

借：财政专户管理资金支出　　40 万

　贷：资金结存——专户资金结存　　40 万

(2) 已支出事项发生退回时，借记“资金结存——专户资金结存”等科目，贷记本科目。

【例 5-40】某市财政财政专户管理资金支出发生一笔支出退回事项，金额为 35 万元，已收回款项。

借：资金结存——专户资金结存　　35 万

　贷：财政专户管理资金支出　　35 万

（3）年终转账时，将本科目借方余额转入财政专户管理资金结余，借记“财政专户管理资金结余”科目，贷记本科目。

【例5-41】年末，某市财政“财政专户管理资金支出”借方余额为230万元，全部予以转账。

借：财政专户管理资金结余　　230万

　贷：财政专户管理资金支出　　230万

（二）待处理支出

1.核算内容

本科目核算政府财政按照预拨经费管理有关规定预拨给预算单位尚未列为预算支出的款项。平时，借方余额反映政府财政尚未转列支出或尚待收回的待处理支出数，期末结转后，应无余额。本科目应当按照预算单位进行明细核算。

2.主要账务处理

（1）拨出款项时，借记本科目，贷记“资金结存——库款资金结存”等科目。

【例5-42】某市财政按照预拨经费管理规定拨付市水利局预拨经费100万元。

借：待处理支出　　100万

　贷：资金结存——库款资金结存　　100万

（2）转列预算支出时，借记“一般公共预算支出”“政府性基金预算支出”“国有资本经营预算支出”等科目，贷记本科目。

【例5-43】【例5-42】中，根据相关资料列示水利局发生支出90万元，予以列支。该项资金纳入一般公共预算进行管理。

借：一般公共预算支出　　90万

　贷：待处理支出　　90万

（3）收回预拨款项时，借记“资金结存——库款资金结存”等科目，贷记本科目。

【例5-44】【例5-24】、【例5-43】中，该财政将剩余经费10万元收回，存入国库。

借：资金结存——库款资金结存　　10万

　贷：待处理支出　　10万

（4）年终，将本科目借方余额转入资金结存，借记“资金结存——待处理结存”科目，贷记本科目。

【例5-45】年末，某市财政“待处理支出”科目借方余额为39万元，全部予以转账。

借：资金结存——待处理结存　　39万

　贷：待处理支出　　39万

四、转移性预算支出会计科目的使用

它分为上下级之间调拨支出、横向调拨支出和本级政府不同资金间的调拨支出。具体包括补助预算支出、上解预算支出、地区间援助预算支出和调出预算资金。

（一）补助预算支出

1.核算内容

本科目核算本级政府财政按照财政体制的规定或专项需要补助给下级政府财政的款项，包括对下级的税收返还、一般性转移支付和专项转移支付等。平时，借方余额反映补助预算支出的累计数，期末结转后，应无余额。本科目应按照不同资金性质设置“一般公共预算补助支出”“政府性基金预算补助支出”“国有资本经营预算补助支出”和“调拨下级”等明细科目。同时，可根据管理需要，按照补助地区和《政府收支分类科目》中支出功能分类科目进行明细核算。其中，“一般公共预算补助支出”科目核算本级政府财政对下级政府财政的一般性转移支付支出；“政府性基金预算补助支出”科目核算本级政府财政对下级政府财政的政府性基金预算转移支付支出；“国有资本经营预算补助支出”科目核算本级政府财政对下级政府财政的国有资本经营预算转移支付支出；“调拨下级”科目核算年度执行中，本级政府财政调拨给下级政府财政的尚未指定资金性质的资金或结算应确认事项的金额。

2. 主要账务处理

（1）年度执行中，调拨资金给下级政府财政，根据实际调拨的金额，借记“补助预算支出——调拨下级”等科目，贷记“资金结存——库款资金结存”“资金结存——专户资金结存”等科目。

【例 5-46】某市财政对所属的A县返还税收款25万元。

借：补助预算支出——一般公共预算补助支出　　25万

　贷：资金结存——库款资金结存　　25万

（2）两级财政年终结算中应当由下级政府财政上交的款项，借记“补助预算支出——调拨下级”等科目，贷记“上解预算收入”科目。

【例 5-47】某省财政与下级财政年终结算时，根据预算文件的规定，下级财政还差20万元上解款未到位。

借：补助预算支出——调拨下级　　20万

　贷：上解预算收入　　20万

（3）专项转移支付资金实行特设专户管理的，根据有关支出管理部门下达的预算文件和拨款依据确认支出，借记“补助预算支出——调拨下级”等科目；资金由本级政府财政拨付给下级的，贷记“资金结存——专户资金结存”等科目；资金由上级政府财政直接拨给下级的，贷记“补助预算收入——上级调拨”科目。

【例 5-48】某省财政的专项转移支付资金实行特设专户管理。根据有关支出管理部门下达的预算文件和拨款依据，某专项转移支付项目共计1 000万元，其中，200万元由本省承担，其余由中央财政承担且直接拨付给下级财政。

借：补助预算支出——调拨下级　　1 000万

　贷：资金结存——专户资金结存　　200万

　　　补助预算收入——上级调拨　　800万

（4）本级政府财政借入或收到转贷的主权外债，贷款资金由下级政府财政同级部门使用，且贷款最终还款责任由本级政府财政承担的，根据债务管理部门提供的有关资料，借记“补助预算支出——调拨下级”等科目，贷记“资金结存——库款资金结存”“资金结存——专户资金结存”等科目；外方或上级政府财政将贷款资金直接支付给用款单位或供应商时，借记“补助预算支出——调拨下级”等科目，贷记“债务预算收入”“债务转贷预算收入”等科目；本级政府财政豁免下级政府财政主权外债，根据债务管理部门提供的有关资料和有关预算文件，借记“补助预算支出——调拨下级”等科目，贷记“资金结存——上下级调拨结存”科目。

例解参见筹资业务。

（5）根据预算管理需要，收回已调拨下级政府财政资金时，按照实际收到的金额，借记“资金结存——库款资金结存”“资金结存——专户资金结存”等科目，贷记“补助预算支出——调拨下级”等科目。

【例5-49】某省财政根据相关规定，收回已调拨下级财政资金160万元，其中140万元为国库款项，20万元为财政专户款项。上述资金均未确认支出。

借：资金结存——库款资金结存　140万

　　　　　　——专户资金结存　20万

　贷：补助预算支出——调拨下级　160万

（6）发生上解多交应当退回的，按照应当退回的金额，借记“上解预算收入”科目，贷记“补助预算支出——调拨下级”等科目。

【例5-50】某省财政清理下级财政上解款时，发现某县财政多交上解款80万元，需要退回。3日后，由国库拨款退回。

清理时，

借：上解预算收入　80万

　贷：补助预算支出——调拨下级　80万

退款时，

借：补助预算支出——调拨下级　80万

　贷：资金结存——库款资金结存　80万

（7）年终两级财政办理结算以后，根据预算管理部门提供的结算单确认补助下级预算支出，借记“补助预算支出——一般公共预算补助支出”“补助预算支出——政府性基金预算补助支出”“补助预算支出——国有资本经营预算补助支出”等科目，贷记“补助预算支出——调拨下级”科目。

（8）完成上述结转以后，将本科目下各明细科目余额分别结转至相应的预算结余类科目，即借记“资金结存——上下级调拨结存”“一般公共预算结转结余”“政府性基金预算结转结余”“国有资本经营预算结转结余”等科目，贷记本科目。

【例5-51】某市财政“补助预算支出”科目借方余额为2 400万元，其中一般公共预算补助支出为900万元，政府性基金预算补助支出为1 500万元，全数予以转账处理。

借：一般公共预算结转结余　900万

　贷：补助预算支出——一般公共预算补助支出　900万

借：政府性基金预算结转结余　1 500万

　贷：补助预算支出——政府性基金预算补助支出　1 500万

（二）上解预算支出

1.核算内容

本科目核算本级政府财政按照财政体制的规定或专项需要上交给上级政府财政的款项。平时，借方余额反映上解支出的累计数，期末结转后，应无余额。本科目应按照不同资金性质设置“一般公共预算上解支出”“政府性基金预算上解支出”“国有资本经营预算上解支出”等明细科目。

2.主要账务处理

（1）发生上解预算支出时，借记本科目，贷记“资金结存——库款资金结存”“补助预算收入——上级调拨”等科目。

【例5-52】某市财政向省财政上解体制款20万元。

借：上解预算支出　　20万

　贷：资金结存——库款资金结存　　20万

（2）年终与上级政府财政结算时，按照尚未支付的上解金额，借记本科目，贷记“补助预算收入——上级调拨”等科目。退还或核减上解支出时，借记“资金结存——库款资金结存”“补助预算收入——上级调拨”等科目，贷记本科目。

【例5-53】年终与上级政府财政结算，发现应解未解上级政府款项400万元。

借：上解预算支出　　400万

　贷：补助预算收入——上级调拨　　400万

（3）年终转账时，本科目借方余额应根据不同资金性质分别转入相应的结转结余科目，借记“一般公共预算结转结余”“政府性基金预算结转结余”等科目，贷记本科目。

【例5-54】年终，上解预算支出科目余额为1 000万元，其中，一般公共预算上解支出为300万元，政府性基金预算上解支出为700万元。

借：一般公共预算结转结余　　300万

　贷：上解预算支出——一般公共预算上解支出　　300万

借：政府性基金预算结转结余　　700万

　贷：上解预算支出——政府性基金预算上解支出　　700万

（三）地区间援助预算支出

1.核算内容

本科目核算援助方政府财政安排用于受援方政府财政统筹使用的各类援助、捐赠等资金支出。平时，借方余额反映地区间援助支出的累计数，期末结转后，应无余额。本科目应按照受援地区等进行相应明细核算。

2.主要账务处理

（1）发生地区间援助预算支出时，借记本科目，贷记“资金结存——库款资金结存”科目。

【例5-55】某省财政安排给兄弟省统筹使用援助资金2 000万元，款项已通过国库划出。

借：地区间援助预算支出　　2 000万

　贷：资金结存——库款资金结存　　2 000万

（2）年终转账时，将本科目借方余额转入一般公共预算结转结余，借记“一般公共预算结转结余”科目，贷记本科目。

【例5-56】某省财政“地区间援助预算支出”年末借方余额为3 600万元，全部予以转账。

借：一般公共预算结转结余　　3 600万

　贷：地区间援助预算支出　　3 600万

（四）调出预算资金

1.核算内容

本科目核算政府财政为平衡预算收支，在不同类型预算资金之间的调出支出。平时，借方余额反映调出预算资金的累计数，期末结转后，应无余额。本科目应设置“一般公共预算调出资金”“政府性基金预算调出资金”和“国有资本经营预算调出资金”等明细科目。

2.主要账务处理

（1）从一般公共预算调出资金时，按照调出的金额，借记“调出预算资金——一般公共预算调出资金”科目，贷记“调入预算资金”有关明细科目。

（2）从政府性基金预算调出资金时，按照调出的金额，借记“调出预算资金——政府性基金预算调出资金”科目，贷记“调入预算资金”有关明细科目。

（3）从国有资本经营预算调出资金时，按照调出的金额，借记“调出预算资金——国有资本经营预算调出资金”科目，贷记“调入预算资金”有关明细科目。

（4）年终转账时，将本科目借方余额分别转入相应的结转结余科目，借记“一般公共预算结转结余”“政府性基金预算结转结余”和“国有资本经营预算结转结余”等科目，贷记本科目。

调出预算资金与调入预算资金账务相对应，例解参见“调入预算资金”科目。

五、其他类别预算支出会计科目的使用

它包括安排预算稳定调节基金、债务还本预算支出、债务转贷预算支出。

（一）安排预算稳定调节基金

1.核算内容

本科目核算政府财政安排用于弥补以后年度预算资金不足的储备资金。平时，借方余额反映安排预算稳定调节基金的累计数，期末结转后，应无余额。

2.主要账务处理

（1）安排预算稳定调节基金时，借记本科目，贷记“预算稳定调节基金”科目。

【例5-57】某市财政经研究，决定用一般公共预算结转结余210万元补充预算稳定调节基金，已报本级政府批准。

借：安排预算稳定调节基金　　210万

　贷：预算稳定调节基金　　210万

（2）年终转账时，将本科目借方余额转入一般公共预算结转结余，借记“一般公共预算结转结余”科目，贷记本科目。

【例5-58】某市财政年末“安排预算稳定调节基金”科目的借方余额为1 000万元，予以转账。

借：一般公共预算结转结余　　1 000万

　贷：安排预算稳定调节基金　　1 000万

（二）债务还本预算支出

1.核算内容

本科目核算政府财政偿还本级政府财政承担的纳入预算管理的债务本金支出。平时，

借方余额反映本级政府财政债务还本预算支出的累计数，期末结转后，应无余额。本科目应设置“国债还本支出”“一般债务还本支出”“专项债务还本支出”等明细科目，并根据《政府收支分类科目》中的“债务还本支出”科目进行明细核算。

2.主要账务处理

（1）偿还本级政府财政承担的政府债券、主权外债等纳入预算管理的债务本金时，借记本科目，贷记“资金结存——库款资金结存”“资金结存——专户资金结存”“补助预算收入——上级调拨”等科目。

（2）中央财政发生国债随买业务时，根据国债随买确认文件等相关债券管理资料，按照国债随买面值，借记本科目，按照实际支付的金额，贷记“资金结存——库款资金结存”科目；按照其差额，借记或贷记“一般公共预算支出”科目。

（3）年终转账时，将本科目下“国债还本支出”“一般债务还本支出”的借方余额转入一般公共预算结转结余，借记“一般公共预算结转结余”科目，贷记“债务还本预算支出——国债还本支出”“债务还本预算支出——一般债务还本支出”科目；将本科目下“专项债务还本支出”的借方余额转入政府性基金预算结转结余，借记“政府性基金预算结转结余”科目，贷记“债务还本预算支出——专项债务还本支出”科目，可根据预算管理需要，按照专项债务对应的政府性基金预算支出科目，分别转入“政府性基金预算结转结余”相应明细科目。

例解参见筹资业务。

（三）债务转贷预算支出

1.核算内容

本科目核算本级政府财政向下级政府财政转贷的债务支出。平时，借方余额反映债务转贷支出的累计数，期末结转后，应无余额。本科目应设置“一般债务转贷支出”“专项债务转贷支出”等明细科目，并根据《政府收支分类科目》中的“债务转贷支出”科目和转贷地区进行明细核算。

2.主要账务处理

（1）本级政府财政向下级政府财政转贷地方政府债券资金时，借记本科目，贷记“资金结存——库款资金结存”“补助预算支出——调拨下级”等科目。

（2）本级政府财政向下级政府财政转贷主权外债资金，且主权外债最终还款责任由下级政府财政承担的具体账务处理如下：

① 支付转贷资金时，根据外债管理部门提交的转贷业务有关资料，借记本科目，贷记“资金结存——库款资金结存”“资金结存——专户资金结存”科目。

② 外方或上级政府财政将贷款资金直接支付给用款单位或供应商时，根据外债管理部门提交的转贷业务有关资料，借记本科目，贷记“债务预算收入”“债务转贷预算收入”科目。

（3）年终转账时，将本科目下“一般债务转贷支出”明细科目的借方余额转入一般公共预算结转结余，借记“一般公共预算结转结余”科目，贷记“债务转贷预算支出——一般债务转贷支出”科目；将本科目下“专项债务转贷支出”明细科目的借方余额转入政府性基金预算结转结余，借记“政府性基金预算结转结余”科目，贷记“债务转贷预算支出——专项债务转贷支出”科目，可根据预算管理需要，按照专项债务对应的政府性基金预算支出科目，分别转入“政府性基金预算结转结余”相应明细科目。

例解参见筹资业务。

第三节　总会计预算结余类科目

一、总会计预算结余概述

（一）总会计预算结余的内容

预算结余是指预算年度内政府预算收入扣除预算支出后的余额，以及历年滚存的库款和专户资金余额。它包括结余资金和结转资金。

总会计核算的预算结余包括一般公共预算结转结余、政府性基金预算结转结余、国有资本经营预算结转结余、财政专户管理资金结余、专用基金结余、预算稳定调节基金、预算周转金和资金结存等。

一般公共预算结转结余是指本级政府财政一般公共预算收支的执行结果。

政府性基金预算结转结余是指本级政府财政政府性基金预算收支的执行结果。

国有资本经营预算结转结余是指本级政府财政国有资本经营预算收支的执行结果。

财政专户管理资金结余是指本级政府财政纳入财政专户管理的教育收费等资金收支的执行结果。

专用基金结余是指本级政府财政专用基金收支的执行结果。

预算稳定调节基金是指本级政府财政为保持年度间预算的衔接和稳定，在一般公共预算中设置的储备性资金。

预算周转金是指本级政府财政为调剂预算年度内季节性收支差额，保证及时用款而设置的周转资金。

资金结存是指政府财政纳入预算管理资金的流入、流出、调整和滚存的结果。

（二）结转结余的管理要求

结转结余是各级政府财政预算收支的执行结果。其中，结转资金是指当年预算已执行但未完成或者因故未执行，下一年度需要按照原用途继续使用的资金；结余资金是指当年预算工作目标已完成或者因故终止，当年剩余的资金。

对于财政资金的各项结转结余实行分类管理，体现在年终转账上是各类预算收支分别转账到各类资金的结转结余中。比如，一般公共预算收支应相应地转入一般公共预算结转结余中。

各项结转结余应每年结算一次。一般有两种结算结果：一是当年结转结余；二是滚存结转结余。当年结转结余等于当年的收入减去当年的支出；滚存结转结余是历年累积下来的结转结余。

对于结转结余，应当按照规定进行使用。各级政府上一年预算的结转资金，应当在下一年用于结转项目的支出；连续两年未用完的结转资金，应当作为结余资金管理。各级政府一般公共预算的结余资金，可以用来补充预算周转金和补充预算稳定调节基金。

（三）总会计预算结余类会计科目的核算内容

总会计预算结余类会计科目及其核算内容详见表5-3。

表5-3　总会计预算结余类会计科目及其核算内容

序号	科目编号	会计科目名称	核算内容
1	8001	一般公共预算结转结余	核算本级政府财政一般公共预算收支的执行结果
2	8002	政府性基金预算结转结余	核算本级政府财政政府性基金预算收支的执行结果
3	8003	国有资本经营预算结转结余	核算本级政府财政国有资本经营预算收支的执行结果
4	8005	财政专户管理资金结余	核算本级政府财政纳入财政专户管理的教育收费等资金收支的执行结果
5	8007	专用基金结余	核算本级政府财政专用基金收支的执行结果
6	8033	预算周转金	核算政府财政设置的用于调剂预算年度内季节性收支差额周转使用的资金
7	8031	预算稳定调节基金	核算本级政府财政为保持年度间预算的衔接和稳定在一般公共预算中设置的储备性资金
8	8041	资金结存	核算政府财政纳入预算管理的资金流入、流出、调整和滚存的情况

二、预算管理类及专户类预算结余会计科目的使用

它包括一般公共预算结转结余、政府性基金预算结转结余、国有资本经营预算结转结余和财政专户管理资金结余。

（一）一般公共预算结转结余

1.核算内容

本科目核算本级政府财政一般公共预算收支的执行结果。期末贷方余额反映一般公共预算收支相抵后的滚存结转结余。

2.主要账务处理

（1）年终转账时，分预算收入和预算支出分别进行转账。

① 预算收入转账。将一般公共预算的有关收入科目贷方余额转入本科目的贷方，借记“一般公共预算收入”“补助预算收入——一般公共预算补助收入”“上解预算收入——一般公共预算上解收入”“地区间援助预算收入”“调入预算资金——一般公共预算调入资金”“债务预算收入——国债收入”“债务预算收入——一般债务收入”“债务转贷预算收入——一般债务转贷收入”“动用预算稳定调节基金”科目，贷记本科目。

② 预算支出转账。将一般公共预算的有关支出科目借方余额转入本科目的借方，借记本科目，贷记“一般公共预算支出”“补助预算支出——一般公共预算补助支出”“上解预算支出——一般公共预算上解支出”“地区间援助预算支出”“调出预算资金——一般公共

预算调出资金”“安排预算稳定调节基金”“债务还本预算支出——国债还本支出”“债务还本预算支出——一般债务还本支出”“债务转贷预算支出——一般债务转贷支出”科目。

年终转账例解参见各预算收入和预算支出类科目。

(2）设置或补充预算周转金时，借记本科目，贷记“预算周转金”科目。

【例5-59】某市财政局用当年一般预算结转结余资金80万元补充预算周转金。

借：一般公共预算结转结余　　80万

　贷：预算周转金　　80万

（二）政府性基金预算结转结余

1.核算内容

本科目核算本级政府财政政府性基金预算收支的执行结果。期末贷方余额反映政府性基金预算收支相抵后的滚存结转结余。本科目可根据管理需要，按照政府性基金的项目进行明细核算。

2.主要账务处理

年终转账时，分预算收支分别进行转账。

(1）预算收入转账。将政府性基金预算的有关收入科目贷方余额转入本科目的贷方，按照政府性基金项目，分别转入本科目的贷方，借记“政府性基金预算收入”“补助预算收入——政府性基金预算补助收入”“上解预算收入——政府性基金预算上解收入”“调入预算资金——政府性基金预算调入资金”“债务预算收入——专项债务收入”“债务转贷预算收入——专项债务转贷收入”科目，贷记本科目。

(2）预算支出转账。将政府性基金预算的有关支出科目借方余额转入本科目的借方，借记本科目，贷记“政府性基金预算支出”“补助预算支出——政府性基金预算补助支出”“上解预算支出——政府性基金预算上解支出”“调出预算资金——政府性基金预算调出资金”“债务还本预算支出——专项债务还本支出”“债务转贷预算支出——专项债务转贷支出”科目。

年终转账例解参见各预算收入和预算支出类科目。

（三）国有资本经营预算结转结余

1.核算内容

本科目核算本级政府财政国有资本经营预算收支的执行结果。期末贷方余额反映国有资本经营预算收支相抵后的滚存结转结余。

2.主要账务处理

年终转账时，分预算收入和预算支出分别进行转账。

(1）预算收入转账。将国有资本经营预算的有关收入科目贷方余额转入本科目的贷方，借记“国有资本经营预算收入”“补助预算收入——国有资本经营预算补助收入”“上解预算收入——国有资本经营预算上解收入”科目，贷记本科目。

(2）预算支出转账。将国有资本经营预算的有关支出科目借方余额转入本科目的借方，借记本科目，贷记“国有资本经营预算支出”“补助预算支出——国有资本经营预算补助支出”“上解预算支出——国有资本经营预算上解支出”“调出预算资金——国有资本经营预算调出资金”科目。

年终转账例解参见各预算收入和预算支出类科目。

（四）财政专户管理资金结余

1.核算内容

本科目核算本级政府财政纳入财政专户管理的教育收费等资金收支的执行结果。期末贷方余额反映政府财政纳入财政专户管理的资金收支相抵后的滚存结余。

2.主要账务处理

年终转账时，分收入和支出分别进行转账。

（1）收入转账。将财政专户管理资金的有关收入科目贷方余额转入本科目的贷方，借记“财政专户管理资金收入”科目，贷记本科目。

（2）支出转账。将财政专户管理资金的有关支出科目借方余额转入本科目的借方，借记本科目，贷记“财政专户管理资金支出”科目。

年终转账例解参见财政专户管理资金收支。

三、其他类别预算结余会计科目的使用

它包括专用基金结余、预算周转金、预算稳定调节基金和资金结存。

（一）专用基金结余

1.核算内容

本科目核算本级政府财政专用基金收支的执行结果。期末贷方余额反映政府财政管理的专用基金收支相抵后的滚存结余。应根据专用基金的种类进行明细核算。

2.主要账务处理

（1）收入转账。年终转账时，将专用基金的有关收入科目贷方余额转入本科目的贷方，借记“专用基金收入”科目，贷记本科目。

（2）支出转账。将专用基金的有关支出科目借方余额转入本科目的借方，借记本科目，贷记“专用基金支出”科目。

年终转账例解参见专用基金收支。

（二）预算周转金

1.预算周转金的设置

预算周转金是指各级政府为调剂预算年度内季节性收支差额，保证及时用款而设置的周转金。

预算周转金应当根据《预算法》的要求设置。根据国务院的规定，额度不得超过本级一般公共预算支出总额的1%。年度终了时，各级政府财政部门可以将预算周转金收回，并用于补充预算稳定调节基金。

2.预算周转金的管理

各级预算周转金由本级政府财政部门管理，不得挪作他用。可根据实际需要，将闲置不用的预算周转金调入预算稳定调节基金。

应将预算周转金存入国库之中，不另设存款户。周转动用时，不能贷记“预算周转金”科目。若“国库存款”科目余额小于“预算周转金”科目，即表明预算周转金已被动用。

3.预算周转金的核算

（1）核算内容

政府财政设置的用于调剂预算年度内季节性收支差额周转使用的资金。期末贷方余额

反映预算周转金的累计规模。

（2）主要账务处理

①设置或补充预算周转金时，借记“一般公共预算结转结余”科目，贷记本科目。

例解参见“一般公共预算结转结余”科目。

②将预算周转金调入预算稳定调节基金时，借记本科目，贷记“预算稳定调节基金”科目。

【例5-60】某市财政局将闲置不用的预算周转金70万元调入预算稳定调节基金。

借：预算周转金 70万

　贷：预算稳定调节基金 70万

（三）预算稳定调节基金

1.预算稳定调节基金概述

预算稳定调节基金是指政府财政安排用于弥补以后年度预算资金不足的储备资金。2014年修订的《预算法》规定，各级一般公共预算按照国务院的规定可以设置预算稳定调节基金，用于弥补以后年度预算资金的不足。各级一般公共预算年度执行中有超收收入的，只能用于冲减赤字或者补充预算稳定调节基金。各级一般公共预算的结余资金，应当补充预算稳定调节基金。

省、自治区、直辖市一般公共预算年度执行中出现短收，通过调入预算稳定调节基金、减少支出等方式仍不能实现收支平衡的，省、自治区、直辖市政府报本级人民代表大会或者其常务委员会批准，可以增列赤字，报国务院财政部门备案，并应当在下一年度预算中予以弥补。

应将各级政府设置的预算稳定调节资金存入国库进行管理。预算稳定调节基金单设科目，安排基金时，在预算支出方反映，调入使用基金时，在预算收入方反映，基金的安排使用纳入预算管理，接受各级人民代表大会及其常务委员会的监督。

2.预算稳定调节基金的核算

（1）核算内容

本级政府财政为保持年度间预算的衔接和稳定，在一般公共预算中设置的储备性资金。期末贷方余额反映预算稳定调节基金的累计规模。

（2）主要账务处理

① 使用超收收入或一般公共预算结余设置或补充预算稳定调节基金时，借记“安排预算稳定调节基金”科目，贷记本科目。

② 将预算周转金调入预算稳定调节基金时，借记“预算周转金”科目，贷记本科目。

③ 动用预算稳定调节基金时，借记本科目，贷记“动用预算稳定调节基金”科目。

预算稳定调节基金的例解参见各相关科目。

（四）资金结存

1.核算内容

本科目核算政府财政纳入预算管理的资金流入、流出、调整和滚存的情况。

“资金结存”科目在使用原理上类似“国库存款”等存款类账户，资金流入，资金结存增加，记借方；资金流出，资金结存减少，记贷方。

本科目应设置“库款资金结存”“专户资金结存”“在途资金结存”“集中支付结余结

存”“上下级调拨结存”“待发国债结存”“零余额账户结存”“已结报支出”“待处理结存”等明细科目。其中，“零余额账户结存”“已结报支出”明细科目为政府财政国库支付执行机构（即支付中心）会计使用，不在总会计大账之列，因此本书不介绍这两个明细科目的使用。

2. 主要账务处理

下面按照明细科目介绍资金结存科目的主要账务处理。

第一，“库款资金结存”科目核算政府财政以国库存款形态存在的资金。本科目期末应为借方余额。

（1）收到预算收入时，根据当日预算收入日报表所列预算收入数，借记本科目，贷记有关预算收入科目。已入库款项发生退库（付）的，资金划出时，借记有关预算收入科目，贷记本科目。

（2）发生预算支出时，按照实际支付的金额，借记有关预算支出科目，贷记本科目。预算支出发生退回的，资金划出时，借记本科目，贷记有关预算支出科目。

第二，“专户资金结存”科目核算政府财政以财政专户存款形态存在的资金。本科目期末应为借方余额。

（1）收到预算收入时，按照有关收入凭证，借记本科目，贷记有关预算收入科目。

已收到款项发生退付的，资金划出时，借记有关预算收入科目，贷记本科目。

（2）发生预算支出时，按照实际支付的金额，借记有关预算支出科目，贷记本科目。预算支出发生退回的，资金划出时，借记本科目，贷记有关预算支出科目。

第三，“在途资金结存”科目核算报告清理期和库款报解整理期内发生的需要通过本科目过渡处理的属于上年度收入、支出等业务的款项。本科目期末余额反映政府财政持有的在途款金额。

（1）报告清理期和库款报解整理期内收到属于上年度收入时，在上年度账务中，借记本科目，贷记有关收入科目；收回属于上年度的支出时，在上年度账务中，借记本科目，贷记“预拨经费”或有关支出科目。

（2）冲转在途款时，在本年度账务中，借记“资金结存——库款资金结存”科目，贷记本科目。

第四，“集中支付结余结存”科目核算省级以上（含省级）政府财政国库集中支付中，应列为当年支出，但年末尚未支付需结转下一年度支付的款项。本科目期末应为贷方余额，反映政府财政尚未支付的国库集中支付结余。

（1）年末，对当年发生的应付国库集中支付结余，借记有关支出科目，贷记本科目。

（2）实际支付应付国库集中支付结余资金时，借记本科目，贷记“资金结存——库款资金结存”科目。

（3）收回尚未支付的应付国库集中支付结余时，借记本科目，贷记有关支出科目。

第五，“上下级调拨结存”科目核算上下级政府财政之间资金调拨和资金结算等事项。本科目期末余额反映政府财政上下级往来款项的净额。

（1）年终转账时，将“补助预算收入——上级调拨”科目贷方余额转入资金结存，借记“补助预算收入——上级调拨”科目，贷记本科目。

（2）年终转账时，将“补助预算支出——调拨下级”科目借方余额转入资金结存，借记本科目，贷记“补助预算支出——调拨下级”科目。

第六，“待发国债结存”科目核算为弥补中央财政预算收支差额，中央财政预计发行国债与实际发行国债之间的差额。本科目期末应为借方余额，反映中央财政尚未使用的国债发行额度。

年度终了，实际发行国债收入用于债务还本支出后，小于为弥补中央财政预算收支差额中央财政预计发行的国债时，按照其差额，借记本科目，贷记“债务预算收入”科目；实际发行国债收入用于债务还本支出后，大于为弥补中央财政预算收支差额中央财政预计发行的国债时，按照其差额，借记“债务预算收入”科目，贷记本科目。

第七，“待处理结存”科目核算结转下年度的待处理收入和待处理支出等。本科目期末余额反映尚未清理的以前年度待处理收支的金额。

（1）年终转账时，将“待处理收入”科目贷方余额转入资金结存，借记“待处理收入”科目，贷记本科目。

（2）年终转账时，将“待处理支出”科目借方余额转入资金结存，借记本科目，贷记“待处理支出”科目。

（3）将以前年度结转的待处理收入转列预算收入或退回时，借记本科目，贷记有关预算收入科目、“资金结存——库款资金结存”科目。

（4）将以前年度结转的待处理支出转列预算支出或收回时，借记有关预算支出科目、“资金结存——库款资金结存”等科目，贷记本科目。

思考与练习题

一、预算收入类

（一）思考题

1.财政总会计预算收入的定义及内容是什么？

2.财政总会计预算收入的入账标准是什么？

3.简述财政总会计预算收入与收入的联系与区别。

（二）单项选择题

1.一般公共预算收入核算政府财政筹集的纳入本级（　　）管理的税收收入和非税收入。

A.一般公共预算　　B.政府性基金预算

C.公共预算　　D.基金预算

2.“一般公共预算收入”科目应当根据（　　）中的“一般公共预算收入科目”进行明细核算。

A.《预算收支分类科目》　　B.《政府收支分类科目》

C.《财政总预算会计科目》　　D.《收支分类科目》

3.一般公共预算收入年终结账时，其余额应全数转入（　　）。

A.一般公共预算结转结余　　B.一般公共预算结余

C.一般公共预算结转　　D.预算结余

4.财政专户管理资金存入（　　）进行管理。

A.国库　　B.财政专户

C.一般银行账户　　D.小金库

5.上级政府拨付给本级财政的税收返还属于（　　）收入。

A.补助预算　　B.上解预算

C.一般公共预算　　D.政府性基金预算

6.本级政府财政不同资金之间的调拨是出于（　　）的需要。

A.平衡某预算收支　　B.提高资金支出速度

C.各类资金管理需要　　D.提高财政调控力

（三）多项选择题

1.实行国库集中收付制度的政府，一般公共预算收入款项的入库方式有（　　）。

A.就地缴库　　B.集中汇缴　　C.直接缴库　　D.集中缴库

2.核算上下级政府间的转移性预算收入的科目有（　　）。

A.“调入资金”　　B.“补助预算收入”

C.“上解预算收入”　　D.“转移预算收入”

3.“上解预算收入”科目的明细科目有（　　）。

A.“一般公共预算上解收入”　　B.“政府性基金预算上解收入”

C.上解地区名称　　D.“国有资本经营预算上解收入”

4.“补助预算收入”科目的明细科目有（　　）。

A.“一般公共预算补助收入”　　B.“政府性基金预算补助收入”

C.上级调拨　　D.“国有资本经营预算补助收入”

5.“待处理收入”科目的明细科目有（　　）。

A.“结转待处理收入”　　B.“库款资金待处理收入”

C.“结余待处理收入”　　D.“专户资金待处理收入”

（四）业务分录题

某市财政局20××年发生以下经济业务，请写出各经济业务的预算会计分录：

1.国库报来预算收入日报表所列当日一般公共预算为90万元。

2.国库报来预算收入日报表所列当日政府性基金预算收入为48万元。

3.国库报来预算收入日报表所列当日国有资本经营预算收入为125万元。

4.收到纳入财政专户管理教育收费资金35万元。

5.收到省级财政拨入的补助款56万元。

6.收到所属甲县缴来的上解款78万元。

7.接到国库通知，收到兄弟市转来的援助资金200万元。

8.从政府性基金预算资金中调出290万元，用于平衡一般公共预算收支。

9.从一般公共预算资金中调出45万元，用于平衡政府性基金预算收支。

10.年终进行结账，“一般公共预算收入”“政府性基金预算收入”“国有资本经营预算收入”“财政专户管理资金收入”“专用基金收入”科目的贷方余额分别为5 000万元、980万元、680万元、350万元和1290万元，全部予以转账。

二、预算支出类

（一）思考题

1.简述财政总会计预算支出的定义及内容。

2.简述财政总会计预算支出的确认金额。

3.简述财政总会计预算支出与费用的关联性。

4.简述财政总会计预算支出的管理要求。

(二）单项选择题

1.“安排预算稳定调节基金”科目属于（　　）类账户。

A.资产类　　B.负债类　　C.收入类　　D.支出类

2.省级以上（含省级）政府财政年末可按规定将（　　）采用权责发生制列支入账。

A.国库集中支付结余　　B.国库集中支付结转

C.一般公共预算结余　　D.政府性基金预算结余

3.（　　）是指政府财政安排用于弥补以后年度预算资金不足的储备性资金。

A.安排预算稳定调节基金　　B.安排预算周转金

C.安排专用基金　　D.动用预算稳定调节基金

4.“补助预算支出”科目平时余额在（　　）。

A.借方　　B.贷方　　C.借方或贷方　　D.无余额

5.（　　）政府财政年末可按有关规定对部分支出事项采用权责发生制核算。

A.中央　　B.省级以上（含省级）　　C.省级　　D.各级

(三）多项选择题

1.“政府性基金预算支出”科目可设置（　　）明细科目。

A.《政府收支分类科目》中支出功能分类科目

B.《政府收支分类科目》中支出经济分类科目

C.部门

D.项目

2.核算上下级政府财政之间转移性支出的会计科目有（　　）。

A.“调出资金”　　B.“地区间援助预算支出”

C.“补助预算支出”　　D.“上解预算支出”

3.“补助预算支出”科目应当按照不同资金的性质设置（　　）等明细科目。

A.“一般公共预算补助支出”　　B.“政府性基金预算补助支出”

C.调拨下级　　D.补助项目名称

4.“上解预算支出”科目应当按照不同资金的性质设置（　　）等明细科目。

A.上解地区名称　　B.“一般公共预算上解支出”

C.“政府性基金预算上解支出”　　D.“国有资本经营预算上解支出”

5.“调出资金”科目应当设置（　　）等明细科目。

A.“一般公共预算调出资金”　　B.“政府性基金预算调出资金”

C.“国有资本经营预算调出资金”　　D.“预算外调出资金”

(四）业务分录题

某市财政局20××年发生下列经济业务，请写出各经济业务预算会计分录。

1.财政总会计开出拨款凭证，由国库拨给本市教育局一般性经费34万元。

2.财政总会计开出拨款凭证，由国库拨给本市水利局专项建设资金500万元。

3.财政总会计开出拨款凭证，由国库拨付某企业国有资本经营预算支出800万元。

4.财政专户管理的教育经费发生一笔30万元的支出。

5.对所属的B县拨出专项补助款50万元。

6.9月，对所属的C县拨付专项转移支付资金90万元。

7.向省财政厅拨付上解款项100万元。

8.向兄弟市拨付援助资金200万元。

9.从国有资本经营预算调出80万元款项，用于平衡一般公共预算。

10.年末结账时，“一般公共预算支出”“政府性基金预算支出”“国有资本经营预算支出”“财政专户管理资金支出”“补助预算支出”“上解预算支出”“地区间援助预算支出”“调出资金”的余额分别为1 200万元、1 100万元、890万元、960万元、600万元（其中，一般公共预算补助为400万元，政府性基金预算补助为200万元）、1 000万元（其中，一般公共预算上解为870万元，政府性基金预算上解为130万元）、300万元和90万元（其中，一般公共预算调出为10万元，政府性基金预算调出为50万元，国有资本经营预算调出为30万元）。对上述科目余额，全部进行转账。

三、预算结余类

（一）思考题

1.什么是财政总会计净资产？其内容有哪些？

2.什么是预算周转金？其作用及管理要求是什么？

3.什么是财政总会计的结转结余？其管理要求是什么？

4.简述财政总会计的“资金结存”科目及其明细科目的核算内容。

（二）单项选择题

1.财政总会计的各项结转结余应当（　　）结算一次。

A.每旬　　B.每月　　C.每季　　D.每年

2.各级政府上一年预算的结转资金应当在下一年用于结转项目的支出，但连续（　　）年未用完的结转资金应当作为结余资金管理。

A.两年　　B.三年　　C.四年　　D.五年

3.财政总会计“一般公共预算结转结余”科目的贷方余额反映一般公共预算收支相抵后的（　　）结转结余。

A.上年　　B.当年　　C.滚存　　D.以上都不是

4.预算周转金是各级政府为调剂（　　），保证及时用款而设置的周转金。

A.年度内各月收支差额　　B.年度内季节性收支差额

C.年度性收支差额　　D.年终预算收支差额

5.预算稳定调节基金是指本级政府财政为保持年度间预算的衔接和稳定，在（　　）中设置的储备性资金。

A.一般公共预算　　B.政府性基金预算

C.国有资本经营预算　　D.社会保险基金预算

（三）多项选择题

1.财政总会计每次结算结转结余后，一般有（　　）等结果。

A.上年结转结余　　B.当年结转结余　　C.滚存结转结余　　D.下年结转结余

2.各级政府一般公共预算的结余资金，可以用来补充（　　）。

A.预算周转金　　B.资产基金　　C.专用基金　　D.预算稳定调节基金

3.下列属于财政总会计“资金结存”科目明细科目的有（　　）。

A.在途资金结存　　B.集中支付结余结存

C.待发国债结存　　D.待处理支出结存

4.下列科目中，属于财政总会计预算结余类会计科目的有（　　）。

A.预算稳定调节基金　　B.预算周转金

C.专用基金　　D.资金结存

第五章即测即评（预算收入类）

第五章即测即评（预算支出类）

第五章即测即评（预算结余类）

（四）业务分录题

某市财政局20××年发生以下经济业务，请写出各经济业务预算会计分录：

1.年末，用当年一般预算结转结余资金67万元补充预算周转金。

2.收到国库通知，省级财政拨来预算周转金320万元。

3.经研究决定，将预算周转金30万元调入预算稳定调节基金。

4.省级财政抽回之前拨付的预算周转金30万元。

5.年末，各有关收支类账户余额见表5-4。根据各账户余额，编制年终转账的会计分录。

表5-4　**各有关收支类账户余额表**　单位：万元

账户名称	余额	账户名称	余额
一般公共预算收入	16 800	一般公共预算支出	17 000
政府性基金预算收入	8 000	政府性基金预算支出	7 900
国有资本经营预算收入	6 700	国有资本经营预算支出	4 500
财政专户管理资金收入	900	财政专户管理资金支出	800
补助预算收入 其中：一般公共预算补助收入 政府性基金预算补助收入	 1 000 600	补助预算支出 其中：一般公共预算补助支出 政府性基金预算补助支出	 760 480
上解预算收入 其中：一般公共预算上解收入 政府性基金预算上解收入	 7 700 2 100	上解预算支出 其中：一般公共预算上解支出 政府性基金预算上解支出	 9 000 4 000
地区间援助预算收入	890	地区间援助预算支出	0
调入资金 其中：一般公共预算调入资金 政府性基金预算调入资金	 990 0	调出资金 其中：一般公共预算调出资金 政府性基金预算调出资金 国有资本经营预算调出资金	 0 300 690

第六章 总会计日常活动核算业务

☞ **学习目的**

通过本章的学习，掌握财政总会计日常活动双会计核算业务，了解各级财政日常活动主要内容及双会计核算适用的会计科目。

从本章开始，本书借鉴总会计财务会计现金流量表的划分方式，将总会计业务活动划分为日常活动、投资活动和筹资活动，分别介绍总会计的双会计核算业务，使读者在充分了解财务会计和预算会计各科目使用规定的基础上，以各级政府财政活动的方式了解并掌握总会计的双会计核算业务。第六章介绍日常活动核算业务，第七章介绍投资活动核算业务，第八章介绍筹资活动核算业务。

日常活动是指各级政府财政日常的收支活动，以及与上下级政府财政之间、兄弟政府财政之间、本级政府直属预算单位之间发生的往来资金等日常活动。

本章根据现金流量表的划分内容，将日常活动划分为日常收支活动、上下级政府财政往来活动、暂收付暂性和其他日常活动，分三节进行介绍。

第一节 总会计日常收支活动核算业务

日常收支活动主要是指各级政府财政组织一般公共预算、政府性基金预算、国有资本经营预算、财政专户管理资金和专用基金等收支活动。涉及的会计科目详见表6-1。

表6-1　　总会计日常收支活动涉及的主要会计科目

科目类别	财务会计	预算会计
存款类	国库存款	资金结存——库款资金结存
	其他财政存款	资金结存——专户资金结存
	在途款	资金结存——在途资金结存
收入类	税收收入	一般公共预算收入
	非税收入、应收非税收入	政府性基金预算收入
		国有资本经营预算收入
	财政专户管理资金收入	财政专户管理资金收入
	专用基金收入	专用基金收入
费用/支出类	政府机关商品和服务拨款费用等各类拨款费用科目	一般公共预算支出
	财务费用	政府性基金预算支出
		国有资本经营预算支出
	财政专户管理资金支出	财政专户管理资金支出
	专用基金支出	专用基金支出
盈余/结余类	本期盈余	三本预算结转结余科目
	累计盈余	财政专户管理资金结余

注："应收非税收入"科目为资产类科目，但其属于组织非税收入使用的会计科目，因此放到收入类会计科目中一起介绍。

一、三本预算资金收入业务

三本预算资金指的是由本财政总会计制度规范的一般公共预算、政府性基金预算和国有资本经营预算资金。三本预算资金收入包括财务会计的税收收入、非税收入和预算会计的一般公共预算收入、政府性基金预算收入、国有资本经营预算收入。其具体关系为：一般公共预算收入是指政府财政筹集纳入本级一般公共预算管理的税收收入和非税收入；政府性基金预算收入是指政府财政筹集纳入本级政府性基金预算管理的非税收入；国有资本经营预算收入是指政府财政筹集纳入本级国有资本经营预算管理的非税收入。

（一）收到预算收入

【例6-1】某市财政局收到国库报来的"预算收入日报表"，其列示一般公共预算收入为310万元，其中：税收收入为250万元，非税收入为60万元。

财务会计	预算会计
借：国库存款　310万 　贷：税收收入　250万 　　　非税收入　60万	借：资金结存——库款资金结存　310万 　贷：一般公共预算收入　310万

【例 6-2】国库报来预算收入日报表，列示当日政府性基金预算收入为 20 万元，国有资本经营预算收入为 30 万元。

财务会计	预算会计
借：国库存款　50 万 　贷：非税收入　50 万	借：资金结存——库款资金结存　50 万 　贷：政府性基金预算收入　20 万 　　　国有资本经营预算收入　30 万

（二）应收非税收入

1.全部实行非税收入电子化管理，非税收入管理部门具备条件提供已开具缴款票据，尚未缴入本级国库的非税收入，按照本级应收的非税收入金额，借记“应收非税收入”科目，贷记本科目。

【例 6-3】某市财政非税收入已全部实行电子化管理。收到的非税收入管理部门提供的数据显示，本级应收非税收入 69 万元尚未入库。

财务会计	预算会计
借：应收非税收入　69 万 　贷：非税收入　69 万	不做账

2.期末，非税收入管理部门应提供已列应收非税收入中确认不能缴库的金额，借记本科目，贷记“应收非税收入”科目。

【例 6-4】某市财政期末非税收入管理部门提供的数据显示，【例 6-3】中已列入应收非税收入中确认的 9 万元不能缴库，其余已全部缴库。

财务会计	预算会计
借：非税收入　9 万 　贷：应收非税收入　9 万 借：国库存款　60 万 　贷：应收非税收入　60 万	借：资金结存——库款资金结存　60 万 　贷：一般公共预算收入等　60 万

（三）收到国库存款利息收入

【例 6-5】收到库款利息 2 万元。

财务会计	预算会计
借：国库存款　2 万 　贷：非税收入　2 万	借：资金结存——库款资金结存　2 万 　贷：一般公共预算收入　2 万

（四）外币业务

1.发生外币业务，在登记外币金额的同时，一般应当按照业务发生当日中国人民银行公布的汇率中间价，将有关外币金额折算为人民币金额记账。

【例 6-6】某市财政局国库收到美元款税收收入 15 万元，当日汇率中间价为 6.2。

财务会计	预算会计
借：国库存款——美元户（15 万×6.2）　93 万 　贷：税收收入　93 万	借：资金结存——库款资金结存　93 万 　贷：一般公共预算收入　93 万

2.期末，应当按照期末中国人民银行公布的汇率中间价进行折算，因汇率变动产生的差额计入有关费用和支出科目。

【例6-7】年终，某财政计算一般公共预算资金的美元汇兑损失为10 000元，财政专户管理资金的英镑汇兑溢出为16 000元。

财务会计			预算会计		
借：财务费用——汇兑损益	10 000		借：一般公共预算支出	10 000	
贷：国库存款——美元户		10 000	贷：资金结存——库款资金结存		10 000
借：其他财政存款——英镑户	16 000		借：资金结存——专户资金结存	16 000	
贷：财务费用——汇兑损益		16 000	贷：财政专户管理资金支出		16 000

（五）预算收入业务需注意的几个问题

1.乡（镇）总会计预算收入入账问题。

（1）已建乡（镇）国库的地区，乡（镇）财政的本级收入以乡（镇）国库收到数为准。入账时间为收缴入库时。

【例6-8】某建立了国库的乡政府财政，收到本国库报来的收入日报表，列示收到一般公共预算收入80万元，全部为税收收入款项。

财务会计			预算会计		
借：国库存款	80万		借：资金结存——库款资金结存	80万	
贷：税收收入		80万	贷：一般公共预算收入		80万

（2）未建乡（镇）国库的地区，乡（镇）财政的本级收入以乡（镇）总会计收到县级财政返回数额为准。入账时间为收到县返回款项时。

【例6-9】某未建国库的乡政府财政收到经收处报来的收款凭证，其列示收到县财政返回的一般公共预算收入69万元。全部为税收收入款项。

财务会计			预算会计		
借：其他财政存款	69万		借：资金结存——专户资金结存	69万	
贷：税收收入		69万	贷：一般公共预算收入		69万

2.县及以上总会计预算收入入账问题。

县（含县本级）以上各级财政的各项预算收入（含固定收入与共享收入）以缴入基层国库数额为准（首次入库的同级总会计作预算收入，其余作转移性收入）。

【例6-10】某市财政收到国库报来的日报表和分成报表，其列示收到增值税收入1 000万元，并已将其中的50%上解到上级国库。

财务会计			预算会计		
借：国库存款	1 000万		借：资金结存——库款资金结存	1 000万	
贷：税收收入		1 000万	贷：一般公共预算收入		1 000万
借：上解费用	500万		借：上解预算支出	500万	
贷：国库存款		500万	贷：资金结存——库款资金结存		500万

3.省及以上总会计预算收支采用权责发生制入账问题。

(1) 中央政府财政年末可按有关规定对部分预算收入事项采用权责发生制核算。

(2) 省级以上(含省级)政府财政年末可按规定采用权责发生制将国库集中支付结余列支入账。

(3) 中央政府财政年末可按有关规定对部分预算支出事项采用权责发生制核算。

4.报告清理期和库款报解整理期内收到属于上年度的收入问题。通过“在途款”“资金结存——在途资金结存”等科目进行过渡核算。

【例6-11】某市财政局在库款报解整理期内的1月3日,国库报来的预算收入日报表列示,收到上年度收入23万元,其中税收收入18万元,非税收入3万元,应收非税收入2万元。

财务会计	预算会计
上年旧账: 借:在途款　23万 　贷:税收收入　18万 　　　非税收入　3万 　　　应收非税收入　2万 本年新账: 借:国库存款　23万 　贷:在途款　23万	上年旧账: 借:资金结存——在途资金结存　23万 　贷:一般公共预算收入　23万 本年新账: 借:资金结存——库款资金结存　23万 　贷:资金结存——在途资金结存　23万

(六) 年终转账业务

年终转账时,根据科目类别,将其分别转入相应的盈余及结转结余科目。

【例6-12】某市财政年末“税收收入”“非税收入”科目贷方余额分别为2亿元、7 000万元,予以转账。

借:税收收入　2亿
　　非税收入　0.7亿
　贷:本期盈余——预算管理资金本期盈余　2.7亿

【例6-13】年终,“一般公共预算收入”“政府性基金预算收入”“国有资本经营预算收入”贷方余额分别为10亿元、3亿元、4亿元,全部予以转账。

借:一般公共预算收入　10亿
　贷:一般公共预算结转结余　10亿
借:政府性基金预算收入　3亿
　贷:政府性基金预算结转结余　3亿
借:国有资本经营预算收入　4亿
　贷:国有资本经营预算结转结余　4亿

二、三本预算资金支出业务

三本预算资金支出是指纳入一般公共预算、政府性基金预算和国有资本经营预算管理的各类支出和拨款费用。

(一) 发生预算支出

【例6-14】某市财政局支付中心报来的《预算支出结算清单》上列示,市教委发生直接支付公务费10万元。

财务会计	预算会计
借：政府机关商品和服务拨款费用 10万 贷：国库存款 10万	借：一般公共预算支出 10万 贷：资金结存——库款资金结存 10万

【例6-15】某市财政总会计开出拨款凭证，由国库拨给市水利建设资金300万元用于水利设施建设，该项目纳入政府性基金预算管理。

财务会计	预算会计
借：资本性拨款费用 300万 贷：国库存款 300万	借：政府性基金预算支出 300万 贷：资金结存——库款资金结存 300万

【例6-16】某市财政总会计开出拨款凭证，由国库拨给某企业补助款120万元，其属于国有资本经营预算资金。

财务会计	预算会计
借：对企业补助拨款费用 120万 贷：国库存款 120万	借：国有资本经营预算支出 120万 贷：资金结存——库款资金结存 120万

（二）发生支出退回

系已列费用的款项和已支出事项发生退回。财务会计区分收回本年度和以前年度已列入费用或支出的款项，前者应冲减当期费用，后者通常记入“以前年度盈余调整”；预算会计不区分本年度和以前年度，均直接冲减预算支出科目。

【例6-17】某市财政总会计收到国库通知，收到政府机关商品和服务拨款费用退回款项68万元，其中50万元为本年度列入的费用。退回费用均为一般公共预算管理资金。

财务会计	预算会计
借：国库存款 68万 贷：政府机关商品和服务拨款费用 50万 以前年度盈余调整 18万	借：资金结存——库款资金结存 68万 贷：一般公共预算支出 68万

决算清理期和库款报解整理期收回属于上年的费用和支出，通过“在途款”和“资金结存——在途资金结存”科目核算。

【例6-18】决算清理期内的1月10日，收回上年度的一笔公务经费12万元。

财务会计	预算会计
在上年12月31日的旧账上： 借：在途款 12万 贷：政府机关商品和服务拨款费用 12万 在本年1月10日的新账上冲转： 借：国库存款 12万 贷：在途款 12万	旧账上： 借：资金结存——在途资金结存 12万 贷：一般公共预算支出 12万 新账上： 借：资金结存——库款资金结存 12万 贷：资金结存——在途资金结存 12万

（三）年终转账业务

年终转账时，根据科目类别，将其分别转入相应的盈余及结转结余科目。与收入年终转账业务相似，只是方向相反。将财务会计费用科目转入本期盈余后，与收入的本期盈余相抵减，得出本期盈余差额后，将差额进一步转入相应的累计盈余账户。预算会计预算支出转入结转结余后，不再进一步结转。

【例6-19】某市财政年末“政府机关商品和服务拨款费用”“政府机关工资福利拨款费用”“对事业单位补助拨款费用”科目借方余额分别为1亿元、0.9亿元和0.8亿元，全部予以转账。

借：本期盈余——预算管理资金本期盈余　　2.7亿
　贷：政府机关商品和服务拨款费用　　1亿
　　政府机关工资福利拨款费用　　0.9亿
　　对事业单位补助拨款费用　　0.8亿

【例6-20】某财政年末“一般公共预算支出”“政府性基金预算支出”“国有资本经营预算支出”科目借方余额分别为3亿元、2.5亿元和4亿元，全部予以转账。

借：一般公共预算结转结余　　3亿
　贷：一般公共预算支出　　3亿
借：政府性基金预算结转结余　　2.5亿
　贷：政府性基金预算支出　　2.5亿
借：国有资本经营预算结转结余　　4亿
　贷：国有资本经营预算支出　　4亿

三、财政专户管理资金收支业务

财政专户管理资金是指政府财政纳入财政专户管理的教育收费等资金。财政专户管理资金收支业务主要是指通过财政专户发生的收入和支出业务。

（一）收到财政专户管理资金收入

财务会计和预算会计科目名称相同，均为“财政专户管理资金收入”。

【例6-21】某市财政收到财政专户管理资金150万元。

财务会计	预算会计
借：其他财政存款　　150万 　贷：财政专户管理资金收入　　150万	借：资金结存——专户资金结存　　150万 　贷：财政专户管理资金收入　　150万

（二）其他财政存款产生的利息收入

除规定作为专户资金收入外，其他利息收入都应缴入国库。按规定作为专户资金收入的，借记本科目，贷记“应付代管资金”或有关收入科目。

【例6-22】某市财政专户存款产生利息30万元，其代管资金专户计提利息20万元，教育收费专户管理资金利息10万元，按规定作为专户资金管理。

财务会计	预算会计
借：其他财政存款　　30万 　贷：应付代管资金　　20万 　　财政专户管理资金收入　　10万	借：资金结存——专户资金结存　　10万 　贷：财政专户管理资金收入　　10万

【例6-23】某市财政专户存款产生利息35万元，按规定应缴入国库。

财务会计	预算会计
计息时 借：其他财政存款　35万 　贷：其他应付款　35万 将利息缴入国库时 借：其他应付款　35万 　贷：其他财政存款　35万 同时 借：国库存款　35万 　贷：非税收入　35万	计息时，不做账 将利息缴入国库时 借：资金结存——库款资金结存　35万 　贷：一般公共预算收入　35万

（三）发生财政专户管理资金支出

财务会计和预算会计科目名称相同，均为“财政专户管理资金支出”。

【例6-24】某市财政专户管理资金安排支出65万元。

财务会计	预算会计
借：财政专户管理资金支出　65万 　贷：其他财政存款　65万	借：财政专户管理资金支出　65万 　贷：资金结存——专户资金结存　65万

（四）已支出事项发生退回

按照实际退回的金额，财务会计借记“其他财政存款”科目，贷记本科目（当年支出）、“以前年度盈余调整——财政专户管理资金以前年度盈余调整”科目（以前年度支出）；预算会计借记“资金结存——专户资金结存”等科目，贷记本科目。

【例6-25】某市财政发生专户管理资金支出退回事项，收到退回金额98万元，其中60万元为当年发生的支出。

财务会计	预算会计
借：其他财政存款　98万 　贷：财政专户管理资金支出　60万 　　以前年度盈余调整——财政专户管理资金以前年度盈余调整　38万	借：资金结存——专户资金结存　98万 　贷：财政专户管理资金支出　98万

（五）年终转账业务

年终转账时，“财政专户管理资金收入”科目贷方余额财务会计转入“本期盈余——财政专户管理资金本期盈余”科目，预算会计转入“财政专户管理资金结余”科目；“财政专户管理资金支出”科目借方余额财务会计转入“本期盈余——财政专户管理资金本期盈余”科目，预算会计转入“财政专户管理资金结余”科目。

【例6-26】年末，某市财政“财政专户管理资金收入”贷方余额为230万元，“财政专户管理资金支出”借方余额为200万元，全部予以转账。

财务会计	预算会计
借：本期盈余——财政专户管理资金本期盈余　200万 　贷：财政专户管理资金支出　200万 借：财政专户管理资金收入　230万 　贷：本期盈余——财政专户管理资金本期盈余230万	借：财政专户管理资金结余　200万 　贷：财政专户管理资金支出　200万 借：财政专户管理资金收入　230万 　贷：财政专户管理资金结余　230万

四、专用基金收支业务

专用基金是指总会计管理的粮食风险基金等各项专用基金。专用基金要求专款专用。其通常被称为专款。全国统一的专用基金目前只有“粮食风险基金”，另外部分省市还有“农业发展基金”“水资源建设专项基金”等。专用基金的资金可以专户储存，也可以留存国库。

（一）专用基金收入业务

本级政府财政按照法律法规和国务院、财政部的规定，可以设置或取得粮食风险基金等专用基金。其资金来源可以为从上级政府财政部门取得或通过本级一般公共预算支出安排。

【例6-27】某市财政从上级财政部门收到粮食风险基金46万元，根据规定将基金存在指定银行财政专户。

财务会计	预算会计
借：其他财政存款　46万 　贷：专用基金收入　46万	借：资金结存——专户资金结存　46万 　贷：专用基金收入　46万

【例6-28】经过研究，通过本级一般公共预算资金安排24万元粮食风险基金，根据规定将基金存在指定银行财政专户。

财务会计	预算会计
借：其他财政存款　24万 　贷：专用基金收入　24万 同时， 借：其他拨款费用　24万 　贷：国库存款　24万	借：资金结存——专户资金结存　24万 　贷：专用基金收入　24万 同时， 借：一般公共预算支出　24万 　贷：资金结存——库款资金结存　24万

【例6-29】假设【例6-28】中的专用基金，按规定留存国库管理。

财务会计	预算会计
借：其他拨款费用　24万 　贷：专用基金收入　24万	借：一般公共预算支出　24万 　贷：专用基金收入　24万

（二）专用基金支出业务

专用基金支出是指本级政府财政用专用基金收入安排的支出。

1.发生专用基金支出业务

【例6-30】将粮食风险基金用于粮食库存费用补贴11万元，该基金专户储存。

财务会计	预算会计
借：专用基金支出 11万 　贷：其他财政存款 11万	借：专用基金支出 11万 　贷：资金结存——专户资金结存 11万

2.已支出事项发生退回业务

【例6-31】某市财政收回不合规定的专用基金支出3万元，其中，2万元为当年的支出，1万元为以前年度的支出，款项已存入专户。

财务会计	预算会计
借：其他财政存款 3万 　贷：专用基金支出 2万 　　　以前年度盈余调整——专用基金以前年度盈余调整 1万	借：资金结存——专户资金结存 3万 　贷：专用基金支出 3万

（三）年终转账业务

年终转账时，预算会计将专用基金的有关收入科目贷方余额转入“专用基金结余”科目的贷方，将专用基金的有关支出科目借方余额转入“专用基金结余”科目的借方；财务会计将专用基金收入的本年发生额转入“本期盈余”科目的贷方，将专用基金支出的本年发生额转入“本期盈余”科目的借方，完成上述结转后，将“本期盈余”科目余额转入累计盈余。另外，财务会计还应将“以前年度盈余调整”科目余额转入累计盈余。

【例6-32】年终转账时，“以前年度盈余调整——专用基金以前年度盈余调整”“专用基金收入”“专用基金支出”科目的余额分别为58万元（贷方）、900万元、870万元，按规定办理结转。

财务会计	预算会计
借：专用基金收入 900万 　贷：本期盈余——专用基金本期盈余 900万 借：本期盈余——专用基金本期盈余 870万 　贷：专用基金支出 870万 借：本期盈余——专用基金本期盈余 30万 　贷：累计盈余——专用基金累计盈余 30万 借：以前年度盈余调整——专用基金以前年度盈余调整 58万 　贷：累计盈余——专用基金累计盈余 58万	借：专用基金收入 900万 　贷：专用基金结余 900万 借：专用基金结余 870万 　贷：专用基金支出 870万

第二节　总会计上下级政府财政往来活动核算业务

上下级政府财政往来活动主要是指上下级政府财政之间发生的转移性收支业务及待结算性质的业务。它包括日常转移性收支业务、日常往来待结算业务及年终体制结算业务。起涉及的双会计科目见表6-2。

表6-2　上下级政府财政往来活动双会计科目对应表

政府级次	财务会计	预算会计
上级总会计	与下级往来	补助预算支出——调拨下级
	国库存款	资金结存——库款资金结存
	其他财政存款	资金结存——专户资金结存
	上解收入	上解预算收入
	补助费用	补助预算支出
下级总会计	与上级往来	补助预算收入——上级调拨
	上解费用	上解预算支出
	补助收入	补助预算收入

一、日常转移性收支业务

日常转移性收支业务主要是指根据分税制财政体制和转移支付制度的规定，上下级政府之间发生的上解收支和补助收支业务。

（一）上解收支业务

上级政府财政收到下级政府财政上解款等，上级总会计作“上解收入”和“上解预算收入”的核算，下级总会计作“上解费用”和“上解预算支出”的核算。

【例6-33】扩展本章第一节中的【例6-10】业务。

【例6-10】即为上级下级政府财政间的上解收支业务，其例解为下级总会计的账务处理。这里扩展上级总会计的账务处理。

上级国库收到上解款时，上级总会计账务处理如下：

财务会计	预算会计
借：国库存款　500万 　贷：上解收入　500万	借：资金结存——库款资金结存　500万 　贷：上解预算收入　500万

（二）补助收支业务

下级政府财政收到上级政府财政的税收返还等补助款时，下级总会计作“补助收入”和“补助预算收入”的账务处理，上级总会计作“补助费用”和“补助预算支出”的账务处理。

【例6-34】某市财政收到省级财政拨来的税收返还款共计190万元，款项已入国库。

市总会计的账务处理如下：

财务会计	预算会计
借：国库存款　190万 　贷：补助收入　190万	借：资金结存——库款资金结存　190万 　贷：补助预算收入　190万

省总会计的账务处理如下：

财务会计	预算会计
借：补助费用　190万 　贷：国库存款　190万	借：补助预算支出　190万 　贷：资金结存——库款资金结存　190万

二、日常往来待结算业务

日常往来待结算业务主要是指上下级政府财政之间由于临时周转调度等原因，下级政府财政向上级政府财政借款等发生的待结算业务。关于日常往来待结算业务，下级政府财政不需要向上级政府财政支付利息等资金使用费。

下级政府财政向上级政府借款时，下级总会计作“与上级往来”的账务处理，上级总会计作“与下级往来”的账务处理。

（一）借款业务

下级政府财政由于临时周转等原因向上级政府财政借款。

【例6-35】某市财政向省财政借入款项100万元用于临时周转。

市总会计的账务处理如下：

财务会计	预算会计
借：国库存款　100万 　贷：与下级往来　100万	借：资金结存——库款资金结存　100万 　贷：补助预算收入——上级调拨　100万

省总会计的账务处理如下：

财务会计	预算会计
借：与下级往来　100万 　贷：国库存款　100万	借：补助预算支出——调拨下级　100万 　贷：资金结存——库款资金结存　100万

（二）还款业务

下级政府财政向上级政府财政的临时周转借款按规定一般需要按时偿还借款。

【例6-36】若【例6-35】中，该市政府财政按照规定偿还借款，款项已通过国库拨付到位。

市总会计的账务处理如下：

财务会计	预算会计
借：与上级往来　100万 　贷：国库存款　100万	借：补助预算收入——上级调拨　100万 　贷：资金结存——库款资金结存　100万

省总会计的账务处理如下：

财务会计	预算会计
借：国库存款　100万 　贷：与下级往来　100万	借：资金结存——库款资金结存　100万 　贷：补助预算支出——调拨下级　100万

（三）转作补助业务

特殊情况下，考虑到下级政府财政的财政压力等问题，借给下级政府财政的款项经相关部门审批，可以转作对下级政府财政的补助款，无须下级政府财政返还该笔借款。

【例6-37】若【例6-35】中的借款，上级政府财政经研究决定将该笔借款转作对该市政府财政的补助款。

市总会计的账务处理如下：

财务会计	预算会计
借：与上级往来　　100万 　贷：补助收入　　100万	借：补助预算收入——上级调拨　　100万 　贷：补助预算收入　　100万

省总会计的账务处理如下：

财务会计	预算会计
借：补助费用　　100万 　贷：与下级往来　　100万	借：补助预算支出　　100万 　贷：补助预算支出——调拨下级　　100万

三、年终体制结算业务

年终体制结算业务是指上下级政府两级财政间进行的年终清算欠款等业务。该业务目的在于确认下级政府财政欠上级政府财政的应解未解款或上级政府财政的多补款，及上级政府财政欠下级政府财政的应补未补款或下级政府财政的多解款。

年终体制结算中，一般会清理上下两级财政间的上解款项和补助款项，并结合临时周转的借款与偿还情况，算出一个总的结果，表明最终是下级财政欠上级财政款项，还是上级财政欠下级财政款项，并拨款结清待结算款项。年终体制结算结束后，由下级财政根据体制结算结果填写《年终体制决算结算单》，由上级财政予以确认。

发生上述业务时，上级总会计作“与下级往来”的账务处理，下级总会计作“与上级往来”的账务处理。

对上级政府财政而言，对“与下级往来”的管理原则为：应解未解的，予以收回；应补未补的，予以拨款；多解的，予以退回；多补的，予以收回。与下级往来应及时清理结算，属于转作补助预算支出的部分，应在当年结清，其他年末不能结清的余额，结转下年。

对下级政府财政而言，对“下上级往来”的管理原则为：应解未解的，予以拨款；应补未补的，予以收回；多解的，予以收回；多补的，予以退回。

（一）应解未解业务

【例6-38】体制结算中，确认市财政应解未解省财政预算收入为300万元。

市总会计的账务处理如下：

财务会计	预算会计
借：上解费用　　300万 　贷：与上级往来　　300万	借：上解预算支出　　300万 　贷：补助预算收入——上级调拨　　300万

省总会计的账务处理如下：

财务会计		预算会计	
借：与下级往来	300万	借：补助预算支出——调拨下级	300万
贷：上解收入	300万	贷：上解预算收入	300万

（二）多解业务

【例6-39】体制结算中，确认市财政多解省财政款项70万元，省财政按规定应退回。

市总会计的账务处理如下：

财务会计		预算会计	
借：与上级往来	70万	借：补助预算收入——上级调拨	70万
贷：上解费用	70万	贷：上解预算支出	70万

省总会计的账务处理如下：

财务会计		预算会计	
借：上解收入	70万	借：上解预算收入	70万
贷：与下级往来	70万	贷：补助预算支出——调拨下级	70万

（三）应补未补业务

【例6-40】体制结算中，确认省财政应补未补市财政补助款项为400万元。

市总会计的账务处理如下：

财务会计		预算会计	
借：与上级往来	400万	借：补助预算收入——上级调拨	400万
贷：补助收入	400万	贷：补助预算收入	400万

省总会计的账务处理如下：

财务会计		预算会计	
借：补助费用	400万	借：补助预算支出	400万
贷：与下级往来	400万	贷：补助预算支出——调拨下级	400万

（四）多补业务

【例6-41】体制结算中，省财政拨付市财政的补助款多出80万元，应收回。

市总会计的账务处理如下：

财务会计		预算会计	
借：补助收入	80万	借：补助预算收入	80万
贷：与上级往来	80万	贷：补助预算收入 ——上级调拨	80万

省总会计的账务处理如下：

财务会计		预算会计	
借：与下级往来	80万	借：补助预算支出——调拨下级	80万
贷：补助费用	80万	贷：补助预算支出	80万

（五）结清待结算往来款项

根据《年终体制决算结算单》显示的结算结果，可以算出并确认上下级财政间的最终债权债务情况。然后，以《年终体制决算结算单》为凭据进行国库间的划款，结清两级财政间的待结算款项。

【例6-42】《年终体制决算结算单》显示，最终省财政欠市财政90万元待结算款。但市财政尚欠省财政40万元的借款未偿还。最后，省财政通知国库拨付市财政50万元，予以结算与市财政间的待结算款项。

市总会计的账务处理如下：

财务会计		预算会计	
借：国库存款	50万	借：资金结存——库款资金结存	50万
贷：与上级往来	50万	贷：补助预算收入——上级调拨	50万

省总会计的账务处理如下：

财务会计		预算会计	
借：与下级往来	50万	借：补助预算支出——调拨下级	50万
贷：国库存款	50万	贷：资金结存——库款资金结存	50万

第三节 总会计暂收暂付性和其他日常活动核算业务

暂收暂付性活动主要是指政府财政安排的带有暂时性质的款项活动。暂收暂付性款项发生后，要么及时转走，要么及时转为费用/支出，要么及时收回。例如预拨经费、借出款项、其他应收款、其他应付款等。其他日常活动主要是指除前面介绍过的日常活动项目外与日常活动相关的活动。它主要包括地区间援助资金、应付国库集中支付结余、应付代管资金、其他负债、预算周转金、预算稳定调节基金、其他拨款等资金管理活动。其涉及的双会计科目见表6-3。

表6-3 **总会计暂收暂付性和其他日常活动双会计科目**

业务类别	财务会计	预算会计
暂收暂付性活动	借出款项	无
	预拨经费	待处理支出
	其他应收款	无
	其他应付款	待处理收入
地区间援助资金管理	地区间援助收入	地区间援助预算收入
	地区间援助费用	地区间援助支出
代管资金管理	应付代管资金	无
其他负债资金管理	其他负债	无
应付国库集中支付结余管理	应付国库集中支付结余	无
预算周转金管理	预算周转金	预算周转金
预算稳定调节基金管理	预算稳定调节基金	预算稳定调节基金
	无	动用预算稳定调节基金
	无	安排预算稳定调节基金

一、暂收暂付性活动业务

（一）借出款项业务

借出款项是指政府财政按照对外借款管理有关规定借给预算单位临时急需，并按期收回的款项。

1.借出

【例6-43】8月，某市财政局经研究决定，将预算资金50万元借给市科委作为购买设备的临时用款。

财务会计	预算会计
借：借出款项 50万 贷：国库存款 50万	不做账

2.收回

【例6-44】9月，市财政局收到市科委归还所借的50万元预算资金。

财务会计	预算会计
借：国库存款 50万 贷：借出款项 50万	不做账

（二）预拨经费业务

一般情况下，总会计拨款时即列费用和支出。但特殊情况下，根据预算管理资金的需要，会提前拨付款项，其后再根据规定转列费用和支出。此类业务发生时，通过“预拨经费”和“待处理支出”科目进行过渡核算。

1.拨出款项

【例6-45】11月，某市财政局以预算资金预拨给市水利局下年水利建设经费900万元。

财务会计	预算会计
借：预拨经费——市水利局 900万 贷：国库存款 900万	借：待处理支出——市水利局 900万 贷：资金结存——库款资金结存 900万

2.转列费用和支出或清理收回

按照规定，预拨的经费根据实际使用情况转列费用和支出。对于未使用完或不需使用的预拨款项，予以清理收回。

【例6-46】接【例6-45】，次年2月，将上年预拨预算经费中的800万元转列费用，另外的100万元收回。

财务会计	预算会计
借：资本性拨款费用等 800万 国库存款 100万 贷：预拨经费——市水利局 900万	借：一般公共预算支出等 800万 资金结存——库款资金结存 100万 贷：待处理支出——市水利局 900万

（三）其他应收款业务

其他应收款是指政府财政临时发生的其他应收、暂付、垫付款项。项目单位拖欠外国政府和国际金融组织贷款本息和相关费用导致相关政府财政履行担保责任，代偿的贷款本息，也属于其他应收款核算业务。

1.垫付款项

【例 6-47】某政府财政为本级政府某项目单位的外国贷款承担担保责任，该项贷款到期，该项目单位无力偿还本息，由本级财政履行担保责任代为偿还贷款本息共计 1 000 万元，该笔款项来源于一般公共预算资金。

财务会计	预算会计
借：其他应收款　　1 000 万 　贷：国库存款　　1 000 万	不做账

2.收回垫付款项

【例 6-48】接【例 6-47】，半年后，该政府行使追索权收回垫付的所有本息款，并存入国库。

财务会计	预算会计
借：国库存款　　1 000 万 　贷：其他应收款　　1 000 万	不做账

3.转列费用和支出

【例 6-49】接【例 6-47】，半年后，该政府财政确定项目单位无力偿还代垫的本息，经研究核准转作费用。

财务会计	预算会计
借：资本性拨款费用　　1 000 万 　贷：其他应收款　　1 000 万	借：一般公共预算支出　　1 000 万 　贷：资金结存——库款资金结存　　1 000 万

（四）其他应付款业务

其他应付款是指政府财政临时发生的暂收、应付、收到的不明性质款项和收回的结转结余资金等。税务机关代征入库的社会保险费，也属于其他应付款核算业务。对于收回的结转结余资金业务，预算会计设置“待处理收入”科目进行相应的账务处理。

1.暂收、应付性质款项业务

【例 6-50】某市财政收到国库报来的日报表列明收到本级税务机关代收的社会保险费 2 000 万元。

3 日后，划转至社保基金专户。

财务会计	预算会计
收到款项时 借：国库存款　　2 000 万 　贷：其他应付款——社会保险费　　2 000 万 划转时，作相反的分录	不做账

2.不明性质的款项业务

【例6-51】市财政局收到的国库报表列示，收到市公安局缴来的不明性质的款项8万元。3日后查明，8万元中，有3万元属于误缴款项，当即退还；另外5万元属于应该缴给财政的非税收入。

财务会计	预算会计
收到款项时 借：国库存款　　8万 　贷：其他应付款——市公安局　　8万 查明原因时 借：其他应付款——市公安局　　8万 　贷：国库存款　　3万 　　　非税收入　　5万	收到款项时，不做账 查明原因时 借：资金结存——库款资金结存　　5万 　贷：一般公共预算收入　　5万

3.结转结余业务

（1）收到收回的结转结余资金

【例6-52】某省财政年末，根据结转结余资金收回发文资料，收回本级政府结转结余资金共计1 000万元。

财务会计	预算会计
借：国库存款　　1 000万 　贷：其他应付款　　1 000万	借：资金结存——库款资金结存　　1 000万 　贷：待处理收入　　1 000万

（2）收回的结转结余资金安排支出

其分两种情况：一是财政部门按原预算科目使用；二是财政部门调整预算科目使用。

【例6-53】某省财政按原预算科目使用收回的结转资金200万元，其中50万元的资金为已年终转账资金。原预算属于一般公共预算。

财务会计	预算会计
借：其他应付款　　200万 　贷：国库存款　　200万	借：待处理收入　　150万 　　资金结存——待处理结存　　50万 　贷：资金结存——库款资金结存　　200万

【例6-54】某省财政用收回的结转结余资金安排支出时，调整预算科目使用，由原政府性基金预算支出的资本性拨款费用调整为一般公共预算支出的对企业补助拨款费用，金额为200万元，其中50万元为已年终转账资金。

财务会计	预算会计
借：其他应付款　　200万 　贷：以前年度盈余调整——预算管理资金以前年度盈余调整　　200万 同时 借：对企业补助拨款费用　　200万 　贷：国库存款　　200万	借：待处理收入　　150万 　　资金结存——待处理结存　　50万 　贷：政府性基金预算支出　　200万 同时 借：一般公共预算支出　　200万 　贷：资金结存——库款资金结存　　200万

二、地区间援助资金业务

地区间援助资金是指受援方政府财政收到援助方政府财政转来的可统筹使用的各类援助、捐赠等资金。此类援助、捐赠业务发生时，援助方政府列“地区间援助费用”“地区间援助预算支出”科目，受援方政府列“地区间援助收入”“地区间援助预算收入”科目。

（一）发生地区间援助业务

【例6-55】某省财政收到兄弟省转来的可统筹使用的援助资金2 000万元，存入国库。

受援方总会计的账务处理如下：

财务会计	预算会计
借：国库存款　2 000万 　贷：地区间援助收入　2 000万	借：资金结存——库款资金结存　2 000万 　贷：地区间援助预算收入　2 000万

援助方总会计的财务处理如下：

财务会计	预算会计
借：地区间援助费用　2 000万 　贷：国库存款　2 000万	借：地区间援助预算支出　2 000万 　贷：资金结存——库款资金结存　2 000万

（二）年终转账业务

【例6-56】某省财政年末“地区章援助收入”和“地区间援助预算收入”贷方余额均为3 000万元，全部予以转账。

财务会计	预算会计
借：地区间援助收入　3000万 　贷：本期盈余——预算管理资金本期盈余3 000万	借：地区间援助预算收入　3 000万 　贷：一般公共预算结转结余　3 000万

【例6-57】某省财政“地区间援助费用”和“地区间援助预算支出”年末借方余额均为3600万元，全部予以转账。

财务会计	预算会计
借：本期盈余——预算管理资金本期盈余 　3 600万 　贷：地区间援助费用　3 600万	借：一般公共预算结转结余　3 600万 　贷：地区间援助预算支出　3 600万

三、代管资金业务

代管资金是指政府财政代为管理的，使用权属于被代管主体的资金。

代管资金不属于预算会计的核算范围。发生代管资金业务时，只需财务会计做账，预算会计均不做账。

（一）收到代管资金业务

【例6-58】某市财政收到某单位缴存的住房公积金120万元。

财务会计	预算会计
借：其他财政存款 120万 贷：应付代管资金——住房公积金 120万	不做账

(二) 支付代管资金业务

支付分录与【例6-58】相反。

(三) 代管资金利息业务

【例6-59】某市财政代管资金账户计提利息共计20万元。按照规定，此利息仍属于代管资金。

财务会计	预算会计
借：其他财政存款 20万 贷：应付代管资金 20万	不做账

四、其他负债和应付国库集中支付结余业务

(一) 其他负债业务

其他负债是指政府财政因有关政策明确要求其承担支出责任的事项而形成的支付义务。

其他负债的管理流程有确认负债、偿还负债和调整差额三个环节。

1.确认负债

【例6-60】根据相关政策的规定，某市财政局应承担某场自然灾害的应急救灾支出责任，根据本场灾情确定政府承担的金额为100万元。

财务会计	预算会计
借：其他费用 100万 贷：其他负债 100万	不做账

2.偿还负债

【例6-61】通过国库，用一般公共预算资金拨付【例6-59】中的应急救灾款100万元。

财务会计	预算会计
借：其他负债 100万 贷：国库存款 100万	借：一般公共预算支出 100万 贷：资金结存——库款资金结存 100万

3.调整差额

期末，总会计与债务管理部门进行对账，根据债务管理部门转来的其他负债期末余额与账面余额的差额进行账务处理。

【例6-62】某市财政期末与债务管理部门进行其他负债余额对账，债务管理部门转来的其他负债的期末余额为530万元，其他负债的账面余额为500万元，予以调整。

财务会计	预算会计
借：其他费用 30万 贷：其他负债 30万	不做账

（二）应付国库集中支付结余

应付国库集中支付结余是指省级以上（含省级）政府财政国库集中支付中，应列为当年费用，但年末尚未支付需结转下一年度支付的款项。省级以上（含省级）的预算会计可以按照权责发生制进行账务处理，也可以不做账。

1.年末发生应付国库集中支付结余

【例 6-63】某省财政年末国库集中支付结余资金总额为 1 500 万元，其中，对事业单位补助拨款费用为 500 万元，资本性拨款费用为 1 000 万元。

财务会计	预算会计
借：对事业单位补助拨款费　500 万 　资本性拨款费用　1 000 万 　贷：应付国库集中支付结余　1 500 万	借：一般公共预算支出　1 500 万 　贷：资金结存——集中支付结余结存　1 500 万 或不做账

2.下年实际支付应付国库集中支付结余

【例 6-64】【例 6-63】中，上年年末结转的对事业单位补助拨款费用在本年度发生支付。

财务会计	预算会计
借：应付国库集中支付结余　500 万 　贷：国库存款　500 万	借：资金结存——集中支付结余结存　500 万 　贷：资金结存——库款资金结存　500 万 或不做账

3.下年收回尚未支付的应付国库集中支付结余

【例 6-65】【例 6-63】中上年年末的对事业单位补助拨款费用，根据规定在本年度予以收回。

财务会计	预算会计
借：应付国库集中支付结余　500 万 　贷：以前年度盈余调整　500 万	借：资金结存——集中支付结余结存　500 万 　贷：一般公共预算支出　500 万 或不做账

五、预算周转金和预算稳定调节基金业务

（一）预算周转金业务

预算周转金是指政府财政设置的用于调剂预算年度内季节性收支差额周转使用的资金。经本级政府批准，各级政府财政部门可以设置预算周转金，额度不得超过本级一般公共预算支出总额的1%。年度终了时，各级政府财政部门可以将预算周转金收回并用于补充预算稳定调节基金。

预算周转金存入国库中，不另设存款户。周转动用时，本账户不进行核算，仍贷记“国库存款”（财务会计）和“资金结存——库款资金结存”（预算会计），不能贷记“预算周转金”。若“国库存款”余额小于“预算周转金”，即表明“预算周转金”已被动用。

1.设置或补充预算周转金

【例6-66】某市财政局用当年一般预算结转结余资金80万元补充预算周转金。

财务会计	预算会计
借：本期盈余——预算管理资金本期盈余 80万 贷：预算周转金 80万	借：一般公共预算结转结余 80万 贷：预算周转金 80万

2.将预算周转金调入预算稳定调节基金

【例6-67】某市财政局将闲置不用的预算周转金70万元调入预算稳定调节基金。

财务会计	预算会计
借：预算周转金 70万 贷：预算稳定调节基金 70万	借：预算周转金 70万 贷：预算稳定调节基金 70万

（二）预算稳定调节基金业务

与预算周转金调剂预算年度内季节性收支差额不同，预算稳定调节基金调剂的是预算年度间的收支差额。

1.设置或补充预算稳定调节基金

【例6-68】某市财政经研究，决定用一般公共预算结转结余210万元补充预算稳定调节基金，已报本级政府批准。

财务会计	预算会计
借：本期盈余——预算管理资金本期盈余 210万 贷：预算稳定调节基金 210万	借：安排预算稳定调节基金 210万 贷：预算稳定调节基金 210万

2.将预算周转金调入预算稳定调节基金

例解参见【例6-67】。

3.动用预算稳定调节基金

【例6-69】某省财政，由于当年出现赤字，经研究决定，调用预算稳定调节基金150万元来弥补财政赤字。

财务会计	预算会计
借：预算稳定调节基金 150万 贷：本期盈余——预算管理资金本期盈余 150万	借：预算稳定调节基金 150万 贷：动用预算稳定调节基金 150万

4.年终转账

对预算会计而言，“安排预算稳定调节基金”“动用预算稳定调节基金”科目需要进行年终转账的账务处理。

【例6-70】某省财政年末“安排预算稳定调节基金”账户借方余额为1 500万元，“动用预算稳定调节基金”账户贷方余额为1 000万元，全额进行转账。

财务会计	预算会计
不做账	借：一般公共预算结转结余　1 500 万 　贷：安排预算稳定调节基金　1 500 万 借：动用预算稳定调节基金　1 000 万 　贷：一般公共预算结转结余　1 000 万

思考与练习题

本章按照日常活动进行了双会计核算业务的介绍，其思考与练习题同第四章、第五章思考与练习题中日常活动的相关内容。

第七章

总会计投资活动核算业务

☞ **学习目的**

通过本章的学习，掌握财政总会计投资活动双会计核算业务，了解各级财政投资活动的主要内容及双会计核算适用的会计科目。

本章介绍的总会计投资活动核算业务是指政府财政购买有价证券、进行股权投资、管理国库现金等投资性质的活动。

本章将投资活动划分为国库现金管理资产、有价证券、股权投资三类投资性活动，分三节进行介绍。

第一节　国库现金管理类投资业务

一、国库现金管理概述

国库现金管理，是在确保国库资金安全完整和财政支出需要的前提下，对国库现金进行有效的运作管理，以实现国库闲置现金余额最小化、投资收益最大化的一系列财政资金管理活动。

国库现金管理对象主要包括库存现金、活期存款和与现金等价的短期金融资产。

通过实行国库现金管理，可以减少闲置现金与弥合资金缺口，最大限度提高国库库存资金使用效率，促进金融市场创新，冲抵财政政策对货币政策的“挤出效应”，健全两者之间的协调机制，提高中央政府的宏观调控能力，使社会经济沿着健康稳定的良性轨道发展。

国库现金管理的操作方式包括商业银行定期存款、买回国债、国债回购和逆回购等。在国库现金管理初期，主要实施商业银行定期存款和买回国债两种操作方式。

其涉及的主要会计科目详见表7-1。

表 7-1　　国库现金管理涉及的主要会计科目

科目类别	财务会计	预算会计
投资类	国库现金管理资产	无
	商业银行定期存款（明细科目）	无
	其他国库现金管理资产（明细科目）	无
收入类	非税收入	一般公共预算收入
存款类	国库存款	资金结存——库款资金结存

二、商业银行定期存款业务

（一）国库存款转存商业银行

【例 7-1】某市财政局按照国库现金管理的有关规定，将国库款1000万元转存商业银行。

财务会计	预算会计
借：国库现金管理资产——商业银行定期存款　1 000 万 　贷：国库存款　1 000 万	不做账

（二）商业银行定期存款收回国库

【例 7-2】某市将国库现金管理存款收回国库，实际收回 1 020 万元，该笔存款原存入商业银行的本金为 1 000 万元。

财务会计	预算会计
借：国库存款　1 020 万 　贷：非税收入　1 020 万	借：资金结存——库款资金结存　1 020 万 　贷：一般公共预算收入　1 020 万

三、其他国库现金管理业务

其他国库现金管理业务可根据管理条件和管理需要，参照商业银行定期存款进行账务处理。

第二节　有价证券投资业务

一、有价证券概述

有价证券是中央财政以信用方式发行的国家公债。各级财政只能用各项财政结余购买国家指定由地方各级政府购买的有价证券。

有价证券的管理要求如下：

（1）只能用各项财政结余资金购买国家指定有价证券。

（2）支付购买有价证券的资金不能列作费用和支出。

（3）当期有价证券兑付的利息及转让有价证券取得的收入与账面成本的差额，记入有关收入或费用。

（4）有价证券（含债券收款单）要视同货币予以妥善保管。

有价证券投资活动涉及的主要会计科目详见表7-2。

表7-2　　有价证券投资活动涉及的主要会计科目

科目类别	财务会计	预算会计
投资类	有价证券	无
收入类	非税收入	一般公共预算收入
		政府性基金预算收入
费用/支出类	财务费用	一般公共预算支出等
存款类	国库存款	资金结存——库款资金结存
	其他财政存款	资金结存——专户资金结存

二、购入有价证券业务

购入有价证券时，按照实际支付的金额，财务会计借记“有价证券”科目，贷记“国库存款”“其他财政存款”等科目；预算会计不做账。

【例7-3】某市财政用国库款购入有价证券200万元，实际支出118万元。

财务会计	预算会计
借：有价证券　118万 　贷：国库存款　118万	不做账

三、转让或到期兑付有价证券业务

转让或到期兑付有价证券时，按照实际收到的金额，财务会计借记“国库存款”“其他财政存款”等科目，按照该有价证券的账面余额，贷记“有价证券”科目，按照其差额，贷记或借记有关收入或费用科目；预算会计按照差额借记或贷记“资金结存”科目，贷记或借记“一般公共预算收入”或“一般公共预算支出”等科目。

【例7-4】某市财政将到期的有价证券进行兑付，实际收到款项201万元存入国库，该批证券本金数为118万元，用一般公共预算的结余资金购入。

财务会计	预算会计
借：国库存款　201万 　贷：有价证券　118万 　　　非税收入　3万	借：资金结存——库款资金结存　3万 　贷：一般公共预算收入　3万

第三节　股权投资业务

一、股权投资概述

股权投资是指政府持有的各类股权投资。其包括国际金融组织股权投资、投资基金股权投资和企业股权投资等。

股权投资通常采用权益法进行核算。政府无权决定被投资主体的财务和经营政策或无权参与被投资主体的财务和经营政策决策的，应当采用成本法进行核算，即总会计应根据政府对被投资主体财务和经营政策决策的影响情况，确定采用权益法或成本法进行核算。

“股权投资”科目应当按照“国际金融组织股权投资”“投资基金股权投资”“企业股权投资”设置一级明细科目，在一级明细科目下，分别设置“投资成本”“损益调整”“其他权益变动”等明细科目，同时应根据管理需要，按照被投资主体进行明细核算。

股权投资涉及的主要会计科目详见表7-3。

表7-3　**股权投资涉及的主要会计科目**

科目类别	财务会计	预算会计
投资类	股权投资	无
	权益法调整	无
收入类	投资收益	一般公共预算收入
	其他收入	国有资本经营预算收入
费用支出类	其他费用	一般预算预算支出等
存款类	国库存款	资金结存——库款资金结存
	其他财政存款	资金结存——专户资金结存

下面，分别介绍权益法和成本法下股权投资取得、持有、处置的核算业务。

二、权益法下股权投资的核算业务

（一）取得投资

股权投资取得方式主要包括以现金取得、以现金之外的其他资产置换取得、清查增记、无偿划入四种。取得方式不同，账务处理不同。

1.以现金取得股权投资的核算业务

【例7-5】某政府财政用一般公共预算资金对投资基金进行股权投资，支付投资额1 000万元，占有该基金20%的份额，股权投资确认资料显示，该投资基金净资产的公允价值为6 000万元。

财务会计	预算会计
借：股权投资——投资基金股权投资——投资成本 1 000万 股权投资——投资基金股权投资——其他权益变动 200万 贷：国库存款 1 000万 权益法调整 200万	借：一般公共预算支出 1 000万 贷：资金结存——库款资金结存 1 000万

2.以现金以外其他资产置换取得股权投资的核算业务

【例7-6】某政府财政以本级政府持有的有价证券置换政府投资基金。该笔有价证券的账面余额为560万元。股权管理部门确认换入股权投资的金额为570万元。

财务会计	预算会计
借：股权投资——政府投资基金股权投资——投资成本 570万 贷：有价证券 560万 非税收入 10万	不做账

3.清查增记股权投资核算业务

【例7-7】某政府财政在清查资产时，发现两年前取得的一项政府投资基金股权投资未纳入总会计核算账目。股权管理部门提供的资料显示，该项投资的投资成本为1200万元，从取得该项投资至清查日，应享有的净利润份额为100万元，其他权益变动金额为5万元。根据规定对该项投资补充核算。

财务会计	预算会计
借：股权投资——政府投资基金股权投资——投资成本 1 200万 股权投资——政府投资基金股权投资——损益调整 100万 贷：以前年度盈余调整 1 300万 借：股权投资——政府投资基金股权投资——其他权益变动 5万 贷：权益法调整 5万	不做账

4.无偿划入股权投资核算业务

【例7-8】某政府财政接受上级政府财政无偿划入的一笔政府投资基金股权投资。股权管理部门提供的资料显示，该项投资的投资成本为2 300万元，以前年度实现的损益中应享有的份额为150万元，其他权益变动金额为8万元。

财务会计	预算会计
借：股权投资——政府投资基金股权投资——投资成本 2 300万 股权投资——政府投资基金股权投资——损益调整 150万 贷：以前年度盈余调整 2 450万 借：股权投资——政府投资基金股权投资——其他权益变动 8万 贷：权益法调整 8万	不做账

5.取得投资时现金股利的核算业务

取得股权投资时，如果包含已宣告但尚未发放的现金股利，应当单独确认为应收股利。但取得方式不同，账务处理也不一样。

财务会计：

借：应收股利

　贷：国库存款（以现金取得投资）

　　　非税收入（以现金之外的其他资产置换取得）

　　　以前年度盈余调整（清理增记）

　　　其他收入（无偿划入）

预算会计不做账。

例解略。

（二）持有投资

1.被投资主体实现净利润的核算业务

【例7-9】若【例7-5】的投资中，年末该基金获得盈利，净利润为350万元。

财务会计	预算会计
借：股权投资——投资基金股权投资——损益调整 70万 　贷：投资收益 70万	不做账

2.被投资主体发生亏损的核算业务

若【例7-9】中改为当年亏损350万元，则作相反的分录。

3.被投资主体宣告发放现金股利或利润的核算业务

【例7-10】若【例7-5】中的投资基金宣告发放现金股利，股权管理部门提供的资料列示，应上缴政府财政的金额为30万元。

财务会计	预算会计
借：应收股利 30万 　贷：股权投资　政府投资基金股权投资——损益调整 30万	不做账

4.收到现金股利或利润的核算业务

【例7-11】收到【例7-5】中的投资基金发放的现金股利35万元，其中5万元未宣告发放。

财务会计	预算会计
借：国库存款 35万 　贷：应收股利 35万 借：应收股利 5万 　贷：股权投资——政府投资基金股权投资——损益调整 5万	借：资金结存——库款资金结存 35万 　贷：一般公共预算收入等 35万

5.被投资主体发生除净损益和利润分配以外的所有者权益变动的核算业务

根据股权管理部门提供的资料，按照应享有或应分担的份额进行核算。

财务会计：

借或贷：股权投资——其他权益变动

　　贷或借：权益法调整

预算会计不做账。

例解略。

6.被投资主体以收益转增投资的核算业务

【例7-12】该政府财政将【例7-9】中归属本级政府财政的70万元收益中的40万元转增投资。

财务会计	预算会计
借：股权投资——投资基金股权投资——投资成本　40万 　贷：股权投资——投资基金股权投资——损益调整　40万	不做账

（三）处置投资

从广义上说，处置投资是指本会计主体不再拥有该笔投资。其形式主要有出售、转让、收回投资、无偿划出、被投资主体破产清算等。

1.出售、转让、收回股权投资的核算业务

【例7-13】该政府财政处置【例7-5】中的投资基金，根据股权管理部门提供的资料，处置时，该笔投资的账面余额为1 135万元，其中投资成本为1 040万元；权益法调整贷方余额为200万元；收到的处置金额为1 146万元，其中已宣告尚未领取的现金股利为7万元。

财务会计	预算会计
借：权益法调整　200万 　贷：股权投资——政府投资基金股权投资——其他权益变动 　200万 借：国库存款　1 146万 　贷：股权投资——政府投资基金股权投资——投资成本 　1 040万 　——损益调整 　95万 　　应收股利　7万 　　投资收益　4万	借：资金结存——库款资金结存 　1 146万 　贷：一般公共预算收入　1 146万

2.无偿划出股权投资的核算业务

【例7-14】假设【例7-13】中的处置为无偿划出，按照规定进行账务处理。

财务会计	预算会计
借：权益法调整　200万 　贷：股权投资——政府投资基金股权投资——其他权益变动 　200万 借：其他费用　1 135万 贷：股权投资——政府投资基金股权投资——投资成本　1 040万 　——损益调整　95万	不做账

3.企业破产清算处置股权投资的核算业务

企业破产清算处置股权投资的核算业务原理同【例 7-13】。

三、成本法下股权投资的核算业务

与权益法下股权投资账务处理的规定相比，采用成本法的核算业务主要存在以下不同点：一是二级明细科目只有“投资成本”，无“损益调整”和“其他权益变动”；二是取得投资的核算业务中，清查增记和无偿划入的账务处理存在差异；三是持有和处置投资中均无“权益法调整”和“损益调整”的相关内容。

（一）取得投资

同权益法一样，取得方式主要有以现金购入、以现金以外的其他资产置换、清查增记和无偿划入。取得方式不同，账务处理方式不同。

1.以现金取得股权投资的核算业务

成本法下以现金取得股权投资的核算业务同权益法下。例解可参照权益法。

2.以现金以外其他资产置换取得股权投资的核算业务

成本法下以现金以外其他资产置换取得股权投资的核算业务同权益法下。例解可参照权益法。

3.清查增记股权投资的核算业务

【例 7-15】某政府财政在清查股权投资时，发现两年前取得的一项政府投资基金股权投资未纳入总会计核算账目。股权管理部门提供的资料显示，该项投资的投资成本为1 200万元。

财务会计	预算会计
借：股权投资——政府投资基金股权投资——投资成本 1 200万 贷：以前年度盈余调整 1 200万	不做账

4.无偿划入股权投资的核算业务

【例 7-16】某政府财政接受上级政府财政无偿划入一笔政府投资基金股权投资。股权管理部门提供的资料显示，该项投资的投资成本为2 300万元。

财务会计	预算会计
借：股权投资——政府投资基金股权投资——投资成本 2 300万 贷：其他收入 2 300万	不做账

5.取得投资时已宣告发放尚未领取的现金股利需要单独核算，账务处理规定同权益法下。

（二）持有投资

1.被投资主体宣告发放现金股利或利润的核算业务

【例 7-17】某政府财政持有的投资基金股权投资宣告发放现金股利，根据股权管理部门提供的资料，应上缴政府财政的股利为80万元。

财务会计	预算会计
借：应收股利 80万 贷：投资收益 80万	不做账

2.收到现金股利或利润的核算业务

【例7-18】某政府财政持有投资基金股权投资，收到现金股利100万元，其中80万元为已宣告发放的股利。款项已存入国库。

财务会计	预算会计
借：国库存款 100万 贷：应收股利 100万 借：应收股利 20万 贷：投资收益 20万	借：资金结存——库款资金结存 100万 贷：一般公共预算收入等 100万

（三）处置投资

1.出售、转让、收回股权投资的核算业务

【例7-19】某政府财政收回一项投资基金股权投资，取得资金1 050万元，该投资的账面余额为1 000万元，已宣告尚未领取的现金股利为10万元。款项已存入国库。

财务会计	预算会计
借：国库存款 1 050万 贷：应收股利 10万 股权投资——政府投资基金股权投资——投资成本 1 000万 投资收益 40万	借：资金结存——库款资金结存 1 050万 贷：一般公共预算收入等 1 050万

2.无偿划出股权投资的核算业务

【例7-20】某政府财政无偿划出一支投资基金股权投资，该投资的账面余额为1 000万元。

财务会计	预算会计
借：其他费用 1 000万 贷：股权投资——政府投资基金股权投资——投资成本 1 000万	不做账

3.企业破产清算处置股权投资的核算业务

【例7-21】某政府财政持有的一项投资基金股权投资所在被投资主体破产，进行破产清算。根据股权管理部门提供的资料，该投资的账面余额为1 000万元。获得清算收入500万元，已缴入国库。

财务会计	预算会计
借：国库存款 500万 投资收益 500万 贷：股权投资——政府投资基金股权投资——投资成本 1 000万	借：资金结存——库款资金结存 500万 贷：一般公共预算收入等 500万

四、成本法与权益法转换的核算业务

持有投资期间，当投资份额改变时，会存在成本法与权益法转换的情况。相应地，账务处理也必须作出调整。

1.从成本法改为权益法的核算业务

【例7-22】某政府财政由于追加成本，持有的一项投资基金股权投资从成本法改为权益法。采用成本法时，该投资的账面余额为1 000万元，追加的投资成本为500万元。

财务会计	预算会计
借：股权投资——政府投资基金股权投资——投资成本　1 500万 　贷：股权投资——政府投资基金股权投资——投资成本　1 000万 　　国库存款　500万	借：一般公共预算支出等　500万 　贷：资金结存——库款资金结存　500万

2.从权益法改为成本法的核算业务

【例7-23】某政府财政由于抽出部分投资成本，持有的一项投资基金股权投资从权益法改为成本法。采用权益法时，该投资投资成本的账面余额为1 000万元，损益调整的账面余额为360万元，权益法调整的贷方账面余额为76万元。

财务会计	预算会计
借：股权投资——政府投资基金股权投资——投资成本　1 360万 　贷：股权投资——政府投资基金股权投资——投资成本　1 000万 　　股权投资——政府投资基金股权投资——损益调整　360万 借：权益法调整　76万 　贷：股权投资——政府投资基金股权投资——其他权益变动　76万	不做账

【例7-24】10日后，基于【例7-23】中的投资，被投资主体宣告发放现金股利。根据股权管理部门的资料，应缴入国库的金额为50万元。该笔股利已记入成本法下的投资成本。

财务会计	预算会计
借：应收股利　50万 　贷：股权投资——政府投资基金股权投资——投资成本　50万	不做账

思考与练习题

本章按照投资活动进行了双会计核算业务的介绍，其思考与练习题同第四章、第五章思考与练习题中投资活动的相关内容。

第八章

总会计筹资活动核算业务

☞ **学习目的**

通过本章的学习，掌握财政总会计筹资活动双会计核算业务。了解各级财政筹资活动的主要内容及双会计核算适用的会计科目。

总会计筹资活动是指政府发行债券和借入主权外债等相关活动。本章将筹资活动划分为政府债券和主权外债，分别介绍核算业务。

由于省级以上（含省级）政府财政才有自主发债权，省级以下政府财政只能通过转贷的形式获取债务收入，因此在介绍各类债务时，又根据政府级次分别介绍相关的核算业务。

第一节　政府债券核算业务

一、政府债券概述

政府债券是政府财政部门以政府名义发行的国债和地方政府债券。它包括两种主要类型：一般政府债券和专项政府债券。前者纳入一般公共预算进行管理；后者纳入政府性基金预算进行管理。

各级政府通过政府债券进行筹资活动的途径主要有两种：一是自行发债（省级以上政府）（含省级）；二是转贷（省级以下政府）（不含省级）。

债务管理部门应当设置辅助明细账，其主要包括政府债券金额、种类、期限、发行日、到期日、票面利率、偿还本金及付息情况等内容，并按期计算债券存续期的应付利息。

政府债券核算业务涉及的主要会计科目详见表8-1。

二、省级以上（含省级）总会计政府债券核算业务

下面按照发行、计息、还本付息、转贷等环节分别介绍省级以上总会计政府债券核算业务。与其他核算业务不同，债券业务复杂且程序多，因此本部分先完整地介绍各项内容的双会计核算方法及规定，再通过例题进行详解。

（一）发行债券

收到政府债券发行收入时，

表 8-1　　　　政府债券核算业务涉及的主要会计科目

科目类别	财务会计	预算会计
资产类	国库存款	资金结存——库款资金结存
	其他财政存款	资金结存——专户资金结存
	应收地方政府债券转贷款	
负债类	应付短期政府债券*	
	应付长期政府债券*	
	应付地方政府债券转贷款	
	应付利息*	
收入类	其他收入	债务预算收入*
		债务转贷预算收入
费用/支出类	财务费用	债务还本预算支出
		债务转贷预算支出

注：带*号的会计科目只能省级以上政府（含省级）总会计使用。

财务会计：

借：国库存款（按照实际收到的金额）

　贷：应付短期政府债券/应付长期政府债券（按照政府债券实际发行额）

借或贷：有关费用科目（按照发行收入和发行额的差额）

预算会计：

借：资金结存——库款资金结存（按照实际收到的金额）

　贷：债务预算收入（按照政府债券实际发行额）

借或贷：有关支出科目（按照发行收入和发行额的差额）

（二）计提应付利息

期末确认政府债券的应付利息时，根据债务管理部门计算的本期应付未付利息金额，

财务会计：

借：财务费用——利息费用

　贷：应付利息

预算会计不做账。

（三）还本付息

1.实际支付本级政府财政承担的政府债券利息时，

财务会计：

借：应付利息（已计提部分）

　　财务费用——利息费用（未计提部分）

　贷：国库存款/其他财政存款

预算会计：

借：一般公共预算支出/政府性基金预算支出
　贷：资金结存——库款资金结存/专户资金结存

2.偿还本级政府财政承担的政府债券纳入预算管理的债务本金时，
财务会计：
借：应付短期政府债券/应付长期政府债券
　贷：国库存款/其他财政存款等
预算会计：
借：债务还本预算支出
　贷：资金结存——库款资金结存/专户资金结存

（四）转贷

1.向下级政府财政转贷地方政府债券资金时，财务会计：
借：应收地方政府债券转贷款——应收本金（按照转贷的本金）
　贷：国库存款/与下级往来（按照实际拨付或债务部门确认的转贷金额）
借或贷：有关费用科目（按照差额）
预算会计：
借：债务转贷预算支出
　贷：资金结存——库款资金结存/补助预算支出——调拨下级

2.计提转贷利息：

期末确认地方政府债券转贷款的应收利息时，根据债务管理部门计算的转贷款本期应收未收利息金额，财务会计：
借：应收地方政府债券转贷款——应收利息
　贷：财务费用——利息费用
预算会计不做账。

3.收回下级政府财政偿还的转贷款本息时，按照收回的金额，财务会计：
借：国库存款/其他财政存款
　贷：应收地方政府债券转贷款——应收本金/应收利息
预算会计不做账。

4.本级政府财政偿还下级政府财政承担的地方政府债券本息时，财务会计：
借：应付短期政府债券/应付长期政府债券
　　应付利息
　贷：国库存款
预算会计不做账。

【例8-1】某省财政厅于2024年6月底发行记账式固定利率附息专项债券60亿元，期限为3年，票面年利率为2.84%。本期债券于当年7月1日开始计息，利息按年支付，每年7月1日支付利息，2027年7月1日偿还本金并支付最后一年利息。该批债券发行完毕，实际取得债务资金65亿元。根据债务管理部门转来的相关资料，确认该批债券到期应偿还的政府债券本金为60亿元。经研究决定，向市级政府转贷该批政府债券40亿元，本级政府只承担20亿元的本金偿还责任。根据债务管理部门的相关资料，到期应向市级政府收回的转贷本金为40亿元。该批债券满3年到期时，市级政府能如期足额转来债券本息资金。所有的资金均通过专户进行储存管理。

该省总会计对该项债券发行业务的账务处理如下：

（1）取得发行债券资金时：

财务会计	预算会计
借：其他财政存款　65亿 　贷：应付长期政府债券　60亿 　　财务费用——债务发行兑付费用　5亿	借：资金结存——专户资金结存　65亿 　贷：债务预算收入　60亿 　　政府性基金预算支出　5亿

（2）向市级政府转贷债券时：

财务会计	预算会计
借：应收地方政府债券转贷款　40亿 　贷：其他财政存款　40亿	借：债务转贷预算支出　40亿 　贷：资金结存——专户资金结存　40亿

（3）2024年年底计提利息时：

应付利息=60×2.84%×1/2=0.852（亿元）

应收利息=0.852×40/60=0.568（亿元）

财务会计	预算会计
计提应付利息时 借：财务费用——利息费用　0.852亿 　贷：应付利息　0.852亿 计提转贷利息时 借：应收地方政府债券转贷款——应收利息　0.568亿 　贷：财务费用——利息费用　0.568亿	不做账

（4）2025年7月支付利息时：

转贷利息=40×2.84%=1.136（亿元）

本级承担利息=20×2.84%=0.568（亿元）

利息总计=1.136+0.568=1.704（亿元）

财务会计	预算会计
收回市级政府转贷利息时 借：其他财政存款　1.136亿 　贷：应收地方政府债券转贷款——应收利息　0.568亿 　　其他应付款　0.568亿 支付本级政府承担利息时 借：应付利息　0.284亿 　财务费用——利息费用　0.284亿 　贷：其他财政存款　0.568亿 支付转贷利息时 借：应付利息　0.568亿 　其他应付款　0.568亿 　贷：其他财政存款　1.136亿	收回市级政府转贷利息时，不做账 支付本级政府承担利息时 借：政府性基金预算支出　0.568亿 　贷：资金结存——专户资金结存　0.568亿 支付转贷利息时，不做账

（5）2025年年底、2026年年底计提利息的账务处理同2024年年底；2026年7月支付

利息的账务处理同2025年7月。

（6）2027年7月还本付息时：

财务会计	预算会计
收回转贷债券本息时 借：其他财政存款　41.136亿 　贷：应收地方政府债券转贷款——应收本金　40亿 　　　　——应收利息　0.568亿 　　其他应付款　0.568亿 支付本级政府承担的本金时 借：应付长期政府债券　20亿 　贷：其他财政存款　20亿 支付本级政府承担的利息时 借：应付利息　0.284亿 　　财务费用——利息费用　0.284亿 　贷：其他财政存款　0.568亿 支付转贷债务本息时 借：应付长期政府债券　40亿 　　应付利息　0.568亿 　　其他应付款　0.568亿 　贷：其他财政存款　41.136亿	收回转贷债券本息时，不做账 支付本级政府承担的本金时 借：债务还本预算支出　20亿 　贷：资金结存——专户资金结存　20亿 支付本级政府承担的利息时 借：政府性基金预算支出　0.568亿 　贷：资金结存——专户资金结存　0.568亿 支付转贷债务本息时，不做账

三、省级以下（不含省级）总会计政府债券核算业务

由于省级以下政府财政无自行发债权，其核算业务主要包括从上级转贷、计息、偿还本息、向下级转贷。

（一）收到上级转贷收入

财务会计：

借：国库存款/与上级往来（按照实际收到的金额或债务管理部门转来的相关资料）

　贷：应付地方政府债券转贷款——应付本金（按照转贷本金金额）

借或贷：有关费用科目（按照其差额）

预算会计：

借：资金结存——库款资金结存/补助预算收入——上级调拨（按照实际收到的金额或债务管理部门转来的相关资料）

　贷：债务转贷预算收入（债务管理部门确认的到时应偿还转贷款本金）

借或贷：有关支出科目（按照其差额）

（二）计提应付利息

期末确认地方政府债券转贷款的应付利息时，根据债务管理部门计算的本期应付未付利息金额，财务会计：

借：财务费用——利息费用

　贷：应付地方政府债券转贷款——应付利息

预算会计不做账。

（三）偿还本息

1.偿还本级政府财政承担的地方政府债券转贷款本金时，财务会计：

借：应付地方政府债券转贷款——应付本金

　贷：国库存款等

预算会计：

借：债务还本预算支出

　贷：资金结存——库款资金结存等

2.偿还本级政府财政承担的地方政府债券转贷款的利息时，财务会计：

借：应付地方政府债券转贷款——应付利息（已计提）

　　财务费用——利息费用（未计提）

　贷：国库存款等

预算会计：

借：一般公共预算支出/政府性基金预算支出

　贷：资金结存——库款资金结存等

（四）向下级转贷

第1~3同省级以上总会计。

4.偿还下级政府财政承担的地方政府债券转贷款的本息时，财务会计：

借：应付地方政府债券转贷款——应付本金/应付利息

　贷：国库存款等

预算会计不做账。

【例8-2】接【例8-1】，假设接受转贷债券的市级政府，又将40亿元中的30亿元转贷给区级政府财政，由区级政府承担30亿元债券的本息偿还责任。本市级政府只承担10亿元债券的本息偿还责任。债券到期时，区级政府财政能按期足额偿还本息。所有款项均通过财政专户进行储存管理。

该市级总会计对该项债券业务的账务处理如下：

（1）2024年6月，收到省转贷资金

财务会计	预算会计
借：其他财政存款　　40亿 　贷：应付政府债券转贷款——应付本金　　40亿	借：资金结存——专户资金结存　　40亿 　贷：债务转贷预算收入　　40亿

（2）2024年6月，向区级政府转贷

财务会计	预算会计
借：应收地方政府债券转贷款——应收本金　30亿 　贷：其他财政存款　　30亿	借：债务转贷预算支出　　30亿 　贷：资金结存——专户资金结存　　30亿

（3）2024年年底，计提利息

应付转贷利息=40×2.84%×1/2=0.568（亿元）

应收转贷利息=30×2.84%×1/2=0.426（亿元）

财务会计	预算会计
借：财务费用——利息费用　0.568亿 　贷：应付地方政府债券转贷款——应付利息　0.568亿 借：应收地方政府债券转贷款——应收利息 0.426亿 　贷：财务费用——利息费用　0.426亿	不做账

（4）2025年7月，支付利息

转贷利息=30×2.84%=0.852（亿元）

本级承担利息=10×2.84%=0.284（亿元）

财务会计	预算会计
支付本金承担利息时 借：应付地方政府债券转贷款——应付利息 0.142亿 　　财务费用——利息费用　0.142亿 　贷：其他财政存款　0.284亿 收到区级政府转贷利息时 借：其他财政存款　0.852亿 　贷：应收地方政府债券转贷款——应收利息　0.426亿 　　　其他应付款　0.426亿 支付区级政府承担的转贷利息时 借：应付地方政府债券转贷款——应付利息 0.426亿 　　其他应付款　0.426亿 　贷：其他财政存款　0.852亿	支付本金承担利息时 借：政府性基金预算本级支出 0.284亿 　贷：资金结存——专户资金结存　0.284亿 收到区级政府转贷利息时，不做账 支付区级政府承担的转贷利息时，不做账

（5）2025年年底、2026年年底，计提利息的账务处理同2024年年底；2026年7月，支付利息的账务处理同2025年7月

（6）2027年7月，还本付息

财务会计	预算会计
偿还本级政府承担的本金时 借：应付地方政府债券转贷款——应付本金　10亿 　贷：其他财政存款　10亿 偿还本级政府承担的利息时 借：应付地方政府债券转贷款——应付利息 0.142亿 　　财务费用——利息费用　0.142亿 　贷：其他财政存款　0.284亿 收到区级政府转贷本息时 借：其他财政存款　30.852亿 　贷：应收地方政府债券转贷款——应收本金　30亿 　　　　　　　　　　　　　　——应收利息　0.426亿 　　　其他应付款　0.426亿 支付区级政府承担的本息时 借：应付地方政府债券转贷款——应付本金 30亿 　　　　　　　　　　　　　——应付利息 0.426亿 　　其他应付款　0.426亿 　贷：其他财政存款　30.852亿	偿还本级政府承担的本金时 借：债务还本预算支出　10亿 　贷：资金结存——专户资金结存　10亿 偿还本级政府承担的利息时 借：政府性基金预算本级支出 0.284亿 　贷：资金结存——专户资金结存 0.284亿 收到区级政府转贷本息时，不做账 支付区级政府承担的本息时，不做账

该区级总会计对该项债券业务的账务处理如下：

（1）2024年6月，收到市转贷资金

财务会计	预算会计
借：其他财政存款　30亿 　贷：应付地方政府债券转贷款——应付本金　30亿	借：资金结存——专户资金结存　30亿 　贷：债务转贷预算收入　30亿

（2）2024年年底，计提利息

应付转贷利息=30×2.84%×1/2=0.426（亿元）

财务会计	预算会计
借：财务费用——利息费用　0.426亿 　贷：应付地方政府债券转贷款——应付利息　0.426亿	不做账

（3）2025年7月，支付利息

本级承担利息=30×2.84%=0.852（亿元）

财务会计	预算会计
借：应付地方政府债券转贷款——应付利息　0.426亿 　财务费用——利息费用　0.426亿 　贷：其他财政存款　0.852亿	借：政府性基金预算支出　0.852亿 　贷：资金结存——专户资金结存　0.852亿

（4）2025年年底、2026年年底，计提利息的账务处理同2024年年底；2026年7月，支付利息的账务处理同2025年7月

（5）2027年7月，还本付息

财务会计	预算会计
借：应付地方政府债券转贷款——应付本金　30亿 　——应付利息　0.426亿 　财务费用——利息费用　0.426亿 　贷：其他财政存款　30.852亿	借：债务还本预算支出　30亿 　贷：资金结存——专户资金结存　30亿 借：政府性基金预算支出　0.852亿 　贷：资金结存——专户资金结存　0.852亿

四、政府债券特殊核算业务

它主要包括中央财政国债随卖随买、地方政府定向承销发行政府债券、地方政府债券转贷还本付息中的扣缴、政府债券豁免和以外币计算的政府债券折算业务。

（一）中央财政国债随卖随买业务

国债做市支持机制建立于2016年。2016年9月，财政部、中国人民银行印发《国债做市支持操作规则》，其中明确，国债做市支持运用随买、随卖等工具操作。其中，随买是财政部在债券二级市场买入国债，随卖是财政部在债券二级市场卖出国债。国债做市支持操作通过国债做市支持操作平台进行，国债做市支持参与机构通过操作平台客户端参与。

1.中央财政发生国债随卖业务时，财务会计：

借：国库存款等（按照实际收到的金额）

贷：应付短期政府债券/应付长期政府债券（按照国债随卖面值）

借或贷：财务费用——利息费用（按照其差额）

预算会计：

借：资金结存——库款资金结存（按照实际收到的金额）

贷：债务预算收入（按照国债随卖面值）

借或贷：一般公共预算支出（按照其差额）

【例8-3】20×4年7月，为支持国债做市，提高国债二级市场流动性，健全反映市场供求关系的国债收益率曲线，财政部开展国债做市支持操作，开展期限为10年的国债随卖业务。根据国债随卖确认文件等相关债券管理资料，本次国债随卖面值为24.9亿元，实际收到的国债金额为25亿元。资金已存入国库。

财务会计			预算会计		
借：国库存款	25亿		借：资金结存——库款资金结存	25亿	
贷：应付长期政府债券		24.9亿	贷：债务预算收入		24.9亿
财务费用——利息费用		0.1亿	一般公共预算支出		0.1亿

2.中央财政发生国债随买业务时，财务会计：

借：应付短期政府债券/应付长期政府债券（按照国债随买面值）

贷：国库存款等（按照实际支付的金额）

借或贷：财务费用——利息费用（按照其差额）

预算会计：

借：债务还本预算支出（按照国债随买面值）

贷：资金结存——库款资金结存（按照实际支付的金额）

借或贷：一般公共预算支出（按照其差额）

【例8-4】20×4年10月，财政部为支持国债做市，开展期限为10年的国债随买业务。根据国债随买确认文件等相关债券管理资料，本次国债随买面值为34.7亿元。随买业务中，实际支付35亿元，资金通过国库拨款支付。

财务会计			预算会计		
借：应付长期政府债券	34.7亿		借：债务还本预算支出	34.7亿	
财务费用——利息费用	0.3亿		一般公共预算支出	0.3亿	
贷：国库存款		35亿	贷：资金结存——库款资金结存		35亿

（二）地方政府定向承销发行政府债券业务

地方政府财政在某些特殊情况下，会按照定向承销的方式发行和转贷政府债券。其账务处理不同于其他发行方式。

2015年5月，财政部、中国人民银行、银监会联合印发《关于2015年采用定向承销方式发行地方政府债券有关事宜的通知》（财库〔2015〕102号），明确2015年省、自治区、直辖市（含经省政府批准自办债券发行的计划单列市）人民政府（以下简称“省级政府”）可在财政部下达的置换债券限额内采用定向承销方式发行一定额度地方债，用于置换部分存量债务。

采用定向承销方式发行地方债，即省级政府面向地方政府存量债务中的特定债权人，采取簿记建档方式发行地方债，用以置换本地区地方政府相应的存量债务。

1.省级以上（含省级）总会计核算业务，财务会计：

借：以前年度盈余调整/应收地方政府债券转贷款（按照债务部门确认的发行收入）

　贷：应付长期政府债券（按照长期政府债券实际发行额）

借或贷：有关费用科目（按照其差额）

预算会计：

借：债务还本预算支出（本级政府使用并承担还款责任的）

　　债务转贷预算支出（转贷下级政府财政的）

　贷：债务预算收入（发行总金额）

2.省级以下（不含省级）总会计核算业务，根据债务管理部门提供的有关资料进行确认，财务会计：

借：以前年度盈余调整

　贷：应付地方政府债券转贷款

预算会计：

借：债务还本预算支出

　贷：债务转贷预算收入

【例 8-5】某省财政部门 202＊年以定向承销方式发行长期政府债券 100 亿元，其中置换本级政府存量债务 40 亿元，置换下级政府存量债务 60 亿元。根据债务管理部门转来的债券发行文件等有关资料，省总会计和市级总会计的账务处理如下：

（1）省总会计：

财务会计			预算会计		
借：以前年度盈余调整	40亿		借：债务还本预算支出	40亿	
应收地方政府债券转贷款	60亿		债务转贷预算支出	60亿	
贷：应付长期政府债券		100亿	贷：债务预算收入		100亿

（2）市级总会计：

财务会计			预算会计		
借：以前年度盈余调整	60亿		借：债务还本预算支出	60亿	
贷：应付地方政府债券转贷款		60亿	贷：债务转贷预算收入		60亿

（三）地方政府债券转贷还本付息中的扣缴业务

到期，当下级政府财政不能按时足额偿还其应承担的地方政府债券转贷款本息时，一般以年终结算的形式扣缴下级政府财政应偿还的地方政府债券转贷款。扣缴时，上级总会计（即扣缴方）通过“与下级往来”等科目进行账务处理；下级总会计（即被扣缴方）通过“与上级往来”等科目进行账务处理。其具体处理方法如下：

按照扣缴的金额，

1.上级政府总会计，财务会计：

借：与下级往来

　贷：应收地方政府债券转贷款

预算会计：

借：补助预算支出——调拨下级

　贷：资金结存——库款资金结存等

2.下级政府总会计，财务会计：

借：应付地方政府债券转贷款

　贷：与上级往来

预算会计：

借：债务还本预算支出（本金）

　　一般公共预算支出等（利息）

　贷：补助预算收入——上级调拨（扣款总额）

【例8-6】某省财政由于下级财政到期无法按时偿还转贷资金本息，通过年终结算扣缴的方式扣缴了转贷给下级财政的专项债务本息41.136亿元，其中本金为40亿元，利息为1.136亿元。根据债务管理部门转来的相关文件资料，省总会计及其下级总会计的账务处理如下：

（1）省总会计：

财务会计	预算会计
借：与下级往来　41.136亿 　贷：应收地方政府债券转贷款　41.136亿	借：补助预算支出——调拨下级 41.136亿 　贷：资金结存——库款资金结存　41.136亿

（2）下级总会计：

财务会计	预算会计
借：应付地方政府债券转贷款　41.136亿 　贷：与上级往来　41.136亿	借：债务还本预算支出　40亿 　　政府性基金预算支出　1.136亿 　贷：补助预算收入——上级调拨　41.136亿

（四）政府债券豁免业务

在政府债券的转贷业务中，上级政府财政有时会根据下级政府财政的实际情况，豁免下级政府财政应偿还的地方政府债券转贷款本息。当豁免业务发生时，上下级政府财政总会计的账务处理如下：

按照豁免金额，

1.上级总会计（豁免方），财务会计：

借：补助费用/与下级往来等

　贷：应收地方政府债券转贷款

　　预算会计不做账

2.下级总会计（被豁免方），财务会计：

借：应付地方政府债券转贷款

贷：补助收入/与上级往来

预算会计不做账

【例8-7】某省财政由于下级财政无力偿还转贷债券本息，经研究决定豁免下级财政应付地方政府债券转贷款本息。根据债务管理部门及有关预算文件，豁免金额共计5000万元。

省总会计及下级总会计的账务处理如下：

（1）省总会计：

财务会计	预算会计
借：补助费用　5 000万 贷：应收地方政府债券转贷款　5 000万	不做账

（2）下级总会计：

财务会计	预算会计
借：应付地方政府债券转贷款　5 000万 贷：补助收入　5 000万	不做账

（五）以外币计算的政府债券折算业务

期末，以外币计算的政府债券资产和负债，需要按期末汇率折算为人民币金额。然后，将折算后的金额与账面余额进行比较，并对折算差额进行相应的账务处理。该业务主要通过“财务费用——汇兑损益”科目进行处理。

1.以外币计算的政府债券资产折算业务，主要是指应收地方政府债券转贷款外币折算业务。

（1）当期末折算后金额小于账面余额时，按照折算差额，财务会计：

借：财务费用——汇兑损益

贷：其他财政存款/应收地方政府债券转贷款

预算会计不做账。

【例8-8】某省财政期末对以美元计算的应收地方政府债券转贷款进行折算，折算后的金额为284亿元，该笔转贷款的账面余额为288亿元。

财务会计	预算会计
借：财务费用——汇兑损益　4亿 贷：应收地方政府债券转贷款　4亿	不做账

（2）当期末折算后金额大于账面余额时，按照折算差额，财务会计：

借：其他财政存款/应收地方政府债券转贷款

贷：财务费用——汇兑损益

预算会计不做账。

【例8-9】假设【例8-8】中的期末折算金额为288亿元，账面余额为284亿元。

财务会计	预算会计
借：应收地方政府债券转贷款　4亿 贷：财务费用——汇兑损益　4亿	不做账

2.以外币计算的政府债券负债折算业务，主要是指应付长期政府债券和应付利息外币折算业务。

（1）当折算后的金额小于账面余额时，按照折算差额，财务会计：

借：应付长期政府债券/应付利息

　贷：财务费用——汇兑损益

预算会计不做账。

【例8-10】某省财政期末对以美元计算的长期政府债券进行折算，折算后的金额为426亿元，该笔长期政府债券的账面余额为432亿元。

财务会计	预算会计
借：应付长期政府债券　6亿 　贷：财务费用——汇兑损益　6亿	不做账

（2）当折算后的金额大于账面余额时，按照折算差额，财务会计：

借：财务费用——汇兑损益

　贷：应付长期政府债券/应付利息等

预算会计不做账。

【例8-11】假设【例8-10】中，折算金额为432亿元，账面余额为426亿元。

财务会计	预算会计
借：财务费用——汇兑损益　6亿 　贷：应付长期政府债券　6亿	不做账

第二节　主权外债核算业务

一、主权外债概述

主权外债是主权国家对外的债务。具体来说，可以利用的主权外债主要有两种：外国政府贷款和国际金融组织贷款。

1.外国政府贷款

外国政府贷款是指外国政府向发展中国家提供的长期优惠性贷款。它具有政府间开发援助或部分赠与的性质，在国际统计上又称双边贷款，与多边贷款共同组成官方信贷。外国政府贷款主要用于基础设施建设、环境保护等公共财政领域。外国政府贷款利息很低，期限在30年左右，申请期限在1年以内。

2.国际金融组织贷款

向我国提供多边贷款的国际金融组织主要有世界银行、国际农业发展基金组织、亚洲开发银行、亚洲基础设施投资银行和地区金融机构。国际金融组织贷款条件比较优惠，主要表现为贷款利率低于市场利率，甚至免收利息，贷款期限及宽限期均较长，借款者主要承担贷款货币汇率变动的风险。国际金融组织贷款立项认真、严格，一般与特定的工程项目相联系：要求贷款国必须提供详尽的有关贷款项目资料；要求贷款必须如期归还，不可中途改变还款日期；要求批准项目的手续十分完备，历时较长，一般从项目的提出到签约需1.5~2年。

《财政总会计制度》所说的主权外债指的是统借自还主权外债。所谓统借自还主权外债，是指财政部经国务院批准代表国家统一筹借，由地方财政部门、中央或地方项目单位负责偿还的国际金融组织贷款和外国政府贷款。其中，地方政府主权外债是由财政部统一举借后，转贷给省、自治区、直辖市、计划单列市政府的国际金融组织和外国政府贷款[①]。

政府承担偿还责任的主权外债收入、支出、还本付息付费纳入政府一般公共预算管理。债务余额纳入地方政府债务额度管理。政府承担担保责任的主权外债不属于地方政府债务，不纳入地方政府债务额度管理。

根据预算管理的有关规定，财政部门按照分级负责、分类管理、全面反映的原则开展贷款预算管理工作。分级负责是指财政部门根据还款责任的归属级次实行预算管理。分类管理是指根据地方财政部门承担的还款责任、担保责任的不同情况，实行有区别的预算管理。地方财政部门承担还款责任的，贷款的收入、分配和还本付息付费全过程纳入预算管理；地方财政部门承担担保责任的，对于因履行担保责任发生涉及预算资金收支的事项实行预算管理。全面反映是指全国年度统借自还主权外债收支的情况，在全国预算（草案）中单独设表反映，并向全国人民代表大会及其常务委员会报告；各地区年度统借自还主权外债收支的情况，在地方同级预算（草案）中单独设表反映，并向同级人民代表大会及其常务委员会报告。

地方各级财政部门负责汇编本地区年度统借自还主权外债收支表，并由省级财政部门向财政部报送全省（自治区、直辖市、计划单列市）年度统借自还主权外债收支表。地方各级财政部门不承担还款责任、担保责任的贷款，由财政部汇总统计收支情况。除与贷款方的相关协议有约定外，贷款资金的支付、收回，应纳入财政总会计核算体系。

债务管理部门应设置辅助明细账，其主要包括借入款项对应的项目、期限、借入日期、实际偿还及付息情况等内容，并按期计算借款存续期应负担的利息金额。

主权外债核算业务涉及的主要会计科目详见表8-2。

表8-2　　**主权外债核算业务涉及的会计科目**

科目类别	财务会计	预算会计
资产类	国库存款	资金结存——库款资金结存
	其他财政存款	资金结存——专户资金结存
	应收主权外债转贷款	
负债类	借入款项*	
	应付主权外债转贷款	
	应付利息*	
收入类	其他收入	债务预算收入*
		债务转贷预算收入
费用/支出类	财务费用	债务还本预算支出
		债务转贷预算支出

注：仅就主权外债而言，带星号的会计科目为中央财政总会计使用的科目。

① 参见《关于进一步加强地方政府主权外贷预算管理的通知》（财国合〔2020〕19号）。

二、中央总会计主权外债核算业务

根据财政部2020年发布的《关于进一步加强地方政府主权外贷预算管理的通知》（财国合〔2020〕19号）的相关规定，地方政府主权外债由财政部统一举借后，转贷给省级财政。因此，主权外债的第一借债人只能是财政部。

（一）借入主权外债

财务会计：

借：国库存款/其他财政存款（按照实际收到的金额）

贷：借入款项（按照实际承担的债务金额）

借或贷：有关费用科目（按照差额）

预算会计：

借：资金结存——库款资金结存等（按照实际提款的外币金额和即期汇率折算的人民币金额）

贷：债务预算收入

（二）确认应付利息

期末确认借入主权外债的应付利息时，根据债务管理部门计算的本期应付未付利息金额，财务会计：

借：财务费用——利息费用

贷：应付利息——应付地方政府主权外债利息

预算会计不做账。

（三）还本付息

1.偿还本金

偿还本级政府财政承担的借入主权外债本金时，财务会计：

借：借入款项

贷：国库存款/其他财政存款等

预算会计：

借：债务还本预算支出

贷：资金结存——库款资金结存等

2.偿还利息

偿还本级政府财政承担的借入主权外债利息时，财务会计：

借：应付利息——应付地方政府主权外债利息（已提）

财务费用——利息费用（未提）

贷：国库存款等

预算会计：

借：一般公共预算支出

贷：资金结存——库款资金结存等

（四）转贷

1.本级政府财政支付转贷资金时，根据转贷资金支付的相关资料，财务会计：

借：应收主权外债转贷款——应收本金

贷：国库存款等

预算会计：

借：债务转贷预算支出

贷：资金结存——库款资金结存等

2.期末确认主权外债转贷款的应收利息时，根据债务管理部门计算的转贷款的本期应收未收利息金额，财务会计：

借：应收主权外债转贷款——应收利息

贷：财务费用——利息费用

预算会计不做账。

3.年末，根据债务管理部门提供的应收主权外债转贷款因汇率变动产生的期末人民币余额与账面余额之间的差额资料，财务会计：

借或贷：财务费用——汇兑损益

贷或借：应收主权外债转贷款

预算会计不做账。

4.收回转贷给下级政府财政主权外债的本息时，按照收回的金额，财务会计：

借：国库存款等

贷：应收主权外债转贷款——应收本金/利息

预算会计不做账。

5.偿还下级政府财政承担的借入主权外债的本息时，财务会计：

借：借入款项

贷：国库存款等

预算会计不做账。

【例 8-12】财政部从世界银行贷入主权外债人民币 2 000 亿元，贷款期限为 15 年，年利率为 6%。债务管理部门转来的相关资料显示，实际承担的债务金额仍为 2 000 亿元。财政部将其中的 1 500 亿元转贷给省级政府财政，并由省级政府财政承担偿还本息责任。每年年底计提并支付利息，各级政府均能按期支付利息和本金。该项主权外债业务均通过财政专户单独储存管理。中央财政总会计该项主权外债业务的账务处理如下：

（1）借入外债

财务会计	预算会计
借：其他财政存款　2 000 亿 贷：借入款项　2 000 亿	借：资金结存——专户资金结存　2 000 亿 贷：债务预算收入　2 000 亿

（2）转贷给省级政府

财务会计	预算会计
借：应收主权外债转贷款　1 500 亿 贷：其他财政存款　1 500 亿	借：债务转贷预算支出　1 500 亿 贷：资金结存——专户资金结存　1 500 亿

（3）每年年末确认利息

应付利息=2 000×6%=120（亿元）

应收利息=1 500×6%=90（亿元）

根据债务管理部门计算的本期应付未付利息金额：

财务会计	预算会计
借：财务费用——利息费用 120亿 贷：应付利息 120亿 借：应收主权外债转贷款——应收利息 90亿 贷：财务费用——利息费用 90亿	不做账

（4）每年年末偿还利息

财务会计	预算会计
收到下级财政缴来的利息资金 借：其他财政存款 90亿 贷：应收主权外债转贷款——应收利息 90亿 偿还本级政府承担的利息 借：应付利息 30亿 贷：其他财政存款 30亿 偿还省级政府承担的利息 借：应付利息 90亿 贷：其他财政存款 90亿	收到下级财政缴来的利息资金，不做账 偿还本级政府承担的利息 借：一般公共预算支出 30亿 贷：资金结存——专户资金结存 30亿 偿还省级政府承担的利息，不做账

三、地方政府总会计主权外债核算业务

系省级以下（含省级）政府通过转贷的形式从上级政府获得的主权外债。

（一）收到转贷主权外债

财务会计：

借：国库存款/其他财政存款（按照实际收到的金额）

　贷：应付主权外债转贷款——应付本金（按照实际承担的债务金额）

借或贷：有关费用科目（按照差额）

预算会计：

借：资金结存——库款资金结存等

　贷：债务转贷预算收入

（二）确认主权外债转贷款的应付利息

期末确认主权外债转贷款的应付利息时，按照债务管理部门计算的本期应付未付利息金额，财务会计：

借：财务费用——利息费用

　贷：应付主权外债转贷款——应付利息

预算会计不做账。

（三）还本付息

1.偿还本级政府财政承担的借入主权外债转贷款的本金时，财务会计：

借：应付主权外债转贷款——应付本金

　贷：国库存款等

预算会计：

借：债务还本预算支出

　贷：资金结存——库款资金结存等

2.偿还本级政府财政承担的借入主权外债转贷款的利息时，财务会计：

借：应付主权外债转贷款——应付利息

　贷：国库存款等

预算会计：

借：一般公共预算支出

　贷：资金结存——库款资金结存等

（四）转贷

第1～4点与中央财政总会计的内容相同。

5.偿还下级政府财政承担的借入主权外债转贷款的本息时，财务会计：

借：应付主权外债转贷款——应付本金/利息

　贷：国库存款等

预算会计不做账。

【例8-13】接【例8-12】，省级政府收到中央政府转贷的主权外债1 500亿元，将其中的900亿元再转贷给市级政府。市级政府能按期上缴债务本息。

省级总会计相关业务的账务处理如下：

（1）收到转贷主权外债

财务会计	预算会计
借：其他财政存款　1 500亿 　贷：应付主权外债转贷款——应付本金　1 500亿	借：资金结存——专户资金结存　1 500亿 　贷：债务转贷预算收入　1 500亿

（2）将主权外债转贷给市级政府

财务会计	预算会计
借：应收主权外债转贷款——应收本金 900亿 　贷：其他财政存款　900亿	借：债务转贷预算支出　900亿 　贷：资金结存——专户资金结存　900亿

（3）期末确认主权外债转贷款利息

应收转贷利息=900×6%=54（亿元）

按照债务管理部门计算的本期应付未付利息金额：

财务会计	预算会计
借：应收主权外债转贷款——应收利息　54亿 　贷：财务费用——利息费用　54亿	不做账

（4）每年年末偿还利息

财务会计	预算会计
收到市级财政缴来的利息资金时 借：其他财政存款　54亿 　贷：应收主权外债转贷款——应收利息　54亿 偿还本级政府承担的利息时 借：应付主权外债转贷款——应付利息　36亿 　贷：其他财政存款　36亿 偿还市级政府承担的利息时 借：应付主权外债转贷款——应付利息　54亿 　贷：其他财政存款　54亿	收到市级财政缴来的利息资金时，不做账 偿还本级政府承担的利息时 借：一般公共预算支出　36亿 　贷：资金结存——专户资金结存　36亿 偿还市级政府承担的利息时，不做账

（5）到期偿还本金

财务会计	预算会计
收到市级政府承担的债务本金时 借：其他财政存款　900亿 　贷：应收主权外债转贷款——应收本金　900亿 偿还本级政府承担的债务本金时 借：应付主权外债转贷款——应付本金 　600亿 　贷：其他财政存款　600亿 偿还市级政府承担的债务本金时 借：应付主权外债转贷款——应付本金　900亿 　贷：其他财政存款　900亿	收到市级政府承担的债务本金时，不做账 偿还本级政府承担的债务本金时 借：债务还本预算支出　600亿 　贷：资金结存——专户资金结存　600亿 偿还市级政府承担的债务本金时，不做账

市级总会计相关业务的账务处理如下：

（1）收到转贷主权外债资金

财务会计	预算会计
借：其他财政存款　900亿 　贷：应付主权外债转贷款——应付本金　900亿	借：资金结存——专户资金结存　900亿 　贷：债务转贷预算收入　900亿

（2）期末确认主权外债转贷款利息

应付转贷利息=900×6%=54（亿元）

按照债务管理部门计算的本期应付未付利息金额：

财务会计	预算会计
借：财务费用——利息费用　54亿 　贷：应付主权外债转贷款——应付利息　54亿	不做账

（3）每年年末偿还利息

财务会计	预算会计
借：应付主权外债转贷款——应付利息　54亿 　贷：其他财政存款　54亿	借：一般公共预算支出　54亿 　贷：资金结存——专户资金结存　54亿

（4）到期偿还本金

财务会计	预算会计
借：应付主权外债转贷款——应付本金 900亿 　贷：其他财政存款 900亿	借：债务还本预算支出 900亿 　贷：资金结存——专户资金结存 900亿

四、主权外债特殊核算业务

（一）外方将贷款资金直接支付给用款单位或供应商

1.中央政府财政总会计

（1）本级政府财政承担还款责任，贷款资金由本级政府财政同级部门（单位）使用的，财务会计：

借：有关费用科目

　贷：借入款项

预算会计：

借：一般公共预算支出

　贷：债务预算收入

（2）本级政府财政承担还款责任，贷款资金由下级政府财政同级部门（单位）使用的根据债务管理部门转来的有关资料，按照实际承担的债务金额，财务会计：

借：补助费用/与下级往来

　贷：借入款项

根据贷款资金支付的相关资料及预算指标文件，预算会计：

借：补助预算支出——调拨下级

　贷：债务预算收入

（3）下级政府财政承担还款责任，贷款资金由下级政府财政同级部门（单位）使用的根据债务管理部门转来的有关资料，财务会计：

借：应收主权外债转贷款

　贷：借入款项

根据贷款资金支付的有关资料，预算会计：

借：债务转贷预算支出

　贷：债务预算收入

2.地方政府财政总会计

（1）上级政府财政承担还款责任，贷款资金由本级政府财政同级部门（单位）使用的，财务会计：

借：相关费用科目

　贷：补助收入/与上级往来

预算会计：

借：一般公共预算支出

　贷：补助预算收入——上级调拨

（2）本级政府财政承担还款责任，贷款资金由本级政府财政同级部门（单位）使用的，根据债务管理部门转来的相关资料，财务会计：

借：有关费用科目

贷：应付主权外债转贷款

根据贷款资金支付的相关资料，预算会计：

借：一般公共预算支出

贷：债务转贷预算收入

（3）本级政府财政承担还款责任，贷款资金由下级政府财政同级部门（单位）使用的根据债务管理部门转来的相关资料，财务会计：

借：补助费用

贷：应付主权外债转贷款

根据贷款资金支付的相关资料及预算文件，预算会计：

借：补助预算支出——调拨下级

贷：债务转贷预算收入

（4）下级政府财政承担还款责任，贷款资金由下级政府财政同级部门（单位）使用的根据债务管理部门转来的相关资料，财务会计：

借：应收主权外债转贷款

贷：应付主权外债转贷款

根据转贷资金支付的相关资料，预算会计：

借：债务转贷预算支出

贷：债务转贷预算收入

【例 8-14】财政部从世界银行借入主权外债资金人民币180亿元，所有贷款资金均由世界银行直接支付给用款单位。其中，70亿元由财政部承担还款责任，50亿元由省级政府财政承担还款责任，60亿元由市级政府财政承担还款责任。财政部承担还款责任的70亿元中，25亿元由财政部同级部门使用，45亿元由省级政府财政同级部门使用。省级政府财政承担还款责任的50亿元中，20亿元由省级政府财政同级部门使用，30亿元由市级政府财政同级部门使用。

中央财政总会计相关业务的账务处理如下：

（1）中央财政承担还款责任，中央财政同级部门使用的，根据贷款资金支付的相关资料：

财务会计	预算会计
借：资本性拨款费用　25亿 　贷：借入款项　25亿	借：一般公共预算支出　25亿 　贷：债务预算收入　25亿

（2）财政部承担还款责任，省级政府财政同级部门使用的，根据贷款资金支付的相关资料及预算指标文件：

财务会计	预算会计
借：补助费用　45亿 　贷：借入款项　45亿	借：补助预算支出　45亿 　贷：债务预算收入　45亿

（3）下级（省、市两级）政府承担还款责任的，根据贷款资金支付的相关资料：

财务会计	预算会计
借：应收主权外债转贷款　110亿 　贷：借入款项　110亿	借：债务转贷预算支出　110亿 　贷：债务预算收入　110亿

省级政府财政总会计相关业务的账务处理如下：

（1）中央财政承担还款责任，省级政府财政同级部门使用的，根据贷款资金支付的相关资料：

财务会计	预算会计
借：资本性拨款费用　45亿 　贷：补助预算收入　45亿	借：一般公共预算支出　45亿 　贷：补助预算收入　45亿

（2）省级政府财政承担还款责任，省级政府财政同级部门使用的，根据贷款资金支付的相关资料：

财务会计	预算会计
借：资本性拨款费用　20亿 　贷：应付主权外债转贷款　20亿	借：一般公共预算支出　20亿 　贷：债务转贷预算收入　20亿

（3）省级政府财政承担还款责任，市级政府财政同级部门使用的，根据贷款资金支付的相关资料及预算文件：

财务会计	预算会计
借：补助费用　30亿 　贷：应付主权外债转贷款　30亿	借：补助预算支出　30亿 　贷：债务转贷预算收入　30亿

（4）市级政府财政承担还款责任，市级政府财政同级部门使用的，根据转贷资金支付的相关资料：

财务会计	预算会计
借：应收主权外债转贷款　60亿 　贷：应付主权外债转贷款　60亿	借：债务转贷预算支出　60亿 　贷：债务转贷预算收入　60亿

市级政府财政总会计相关业务的账务处理如下：

（1）省级政府财政承担还款责任，市级政府财政同级部门使用的，根据贷款资金支付的相关资料：

财务会计	预算会计
借：资本性拨款费用　30亿 　贷：补助收入　30亿	借：一般公共预算支出　30亿 　贷：补助预算收入　30亿

（2）市级政府财政承担还款责任，市级政府财政同级部门使用的，根据贷款资金支付的相关资料：

财务会计		预算会计	
借：资本性拨款费用	60亿	借：一般公共预算支出	60亿
贷：应付主权外债转贷款	60亿	贷：债务转贷预算收入	60亿

（二）首次确认以前年度主权外债

1.中央财政总会计首次确认以前年度借入的主权外债

本级政府财政首次确认以前年度借入的主权外债时，根据债务管理部门提供的有关资料，按照借入主权外债的余额，财务会计：

借：以前年度盈余调整

贷：借入款项

预算会计不做账。

【例8-15】财政部清理出一笔以前年度借入的主权外债90亿元未入账，首次确认债务。根据债务管理部门提供的有关资料，该笔借入的主权外债的余额为90亿元。

财务会计		预算会计
借：以前年度盈余调整	90亿	不做账
贷：借入款项	90亿	

2.首次确认以前年度转贷的主权外债

（1）主权外债转贷中的上级总会计财务处理

主权外债转贷中的上级政府财政首次确认以前年度转贷给下级政府财政的主权外债时，根据债务管理部门提供的有关资料，按照转贷主权外债本息余额，财务会计：

借：应收主权外债转贷款

贷：以前年度盈余调整

预算会计不做账。

（2）主权外债转贷中的下级总会计财务处理

主权外债转贷中的下级政府财政首次确认以前年度转贷的主权外债时，根据债务管理部门提供的有关资料，按照转贷主权外债本息余额，财务会计：

借：以前年度盈余调整

贷：应付主权外债转贷款

预算会计不做账。

【例8-16】某省财政清理出一笔以前年度对市级政府财政转贷的主权外债款34亿元，该笔主权外债转贷款未入账。根据债务管理部门提供的有关资料，省和市级财政总会计账务处理如下。

省级财政总会计账务处理如下：

财务会计		预算会计
借：应收主权外债转贷款	34亿	不做账
贷：以前年度盈余调整	34亿	

市级财政总会计账务处理如下：

财务会计	预算会计
借：以前年度盈余调整　34亿 　贷：应付主权外债转贷款　34亿	不做账

（三）扣缴主权外债转贷款本息

在主权外债的转贷业务中，当下级政府财政不能按期偿还本息时，上级政府财政通过年终结算扣缴下级政府财政主权外债转贷款的本息。

1.扣缴主权外债转贷款本息时的上级总会计账务处理

扣缴主权外债转贷款本息时的上级政府财政根据债务管理部门转来的相关资料，财务会计：

借：与下级往来

　贷：应收主权外债转贷款

预算会计：

借：补助预算支出——调拨下级

　贷：资金结存——库款资金结存等

2.扣缴主权外债转贷款本息时的下级总会计账务处理

扣缴主权外债转贷款本息时的下级财政根据债务管理部门转来的相关资料，财务会计：

借：应付主权外债转贷款

　贷：与上级往来

预算会计：

借：债务还本预算支出（对其承担的本金）

　　一般公共预算支出（对其承担的利息）

　贷：补助预算收入——上级调拨（扣缴总额）

【例8-17】某省财政期末对其转贷给市级政府财政的主权外债款本息34.1亿元进行扣缴，其中，本金34亿元，利息0.1亿元。原因是该市级政府财政无法按期支付该笔主权外债转贷款本息。根据债务管理部门相关资料，省财政和市财政总会计进行账务处理。

省财政总会计的账务处理如下：

财务会计	预算会计
借：与下级往来　34.1亿 　贷：应收主权外债转贷款——应收本金　34亿 　　　　　　　　　　　——应收利息　0.1亿	借：补助预算支出——调拨下级　34.1亿 　贷：资金结存——库款资金结存　34.1亿

市级财政总会计的账务处理如下：

财务会计	预算会计
借：应付主权外债转贷款——应付本金　34亿 　　　　　　　　　　——应付利息　0.1亿 　贷：与上级往来　34.1亿	借：债务还本预算支出　34亿 　　一般公共预算支出　0.1亿 　贷：补助预算收入——上级调拨　34.1亿

(四)豁免主权外债本息

根据豁免方的不同，可将豁免主权外债划分为两种情形：一是债权人豁免；二是上级政府豁免。

根据承担偿还责任主体也可将豁免主权外债划分为两种情形：一是豁免本级政府财政承担偿还责任的主权外债本息；二是豁免下级政府财政承担偿还责任的主权外债本息。

下面分情况介绍豁免主权外债本息的核算业务。

1.中央政府财政

(1)债权人豁免本级政府财政承担偿还责任的借入主权外债本息

根据债务管理部门转来的相关资料，按照被豁免的本金和应付利息，财务会计：

借：借入款项（被豁免的本金数）

　贷：其他收入

借：应付利息（被豁免的利息数）

　贷：财务费用——利息费用（按照减少的当年已计提应付利息金额）

以前年度盈余调整（按照减少的以前年度已计提的应付利息金额）

预算会计不做账。

(2)债权人豁免下级政府财政承担偿还责任的借入主权外债本息时，根据债务管理部门转来的相关资料，按照被豁免的本金及已确认的应付利息金额，

财务会计：

借：借入款项

　　应付利息

　贷：应收主权外债转贷款

预算会计不做账。

(3)本级政府财政豁免下级政府财政应偿还的主权外债转贷款本息时，根据债务管理部门转来的有关资料及有关预算文件，按照豁免金额，财务会计：

借：补助费用/与下级往来等

　贷：应收主权外债转贷款——应收本金/应付利息

预算会计：

借：补助预算支出——调拨下级

　贷：资金结存——上下级调拨结存

2.地方政府财政

(1)债权人豁免主权外债转贷款本息

①豁免本级政府财政承担偿还责任的主权外债转贷款本息时，根据债务管理部门转来的相关资料，按照豁免转贷款的本金及已确认的应付利息金额，财务会计：

借：应付主权外债转贷款——应付本金/利息

　贷：其他收入

预算会计不做账。

②豁免下级政府财政承担偿还责任的主权外债转贷款本息时，根据债务管理部门转来的相关资料，按照豁免转贷款的本金及已确认的应付利息金额，财务会计：

借：应付主权外债转贷款

　贷：应收主权外债转贷款

预算会计不做账。

（2）上级政府财政豁免主权外债转贷款本息

①豁免本级政府财政承担偿还责任的主权外债转贷款本息时，根据债务管理部门转来的相关资料，按照豁免转贷款的本金及已确认的应付利息金额，财务会计：

借：应付主权外债转贷款

　贷：补助收入/与上级往来等

预算会计：

借：资金结存——上下级调拨结存

　贷：补助预算收入——上级调拨

②豁免下级政府财政承担偿还责任的主权外债转贷款本息时，根据债务管理部门转来的相关资料，按照豁免转贷款的本金及已确认的应付利息金额，财务会计：

借：应付主权外债转贷款

　贷：应收主权外债转贷款

同时，

借：补助费用/与下级往来等

　贷：补助收入/与上级往来等

预算会计不做账。

【例8-18】财政部从世界银行贷入主权外债人民币2 000亿元，贷款期限为15年，年利率为6%。债务管理部门转来的相关资料显示，实际承担的债务金额仍为2 000亿元。财政部将其中的1 500亿元转贷给省级政府财政，并由省级政府财政承担偿还本息责任。每年年底，计提并支付利息。省级政府财政又将其中的900亿元转贷给市级政府财政，由其承担偿还本息的责任。主权外债到期时，所有的本金和最后一年的利息被债权人全部豁免。针对主权外债豁免业务，各级政府财政总会计账务处理如下：

中央财政总会计账务处理如下：

财务会计			预算会计
中央财政承担还款责任的本息被豁免			不做账
借：借入款项	500亿		
贷：其他收入		500亿	
借：应付利息	30亿		
贷：财务费用——利息费用		30亿	
省级财政承担还款责任的本息被豁免			
借：借入款项	1 500亿		
应付利息	90亿		
贷：应收主权外债转贷款——应收本金		1 500亿	
——应收利息		90亿	

省级财政总会计账务处理如下：

财务会计	预算会计
豁免本级政府财政承担偿还责任本息 借：应付主权外债转贷款——应付本金 600亿 ——应付利息 36亿 贷：其他收入 636亿 豁免市级政府财政承担偿还责任本息 借：应付主权外债转贷款——应付本金 900亿 ——应付利息 54亿 贷：应收主权外债转贷款——应收本金 900亿 ——应收利息 54亿	不做账

市级财政总会计账务处理如下：

财务会计	预算会计
借：应付主权外债转贷款——应付本金 900亿 ——应付利息 54亿 贷：其他收入 954亿	不做账

【例8-19】假设【例8-18】中，中央财政豁免转贷给地方政府财政的1 500亿元本金及最后一年的利息。针对豁免业务，各级政府财政总会计的账务处理如下：

中央财政总会计账务处理如下：

财务会计	预算会计
借：补助费用 1 590亿 贷：应收主权外债转贷款——应收本金 1 500亿 ——应付利息 90亿	借：补助预算支出——调拨下级 1 590亿 贷：资金结存——上下级调拨结存 1 590亿

省级财政总会计财务处理如下：

财务会计	预算会计
豁免本级财政承担偿还责任本息 借：应付主权外债转贷款——应付本金 600亿 ——应付利息 36亿 贷：补助收入 636亿 豁免市级财政承担偿还责任本息 借：应付主权外债转贷款——应付本金 900亿 ——应付利息 54亿 贷：应收主权外债转贷款——应收本金 900亿 ——应收利息 54亿 同时 借：补助费用 954亿 贷：补助收入 954亿	豁免本级财政承担偿还责任本息 借：资金结存——上下级调拨结存 636亿 贷：补助预算收入——上级调拨 636亿 豁免市级财政承担偿还责任本息，不做账

市级财政总会计账务处理如下：

财务会计	预算会计
借：应付主权外债转贷款——应付本金900亿 ——应付利息 54亿 贷：补助收入 954亿	借：资金结存——上下级调拨结存 954亿 贷：补助预算收入——上级调拨 954亿

思考与练习题

本章按照筹资活动进行了双会计核算业务的介绍，其思考与练习题同第四章、第五章思考与练习题中有关筹资活动的相关内容。

另外，关于政府债券和主权外债的业务题如下：

1.某省财政厅于20×4年6月底发行一期记账式固定利率附息专项债券80亿元，期限为3年，票面年利率为2.84%。本期债券于当年7月1日开始计息，利息按年支付，每年7月1日支付利息，20×7年7月1日偿还本金并支付最后一年利息。该批债券发行完毕，实际取得债务资金85亿元。根据债务管理部门转来的相关资料，确认该批债券到期应偿还的政府债券本金数为80亿元。经研究决定，向市级政府转贷该批政府债券60亿元，本级政府只承担20亿元的本金偿还责任。根据债务管理部门的相关资料，到期应从市级政府收回的转贷本金数为60亿元。接受转贷债券的市级政府，又将60亿元中的50亿元转贷给区级政府财政，由区级政府承担50亿元债券的本息偿还责任，本市级政府只承担10亿元债券的本息偿还责任。该批债券到期时，市级、区级政府财政都能如期足额转来债券本息资金。

请根据上述资料，编制各级财政总会计有关政府债券的会计分录。

2.某省财政厅于20×4年以定向承销方式发行长期政府债券120亿元，其中用于置换本级政府存量债务50亿元，用于置换下级政府存量债务60亿元。某市级财政接受省财政60亿元定向承销转贷债券后，将其中的40亿元继续转贷给其区级财政，用于置换区级财政存量债务。

请根据上述资料，编制各级财政总会计有关政府债券存量置换的会计分录。

3.某省财政厅于20×4年6月底发行一期记账式固定利率附息专项债券80亿元，期限为3年，票面年利率为2.84%。本期债券于当年7月1日开始计息，利息按年支付，每年7月1日支付利息，20×7年7月1日偿还本金并支付最后一年利息。该批债券发行完毕，实际取得债务资金85亿元。根据债务管理部门转来的相关资料，确认该批债券到期应偿还的政府债券本金数为80亿元。经研究决定，向市级政府转贷该批政府债券60亿元，本级政府只承担20亿元的本金偿还责任。根据债务管理部门的相关资料，到期应向市级政府收回的转贷本金数为60亿元。接受转贷债券的市级政府，又将60亿元中的50亿元转贷给区级政府财政，由区级政府承担50亿元债券的本息偿还责任，本市级政府只承担10亿元债券的本息偿还责任。该批债券20×7年7月债务到期时，市级政府和区级政府不能按期偿还资金，省政府通过年终结算扣缴的方式扣缴了转贷给市级政府的债务本息资金，市级政府又以年终结算扣缴的方式扣缴了转贷给区级政府的债务本息资金。

请根据上述资料，编制各级财政总会计有关政府债券的会计分录。

4.财政部从世界银行贷入主权外债人民币2 000亿元，贷款期限为15年，年利率为6%。债务管理部门转来的相关资料显示，实际承担的债务金额仍为2 000亿元。财政部将其中的1 500亿元转贷给省级政府财政，并由省级政府财政承担偿还本息责任，每年年底计提并支付利息。省级政府收到财政部转贷的主权外债1 500亿元后，将其中的900亿元再次转贷给市级政府。各级政府均能按期支付利息和本金。该项主权外债业务均通过财政专户单独储存管理。

请根据以上资料，编制各级财政总会计有关主权外债的会计分录。

5.财政部从世界银行借入主权外债资金人民币210亿元，所有贷款资金均由世界银行直接支付给用款单位。其中，80亿元由财政部承担还款责任，60亿元由省级政府财政承担还款责任，70亿元由市级政府财政承担还款责任。财政部承担还款责任的80亿元中，30亿元由财政部同级部门使用，50亿元由省级政府财政同级部门使用。省级政府财政承担还款责任的60亿元中，25亿元由省级政府财政同级部门使用，35亿元由市级政府财政同级部门使用。

请根据以上资料，编制各级财政总会计有关主权外债的会计分录。

6.财政部从世界银行贷入主权外债人民币2 000亿元，贷款期限为15年，年利率为6%。债务管理部门转来的相关资料显示，实际承担的债务金额仍为2 000亿元。财政部将其中的1 500亿元转贷给省级政府财政，并由省级政府财政承担偿还本息责任，每年年底计提并支付利息。省级政府收到财政部转贷的主权外债1 500亿元后，将其中的900亿元再次转贷给市级政府。债务到期时，各下级政府不能按时支付债务本息资金，财政部通过年终结算扣缴的方式偿还转贷给省级政府财政的债务本息资金，省级政府财政通过年终结算扣缴的方式偿还市级政府财政的转贷款本息资金。该项主权外债业务均通过财政专户单独储存管理。

请根据以上资料，编制各级财政总会计有关主权外债的会计分录。

第九章

总会计之预算会计单独核算业务

☞ **学习目的**

通过本章的学习，掌握总会计之预算会计单独核算业务，了解总会计之预算会计的核算范围，重点掌握仅需进行预算会计核算的业务范围及账务处理规定。

2023年开始实施的《财政总会计制度》对总会计的财务会计和预算会计的核算范围均作出了相应的规定。其中，明确规定："对于不同预算类型资金间的调入调出、待发国债等业务，仅需进行预算会计核算"。另外，预算会计专属科目"待处理收入""待处理支出""补助预算收入——上级调拨""补助预算支出——调拨下级"属于比较特殊的预算收支科目，其年终转账不同于其他预算收支的账务处理。因此，本章专门介绍只需进行预算会计核算的业务，以及预算会计"待处理收入""待处理支出""补助预算收入——上级调拨""补助预算支出——调拨下级"科目的年终转账业务。

第一节　调入调出预算资金及待发国债

一、调入调出预算资金

（一）概述

为了提高财政资金使用效益，各级政府财政加强了各预算资金之间的统筹。因此，不同预算资金之间存在调入调出的核算业务。此类业务只需预算会计做账，财务会计不做账。

其涉及的主要会计科目有"调入预算资金"和"调出预算资金"。

"调入预算资金"科目核算政府财政为平衡某类预算收支、从其他类型预算资金及其他渠道调入的资金。应按不同资金性质，设置"一般公共预算调入资金""政府性基金预算调入资金"等明细科目。

“调出预算资金”科目核算政府财政为平衡预算收支，在不同类型预算资金之间的调出支出。应设置“一般公共预算调出资金”“政府性基金预算调出资金”和“国有资本经营预算调出资金”等明细科目。

调出资金与调入资金的账务相对应，属于本级不同资金之间进行的调剂使用，非实际意义上的预算收入和预算支出。

（二）主要账务处理

1.从其他类型预算资金及其他渠道调入一般公共预算

【例 9-1】某市财政分别从政府性基金预算资金和国有资本经营预算资金调出100万元、900万元，用于平衡一般公共预算收支。

财务会计	预算会计
不做账	借：调出预算资金——政府性基金预算调出资金　　100万 　　　　　　　——国有资本经营预算调出资金　　900万 　贷：调入预算资金——一般公共预算调入资金　　1 000万

2.从其他类型预算资金及其他渠道调入政府性基金预算

【例 9-2】某市财政从一般公共预算调出30万元，用于平衡政府性基金预算。

财务会计	预算会计
不做账	借：调出预算资金——一般公共预算调出资金　　30万 　贷：调入预算资金——政府性基金预算调入资金　　30万

3.年终转账业务

【例 9-3】年终，“调入预算资金”科目余额为500万元，其中一般公共预算调入资金300万元，政府性基金预算调入资金200万元。“调出预算资金”科目余额为1 000万元，其中一般公共预算调出400万元，政府性基金预算调出350万元，国有资本经营预算调出250万元。

借：调入预算资金——一般公共预算调入资金　　300万
　贷：一般公共预算结转结余　　300万
借：调入预算资金——政府性基金预算调入资金　　200万
　贷：政府性基金预算结转结余　　200万
借：一般公共预算结转结余　　400万
　贷：调出预算资金——一般公共预算调出资金　　400万
借：政府性基金预算结转结余　　350万
　贷：调出预算资金——政府性基金预算调出资金　　350万
借：国有资本经营预算结转结余　　250万
　贷：调出预算资金——国有资本经营预算调出资金　　250万

二、待发国债

（一）概述

发行国债是国家弥补中央财政赤字的主要资金来源渠道之一。年度终了，中央财政会根据赤字规模、国家财力及社会资金等情况测算国债发行规模。实际发行的国债收入用于到期债务的还本支出后，用于弥补中央财政赤字。

该业务涉及的主要会计科目为“资金结存——待发国债结存”。核算为弥补中央财政预算收支差额，中央财政预计发行国债与实际发行国债之间的差额。本科目期末应为借方余额，反映中央财政尚未使用的国债发行额度。

（二）账务处理

年度终了，实际发行国债收入用于债务还本支出后：①小于为弥补中央财政预算收支差额中央财政预计发行的国债时，按照其差额，借记“资金结存——待发国债结存”科目，贷记“债务预算收入”科目；②大于为弥补中央财政预算收支差额中央财政预计发行的国债时，按照其差额，借记“债务预算收入”科目，贷记“资金结存——待发国债结存”科目。

【例9-4】中央财政某年预计发行国债10 000亿元，其中为弥补中央预算收支差额的预计国债为9 000亿元。当年实际发行国债7 500亿元，用于当年到期债务还本支出1 500亿元。

财务会计	预算会计
不做账	借：资金结存——待发国债结存　3 000亿 　贷：债务预算收入　3 000亿

第二节　待处理收支年终转账

一、待处理收支概述

为了加强各类结转结余资金的管理，各级政府财政年末根据相关规定收回结转结余资金，到下年再根据实际情况或按原用途拨出收回的结转结余资金，或调整用途拨出收回的结转结余资金。此类业务专门设置“待处理收入”科目进行核算。

对财政总会计而言，一般以拨款数列预算支出，且拨出即列支。但特殊情况发生时，如预拨下年的水利建设费等，拨款时以预拨的形式进行，拨出款项不列支，待实际使用时，根据实际支出数进行列支。财务会计设“预拨经费”科目进行核算，预算会计设“待处理支出”科目进行核算反映。

另外，由于各级政府之间存在财政分权问题，上下级政府财政之间会存在资金调拨和资金结算等事项。对于此类业务，财政总会计制度专门设置了“补助预算收入——上级调拨”“补助预算支出——调拨下级”科目进行核算。

年终时，“待处理收入”“待处理支出”“补助预算收入——上级调拨”“补助预算支出——调拨下级”科目均需进行年终转账。但与其他预算收支科目转到相应的结转结余科目不同，待处理收支科目转到“资金结存——待处理结存”科目，上下级调拨收支转到“资金结存——上下级调拨结存”科目。

二、待处理收支年终转账业务

待处理收支年终转账处理规定如下：

（1）年终转账时，将“待处理收入”科目贷方余额转入资金结存，借记“待处理收入”科目，贷记“资金结存——待处理结存”科目。

（2）年终转账时，将“待处理支出”科目借方余额转入资金结存，借记“资金结存——待处理结存”科目，贷记“待处理支出”科目。

【例 9-5】某财政年末“待处理收入”“待处理支出”科目余额分别为 7 800 万元和 9 600 万元，予以转账。

借：待处理收入　　7 800 万
　贷：资金结存——待处理结存　　7 800 万
借：资金结存——待处理结存　　9 600 万
　贷：待处理支出　　9 600 万

三、上下级调拨收支年终转账业务

上下级调拨收支年终转账处理规定如下：

（1）年终转账时，将“补助预算收入——上级调拨”科目贷方余额转入资金结存，借记“补助预算收入——上级调拨”科目，贷记“资金结存——上下级调拨结存”科目。

（2）年终转账时，将“补助预算支出——调拨下级”科目借方余额转入资金结存，借记“资金结存——上下级调拨结存”科目，贷记“补助预算支出——调拨下级”科目。

【例 9-6】某市财政年末“补助预算收入——上级调拨”科目的贷方余额为 500 万元，“补助预算支出——调拨下级”科目的借方余额为 300 万元。均予以年终转账。

借：补助预算收入——上级调拨　　500 万
　贷：资金结存——上下级调拨结存　　500 万
借：资金结存——上下级调拨结存　　300 万
　贷：补助预算支出——调拨下级　　300 万

思考与练习题

本章根据《财政总会计制度》核算范围的规定，介绍了预算会计单独做账的核算业务。其思考与练习题同第五章思考与练习题中调入调出资金、待发国债、待处理收入、待处理支出的相关内容。

第十章 财政总会计报告

☞ **学习目的**

通过本章的学习，掌握财政总会计年终清理、年终结算和年终结账的相关内容，掌握财政总会计报表的组成、会计报表格式及编制要求及内容，掌握转账分录、会计报表的审核、汇总和分析。

第一节 会计报表编制前的准备工作

财政总会计在编制会计报表前，应先进行年终清理、年终结算和年终结账工作，为会计报表的编制做好前期准备工作。

一、年终清理

政府财政部门应当及时进行年终清理结算，并在预算会计和财务会计账中准确反映清理结算结果。

年终清理结算的主要事项如下：

（一）核对年度预算

年终前，总会计应配合预算管理部门将本级政府财政全年预算指标与上、下级政府财政转移性收支预算和本级各部门预算进行核对，及时办理预算调整和转移支付事项。本年预算调整和下达对下级政府财政转移支付预算指标一般截至11月30日；各项预算拨款，一般截至12月25日。

（二）清理本年收入

总会计应认真清理本年收入，与非税收入征收部门核对年末应收非税收入，并组织收入征收部门和国家金库进行年度对账，督促收入征收部门和国家金库年终前及时将本年税收收入和非税收入缴入国库或指定财政专户，确保准确核算本年收入。

（三）清理本年支出和费用

应在本年支领列报的款项，非特殊原因，应在年终前办理完毕。总会计对本级各单位的支出和费用，应与单位的相应收入核对无误。属于应收回的拨款，应及时收回，并按收回数相应冲减支出和费用。

（四）核实股权、债权和债务

财政部门内部有关资产、债务管理部门应在有关业务发生时，及时向总会计提供与股权、债权、债务等核算和反映有关的资料，确保财务会计资产负债信息确认的及时性。各级财政债务管理部门需定期提供上下级财政核对确认的本地区债权债务利息有关资料。财政部门内部涉及股权投资的相关管理部门，应提供与股权投资对应的股权证明材料及变动情况资料。

年末，对股权投资、借出款项、应收股利、应收地方政府债券转贷款、应收主权外债转贷款、借入款项、应付短期政府债券、应付长期政府债券、应付地方政府债券转贷款、应付主权外债转贷款、应付利息、其他负债等余额，应与相关管理部门进行核对，记录不一致的，要及时查明原因，按规定调整账务，相关管理部门要及时提供有关资料，确保账实相符，账账相符。

（五）清理往来款项

政府财政要认真清理其他应收款、其他应付款等各种往来款项，在年度终了前，予以收回或归还。应转作收入或支出、费用的各项款项，预算会计与财务会计要及时处理。

总会计对年终报告清理期内发生的会计事项，应当划清会计年度，及时进行结账。属于清理上年度的会计事项，记入上年度会计账；属于新年度的会计事项，记入新年度会计账，防止错记漏记。

通常记入上年度的会计事项主要有：

（1）依据年终财政结算进行核算。财政预算管理部门要在年终清理的基础上，于次年元月底前，结清上下级政府财政的转移性收支和往来款项。总会计要按照财政管理体制的规定和专项需要，根据预算结算单，与年度预算执行过程中已补助和已上解数额进行比较，结合往来款和借垫款情况，计算出全年最后应补或应退数额，填制“年终财政决算结算单”，经核对无误后，作为年终财政结算凭证，预算会计和财务会计据以入账。

（2）依据企业决算数据进行核算。财政部门内部涉及股权投资的相关管理部门，应及时取得纳入总会计核算范围的被投资主体经审计后的决算报表，并据此向总会计提供股权投资核算所需资料，财务会计对股权投资变动情况进行核算。

（3）依据人大审议意见进行核算。本级人民代表大会常务委员会（或人民代表大会）审查意见中提出的需更正原报告等有关事项，总会计应根据审查意见相应调整有关账目。

二、年终结算

财政预算管理部门要在年终清理的基础上，于次年元月底前结清上下级政府财政的转移支付收支和往来款项，即完成年终结算。

（一）年终结算的定义

年终结算是指各级财政之间，在年终清理的基础上，按照预算管理体制及有关规定，结清上下级财政总预算之间的预算调拨（上解、补助）收支和往来款项。从某种意义上讲，年终结算也是整个决算编制前年终清理工作的一项特殊的清理结算工作。

财政总会计要按照财政管理体制的规定，对上级财政与下级财政之间单独结算的事项，一并计算出全年应补助款数额和应上解款数额，与年度预算执行过程中已补助和已上解数额进行比较，结合往来款和借垫款情况，计算出全年最后应补或应退数额，填制“年终财政决算结算单”，经核对无误后，作为年终财政结算凭证，据以入账。

（二）年终结算的内容

我国上下级财政年终结算的主要内容有以下几项：

1.体制结算。体制结算是按照分税制财政体制的规定，对涉及上下级政府财政分配发文的一些财政收入和财政支出变化项目进行上解或补助的结算。其主要有：

（1）税收返还收入结算。税收返还是分税制财政体制下中央财政对地方财政转移支付的一种形式，是我国分税制改革过程中既保护地方既得利益，又逐步提高中央财政收入比重，增强中央政府宏观调控能力而实行的一项改革措施。根据国务院的规定，中央财政对地方财政税收返还数额，以1993年为基数核定，按照1993年地方实际收入以及实行分税制中央与地方收入划分的情况，核定1993年中央从地方净上划的收入数额（100%的消费税+75%的增值税-中央下划收入）全额退还地方，保证现有地方既得财力，并以此作为以后中央对地方税收返还的基数。

为了调动地方政府发展生产、增加财源的积极性，处理好中央与地方政府的分配关系，1994年以后，税收返还数额在1993年的基础上逐年递增，以本地区增值税和消费税增长率的1：0.3为系数给予增量返还，即两税收入每增长1%，中央财政对地方财政税收返还增长0.3%，若本年两税收入达不到上年两税基数，则相应扣减税收退还数额。税收返还的结算，应当在年终完成。因此，税收返还收入结算是指“两税”返还收入的结算。

1994年以后，中央对地方的税收返还额R_n的计算公式如下：

$$R_n = R_{n-1} + R_{n-1} \times 0.3 \times \frac{(C + 75\%V)_n - (C + 75\%V)_{n-1}}{(C + 75\%V)_{n-1}}$$

或

$$R_n = R_{n-1} \times (1 + 0.3r_n)$$

式中：R_n为1994年以后的第n年的中央对地方的税收返还额；R_{n-1}为第n-1年的中央对地方的税收返还额；C为消费税收入；V为增值税收入；r_n为第n年的中央“两税”的增长率。

根据国务院《关于印发全面推开营改增试点后调整中央与地方增值税收入划分过渡方案的通知》（国发〔2016〕26号）的规定，2016年5月1日全面实施“营改增”后，所有行业企业缴纳的增值税均纳入中央和地方共享范围，中央分享增值税的50%，地方按税收缴纳地分享增值税的50%。为了确保地方既有财力不变，中央上划收入通过税收返还的方式给地方。另外，根据国务院《关于实行中央对地方增值税定额返还的通知》（国发〔2016〕71号）的规定，从2016年起，调整中央对地方增值税返还办法，由1994年实行分税制财政体制改革时确定的增值税返还，改为以2015年为基数实行定额返还，对增值税增长或下降地区不再实行增量返还或扣减。返还基数的具体数额，由财政部核定。因此，上述中央对地方税收返还额的计算公式只适用于消费税税收返还的计算，公式如下：

$$Y_n = Y_{n-1} + Y_{n-1} \times 0.3 \times \frac{C_n - C_{n-1}}{C_{n-1}}$$

式中：Y_n为1994年以后的第n年的中央对地方的消费税税收返还额；Y_{n-1}为第$n-1$年的中央对地方的消费税税收返还额；C为消费税收入。

（2）原体制补助或上解结算。实行分税制财政管理体制后，根据中央的规定，原财政体制规定的补助和上解办法暂时不变，过渡一段时间再逐步进行规范。原财政体制规定中央对地方补助的，继续按规定补助；原财政体制规定地方上解的，仍按规定上解。自1995年起，对于原递增上解地区，取消递增上解，而按1994年实际数定额上解。

（3）企业事业单位上收、下划结算。财政体制一经确定，一定时期内不再改变。但政府在体制改革过程中，有时采取事业单位下划或者上收、企业单位下放或者上收等措施，为此需要进行资金结算。这些项目的收支基数，原则上以上一年的入库数或实际开支数为基数进行结算，只有极少数项目按当年的决算数结算。

2.转移支付结算。转移支付结算是根据分税制财政体制本级财政对部分下级财政的一项结算补助，这些地方实行分税制财政体制后，其全部地方收入尚不能满足财政支出，财政收支基数有缺口，上级财政按照一定的经济政治原则就标准收入与标准支出的缺口而给予补助。

3.政策性拨款结算。政策性拨款结算随着国家方针、政策的变化而变化，如为加速西部开发中央财政下达的各项政策性拨款、国家扶贫开发款等。有时，这一结算也表现为收入，如中央确定的国家级经济技术开发区的税收优惠政策，预算执行中已经上缴而退还给地方的收入等。

4.预算执行情况变化结算。预算执行情况变化结算主要是按照财政体制的规定，在预算执行中出现的应由上一级财政开支的情况，年终单独结算。

5.专项拨款补助结算。专项拨款补助结算是根据财政体制的规定，在划分财政收支包干基数时，一些可变性较大、不固定的预算支出，不纳入收支包干基数，如特大自然灾害救济经费等，由中央财政在预算执行中采取专项拨款的方式，追加地方支出预算。这部分专项拨款在年终结算中作为专项补助，核对一致后列入结算。

6.上下级往来结算。上下级往来结算是上下级财政资金往来结算，即按确定的补助上解数、上级财务已拨本级财政款项、预抵税收返还收入等，确定本级财政对上级财政的往来结算。与此同时，本级财政还应根据已确定的对下级财政的补助上解数、拨给下级财政的款项、下级财政上解款、预抵税收返还支出等，确定与下级财政的往来结算。

7.其他结算事项。系除上述项目外的上级财政确定的项目。

在结算工作中，上级财政部门应根据年终财政体制结算项目填制“年终财政决算结算单”，见表10–1，作为下级财政结算的依据。各级财政总会计应根据经上级财政部门审批的“年终财政决算结算单”中核定的税收返还收入、原体制补助或上解、专项拨款补助、专项结算补助或上解等数额，通过“与上级往来”和“与下级往来”账户办理会计转账业务，以结清上下级财政全年的预算资金账。

表10-1 ××××年××省财政决算结算单

结算日期： 年 月 日 单位：万元

<table>
<tr><th>类别</th><th>项目</th><th>金额</th><th>类别</th><th>项目</th><th>金额</th></tr>
<tr><td>收入</td><td>中央核定预算收入数
决算收入数
超收数</td><td></td><td rowspan="3">省财政决算平衡情况</td><td rowspan="3">一、收入总计
决算收入数
上年结余收入
中央补助收入
调入资金
二、支出总计
决算支出
上解中央支出
三、年终滚存结余
结转下年支出
净结余</td><td rowspan="3"></td></tr>
<tr><td>支出</td><td>中央核算预算支出数
决算支出数
超支数</td><td></td></tr>
<tr><td>上解</td><td>省应上解中央款</td><td></td></tr>
<tr><td>补助</td><td>中央应补助省款</td><td></td><td>资金结算</td><td>1.省向中央借款
2.中央欠省补助款
3.省多上解中央款
最后结算中央应退补助数</td><td></td></tr>
</table>

（三）“财政决算结算单”的主要内容

按照财政管理体制的规定，年度终了后，各级财政部门要按上级财政部门的要求，将财政总决算中涉及年终结算的各事项及有关的结算数据、结算资料、结算依据等按规定及时上报到上级财政部门。经上级财政部门按有关文件要求及规定审查同意后，再办理上级财政与下级财政之间的年终结算事项。同时，要在年终结算办理完毕后，按确定的原则和要求编制“财政总决算结算单”，并以文件的形式正式通知下级财政部门，作为上级财政部门审定下级财政部门的决算收入、决算支出和各事项内容的意见，以及上级财政部门与下级财政部门之间本年度资金往来等结算的依据。“财政总决算结算单”编制完成后，本年度的财政决算工作才宣告结束。年终“财政总决算结算单”应当包括以下内容：

1.下级财政总决算的财政收入和财政支出总数。其主要包括本年收入、上级财政补助收入、下级上解收入、上年结余收入、调入资金、列收列支专项收入、本年支出、上解上级支出、补助下级支出、增设预算周转金、调出资金、列收列支专项支出、财政总收入、财政总支出以及一些特定的收支项目内容等。

2.上级补助收入和上解上级支出。其主要包括体制补助收入、税收返还收入、专项拨款收入、转移支付、各项结算补助、企业事业单位财务预算划转以及调整预算收入任务补助收入、其他补助、体制上解、专项上解、各项结算上解和其他上解等。

3.考核各级财政总决算的平衡情况。“财政总决算结算单”应按资金来源和资金运用分类编列，依此计算出各级财政及本级财政的年终滚存结余、上年结余、结转下年支出、净结余及当年结余等，并计算出最后的平衡情况。计算财政结余情况可以用下列公式：

本级收入＋上级补助收入＋下级上解收入－本级支出－补助下级支出－上解上级支出＋上年结余收入＝年终滚存结余（或年终滚存赤字）

年终滚存结余-结转下年使用支出=净结余（或净赤字）

年终滚存结余-上年结余=当年结余（或当年赤字）

或 本级收入+上级补助收入+下级上解收入-本级支出-补助下级支出-上解上级支出=当年结余（或当年赤字）

4.结清上级财政与下级财政之间的预算调度资金往来账务。根据以上确定的上级财政应补助下级财政收入、下级财政应上解上级财政支出以及上级财政已经拨付下级财政资金款和下级财政已经实际解缴上级财政资金款，计算出预算调度资金往来差额，即本年度超拨下级财政资金或本年度欠拨下级财政资金，并依此结算清楚全年度上级财政与下级财政之间的资金往来账务。计算年终资金往来账务可以用如下公式：

上级财政应补助下级财政收入-下级财政应上解上级财政支出+上级财政实收下级财政上解金库款-上级财政实际拨付下级财政金库款=欠拨资金(或本年度上级财政超拨资金)

（四）年终结算的一般程序

1.审定决算收入总数，计算收入超收、短收数。

决算收入超（短）收数=收入决算数-收入预算数

结果为正，是超收数；为负，是短收数。

2.审定决算支出总数，计算超支数或结余数。

决算支出超支（结余）数=支出决算数-支出预算数

结果为正，是超支数；为负，是结余数。

3.审定和结算上解上级支出数，包括体制上解和专项上解。

（1）按预算数计算应上解数。预算确定的应上解数由预算体制决定。

（2）计算实际上解数。

实际上解数=消费税+50%×增值税+其他实解款

（3）计算实际超解数或欠解数。

实际上解款超（欠）数=实际上解数-应上解数

结果为正，是超解数；为负，是欠解数。

4.计算补助款项。先按预算体制的规定，计算应补助数，再计算实际补助数。

实际补助数=实际体制补助数+实际专项补助数+实际税收返还数

实际补助超（欠）数=实际补助数-应补助数

结果为正，是超补助数；为负，是欠补助数。

5.计算本级财政决算平衡情况。

收入总计=决算收入+上年结余收入+补助收入+调入资金

支出总计=决算支出+上解支出

年终滚存结余=收入总计-支出总计

年终滚存净结余=年终滚存结余-结转下年支出

6.进行资金结算，确定上级应补退数。

上级应补数=上级应补助数-上级已补助数+本级超解数+上级向本级借款数-本级欠解数

结果为正，是上级应补数；为负，是本级应退上级数。

7.根据上述计算结果，编制“财政总决算结算单”。

8.根据“财政总决算结算单”填制记账单，进行账务处理。

（1）对上级欠补数，本级总会计：

财务会计：

借：与上级往来

　贷：补助收入

预算会计：

借：补助预算收入——上级调拨

　贷：补助预算收入

上级总会计：

财务会计：

借：补助费用

　贷：与下级往来

预算会计：

借：补助预算支出

　贷：补助预算支出——调拨下级

（2）对本级超解数，本级总会计：

财务会计：

借：与上级往来

　贷：上解费用

预算会计：

借：补助预算收入——上级调拨

　贷：上解预算支出

上级总会计：

财务会计：

借：上解收入

　贷：与下级往来

预算会计：

借：上解预算收入

　贷：补助预算支出——调拨下级

（3）对本级欠解数，本级总会计：

财务会计：

借：上解费用

　贷：与上级往来

预算会计：

借：上解预算支出

　贷：补助预算收入——上级调拨

上级总会计：

财务会计：

借：与下级往来

　贷：上解收入

预算会计：
借：补助预算支出——调拨下级
　贷：上解预算收入
（4）对最后结算应补退数，若由上级拨款给本级，则本级总会计：
财务会计：
借：国库存款
　贷：与上级往来
预算会计：
借：资金结存——库款资金结存
　贷：补助预算收入——上级调拨
上级总会计：
财务会计：
借：与下级往来
　贷：国库存款
预算会计：
借：补助预算支出——调拨下级
　贷：资金结存——库款资金结存
若由本级拨款给上级，则本级总会计：
财务会计：
借：与上级往来
　贷：国库存款
预算会计：
借：补助预算收入——上级调拨
　贷：资金结存——库款资金结存
上级总会计：
财务会计：
借：国库存款
　贷：与下级往来
预算会计：
借：资金结存——库款资金结存
　贷：补助预算支出——调拨下级

三、会计结账

为总结一定时期内的会计账户记录，便于编制总会计报表，各级财政总会计必须按规定及时进行结账。会计结账分为平时结账和年终结账两种。

（一）平时结账

平时结账是指会计在月份终了时进行结账。结账是指计算各账户本月发生额和余额的过程。结账时，应当在各账户的“摘要”栏内注明“本月合计”字样，并在下面画一条通栏红线。

《财政总会计制度》规定，各账户必须每月结账一次，结账日期应在月末日，不得拖延结账，也不得提前结账。

（二）年终结账

经过年终清理和年终结算，把各项结算收支入账后，即可办理年终结账。总会计应对预算会计和财务会计分别办理年终结账。年终结账工作一般分为年终转账、结清旧账和记入新账三个步骤，依次做账。

1.年终转账。计算出预算会计和财务会计各科目12月份合计数和全年累计数，结出年末余额。预算会计将预算收入和预算支出分别转入“一般公共预算结转结余”“政府性基金预算结转结余”“国有资本经营预算结转结余”“财政专户管理资金结余”“专用基金结余”等科目冲销。财务会计将收入和费用分别转入相应的本期盈余科目冲销；再将本期盈余科目转入相应的累计盈余科目冲销。

2.结清旧账。对各收入、支出和费用科目的借方、贷方结出全年总计数。对年终有余额的科目，在“摘要”栏内注明“结转下年”字样，表示转入新账。

3.记入新账。根据年终转账后的总账和明细账余额，编制年终“资产负债表”和有关明细表（无须填制记账凭证），预算会计和财务会计将表列各科目余额分别记入新年度有关总账和明细账年初余额栏内，并在“摘要”栏注明“上年结转”字样。

决算经本级人民代表大会常务委员会（或人民代表大会）审查批准后，如需更正原报决算草案收入、支出，则要相应调整有关账目，重新办理结账事项。

第二节　总会计报表的编制

一、财政总会计报表概述

（一）财政总会计报表的定义

财政总会计报表是反映政府财政预算执行结果和财务状况的书面文件，是各类会计信息使用者了解情况、掌握政策，以及组织和监督预算执行情况、财务状况的重要资料，也是编制下年度预算的基础。

各级财政总会计必须定期编制和汇总会计报表。财政部要定期向国务院、全国人民代表大会及其常务委员会报告政府预算及其他财政收支执行情况；县级以上各级财政部门要定期向同级人民政府、同级人民代表大会及其常务委员会和上级财政部门报告本行政区域的预算执行情况和财务状况；乡镇级财政部门要定期向同级人民政府、同级人民代表大会和上级财政部门报告本级预算执行情况和财务状况。对于存在的问题，各级政府要提出具体的意见和建议，以利于相关财政部门采取措施，加强对财政工作的领导和监督，充分发挥财政总会计在预算管理中的核算、反映和监督作用。

（二）财政总会计报表的种类

1.按会计报表内容分类。按照会计报表的内容，财政总会计报表可分为财务会计报表和预算会计报表。其中，财务会计报表包括资产负债表、收入费用表、现金流量表、本年预算结余与本期盈余调节表和附注；预算会计报表包括预算收入支出表、一般公共预算执行情况表、政府性基金预算执行情况表、国有资本经营预算执行情况表、财政专户管理资金收支情况表、专用基金收支情况表和附注。

2.按编制时间分类。按照会计报表的编制时间，财政总会计报表可以分为旬报、月报、季报和年报。

旬报是及时反映每旬预算收支进度的报表。每月上、中旬各编制一次，只列报若干主要收支数字。上旬旬报列报本旬发生数，中旬旬报列报上中旬累计发生数，下旬免报，以月报代替。旬报的报送期限及编报内容应当根据上级政府财政具体要求和本行政区域预算管理的需要办理。

月报是反映从年初到本月止的预算收支完成情况的报表。月报的报送期限及编报内容应当根据上级政府财政具体要求和本行政区域预算管理的需要办理。

季报是反映季度单位财务预算执行情况和资金活动情况的报表，以分析、检查预算执行情况为重点。

年报是全面反映总预算执行结果和财务状况的年度报表。年报各报表及附注的格式和内容，根据财政部有关决算编报的规定处理。

（三）财政总会计报表的编报要求

1.编报时间规定。不同内容的会计报表，编报的时间要求不同，各类报表编报时间的具体规定见表10-2。

表10-2 **财政总会计报表编报时间具体规定**

编号	报表名称	编制期
财务会计报表		
总会财01表	资产负债表	至少年度
总会财02表	收入费用表	月度和年度
总会财03表	现金流量表	至少年度
总会财04表	本年预算结余与本期盈余调节表	至少年度
	附注	至少年度
预算会计报表		
总会预01表	预算收入支出表	月度和年度
总会预02-1表	一般公共预算执行情况表	旬月年度
总会预02-2表	政府性基金预算执行情况表	旬月年度
总会预02-3表	国有资本经营预算执行情况表	旬月年度
总会预03表	财政专户管理资金收支情况表	月度和年度
总会预04表	专用基金收支情况表	月度和年度
	附注	至少年度

2.编报质量要求。财政总会计应当根据制度规定的要求编制并提供真实、完整的会计报表，切实做到账表一致，不得估列代编，弄虚作假。财政总会计报表的编报要做到真实、完整、及时。

财政总会计报表的数字必须是真实、准确和可靠的，根据核对无误的账户记录汇总，切实做到账表一致，有根有据，不能估列代编，更不能弄虚作假。财政总会计报表内容必须完整，汇总报表的单位要把所属单位的报表和各项指标汇集齐全、不重不漏。财政总会计报表报送要及时，所有会计报表都应在规定期限内报出。

3.编报格式要求。财政总会计要严格按照统一规定的种类、格式、内容、计算方法和编制口径填制会计报表，以保证会计信息的统一性和可比性，便于全国统一汇总和分析。

（四）财政总会计在决算编审中的工作任务

总会计年度报表，反映年度预算收支的最终结果和财务状况。总会计参与或负责组织下列决算草案的编审工作：

1.参与组织制定决算草案编审办法。根据上级政府财政的统一要求和本行政区域预算管理的需要，提出年终收支清理、数字编列口径、决算审查和组织领导等具体要求，并就财政结算、结余处理等具体问题制定管理办法。

2.根据上级政府财政的要求，结合本行政区域的具体情况制定本行政区域政府财政总决算统一表格。

3.办理全年各项收支、预拨款项、往来款项等会计对账、结账工作。

4.对下级政府财政布置决算草案编审工作，指导、督促其及时汇总报送决算。

5.审核、汇总所属财政部门总决算草案，向上级政府财政部门报送本辖区汇总的财政总决算草案。

6.编制决算说明和决算分析报告，向上级政府财政汇报决算编审工作情况，进行上下级政府财政之间的财政体制结算以及财政总决算的文件归档工作。

7.各级政府财政应将汇总编制的本级决算草案及时报本级政府审定。各级政府财政应按照上级政府财政部门的要求，将经本级人民政府审定的本行政区域决算草案逐级及时报送备案。计划单列市的财政决算，除按规定报送财政部外，还应按所在省的规定报送所在省。

具体的决算编审工作，按照财政决算管理部门的相关规定执行。

二、财政总会计财务会计报表的编制

（一）资产负债表

资产负债表是反映政府财政在某一特定日期财务状况的报表。资产负债表根据“资产=负债+净资产”编制而成，按照资产、负债和净资产分类、分项列示，格式见表10-3。

资产负债表“年初余额”栏内各项数字，应当根据上年年末资产负债表“期末余额”栏内数字填列。如果本年度资产负债表规定的各个项目的名称和内容同上年度不一致，应对上年年末资产负债表各项目的名称和数字按照本年度的规定进行调整，填入本表“年初余额”栏内。

表 10-3

资产负债表

总会财 01 表

编制单位：　　　　年　月　日　　　　单位：元

资产	年初余额	期末余额	负债和净资产	年初余额	期末余额
流动资产：			流动负债：		
国库存款			应付短期政府债券		
其他财政存款			应付国库集中支付结余		
国库现金管理资产			与上级往来		
有价证券			其他应付款		
应收非税收入			应付代管资金		
应收股利			应付利息		
借出款项			一年内到期的非流动负债		
与下级往来			流动负债合计		
预拨经费			非流动负债：		
在途款			应付长期政府债券		
其他应收款			借入款项		
应收利息			应付地方政府债券转贷款		
一年内到期的非流动资产			应付主权外债转贷款		
流动资产合计			其他负债		
非流动资产：			非流动负债合计		
应收地方政府债券转贷款			负债合计		
应收主权外债转贷款			净资产：		
股权投资			累计盈余		
非流动资产合计			预算稳定调节基金		
			预算周转金		
			权益法调整		
			净资产合计		
资产总计			负债和净资产总计		

资产负债表“期末余额”栏各项目的内容和填列方法如下：

1.资产类项目

（1）“国库存款”项目，反映政府财政期末存放在国库单一账户的款项金额。本项目应当根据“国库存款”科目的期末余额填列。

（2）“其他财政存款”项目，反映政府财政期末持有的其他财政存款金额。本项目应当根据“其他财政存款”科目的期末余额填列。

（3）“国库现金管理资产”项目，反映政府财政期末开展国库现金管理业务等持有的资产金额。本项目应当根据“国库现金管理资产”科目的期末余额填列。

（4）“有价证券”项目，反映政府财政期末持有的有价证券金额。本项目应当根据“有价证券”科目的期末余额填列。

（5）“应收非税收入”项目，反映政府财政期末向缴款人收取但尚未缴入国库的非税收入。本项目应当根据“应收非税收入”科目的期末余额填列。

（6）“应收股利”项目，反映政府财政期末尚未收回的现金股利或利润金额。本项目应当根据“应收股利”科目的期末余额填列。

（7）“借出款项”项目，反映政府财政期末借给预算单位尚未收回的款项金额。本项目应当根据“借出款项”科目的期末余额填列。

（8）“与下级往来”项目，正数反映下级政府财政欠本级政府财政的款项金额；负数反映本级政府财政欠下级政府财政的款项金额。本项目应当根据“与下级往来”科目的期末余额填列，期末余额如在借方，则以正数填列，如在贷方，则以负数填列。

（9）“预拨经费”项目，反映政府财政期末尚未转列支出或尚待收回的预拨经费金额。本项目应当根据“预拨经费”科目的期末余额填列。

（10）“在途款”项目，反映政府财政期末持有的在途款金额。本项目应当根据“在途款”科目的期末余额填列。

（11）“其他应收款”项目，反映政府财政期末尚未收回的其他应收款的金额。本项目应当根据“其他应收款”科目的期末余额填列。

（12）“应收利息”项目，反映政府财政期末应收未收的转贷款利息金额。本项目应当根据“应收地方政府债券转贷款”“应收主权外债转贷款”科目下的“应收利息”明细科目的期末余额填列。

（13）“一年内到期的非流动资产”项目，反映政府财政期末非流动资产项目中距离偿还本金日期 1 年以内（含 1 年）的转贷款本金。本项目应当根据“应收地方政府债券转贷款”“应收主权外债转贷款”科目下的“应收本金”明细科目的期末余额及债务管理部门提供的资料分析填列。

（14）“流动资产合计”项目，反映政府财政期末流动资产的合计数。本项目应当根据表 10-3 中“国库存款”“其他财政存款”“国库现金管理资产”“有价证券”“应收非税收入”“应收股利”“借出款项”“与下级往来”“预拨经费”“在途款”“其他应收款”“应收利息”“一年内到期的非流动资产”项目金额的合计数填列。

（15）“应收地方政府债券转贷款”项目，反映政府财政期末尚未收回的距离偿还本金日期超过 1 年的地方政府债券转贷款的本金金额。本项目应当根据“应收地方政府债券转贷款”科目下的“应收本金”明细科目的期末余额及债务管理部门提供的资料分析填列。

（16）“应收主权外债转贷款”项目，反映政府财政期末尚未收回的距离偿还本金日期超过1年的主权外债转贷款的本金金额。本项目应当根据“应收主权外债转贷款”科目下的“应收本金”明细科目的期末余额及债务管理部门提供的资料分析填列。

（17）“股权投资”项目，反映政府期末持有股权投资的金额。本项目应当根据“股权投资”科目的期末余额填列。

（18）“非流动资产合计”项目，反映政府财政期末非流动资产的合计数。本项目应当根据表10-3中“应收地方政府债券转贷款”“应收主权外债转贷款”“股权投资”项目金额的合计数填列。

（19）“资产总计”项目，反映政府财政期末资产的合计数。本项目应当根据表10-3中“流动资产合计”“非流动资产合计”项目金额的合计数填列。

2.负债类项目

（1）“应付短期政府债券”项目，反映政府财政期末尚未偿还的发行期不超过1年（含1年）的国债和地方政府债券本金金额。本项目应当根据“应付短期政府债券”科目的期末余额填列。

（2）“应付国库集中支付结余”项目，反映政府财政期末尚未支付的国库集中支付结余金额。本项目应当根据“应付国库集中支付结余”科目的期末余额填列。

（3）“与上级往来”项目，正数反映本级政府财政期末欠上级政府财政的款项金额；负数反映上级政府财政欠本级政府财政的款项金额。本项目应当根据“与上级往来”科目的期末余额填列，期末余额如在贷方，则以正数填列，如在借方，则以负数填列。

（4）“其他应付款”项目，反映政府财政期末尚未支付的其他应付款的金额。本项目应当根据“其他应付款”科目的期末余额填列。

（5）“应付代管资金”项目，反映政府财政期末尚未支付的代管资金金额。本项目应当根据“应付代管资金”科目的期末余额填列。

（6）“应付利息”项目，反映政府财政期末尚未支付的利息金额。省级以上（含省级）政府财政应当根据“应付利息”科目期末余额填列；市县政府财政应当根据“应付地方政府债券转贷款”“应付主权外债转贷款”科目下的“应付利息”明细科目的期末余额填列。

（7）“一年内到期的非流动负债”项目，反映政府财政期末承担的距离偿还本金日期1年以内（含1年）的非流动负债。省级以上（含省级）政府财政应当根据“应付长期政府债券”“借入款项”科目余额，市县政府财政应当根据“应付地方政府债券转贷款”“应付主权外债转贷款”科目下的“应付本金”明细科目的期末余额及债务管理部门提供的资料分析填列。

（8）“流动负债合计”项目，反映政府财政期末流动负债合计数。本项目应当根据本表“应付短期政府债券”“应付国库集中支付结余”“与上级往来”“其他应付款”“应付代管资金”“应付利息”“一年内到期的非流动负债”项目金额的合计数填列。

（9）“应付长期政府债券”项目，反映政府财政期末承担的距离偿还本金日期超过1年的国债和地方政府债券本金金额。本项目应当根据“应付长期政府债券”科目期末余额及债务管理部门提供的资料分析填列。

（10）“借入款项”项目，反映政府财政期末承担的距离偿还本金日期超过1年的借入款项的本金金额。省级以上（含省级）政府财政应当根据“借入款项”科目的期末余额及债务管理部门提供的资料分析填列。

（11）“应付地方政府债券转贷款”项目，反映政府财政期末承担的距离偿还本金日期超过1年的地方政府债券转贷款的本金金额。本项目应当根据“应付地方政府债券转贷款”科目下的“应付本金”明细科目的期末余额及债务管理部门提供的资料分析填列。

（12）“应付主权外债转贷款”项目，反映政府财政期末承担的距离偿还本金日期超过1年的主权外债转贷款的本金金额。本项目应当根据“应付主权外债转贷款”科目下的“应付本金”明细科目的期末余额及债务管理部门提供的资料分析填列。

（13）“其他负债”项目，反映中央政府财政期末承担的其他负债金额。本项目应当根据“其他负债”科目的期末余额填列。

（14）“非流动负债合计”项目，反映政府财政期末非流动负债合计数。本项目应当根据表10-3中“应付长期政府债券”“借入款项”“应付地方政府债券转贷款”“应付主权外债转贷款”“其他负债”项目金额的合计数填列。

（15）“负债合计”项目，反映政府财政期末负债的合计数。本项目应当根据表10-3中“流动负债合计”“非流动负债合计”项目金额的合计数填列。

3.净资产类项目

（1）“累计盈余”项目，反映政府财政纳入一般公共预算、政府性基金预算、国有资本经营预算管理的预算资金，财政专户管理资金、专用基金历年实现的盈余滚存的金额。本项目应当根据“预算管理资金累计盈余”“财政专户管理资金累计盈余”“专用基金累计盈余”科目的期末余额填列。

（2）“预算稳定调节基金”项目，反映政府财政期末预算稳定调节基金的余额。本项目应当根据“预算稳定调节基金”科目的期末余额填列。

（3）“预算周转金”项目，反映政府财政期末预算周转金的余额。本项目应当根据“预算周转金”科目的期末余额填列。

（4）“权益法调整”项目，反映政府财政按照持股比例计算应享有的被投资主体除净损益和利润分配以外的其他权益变动的份额。本项目根据“权益法调整”科目的期末余额填列。

（5）“净资产合计”项目，反映政府财政期末净资产的合计数。本项目应当根据表10-3中“累计盈余”“预算稳定调节基金”“预算周转金”“权益法调整”项目金额的合计数填列。

（6）“负债和净资产总计”项目，应当根据表10-3中“负债合计”“净资产合计”项目金额的合计数填列。

（二）收入费用表

收入费用表是反映政府财政在一定会计期间运行情况的报表。收入费用表根据资金性质，按照本年收入-本年费用=本期盈余的关系，对收入和费用进行分类、分项列示，见表10-4。

表 10-4 **收入费用表**

总会财 02 表

编制单位： 年 月 单位：元

项目	预算管理资金		财政专户管理资金		专用基金	
	本月数	本年累计数	本月数	本年累计数	本月数	本年累计数
收入合计						
税收收入			–	–	–	–
非税收入			–	–	–	–
投资收益			–	–	–	–
补助收入			–	–	–	–
上解收入			–	–	–	–
地区间援助收入			–	–	–	–
其他收入			–	–	–	–
财政专户管理资金收入	–	–			–	–
专用基金收入	–	–	–	–		
费用合计						
政府机关商品和服务拨款费用			–	–	–	–
政府机关工资福利拨款费用			–	–	–	–
对事业单位补助拨款费用			–	–	–	–
对企业补助拨款费用			–	–	–	–
对个人和家庭补助拨款费用			–	–	–	–
资本性拨款费用			–	–	–	–
对社会保障基金补助拨款费用						
其他拨款费用			–	–	–	–
财务费用			–	–	–	–
补助费用			–	–	–	–
上解费用			–	–	–	–
地区间援助费用			–	–	–	–
其他费用			–	–	–	–
财政专户管理资金支出	–	–			–	–
专用基金支出	–	–	–	–		
本期盈余（本年收入与费用的差额）						

注：表中有“–”的部分不必填列。

收入费用表“本月数”栏反映各项目的本月实际发生数。在编制年度收入费用表时，应将本栏改为“上年数”栏，反映上年度各项目的实际发生数；如果本年度收入费用表规定的各个项目的名称和内容同上年度不一致，应对上年度收入费用表各项目的名称和数字按照本年度的规定进行调整，填入本年度收入费用表的“上年数”栏。

收入费用表“本年累计数”栏反映各项目自年初起至报告期末止的累计实际发生数。编制年度收入费用表时，应当将本栏改为“本年数”。

收入费用表“本月数”栏各项目的内容和填列方法如下：

1.“收入合计”项目，反映政府财政本期取得的各项收入合计金额。其中，预算管理资金的“收入合计”应当根据属于预算管理资金的“税收收入”“非税收入”“投资收益”“补助收入”“上解收入”“地区间援助收入”“其他收入”项目金额的合计填列；财政专户管理资金的“收入合计”应当根据“财政专户管理资金收入”项目的金额填列；专用基金的“收入合计”应当根据“专用基金收入”项目的金额填列。

2.“税收收入”项目，反映政府财政本期取得的税收收入金额。本项目根据“税收收入”科目本期发生额填列。

3.“非税收入”项目，反映政府财政本期取得的各项非税收入金额。本项目根据“非税收入”科目本期发生额填列。

4.“投资收益”项目，反映政府财政本期取得的各项投资收益金额。本项目根据“投资收益”科目本期发生额填列。

5.“补助收入”项目，反映政府财政本期取得的各类资金的补助收入金额。本项目根据“补助收入”科目本期发生额填列。

6.“上解收入”项目，反映政府财政本期取得的各类资金的上解收入金额。本项目根据“上解收入”科目本期发生额填列。

7.“地区间援助收入”项目，反映政府财政本期取得的地区间援助收入金额。本项目应当根据“地区间援助收入”科目的本期发生额填列。

8.“其他收入”项目，反映政府财政本期取得的除“税收收入”“非税收入”“投资收益”“补助收入”“上解收入”“地区间援助收入”“财政专户管理资金收入”“专用基金收入”以外的收入金额。本项目应当根据“其他收入”科目本期发生额填列。

9.“财政专户管理资金收入”项目，反映政府财政本期取得的教育收费等资金收入金额。本项目根据“财政专户管理资金收入”科目本期发生额填列。

10.“专用基金收入”项目，反映政府财政本期取得的粮食风险基金等资金收入金额。本项目根据“专用基金收入”科目本期发生额填列。

11.“费用合计”项目，反映政府财政本期发生的各类费用合计金额。其中，预算管理资金的“费用合计”应当根据属于预算管理资金的“政府机关商品和服务拨款费用”“政府机关工资福利拨款费用”“对事业单位补助拨款费用”“对企业补助拨款费用”“对个人和家庭补助拨款费用”“对社会保障基金补助拨款费用”“资本性拨款费用”“其他拨款费用”“财务费用”“补助费用”“上解费用”“地区间援助费用”“其他费用”项目金额的合计填列；财政专户管理资金的“费用合计”应当根据“财政专户管理资金支出”项目的金额填列；专用基金的“费用合计”应当根据“专用基金支出”项目的金额填列。

12.“政府机关商品和服务拨款费用”项目，反映政府财政本期发生的购买商品和服务的各类费用金额。本项目根据“政府机关商品和服务拨款费用”科目本期发生额填列。

13.“政府机关工资福利拨款费用”项目，反映政府财政本期发生的支付给职工和长期聘用人员的各类劳动报酬及为上述人员缴纳的各项社会保险费等费用。本项目根据“政府机关工资福利拨款费用”科目本期发生额填列。

14.“对事业单位补助拨款费用”项目，反映政府财政本期发生的对事业单位的经常性补助费用金额。本项目根据“对事业单位补助拨款费用”科目本期发生额填列。

15.“对企业补助拨款费用”项目，反映政府财政本期发生的对企业补助拨款费用金额。本项目根据“对企业补助拨款费用”科目本期发生额填列。

16.“对个人和家庭补助拨款费用”项目，反映政府财政本期发生的对个人和家庭补助拨款费用金额。本项目根据“对个人和家庭补助拨款费用”科目本期发生额填列。

17.“对社会保障基金补助拨款费用”项目，反映政府财政本期发生的对社会保险基金的补助拨款以及补充全国社会保障基金费用的拨款金额。本项目根据“对社会保障基金补助拨款费用”科目本期发生额填列。

18.“资本性拨款费用”项目，反映政府财政本期发生的对行政事业单位的房屋建筑物购建、基础设施建设、公务用车购置、设备购置、物资储备等方面资本性拨款费用金额。本项目根据“资本性拨款费用”科目本期发生额填列。

19.“其他拨款费用”项目，反映政府财政未列入以上拨款费用项目的财政拨款费用金额。本项目根据“其他拨款费用”科目本期发生额填列。

20.“财务费用”项目，反映政府财政本期发生的偿还政府债务利息及支付政府债务发行、兑付、登记相关费用及汇兑损益金额。本项目根据“财务费用”科目本期发生额填列。

21.“补助费用”项目，反映政府财政本期发生的各类资金的补助费用金额。本项目根据“补助费用”科目本期发生额填列。

22.“上解费用”项目，反映政府财政本期发生的上缴上级各类资金产生的费用金额。本项目根据“上解费用”科目本期发生额填列。

23.“地区间援助费用”项目，反映政府财政本期发生的地区间援助费用金额。本项目根据“地区间援助费用”科目的本期发生额填列。

24.“其他费用”项目，反映政府财政本期股权划出、其他负债变动形成的费用金额。本项目根据“其他费用”科目的本期发生额填列。

25.“财政专户管理资金支出”项目，反映政府财政本期使用纳入财政专户管理的教育收费等资金产生的费用金额。本项目根据“财政专户管理资金支出”科目本期发生额填列。

26.“专用基金支出”项目，反映政府财政本期使用专用基金产生的费用金额。本项目根据“专用基金支出”科目本期发生额填列。

27.“本期盈余”项目，反映政府财政本年末收入减去费用的金额。本项目根据表10-4中的“收入合计”减去“费用合计”的差额填列。

（三）现金流量表

现金流量表是反映政府财政在一定会计期间现金流入和流出情况的报表。应当按照日常活动、投资活动、筹资活动的现金流量分别反映。格式详见表10-5。

表 10-5　　**现金流量表**

总会财 03 表

编制单位：　　　　年　月　　　　单位：元

项 目	本年金额	上年金额
一、日常活动产生的现金流量		
组织税收收入收到的现金		
组织非税收入收到的现金		
组织财政专户管理资金收入收到的现金		
组织专用基金收入收到的现金		
上下级政府财政资金往来收到的现金		
收回暂付性款项相关的现金		
其他日常活动所收到的现金		
现金流入小计		
政府机关商品和服务拨款所支付的现金		
政府机关工资福利拨款所支付的现金		
对事业单位补助拨款所支付的现金		
对企业补助拨款所支付的现金		
对个人和家庭补助拨款所支付的现金		
对社会保障基金补助拨款所支付的现金		
财政专户管理资金支出所支付的现金		
专用基金支出所支付的现金		
上下级政府财政资金往来所支付的现金		
资本性拨款所支付的现金		
暂付性款项所支付的现金		
其他日常活动所支付的现金		
现金流出小计		
日常活动产生的现金流量净额		
二、投资活动产生的现金流量		
收回股权投资所收到的现金		
取得股权投资收益收到的现金		
收到其他与投资活动有关的现金		
现金流入小计		
投资活动产生的现金流量净额		
三、筹资活动产生的现金流量		

续表

项 目	本年金额	上年金额
发行政府债券收到的现金		
借入款项收到的现金		
取得政府债券转贷款收到的现金		
取得主权外债转贷款收到的现金		
收回转贷款本金收到的现金		
收到下级上缴转贷款利息相关的现金		
其他筹资活动收到的现金		
现金流入小计		
转贷地方政府债券所支付的现金		
转贷主权外债所支付的现金		
支付债务本金相关的现金		
支付债务利息相关的现金		
其他筹资活动支付的现金		
现金流出小计		
筹资活动产生的现金流量净额		
四、汇率变动对现金的影响额		
五、现金净增加额		

现金流量表中的现金，是指政府财政的国库存款、其他财政存款及国库现金管理资产中的商业银行定期存款；现金流量，是指现金的流入和流出。

现金流量表的“本年金额”栏反映各项目的本年实际发生数。该表“上年金额”栏反映各项目的上年实际发生数，应当根据上年现金流量表中“本年金额”栏内所列数字填列。

现金流量表的“本年金额”栏中各项目的填列方法如下：

1.日常活动产生的现金流量

（1）现金流入项目

“组织税收收入收到的现金”项目，反映政府财政本年取得税收收入收到的现金。本项目应当根据会计账簿中“税收收入”“在途款”科目发生额分析填列。

“组织非税收入收到的现金”项目，反映政府财政本年取得非税收入收到的现金。本项目应当根据会计账簿中“非税收入”“应收非税收入”“在途款”科目发生额分析填列。

“组织财政专户管理资金收入收到的现金”项目，反映政府财政本年取得财政专户管理资金收入收到的现金。本项目根据会计账簿中“财政专户管理资金收入”科目发生额分析填列。

“组织专用基金收入收到的现金”项目，反映政府财政本年取得专用基金收入收到的现金。本项目根据会计账簿中“专用基金收入”科目发生额分析填列。

“上下级政府财政资金往来收到的现金”项目，反映政府财政本年收到上下级政府财政转移支付、清算欠款、临时调度款等相关的现金。本项目根据会计账簿中“补助收入”“上解收入”“与下级往来”“与上级往来”等科目贷方发生额分析填列。

“收回暂付性款项相关的现金”项目，反映政府财政本年收回暂付性款项相关的现金。本项目根据会计账簿中“预拨经费”“借出款项”“其他应收款”科目贷方发生额分析填列。

“其他日常活动所收到的现金”项目，反映政府财政收到的除以上项目外与日常活动相关的现金。本项目根据会计账簿中“地区间援助收入”“其他收入”“其他应付款”“应付代管资金”“在途款”“以前年度盈余调整”等科目贷方发生额分析填列。

（2）现金流出项目

“政府机关商品和服务拨款所支付的现金”项目，反映政府财政本年在日常活动中用于购买商品、接受劳务支付的现金。本项目根据会计账簿中“政府机关商品和服务拨款费用”科目和“应付国库集中支付结余”科目借方发生额分析填列。

“政府机关工资福利拨款所支付的现金”项目，反映政府财政本年承担职工劳务报酬及社会保险费等支付的现金。本项目根据会计账簿中“政府机关工资福利拨款费用”科目和“应付国库集中支付结余”科目借方发生额分析填列。

“对事业单位补助拨款所支付的现金”项目，反映政府财政本年对事业单位经常性补助所支付的现金。本项目根据会计账簿中“对事业单位补助拨款费用”科目和“应付国库集中支付结余”科目借方发生额分析填列。

“对企业补助拨款所支付的现金”项目，反映政府财政本年对企业资本性投资外的其他补助所支付的现金。本项目根据会计账簿中“对企业补助拨款费用”科目和“应付国库集中支付结余”科目借方发生额分析填列。

“对个人和家庭补助拨款所支付的现金”项目，反映政府财政本年对个人和家庭的补助所支付的现金。本项目根据会计账簿中“对个人和家庭补助拨款费用”科目和“应付国库集中支付结余”科目借方发生额分析填列。

“对社会保障基金补助拨款所支付的现金”项目，反映政府财政本年对社会保险基金的补助，以及补充全国社会保障基金所支付的现金。本项目根据会计账簿中“对社会保障基金补助拨款费用”科目和“应付国库集中支付结余”科目借方发生额分析填列。

“财政专户管理资金支出所支付的现金”项目，反映政府财政本年从财政专户管理资金中安排各项支出所支付的现金。本项目根据会计账簿中“财政专户管理资金支出”科目借方发生额分析填列。

“专用基金支出所支付的现金”项目，反映政府财政用专用基金收入安排的支出所支付的现金。本项目根据会计账簿中“专用基金支出”科目借方发生额分析填列。

“上下级政府财政资金往来所支付的现金”项目，反映政府财政本年支付上下级政府财政转移支付、清算欠款、临时调度款等相关的现金。本项目根据会计账簿中“补助费用”“上解费用”“与下级往来”“与上级往来”科目借方发生额分析填列。

“资本性拨款所支付的现金”项目，反映政府财政本年支付行政事业单位和企业用于房屋建筑物构建、基础设施建设、公务用车购置、设备购置、物资储备等相关的现金。本项目根据会计账簿中“资本性拨款费用”科目和“应付国库集中支付结余”科目借方发生额分析填列。

“暂付性款项所支付的现金”项目，反映政府财政本年安排暂付性款项所支付的现金。

本项目根据会计账簿中“预拨经费”“借出款项”“其他应收款”科目借方发生额分析填列。

“其他日常活动所支付的现金”项目，反映政府财政本年支付除以上项目外与日常活动相关的现金。本项目根据会计账簿中“其他拨款费用”“地区间援助费用”“其他应付款”“应付代管资金”“应付国库集中支付结余”“在途款”“以前年度盈余调整”等科目借方发生额分析填列。

2.投资活动产生的现金流量

（1）现金流入项目

“收回股权投资所收到的现金”项目，反映政府财政本年出售、转让、处置股权等收回投资而收到的现金。本项目根据会计账簿中“股权投资”科目下“投资成本”“损益调整”明细科目贷方发生额分析填列。

“取得股权投资收益收到的现金”项目，反映政府财政本年因被投资单位分配股利、利润或处置股权、企业破产清算等产生收益而收到的现金。本项目根据会计账簿中“应收股利”“投资收益”科目贷方发生额分析填列。

“收到其他与投资活动有关的现金”项目，反映政府财政本年收到除以上项目外与投资活动相关的现金。本项目根据会计账簿中“有价证券”“应收股利”等科目贷方发生额分析填列。

（2）现金流出项目

“取得股权投资所支出的现金”项目，反映政府财政本年为取得股权投资而支付的现金。本项目根据会计账簿中“股权投资”科目借方发生额分析填列。

“支付其他与投资活动有关的现金”项目，反映政府财政本年支付除以上项目外与投资活动相关的现金。本项目根据会计账簿中“有价证券”等科目借方发生额分析填列。

（3）投资活动产生的现金流量净额

本项目根据现金流入项目合计数减去现金流出项目合计数的差额填列，差额小于零，则以负数填列。

3.筹资活动产生的现金流量

（1）现金流入项目

“发行政府债券收到的现金”项目，反映政府财政本年发行国债和地方政府债券收到的现金。本项目根据会计账簿中“应付短期政府债券”“应付长期政府债券”科目贷方发生额分析填列。

“借入款项收到的现金”项目，反映政府财政本年借入款项收到的现金。本项目根据会计账簿中“借入款项”科目贷方发生额分析填列。

“取得政府债券转贷款收到的现金”项目，反映政府财政本年取得政府债券转贷款收到的现金。本项目根据会计账簿中“应付地方政府债券转贷款”科目下“应付本金”明细科目贷方发生额分析填列。

“取得主权外债转贷款收到的现金”项目，反映政府财政本年取得主权外债转贷款收到的现金。本项目根据会计账簿中“应付主权外债转贷款”科目下“应付本金”明细科目贷方发生额分析填列。

“收回转贷款本金收到的现金”项目，反映政府财政本年收到下级政府财政归还政府债券转贷款及主权外债转贷款本金相关的现金。本项目根据会计账簿中“应收地方政府债券转贷款”“应收主权外债转贷款”科目下“应收本金”明细科目贷方发生额分析填列。

“收到下级上缴转贷款利息相关的现金”项目，反映政府财政本年收到下级政府财政上缴政府债券转贷款及主权外债转贷款利息相关的现金。本项目根据会计账簿中“应收地方政府债券转贷款”“应收主权外债转贷款”科目下“应收利息”明细科目贷方发生额分析填列。

“其他筹资活动收到的现金”项目，反映政府财政本年收到的其他与筹资活动相关的现金。本项目根据会计账簿中“其他应付款”“其他应收款”等科目贷方发生额分析填列。

（2）现金流出项目

“转贷地方政府债券所支付的现金”项目，反映政府财政本年对下级政府财政转贷地方政府债券所支付的现金。本项目根据会计账簿中“应收地方政府债券转贷款”科目下“应收本金”明细科目借方发生额分析填列。

“转贷主权外债所支付的现金”项目，反映政府财政本年对下级政府财政转贷主权外债所支付的现金。本项目根据会计账簿中“应收主权外债转贷款”科目下“应收本金”明细科目借方发生额分析填列。

“支付债务本金相关的现金”项目，反映政府财政本年偿还政府债务本金所支付的现金。省级以上（含省级）政府财政根据会计账簿中“应付短期政府债券”“应付长期政府债券”“借入款项”科目借方发生额分析填列；市县政府财政根据会计账簿中“应付地方政府债券转贷款”“应付主权外债转贷款”科目下“应付本金”明细科目借方发生额分析填列。

“支付债务利息相关的现金”项目，反映政府财政本年支付政府债务利息相关的现金。省级以上（含省级）政府财政根据会计账簿中“应付利息”科目借方发生额分析填列。

市县政府财政根据会计账簿中“应付地方政府债券转贷款”“应付主权外债转贷款”科目下“应付利息”明细科目、“财务费用”科目借方发生额分析填列。

“其他筹资活动支付的现金”项目，反映政府财政本年支付的政府债券发行、兑付、登记费用等其他与筹资活动相关的现金。本项目根据会计账簿中“财务费用”“其他应付款”“其他应收款”等科目借方发生额分析填列。

（3）筹资活动产生的现金流量净额

本项目根据现金流入项目合计数减去现金流出项目合计数的差额填列，差额小于零，则以负数填列。

4.汇率变动对现金的影响额

其反映政府财政将外币现金流量折算为人民币时，所采用的即期汇率折算的人民币金额与期末汇率折算的人民币金额之间的差额。本项目根据“财务费用”科目下的“汇兑损益”明细科目发生额分析填列。

5.现金净增加额

本项目反映政府财政本年现金变动的净额，根据表10-5中“日常活动产生的现金流量净额”“投资活动产生的现金流量净额”“筹资活动产生的现金流量净额”“汇率变动对现金的影响额”项目金额的合计数填列，金额小于零，则以负数填列。

（四）本年预算结余与本期盈余调节表

本年预算结余与本期盈余调节表是反映政府财政在某一会计年度内预算结余与本期盈余差异调整情况的报表。按照日常活动产生的差异、投资活动产生的差异和筹资活动产生的差异分别填列。格式详见表10-6。

表10-6　　本年预算结余与本期盈余调节表

总会财04表

编制单位：　　年　　单位：元

项目	金额
本年预算结余（本年预算收入与支出差额）：	
日常活动产生的差异：	
加：1. 当期确认为收入但没有确认为预算收入	
当期应收未缴库非税收入	
减：2. 当期确认为预算收入但没有确认为收入	
当期收到上期应收未缴库非税收入	
3. 当期确认为预算支出收回但没有确认为费用收回	
（1）当期收到退回以前年度已列支资金	
（2）当期将以前年度国库集中支付结余收回预算	
投资活动产生的差异：	
加：1. 当期确认为收入但没有确认为预算收入	
（1）当期投资收益或损失	
（2）当期无偿划入股权投资	
2. 当期确认为预算支出但没有确认为费用	
（1）当期股权投资增支	
（2）当期股权投资减支	
减：3. 当期确认为预算收入但没有确认为收入	
（1）当期收到利润收入和股利股息收入	
（2）当期收到清算、处置股权投资的收入	
4. 当期确认为费用但没有确认为预算支出	
当期无偿划出股权投资费用	
筹资活动产生的差异：	
加：1. 当期确认为预算支出但没有确认为费用	
（1）当期转贷款支出	
（2）当期债务还本支出	
（3）拨付上年计提债务利息	
减：2. 当期确认为预算收入但没有确认为收入	
（1）当期债务收入	
（2）当期转贷款收入	
3. 当期确认为费用但没有确认为预算支出	
当期计提未拨付债务利息	
其他差异事项	
当期汇兑损益净额	
本期盈余（本年收入与费用的差额）	

本年预算结余与本期盈余调节表中的当期预算结余根据本年预算收入与预算支出的差额填列。

1.日常活动产生的差异

（1）“当期确认为收入但没有确认为预算收入”项目

主要为“当期应收未缴库非税收入”项目。本项目反映政府财政本年已确认非税收入但缴款人尚未缴入国库的各项非税款项。根据会计账簿中“应收非税收入”以及“非税收入”科目发生额分析填列。

（2）“当期确认为预算收入但没有确认为收入”项目

主要为“当期收到上期应收未缴库非税收入”项目。本项目反映政府财政本年收到的上年应收非税收入。根据会计账簿中“应收非税收入”科目贷方发生额以及“国库存款”科目借方发生额分析填列，不含以前年度盈余调整事项和新增确认的非税收入。

（3）“当期确认为预算支出收回但没有确认为费用收回”项目

①“当期收到退回以前年度已列支资金”项目。本项目反映政府财政收到退回的以前年度已列支资金而冲减预算支出的事项。根据会计账簿中“国库存款”“其他财政存款”科目借方发生额以及“以前年度盈余调整”科目贷方发生额分析填列。

②“当期将以前年度国库集中支付结余收回预算”项目。本项目反映政府财政将以前年度应付国库集中支付结余资金收回预算而冲减预算支出的事项。根据会计账簿中“应付国库集中支付结余”科目借方发生额以及“以前年度盈余调整”科目贷方发生额分析填列。

2.投资活动产生的差异

（1）“当期确认为收入但没有确认为预算收入”项目

①“当期投资收益或损失”项目。本项目反映政府财政本年确认的股权投资收益。根据会计账簿中“投资收益”科目发生额分析填列。其中，投资损失以负数填列；不含清算、处置股权投资增加的收益。

②“当期无偿划入股权投资”项目。本项目反映政府财政本年接受无偿划入的股权投资。根据会计账簿中“股权投资”科目下“投资成本”明细科目借方发生额、“其他收入”科目贷方发生额分析填列。

（2）“当期确认为预算支出但没有确认为费用”项目

①“当期股权投资增支”项目。本项目反映政府财政本年新增股权投资增加的支出。根据会计账簿中“股权投资”科目下“投资成本”明细科目借方发生额以及“国库存款”科目贷方发生额分析填列，不含无偿划入或权益法调整增加的股权投资以及补记以前年度股权投资。

②“当期股权投资减支”项目。本项目反映政府财政本年退出、清算、处置股权投资减少的支出。根据会计账簿中“股权投资”科目下“投资成本”明细科目贷方发生额以及“国库存款”科目借方发生额分析，以负数填列，不含无偿划出或权益法调整减少的股权投资额。

（3）“当期确认为预算收入但没有确认为收入”项目

①“当期收到利润收入和股利股息收入”项目。本项目反映政府财政本年收到被投资主体上缴以前年度利润和股利股息。根据会计账簿中“资金结存——库款资金结存”科

目借方发生额以及“一般公共预算收入——利润收入、股利股息收入”“国有资本经营预算收入——利润收入、股利股息收入”贷方发生额分析填列，不含清算、处置股权投资增加的收益。

②“当期收到清算、处置股权投资的收入”项目。本项目反映政府财政本年清算、处置股权投资发生的收入，需根据“投资收益”“国库存款”科目借方发生额、“股权投资”等科目贷方发生额分析填列。

（4）“当期确认为费用但没有确认为预算支出”项目

主要为“当期无偿划出股权投资费用”项目。本项目反映政府财政本年无偿划出的股权投资。根据会计账簿中“股权投资”科目下“投资成本”明细科目贷方发生额、“其他费用”科目借方发生额分析填列。

3.筹资活动产生的差异

（1）“当期确认为预算支出但没有确认为费用”项目

①“当期转贷款支出”项目。反映政府财政本年转贷下级政府财政的政府债券、主权外债资金。根据会计账簿中“债务转贷预算支出”科目借方发生额分析填列。

②“当期债务还本支出”项目。反映本级政府财政本年偿还的债务本金。根据会计账簿中“债务还本预算支出”科目借方发生额分析填列。

③“拨付上年计提债务利息”项目。反映政府财政本年偿还上年已计提的债务利息。根据会计账簿中“应付利息”科目年初贷方余额填列；市县政府财政根据会计账簿中“应付地方政府债券转贷款”和“应付主权外债转贷款”科目下“应付利息”明细科目年初贷方余额填列。

（2）“当期确认为预算收入但没有确认为收入”项目

①“当期债务收入”项目。反映省级以上（含省级）政府财政本年发行政府债券、借入主权外债的收入。根据会计账簿中“债务预算收入”科目贷方发生额分析填列。

②“当期转贷款收入”项目。反映市县政府财政本年收到的地方政府债券、主权外债转贷款收入。根据会计账簿中“债务转贷预算收入”贷方发生额分析填列。

（3）“当期确认为费用但没有确认为预算支出”项目

主要为“当期计提未拨付债务利息”项目。本项目反映政府财政本年已计提需在下一年度支付的利息。省级以上（含省级）政府财政根据会计账簿中“应付利息”科目年末贷方余额填列；市县政府财政根据会计账簿中“应付地方政府债券转贷款——应付利息”以及“应付主权外债转贷款—应付利息”科目年末贷方余额填列。

4.其他差异事项

本项目反映政府财政其他活动事项产生的差异。其中，减少预算结余和增加本期盈余事项以正数反映，增加预算结余和减少本期盈余事项以负数反映。中央财政计提其他负债产生的费用也在本项目反映。

5.当期汇兑损益净额

本项目根据“财务费用——汇兑损益”发生额分析填列，汇兑损失以负数反映，汇兑收益以正数反映。

6.本期盈余（本年收入与费用的差额）

根据表10-6“当期预算结余”“投资活动产生的差异”“日常活动产生的差异”“筹资

活动产生的差异”“其他差异事项”“当期汇兑损益净额”金额汇总填列。本项目与“收入费用表”本期盈余合计数一致。

（五）财务会计报表附注

附注是指对在会计报表中列示项目的文字描述或明细资料，以及对未能在会计报表中列示项目的说明。

总会计财务会计报表附注应当至少披露下列内容：

（1）遵循《财政总会计制度》的声明；

（2）本级政府财政财务状况的说明；

（3）会计报表中列示的重要项目的进一步说明，包括其主要构成、增减变动情况等；

（4）政府财政承担担保责任负债情况的说明；

（5）有助于理解和分析会计报表的其他需要说明的事项。

三、财政总会计预算会计报表的编制

（一）预算收入支出表

预算收入支出表是反映政府财政在某一会计期间各类财政资金收支余情况的报表。预算收入支出表根据资金性质按照收入、支出、结转结余的构成分类、分项列示。格式详见表10-7。

表10-7 预算收入支出表

总会预01表

编制单位： 年 月 单位：元

项目	一般公共预算		政府性基金预算		国有资本经营预算		财政专户管理资金		专用基金	
	本月数	本年累计数	本月数	本年累计数	本月数	本年累计数	本月数	本年累计数	本月数	本年累计数
年初结转结余										
收入合计										
本级收入										
其中：来自预算安排的收入									—	—
补助预算收入							—	—	—	—
上解预算收入							—	—	—	—
地区间援助预算收入			—	—	—	—	—	—	—	—
债务预算收入					—	—	—	—	—	—
债务转贷预算收入					—	—	—	—	—	—
动用预算稳定调节基金			—	—	—	—	—	—	—	—
调入预算资金					—	—	—	—	—	—

续表

项目	一般公共预算		政府性基金预算		国有资本经营预算		财政专户管理资金		专用基金	
	本月数	本年累计数	本月数	本年累计数	本月数	本年累计数	本月数	本年累计数	本月数	本年累计数
支出合计										
本级支出										
其中：权责发生制列支							—	—	—	—
预算安排专用基金的支出			—	—	—	—	—	—	—	—
补助预算支出							—	—	—	—
上解预算支出							—	—	—	—
地区间援助预算支出			—	—	—	—	—	—	—	—
债务还本预算支出					—	—	—	—	—	—
债务转贷预算支出					—	—	—	—	—	—
安排预算稳定调节基金			—	—	—	—	—	—	—	—
调出预算资金							—	—	—	—
结余转出			—	—	—	—	—	—	—	—
其中：增设预算周转金			—	—	—	—	—	—	—	—
年末结转结余										

注：表中有“-”的部分不必填列。

预算收入支出表“本月数”栏反映各项目的本月实际发生数。在编制年度预算收入支出表时，应将本栏改为“上年数”栏，反映上年度各项目的实际发生数；如果本年度预算收入支出表规定的各个项目的名称和内容同上年度不一致，应对上年度预算收入支出表各项目的名称和数字按照本年度的规定进行调整，填入本年度预算收入支出表的“上年数”栏。

预算收入支出表“本年累计数”栏反映各项目自年初起至报告期末止的累计实际发生数。编制年度预算收入支出表时，应当将本栏改为“本年数”。

预算收入支出表“本月数”栏各项目的内容和填列方法

1.“年初结转结余”项目，反映政府财政本年初各类资金结转结余金额。其中，一般公共预算的“年初结转结余”应当根据“一般公共预算结转结余”科目的年初余额填列；政府性基金预算的“年初结转结余”应当根据“政府性基金预算结转结余”科目的年初余额填列；国有资本经营预算的“年初结转结余”应当根据“国有资本经营预算结转结余”科目的年初余额填列；财政专户管理资金的“年初结转结余”应当根据“财政专户管理资金结余”科目的年初余额填列；专用基金的“年初结转结余”应当根据“专用基金结余”

科目的年初余额填列。

2.“收入合计”项目，反映政府财政本期取得的各类资金的收入合计金额。其中，一般公共预算的“收入合计”应当根据属于一般公共预算的“本级收入”“补助预算收入”“上解预算收入”“地区间援助预算收入”“债务预算收入”“债务转贷预算收入”“动用预算稳定调节基金”和“调入预算资金”各行项目金额的合计填列；政府性基金预算的“收入合计”应当根据属于政府性基金预算的“本级收入”“补助预算收入”“上解预算收入”“债务预算收入”“债务转贷预算收入”和“调入预算资金”各行项目金额的合计填列；国有资本经营预算的“收入合计”应当根据属于国有资本经营预算的“本级收入”“补助预算收入”“上解预算收入”项目的金额填列；财政专户管理资金的“收入合计”应当根据属于财政专户管理资金的“本级收入”项目的金额填列；专用基金的“收入合计”应当根据属于专用基金的“本级收入”项目的金额填列。

3.“本级收入”项目，反映政府财政本期取得的各类资金的本级收入金额。其中，一般公共预算的“本级收入”应当根据“一般公共预算收入”科目的本期发生额填列；政府性基金预算的“本级收入”应当根据“政府性基金预算收入”科目的本期发生额填列；国有资本经营预算的“本级收入”应当根据“国有资本经营预算收入”科目的本期发生额填列；财政专户管理资金的“本级收入”应当根据“财政专户管理资金收入”科目的本期发生额填列；专用基金的“本级收入”应当根据“专用基金收入”科目的本期发生额填列。

4.“来自预算安排的收入”项目，反映政府财政本期通过预算安排取得专用基金收入的金额。本项目应当根据“专用基金收入”科目的本期发生额分析填列。

5.“补助预算收入”项目，反映政府财政本期取得的各类资金的补助收入金额。其中，一般公共预算的“补助预算收入”应当根据“补助预算收入”科目下的“一般公共预算补助预算收入”明细科目的本期发生额填列；政府性基金预算的“补助预算收入”应当根据“补助预算收入”科目下的“政府性基金预算补助收入”明细科目的本期发生额填列；国有资本经营预算的“补助预算收入”应当根据“补助预算收入”科目下的“国有资本经营预算补助收入”明细科目的本期发生额填列。

6.“上解预算收入”项目，反映政府财政本期取得的各类资金的上解预算收入金额。其中，一般公共预算的“上解预算收入”应当根据“上解预算收入”科目下的“一般公共预算上解收入”明细科目的本期发生额填列；政府性基金预算的“上解收入”应当根据“上解收入”科目下的“政府性基金预算上解收入”明细科目的本期发生额填列；国有资本经营预算的“上解收入”应当根据“上解预算收入”科目下的“国有资本经营预算上解收入”明细科目的本期发生额填列。

7.“地区间援助预算收入”项目，反映政府财政本期取得的地区间援助预算收入金额。本项目应当根据“地区间援助预算收入”科目的本期发生额填列。

8.“债务预算收入”项目，反映政府财政本期取得的债务预算收入金额。其中，一般公共预算的“债务预算收入”应当根据“债务预算收入”科目下除“专项债务收入”以外的其他明细科目的本期发生额填列；政府性基金预算的“债务预算收入”应当根据“债务预算收入”科目下的“专项债务收入”明细科目的本期发生额填列。

9.“债务转贷预算收入”项目，反映政府财政本期取得的债务转贷预算收入金额。

其中，一般公共预算的“债务转贷预算收入”应当根据“债务转贷预算收入”科目下“一般债务转贷收入”明细科目的本期发生额填列；政府性基金预算的“债务转贷收入”应当根据“债务转贷预算收入”科目下的“专项债务转贷收入”明细科目的本期发生额填列。

10.“动用预算稳定调节基金”项目，反映政府财政本期动用的预算稳定调节基金金额。本项目应当根据“动用预算稳定调节基金”科目的本期发生额填列。

11.“调入预算资金”项目，反映政府财政本期取得的调入预算资金金额。其中，一般公共预算的“调入预算资金”应当根据“调入预算资金”科目下“一般公共预算调入资金”明细科目的本期发生额填列；政府性基金预算的“调入预算资金”应当根据“调入预算资金”科目下“政府性基金预算调入资金”明细科目的本期发生额填列。

12.“支出合计”项目，反映政府财政本期发生的各类资金的支出合计金额。其中，一般公共预算的“支出合计”应当根据属于一般公共预算的“本级支出”“补助预算支出”“上解预算支出”“地区间援助预算支出”“债务还本预算支出”“债务转贷预算支出”“安排预算稳定调节基金”和“调出预算资金”各行项目金额的合计填列；政府性基金预算的“支出合计”应当根据属于政府性基金预算的“本级支出”“补助预算支出”“上解预算支出”“债务还本预算支出”“债务转贷预算支出”和“调出预算资金”各行项目金额的合计填列；国有资本经营预算的“支出合计”应当根据属于国有资本经营预算的“本级支出”“补助预算支出”“上解预算支出”和“调出预算资金”项目金额的合计填列；财政专户管理资金的“支出合计”应当根据属于财政专户管理资金的“本级支出”项目的金额填列；专用基金的“支出合计”应当根据属于专用基金的“本级支出”项目的金额填列。

13.“本级支出”项目，反映政府财政本期发生的各类资金的本级支出金额。其中，一般公共预算的“本级支出”应当根据“一般公共预算支出”科目的本期发生额填列；政府性基金预算的“本级支出”应当根据“政府性基金预算支出”科目的本期发生额填列；国有资本经营预算的“本级支出”应当根据“国有资本经营预算支出”科目的本期发生额填列；财政专户管理资金的“本级支出”应当根据“财政专户管理资金支出”科目的本期发生额填列；用基金的“本级支出”应当根据“专用基金支出”科目的本期发生额填列。

14.“权责发生制列支”项目，反映省级以上（含省级）政府财政国库集中支付中，应列为当年费用，但年末尚未支付需结转下一年度支付的款项。其中，一般公共预算的“权责发生制列支项目”应当根据“一般公共预算支出”科目的本期发生额分析填列；政府性基金预算的“权责发生制列支项目”应当根据“政府性基金预算支出”科目的本期发生额分析填列；国有资本经营预算的“权责发生制列支项目”应当根据“国有资本经营预算支出”科目的本期发生额分析填列。

15.“预算安排专用基金的支出”项目，反映政府财政本期通过预算安排取得专用基金收入的金额。本项目应当根据“一般公共预算支出”科目的本期发生额分析填列。

16.“补助预算支出”项目，反映政府财政本期发生的各类资金的补助预算支出金额。其中，一般公共预算的“补助预算支出”应当根据“补助预算支出”科目下的“一般公共预算补助支出”明细科目的本期发生额填列；政府性基金预算的“补助预算支出”应当根据“补助预算支出”科目下的“政府性基金预算补助支出”明细科目的本期发生额填列；国有资本经营预算的“补助预算支出”应当根据“补助预算支出”科目下的“国有资本经营预算补助支出”明细科目的本期发生额填列。

17.“上解预算支出”项目，反映政府财政本期发生的各类资金的上解预算支出金额。其中，一般公共预算的“上解预算支出”应当根据“上解预算支出”科目下的“一般公共预算上解支出”明细科目的本期发生额填列；政府性基金预算的“上解预算支出”应当根据“上解预算支出”科目下的“政府性基金预算上解支出”明细科目的本期发生额填列；国有资本经营预算的“上解预算支出”应当根据“上解预算支出”科目下的“国有资本经营预算上解支出”明细科目的本期发生额填列。

18.“地区间援助预算支出”项目，反映政府财政本期发生的地区间援助预算支出金额。本项目应当根据“地区间援助预算支出”科目的本期发生额填列。

19.“债务还本预算支出”项目，反映政府财政本期发生的债务还本预算支出金额。其中，一般公共预算的“债务还本预算支出”应当根据“债务还本预算支出”科目下除“专项债务还本支出”以外的其他明细科目的本期发生额填列；政府性基金预算的“债务还本预算支出”应当根据“债务还本预算支出”科目下的“专项债务还本支出”明细科目的本期发生额填列。

20.“债务转贷预算支出”项目，反映政府财政本期发生的债务转贷预算支出金额。其中，一般公共预算的“债务转贷预算支出”应当根据“债务转贷预算支出”科目下“一般债务转贷支出”明细科目的本期发生额填列；政府性基金预算的“债务转贷支出”应当根据“债务转贷支出”科目下的“专项债务转贷支出”明细科目的本期发生额填列。

21.“安排预算稳定调节基金”项目，反映政府财政本期安排的预算稳定调节基金金额。本项目根据“安排预算稳定调节基金”科目的本期发生额填列。

22.“调出预算资金”项目，反映政府财政本期发生的各类资金的调出资金金额。其中，一般公共预算的“调出预算资金”应当根据“调出预算资金”科目下“一般公共预算调出资金”明细科日的本期发生额填列；政府性基金预算的“调出预算资金”应当根据“调出预算资金”科目下“政府性基金预算调出资金”明细科目的本期发生额填列；国有资本经营预算的“调出预算资金”应当根据“调出预算资金”科目下“国有资本经营预算调出资金”明细科目的本期发生额填列。

23.“增设预算周转金”项目，反映政府财政本期设置或补充预算周转金的金额。本项目应当根据“预算周转金”科目的本期贷方发生额填列。

24.“年末结转结余”项目，反映政府财政本年末的各类资金的结转结余金额。其中，一般公共预算的“年末结转结余”应当根据“一般公共预算结转结余”科目的年末余额填列；政府性基金预算的“年末结转结余”应当根据“政府性基金预算结转结余”科目的年末余额填列；国有资本经营预算的“年末结转结余”应当根据“国有资本经营预算结转结余”科目的年末余额填列；财政专户管理资金的“年末结转结余”应当根据“财政专户管理资金结余”科目的年末余额填列；专用基金的“年末结转结余”应当根据“专用基金结余”科目的年末余额填列。

（二）一般公共预算执行情况表

一般公共预算执行情况表是反映政府财政在某一会计期间一般公共预算收支执行结果的报表，按照《政府收支分类科目》中一般公共预算收支科目列示。格式详见表10-8。

表10-8 **一般公共预算执行情况表**

总会预02-1表

编制单位： 年 月 日 单位：元

项目	本月（旬）数	本年（月）累计数
一般公共预算收入		
101 税收收入		
10101 增值税		
1010101 国内增值税		
……		
一般公共预算支出		
201 一般公共服务支出		
20101 人大事务		
2010101 行政运行		
……		

“一般公共预算收入”项目及所属各明细项目，应当根据“一般公共预算收入”科目及所属各明细科目的本期发生额填列。

“一般公共预算支出”项目及所属各明细项目，应当根据“一般公共预算支出”科目及所属各明细科目的本期发生额填列。

（三）政府性基金预算执行情况表

政府性基金预算执行情况表是反映政府财政在某一会计期间政府性基金预算收支执行结果的报表，按照《政府收支分类科目》中政府性基金预算收支科目列示。格式见10-9。

“政府性基金预算收入”项目及所属各明细项目，应当根据“政府性基金预算收入”科目及所属各明细科目的本期发生额填列。

“政府性基金预算支出”项目及所属各明细项目，应当根据“政府性基金预算支出”科目及所属各明细科目的本期发生额填列。

（四）国有资本经营预算执行情况表

国有资本经营预算执行情况表是反映政府财政在某一会计期间国有资本经营预算收支执行结果的报表，按照《政府收支分类科目》中国有资本经营预算收支科目列示，见表10-10。

表 10-9 **政府性基金预算执行情况表**

总会预 02-2 表

编制单位：　　　　　　　　　　　　年　月　日　　　　　　　　　　　　单位：元

项目	本月（旬）数	本年（月）累计数
政府性基金预算收入		
10301 政府性基金收入		
1030102 农网还贷资金收入		
103010201 中央农网还贷资金收入		
......		
政府性基金预算支出		
206 科学技术支出		
20610 核电站乏燃料处理处置基金支出		
2061001 乏燃料运输		
......		

表 10-10 **国有资本经营预算执行情况表**

总会预 02-3 表

编制单位：　　　　　　　　　　　　年　月　日　　　　　　　　　　　　单位：元

项目	本月（旬）数	本年（月）累计数
国有资本经营预算收入		
10306 国有资本经营收入		
1030601 利润收入		
103060103 烟草企业利润收入		
......		
国有资本经营预算支出		
208 社会保障和就业支出		
20804 补充全国社会保障基金		
2080451 国有资本经营预算补充社保基金支出		
……		

“国有资本经营预算收入”项目及所属各明细项目，应当根据“国有资本经营预算收入”科目及所属各明细科目的本期发生额填列。

“国有资本经营预算支出”项目及所属各明细项目，应当根据“国有资本经营预算支出”科目及所属各明细科目的本期发生额填列。

（五）财政专户管理资金收支情况表

财政专户管理资金收支情况表是反映政府财政在某一会计期间纳入财政专户管理的资金收支情况的报表，按照相关政府收支分类科目列示。格式详见表10-11。

表 10-11　　财政专户管理资金收支情况表

总会预 03 表

编制单位：　　年　月　日　　单位：元

项目	本月（旬）数	本年（月）累计数
财政专户管理资金收入		
财政专户管理资金支出		

"财政专户管理资金收入"项目及所属各明细项目，应当根据"财政专户管理资金收入"科目及所属各明细科目的本期发生额填列。

"财政专户管理资金支出"项目及所属各明细项目，应当根据"财政专户管理资金支出"科目及所属各明细科目的本期发生额填列。

（六）专用基金收支情况表

专用基金收支情况表是反映政府财政在某一会计期间专用基金收支情况的报表，按照专用基金类型分别列示。格式见表 10-12。

表 10-12　　专用基金收支情况表

总会预 04 表

编制单位：　　年　月　日　　单位：元

项目	本月（旬）数	本年（月）累计数
专用基金收入		
粮食风险基金		
......		
专用基金支出		
粮食风险基金		
....		

"专用基金收入"项目及所属各明细项目，应当根据"专用基金收入"科目及所属各明细科目的本期发生额填列。

"专用基金支出"项目及所属各明细项目，应当根据"专用基金支出"科目及所属各明细科目的本期发生额填列。

（七）预算会计报表附注

附注是指对在会计报表中列示项目的文字描述或明细资料，以及对未能在会计报表中列示项目的说明。

总会计预算会计报表附注应当至少披露下列内容：

（1）遵循《财政总会计制度》的声明；

（2）本级政府财政预算执行情况的说明；

（3）会计报表中列示的重要项目的进一步说明，包括其主要构成、增减变动情况等；

（4）有助于理解和分析会计报表的其他需要说明的事项。

第三节　财政总会计报表的审核、汇总与分析

为保证财政总会计报表的质量，做到数字正确、内容完整，如实反映预算执行情况和财务状况，各级财政总会计对于本级主管部门和下级财政部门的会计报表必须先进行认真的审核，然后再加以汇总。

一、财政总会计报表的审核

财政总会计报表的审核主要包括政策性审核和技术性审核两方面。

（一）政策性审核

政策性审核是审核各项预算收支执行情况及结果是否体现了国家有关财经议会政策和各项账务规定，财政收支是否合法、合规。

（二）技术性审核

技术性审核是从会计报表的数字关系、数字计算的正确性等方面对各项预算收支执行情况及其结果进行审核。其具体包括：

1.会计报表之间的有关数字是否一致。

2.上下年度的有关数字是否一致。

3.财政总会计报表的有关数字和各业务部门的数字是否一致。

4.上下级财政总决算之间、财政部门决算与单位决算之间有关上解、补助、暂收、暂付往来和拨款数字是否一致。

5.财政决算报表的有关数字和有关部门的税收年报与国库年报的有关数字是否一致。

二、财政总会计报表的汇总

会计报表审核无误后，县级以上各级财政总会计根据本级编制的会计报表和所属各级财政上报的会计报表进行汇总，编制汇总的会计报表。

在编制汇总报表时，应将本级财政与下级财政之间内部业务的相关账户的数字予以冲销，以避免数字的重复记账。冲销账户的原则为“相同科目相加，对应科目对冲”。目前，财务会计和预算会计的对应科目有三对。财务会计有“补助收入”与“补助费用”、“上解收入”与“上解费用”、“与上级往来”与“与下级往来”；预算会计有“补助预算收入”与“补助预算支出”、“上解预算收入”与“上解预算支出”、“补助预算收入——上级调拨”与“补助预算支出——调拨下级”。将对应科目冲销后，其余各科目数字均将本级

财政会计报表与所属下级会计报表中的相同科目的数字相加，即可得到汇总会计报表的有关数字。

三、财政总会计报表的分析

财政总会计报表分析是以财政总会计报表为主要依据，并参考其他有关资料对一定时期的预算执行情况和财务状况进行比较、分析、研究后，做出符合事实的客观评价，查明原因，进而总结经验、吸取教训、采取措施、改进工作的一种方法。

分析的内容主要是各项预算收支完成情况和财务状况。分析的方法主要有比较分析法和因素分析法两种。

1.比较分析法。比较分析法是将两个或两个以上相关指标进行对比，测算出相互间的差异，从中发现问题。比较的内容主要有三个方面：一是将本期实际数与本期预算数进行比较；二是将本期实际数与历史同期数进行比较；三是将本期实际数与同类先进水平地区数字进行比较。

2.因素分析法。因素分析法是结合发现的问题，分析产生问题的影响因素，揭示问题产生的原因，以便于解决问题的分析方法。

四、财政总会计的信息化管理

随着信息技术的发展，财政总会计管理也应做到与时俱进，充分利用现代技术加强信息化管理。《财政总会计制度》对于财政总会计信息化管理的具体规定如下：

1.级财政部门应当加强有关业务处理系统及网络的建设和运行维护，确保各级总会计采用的会计信息管理系统符合本制度规定的核算方法，系统运行安全稳定、业务办理规范有序、业务信息真实有效。

2.各级财政部门应不断推进会计信息化应用，加强会计信息管理系统电子化改造，推进与其他有关业务系统的有效衔接，不断提高总会计账务处理及报表生成的自动化程度，并为会计档案电子化管理提供支撑。

3.各级总会计不得直接在会计信息管理系统中更改登记有误的账簿信息，应当采取冲销法或补充登记法重新填制调账记账凭证，复核无误后登记会计账簿。

4.信息系统储存的总会计原始数据应当由专人定期备份至专用存储设备。保存电子会计数据的存储介质应当纳入容灾备份体系妥善保管。

思考与练习题

一、思考题

1.什么是财政总会计的年终清理？其包括哪些内容？

2.什么是各级财政的年终结算？其包括哪些内容？

3.“财政总决算结算单”应当包括哪些内容？

4.财政年终结算的一般程序有哪些？

5.财政总会计的年终结账分为哪几步？

6.财政总会计的会计报表是什么？按内容分类，可分为哪几类会计报表？

7.财政总会计在决算编审中的工作任务是什么？

8.财政总会计报表附注应当至少披露哪些内容？

9.财政总会计报表的审核主要有哪些内容？

10.财政总预算会计信息化管理有哪些规定？

二、单项选择题

1.（　　）编制完成后，本年度的财政决算工作才宣告结束。

A.转账分录　　B.年终清理单　　C.转账单　　D.财政决算结算单

2.财政年终结算在本级政府财政与（　　）政府财政之间进行。

A.下级　　B.上级　　C.中央　　D.以上都不是

3.为了便于年终清理，本年预算的追加追减和企业事业单位的上划下划，一般截至（　　）。

A.11月底　　B.12月20日　　C.12月25日　　D.12月31日

4.财政总会计在填列“资产负债表”时，应设置（　　）项目，以反映政府财政期末承担的1年以内（含1年）到偿还期的非流动负债。

A.“一年内到期的非流动负债”　　B.“一年内到期的流动负债”

C.“一年内到期的负债”　　D.“长期负债”

5.财政总会计“资产负债表”的“应付主权外债转贷款”项目，反映政府财政期末承担的偿还期限（　　）的主权外债转贷款的本金金额。

A.不到1年　　B.1年　　C.超过1年　　D.任意时间

三、多项选择题

1.财政总会计应当按（　　）进行会计结账。

A.旬　　B.月　　C.季　　D.年

2.财政总会计年终结账前的准备工作主要有（　　）。

A.年终清理　　B.年终结算　　C.年终转账　　D.年终会计报告编制

3.财政总会计的会计结账一般分为（　　）。

A.平时结账　　B.月末结账　　C.季末结账　　D.年终结账

4.财政总会计报表的审核主要包括（　　）。

A.政策性审核　　B.合规性审核　　C.技术性审核　　D.正确性审核

5.财政总会计在编制汇总会计报表时，以下科目属于对应科目的有（　　）。

A.“补助预算收入”与“补助预算支出”

B.“上解预算收入”与“上解预算支出”

C.“与上级往来”与“与下级往来”

D.“债务转贷收入”与“债务转贷支出”

第十章即测即评

四、综合训练题

某市财政总会计20××年12月31日年终结账前的资产负债表，见表10-13。

表10-13 **资产负债表**

（结账前）

编制单位：某市财政局 20××年12月31日 单位：万元

资产部类	年初余额	期末余额	负债部类	年初余额	期末余额
流动资产：			流动负债：		
国库存款		1 052	应付短期政府债券		0
国库现金管理存款		0	应付利息		0
其他财政存款		28	应付国库集中支付结余		0
有价证券		50	与上级往来		210
在途款		70	其他应付款		35
预拨经费		60	应付代管资金		0
借出款项		35	一年内到期的非流动负债		0
应收股利		0	流动负债合计		245
与下级往来		100	非流动负债：		
其他应收款		0	应付长期政府债券		0
流动资产合计		1 395	借入款项		0
非流动资产：			应付地方政府债券转贷款		600
应收地方政府债券转贷款		500	应付主权外债转贷款		200
应收主权外债转贷款		100	其他负债		0
股权投资		0	非流动负债合计		800
待发国债		0	负债合计		1 045
非流动资产合计		600	净资产：		
资产合计		1 995	累计盈余		293
费用：			其中：预算管理资金累计盈余		270
政府机关商品和服务拨款费用		3 800	财政专户管理资金累计盈余		23
政府机关工资福利拨款费用		3 012	专用基金累计盈余		0
对事业单位补助拨款费用		260	预算稳定调节基金		567
对企业补助拨款费用		90	预算周转金		80
对个人和家庭补助拨款费用		32	以前年度盈余调整		0

续表

资产部类	年初余额	期末余额	负债部类	年初余额	期末余额
对社会保障基金补助拨款费用		961	其中：预算管理资金以前年度盈余调整		0
资本性拨款费用		1 010	财政专户管理资金以前年度盈余调整		0
其他拨款费用		0	专用基金以前年度盈余调整		0
财务费用		0	净资产合计		940
财政专户管理资金支出		8	收入：		
专用基金支出		3	税收收入		6 912
补助费用		2 047	非税收入		290
上解费用		700	投资收益		0
地区间援助费用		0	财政专户管理资金收入		9
其他费用		0	专用基金收入		5
费用合计		9 165	补助收入		2 504
			上解收入		400
			其他收入		0
			地区间援助收入		100
			收入合计		10 220
资产部类总计		11 160	负债部类总计		11 160

1. 编制年终转账的会计分录；

2. 编制结账后的资产负债表。

第三篇　行政事业单位会计

第十一章 行政事业单位会计概述

☞ 学习目的

通过本章的学习，了解行政事业单位会计的定义、适用范围、主要任务，理解行政事业单位会计的特点及核算原理，了解其核算对象及账簿组织。

第一节　行政事业单位会计的要求及特点

一、行政事业单位会计的界定

行政事业单位会计是指以各级各类行政单位和事业单位（以下统称单位）实际发生的各项经济业务为对象，核算、反映和监督单位预算执行情况和财务状况的专业会计（以下简称单位会计）。

单位会计适用于与本级政府财政部门直接或者间接发生预算拨款关系的国家　机关、军队、政党组织、社会团体、事业单位和其他单位。其核算目标是向会计信息使用者提供与单位财务状况、预算执行情况等有关的会计信息，反映单位受托责任的履行情况，有助于会计信息使用者进行管理、监督和决策。

单位会计信息使用者分为政府决算报告使用者和政府财务报告使用者，前者包括各级人民代表大会及其常务委员会、各级政府及其有关部门、政府会计主体自身、社会公众和其他利益相关者，后者包括各级人民代表大会常务委员会、债权人、各级政府及其有关部门、政府会计主体自身和其他利益相关者。

二、行政事业单位会计的核算要求

单位会计是我国政府会计的重要组成部分，其通过对单位各项经济业务或者事项和预算收支执行情况的核算与监督，为各级政府及相关部门进行决策提供必要的会计信息。单位会计核算的总体要求如下：

1.单位应当根据政府会计准则（包括基本准则和具体准则）规定的原则和政府会计制度的要求，对其发生的各项经济业务或事项进行会计核算。

2.单位对基本建设投资应当按照《政府会计制度——行政事业单位会计科目和报表》的规定统一进行会计核算，不再单独建账，但是应当按项目单独核算，并保证项目资料完整。

3.单位会计核算应当具备财务会计与预算会计双重功能，实现财务会计与预算会计适度分离并相互衔接，全面、清晰反映单位财务信息和预算执行信息。

4.单位财务会计核算实行权责发生制；单位预算会计核算实行收付实现制，国务院另有规定的，依照其规定。

5.单位对于纳入部门预算管理的现金收支业务，在采用财务会计核算的同时应当进行预算会计核算；对于其他业务，仅需进行财务会计核算。

6.政府会计核算应当划分会计期间，分期结算账目，按规定编制决算报告和财务报告。会计期间至少分为年度和月度。会计年度、月度等会计期间的起讫日期采用公历日期。

三、行政事业单位会计的特点

现行的单位会计设立了财务会计与预算会计适度分离并相互衔接的政府会计核算模式，体现出“五双”的特点：

1.双功能。同一个单位会计具备预算会计和财务会计双重功能。预算会计是指以收付实现制为基础对单位预算执行过程中发生的全部收入和全部支出进行会计核算，主要反映和监督预算收支执行情况的会计。财务会计是指以权责发生制为基础对单位发生的各项经济业务或者事项进行会计核算，主要反映和监督单位财务状况、运行情况（含运行成本，下同）与现金流量等的会计。

2.双目标。同一个单位会计主体的同一会计账套满足两个目标，预算会计提供与单位预算执行情况有关的信息，综合反映单位预算收支的年度执行结果，有助于决算报告使用者进行监督和管理，并为编制后续年度预算提供参考和依据；财务会计提供与单位财务状况、运行情况和现金流量等有关的信息，反映单位公共受托责任履行情况，有助于财务报告使用者做出决策或者进行监督和管理。

3.双基础。单位会计下的预算会计采用收付实现制，财务会计采用权责发生制。

4.双等式。单位会计等式包括预算会计等式和财务会计等式。[①]

5.双报告。预算会计编制政府决算报告，财务会计编制政府财务报告。

四、行政事业单位会计信息质量要求

政府会计基本准则对单位会计信息提出了7条信息质量要求：

1.单位应当以实际发生的经济业务或者事项为依据进行会计核算，如实反映各项会计要素的情况和结果，保证会计信息真实可靠。

2.单位应当将发生的各项经济业务或者事项统一纳入会计核算，确保会计信息能够全面反映单位预算执行情况和财务状况、运行情况、现金流量等。

① 具体参见本教材第一篇第二章第二节相关内容。

3.单位提供的会计信息，应当与反映单位公共受托责任履行情况以及报告使用者决策或者监督、管理的需要相关，有助于报告使用者对单位过去、现在或者未来的情况做出评价或者预测。

4.单位对已经发生的经济业务或者事项，应当及时进行会计核算，不得提前或者延后。

5.单位提供的会计信息应当具有可比性。

同一单位不同时期发生的相同或者相似的经济业务或者事项，应当采用一致的会计政策，不得随意变更。确需变更的，应当将变更的内容、理由及影响在附注中予以说明。

不同单位发生的相同或相似的经济业务或者事项，应当采用一致的会计政策，确保政府会计信息口径一致，相互可比。

6.单位提供的会计信息应当清晰明了，便于使用者理解和使用。

7.单位应当按照经济业务或者事项的经济实质进行会计核算，不限于以经济业务或者事项的法律形式为依据。

第二节 行政事业单位会计账簿组织

一、会计科目

单位会计科目按照资产、负债、净资产、收入、费用、预算收入、预算支出和预算结余八大会计要素设置，具体会计科目表见表11-1。

表11-1 政府会计制度——行政事业单位会计科目表

序号	编号	名称	适用范围	序号	编号	名称	适用范围
一、资产类							
1	1001	库存现金		39	2103	应缴财政款	
2	1002	银行存款		40	2201	应付职工薪酬	
3	1011	零余额账户用款额度①		41	2301	应付票据	事业
4	1021	其他货币资金		42	2302	应付账款	
5	1101	短期投资	事业	43	2303	应付政府补贴款	行政
6	1201	财政应返还额度		44	2304	应付利息	事业
7	1211	应收票据	事业	45	2305	预收账款	事业
8	1212	应收账款		46	2307	其他应付款	
9	1214	预付账款		47	2401	预提费用	
10	1215	应收股利	事业	48	2501	长期借款	事业
11	1216	应收利息	事业	49	2502	长期应付款	
12	1218	其他应收款		50	2601	预计负债	
13	1219	坏账准备	事业	51	2901	受托代理负债	
14	1301	在途物品					
15	1302	库存物品					

续表

序号	编号	名称	适用范围	序号	编号	名称	适用范围
16	1303	加工物品					
17	1401	待摊费用		三、净资产类			
18	1501	长期股权投资	事业	52	3001	累计盈余	
19	1502	长期债券投资	事业	53	3101	专用基金	事业
20	1601	固定资产		54	3201	权益法调整	事业
21	1602	固定资产累计折旧		55	3301	本期盈余	
22	1611	工程物资		56	3302	本年盈余分配	
23	1613	在建工程		57	3401	无偿调拨净资产	
24	1701	无形资产		58	3501	以前年度盈余调整	
25	1702	无形资产累计摊销					
26	1703	研发支出					
27	1801	公共基础设施					
28	1802	公共基础设施累计折旧（摊销）					
29	1811	政府储备物资					
30	1821	文物资源[2]					
31	1831	保障性住房					
32	1832	保障性住房累计折旧					
33	1891	受托代理资产					
34	1901	长期待摊费用					
35	1902	待处理财产损溢					
		二、负债类					
36	2001	短期借款	事业				
37	2101	应交增值税					
38	2102	其他应交税费					
四、收入类				六、预算收入类			
59	4001	财政拨款收入		1	6001	财政拨款预算收入	
60	4101	事业收入	事业	2	6101	事业预算收入	事业
61	4201	上级补助收入	事业	3	6201	上级补助预算收入	事业
62	4301	附属单位上缴收入	事业	4	6301	附属单位上缴预算收入	事业
63	4401	经营收入	事业	5	6401	经营预算收入	事业
64	4601	非同级财政拨款收入		6	6501	债务预算收入	事业
65	4602	投资收益	事业	7	6601	非同级财政拨款预算收入	
66	4603	捐赠收入		8	6602	投资预算收益	事业
67	4604	利息收入		9	6609	其他预算收入	

续表

序号	编号	名称	适用范围	序号	编号	名称	适用范围
68	4605	租金收入					
69	4609	其他收入					
五、费用类				七、预算支出类			
70	5001	业务活动费用		10	7101	行政支出	行政
71	5101	单位管理费用	事业	11	7201	事业支出	事业
72	5201	经营费用	事业	12	7301	经营支出	事业
73	5301	资产处置费用		13	7401	上缴上级支出	事业
74	5401	上缴上级费用	事业	14	7501	对附属单位补助支出	事业
75	5501	对附属单位补助费用	事业	15	7601	投资支出	事业
76	5801	所得税费用	事业	16	7701	债务还本支出	事业
77	5901	其他费用		17	7901	其他支出	
				八、预算结余类			
				18	8001	资金结存	
				19	8101	财政拨款结转	
				20	8102	财政拨款结余	
				21	8201	非财政拨款结转	
				22	8202	非财政拨款结余	
				23	8301	专用结余	事业
				24	8401	经营结余	事业
				25	8501	其他结余	
				26	8701	非财政拨款结余分配	事业

注：由于新的政府会计体系下所有单位统一适用同一套会计制度，所以会计科目是覆盖所有单位的。但由于行政单位和事业单位性质不同、职能不同、核算内容不同，某些会计科目的设置要求也不同，因此表11-1中的有些科目仅适用于行政单位，有些科目仅适用于事业单位，有些科目同时适用于两类单位。表11-1中会计科目"适用范围"栏中标"行政"两字表明仅适用于行政单位，标"事业"两字表明仅适用于事业单位，未标记表明同时适用于两类单位。

①根据财政部2022年9月公布的《政府会计准则制度解释第5号》的相关规定，实行预算管理一体化的中央预算单位在会计核算时不再使用"零余额账户用款额度"科目。省级及以下预算单位实行预算管理一体化的预算单位参照第5号解释也可以不再使用本科目。

②根据财政部2023年公布的《政府会计准则第11号——文物资源》及其应用指南的相关规定，《政府会计制度——行政事业单位会计科目和报表》中"文物文化资产"科目修改为"文物资源"科目。后面章节介绍文物资源相关内容均按照新规定进行调整。

现行单位会计科目一共103个，其中财务会计科目77个，预算会计科目26个。单位应当按照下列规定运用会计科目：

（1）单位应当按照政府会计制度的规定设置和使用会计科目。在不影响会计处理和编制报表的前提下，单位可以根据实际情况自行增设或减少某些会计科目。

（2）单位应当执行政府会计制度统一规定的会计科目编号，以便于填制会计凭证、登记账簿、查阅账目，实行会计信息化管理。

（3）单位在填制会计凭证、登记会计账簿时，应当填列会计科目的名称，或者同时填列会计科目的名称和编号，不得只填列会计科目编号、不填列会计科目名称。

（4）单位设置明细科目或进行明细核算，除遵循政府会计制度规定外，还应当满足权责发生制政府部门财务报告和政府综合财务报告编制的其他需要。

二、会计凭证

单位的会计凭证包括原始凭证和记账凭证。

（一）原始凭证

行政单位的原始凭证主要有收款凭证，借款凭证，预算拨款凭证，固定资产调拨单，开户银行转来的收、付款凭证，往来结算凭证，存货的出库、入库单，以及其他足以证明会计事项发生经过的凭证和文件。

事业单位原始凭证主要有：收款收据；借款凭证；预算拨款凭证；各种税票；材料出、入库单；固定资产出、入库单；开户银行转来的收、付款凭证；往来结算凭证；其他足以证明会计事项发生经过的凭证和文件等。

（二）记账凭证

记账凭证是由会计人员根据审核后的原始凭证填制的，并作为登记账簿的凭证依据。行政单位的记账凭证主要包括收款凭证、付款凭证和转账凭证三种，格式分别见表11-2、表11-3、表11-4。

表11-2　　　　**收款凭证**　　　　出纳编号________

借方科目：　　　　年　　月　　日　　　　制单编号________

对方单位（或缴款人）	摘要	贷方科目		金额	记账符号	
		总账科目	明细科目			
		合计金额				

会计主管　　记账　　稽核　　出纳　　制单　　收款人

表11-3　　　　**付款凭证**　　　　出纳编号________

贷方科目：　　　　年　　月　　日　　　　制单编号________

对方单位（或领款人）	摘要	借方科目		金额	记账符号	
		总账科目	明细科目			
		合计金额				

会计主管　　记账　　稽核　　出纳　　制单　　领款人

表11-4　　**转账凭证**　　出纳编号________

年　月　日　　制单编号________

<table>
<tr><td rowspan="2">对方单位</td><td rowspan="2">摘要</td><td colspan="2">借方</td><td colspan="2">贷方</td><td rowspan="2">金额</td><td colspan="2" rowspan="2">记账符号</td></tr>
<tr><td>总账科目</td><td>明细科目</td><td>总账科目</td><td>明细科目</td></tr>
<tr><td></td><td></td><td></td><td></td><td></td><td></td><td></td><td></td><td></td></tr>
<tr><td></td><td></td><td></td><td></td><td></td><td></td><td></td><td></td><td></td></tr>
<tr><td></td><td></td><td></td><td></td><td></td><td></td><td></td><td></td><td></td></tr>
</table>

会计主管　　记账　　稽核　　出纳　　制单　　领（缴）款人

事业单位记账凭证同行政单位，通常也分为收款凭证、付款凭证和转账凭证三种。除收、付、转凭证外，也可以使用通用记账凭证。

三、会计账簿

行政单位的会计账簿分为总账、明细账和序时账。总账的格式同财政总会计。明细账主要有：

1.收入明细账，包括财政拨款收入明细账及其他收入明细账。

2.支出明细账，包括行政支出明细账和其他支出明细账。

3.往来款项明细账，包括应收账款、应付账款、其他应收款和其他应付款等明细账。

序时账是按经济业务发生的先后顺序，逐日逐笔连续登记的账簿。序时账分为现金日记账和银行存款日记账，通常采用三栏式格式。

事业单位总账、序时账与行政单位类同。事业单位主要设置的明细账有：

1.收入明细账，包括财政拨款收入明细账、事业收入明细账、经营收入明细账、上级补助收入明细账、附属单位上缴收入明细账和其他收入明细账。

2.支出明细账，包括事业支出明细账、经营支出明细账、上缴上级支出明细账、对附属单位补助支出明细账和其他支出明细账。

3.往来款项明细账，包括应收账款明细账、其他应收款明细账、应付账款明细账、其他应付款明细账等。

四、资金运行及核算原理

（一）行政单位资金运行及核算原理

行政单位主要是指党政机关单位，为全社会提供各种公共服务，同时管理社会事务。行政单位会计核算的特点是由于其运行的特殊性所引起的。行政单位的资金运行的具体特点主要有：

一是行政单位的非营利性。行政单位的主要任务是无偿为社会提供公共商品和服务，其资金由财政供给，主要来自纳税人的税收，不需要通过销售商品和服务获得成本的回收。由于分配和管理的需要，行政单位有时候也要向居民和企业收取服务费用，但这类收费的目的是平衡享受公共服务者与不享受公共服务者之间的负担，解决消费拥堵或“搭便车”问题，而不是以营利为目的。

二是行政单位的资金主要来自财政拨款。行政单位提供公共商品和服务的经费来源为财政资金，其资金运行过程始于财政拨款，即先从财政获得拨款形成行政单位非偿还性收入，然后通过向社会（即企业或个人等）提供公共商品和服务将这些财政资金花费出去，形成行政单位支出。行政单位在提供商品和服务过程中，有时候也可以取得收费等资金收入，但这些收入按照规定不属于行政单位的非偿还性资金，而属于应上缴财政的偿还性资金，形成应缴性质的负债。行政单位的资金运行过程可简单表述为，从财政获得的拨款作收，提供公共商品和服务时的花费作支，期间取得的行政性收费作应缴性负债。行政单位的资金运行及核算原理如图11-1所示。

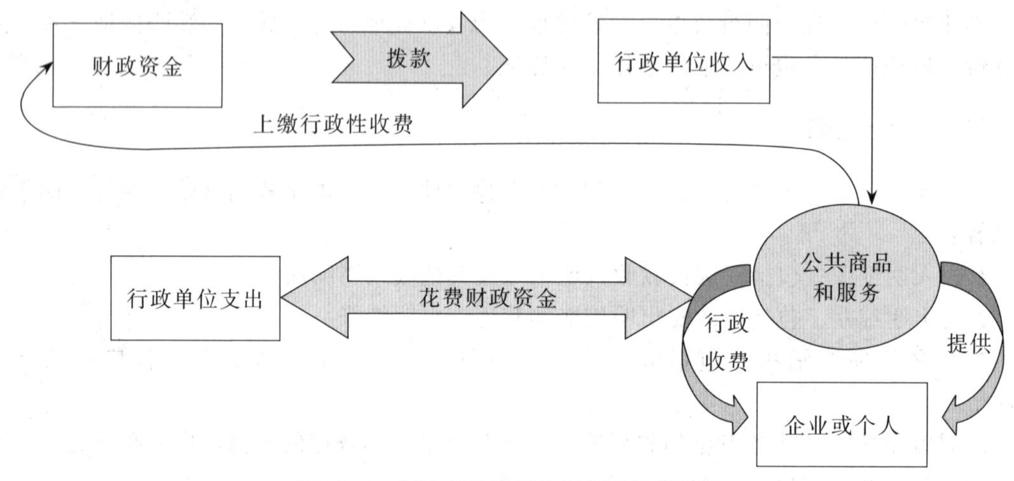

图11-1　行政单位的资金运行及核算原理

（二）事业单位资金运行及核算原理

事业单位的资金运行具有复杂性，根据活动性质可以将事业单位的活动划分为两大类：一类是主营业务及其辅助活动，通常简称事业活动；另一类是市场经营活动，通常简称经营活动。经营活动的资金来源往往是经营收入，其原理与企业相同；事业活动的资金来源比较丰富，主要有财政补助收入、事业收入、上级补助收入、附属单位上缴收入等，其中事业收入是事业单位通过向社会提供准公共商品和服务而收取的费用以及从财政专户取得的返还性收入。

事业活动的资金运行原理如图11-2所示。首先，从财政和上级取得补助资金以及从附属单位取得上缴资金，形成事业活动的部分收入；其次，使用事业活动资金向社会（即企业或个人等）提供准公共商品和服务，产生事业活动支出；最后，在向社会（即企业或个人等）提供准公共商品和服务的同时，收取部分费用，一部分费用属于应上缴财政的事业性收费，形成应缴性质的负债，即应缴国库款或应缴财政专户款，另一部分属于本单位的事业收入，作为事业活动另一项资金来源。

经营活动的资金运行原理如图11-3所示。首先，进行经营活动投资，开展经营活动，生产私人商品和服务，产生经营支出；其次，向社会销售私人商品和服务，获得经营收入。

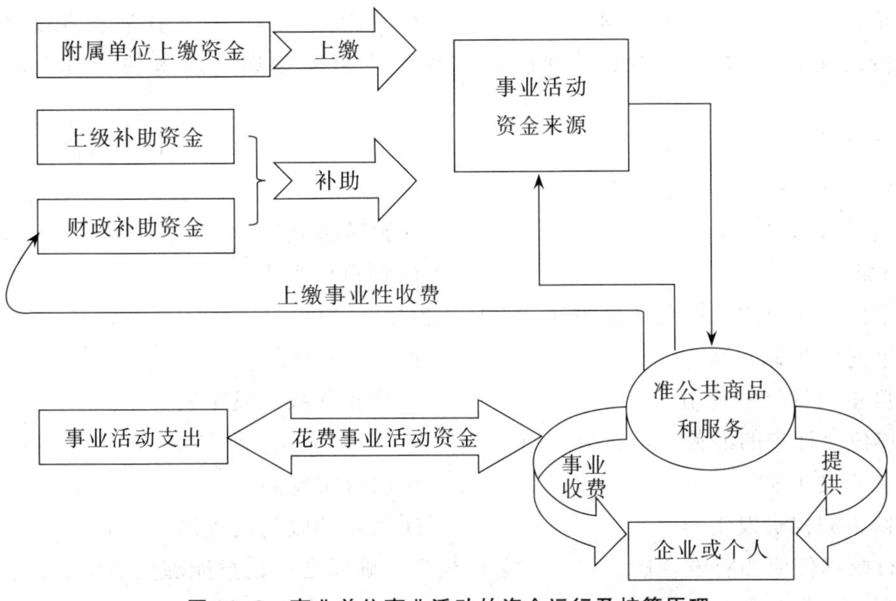

图11-2 事业单位事业活动的资金运行及核算原理

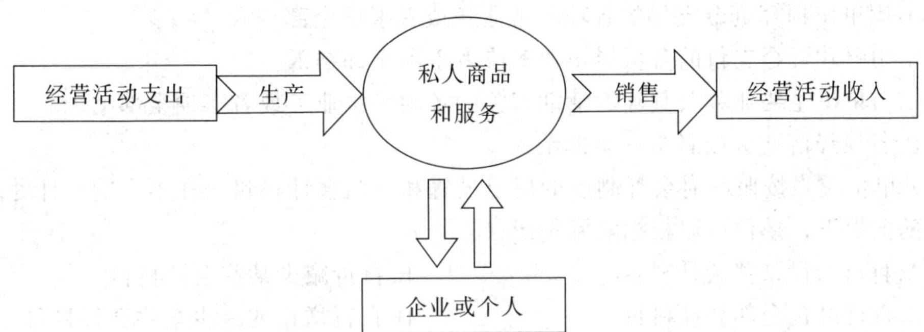

图11-3 事业单位经营活动的资金运行及核算原理

思考与练习题

一、思考题

1.什么是行政事业单位会计？其适用范围如何？

2.单位会计的核算要求有哪些？

3.单位会计有什么特点？

4.政府会计基本准则对单位会计信息提出了哪些质量要求？

5.政府会计制度对单位会计科目的设置和使用有哪些规定？

6.行政单位和事业单位的原始凭证有哪些？

7.行政单位和事业单位资金运行情况如何？

8.单位会计信息使用者有哪些？

二、单项选择题

1.下列会计要素中，（　　）不属于单位会计的具体核算对象。

A.资产　B.负债　C.费用　D.所有者权益

2.行政单位在提供公共商品和服务过程中按照国家规定取得的行政性收费属于（　）。

A.资产　B.收入　C.负债　D.净资产

3.行政单位的资金主要来自（　）。

A.行政性收费　B.财政拨款

C.利润　D.预算外收入

4.单位会计中的预算会计采用（　）作为核算基础。

A.收付实现制　B.权责发生制

C.修正的收付实现制　D.修正的权责发生制

5.单位会计中的财务会计，应采用（　）。

A.权责发生制　B.收付实现制

C.修正的权责发生制　D.修正的收付实现制

6.行政单位应当将发生的（　）会计核算，确保会计信息能够全面反映行政单位的财务状况和预算执行情况等。

A.用单位预算资金支付的各项经济业务或者事项全部纳入

B.用财政资金支付的各项经济业务或者事项全部纳入

C.与单位主要业务及其辅助活动相关的各项经济业务或者事项全部纳入

D.各项经济业务或者事项全部纳入

7.单位应当按照政府会计制度的规定设置和使用会计科目。在不影响会计处理和编制报表的前提下，单位可以根据实际情况（　）。

A.自行增设某些会计科目　B.自行减少某些会计科目

C.自行设置全部会计科目　D.自行增设或减少某些会计科目

8.单位在填制会计凭证、登记会计账簿时，不符合会计科目填列要求的是（　）。

A.只填列科目名称　B.同时填列科目名称和编号

C.只填列科目编号　D.以上都不是

三、多项选择题

1.单位会计的核算目标是向会计信息使用者提供与单位（　）等有关的会计信息。

A.财务状况　B.预算执行情况　C.费用情况　D.盈利能力

2.单位会计的适用范围包括与本级政府财政部门直接或者间接发生预算拨款关系的（　）。

A.各级各类国家机关　B.各级各类政党组织

C.各级各类非营利组织　D.各级各类军队组织

3.下列属于单位会计信息使用者的有（　）。

A.人民代表大会　B.政党组织

C.政府及其有关部门　D.民众

4.下列工作中，单位会计可以参与的有（　）。

A.本单位预算工作　B.本单位决算工作

C.检查分析单位预算执行情况　D.指导所属会计单位的会计工作

5.单位提供的会计信息应当与单位受托责任履行情况的反映、会计信息使用者的（　　）相关，有助于会计信息使用者对单位过去、现在或者未来的情况做出评价或者预测。

A.管理需要　　B.监督需要　　C.决策需要　　D.其他需要

6.下列凭证中，属于事业单位原始凭证的有（　　）。

A.预算收入日报表　　B.收款收据

C.预算拨款凭证　　D.材料入库单

7.下列属于单位会计财务收入科目的有（　　）。

A.“附属单位上缴收入”　　B.“财政拨款收入”

C.“上级补助收入”　　D.“事业收入”

8.单位设置明细科目或进行明细核算，除遵循政府会计制度规定外，还应当满足（　　）的其他需要。

A.权责发生制政府部门财务报告

B.权责发生制政府综合财务报告编制

C.收付实现制政府部门财务报告

D.收付实现制政府综合财务报告编制

第十一章即测即评

四、论述题

阐述行政单位和事业单位的资金运行及会计核算原理。

第十二章 单位资产的核算

☞ 学习目的

通过本章的学习，掌握单位会计各类资产的科目设置、管理要求及核算方法。

第一节 单位资产概述

一、单位资产的概念及分类

单位资产是指政府会计主体过去的经济业务或者事项形成的，由单位控制的，预期能够产生服务潜力或者带来经济利益流入的经济资源。

与旧会计体系对资产的界定相比，新会计体系将原定义中的“单位占有或使用”改为“单位控制”，并强调“服务潜力”。由此，新会计体系下资产的范围大大扩大，覆盖了单位所有的资产。

根据单位所控制资产的属性，可以将单位会计核算的资产分为以下三大类：

（1）单位控制单位自己占有或使用的资产，包括流动资产、固定资产、在建工程、无形资产、投资等。其中，流动资产是指可以在1年以内（含1年）变现或者耗用的资产，包括库存现金、银行存款、零余额账户用款额度、财政应返还额度、应收及预付款项、存货等。应收及预付款项是指单位在开展业务活动中形成的各项债权，包括应收账款、应收票据、预付账款、其他应收款等。存货是指单位在工作中为耗用而储存的资产，包括材料、燃料、包装物和低值易耗品等。

（2）单位控制供社会使用的资产，即单位作为社会公共服务者为社会公众提供的供社会公众消费使用的资产，包括公共基础设施、政府储备物资、文物资源、保障性住房、自然资源资产等。

（3）单位受托临时控制的资产，即单位作为受托者接受委托者的委托代为保管、储存、捐赠的受托代理资产，包括受托指定转赠的物资、受托存储保管的物资和单位管理的罚没物资。

根据流动性可将单位的资产划分为两大类：

（1）流动资产是指预计在1年内（含1年）耗用或者可以变现的资产，包括货币资金、短期投资、应收及预付款项、存货等。

（2）非流动资产是指流动资产以外的资产，包括固定资产、在建工程、无形资产、长期投资、公共基础设施、政府储备资产、文物资源、保障性住房和自然资源资产等。

二、单位资产的确认及计量

（一）确认条件

单位对符合资产定义的经济资源，应当在同时满足以下条件时，确认为资产：

（1）与该经济资源相关的服务潜力很可能实现或者经济利益很可能流入政府会计主体；

（2）该经济资源的成本或者价值能够可靠地计量，符合资产定义并确认的资产项目，应当列入资产负债表。

（二）计量属性及应用原则

资产的计量属性主要包括历史成本、重置成本、现值、公允价值和名义金额。

在历史成本计量下，资产按照取得时支付的现金金额或者支付对价的公允价值计量。

在重置成本计量下，资产按照现在购买相同或者相似资产所需支付的现金金额计量。

在现值计量下，资产按照预计从其持续使用和最终处置中所产生的未来净现金流入量的折现金额计量。

在公允价值计量下，资产按照市场参与者在计量日发生的有序交易中，出售资产所能收到的价格计量。

无法采用上述计量属性的，采用名义金额（即人民币1元）计量。

单位在对资产进行计量时，一般应当采用历史成本。采用重置成本、现值、公允价值计量的，应当保证所确定的资产金额能够持续、可靠计量。

三、资产核算要求

单位财务会计资产在具体核算时应注意以下问题：

（1）核算基础采用权责发生制；

（2）核算中应遵循《政府会计准则——基本准则》中关于资产的相关规定；

（3）核算中应注意与政府会计具体准则及应用指南相协调；

（4）核算中应注意与当前国有资产管理法律、法规和政策相协调；

（5）核算中应注意与财务会计其他会计要素的会计科目相协调；

（6）核算中应注意与预算会计的核算相协调。

四、单位财务会计资产类科目及核算内容

单位财务会计资产类科目及核算内容见表12-1。

表12-1　　单位财务会计资产类科目及核算内容

序号	科目编号	科目名称	核算内容
1	1001	库存现金	核算单位的库存现金
2	1002	银行存款	核算单位存入银行或者其他金融机构的各种存款
3	1011	零余额账户用款额度	核算实行国库集中支付的单位根据财政部门批复的用款计划收到和支用的零余额账户用款额度
4	1021	其他货币资金	核算单位的外埠存款、银行本票存款、银行汇票存款、信用卡存款等各种其他货币资金
5	1101	短期投资	核算事业单位按照规定取得的，持有时间不超过1年（含1年）的投资
6	1201	财政应返还额度	核算实行国库集中支付的单位应收财政返还的资金额度，应设置“财政直接支付”“财政授权支付”两个明细科目进行明细核算
7	1211	应收票据	核算事业单位因开展经营活动销售产品、提供有偿服务等而收到的商业汇票，包括银行承兑汇票和商业承兑汇票
8	1212	应收账款	核算事业单位提供服务、销售产品等应收取的款项，以及单位因出租资产、出售物资等应收取的款项
9	1214	预付账款	核算单位按照购货、服务合同或协议规定预付给供应单位（或个人）的款项，以及按照合同规定向承包工程的施工企业预付的备料款和工程款
10	1215	应收股利	核算事业单位持有长期股权投资应当收取的现金股利或应当分得的利润
11	1216	应收利息	核算事业单位长期债券投资应当收取的利息
12	1218	其他应收款	核算单位除应收账款、预付账款等以外的其他各项应收及暂付款项
13	1219	坏账准备	核算事业单位对收回后不需上缴财政的应收账款和其他应收款提取的坏账准备
14	1301	在途物品	核算单位采购材料等物资时货款已付或已开出商业汇票但尚未验收入库的在途物品的采购成本
15	1302	库存物品	核算单位在开展业务活动及其他活动中为耗用或出售而储存的各种材料、产品、包装物、低值易耗品，以及未达到固定资产标准的用具、装具、动植物等的成本
16	1303	加工物品	核算单位自制或委托外单位加工的各种物品的实际成本。未完成的测绘、地质勘察、设计成果的实际成本，也通过本科目核算
17	1401	待摊费用	核算单位已经支付，但应当由本期和以后各期分别负担的分摊期在1年以内（含1年）的各项费用，如预付航空保险费、预付租金等
18	1501	长期股权投资	核算事业单位按照规定取得的，持有时间超过1年（不含1年）的股权性质的投资
19	1502	长期债券投资	核算事业单位按照规定取得的，持有时间超过1年（不含1年）的债券投资

续表

序号	科目编号	科目名称	核算内容
20	1601	固定资产	核算单位各类固定资产的原值
21	1602	固定资产累计折旧	核算单位计提的固定资产累计折旧
22	1611	工程物资	核算单位为在建工程准备的各种物资的成本，包括工程用材料、设备等
23	1613	在建工程	核算单位在建的建设项目工程的实际成本。单位在建的信息系统项目工程、公共基础设施项目工程、保障性住房项目工程的实际成本，也通过本科目核算
24	1701	无形资产	核算单位无形资产的原值
25	1702	无形资产累计摊销	核算单位对使用年限有限的无形资产计提的累计摊销
26	1703	研发支出	核算单位自行研究开发项目研究阶段和开发阶段发生的各项支出
27	1801	公共基础设施	核算单位控制的公共基础设施的原值
28	1802	公共基础设施累计折旧（摊销）	核算单位计提的公共基础设施累计折旧和累计摊销
29	1811	政府储备物资	核算单位控制的政府储备物资的成本
30	1821	文物资源	核算由单位承担管理收藏职责的文物资源
31	1831	保障性住房	核算单位为满足社会公共需求而控制的保障性住房的原值
32	1832	保障性住房累计折旧	核算单位计提的保障性住房的累计折旧
33	1891	受托代理资产	核算单位接受委托方委托管理的各项资产，包括受托指定转赠、存储保管的物资等的成本。单位管理的罚没物资也应当通过本科目核算
34	1901	长期待摊费用	核算单位已经支出，但应由本期和以后各期负担的分摊期限在1年以上（不含1年）的各项费用，如以经营租赁方式租入的固定资产发生的改良支出等
35	1902	待处理财产损溢	核算单位在资产清查过程中查明的各种资产盘盈、盘亏和报废、毁损的价值

第二节　资金类资产的核算

本节主要介绍“库存现金”“银行存款”“其他货币资金”“零余额账户用款额度”“财政应返还额度”5个资金类科目的核算要求及方法①。

① 由于本教材是按照八大会计要素的顺序分别介绍各要素下会计科目的使用方法，同时为了体现循序渐进地接触“双会计”做账的学习过程，所以，虽然新政府会计采用的是财务会计和预算会计平行记账的核算模式，但在介绍财务会计各要素会计科目时，只进行了财务会计的账务处理，暂未考虑预算会计账务处理情况。本教材以后章节有关财务会计其他要素的处理同此。

一、库存现金

"库存现金"科目核算单位的库存现金。库存现金的增加记借方，减少记贷方，期末借方余额反映单位实际持有的库存现金。本科目应当设置"受托代理资产"明细科目，核算单位受托代理、代管的现金。单位应当严格按照国家有关现金管理的规定收支现金，并按照新政府会计制度的规定核算现金的各项收支业务。

（一）与银行等金融机构之间的业务往来

从银行等金融机构提取现金，按照实际提取的金额，借记本科目，贷记"银行存款""零余额账户用款额度"等科目；将现金存入银行等金融机构，借记"银行存款"科目，贷记本科目；将现金退回单位零余额账户，借记"零余额账户用款额度"科目，贷记本科目。

1.从银行等金融机构提取现金：

借：库存现金

  贷：银行存款/零余额账户用款额度等

2.将现金存入银行等金融机构：

借：银行存款

  贷：库存现金

3.将现金退回单位零余额账户：

借：零余额账户用款额度

  贷：库存现金

（二）与内部职工之间的业务往来

因内部职工出差等原因借出的现金，按照实际借出的现金金额，借记"其他应收款"科目，贷记本科目；出差人员报销差旅费时，按照实际报销的金额，借记"业务活动费用""单位管理费用"等科目，按照实际借出的现金金额，贷记"其他应收款"科目，按照其差额，借记或贷记本科目。

1.内部职工出差等借出现金：

借：其他应收款

  贷：库存现金

2.出差人员报销差旅费：

借：业务活动费用/单位管理费用（实际报销金额）

  贷：其他应收款（实际借出金额）

借或贷：库存现金（差额）

【例 12-1】某行政单位工作人员张三出差预借差旅费 3 000 元，以现金支付。张三出差回来，实际花费 2 800 元，200 元余款收回。

（1）预借差旅费时：

借：其他应收款——张三	3 000	
贷：库存现金		3 000

（2）报销时：

借：业务活动费用	2 800	
库存现金	200	

贷：其他应收款——张三　　3 000

（三）对外开展业务或其他事项

因提供服务、物品或其他事项收到现金，按照实际收到的金额，借记本科目，贷记“事业收入”“应收账款”等相关科目；因购买服务、物品或其他事项支出现金，按照实际支付的金额，借记“业务活动费用”“单位管理费用”“库存物品”等相关科目，贷记本科目；以库存现金对外捐赠，按照实际捐出的金额，借记“其他费用”科目，贷记本科目。

1.因提供服务、物品或其他事项收到现金：

借：库存现金

　贷：事业收入/应收账款等

【例 12-2】某事业单位因主营业务取得现金收入800元。（不考虑税）

借：库存现金　　800

　贷：事业收入　　800

2.因购买服务、物品或其他事项支出现金

借：业务活动费用/单位管理费用/库存物品等

　贷：库存现金

【例 12-3】某事业单位因开展主营业务需要购买服务支付现金850元。（不考虑税）

借：事业支出　　850

　贷：库存现金　　850

3.以库存现金对外捐赠

借：其他费用

　贷：库存现金

涉及增值税业务的，相关账务处理参见“应交增值税”科目。

（四）受托代理、代管现金业务

收到受托代理、代管的现金，按照实际收到的金额，借记本科目（受托代理资产），贷记“受托代理负债”科目；支付受托代理、代管的现金，按照实际支付的金额，借记“受托代理负债”科目，贷记本科目（受托代理资产）。

1.收到受托代理、代管的现金时：

借：库存现金——受托代理资产

　贷：受托代理负债

2.支付受托代理、代管的现金时：

借：受托代理负债

　贷：库存现金——受托代理资产

【例 12-4】某单位接受委托代为向受赠人捐赠现金20 000元，收到现金存入保险柜，3日后捐出。

（1）收到受托现金时：

借：库存现金——受托代理资产　　20 000

　贷：受托代理负债　　20 000

（2）3日后向受赠人捐款时：

借：受托代理负债　　20 000

贷：库存现金——受托代理资产 20 000

（五）日常管理及相应账务处理

1.设置“库存现金日记账”。单位应当设置“库存现金日记账”，由出纳人员根据收付款凭证，按照业务发生顺序逐笔登记。每日终了，应当计算当日的现金收入合计数、现金支出合计数和结余数，并将结余数与实际库存数核对，做到账款相符。

2.账款不符的账务处理。每日终了结算现金收支，账款核对时发现有待查明原因的现金短缺或溢余，应当通过“待处理财产损溢”科目核算。属于现金短缺，应当按照实际短缺的金额，借记“待处理财产损溢”科目，贷记本科目；属于现金溢余，应当按照实际溢余的金额，借记本科目，贷记“待处理财产损溢”科目。待查明原因后，如为现金短缺，属于应由责任人赔偿或向有关人员追回的部分，借记“其他应收款”科目，贷记“待处理财产损溢”科目；如为现金溢余，属于应支付给有关人员或单位的部分，借记“待处理财产损溢”科目，贷记“其他应付款”科目。

（1）发现账款不符时，首先应通过“待处理财产损溢”科目核算。

①属于现金短缺，应按实际短缺金额：

借：待处理财产损溢

贷：库存现金

②属于现金溢余，应按实际溢余金额作相反的会计分录。

（2）查明原因后，应作如下账务处理：

①如为现金短缺，属于应由责任人赔偿或向有关人员追回的部分：

借：其他应收款

贷：待处理财产损溢

②如为现金溢余，属于应支付给有关人员或单位的部分：

借：待处理财产损溢

贷：其他应付款

（3）如果无法查明原因，应作如下账务处理：

①如为现金短缺，报经批准核销后：

借：资产处置费用

贷：待处理财产损溢

②如为现金溢余，报经批准后：

借：待处理财产损溢

贷：其他收入

【例12-5】某单位月末盘点库存现金时发现实际库存数比账面结余数少了120元，原因尚未查明。经反复核查，无法查明原因，经批准作费用处理。

（1）发现短款时：

借：待处理财产损溢 120

贷：库存现金 120

（2）批准核销时：

借：资产处置费用 120

贷：待处理财产损溢 120

【例 12-6】某单位盘点库存现金时发现库存现金的实际数比账面数多出80元，尚未查明原因。后经核查，发现80元长款中有50元是由于支付现金时少付了，30元无法查明原因，经批准作无主款处理。

（1）发现长款时：

借：库存现金　80

　贷：待处理财产损溢　80

（2）核查后：

借：待处理财产损溢　80

　贷：其他收入　30

　　　其他应付款　50

（六）库存现金外币业务处理

单位有外币现金的，应当分别按照人民币、外币种类设置“现金日记账”进行明细核算。有关外币现金业务的账务处理，参见“银行存款”科目的相关规定。

二、银行存款

“银行存款”科目核算单位存入银行或者其他金融机构的各种存款。银行存款的增加记借方，减少记贷方，期末借方余额反映单位实际存放在银行或者其他金融机构的款项。本科目应当设置“受托代理资产”明细科目，核算单位受托代理、代管的银行存款。单位应当严格按照国家有关支付结算办法的规定办理银行存款收支业务，并按照制度规定核算银行存款的各项收支业务。

（一）将款项存入银行或者其他金融机构

将款项存入银行或者其他金融机构，按照实际存入的金额，借记本科目，贷记“库存现金”“事业收入”“应收账款”“经营收入”“其他收入”等相关科目。

借：银行存款

　贷：库存现金/事业收入/应收账款/经营收入/其他收入等

（二）从银行等金融机构提取现金

提取现金时，按照实际提取的金额，借记“库存现金”科目，贷记本科目。

借：库存现金

　贷：银行存款

（三）以银行存款支付相关费用

以银行存款支付相关费用时，按照实际支付的金额，借记“业务活动费用”“单位管理费用”“其他费用”等相关科目，贷记本科目。

借：业务活动费用/单位管理费用/其他费用等

　贷：银行存款

【例 12-7】某事业单位因开展主营业务发生支出2万元，后勤管理业务发生支出1万元，均通过银行存款转账支付。（不考虑税）

借：业务活动费用　20 000

　　单位管理费用　10 000

　贷：银行存款　30 000

（四）收到银行存款利息

收到银行存款利息时，按照实际收到的金额，借记本科目，贷记“利息收入”科目。

借：银行存款

贷：利息收入

（五）以银行存款对外捐赠

以银行存款对外捐赠，按照实际捐出的金额，借记“其他费用”科目，贷记本科目。

借：其他费用

贷：银行存款

【例12-8】某事业单位开出现金支票30万元捐给某贫困山区。

借：其他费用　　300 000

贷：银行存款　　300 000

（六）收到受托代理、代管的银行存款

1.收到受托代理、代管的银行存款时，按照实际收到的金额，借记本科目（受托代理资产），贷记“受托代理负债”科目。

借：银行存款——受托代理资产

贷：受托代理负债

2.支付受托代理、代管的银行存款时，借记“受托代理负债”科目，贷记本科目（受托代理资产）。

借：受托代理负债

贷：银行存款——受托代理资产

银行存款受托代理、代管业务案例参考库存现金财务的处理方式。

（七）银行存款外币业务

单位发生外币业务的，应当按照业务发生当日的即期汇率，将外币金额折算为人民币金额记账，并登记外币金额和汇率。各种外币账户的期末余额，应当按照期末的即期汇率折算为人民币，作为外币账户期末人民币余额。调整后的各种外币账户人民币余额与原账面余额的差额，作为汇兑损益计入当期费用。

1.以外币购买物资、设备等，按照购入当日的即期汇率将支付的外币或应支付的外币折算为人民币金额，借记“库存物品”等科目，贷记本科目、“应付账款”等科目的外币账户。

借：库存物品等

贷：银行存款/应付账款等——外币户

2.销售物品、提供服务以外币收取相关款项等，按照收入确认当日的即期汇率将收取的外币或应收取的外币折算为人民币金额，借记本科目、“应收账款”等科目的外币账户，贷记“事业收入”等相关科目。

借：银行存款/应收账款等——外币户

贷：事业收入等

3.期末，根据各外币银行存款账户按照期末汇率调整后的人民币余额与原账面人民币余额的差额，作为汇兑损益，借记或贷记本科目、“应收账款”或“应付账款”等，贷记或借记“业务活动费用”“单位管理费用”等科目。

借记或贷记：银行存款/应收账款/应付账款等——外币户

贷记或借记：业务活动费用/单位管理费用等

【例 12-9】某行政单位发生银行存款外币收支业务如下（不考虑税）：

（1）6月，收回应收账款 800 美元。

借：银行存款（800×6.15） 4 920

贷：应收账款（8 800×6.15） 4 920

（2）8月，支付劳务费 500 美元。

借：业务活动费用（500×6.19） 3 095

贷：银行存款（500×500×6.19） 3 095

（3）10月，收到其他收入款项 1 000 美元。

借：银行存款（1 000×6.21） 6 210

贷：其他收入（1 000×6.21） 6 210

（4）年末调整余额时，美元汇率为 1：6.20。

该行政单位银行存款美元户表见表 12-2。

表 12-2 银行存款美元户表

摘要	美元	汇率	人民币
期初余额（借方）	2 000	6.21	12 420
借方发生额	800 1 000	6.15 6.21	4 920 6 210
贷方发生额	500	6.19	3 095
期末余额	3 300	6.20	20 460（20 455）

期末余额按美元户余额和汇率折算人民币数=3 300×6.20=20 460（元）

期末余额按账户借贷方余额和发生额折算人民币数=12 420+4 920+6 210−3 095=20 455（元）

汇兑损益=20 460−20 455=5（元）

借：银行存款 5

贷：业务活动费用 5

（八）银行存款日记账

单位应当按照开户银行或其他金融机构、存款种类及币种等，分别设置“银行存款日记账”，由出纳人员根据收付款凭证，按照业务的发生顺序逐笔登记，每日终了应结出余额。

“银行存款日记账”应当定期与“银行对账单”核对，至少每月核对一次。月度终了，单位账面余额与银行对账单余额之间如有差额，应当逐笔查明原因并进行处理，按月编制“银行存款余额调节表”，调节相符。

每月终了，单位账面余额与“银行对账单”进行对账时，从理论上讲，两者无论是发生额还是期末余额都应该是完全一致的，因为它们是对同一账号存款的记录。但是在实践中，通过核对会发现双方的账目经常出现不一致的情况。其原因主要有两个：

一是有“未达账项”；二是双方账目可能发生记录错误。无论是未达账项，还是双方账目记录有误，都要通过单位“银行存款日记账”的记录与银行开出的“银行对账单”进行逐笔“勾对”才能发现。

对账的具体方法：由开户银行定期将银行复写账的副本作为对账单提供给各单位，出纳员把单位“银行存款日记账”中借方和贷方的每笔记录分别与“银行对账单”中贷方和借方的每笔记录从凭证的种类、编号、摘要内容、记账方向、金额等方面加以核对。对上的即在银行存款日记账和银行对账单上分别做出记号（一般为“√”）；一旦发现本单位漏记、重记、错记或串户等情况，应由单位更正后登记入账。在与开户银行核对余额过程中，由于未达账项的存在，常常使银行账面余额与单位银行存款日记账账面余额发生不符。

所谓未达账项，是指银行结算凭证期末在银行与单位传递过程中，由于传递时间和记账时间的不同，常常造成银行与开户单位一方已经入账而另一方尚未入账的情况，从而造成双方账面余额不符。未达账项有如下几种情况：

（1）单位已经入账，但银行尚未入账的收入事项。如单位存入银行的转账支票，单位已经入账，而银行尚未记入单位账户。

（2）单位已经入账，但银行尚未入账的付出事项。如单位签发的支票，单位已经入账，而银行尚未接到办理转账手续因而未减少单位存款。

（3）银行已经入账，但单位尚未入账的收入事项。如银行代收的票据及利息，银行已经入账，而单位未能及时收到银行通知因而并未入账。

（4）银行已经入账，但单位尚未入账的付出事项。如银行代扣的水电费、银行借款利息等，银行已经入账，而单位尚未收到银行通知因而尚未入账。

出现第（1）和第（4）种情况时，单位银行存款账面余额大于银行对账单余额；出现第（2）和第（3）种情况时，单位银行存款账面余额小于银行对账单余额。若未达账项不及时查对与调整，单位对实有存款数心中无数，则不利于合理调配使用资金、发挥资金的应有效益，还容易开出“空头”支票，带来麻烦。所以，单位出纳人员应该及时取得银行对账单，编制“银行存款余额调节表”。银行对账单如图12-1所示，银行存款余额调节表见表12-3。

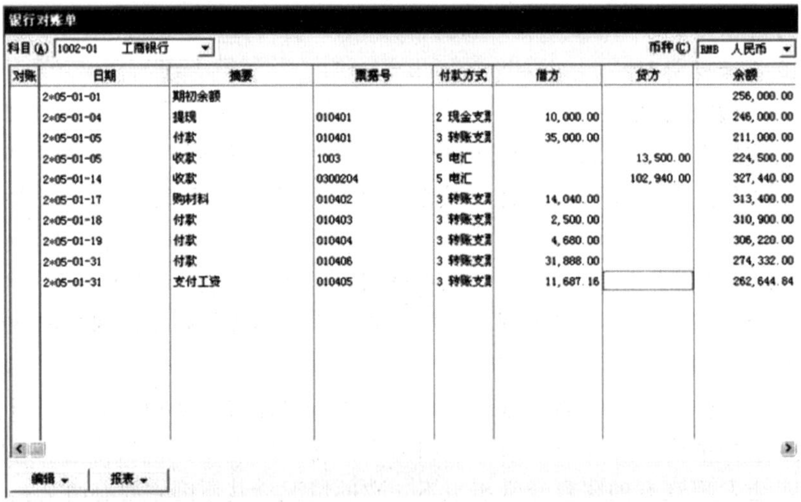

银行对账单

科目(A) 1002-01 工商银行　　币种(C) RMB 人民币

对账	日期	摘要	票据号	付款方式	借方	贷方	余额
	2*05-01-01	期初余额					256,000.00
	2*05-01-04	提现	010401	2 现金支票	10,000.00		246,000.00
	2*05-01-05	付款	010401	3 转账支票	35,000.00		211,000.00
	2*05-01-05	收款	1003	5 电汇		13,500.00	224,500.00
	2*05-01-14	收款	0300204	5 电汇		102,940.00	327,440.00
	2*05-01-17	购材料	010402	3 转账支票	14,040.00		313,400.00
	2*05-01-18	付款	010403	3 转账支票	2,500.00		310,900.00
	2*05-01-19	付款	010404	3 转账支票	4,680.00		306,220.00
	2*05-01-31	付款	010406	3 转账支票	31,888.00		274,332.00
	2*05-01-31	支付工资	010405	3 转账支票	11,687.16		262,644.84

编辑 ▾　报表 ▾

图12-1　银行对账单

表 12-3　　银行存款余额调节表

单位名称：　　年　月　日　　单位：

项目	金额	项目	金额
单位日记账余额 加：银行已收单位未收 减：银行已付单位未付		银行对账单余额 加：单位已收银行未收 减：单位已付银行未付	
调节后余额		调节后余额	

银行存款涉及增值税业务的，相关账务处理参见“应交增值税”科目。

三、其他货币资金

“其他货币资金”科目核算单位的外埠存款、银行本票存款、银行汇票存款、信用卡存款等各种其他货币资金。其他货币资金的增加记借方，减少记贷方，期末借方余额反映单位实际持有的其他货币资金。应当设置“外埠存款”“银行本票存款”“银行汇票存款”“信用卡存款”等明细科目，进行明细核算。

1.单位按照有关规定需要在异地开立银行账户，将款项委托本地银行汇往异地开立账户时，借记本科目，贷记“银行存款”科目。

借：其他货币资金

　贷：银行存款

2.收到采购员交来供应单位发票账单等报销凭证时，借记“库存物品”等科目，贷记本科目。

借：库存物品等

　贷：其他货币资金

3.将多余的外埠存款转回本地银行时，根据银行的收账通知，借记“银行存款”科目，贷记本科目。

借：银行存款

　贷：其他货币资金

【例 12-10】某事业单位根据主营业务活动的需要，按照规定在异地开立银行账户购买材料，委托本地银行汇款 100 万元在异地开立账户。材料已收到并验收入库，并收到采购员交来的相关凭证共计 90 万元。7 日后，收到本地银行收账通知，多余的外埠存款已转回本地银行。(不考虑税)

(1) 款项汇往异地开户时：

借：其他货币资金——外埠存款　　1 000 000

　贷：银行存款　　1 000 000

(2) 收到采购员交来的凭证时：

借：业务活动费用　　900 000

　贷：其他货币资金——外埠存款　　900 000

（3）收到本地银行通知转回余款时：

借：银行存款　　100 000

　贷：其他货币资金——外埠存款　　100 000

单位应当加强对其他货币资金的管理，及时办理结算，对于逾期尚未办理结算的银行汇票、银行本票等，应当按照规定及时转回，并按照上述规定进行相应账务处理。

四、零余额账户用款额度

“零余额账户用款额度”科目核算实行国库集中支付的单位根据财政部门批复的用款计划收到和支用的零余额账户用款额度。零余额账户用款额度的增加记借方，减少记贷方，期末借方余额反映单位尚未支用的零余额账户用款额度。年度终了注销单位零余额账户用款额度后，本科目应无余额。

（一）收到“财政授权支付额度到账通知书”

收到“财政授权支付额度到账通知书”时，根据通知书所列数额，借记本科目，贷记“财政拨款收入”科目。

借：零余额账户用款额度

　贷：财政拨款收入

（二）按规定支用额度

1.支付日常活动费用时，按照支付的金额，借记“业务活动费用”“单位管理费用”等科目，贷记本科目。

借：业务活动费用/单位管理费用等

　贷：零余额账户用款额度

2.购买库存物品或购建固定资产，按照实际发生的成本，借记“库存物品”“固定资产”“在建工程”等科目，按照实际支付或应付的金额，贷记本科目、“应付账款”等科目。

借：库存物品/固定资产/在建工程等

　贷：零余额账户用款额度/应付账款等

（三）从零余额账户提取现金

从零余额账户提取现金时，按照实际提取的金额，借记“库存现金”科目，贷记本科目。

借：库存现金

　贷：零余额账户用款额度

零余额账户用款额度涉及增值税业务的，相关账务处理参见“应交增值税”科目。

（四）发生购货退回业务

因购货退回等发生财政授权支付额度退回的，按照退回的金额，借记本科目，贷记“库存物品”等科目。

借：零余额账户用款额度

　贷：库存物品等

【例 12-11】某事业单位通过财政授权支付方式购买的材料发生如下退回业务：

（1）退回直接计入当期费用购入的低值易耗品，取得时价款为63 000元，其中属于上年的有40 000元，属于本年的有23 000元；（2）退回上年完工项目多余材料一批，取得时价款为4 300元；（3）退回本年购入作为存货进行核算的材料一批，取得时价款为50 000元。

（1）借：零余额账户用款额度　63 000
　　贷：业务活动费用　23 000
　　　　以前年度盈余调整　40 000

（2）借：零余额账户用款额度　4 300
　　贷：以前年度盈余调整　4 300

（3）借：零余额账户用款额度　50 000
　　贷：库存物品　50 000

（五）年终余额注销[①]

年末，根据代理银行提供的对账单作注销额度的相关账务处理，借记"财政应返还额度——财政授权支付"科目，贷记本科目。如单位本年度财政授权支付预算指标数大于财政授权支付额度下达数，根据两者之间的差额，借记"财政应返还额度——财政授权支付"科目，贷记"财政拨款收入"科目。

下年度年初，单位根据代理银行提供的额度恢复到账通知书作恢复额度的相关账务处理，借记本科目，贷记"财政应返还额度——财政授权支付"科目。单位收到财政部门批复的上年末下达零余额账户用款额度时，借记本科目，贷记"财政应返还额度——财政授权支付"科目。

1.年末，根据代理银行提供的对账单作注销额度账务处理：

借：财政应返还额度——财政授权支付
　贷：零余额账户用款额度

本年度财政授权支付预算指标数大于财政授权支付额度下达数，根据两者之间的差额：

借：财政应返还额度——财政授权支付
　贷：财政拨款收入

2.下年度年初，根据代理银行提供的额度恢复到账通知书作恢复额度账务处理：

借：零余额账户用款额度
　贷：财政应返还额度——财政授权支付

收到财政部门批复的上年末下达零余额账户用款额度：

借：零余额账户用款额度
　贷：财政应返还额度——财政授权支付

【例12-12】年末，某单位当年的财政授权支付用款额度预算数为20万元，已下达给代理银行单位零余额账户用款额度为18万元，单位实际使用额度为17万元。

该单位未收到下达用款额度2万元，未使用财政授权支付用款额度1万元。

借：财政应返还额度——财政授权支付　20 000

① 根据财政部2021年12月公布的《政府会计准则制度解释第4号》的相关规定，市县级财政国库集中支付结余不再按权责发生制列支，相关单位年末不再进行上述账务处理。中央级和省级单位根据同级财政部门规范国库集中支付结余权责发生制列支的规定，相应进行会计处理。因此，省级以下（不含省）预算单位不再进行年终余额注销的账务处理。

贷：财政拨款收入 20 000

借：财政应返还额度——财政授权支付 10 000

贷：零余额账户用款额度 10 000

【例 12-13】接【例 12-12】，下年度年初，该单位收到财政部门批准的上年末下达给代理银行的财政授权支付用款额度2万元。收到代理银行转来的额度恢复到账通知书，恢复上年未使用的财政授权支付用款额度1万元。

借：零余额账户用款额度 20 000

贷：财政应返还额度——财政授权支付 20 000

借：零余额账户用款额度 10 000

贷：财政应返还额度——财政授权支付 10 000

五、财政应返还额度

“财政应返还额度”科目核算实行国库集中支付的单位应收财政返还的资金额度，包括可以使用的以前年度财政直接支付资金额度和财政应返还的财政授权支付资金额度。财政应返还额度增加记借方，减少记贷方，期末借方余额反映单位应收财政返还的资金额度。本科目应当设置“财政直接支付”“财政授权支付”两个明细科目进行明细核算[①]。

（一）年末国库集中支付尚未使用资金额度的账务处理[②]

1.财政直接支付。年末，单位根据本年度财政直接支付预算指标数与财政直接支付实际发生数的差额，借记本科目（财政直接支付），贷记“财政拨款收入”科目。

借：财政应返还额度——财政直接支付

贷：财政拨款收入

2.财政授权支付。年末，财政授权支付尚未使用资金额度的账务处理，参见“零余额账户用款额度”科目。

（二）下年度年初恢复以前年度财政资金额度的账务处理

下年度年初，恢复以前年度财政资金额度的账务处理，参见“零余额账户用款额度”科目。

（三）使用以前年度财政资金额度的账务处理

1.财政直接支付。单位使用以前年度财政直接支付额度支付款项时，借记“业务活动费用”“单位管理费用”等科目，贷记本科目（财政直接支付）。

借：业务活动费用/单位管理费用等

贷：财政应返还额度——财政直接支付

2.财政授权支付。单位使用以前年度财政授权支付额度发生支出时的账务处理，参见“零余额账户用款额度”科目。

【例 12-14】某事业单位年度终了时，本年度财政直接支付预算指标数与当年直接支

---

① 根据财政部2022年9月公布的《政府会计准则制度解释第5号》的相关规定，实行预算管理一体化的中央预算单位“财政应返还额度”科目下不再设置“财政直接支付”“财政授权支付”明细科目。参照中央预算单位的省级及以下预算单位同此。

② 根据财政部2021年12月公布的《政府会计准则制度解释第4号》相关规定，市县级财政国库集中支付结余不再按权责发生制列支，相关单位年末不再进行上述账务处理。中央级和省级单位根据同级财政部门规范国库集中支付结余权责发生制列支的规定，相应进行会计处理。因此，省级以下（不含省）预算单位不再进行年终余额注销的账务处理。

付实际支出数的差额为30万元。

借：财政应返还额度——财政直接支付　300 000

　贷：财政拨款收入　300 000

【例12-15】接【例12-14】，下年年初恢复财政直接支付额度后，发生一笔直接支付的单位行政管理活动费用25 000元。

借：单位管理费用　25 000

　贷：财政应返还额度——财政直接支付　25 000

六、中央预算单位在预算管理一体化下有关会计处理

实行预算管理一体化中央预算单位，涉及原“零余额账户用款额度”“财政应返还额度”科目有关业务的会计处理规定如下：

1.财政资金支付的账务处理。

中央预算单位应当根据收到的国库集中支付凭证及相关原始凭证，按照凭证上的国库集中支付入账金额：

借：库存物品/固定资产/业务活动费用/单位管理费用/应付职工薪酬等

　贷：财政拨款收入（使用本年度预算指标）/财政应返还额（使用以前年度预算指标）

2.按规定向本单位实有资金账户划转财政资金的账务处理。

可在“银行存款”科目下设置“财政拨款资金”明细科目，或采用辅助核算等形式，

（1）从本单位零余额账户向实有资金账户划转资金时：

借：银行存款

　贷：财政拨款收入（使用本年度预算指标）/财政应返还额度（使用以前年度预算指标）

（2）从实有资金账户支出时，按照实际支付的金额：

借：应付职工薪酬/其他应交税费等

　贷：银行存款

3.已支付的财政资金退回的账务处理。

（1）发生当年资金退回时，根据收到的财政资金退回通知书及相关原始凭证，按照通知书上的退回金额：

借：财政拨款收入（支付时使用本年度预算指标）/财政应返还额度（支付时使用以前年度预算指标）

　贷：业务活动费用/库存物品等

（2）发生项目未结束的跨年资金退回时，根据收到的财政资金退回通知书及相关原始凭证，按照通知书上的退回金额：

借：财政应返还额度

　贷：以前年度盈余调整/库存物品等

4.结余资金上缴国库的账务处理。

因项目结束或收回结余资金，单位按照规定通过实有资金账户汇总相关资金统一上缴国库的，应当根据一般缴款书或银行汇款单上的上缴财政金额：

借：累计盈余

　贷：银行存款

5.年末的账务处理。

年末，单位根据财政部门批准的本年度预算指标数大于当年实际支付数的差额中允许结转使用的金额：

借：财政应返还额度

　　贷：财政拨款收入

注：省级及以下地方预算单位在预算管理一体化下的有关会计处理参照中央预算单位有关规定执行，但财政国库集中支付结余不再按权责发生制列支的地区，预算单位不执行上述规定中"5.年末的账务处理"。

第三节　应收及暂付款项类资产的核算

本节主要介绍单位暂付及应收款项类资产会计科目的核算要求及方法，包括"应收票据""应收账款""预付账款""其他应收款""坏账准备""应收股利""应收利息"7个科目。

一、应收票据

"应收票据"科目核算事业单位因开展经营活动销售产品、提供有偿服务等而收到的商业汇票，包括银行承兑汇票和商业承兑汇票。应收票据的增加记借方，减少记贷方，期末借方余额反映事业单位持有的商业汇票票面金额。本科目应当按照开出、承兑商业汇票的单位等进行明细核算。

（一）收到商业汇票

因销售产品、提供服务等收到商业汇票，按照商业汇票的票面金额，借记本科目，按照确认的收入金额，贷记"经营收入"等科目。

借：应收票据

　　贷：经营收入等

【例12-16】某事业单位销售一批产品给甲公司，货已发，款项为11 700元，收到甲公司开来的一张90天到期的商业承兑汇票，面值为11 700元。（不考虑税）

借：应收票据	11 700	
贷：经营收入		11 700

（二）商业汇票贴现

持未到期的商业汇票向银行贴现，按照实际收到的金额（即扣除贴现息后的净额），借记"银行存款"科目，按照贴现息金额，借记"经营费用"等科目，按照商业汇票的票面金额，贷记本科目［无追索权］或"短期借款"［有追索权］科目。附追索权的商业汇票到期未发生追索事项的，按照商业汇票的票面金额，借记"短期借款"科目，贷记本科目。

贴现净值是指商业汇票到期值减去贴现息后的余额。计算公式为：

贴现净值=到期值-贴现息

贴现息是指贴现时银行预扣的利息。计算公式为：

贴现息=到期值×银行贴现率×贴现期限

票据到期值是指票据到期应收回的金额。计算公式为：

到期值=面值+利息=面值×（1+利率×期限）

贴现期限是指票据贴现日至票据到期日的时间间隔，在计算时，需注意贴现日和到期日只能计算其中的一天，“算头不算尾”或“算尾不算头”。计算公式为：

贴现期限=有效期限-持有期限

贴现率是指商业银行办理票据贴现业务时，计算贴现息的利率。计算公式为：

日贴现率=年贴现率/360=月贴现率/30

1.商业汇票贴现收到贴现款项时：

借：银行存款（贴现净值）

　　经营费用等（贴现息）

　贷：应收票据［无追索权］/短期借款［有追索权］（票面金额）

2.附追索权的商业汇票到期未发生追索事项时：

借：短期借款（票面金额）

　贷：应收票据（票面金额）

【例 12-17】某事业单位贴现商业汇票一张（该商业汇票未附追索权），面值为5万元，期限为90天，持票60天，年贴现率为12%。

贴现息=50 000×12%÷360×30=500（元）

贴现净值=50 000-500=49 500（元）

借：银行存款　　49 500

　　经营费用　　500

　贷：应收票据　　50 000

【例 12-18】若【例 12-17】中被贴现的商业汇票附有追索权，但该贴现票据到期时未发生追索事项。

（1）取得贴现款项时：

借：银行存款　　49 500

　　经营费用　　500

　贷：短期借款　　50 000

（2）票据到期时：

借：短期借款　　50 000

　贷：应收票据　　50 000

（三）商业汇票背书转让

将持有的商业汇票背书转让以取得所需物资时，按照取得物资的成本，借记“库存物品”等科目，按照商业汇票的票面金额，贷记本科目，如有差额，借记或贷记“银行存款”等科目。

借：库存物品等

　贷：应收票据

借或贷：银行存款等

【例 12-19】某事业单位购得×材料一批，价款为6万元，用面值为5万元的商业承兑汇票支付价款，余额用银行存款转账支付。（不考虑税）

借：库存物品——×材料　　60 000

贷：应收票据　　50 000

　　银行存款　　10 000

（四）商业汇票到期汇兑

商业汇票到期时，收回应收票据，按照实际收到的商业汇票票面金额，借记“银行存款”科目，贷记本科目。

借：银行存款

　贷：应收票据

【例 12-20】接【例 12-16】，票据到期，收回款项存入银行。

借：银行存款　　11 700

　贷：应收票据　　11 700

（五）商业汇票退回

商业汇票到期，因付款人无力支付票款，收到银行退回的商业承兑汇票、委托收款凭证、未付票款通知书或拒付款证明等，按照商业汇票的票面金额，借记“应收账款”科目，贷记本科目。

借：应收账款

　贷：应收票据

【例 12-21】接【例 12-16】，商业承兑汇票到期，付款人无力支付票款，收到银行退回的商业承兑汇票等资料。

借：应收账款　　11 700

　贷：应收票据　　11 700

事业单位应当设置“应收票据备查簿”，逐笔登记每一张应收票据的种类、号数、出票日期、到期日、票面金额、交易合同号和付款人、承兑人、背书人姓名或单位名称、背书转让日、贴现日期、贴现率和贴现净额、收款日期、收回金额和退票情况等。应收票据到期结清票款或退票后，应当在备查簿内逐笔注销。

应收票据涉及增值税业务的，相关账务处理参见“应交增值税”科目。

二、应收账款

“应收账款”科目核算事业单位提供服务、销售产品等应收取的款项，以及单位因出租资产、出售物资等应当收取的款项。应收账款的增加记借方，减少记贷方，期末借方余额反映单位尚未收回的应收账款。本科目应当按照债务单位（或个人）进行明细核算。

应收账款应当在资产已出租或物资已出售且尚未收到款项时确认。

（一）应收账款收回后不需上缴财政

单位发生应收账款时，按照应收未收金额，借记本科目，贷记“事业收入”“经营收入”“租金收入”“其他收入”等科目。收回应收账款时，按照实际收到的金额，借记“银行存款”等科目，贷记本科目。

1.发生应收账款时：

借：应收账款

　贷：事业收入/经营收入/租金收入/其他收入等

2.收回应收账款时：

借：银行存款等

　贷：应收账款

【例12-22】某事业单位对外提供经营性服务，应收未收款项共计35 000元。1个月后接到银行通知，收到该笔款项。（不考虑税）

（1）提供服务时：

借：应收账款　　35 000

　贷：经营收入　　35 000

（2）收回款项时：

借：银行存款　　35 000

　贷：应收账款　　35 000

（二）应收账款收回后需上缴财政

1.单位出租资产发生应收未收租金款项时，按照应收未收金额，借记本科目，贷记“应缴财政款”科目。

借：应收账款

　贷：应缴财政款

2.单位出租资产收回应收账款时，按实际收到的金额，借记“银行存款”等科目，贷记本科目。

借：银行存款等

　贷：应收账款

【例12-23】外单位租借本单位礼堂，应收租金3 000元，尚未收到租金。1个月后接到银行通知，收到租金3 000元。

（1）出租时：

借：应收账款　　3 000

　贷：应缴财政款　　3 000

（2）收到租金时：

借：银行存款　　3 000

　贷：应收账款　　3 000

3.单位出售物资发生应收未收款项时，按照应收未收金额，借记本科目，贷记“应缴财政款”科目。

借：应收账款

　贷：应缴财政款

4.单位出售物资收回应收账款时，按照实际收到的金额，借记“银行存款”等科目，贷记本科目。

借：银行存款等

　贷：应收账款

【例12-24】某行政单位将不需用的打字机2台变价出售，原价为14 000元，已提折旧10 000元，销售价款为3 000元。款项于2个月后收到。（不考虑税）

（1）出售物资时：

借：资产处置费用　　4 000

借：累计折旧　　10 000
　贷：固定资产　　14 000
借：应收账款　　3 000
　贷：应缴财政款　　3 000
（2）收回款项时：
借：银行存款　　3 000
　贷：应收账款　　3 000

（三）应收账款年末清查

1.事业单位应当于每年年末，对收回后不需上缴财政的应收账款进行全面检查，如有不能收回的迹象，应当计提坏账准备。

（1）对于账龄超过规定年限、确认无法收回的应收账款，按照规定报经批准后予以核销。按照核销金额，借记“坏账准备”科目，贷记本科目。核销的应收账款应在备查簿中保留登记。

借：坏账准备
　贷：应收账款

（2）已核销的应收账款在以后期间又收回的，按照实际收回金额，借记本科目，贷记“坏账准备”科目；同时，借记“银行存款”等科目，贷记本科目。

借：应收账款
　贷：坏账准备
同时，
借：银行存款等
　贷：应收账款

该类业务的例题参见坏账准备的例题【例12-36】。

2.单位应当于每年年末，对收回后应当上缴财政的应收账款进行全面检查。

（1）对于账龄超过规定年限、确认无法收回的应收账款，按照规定报经批准后予以核销。按照核销金额，借记“应缴财政款”科目，贷记本科目。核销的应收账款应当在备查簿中保留登记。

借：应缴财政款
　贷：应收账款

（2）已核销的应收账款在以后期间又收回的，按照实际收回金额，借记“银行存款”等科目，贷记“应缴财政款”科目。

借：银行存款等
　贷：应缴财政款

【例12-25】某行政单位出租固定资产应收的一笔7 000元的账款已超过规定年限，有确凿证据表明已无法收回，经批准予以核销。

借：应缴财政款　　7 000
　贷：应收账款　　7 000

假设【例12-25】中，这笔已冲销的应收账款以后又收回，则收回时：

借：银行存款　　7 000

贷：应缴财政款　　7 000

应收账款涉及增值税业务的，相关账务处理参见“应交增值税”科目。

三、预付账款

“预付账款”科目核算单位按照购货、服务合同或协议规定预付给供应单位（或个人）的款项，以及依据合同规定向承包工程的施工企业预付备料款和工程款。预付账款的增加记借方，减少记贷方，期末借方余额反映单位实际预付但尚未结算的款项。本科目应当按照供应单位（或个人）及具体项目进行明细核算；对于基本建设项目发生的预付账款，还应当在本科目所属基建项目明细科目下设置“预付备料款”“预付工程款”“其他预付款”等明细科目，进行明细核算。

预付账款应当在已支付款项且尚未收到物资或服务时确认。

（一）预付的款项

根据购货、服务合同或协议规定预付款项时，按照预付金额，借记本科目，贷记“财政拨款收入”“零余额账户用款额度”“银行存款”等科目。

借：预付账款

　　贷：财政拨款收入/零余额账户用款额度/银行存款等

说明：总的来说，单位的支付方式一般有财政直接支付、财政授权支付、单位实有资金存款账户转账支付、现金支付四种，每种支付方式会计科目不同。具体为：（1）采用财政直接支付方式付款时，贷方记“财政拨款收入”科目；（2）采用财政授权支付方式付款时，贷方记“零余额账户用款额度”科目；（3）采用单位实有资金存款账户转账付款时，贷方记“银行存款”科目；（4）采用现金付款时，贷方记“库存现金”科目。（本教材后文中支付方式的选择同此说明）

（二）收到所购资产或服务

收到所购资产或服务时，按照购入资产或服务的成本，借记“库存物品”“固定资产”“无形资产”“业务活动费用”等相关科目，按照相关预付账款的账面余额，贷记本科目；按照实际补付的金额，贷记“财政拨款收入”“零余额账户用款额度”“银行存款”等科目。

借：库存物品/固定资产/无形资产/业务活动费用等（按照购入资产或服务的成本）

　　贷：预付账款（按照预付账款的账面余额）

财政拨款收入/零余额账户用款额度/银行存款等（按照实际补付的金额）

【例12-26】某行政单位采用预付款方式向×公司购入存货一批，按合同规定通过零余额账户预付货款2万元的50%。3日收到存货并验收入库后补付余款。（不考虑税）

（1）预付货款时：

借：预付账款——×公司　　10 000

　　贷：零余额账户用款额度　　10 000

（2）确认存货补付余款时：

借：库存物品　　20 000

　　贷：预付账款——×公司　　10 000

　　　　零余额账户用款额度　　10 000

（三）结算工程价款及备料款

根据工程进度结算工程价款及备料款时，按照结算金额，借记“在建工程”科目，按照相关预付账款的账面余额，贷记本科目，按照实际补付的金额，贷记“财政拨款收入”“零余额账户用款额度”“银行存款”等科目。

借：在建工程（按照结算金额）

　贷：预付账款（按照相关预付账款的账面余额）

　　财政拨款收入/零余额账户用款额度/银行存款等（按照实际补付的金额）

【例12-27】某事业单位进行某基本建设项目建设，依据合同规定向承包工程的某工程企业预付工程备料款和工程款，共计500万元，以财政直接支付方式付款（使用本年度指标）。按照工程进度进行结算时，实际结算总价款600万元，实际补付余款100万元，以财政直接支付方式付款（使用本年度指标）。（不考虑税）

（1）预付工程备料款和工程款时：

	借方	贷方
借：预付账款——×工程——预付备料款/预付工程款	5 000 000	
贷：财政拨款收入		5 000 000

（2）按进度结算时：

	借方	贷方
借：在建工程——×工程	6 000 000	
贷：预付账款——×工程——预付备料款/预付工程款		5 000 000
财政拨款收入		1 000 000

（四）发生预付账款退回

1.发生当年预付账款退回时，按照实际退回金额，借记“财政拨款收入”“零余额账户用款额度”“银行存款”等科目，贷记本科目。

借：财政拨款收入/零余额账户用款额度/银行存款等

　贷：预付账款

2.发生以前年度预付账款退回时，按照实际退回金额，借记“财政应返还额度”“零余额账户用款额度”“银行存款”等科目，贷记本科目。

借：财政应返还额度/零余额账户用款额度/银行存款等

　贷：预付账款

说明：当年采用的是财政直接支付方式付款时，借方记“财政应返还额度”科目；采用的是财政授权支付方式付款时，借方记“零余额账户用款额度”科目；采用的是本单位实有资金银行存款账户付款时，借方记“银行存款”科目。（后文相同情况的选择同此说明）

【例12-28】某行政单位接到财政直接支付零余额账户通知，收到某公司退回的预付账款60 000元，其中以前年度预付款23 000元，本年度预付款37 000元。

	借方	贷方
借：财政拨款收入	37 000	
财政应返还额度	23 000	
贷：预付账款		60 000

（五）预付账款年末清查

单位应当于每年年末，对预付账款进行全面检查。如果有确凿证据表明预付账款不再符合预付款项性质，或者因供应单位破产、撤销等原因可能无法收到所购货物、服务的，应当先将其转入其他应收款，再按照规定进行处理。将预付账款账面余额转入其他应收款时，借记“其他应收款”科目，贷记本科目。

借：其他应收款

　贷：预付账款

【例12-29】某单位通过零余额账户预付的一笔30 000元的账款，有确凿证据表明不再符合预付账款的性质，按规定转账。

借：其他应收款　　30 000

　贷：预付账款　　30 000

预付账款涉及增值税业务的，相关账务处理参见“应交增值税”科目。

四、其他应收款

“其他应收款”科目核算单位除财政应返还额度、应收票据、应收账款、预付账款、应收股利、应收利息以外的其他各项应收及暂付款项，如职工预借的差旅费、已经偿还银行尚未报销的本单位公务卡欠款、拨付给内部有关部门的备用金、应向职工收取的各种垫付款项、支付的可以收回的订金或押金、应收的上级补助和附属单位上缴款项等。其他应收款的增加记借方，减少记贷方，期末借方余额反映单位尚未收回的其他应收款。本科目应当按照其他应收款的类别以及债务单位（或个人）进行明细核算。

（一）发生其他应收及暂付款项

发生其他各种应收及暂付款项时，按照实际发生金额，借记本科目，贷记“零余额账户用款额度”“银行存款”“库存现金”“上级补助收入”“附属单位上缴收入”等科目。

借：其他应收款

　贷：零余额账户用款额度/银行存款/库存现金/上级补助收入/附属单位上缴收入等

（二）收回或转销上述款项

收回或转销上述其他各种应收及暂付款项时，按照收回的金额，借记“库存现金”“银行存款”“零余额账户用款额度”或有关费用等科目，贷记本科目。

借：库存现金/银行存款/零余额账户用款额度/业务活动费用/单位管理费用等

　贷：其他应收款

【例12-30】某行政单位职工张三某日预借出差款5 000元，该笔款项通过零余额账户办理。张三3日后出差归来报销4 800元，另交回现金200元。

（1）预借出差款时：

借：其他应收款　　5 000

　贷：零余额账户用款额度　　5 000

（2）出差归来报账时：

借：业务活动费用　　4 800

　　库存现金　　200

　贷：其他应收款　　5 000

（三）实行备用金制度

备用金是企业、机关、事业单位或其他经济组织等拨付给非独立核算的内部单位或工作人员备作差旅费、零星采购、零星开支等的款项。备用金应指定专人负责管理，按照规定用途使用，不得转借他人或挪作他用。预支备作差旅费、零星采购等的备用金，一般按估计需用数额领取，支用后一次报销，多退少补。前账未清，不得继续预支。

对于零星开支用的备用金，可实行定额备用金制度，即由指定的备用金负责人按照规定的数额领取，支用后按规定手续报销，补足原定额。实行定额备用金制度的单位，备用金领用部门支用备用金后，应根据各种费用凭证编制费用明细表，定期向财会部门报销，领回所支用的备用金。对于预支的备用金，拨付时记入“其他应收款”科目的借方；报销和收回余款时记入“其他应收款”科目的贷方。实行定额备用金制度的单位，除拨付、增加或减少备用金定额时通过“其他应收款”科目核算外，日常支用及报销补足定额时都无须通过本科目，而将支用数直接记入有关支出类科目。

单位内部实行备用金制度的，有关部门使用备用金以后应当及时到财务部门报销并补足备用金。财务部门核定并发放备用金时，按照实际发放金额，借记本科目，贷记“库存现金”等科目。根据报销数用现金补足备用金定额时，借记“业务活动费用”“单位管理费用”科目，贷记“库存现金”等科目，报销数和拨补数都不再通过本科目核算。

1.核定并发放备用金时：

借：其他应收款

　贷：库存现金等

2.用现金补足备用金定额时：

借：业务活动费用/单位管理费用等（报销数）

　贷：库存现金等（拨补数）

注：报销数和拨补数都不再通过本科目核算。

【例12-31】某单位采用定额备用金制度，会计部门借给本单位×部门主营业务备用金100 000元。该部门某日报销零星支出共计8 200元，经审核以现金补助其备用金定额。

（1）借备用金时：

借：其他应收款——×部门　　100 000

　贷：库存现金　　100 000

（2）报销时：

借：业务活动费用　　8 200

　贷：库存现金　　8 200

（四）偿还尚未报销公务卡欠款

偿还尚未报销的本单位公务卡欠款时，按照偿还的款项，借记本科目，贷记“零余额账户用款额度”“银行存款”等科目；持卡人报销时，按照报销金额，借记“业务活动费用”“单位管理费用”等科目，贷记本科目。

1.偿还尚未报销的本单位公务卡欠款时：

借：其他应收款

　贷：零余额账户用款额度/银行存款等

2.持卡人报销时：

借：业务活动费用/单位管理费用等

　贷：其他应收款

【例12-32】某事业单位某月公务卡还款日为本单位职工偿还公务卡欠款20万元，其中业务活动款项15万元，行政管理费用5万元，付款方式为财政授权支付。7日后持卡人持有关凭证报销了相关费用。

（1）偿还公务卡欠款时：

借：其他应收款　　200 000

　贷：零余额账户用款额度　　200 000

（2）持卡人报销时：

借：业务活动费用　　150 000

　　单位管理费用　　50 000

　贷：其他应收款　　200 000

（五）预付账款转入其他应收款

将预付账款账面余额转入其他应收款时，借记本科目，贷记“预付账款”科目。具体账务处理参见“预付账款”科目。

（六）年末其他应收款清查

1.事业单位应当于每年年末，对其他应收款进行全面检查，如发生不能收回的迹象，应当计提坏账准备。

（1）对于账龄超过规定年限、确认无法收回的其他应收款，按照规定报经批准后予以核销。按照核销金额，借记“坏账准备”科目，贷记本科目。核销的其他应收款应当在备查簿中保留登记。

借：坏账准备

　贷：其他应收款

（2）已核销的其他应收款在以后期间又收回的，按照实际收回金额，借记本科目，贷记“坏账准备”科目；同时，借记“银行存款”等科目，贷记本科目。

借：其他应收款

　贷：坏账准备

同时，

借：银行存款等

　贷：其他应收款

【例12-33】某事业单位年末对其他应收款账户进行检查时，发现有一笔6 000元的其他应收款，账龄已超过规定年限且有确凿证据表明无法收回，报经批准予以核销。3个月后该笔已核销的其他应收款被收回5 000元，存入银行账户。

（1）批准核销时：

借：坏账准备　　6 000

　贷：其他应收款　　6 000

（2）收回其他应收款时：

借：其他应收款　　5 000

　贷：坏账准备　　5 000

同时，

借：银行存款　　5 000

　贷：其他应收款　　5 000

2.行政单位应当于每年年末，对其他应收款进行全面检查。对于超过规定年限、确认无法收回的其他应收款，应当按照有关规定报经批准后予以核销。核销的其他应收款应在备查簿中保留登记。

（1）经批准核销其他应收款时，按照核销金额，借记“资产处置费用”科目，贷记本科目。

借：资产处置费用

　贷：其他应收款

（2）已核销的其他应收款在以后期间又收回的，按照收回金额，借记“银行存款”等科目，贷记“其他收入”科目。

借：银行存款等

　贷：其他收入

【例12-34】某行政单位年末对其他应收款进行检查时，发现一笔7 000元的其他应收款账龄已超过规定年限且有确凿证据表明无法收回，报经批准予以核销。4个月后该笔核销的其他应收款又收回3 000元，存入银行。

（1）报经批准核销时：

借：资产处置费用	7 000	
贷：其他应收款		7 000

（2）核销后又收回时：

借：银行存款	3 000	
贷：其他收入		3 000

其他应收款涉及增值税业务的，相关账务处理参见“应交增值税”科目。

五、坏账准备

（一）坏账及坏账准备

坏账是指会计主体无法收回或收回的可能性极小的应收款项。由于发生坏账而产生的损失，称为坏账损失。

坏账的处理方法有两种：一是直接核销法或直接冲销法。平时并不对可能发生的坏账进行预计，到坏账实际发生时才对坏账进行会计处理，直接核销应收款项，同时，把坏账损失列为发生期的相关费用。二是备抵法。备抵法是指采用一定的方法按期估计坏账损失，计入当期费用，同时建立坏账准备，待实际发生坏账损失时，冲销已计提的坏账准备和相应的应收款项。

根据我国新政府会计体系的相关规定，行政单位应收款项的坏账管理采用直接核销法，事业单位对收回后不需上缴财政的应收账款和其他应收款的坏账管理采用备抵法。

事业单位应当于每年年末，对收回后不需上缴财政的应收账款和其他应收款进行全面检查，分析其可收回性，对预计可能产生的坏账损失计提坏账准备、确认坏账损失。事业单位可以采用应收款项余额百分比法、账龄分析法、个别认定法等方法计提坏账准备。坏账准备计提方法一经确定，不得随意变更。如需变更，应当按照规定报经批准，并在财务报表附注中予以说明。

应收账款余额百分比法是根据会计期末应收账款余额乘以估计坏账率作为估计收不回

应收账款金额，并为之建立相应的坏账准备。其中估计坏账率是一个会计估计问题，所采用的比例根据单位以往的经验和当前的具体情况合理确定且及时调整，但并不是随意的。账龄分析法是根据各应收款项的账龄的长短来估计坏账。理论上来讲，应收款项被拖欠的期限越长，发生坏账的可能性就越大。采用这种方法，单位利用账龄分析表提供的信息（不同期限的账款估计坏账率不同）就能确定坏账准备金额。个别认定法是针对每项应收款项的实际情况分别估计坏账损失的方法。

事业单位当期应补提或冲减的坏账准备金额的计算公式如下：

$$\frac{\text{当期应补提或}}{\text{冲减的坏账准备}}=\frac{\text{按照期末应收款项和其他应收}}{\text{款计算应计提的坏账准备金额}}-\frac{\text{坏账准备科目}}{\text{期末贷方余额}}\left(\text{或}+\frac{\text{坏账准备科目}}{\text{期末借方余额}}\right)$$

（二）坏账准备账务处理

“坏账准备”科目核算事业单位对收回后不需上缴财政的应收账款和其他应收款提取的坏账准备。坏账准备的增加记贷方，减少记借方，期末贷方余额反映事业单位提取的坏账准备金额。本科目应当分别应收账款和其他应收款进行明细核算。

1.提取坏账准备时，借记“其他费用”科目，贷记本科目；冲减坏账准备时，借记本科目，贷记“其他费用”科目。

借：其他费用

　贷：坏账准备

冲减坏账准备时，作相反的分录。

2.对于账龄超过规定年限并确认无法收回的应收账款、其他应收款，应当按照有关规定报经批准后，按照无法收回的金额，借记本科目，贷记“应收账款”“其他应收款”科目。

借：坏账准备

　贷：应收账款/其他应收款

3.已核销的应收账款、其他应收款在以后期间又收回的，按照实际收回金额，借记“应收账款”“其他应收款”科目，贷记本科目；同时，借记“银行存款”等科目，贷记“应收账款”“其他应收款”科目。

借：应收账款/其他应收款

　贷：坏账准备

同时，

借：银行存款等

　贷：应收账款/其他应收款

【例12-35】某事业单位年末对收回后不需上缴财政的应收账款和其他应收款进行检查时，按照两个账户期末余额计算应计提的坏账准备金额分别为100万元和76万元，坏账准备期末贷方余额为34万元，其中应收账款为30万元，其他应收款为4万元，根据规定补提坏账准备。

应收账款年末应补提的坏账准备金额=100-30=70（万元）

其他应收款年末应补提的坏账准备金额=76-4=72（万元）

借：其他费用	1 420 000	
贷：坏账准备——应收账款		700 000
——其他应收款		720 000

【例12-36】某事业单位年末对应收款项进行检查时，发现一笔87 000元的应收账款和一笔9 000元的其他应收款账龄已超过规定年限且有确凿证据表明无法收回，报经批准予以核销。4个月后已核销的应收账款又收回80 000元，存入银行。

（1）发生坏账时：

借：坏账准备——应收账款　　87 000
　　　　　　——其他应收款　　9 000
　贷：应收账款　　87 000
　　　其他应收款　　9 000

（2）核销后又收回时：

借：应收账款　　80 000
　贷：坏账准备——应收账款　　80 000

同时，

借：银行存款　　80 000
　贷：应收账款　　80 000

六、应收股利

“应收股利”科目核算事业单位持有长期股权投资应当收取的现金股利或应当分得的利润。应收股利的增加记借方，减少记贷方，期末借方余额反映事业单位应当收取但尚未收到的现金股利或利润。本科目应当按照被投资单位等进行明细核算。

（一）取得长期股权投资

取得长期股权投资，按照支付的价款中所包含的已宣告但尚未发放的现金股利，借记本科目，按照确定的长期股权投资成本，借记“长期股权投资”科目，按照实际支付的金额，贷记“银行存款”等科目。收到取得投资时实际支付价款中所包含的已宣告但尚未发放的现金股利时，按照收到的金额，借记“银行存款”科目，贷记本科目。

1.取得长期股权投资时：

借：应收股利（按照支付的价款中所包含的已宣告但尚未发放的现金股利）
　　长期股权投资（按照确定的长期股权投资成本）
　贷：银行存款等（按照实际支付的金额）

2.收到取得投资时实际支付价款中所包含的已宣告但尚未发放的现金股利时：

借：银行存款
　贷：应收股利

（二）长期股权投资持有期间宣告发放现金股利或利润

长期股权投资持有期间，被投资单位宣告发放现金股利或利润的，按照应享有的份额，借记本科目，贷记“投资收益”（成本法下）或“长期股权投资”（权益法下）科目。

借：应收股利
　贷：投资收益（成本法下）
　　　长期股权投资（权益法下）

（三）实际收到现金股利或利润

实际收到现金股利或利润时，按照收到的金额，借记“银行存款”等科目，贷记本科目。

借：银行存款等

　贷：应收股利

应收股利的举例参见“长期股权投资”科目相关账务处理例题。

七、应收利息

“应收利息”科目核算事业单位长期债券投资应当收取的利息。应收利息的增加记借方，减少记贷方，期末借方余额反映事业单位应收未收的长期债券投资利息。本科目应当按照被投资单位等进行明细核算。

事业单位购入的到期一次还本付息的长期债券投资持有期间的利息，应当通过“长期债券投资——应计利息”科目核算，不通过本科目核算。

（一）取得长期债券投资

取得长期债券投资，按照确定的投资成本，借记“长期债券投资”科目，按照支付的价款中包含的已到付息期但尚未领取的利息，借记本科目，按照实际支付的金额，贷记“银行存款”等科目。收到取得投资时实际支付价款中所包含的已到付息期但尚未领取的利息时，按照收到的金额，借记“银行存款”等科目，贷记本科目。

1.取得长期债券投资时：

借：长期债券投资（按照确定的投资成本）

　　应收利息（按照支付的价款中包含的已到付息期但尚未领取的利息）

　贷：银行存款等（按照实际支付的金额）

2.收到取得投资时实际支付价款中所包含的已到付息期但尚未领取的利息时：

借：银行存款等

　贷：应收利息

（二）利息核算

按期计算确认长期债券投资利息收入时，对于分期付息、一次还本的长期债券投资，按照以票面金额和票面利率计算确定的应收未收利息金额，借记本科目，贷记“投资收益”科目。

借：应收利息

　贷：投资收益

（三）收到利息时

实际收到应收利息时，按照收到的金额，借记“银行存款”等科目，贷记本科目。

借：银行存款等

　贷：应收利息

应收利息的举例参见“长期债券投资”科目相关账务处理例题。

第四节　存货类资产的核算

本节主要介绍存货的确认和计量，以及反映存货不同状态的“在途物品”“加工物品”“库存物品”3个科目的核算要求及方法。

一、存货

（一）存货的定义及确认

存货是指政府会计主体在开展业务活动及其他活动中为耗用或出售而储存的资产，如材料、产品、包装物和低值易耗品等，以及未达到固定资产标准的用具、装具、动植物等。

存货同时满足下列条件的，应当予以确认：

（1）与该存货相关的服务潜力很可能实现或者经济利益很可能流入政府会计主体；

（2）该存货的成本或者价值能够可靠地计量。

（二）存货的计量

存货的计量包括初始计量和后续计量。存货在取得时应当按照成本进行初始计量。

1.存货的初始计量。

存货的取得方式不同，其成本初始计量的具体方法不同。具体如下：

（1）购入。单位购入的存货，其成本包括购买价款、相关税费、运输费、装卸费、保险费以及使得存货达到目前场所和状态所发生的归属于存货成本的其他支出。

（2）自行加工。单位自行加工的存货，其成本包括耗用的直接材料费用、发生的直接人工费用和按照一定方法分配的与存货加工有关的间接费用。

（3）委托加工。单位委托加工的存货，其成本包括委托加工前存货成本、委托加工的成本（如委托加工费以及按规定应计入委托加工存货成本的相关税费等）以及使存货达到目前场所和状态所发生的归属于存货成本的其他支出。

（4）置换取得。单位通过置换取得的存货，其成本按照换出资产的评估价值，加上支付的补价或减去收到的补价，加上为换入存货发生的其他相关支出确定。

（5）接受捐赠。单位接受捐赠的存货，其成本按照有关凭据注明的金额加上相关税费、运输费等确定；没有相关凭据可供取得，但按规定经过资产评估的，其成本按照评估价值加上相关税费、运输费等确定；没有相关凭据可供取得、也未经资产评估的，其成本比照同类或类似资产的市场价格加上相关税费、运输费等确定；没有相关凭据且未经资产评估、同类或类似资产的市场价格也无法可靠取得的，按照名义金额入账，相关税费、运输费等计入当期费用。

（6）无偿调入。单位无偿调入的存货，其成本按照调出方账面价值加上相关税费、运输费等确定。

（7）盘盈。单位盘盈的存货，按规定经过资产评估的，其成本按照评估价值确定；未经资产评估的，其成本按照重置成本确定。

但下列各项应当在发生时确认为当期费用，不计入存货成本：

（1）非正常消耗的直接材料、直接人工和间接费用。

（2）仓储费用（不包括在加工过程中为达到下一个加工阶段所必需的费用）。

（3）不能归属于使存货达到目前场所和状态所发生的其他支出。

2.存货的后续计量。

单位应当根据实际情况采用先进先出法、加权平均法或者个别计价法确定发出存货的实际成本。计价方法一经确定，不得随意变更。对于性质和用途相似的存货，应当采用相同的成本计价方法确定发出存货的成本。对于不能替代使用的存货、为特定项目专门购入或加工的存货，通常采用个别计价法确定发出存货的成本。

存货处置方式不同，后续计量的具体规定不同，具体如下：

（1）发出存货。对于已发出的存货，应当将其成本结转为当期费用或者计入相关资产成本。

（2）对外捐赠、无偿调出。按规定报经批准对外捐赠、无偿调出的存货，应当将其账面余额予以转销，对外捐赠、无偿调出中发生的归属于捐出方、调出方的相关费用应当计入当期费用。

（3）转销或摊销。应当采用一次转销法或者五五摊销法对低值易耗品、包装物进行摊销，将其成本计入当期费用或者相关资产成本。

（4）毁损。对于发生的存货毁损，应当将存货账面余额转销计入当期费用，并将毁损存货处置收入扣除相关处置税费后的差额按规定作应缴款项处理（差额为净收益时）或计入当期费用（差额为净损失时）。

（5）盘亏。存货盘亏造成的损失，按规定报经批准后应当计入当期费用。

二、在途物品

"在途物品"核算单位采购材料等物资时货款已付或已开出商业汇票但尚未验收入库的在途物品的采购成本。在途物品的增加记借方，减少记贷方，期末借方余额反映单位在途物品的采购成本。本科目可按照供应单位和物品种类进行明细核算。

（一）购入在途物品

单位购入材料等物品，按照确定的物品采购成本的金额，借记本科目，按照实际支付的金额，贷记"财政拨款收入""零余额账户用款额度""银行存款"等科目。

借：在途物品（按确定的物品采购成本的金额）

　　贷：财政拨款收入/零余额账户用款额度/银行存款等（按实际支付的金额）

（二）在途物品到达、验收入库

所购材料等物品到达、验收入库后，按照确定的库存物品成本金额，借记"库存物品"科目，按照物品采购成本金额，贷记本科目，按照使得入库物品达到目前场所和状态所发生的其他支出，贷记"银行存款"等科目。

借：库存物品（按照确定的库存物品成本金额）

　　贷：在途物品（按照物品采购成本金额）

　　　　银行存款等（按照使得入库物品达到目前场所和状态所发生的其他支出）

在途物品涉及增值税业务的，相关账务处理参见"应交增值税"科目。

【例 12-37】某单位购入A材料一批，货款已付，还未验收入库。该批材料采购成本为560 000元。7日后材料到达并验收入库，运输过程中发生运费1 000元，保险费用及其他相关支出共计3 000元。所有费用均通过财政授权支付方式支付。（不考虑税）

（1）购入A材料时：

借：在途物品——A材料　　560 000

　　贷：零余额账户用款额度　　560 000

（2）到达并验收入库时：

借：库存物品——A材料　564 000
　贷：零余额账户用款额度　4 000
　　　在途物品——A材料　560 000

三、加工物品

“加工物品”核算单位自制或委托外单位加工的各种物品的实际成本。未完成的测绘、地质勘察、设计成果的实际成本，也通过本科目核算。加工物品的增加记借方，减少记贷方，期末借方余额反映单位自制或委托外单位加工但尚未完工的各种物品的实际成本。本科目应当设置“自制物品”“委托加工物品”两个一级明细科目，并按照物品类别、品种、项目等设置明细账，进行明细核算。“自制物品”一级明细科目下应当设置“直接材料”“直接人工”“其他直接费用”等二级明细科目归集自制物品发生的直接材料、直接人工（专门从事物品制造人员的人工费）等直接费用；对于自制物品发生的间接费用，应当在本科目“自制物品”一级明细科目下单独设置“间接费用”二级明细科目予以归集，期末，再按照一定的分配标准和方法，分配计入有关物品的成本。

（一）自制物品

1.为自制物品领用材料等，按照材料成本，借记本科目（自制物品——直接材料），贷记“库存物品”科目。

借：加工物品——自制物品——直接材料
　贷：库存物品

2.专门从事物品制造的人员发生的直接人工费用，按照实际发生的金额，借记本科目（自制物品——直接人工），贷记“应付职工薪酬”科目。

借：加工物品——自制物品——直接人工
　贷：应付职工薪酬

3.为自制物品发生的其他直接费用，按照实际发生的金额，借记本科目（自制物品——其他直接费用），贷记“零余额账户用款额度”“银行存款”等科目。

借：加工物品——自制物品——其他直接费用
　贷：零余额账户用款额度/银行存款等

4.为自制物品发生的间接费用，按照实际发生的金额，借记本科目（自制物品——间接费用），贷记“零余额账户用款额度”“银行存款”“应付职工薪酬”“固定资产累计折旧”“无形资产累计摊销”等科目。间接费用一般按照生产人员工资、生产人员工时、机器工时、耗用材料的数量或成本、直接费用（直接材料和直接人工）或产品产量等进行分配。单位可根据具体情况自行选择间接费用的分配方法。分配方法一经确定，不得随意变更。

借：加工物品——自制物品——间接费用
　贷：零余额账户用款额度/银行存款/应付职工薪酬/固定资产累计折旧/无形资产累计摊销等

5.已经制造完成并验收入库的物品，按照所发生的实际成本（包括耗用的直接材料费用、直接人工费用、其他直接费用和分配的间接费用），借记“库存物品”科目，贷记本科目（自制物品）。

借：库存物品

　贷：加工物品——自制物品

【例12-38】某单位自行加工物品一批，领用直接材料价值500 000元，加工期间发放专门从事物品制造人员的工资福利共计100 000元，发生其他直接费用30 000元，另外分摊间接费用共计25 000元。该批物品已加工完成，并已验收入库。所有费用均采用财政直接支付方式支付。

（1）领用加工材料时：

借：加工物品——自制物品——直接材料　　500 000

　贷：库存物品　　500 000

（2）发放专门人员工资福利时：

借：加工物品——自制物品——直接人工　　100 000

　贷：应付职工薪酬　　100 000

借：应付职工薪酬　　100 000

　贷：财政拨款收入　　100 000

（3）支付其他直接费用时：

借：加工物品——自制物品——其他直接费用　　30 000

　贷：财政拨款收入　　30 000

（4）支付间接费用时：

借：加工物品——自制物品——间接费用　　25 000

　贷：财政拨款收入　　25 000

（5）加工完成验收入库时：

借：库存物品　　655 000

　贷：加工物品——自制物品——直接材料　　500 000

　　　　　　　　　　　　——直接人工　　100 000

　　　　　　　　　　　　——其他直接费用　　30 000

　　　　　　　　　　　　——间接费用　　25 000

（二）委托加工物品

1.发给外单位加工的材料等，按照其实际成本，借记本科目（委托加工物品），贷记“库存物品”科目。

借：加工物品——委托加工物品

　贷：库存物品

2.支付加工费、运输费等费用，按照实际支付的金额，借记本科目（委托加工物品），贷记“零余额账户用款额度”“银行存款”等科目。

借：加工物品——委托加工物品

　贷：零余额账户用款额度/银行存款等

3.委托加工完成的材料等验收入库，按照加工前发出材料的成本和加工、运输成本等，借记“库存物品”等科目，贷记本科目（委托加工物品）。

借：库存物品等

　贷：加工物品——委托加工物品

【例 12-39】某单位委托某企业加工一批存货，提供加工材料价值45 000元，通过财政授权支付加工费11 000元、运输费1 000元。该批存货已加工完成，并已验收入库。（不考虑税）

（1）提供加工材料时：

借：加工物品——委托加工物品　　45 000

　贷：库存物品——×材料　　45 000

（2）支付加工费和运输费时：

借：加工物品——委托加工物品　　12 000

　贷：零余额账户用款额度　　12 000

（3）加工完成验收入库时：

借：库存物品——×存货　　57 000

　贷：加工物品——委托加工物品　　57 000

加工物品涉及增值税业务的，相关账务处理参见“应交增值税”科目。

四、库存物品

（一）库存物品的核算范围

“库存物品”核算单位在开展业务活动及其他活动中为耗用或出售而储存的各种材料、产品、包装物、低值易耗品，以及达不到固定资产标准的用具、装具、动植物等的成本。已完成的测绘、地质勘察、设计成果等的成本，也通过本科目核算。

下列物资不通过“库存物品”科目进行核算：

（1）单位随买随用的零星办公用品，可以在购进时直接列作费用。

（2）单位控制的政府储备物资，应当通过“政府储备物资”科目核算。

（3）单位受托存储保管的物资和受托转赠的物资，应当通过“受托代理资产”科目核算。

（4）单位为在建工程购买和使用的材料物资，应当通过“工程物资”科目核算。

（二）库存物品的明细核算

1.一般性库存物品的明细核算。

单位应当按照库存物品的种类、规格、保管地点等对“库存物品”科目进行明细核算。

2.低值易耗品、包装物的明细核算。

单位储存的低值易耗品、包装物较多的，可以在本科目（低值易耗品、包装物）下按照“在库”、“在用”和“摊销”等进行明细核算。在对低值易耗品和包装物采用五五摊销法进行摊销时，一般采用该明细核算方法。

（三）取得库存物品的账务处理

取得的库存物品方式不同，具体账务处理方式也不同，具体如下：

1.外购的库存物品验收入库，按照确定的成本，借记本科目，贷记“财政拨款收入”“零余额账户用款额度”“银行存款”“应付账款”“在途物品”等科目。

借：库存物品

　贷：财政拨款收入/零余额账户用款额度/银行存款/应付账款/在途物品等

【例12-40】某单位通过财政直接支付购入一批B材料，总价款为113 000元，运杂费为2 000元，材料已验收入库。（不考虑税）

借：库存物品——B材料 115 000

贷：财政拨款收入 115 000

2.自制的库存物品加工完成并验收入库，按照确定的成本，借记本科目，贷记“加工物品——自制物品”科目。

借：库存物品

贷：加工物品——自制物品

自制库存物品的举例参见【例12-38】。

3.委托外单位加工收回的库存物品验收入库，按照确定的成本，借记本科目，贷记“加工物品——委托加工物品”等科目。

借：库存物品

贷：加工物品——委托加工物品

委托加工库存物品的举例参见【例12-39】。

4.接受捐赠的库存物品验收入库，按照确定的成本，借记本科目，按照发生的相关税费、运输费等，贷记“银行存款”等科目，按照其差额，贷记“捐赠收入”科目。

借：库存物品（按照确定的成本）

贷：银行存款等（按照发生的相关税费、运输费等）

捐赠收入（按照其差额）

接受捐赠的库存物品按照名义金额入账的，按照名义金额，借记本科目，贷记“捐赠收入”科目；同时，按照发生的相关税费、运输费等，借记“其他费用”科目，贷记“银行存款”等科目。

借：库存物品

贷：捐赠收入

同时，按照发生的相关税费、运输费等：

借：其他费用

贷：银行存款等

【例12-41】某单位接受某企业捐赠C材料一批，该企业提供的凭证注明总价款为117 000元，另由本单位承担运杂费2 000元，通过实有资金账户支付，材料已验收入库。（不考虑税）

借：库存物品——C材料 119 000

贷：银行存款 2 000

捐赠收入 117 000

【例12-42】若【例12-41】中接受捐赠的C材料无原始凭证，也无法经过评估和市场同类或类似产品确定成本，经研究以名义金额入账。

借：库存物品 1

贷：捐赠收入 1

同时，

借：其他费用 2 000

贷：银行存款　　2 000

5.无偿调入的库存物品验收入库，按照确定的成本，借记本科目，按照发生的相关税费、运输费等，贷记“银行存款”等科目，按照其差额，贷记“无偿调拨净资产”科目。

借：库存物品（按照确定的成本）
　贷：银行存款等（按照发生的相关税费、运输费等）
　　无偿调拨净资产（按照其差额）

【例 12-43】某单位从兄弟单位无偿调入D材料一批，对方提供原始凭证注明该批材料总价款300 000元。本单位承担运杂费共计3 000元，通过单位实有资金账户支付。（不考虑税）

借：库存物品——D材料　　303 000
　贷：银行存款　　3 000
　　无偿调拨净资产　　300 000

6.置换换入的库存物品验收入库，按照确定的成本，借记本科目，按照换出资产的账面余额，贷记相关资产科目（换出资产为固定资产、无形资产的，还应当借记“固定资产累计折旧”“无形资产累计摊销”科目），按照置换过程中发生的其他相关支出，贷记“银行存款”等科目，按照借贷方差额，借记“资产处置费用”科目或贷记“其他收入”科目。

借：库存物品（按照确定的成本）
　固定资产累计折旧（换出资产为固定资产）
　无形资产累计摊销（换出资产为无形资产）
　资产处置费用（出现借方差额时）
　贷：换出相关资产科目（按照换出资产的账面余额）
　　银行存款等（按照置换过程中发生的其他相关支出）
　　其他收入（出现贷方差额时）

涉及补价的，分别以下情况处理：

（1）支付补价的，按照确定的成本，借记本科目，按照换出资产的账面余额，贷记相关资产科目（换出资产为固定资产、无形资产的，还应当借记“固定资产累计折旧”“无形资产累计摊销”科目），按照支付的补价和置换过程中发生的其他相关支出，贷记“银行存款”等科目，按照借贷方差额，借记“资产处置费用”科目或贷记“其他收入”科目。

借：库存物品（按照确定的成本）
　固定资产累计折旧（换出资产为固定资产）
　无形资产累计摊销（换出资产为无形资产）
　资产处置费用（出现借方差额时）
　贷：换出相关资产科目（按照换出资产的账面余额）
　　银行存款等（按照支付的补价和置换过程中发生的其他相关支出）
　　其他收入（出现贷方差额时）

（2）收到补价的，按照确定的成本，借记本科目，按照收到的补价，借记“银行存款”等科目，按照换出资产的账面余额，贷记相关资产科目（换出资产为固定资产、无形资产的，还应当借记“固定资产累计折旧”“无形资产累计摊销”科目），按照置换过程中发生的其他相关支出，贷记“银行存款”等科目，按照补价扣减其他相关支出后的净收入，贷记“应缴财政款”科目，按照借贷方差额，借记“资产处置费用”科目或贷记“其他收入”科目。

借：库存物品（按照确定的成本）
　　银行存款等（按照收到的补价）
　　固定资产累计折旧（换出资产为固定资产）
　　无形资产累计摊销（换出资产为无形资产）
　　资产处置费用（出现借方差额时）
　贷：换出相关资产科目（按照换出资产的账面余额）
　　　银行存款等（按照置换过程中发生的其他相关支出）
　　　应缴财政款（按照补价扣减其他相关支出后的净收入）
　　　其他收入（出现贷方差额时）

库存物品涉及增值税业务的，相关账务处理参见“应交增值税”科目。

【例12-44】某单位用一台旧机器与其他单位置换E材料一批，该机器原值600 000元，已计提折旧400 000元，经专家评估其价值为250 000元。置换过程中另发生其他相关支出40 000元，通过单位实有资金账户支付，不涉及补价，置换材料已验收入库。（不考虑税）

	借方	贷方
借：库存物品——E材料	290 000	
固定资产累计折旧	400 000	
贷：固定资产——×机器		600 000
银行存款		40 000
其他收入		50 000

【例12-45】假设【例12-44】中涉及补价，由本单位支付70 000元补价给对方单位，通过单位实有资金账户支付。

	借方	贷方
借：库存物品——E材料	360 000	
固定资产累计折旧	400 000	
贷：固定资产——×机器		600 000
银行存款		110 000
其他收入		50 000

【例12-46】假设【例12-44】中涉及补价，由对方单位支付70 000元补价给本单位，通过银行转账收款。

	借方	贷方
借：库存物品——E材料	220 000	
固定资产累计折旧	400 000	
银行存款	70 000	
贷：固定资产——×机器		600 000
银行存款		40 000
应缴财政款		30 000
其他收入		20 000

【例 12-47】假设【例 12-44】中本单位换出机器经专家评估，其价值为 150 000 元。其余条件不变。(不考虑税)

借：库存物品——E 材料　　190 000
　　固定资产累计折旧　　400 000
　　资产处置费用　　50 000
　贷：固定资产——×机器　　600 000
　　　银行存款　　40 000

【例 12-48】假设【例 12-47】中涉及补价，由本单位支付 70 000 元补价给对方单位，通过单位实有资金账户支付。

借：库存物品——E 材料　　260 000
　　固定资产累计折旧　　400 000
　　资产处置费用　　50 000
　贷：固定资产——×机器　　600 000
　　　银行存款　　110 000

【例 12-49】假设【例 12-47】中涉及补价，由对方单位支付 70 000 元补价给本单位，通过银行转账收款。

借：库存物品——E 材料　　120 000
　　固定资产累计折旧　　400 000
　　银行存款　　70 000
　　资产处置费用　　80 000
　贷：固定资产——×机器　　600 000
　　　银行存款　　40 000
　　　应缴财政款　　30 000

（四）发出库存物品的账务处理

库存物品处置方式不同，账务处理不同，具体如下：

1.单位开展业务活动等领用、按照规定自主出售[①]发出或加工发出库存物品，按照领用、出售等发出物品的实际成本，借记“业务活动费用”“单位管理费用”“经营费用”“加工物品”等科目，贷记本科目。采用一次转销法摊销低值易耗品、包装物的，在首次领用时将其账面余额一次性摊销计入有关成本费用，借记有关科目，贷记本科目。采用五五摊销法摊销低值易耗品、包装物的，首次领用时，将其账面余额的 50% 摊销计入有关成本费用，借记有关科目，贷记本科目；使用完时，将剩余的账面余额转销计入有关成本费用，借记有关科目，贷记本科目。

（1）领用一般性库存物品时：

借：业务活动费用/单位管理费用/经营费用/加工物品等
　贷：库存物品

（2）首次领用采用一次转销法摊销的低值易耗品、包装物时：

借：有关费用科目

① 自主出售和不可自主出售库存物品的区别在于，前者出售所取得的收入不需要上缴财政，一般作本单位的收入处理，后者出售所取得的收入需要上缴财政，不属于本单位的收入，作应缴财政款处理。

贷：库存物品

（3）首次领用采用五五摊销法摊销的低值易耗品、包装物时：

借：有关费用科目（账面余额的50%）

贷：库存物品

（4）采用五五摊销法摊销低值易耗品、包装物使用完（即报废）时：

借：有关费用科目（账面余额的50%）

贷：库存物品

【例12-50】某单位领用主要业务活动所用×材料，出库成本为3 000元。

借：业务活动费用　3 000

贷：库存物品——×材料　3 000

【例12-51】某事业单位出售经营活动生产的商品，该商品出库成本为60 000元，销售收入总价款为80 000元。货款已收到并存入银行。（不考虑税）

借：银行存款　80 000

贷：经营收入　80 000

同时，

借：经营费用　60 000

贷：库存物品　60 000

【例12-52】某事业单位对A类低值易耗品和包装物采用一次转销法摊销，对B类低值易耗品和包装物采用五五摊销法摊销。某日首次领用A类包装物一批，成本共计90 000元，首次领用B类包装物一批，成本共计120 000元。这两批包装物均用于后勤管理活动。（不考虑其他因素）

（1）领用A类包装物时：

借：单位管理费用　90 000

贷：库存物品——A包装物　90 000

（2）领用B类包装物时：

借：单位管理费用　60 000

贷：库存物品　B包装物　60 000

假设【例12-52】中该单位低值易耗品、包装物比较多，对低值易耗品、包装物设置了“在库”“在用”“摊销”等明细科目，进行明细核算，则首次领用B类包装物时，其账务处理如下：

借：库存物品——B包装物——在用　120 000

贷：库存物品——B包装物——在库　120 000

借：单位管理费用　60 000

贷：库存物品——B包装物——摊销　60 000

2.经批准对外出售的库存物品（不含可自主出售的库存物品）发出时，按照库存物品的账面余额，借记“资产处置费用”科目，贷记本科目；同时，按照收到的价款，借记“银行存款”等科目，按照处置过程中发生的相关费用，贷记“银行存款”等科目，按照其差额，贷记“应缴财政款”科目。

借：资产处置费用

贷：库存物品

同时，

借：银行存款等（按照收到的价款）

贷：银行存款等（按照处置过程中发生的相关费用）

应缴财政款（按照其差额）

【例12-53】某单位将一批不需用C材料对外出售，该材料不属于可自主出售材料。该批C材料出库成本为10 000元，销售收入总价款为15 000元，另销售过程中用现金支付运杂费等相关费用300元。货款已收到并存入银行。（不考虑税）

借：资产处置费用　　10 000

贷：库存物品　　10 000

同时，

借：银行存款　　15 000

贷：库存现金　　300

应缴财政款　　14 700

3.经批准对外捐赠的库存物品发出时，按照库存物品的账面余额和对外捐赠过程中发生的归属于捐出方的相关费用合计数，借记“资产处置费用”科目，按照库存物品账面余额，贷记本科目，按照对外捐赠过程中发生的归属于捐出方的相关费用，贷记“银行存款”等科目。

借：资产处置费用（按照合计数）

贷：库存物品（按照库存物品账面余额）

银行存款等（按照对外捐赠过程中发生的归属于捐出方的相关费用）

【例12-54】某行政单位将不需用×材料无偿捐赠给外单位，该材料实际成本为50 000元，运杂费500元由对方支付。

借：资产处置费用　　50 000

贷：库存物品——×材料　　50 000

假设【例12-54】中的运杂费由本单位负担，用现金支付，则该笔业务账务处理如下：

借：资产处置费用　　50 500

贷：库存物品——×材料　　50 000

库存现金　　500

4.经批准无偿调出的库存物品发出时，按照库存物品的账面余额，借记“无偿调拨净资产”科目，贷记本科目；同时，按照无偿调出过程中发生的归属于调出方的相关费用，借记“资产处置费用”科目，贷记“银行存款”等科目。

借：无偿调拨净资产

贷：库存物品

同时，

借：资产处置费用（按照无偿调出过程中发生的归属于调出方的相关费用）

贷：银行存款等

【例12-55】某行政单位将不需用×材料无偿调给兄弟单位使用，该材料实际成本为50 000元，运杂费500元由对方支付。

借：无偿调拨净资产　　50 000

　贷：库存物品——×材料　　50 000

假设【例12-55】中500元运杂费由本单位承担，用现金支付，则该笔业务账务处理如下：

借：无偿调拨净资产　　50 000

　贷：库存物品——×材料　　50 000

同时，

借：资产处置费用　　500

　贷：库存现金　　500

5.经批准置换换出的库存物品，参照有关置换换入库存物品的规定进行账务处理。

置换换出库存物品例题参见【例12-44】至【例12-49】。

（五）库存物品清查盘点

单位应当定期对库存物品进行清查盘点，每年至少盘点一次。对于发生的库存物品盘盈、盘亏或者报废、毁损，应当先记入“待处理财产损溢”科目，按照规定报经批准后及时进行后续账务处理。

1.盘盈的库存物品，按照确定的入账价值，借记本科目，贷记“待处理财产损溢”科目。

借：库存物品

　贷：待处理财产损溢

【例12-56】某单位在年底盘存过程中，盘盈D材料一批，该材料市场同类产品价值为78 000元。

借：库存物品——D材料　　78 000

　贷：待处理财产损溢　　78 000

2.盘亏或者毁损、报废的库存物品，按照待处理库存物品的账面余额，借记“待处理财产损溢”科目，贷记本科目。

借：待处理财产损溢

　贷：库存物品

属于增值税一般纳税人的单位，若因非正常原因导致的库存物品盘亏或毁损，还应当将与该库存物品相关的增值税进项税额转出，按照其增值税进项税额，借记“待处理财产损溢”科目，贷记“应交增值税——应交税金（进项税额转出）”科目。

【例12-57】某行政单位报废一批价值8 000元的低值易耗品，取得变价收入1 000元，支付清理费用200元。所有交易均为现金支付（不考虑税）。

借：待处理财产损溢——待处理财产价值　　8 000

　贷：库存物品——低值易耗品　　8 000

借：资产处置费用　　8 000

　贷：待处理财产损溢——待处理财产价值　　8 000

同时，

借：库存现金　　1 000

　贷：库存现金　　200

贷：应缴财政款　　800

库存物品涉及增值税业务的，相关账务处理参见“应交增值税”科目。

第五节　固定资产的核算

本节主要介绍固定资产确认、计量、折旧，以及与固定资产核算相关联的“固定资产”“固定资产累计折旧”“工程物资”“在建工程” 4个科目的核算要求及方法。

一、固定资产

（一）固定资产的定义及类别

固定资产是指单位为满足自身开展业务活动或其他活动需要而控制的，使用年限超过1年（不含1年）、单位价值在规定标准以上，并在使用过程中基本保持原有物质形态的资产，一般包括房屋和构筑物、设备等。

单位价值虽未达到规定标准，但是使用年限超过1年（不含1年）的大批同类物资，如图书、家具、用具、装具等，应当确认为固定资产。

单位固定资产一般分为六类：房屋和构筑物；设备；文物和陈列品；图书和档案；家具和用具；特种动植物[①]（如图12-2所示）。

序号	原明细科目	新明细科目
1	“房屋及构筑物”	“房屋和构筑物”
2	“专用设备”	“设备”
3	“通用设备”	“文物和陈列品”
4	“文物和陈列品”	“图书和档案”
5	“图书、档案”	“家具和用具”
6	“家具、用具、装具及动植物”	“特种动植物”

图12-2　固定资产新旧明细科目对应关系图

（二）固定资产的确认

1.确认主体。一般情况下固定资产的确认主体为拥有所有权（如持有产权证等）的单位。但以下三种特殊情况确认主体不同：

（1）按规定由本级政府机关事务管理等部门统一管理（如仅持有资产的产权证等），但具体由其他部门占有、使用的固定资产，应当由占有、使用该资产的部门作为会计确认主体，对该资产进行会计核算。

① 根据财政部2023年10月公布的《政府会计准则制度解释第6号》的相关规定，固定资产的类别有所调整，由原来的房屋及构筑物，通用设备，专用设备，文物和陈列品，图书、档案，家具、用具、装具及动植物，调整为本内容。相应地，“固定资产”“固定资产累计折旧”科目下按照固定资产类别设置“房屋和构筑物”“设备”“文物和陈列品”“图书和档案”“家具和用具”“特种动植物”明细科目，同时，单位应当将“固定资产”科目和对应的“固定资产累计折旧”科目原相关明细科目余额（如有）按规定转入新的明细科目，新旧明细科目的关系如图12-2所示。

（2）多个部门共同占用、使用同一项固定资产，且该项固定资产由本级政府机关事务管理等部门统一管理并负责后续维护、改造的，由本级政府机关事务管理等部门作为确认主体，对该项固定资产进行会计核算。

（3）同一部门内部所属单位共同占有、使用同一项固定资产，或者所属事业单位占有、使用部门本级拥有产权的固定资产的，按照本部门规定对固定资产进行会计核算。

2.确认条件。固定资产同时满足下列条件的，应当予以确认：

（1）与该固定资产相关的服务潜力很可能实现或者经济利益很可能流入政府会计主体。

（2）该固定资产的成本或者价值能够可靠地计量。

3.确认时间。通常情况下，购入、换入、接受捐赠、无偿调入不需安装的固定资产，在固定资产验收合格时确认；购入、换入、接受捐赠、无偿调入需要安装的固定资产，在固定资产安装完成交付使用时确认；自行建造、改建、扩建的固定资产，在建造完成交付使用时确认。

4.确认的特殊情况。确认固定资产时，应当考虑以下情况：

（1）固定资产的各组成部分具有不同使用年限或者以不同方式为政府会计主体实现服务潜力或提供经济利益，适用不同折旧率或折旧方法且可以分别确定各自原价的，应当分别将各组成部分确认为单项固定资产。

（2）应用软件构成相关硬件不可缺少的组成部分的，应当将该软件的价值包括在所属的硬件价值中，一并确认为固定资产；不构成相关硬件不可缺少的组成部分的，应当将该软件确认为无形资产。

（3）购建房屋和构筑物时，不能分清购建成本中的房屋和构筑物部分与土地使用权部分的，应当全部确认为固定资产；能够分清购建成本中的房屋和构筑物部分与土地使用权部分的，应当将其中的房屋和构筑物部分确认为固定资产，将其中的土地使用权部分确认为无形资产。

（4）固定资产在使用过程中发生的后续支出，同时符合两条确认条件的，应当计入固定资产成本；不符合确认条件的，应当在发生时计入当期费用或者相关资产成本。将发生的固定资产后续支出计入固定资产成本的，应当同时从固定资产账面价值中扣除被替换部分的账面价值。

（三）固定资产的计量

1.初始计量

固定资产应当按照成本进行初始计量，但单位取得固定资产的方式不同，计量方法也不同，具体如下：

（1）外购的固定资产，其成本包括购买价款、相关税费以及固定资产交付使用前所发生的可归属于该项资产的运输费、装卸费、安装费和专业人员服务费等。

以一笔款项购入多项没有单独标价的固定资产，应当按照各项固定资产同类或类似资产市场价格的比例对总成本进行分配，分别确定各项固定资产的成本。

（2）自行建造的固定资产，其成本包括该项资产至交付使用前所发生的全部必要支出。

在原有固定资产基础上进行改建、扩建、修缮后的固定资产，其成本按照原固定资产账面价值加上改建、扩建、修缮发生的支出，再扣除固定资产被替换部分的账面价值后的金额确定。

为建造固定资产借入的专门借款的利息，属于建设期间发生的，计入在建工程成本；不属于建设期间发生的，计入当期费用。

已交付使用但尚未办理竣工决算手续的固定资产，应当按照估计价值入账，待办理竣工决算后再按实际成本调整原来的暂估价值。

（3）通过置换取得的固定资产，其成本按照换出资产的评估价值加上支付的补价或减去收到的补价，加上换入固定资产发生的其他相关支出确定。

（4）接受捐赠的固定资产，其成本按照有关凭据注明的金额加上相关税费、运输费等确定；没有相关凭据可供取得，但按规定经过资产评估的，其成本按照评估价值加上相关税费、运输费等确定；没有相关凭据可供取得、也未经资产评估的，其成本比照同类或类似资产的市场价格加上相关税费、运输费等确定；没有相关凭据且未经资产评估、同类或类似资产的市场价格也无法可靠取得的，按照名义金额入账，相关税费、运输费等计入当期费用。

如受赠的系旧的固定资产，在确定其初始入账成本时应当考虑该项资产的新旧程度。

（5）无偿调入的固定资产，其成本按照调出方账面价值加上相关税费、运输费等确定。但是，无偿调入固定资产在调出方的账面价值为零（即已经按制度规定提足折旧）或者账面余额为名义金额的，单位（调入方）应当将调入过程中其承担的相关税费、运输费等计入当期费用，不计入调入固定资产的初始入账成本。

（6）盘盈的固定资产，按照有关凭据注明的金额确定；没有相关凭据、但按照规定经过资产评估的，其成本按照评估价值确定；没有相关凭据、也未经过评估的，其成本按照重置成本确定。如无法采用上述方法确定盘盈固定资产成本的，按照名义金额（人民币1元）入账。

（7）融资租赁取得的固定资产，按照租赁协议或者合同确定的租赁价款、相关税费以及固定资产交付使用前所发生的可归属于该项资产的运输费、途中保险费、安装调试费等确定。

2.后续计量

固定资产的后续计量包括固定资产折旧和处置两方面。

（1）固定资产的折旧。固定资产折旧是指在固定资产的预计使用年限内，按照确定的方法对应计的折旧额进行系统分摊。

单位固定资产折旧应注意以下方面的规定：

①折旧额。固定资产应计提的折旧额为其成本，单位计提固定资产折旧时不考虑预计净残值。

②折旧范围。单位应当对固定资产计提折旧，但有些固定资产除外：一是文物和陈列品；二是特种动植物；三是图书和档案；四是单独计价入账的土地；五是以名义金额计量的固定资产。

③折旧年限。单位应当根据相关规定以及固定资产的性质和使用情况，合理确定固定资产的使用年限[①]。固定资产的使用年限一经确定，不得随意变更。单位在确定固定资产

① 单位固定资产折旧年限的相关规定详见《政府会计准则第3号——固定资产》应用指南。

使用年限时，还应考虑的因素有：一是预计实现服务潜力或提供经济利益的期限；二是预计有形损耗和无形损耗；三是法律或者类似规定对资产使用的限制。政府固定资产折旧年限见表12-4。

表12-4　**政府固定资产折旧年限表**

固定资产类别	内容		折旧年限（年）
房屋及构筑物	业务及管理用房	钢结构	不低于50
		钢筋混凝土结构	不低于50
		砖混结构	不低于30
		砖木结构	不低于30
	简易房		不低于8
	房屋附属设施		不低于8
	构筑物		不低于8
通用设备	计算机设备		不低于6
	办公设备		不低于6
	车辆		不低于8
	图书档案设备		不低于5
	机械设备		不低于10
	电气设备		不低于5
	雷达、无线电和卫星导航设备		不低于10
	通信设备		不低于5
	广播、电视、电影设备		不低于5
	仪器仪表		不低于5
	电子和通信测量设备		不低于5
	计量标准器具及量具、衡器		不低于5
专用设备	探矿、采矿、选矿和造块设备		10~15
	石油天然气开采专用设备		10~15
	石油和化学工业专用设备		10~15
	炼焦和金属冶炼轧制设备		10~15
	电力工业专用设备		20~30
	非金属矿物制品工业专用设备		10~20
	核工业专用设备		20~30
	航空航天工业专用设备		20~30
	工程机械		10~15

续表

固定资产类别	内容	折旧年限（年）
专用设备	农业和林业机械	10~15
	木材采集和加工设备	10~15
	食品加工专用设备	10~15
	饮料加工设备	10~15
	烟草加工设备	10~15
	粮油作物和饲料加工设备	10~15
	纺织设备	10~15
	缝纫、服饰、制革和毛皮加工设备	10~15
	造纸和印刷机械	10~20
	化学药品和中药专用设备	5~10
	医疗设备	5~10
	电工、电子专用生产设备	5~10
	安全生产设备	10~20
	邮政专用设备	10~15
	环境污染防治设备	10~20
	公安专用设备	3~10
	水工机械	10~20
	殡葬设备及用品	5~10
	铁路运输设备	10~20
	水上交通运输设备	10~20
	航空器及其配套设备	10~20
	专用仪器仪表	5~10
	文艺设备	5~15
	体育设备	5~15
	娱乐设备	5~15
家具、用具及装具	家具	不低于15
	用具、装具	不低于5

④折旧方法。单位一般应当采用年限平均法或者工作量法计提固定资产折旧。在确定固定资产的折旧方法时，应当考虑与固定资产相关的服务潜力或经济利益的预期实现方式。固定资产折旧方法一经确定，不得随意变更。

⑤折旧时间和时点。固定资产应当按月计提折旧，并根据用途计入当期费用或者相关资产成本。当月增加的固定资产，当月开始计提折旧；当月减少的固定资产，当月不再计提折旧。固定资产提足折旧后，无论能否继续使用，均不再计提折旧；提前报废的固定资产，也不再补提折旧。已提足折旧的固定资产，可以继续使用的，应当继续使用，规范实物管理。

⑥折旧特殊规定。暂估入账的固定资产也应当计提折旧，实际成本确定后不需调整原已计提的折旧额；固定资产因改建、扩建或修缮等原因而延长其使用年限的，应当按照重新确定的固定资产的成本以及重新确定的折旧年限计算折旧额；计提融资租入固定资产折旧时，应当采用与自有固定资产相一致的折旧政策。能够合理确定租赁期届满时将会取得租入固定资产所有权的，应当在租入固定资产尚可使用年限内计提折旧；无法合理确定租赁期届满时能够取得租入固定资产所有权的，应当在租赁期与租入固定资产尚可使用年限两者中较短的期间内计提折旧。

（2）固定资产的处置。处置方式不同，计量方法不同，具体如下：

① 单位按规定报经批准出售、转让固定资产或固定资产报废、毁损的，应当将固定资产账面价值转销计入当期费用，并将处置收入扣除相关处置税费后的差额按规定作应缴款项处理（差额为净收益时）或计入当期费用（差额为净损失时）。

② 单位按规定报经批准对外捐赠、无偿调出固定资产的，应当将固定资产的账面价值予以转销，对外捐赠、无偿调出中发生的归属于捐出方、调出方的相关费用应当计入当期费用。

③ 单位按规定报经批准以固定资产对外投资的，应当将该固定资产的账面价值予以转销，并将固定资产在对外投资时的评估价值与其账面价值的差额计入当期收入或费用。

④ 固定资产盘亏造成的损失，按规定报经批准后应当计入当期费用。

（四）固定资产的管理要求及核算时应注意的问题

单位应当根据固定资产定义、有关主管部门对固定资产的统一分类，结合本单位的具体情况，制定适合本单位的固定资产目录、具体分类方法，作为进行固定资产核算的依据。单位应当设置“固定资产登记簿”和“固定资产卡片”，按照固定资产类别、项目和使用部门等进行明细核算。出租、出借的固定资产，应当设置备查簿进行登记。

“固定资产”科目核算单位固定资产的原值。固定资产的增加记借方，减少记贷方，期末借方余额反映单位固定资产的原值。本科目应当按照固定资产类别和项目进行明细核算。固定资产核算时，还应当考虑以下情况：

（1）购入需要安装的固定资产，应当先通过“在建工程”科目核算，安装完毕交付使用时再转入“固定资产”科目核算。

（2）以借入、经营租赁租入方式取得的固定资产，不通过“固定资产”科目核算，应当设置备查簿进行登记。

（3）采用融资租入方式取得的固定资产，通过“固定资产”科目核算，并在本科目下设置“融资租入固定资产”明细科目。

（4）经批准在境外购买具有所有权的土地作为固定资产，通过“固定资产”科目核算；单位应当在本科目下设置“境外土地”明细科目，进行相应明细核算。

（五）取得固定资产的账务处理

固定资产取得方式不同，账务处理的规定不同，具体如下：

1.购入固定资产

（1）购入不需安装的固定资产验收合格时，按照确定的固定资产成本，借记本科目，贷记“财政拨款收入”“零余额账户用款额度”“应付账款”“银行存款”等科目。

借：固定资产

　贷：财政拨款收入/零余额账户用款额度/应付账款/银行存款等

（2）购入需要安装的固定资产，在安装完毕交付使用前通过“在建工程”科目核算，安装完毕交付使用时再转入本科目。

购入时：

借：在建工程

　贷：财政拨款收入/零余额账户用款额度/应付账款/银行存款等

安装完毕交付使用时：

借：固定资产

　贷：在建工程

（3）购入固定资产扣留质量保证金的，应当在取得固定资产时，按照确定的固定资产成本，借记本科目（不需安装）或“在建工程”科目（需要安装），按照实际支付或应付的金额，贷记“财政拨款收入”、“零余额账户用款额度”、“应付账款”（不含质量保证金）和“银行存款”等科目，按照扣留的质量保证金数额，贷记“其他应付款”（扣留期在1年以内（含1年））或“长期应付款”（扣留期超过1年）科目。质保期满支付质量保证金时，借记“其他应付款”“长期应付款”科目，贷记“财政拨款收入”“零余额账户用款额度”“银行存款”等科目。

借：固定资产（不需安装）/在建工程（需要安装）（按照确定的固定资产成本）

　贷：财政拨款收入/零余额账户用款额度/应付账款（不含质量保证金）/银行存款等（按照实际支付或应付的金额）

　　其他应付款（扣留期在1年以内（含1年））/长期应付款（扣留期超过1年）（按照扣留的质量保证金数额）

质保期满支付质量保证金时：

借：其他应付款/长期应付款

　贷：财政拨款收入/零余额账户用款额度/银行存款等

【例12-58】某单位通过财政授权支付购入不需安装的×设备一台，总价款为29 000元，运杂费为500元。该设备已验收合格。（不考虑税）

借：固定资产——×设备　　29 500

　贷：零余额账户用款额度　　29 500

【例12-59】某单位通过财政授权支付购入需要安装的×设备一台，总价款为35 100元，运费为1 000元，安装调试费为800元。该设备已安装完工交付使用。（不考虑税）

（1）收到设备时：

借：在建工程——×设备　　36 100

　贷：零余额账户用款额度　　36 100

（2）安装并付费时：

借：在建工程——×设备　800

　贷：零余额账户用款额度　800

（3）安装完工交付使用时：

借：固定资产——×设备　36 900

　贷：在建工程——×设备　36 900

【例 12-60】某单位通过财政授权支付购入一台×设备，价款为 70 200 元，运杂费为 1 500 元。收到供应商开具的全额发票一张。该设备质保期为 1 年，购入时扣除质保金 3 000 元。(不考虑税)

取得设备时：

借：固定资产——×设备　71 700

　贷：零余额账户用款额度　68 700

　　其他应付款　3 000

2.自行建造固定资产

自行建造的固定资产交付使用时，按照在建工程成本，借记本科目，贷记“在建工程”科目。

借：固定资产

　贷：在建工程

已交付使用但尚未办理竣工决算手续的固定资产，按照估计价值入账，待办理竣工决算后再按照实际成本调整原来的暂估价值。

【例 12-61】某单位自行建造办公楼一栋，已完工交付使用，但尚未办理移交手续，暂估价为 1 200 万元入账。1 个月后，该工程办理决算手续，工程实际造价为 1 250 万元。

（1）估价入账时：

借：固定资产　12 000 000

　贷：在建工程　12 000 000

（2）办理竣工决算时：

借：固定资产　500 000

　贷：在建工程　500 000

3.融资租赁固定资产

融资租入的固定资产，按照确定的成本，借记本科目（不需安装）或“在建工程”科目（需安装），按照租赁协议或者合同确定的租赁付款额，贷记“长期应付款”科目，按照支付的运输费、途中保险费、安装调试费等金额，贷记“财政拨款收入”“零余额账户用款额度”“银行存款”等科目。定期支付租金时，按照实际支付金额，借记“长期应付款”科目，贷记“财政拨款收入”“零余额账户用款额度”“银行存款”等科目。

租入时：

借：固定资产（不需安装）/在建工程（需安装）（按照确定的成本）

　贷：长期应付款（按照租赁协议或者合同确定的租赁付款额）

　　财政拨款收入/零余额账户用款额度/银行存款等（按照支付的运输费、途中保险费、安装调试费等金额）

定期支付租金时：

借：长期应付款

　贷：财政拨款收入/零余额账户用款额度/银行存款等

【例12-62】某事业单位以融资租赁形式租入一项主要业务活动用固定资产，按照租赁协议的规定，设备的价款为100万元，租期为10年，每年以财政授权支付方式支付租金10万元。另外以财政授权支付方式支付运杂费3 000元。该项固定资产不需安装。

（1）租入固定资产时：

借：固定资产　　1 003 000

　贷：零余额账户用款额度　　3 000

　　长期应付款　　1 000 000

（2）每年支付租金时：

借：长期应付款　　100 000

　贷：零余额账户用款额度　　100 000

4.分期付款购入固定资产

按照规定跨年度分期付款购入固定资产的账务处理，参照融资租入固定资产。

5.接受捐赠固定资产

接受捐赠的固定资产，按照确定的固定资产成本，借记本科目（不需安装）或“在建工程”科目（需安装），按照发生的相关税费、运输费等，贷记“零余额账户用款额度”“银行存款”等科目，按照其差额，贷记“捐赠收入”科目。接受捐赠的固定资产按照名义金额入账的，按照名义金额，借记本科目，贷记“捐赠收入”科目；按照发生的相关税费、运输费等，借记“其他费用”科目，贷记“零余额账户用款额度”“银行存款”等科目。

借：固定资产（不需安装）/在建工程（需安装）（按照确定的固定资产成本）

　贷：零余额账户用款额度/银行存款等（按照发生的相关税费、运输费等）

　　捐赠收入（按照其差额）

接受捐赠的固定资产按照名义金额入账的：

借：固定资产（按照名义金额）

　贷：捐赠收入

借：其他费用（按照发生的相关税费、运输费等）

　贷：零余额账户用款额度/银行存款等

【例12-63】某事业单位接受外单位捐赠电脑20台，发票单据注明每台电脑4 500元。该单位自行负担运杂费1 000元，通过银行存款转账支付。

借：固定资产——电脑　　91 000

　贷：捐赠收入　　90 000

　　银行存款　　1 000

假设【例12-63】中捐赠的电脑只能以名义金额入账，则账务处理如下：

借：固定资产——电脑　　1

　贷：捐赠收入　　1

同时，

借：其他费用　　1 000

　贷：银行存款　　1 000

6.无偿调入固定资产

无偿调入的固定资产，按照确定的固定资产成本，借记本科目（不需安装）或“在建工程”科目（需安装），按照发生的相关税费、运输费等，贷记“零余额账户用款额度”“银行存款”等科目，按照其差额，贷记“无偿调拨净资产”科目。

借：固定资产（不需安装）/在建工程（需安装）（按照确定的固定资产成本）

　贷：零余额账户用款额度/银行存款等（按照发生的相关税费、运输费等）

　　无偿调拨净资产（按照其差额）

如果无偿调入固定资产在调出方的账面价值为零，单位（调入方）在进行财务会计处理时，则应当按照该项资产在调出方的账面余额，借记本科目（不需安装）或“在建工程”科目（需安装），按照该项资产在调出方已经计提的折旧（与资产账面余额相等），贷记“固定资产累计折旧”科目；按照支付的相关税费、运输费等，借记“其他费用”科目，贷记“零余额账户用款额度”“银行存款”等科目。

借：固定资产（不需安装）/在建工程（需安装）（按照调出方账面余额）

　贷：固定资产累计折旧

借：其他费用（按照发生的相关税费、运输费等）

　贷：零余额账户用款额度/银行存款等

如果无偿调入固定资产在调出方的账面余额为名义金额，单位（调入方）在进行财务会计处理时，则应当按照名义金额，借记本科目（不需安装）或“在建工程”科目（需安装），贷记“无偿调拨净资产”科目；按照支付的相关税费、运输费等，借记“其他费用”科目，贷记“零余额账户用款额度”“银行存款”等科目。

借：固定资产（不需安装）/在建工程（需安装）

　贷：无偿调拨净资产

借：其他费用（按照发生的相关税费、运输费等）

　贷：零余额账户用款额度/银行存款等

【例12-64】某单位接受兄弟单位无偿调入电脑20台，对方单位该批电脑的账面原值是100 000元，已累计折旧20 000元。本单位自行负担运杂费1 000元，通过银行存款转账支付。

借：固定资产——电脑　　81 000

　贷：银行存款　　1 000

　　无偿调拨净资产　　80 000

假设【例12-64】中无偿调入的电脑已提足折旧，则账务处理如下：

借：固定资产——电脑　　100 000

　贷：固定资产累计折旧　　100 000

借：其他费用　　1 000

　贷：银行存款　　1 000

假设【例12-64】中无偿调入的电脑为名义金额，则账务处理如下：

借：固定资产——电脑　　1

贷：无偿调拨净资产 1

借：其他费用 1 000

贷：银行存款 1 000

7.置换取得固定资产

置换取得的固定资产，参照“库存物品”科目中置换取得库存物品的相关规定进行账务处理。

（六）固定资产后续支出的账务处理

1.符合固定资产确认条件的后续支出

所谓符合固定资产确认条件的后续支出，是指为增加固定资产使用效能或延长其使用年限而发生的改建、扩建等后续支出，此类后续支出属于资本性支出。

（1）将固定资产转入改建、扩建。通常情况下，将固定资产转入改建、扩建时，按照固定资产的账面价值，借记“在建工程”科目，按照固定资产已计提折旧，借记“固定资产累计折旧”科目，按照固定资产的账面余额，贷记本科目。

借：在建工程（按照固定资产的账面价值）

固定资产累计折旧（按照固定资产已计提折旧）

贷：固定资产（按照固定资产的账面余额）

（2）进行后续支出。为增加固定资产使用效能或延长其使用年限而发生的改建、扩建等后续支出，借记“在建工程”科目，贷记“财政拨款收入”“零余额账户用款额度”“银行存款”等科目。

借：在建工程

贷：财政拨款收入/零余额账户用款额度/银行存款等

（3）后续支出完成交付使用。固定资产改建、扩建等完成交付使用时，按照在建工程成本，借记本科目，贷记“在建工程”科目。

借：固定资产

贷：在建工程

【例12-65】某行政单位为改善办公条件，决定对一栋旧房进行改建，该旧房原价500万元，累计折旧200万元。为房屋改造分期购进各种材料（非政府采购）共计124 000元，支付人工费用共计18 000元，通过财政授权支付方式支付。工程改造完成，交付使用，并进行转账。

（1）将房屋转为在建工程：

借：在建工程 3 000 000

固定资产累计折旧 2 000 000

贷：固定资产 5 000 000

（2）支付材料及人工费用：

借：在建工程 142 000

贷：零余额账户用款额度 142 000

（3）交付使用：

借：固定资产 3 142 000

贷：在建工程 3 142 000

2.不符合固定资产确认条件的后续支出

为保证固定资产正常使用发生的日常维修等支出，借记“业务活动费用”“单位管理费用”等科目，贷记“财政拨款收入”“零余额账户用款额度”“银行存款”等科目。

借：业务活动费用/单位管理费用等

　贷：财政拨款收入/零余额账户用款额度/银行存款等

【例12-66】某单位对本单位办公楼进行日常维修，共发生维修费80 000元，通过财政授权支付方式支付。该次维修不符合固定资产确认条件。

借：单位管理费用	80 000	
贷：零余额账户用款额度		80 000

（七）处置固定资产的账务处理

单位按照规定报经批准处置固定资产，应当分别以下情况处理：

1.报经批准出售、转让

报经批准出售、转让固定资产，按照被出售、转让固定资产的账面价值，借记“资产处置费用”科目，按照固定资产已计提的折旧，借记“固定资产累计折旧”科目，按照固定资产账面余额，贷记本科目；同时，按照收到的价款，借记“银行存款”等科目，按照处置过程中发生的相关费用，贷记“银行存款”等科目，按照其差额，贷记“应缴财政款”科目。

借：资产处置费用（按照被出售、转让固定资产的账面价值）

　　固定资产累计折旧（按照固定资产已计提的折旧）

　贷：固定资产（按照固定资产账面余额）

同时，

借：银行存款等（按照收到的价款）

　贷：银行存款等（按照处置过程中发生的相关费用）

　　　应缴财政款（按照其差额）

【例12-67】某单位将两台不需用的打字机变价出售，原价为14 000元，已提折旧2 800元，取得变价收入6 000元，另现金支付200元杂费。（不考虑税）

借：资产处置费用	11 200	
固定资产累计折旧	2 800	
贷：固定资产——打字机		14 000
同时，		
借：银行存款	6 000	
贷：库存现金		200
应缴财政款		5 800

2.报经批准对外捐赠

报经批准对外捐赠固定资产，按照固定资产已计提的折旧，借记“固定资产累计折旧”科目，按照被处置固定资产账面余额，贷记本科目，按照捐赠过程中发生的归属于捐出方的相关费用，贷记“银行存款”等科目，按照其差额，借记“资产处置费用”科目。

借：固定资产累计折旧（按照固定资产已计提的折旧）

　　资产处置费用（按照其差额）

贷：固定资产（按照被处置固定资产账面余额）

银行存款等（按照捐赠过程中发生的归属于捐出方的相关费用）

【例12-68】某单位将一批不需用的家具捐赠给某社会组织，该批家具原价为84 000元，已提折旧24 000元，本单位另用银行存款转账支付运杂费1 000元。

借：资产处置费用 61 000

固定资产累计折旧 24 000

贷：固定资产——家具 84 000

银行存款 1 000

3.报经批准无偿调出

报经批准无偿调出固定资产，按照固定资产已计提的折旧，借记“固定资产累计折旧”科目，按照被处置固定资产账面余额，贷记本科目，按照其差额，借记“无偿调拨净资产”科目；同时，按照无偿调出过程中发生的归属于调出方的相关费用，借记“资产处置费用”科目，贷记“银行存款”等科目。

借：固定资产累计折旧（按照固定资产已计提的折旧）

无偿调拨净资产（按照其差额）

贷：固定资产（按照被处置固定资产账面余额）

同时，

借：资产处置费用（按照无偿调出过程中发生的归属于调出方的相关费用）

贷：银行存款等

【例12-69】某单位将一批不需用的家具无偿调拨给兄弟单位，该批家具原价为84 000元，已提折旧24 000元，本单位另用银行存款转账支付运杂费1 000元。

借：无偿调拨净资产 60 000

固定资产累计折旧 24 000

贷：固定资产——家具 84 000

同时，

借：资产处置费用 1 000

贷：银行存款 1 000

4.报经批准置换换出

报经批准置换换出固定资产，参照“库存物品”科目中置换换入库存物品的规定进行账务处理。

（八）清查盘点固定资产的账务处理

单位应当定期对固定资产进行清查盘点，每年至少盘点一次。对于发生的固定资产盘盈、盘亏或毁损、报废，应当先记入“待处理财产损溢”科目，按照规定报经批准后及时进行后续账务处理。

1.盘盈的固定资产

盘盈的固定资产，按照确定的入账成本，借记本科目，贷记“待处理财产损溢”科目。

借：固定资产

贷：待处理财产损溢

2.盘亏、毁损或报废的固定资产

盘亏、毁损或报废的固定资产，按照待处理固定资产的账面价值，借记“待处理财产损溢”科目，按照已计提折旧，借记“固定资产累计折旧”科目，按照固定资产的账面余额，贷记本科目。

借：待处理财产损溢（按照待处理固定资产的账面价值）

　　固定资产累计折旧（按照已计提折旧）

　贷：固定资产（按照固定资产的账面余额）

【例12-70】某事业单位在年末固定资产清查盘存中，盘盈×设备一台，该设备同类产品市场价格为5万元；盘亏×机器一台，原值为55 000元，已提折旧35 000元。

借：固定资产——×设备	50 000	
贷：待处理财产损溢		50 000
借：待处理财产损溢	20 000	
固定资产累计折旧	35 000	
贷：固定资产——×机器		55 000

固定资产涉及增值税业务的，相关账务处理参见“应交增值税”科目。

二、固定资产累计折旧

“固定资产累计折旧”科目核算单位计提的固定资产累计折旧。计提折旧时记贷方，冲销折旧时记借方，期末贷方余额反映单位计提的固定资产折旧累计数。本科目应当按照所对应固定资产的明细分类进行明细核算。

公共基础设施和保障性住房计提的累计折旧，应当分别通过“公共基础设施累计折旧（摊销）”科目和“保障性住房累计折旧”科目核算，不通过本科目核算。

（一）按月计提固定资产折旧

按月计提固定资产折旧时，按照应计提折旧金额，借记“业务活动费用”“单位管理费用”“经营费用”“加工物品”“在建工程”等科目，贷记本科目。

借：业务活动费用/单位管理费用/经营费用/加工物品/在建工程等

　贷：固定资产累计折旧

【例12-71】某事业单位按月对固定资产进行折旧，房屋折旧51万元，其中主要业务活动用房34万元，后勤管理用房17万元；设备类折旧36万元，其中主要业务活动用设备20万元，后勤管理用设备6万元，自行加工物品用设备10万元。

借：业务活动费用	540 000	
单位管理费用	230 000	
加工物品	100 000	
贷：固定资产累计折旧——房屋和构筑物		510 000
——设备		360 000

（二）经批准处置或处理固定资产

经批准处置或处理固定资产时，按照所处置或处理固定资产的账面价值，借记“资产处置费用”“无偿调拨净资产”“待处理财产损溢”等科目，按照已计提折旧，借记本科目，按照固定资产的账面余额，贷记“固定资产”科目。

借：资产处置费用/无偿调拨净资产/待处理财产损溢等（按照所处置或处理固定资产的账面价值）

　固定资产累计折旧（按照已计提折旧）

　贷：固定资产（按照固定资产的账面余额）

处置或处理固定资产涉及“固定资产累计折旧”科目核算的例题参见固定资产处置相关例题。

三、工程物资

“工程物资”科目核算单位为在建工程准备的各种物资的成本，包括工程用材料、设备等。工程物资增加记借方，减少记贷方，期末借方余额反映单位为在建工程准备的各种物资的成本。本科目可按照“库存材料”“库存设备”等工程物资类别进行明细核算。

（一）购入工程物资

购入为工程准备的物资，按照确定的物资成本，借记本科目，贷记“财政拨款收入”“零余额账户用款额度”“银行存款”“应付账款”等科目。

借：工程物资

　贷：财政拨款收入/零余额账户用款额度/银行存款/应付账款等

【例12-72】某单位购入一批工程建设用材料，总价款为100万元，发生运杂费等其他相关支出共计1万元。材料已验收入库，货款未付，财政授权支付了其他支出类款项。

	借方	贷方
借：工程物资——库存材料	1 010 000	
贷：应付账款		1 000 000
零余额账户用款额度		10 000

（二）领用工程物资

领用工程物资，按照物资成本，借记“在建工程”科目，贷记本科目。工程完工后将领出的剩余物资退库时作相反的会计分录。

领用时：

借：在建工程

　贷：工程物资

退库时：

借：工程物资

　贷：在建工程

【例12-73】若【例12-72】中的单位，陆续领用该材料进行项目建设，成本共计98万元，实际用掉95万元的材料，剩余3万元的材料退库。

领用时：

	借方	贷方
借：在建工程	980 000	
贷：工程物资——库存材料		980 000

退库时：

	借方	贷方
借：工程物资——库存材料	30 000	
贷：在建工程		30 000

（三）工程完工转存货

工程完工后将剩余的工程物资转作本单位存货等的，按照物资成本，借记“库存物品”等科目，贷记本科目。

借：库存物品等

　贷：工程物资

【例12-74】若【例12-72】中工程建设已完工，所购×材料还有剩余，价值为6万元。经批准转为一般存货类材料。

借：库存物品——×材料　60 000

　贷：工程物资——库存材料　60 000

工程物资涉及增值税业务的，相关账务处理参见“应交增值税”科目。

四、在建工程

“在建工程”科目核算在建的建设项目工程的实际成本。在建工程增加记借方，减少记贷方，期末借方余额反映单位尚未完工的建设项目工程发生的实际成本。

单位在建的信息系统项目工程、公共基础设施项目工程、保障性住房项目工程的实际成本，也通过本科目核算。

（一）在建工程明细科目设置

由于新的政府会计体系不再单独设置基建会计账套进行独立核算，“在建工程”科目的核算不再区分是否为基本建设项目，因此在建工程的核算内容非常复杂，单位应设置完备的明细科目进行明细核算，以确保在建工程账目的完整明晰。

“在建工程”科目应当设置“建筑安装工程投资”“设备投资”“待摊投资”“其他投资”“待核销基建支出”“基建转出投资”等明细科目，并按照具体项目进行明细核算。

1.建筑安装工程投资

“建筑安装工程投资”明细科目核算单位发生的构成建设项目实际支出的建筑工程和安装工程的实际成本，不包括被安装设备本身的价值以及按照合同规定支付给施工单位的预付备料款和预付工程款。本明细科目应当设置“建筑工程”和“安装工程”两个明细科目进行明细核算。

2.设备投资

“设备投资”明细科目核算单位发生的构成建设项目实际支出的各种设备的实际成本。

3.待摊投资

“待摊投资”明细科目核算单位发生的构成建设项目实际支出的、按照规定应当分摊计入有关工程成本和设备成本的各项间接费用和税费支出。本明细科目的具体核算内容包括以下方面：

（1）勘察费、设计费、研究试验费、可行性研究费及项目其他前期费用。

（2）土地征用及迁移补偿费、土地复垦及补偿费、森林植被恢复费及其他为取得土地使用权、租用权而发生的费用。

（3）城镇土地使用税、耕地占用税、契税、车船税、印花税及按照规定缴纳的其他税费。

（4）项目建设管理费、代建管理费、临时设施费、监理费、招投标费、社会中介审计

（审查）费及其他管理性质的费用。项目建设管理费是指项目建设单位从项目筹建之日起至办理竣工财务决算之日止发生的管理性质的支出，包括不在原单位发工资的工作人员工资及相关费用、办公费、办公场地租用费、差旅交通费、劳动保护费、工具用具使用费、固定资产使用费、招募生产工人费、技术图书资料费（含软件）、业务招待费、施工现场津贴、竣工验收费等。

（5）项目建设期间发生的各类专门借款利息支出或融资费用。

（6）工程检测费、设备检验费、负荷联合试车费及其他检验检测类费用。

（7）固定资产损失、器材处理亏损、设备盘亏及毁损、单项工程或单位工程报废、毁损净损失及其他损失。

（8）系统集成等信息工程的费用支出。

（9）其他待摊性质支出。

本明细科目应当按照上述费用项目进行明细核算，其中有些费用（如项目建设管理费等），还应当按照更为具体的费用项目进行明细核算。

待摊投资的分配方法，可按照下列公式计算：

（1）按照实际分配率分配。适用于建设工期较短、整个项目的所有单项工程一次竣工的建设项目。

$$\frac{\text{实际}}{\text{分配率}}=\frac{\text{待摊投资}}{\text{明细科目余额}}\div\left(\frac{\text{建筑工程}}{\text{明细科目余额}}+\frac{\text{安装工程}}{\text{明细科目余额}}+\frac{\text{设备投资}}{\text{明细科目余额}}\right)\times100\%$$

（2）按照概算分配率分配。适用于建设工期长、单项工程分期分批建成投入使用的建设项目。

$$\frac{\text{概算}}{\text{分配率}}=\left(\frac{\text{概算中各待摊}}{\text{投资项目的合计数}}-\frac{\text{其中可}}{\text{直接分配部分}}\right)\div\frac{\text{概算中建筑工程、}}{\text{安装工程和设备投资合计}}\times100\%$$

（3）某项固定资产应分配的待摊投资。

$$\frac{\text{某项固定资产应}}{\text{分配的待摊投资}}=\frac{\text{该项固定资产的建筑工程成本或该项固定}}{\text{资产（设备）的采购成本和安装成本合计}}\times\text{分配率}$$

4.其他投资

“其他投资”明细科目核算单位发生的构成建设项目实际支出的房屋购置支出，基本畜禽、林木等购置、饲养、培育支出，办公生活用家具、器具购置支出，软件研发和不能计入设备投资的软件购置等支出。单位为进行可行性研究而购置的固定资产，以及取得土地使用权支付的土地出让金，也通过本明细科目核算。本明细科目应当设置“房屋购置”“基本畜禽支出”“林木支出”“办公生活用家具、器具购置”“可行性研究固定资产购置”“无形资产”等明细科目。

5.待核销基建支出

“待核销基建支出”明细科目核算建设项目发生的江河清障、航道清淤、飞播造林、补助群众造林、水土保持、城市绿化、取消项目的可行性研究费以及项目整体报废等不能形成资产部分的基建投资支出。本明细科目应按照待核销基建支出的类别进行明细核算。

6.基建转出投资

“基建转出投资”明细科目核算为建设项目配套而建成的、产权不归属本单位的专用设施的实际成本。本明细科目应按照转出投资的类别进行明细核算。

（二）在建工程的主要账务处理

下面按照上述六大类明细科目分别讲解在建工程账务处理相关规定。

1.建筑安装工程投资

（1）将固定资产等资产转入改建、扩建等时，按照固定资产等资产的账面价值，借记本科目（建筑安装工程投资），按照已计提的折旧或摊销，借记“固定资产累计折旧”等科目，按照固定资产等资产的原值，贷记“固定资产”等科目。

借：在建工程——建筑安装工程投资（按照固定资产等资产的账面价值）

　　固定资产累计折旧等（按照已计提的折旧或摊销）

　贷：固定资产等（按照固定资产等资产的原值）

固定资产等资产改建、扩建过程中涉及替换（或拆除）原资产的某些组成部分的，按照被替换（或拆除）部分的账面价值，借记“待处理财产损溢”科目，贷记本科目（建筑安装工程投资）。

借：待处理财产损溢

　贷：在建工程——建筑安装工程投资

（2）单位对于发包建筑安装工程，根据建筑安装工程价款结算账单与施工企业结算工程价款时，按照应承付的工程价款，借记本科目（建筑安装工程投资），按照预付工程款余额，贷记“预付账款”科目，按照其差额，贷记“财政拨款收入”“零余额账户用款额度”“银行存款”“应付账款”等科目。

借：在建工程——建筑安装工程投资（按照应承付的工程价款）

　贷：预付账款（按照预付工程款余额）

　　财政拨款收入/零余额账户用款额度/银行存款/应付账款等（按照其差额）

（3）单位自行施工的小型建筑安装工程，按照发生的各项支出金额，借记本科目（建筑安装工程投资），贷记“工程物资”“零余额账户用款额度”“银行存款”“应付职工薪酬”等科目。

借：在建工程——建筑安装工程投资

　贷：工程物资/零余额账户用款额度/银行存款/应付职工薪酬等

（4）工程竣工，办妥竣工验收交接手续交付使用时，按照建筑安装工程成本（含应分摊的待摊投资），借记“固定资产”等科目，贷记本科目（建筑安装工程投资）。

借：固定资产等

　贷：在建工程——建筑安装工程投资

“建筑安装工程投资”明细科目的账务处理，与符合固定资产确认条件的后续支出账务处理类似，只是明细科目更完善。请参考【例12-65】的业务举例。

2.设备投资

（1）购入设备时，按照购入成本，借记本科目（设备投资），贷记“财政拨款收入”“零余额账户用款额度”“银行存款”等科目。

借：在建工程——设备投资

　贷：财政拨款收入/零余额账户用款额度/银行存款等

采用预付款方式购入设备的，有关预付款的账务处理参照本科目有关“建筑安装工程投资”明细科目的规定。

（2）设备安装完毕，办妥竣工验收交接手续交付使用时，按照设备投资成本（含设备安装工程成本和分摊的待摊投资），借记“固定资产”等科目，贷记本科目（设备投资、建筑安装工程投资——安装工程）。

借：固定资产等

　贷：在建工程——设备投资

　　　　　　——建筑安装工程投资——安装工程

将不需要安装的设备和达不到固定资产标准的工具、器具交付使用时，按照相关设备、工具、器具的实际成本，借记“固定资产”“库存物品”科目，贷记本科目（设备投资）。

借：固定资产/库存物品

　贷：在建工程——设备投资

“设备投资”明细科目的账务处理，与购入需要安装固定资产的账务处理类似，只是明细科目更完善。请参考【例12-59】的业务举例。

3.待摊投资

建设工程发生的构成建设项目实际支出的、按照规定应当分摊计入有关工程成本和设备成本的各项间接费用与税费支出，先在本明细科目中归集；建设工程办妥竣工验收手续交付使用时，按照合理的分配方法，摊入相关工程成本、在安装设备成本等。

（1）单位发生的构成待摊投资的各类费用，按照实际发生金额，借记本科目（待摊投资），贷记“财政拨款收入”“零余额账户用款额度”“银行存款”“应付利息”“长期借款”“其他应交税费”“固定资产累计折旧”“无形资产累计摊销”等科目。

借：在建工程——待摊投资

　贷：财政拨款收入/零余额账户用款额度/银行存款/应付利息/长期借款/其他应交税费/固定资产累计折旧/无形资产累计摊销等

【例12-75】某单位计划同时进行A、B、C三个基本建设项目建设，对各项目进行了勘察、设计、可行性研究等前期工作，发生勘察费、设计费、研究试验费、可行性研究费及各项目其他前期费用，共计580万元，所有费用均已通过财政授权支付方式支付。

	借方	贷方
借：在建工程——待摊投资	5 800 000	
贷：零余额账户用款额度		5 800 000

【例12-76】若【例12-75】中三个项目进行建设过程中发生管理费用具体为：发放专职管理人员薪酬共计63万元，公务及差旅费为127万元，领用办公材料的价值为97万元，管理用固定资产累计折旧费用为90万元，无形资产累计摊销费用为30万元，项目建设专项借款利息为700万元，其他管理费用为50万元。所有费用的支付均通过本单位银行存款转账支付。

	借方	贷方
借：在建工程——待摊投资	11 570 000	
贷：银行存款		1 770 000
固定资产累计折旧		900 000
无形资产累计摊销		300 000
库存物品		970 000
应付职工薪酬		630 000
应付利息		7 000 000

发放工资、支付利息时：

借：应付职工薪酬　630 000

　　应付利息　7 000 000

　贷：银行存款　7 630 000

（2）对于建设过程中试生产、设备调试等产生的收入，按照取得的收入金额，借记“银行存款”等科目，按照依据有关规定应当冲减建设工程成本的部分，贷记本科目（待摊投资），按照其差额贷记“应缴财政款”或“其他收入”科目。

借：银行存款等（按照取得的收入金额）

　贷：在建工程——待摊投资（按照依据有关规定应当冲减建设工程成本的部分）

　　　应缴财政款/其他收入（按照其差额）

【例12-77】若【例12-75】项目建设过程中，设备调试产生收入13万元，按照规定该项收入纳入本单位预算管理，且应当冲减建设工程成本10万元。款项已通过银行收讫。

借：银行存款　130 000

　贷：在建工程——待摊投资　100 000

　　　其他收入　30 000

（3）由于自然灾害、管理不善等原因造成的单项工程或单位工程报废或毁损，扣除残料价值和过失人或保险公司等赔款后的净损失，报经批准后计入继续施工的工程成本的，按照工程成本扣除残料价值和过失人或保险公司等赔款后的净损失，借记本科目（待摊投资），按照残料变价收入、过失人或保险公司赔款等，借记“银行存款”“其他应收款”等科目，按照报废或毁损的工程成本，贷记本科目（建筑安装工程投资）。

借：在建工程——待摊投资（按照工程成本扣除残料价值和过失人或保险公司等赔款后的净损失）

　　银行存款/其他应收款等（按照残料变价收入、过失人或保险公司赔款等）

　贷：在建工程——建筑安装工程投资（按照报废或毁损的工程成本）

【例12-78】若【例12-75】中，由于管理不善，发生单位工程报废，该单位工程成本为60万元。经过查验和研究处理，该单位工程损失由直接责任人赔偿5万元，保险公司赔偿23万元，残料变价收入3万元。报经批准，该单位工程损失计入继续施工的工程成本。除了保险赔偿款还未到账外，其余款项均已通过银行转账收讫。

借：在建工程——待摊投资　290 000

　　银行存款　80 000

　　其他应收款　230 000

　贷：在建工程——建筑安装工程投资　600 000

（4）工程交付使用时，按照合理的分配方法分配待摊投资[①]，借记本科目（建筑安装工程投资、设备投资），贷记本科目（待摊投资）。

借：在建工程——建筑安装工程投资

　　　　　　——设备投资

　贷：在建工程——待摊投资

① 特别注意：待摊投资分摊原则是“先分摊再转资”，意思是工程完工交付使用时，先将“待摊投资”明细科目的金额分摊到“在建工程”科目的其他明细科目中，再通过其他明细科目转为资产账户。

【例12-79】若【例12-75】中A项目完工交付使用时，按照单位确立的分配方法进行待摊投资的分配，A项目应分摊金额为585万元，其中设备投资分摊500万元，工程投资分摊85万元。

借：在建工程——建筑安装工程投资　　850 000

　　　　　　——设备投资　　5 000 000

　贷：在建工程——待摊投资　　5 850 000

4.其他投资

（1）单位为建设工程发生的房屋购置支出，基本畜禽、林木等的购置、饲养、培育支出，办公生活用家具、器具购置支出，软件研发和不能计入设备投资的软件购置等支出，按照实际发生金额，借记本科目（其他投资），贷记“财政拨款收入”“零余额账户用款额度”“银行存款”等科目。

借：在建工程——其他投资

　贷：财政拨款收入/零余额账户用款额度/银行存款等

（2）工程完成将形成的房屋、基本畜禽、林木等各种财产以及无形资产交付使用时，按照其实际成本，借记“固定资产”“无形资产”等科目，贷记本科目（其他投资）。

借：固定资产/无形资产等

　贷：在建工程——其他投资

【例12-80】某单位为建设工程购入某植物进行培植，购入成本为100 000元。该植物未成熟期间发生培育费5 000元，所有款项均通过银行存款转账支付。该植物已达到可使用状态。

（1）购入未成熟植物时：

借：在建工程——其他投资　　100 000

　贷：银行存款　　100 000

（2）发生培育费时：

借：在建工程——其他投资　　5 000

　贷：银行存款　　5 000

（3）工程完工交付使用时：

借：固定资产——动植物　　105 000

　贷：在建工程——其他投资　　105 000

5.待核销基建支出

（1）建设项目发生的江河清障、航道清淤、飞播造林、补助群众造林、水土保持、城市绿化等不能形成资产的各类待核销基建支出，按照实际发生金额，借记本科目（待核销基建支出），贷记“财政拨款收入”“零余额账户用款额度”“银行存款”等科目。

借：在建工程——待核销基建支出

　贷：财政拨款收入/零余额账户用款额度/银行存款等

【例12-81】某单位工程建设中，发生城市绿化、水土保持等费用共计57万元，该类费用不能形成资产，确立为待核销支出。费用均已通过财政直接支付。

借：在建工程——待核销基建支出　　570 000

　贷：财政拨款收入　　570 000

（2）取消的建设项目发生的可行性研究费，按照实际发生金额，借记本科目（待核销基建支出），贷记本科目（待摊投资）。

借：在建工程——待核销基建支出

　贷：在建工程——待摊投资

【例 12-82】某单位某拟建工程在项目论证中发现不具备进一步建设的条件，经研究决定取消该项目建设，但该工程已发生前期可行性研究费20万元，报经批准转入待核销基建支出。

借：在建工程——待核销基建支出　　200 000

　贷：在建工程——待摊投资　　200 000

（3）由于自然灾害等原因发生的建设项目整体报废所形成的净损失，报经批准后转入待核销基建支出，按照项目整体报废所形成的净损失，借记本科目（待核销基建支出），按照报废工程回收的残料变价收入、保险公司赔款等，借记“银行存款”“其他应收款”等科目，按照报废的工程成本，贷记本科目（建筑安装工程投资等）。

借：在建工程——待核销基建支出（按照项目整体报废所形成的净损失）

　贷：银行存款/其他应收款等（按照报废工程回收的残料变价收入、保险公司赔款等）

　　在建工程——建筑安装工程投资等（按照报废的工程成本）

【例 12-83】某单位由于自然灾害原因导致某建设工程项目整体报废，该工程成本为126万元，报废过程中取得残料变价收入15万元，保险公司赔偿80万元。款项均已通过银行转账收讫。报经批准该工程转入待核销基建支出。

借：在建工程——待核销基建支出　　310 000

　银行存款　　950 000

　贷：在建工程——建筑安装工程投资　　1 260 000

（4）建设项目竣工验收交付使用时，对发生的待核销基建支出进行冲销，借记“资产处置费用”科目，贷记本科目（待核销基建支出）。

借：资产处置费用

　贷：在建工程——待核销基建支出

【例 12-84】若【例 12-81】至【例 12-83】中的单位，建设项目竣工验收使用时，经批准对发生的待核销基建支出进行全部冲销。

借：资产处置费用　　1 080 000

　贷：在建工程——待核销基建支出　　1 080 000

6.基建转出投资

为建设项目配套而建成的、产权不归属本单位的专用设施，在项目竣工验收交付使用时，按照转出的专用设施的成本，借记本科目（基建转出投资），贷记本科目（建筑安装工程投资）；同时，借记“无偿调拨净资产”科目，贷记本科目（基建转出投资）。

借：在建工程——基建转出投资

　贷：在建工程——建筑安装工程投资

同时，

借：无偿调拨净资产

贷：在建工程——基建转出投资

【例 12-85】某单位在项目建设过程中，建成一个价值为101万元的配套设施，产权不归属本单位，项目竣工验收交付使用时，按照规定转出该配套设施。

借：在建工程——基建转出投资　　1 010 000

　贷：在建工程——建筑安装工程投资　　1 010 000

同时，

借：无偿调拨净资产　　1 010 000

　贷：在建工程——基建转出投资　　1 010 000

第六节　无形资产的核算

本节主要介绍单位无形资产的确认、计量，以及与无形资产核算相关的“无形资产”“研发支出”“无形资产累计摊销”3个科目的核算要求及方法。

一、无形资产确认和计量

（一）无形资产的定义及范围

无形资产是指单位控制的、没有实物形态的、可辨认的非货币性资产，如专利权、商标权、著作权、土地使用权、非专利技术等。

资产满足下列条件之一的，符合无形资产定义中的可辨认性标准：

（1）能够从单位中分离或者划分出来，并能单独或者与相关合同、资产或负债一起，用于出售、转移、授予许可、租赁或者交换。

（2）源自合同性权利或其他法定权利，无论这些权利是否可以从单位或其他权利和义务中转移或者分离。

单位自创商誉及内部产生的品牌、报刊名等，不应确认为无形资产。

单位购入的不构成相关硬件不可缺少组成部分的软件，应当确认为无形资产。

（二）无形资产的确认

1.确认条件

无形资产同时满足下列条件的，应当予以确认：

（1）与该无形资产相关的服务潜力很可能实现或者经济利益很可能流入政府会计主体。

（2）该无形资产的成本或者价值能够可靠地计量。

单位在判断无形资产的服务潜力或经济利益是否很可能实现或流入时，应当对无形资产在预计使用年限内可能存在的各种社会、经济、科技因素进行合理估计，并且应当有确凿的证据支持。

2.确认特殊规定

（1）单位自行研究开发形成无形资产的特殊规定。

一是自行研究开发项目的识别。政府会计所指的自行研究开发项目，应当同时满足两个条件：①该项目以科技成果创造和运用为目的，预期形成至少一项科技成果。科技成果是指通过科学研究与技术开发所产生的具有实用价值的成果。②该项目的研发活动起点可以明确。例如，利用财政资金等单位外部资金设立的科研项目，可以将立项之日作为起点；利用单位自有资金设立的科研项目，可以将单位决策机构批准同意立项之日，或科研人员将研发计划书提交单位科研管理部门审核通过之日作为起点。

二是自行研究开发项目支出的范围。自行研究开发项目的支出，包括从事研究开发及其辅助活动（以下简称研发活动）人员计提的薪酬，研发活动领用的库存物品，研发活动使用的固定资产和无形资产计提的折旧与摊销，为研发活动支付的其他各类费用等。其中，计提的薪酬包括基本工资、国家统一规定的津贴补贴、规范津贴补贴（绩效工资）、改革性补贴、社会保险费、住房公积金等；为研发活动支付的其他各类费用包括业务费、劳务费、水电气暖费等。单位应当先通过“研发支出”科目归集自行研究开发项目的支出，后续按照相关规定转入当期费用或无形资产。

三是自行研究开发项目研究阶段和开发阶段的划分。自行研究开发项目的“研发支出”应当区分研究阶段支出与开发阶段支出。研究是指为获取并理解新的科学或技术知识而进行的独创性的有计划调查；开发是指在进行生产或使用前，将研究成果或其他知识应用于某项计划或设计，以生产出新的或具有实质性改进的材料、装置、产品等。

当单位自行研究开发项目预期形成的无形资产同时满足5个条件时，可以认定该自行研究开发项目进入开发阶段：①单位预期完成该无形资产以使其能够使用或出售在技术上具有可行性。②单位具有完成该无形资产并使用或出售的意图。③单位预期该无形资产能够为单位带来经济利益或服务潜能。该无形资产自身或运用该无形资产生产的产品存在市场，或者该无形资产在内部使用具有有用性。④单位具有足够的技术、财务资源和其他资源支持，以完成该无形资产的开发，并有能力使用或出售该无形资产。⑤归属于该无形资产开发阶段的支出能够可靠地计量。

通常情况下，单位可以将样品样机试制成功、可行性研究报告通过评审等作为自行研究开发项目进入开发阶段的标志，但该时点不满足上述进入开发阶段5个条件的除外。

四是单位自行研究开发项目支出的确认规定。①研究阶段的支出，应当确认为当期费用。发生支出时先在“研发支出”科目归集，期（月）末时，将“研发支出”科目中归集的支出金额转入当期费用。②开发阶段的支出，先按合理方法归集到“研发支出”科目，如果最终形成无形资产，应当确认为无形资产，从“研发支出”科目转入“无形资产”科目；如果最终未形成无形资产，应当计入当期费用，从“研发支出”科目转入当期费用。③尚未进入开发阶段，或者确实无法区分研究阶段支出和开发阶段支出，但按法律程序已申请取得无形资产的，应当将依法取得时发生的注册费、聘请律师费等费用确认为无形资产，研究开发项目发生的支出计入当期费用。

（2）与无形资产有关的后续支出，符合规定的确认条件的，应当计入无形资产成本；不符合规定的确认条件的，应当在发生时计入当期费用或者相关资产成本。

（三）无形资产的计量

无形资产的计量包括初始计量和后续计量。

1.初始计量

无形资产在取得时应当按照成本进行初始计量。取得方式不同则计量方法不同，具体如下：

（1）外购的无形资产，其成本包括购买价款、相关税费以及可归属于该项资产达到预定用途前所发生的其他支出。

政府会计主体委托软件公司开发的软件，视同外购无形资产确定其成本。

（2）自行开发的无形资产，其成本包括自该项目进入开发阶段后至达到预定用途前所发生的支出总额。

（3）通过置换取得的无形资产，其成本按照换出资产的评估价值加上支付的补价或减去收到的补价，加上换入无形资产发生的其他相关支出确定。

（4）接受捐赠的无形资产，其成本按照有关凭据注明的金额加上相关税费等确定；没有相关凭据可供取得，但按规定经过资产评估的，其成本按照评估价值加上相关税费等确定；没有相关凭据可供取得也未经资产评估的，其成本比照同类或类似资产的市场价格加上相关税费确定；没有相关凭据且未经资产评估、同类或类似资产的市场价格也无法可靠取得的，按照名义金额入账，相关税费等计入当期费用。

确定接受捐赠无形资产的初始入账成本时，应当考虑该项资产尚可为单位带来服务潜力或经济利益的能力。

（5）无偿调入的无形资产，其成本按照调出方账面价值加上相关税费等确定。但是，无偿调入无形资产在调出方的账面价值为零（即已经按制度规定摊销完）或者账面余额为名义金额的，单位（调入方）应当将调入过程中其承担的相关税费等计入当期费用，不计入调入无形资产的初始入账成本。

2.后续计量

单位无形资产的后续计量包括摊销和处置两方面。

（1）无形资产的摊销。摊销是指在无形资产使用年限内，按照确定的方法对应摊销金额进行系统分摊。

单位应当于取得或形成无形资产时合理确定其使用年限。无形资产的使用年限为有限的，应当估计该使用年限。无法预见无形资产为单位提供服务潜力或者带来经济利益期限的，应当视为使用年限不确定的无形资产。

单位应当对使用年限有限的无形资产进行摊销，但已摊销完毕仍继续使用的无形资产和以名义金额计量的无形资产不应摊销；使用年限不确定的无形资产不应摊销。

单位在对使用年限有限的无形资产摊销时应注意以下规定：

① 摊销年限。应当按照以下原则确定无形资产的摊销年限：一是法律规定了有效年限的，按照法律规定的有效年限作为摊销年限；二是法律没有规定有效年限的，按照相关合同或单位申请书中的受益年限作为摊销年限；三是法律没有规定有效年限、相关合同或单位申请书也没有规定受益年限的，应当根据无形资产为单位带来服务潜力或经济利益的实际情况，预计其使用年限；非大批量购入、单价小于 1 000 元的无形资产，可以于购买的当期将其成本一次性全部转销，直接计入当期费用。

② 摊销时点。应当按月对使用年限有限的无形资产进行摊销，并根据用途计入当期费用或者相关资产成本。

③ 摊销方法。应当采用年限平均法或者工作量法对无形资产进行摊销，应摊销金额为其成本，不考虑预计残值。

④ 其他规定。因发生后续支出而增加无形资产成本的，对于使用年限有限的无形资产，应当按照重新确定的无形资产成本以及重新确定的摊销年限计算摊销额。

（2）无形资产的处置。单位处置无形资产的方式不同则计量方法不同，具体如下：

① 按规定报经批准出售无形资产，应当将无形资产账面价值转销计入当期费用，并将处置收入大于相关处置税费后的差额按规定计入当期收入或者做应缴款项处理，将处置收入小于相关处置税费后的差额计入当期费用。

② 按规定报经批准对外捐赠、无偿调出无形资产的，应当将无形资产的账面价值予以转销，对外捐赠、无偿调出中发生的归属于捐出方、调出方的相关费用应当计入当期费用。

③ 按规定报经批准以无形资产对外投资的，应当将该无形资产的账面价值予以转销，并将无形资产在对外投资时的评估价值与其账面价值的差额计入当期收入或费用。

④ 无形资产预期不能为政府会计主体带来服务潜力或者经济利益的，应当在报经批准后将该无形资产的账面价值予以转销。

二、无形资产的账务处理

“无形资产”科目核算单位无形资产的原值。无形资产的增加记借方，减少记贷方，期末借方余额反映单位无形资产的成本。本科目应当按照无形资产的类别、项目等进行明细核算。

（一）取得无形资产的账务处理

1.外购的无形资产，按照确定的成本，借记本科目，贷记“财政拨款收入”“零余额账户用款额度”“应付账款”“银行存款”等科目。

借：无形资产

　贷：财政拨款收入/零余额账户用款额度/应付账款/银行存款等

【例 12-86】某单位购入专利一项，该专利买价 20 万元，通过财政直接支付 15 万元，余款未付。（不考虑税）

借：无形资产　　200 000

　贷：财政拨款收入　　150 000

　　应付账款　　50 000

2.委托软件公司开发软件，视同外购无形资产进行处理。

合同中约定预付开发费用的，按照预付金额，借记“预付账款”科目，贷记“财政拨款收入”“零余额账户用款额度”“银行存款”等科目。软件开发完成交付使用并支付剩余或全部软件开发费用时，按照软件开发费用总额，借记本科目，按照相关预付账款金额，贷记“预付账款”科目，按照支付的剩余金额，贷记“财政拨款收入”“零余额账户用款额度”“银行存款”等科目。

（1）合同中约定预付开发费用的，按照预付金额：

借：预付账款

　贷：财政拨款收入/零余额账户用款额度/银行存款等

（2）软件开发完成交付使用并支付剩余或全部软件开发费用时：

借：无形资产（按照软件开发费用总额）

　贷：预付账款（按照相关预付账款金额等）

　　财政拨款收入/零余额账户用款额度/银行存款等（按照支付的剩余金额）

【例12-87】某单位委托软件公司开发软件，合同约定总开发费用为28万元，开发前预付28 000元，开发完成款项付清。通过银行存款转账支付所有款项。（不考虑税）

（1）预付开发费用时：

借：预付账款　28 000

　贷：银行存款　28 000

（2）开发完成时：

借：无形资产　280 000

　贷：银行存款　252 000

　　预付账款　28 000

3.自行研究开发形成的无形资产，按照研究开发项目进入开发阶段后至达到预定用途前所发生的支出总额，借记本科目，贷记“研发支出——开发支出”科目。

借：无形资产

　贷：研发支出——开发支出

自行研究开发项目尚未进入开发阶段，或者确实无法区分研究阶段支出和开发阶段支出，但按照法律程序已申请取得无形资产的，按照依法取得时发生的注册费、律师费等费用，借记本科目，贷记“财政拨款收入”“零余额账户用款额度”“银行存款”等科目；按照依法取得前所发生的研究开发支出，借记“业务活动费用”等科目，贷记“研发支出”科目。

（1）按照依法取得时发生的注册费、律师费等费用：

借：无形资产

　贷：财政拨款收入/零余额账户用款额度/银行存款等

（2）按照依法取得前所发生的研究开发支出：

借：业务活动费用等

　贷：研发支出

【例12-88】某单位自创专用权一项，用于本单位主要业务活动中。开发中无法区分研究阶段支出和开发阶段支出，但按照法律程序已申请取得专利权。在试验开发阶段发生支出共计36 000元，申请专利时，发生申请费用1 500元、律师费用4 000元。款项均通过财政授权支付方式付款。（不考虑税）

（1）取得前发生支出时：

借：研发支出　36 000

　贷：零余额账户用款额度　36 000

（2）取得专利权时：

借：无形资产　5 500

　贷：零余额账户用款额度　5 500

借：业务活动费用　36 000

　贷：研发支出　36 000

4.接受捐赠的无形资产，按照确定的无形资产成本，借记本科目，按照发生的相关税费等，贷记“零余额账户用款额度”“银行存款”等科目，按照其差额，贷记“捐赠收入”科目。接受捐赠的无形资产按照名义金额入账的，按照名义金额，借记本科目，贷记“捐赠收入”科目；同时，按照发生的相关税费等，借记“其他费用”科目，贷记“零余额账户用款额度”“银行存款”等科目。

（1）按照非名义金额入账时：

借：无形资产（按照确定的无形资产成本）

　贷：零余额账户用款额度/银行存款等（按照发生的相关税费等）

　　捐赠收入（按照其差额）

（2）按照名义金额入账时：

借：无形资产（名义金额）

　贷：捐赠收入（名义金额）

同时，

借：其他费用（按照发生的相关税费等）

　贷：零余额账户用款额度/银行存款等（按照发生的相关税费等）

【例12-89】某单位接受捐赠一项×专利技术，凭据上注明该项专利技术价值为30万元，捐入过程中花费各项费用共计1万元。款项均通过财政直接支付方式付讫。（不考虑税）

借：无形资产——×专利技术	310 000	
贷：财政拨款收入		10 000
捐赠收入		300 000

假设接受捐赠的专用技术无法通过其他方式确定成本，则只能采用名义金额计价，则：

借：无形资产——×专利技术	1	
贷：捐赠收入		1

同时，

借：其他费用	10 000	
贷：财政拨款收入		10 000

5.无偿调入的无形资产，按照确定的无形资产成本，借记本科目，按照发生的相关税费等，贷记“零余额账户用款额度”“银行存款”等科目，按照其差额，贷记“无偿调拨净资产”科目。

借：无形资产（按照确定的无形资产成本）

　贷：零余额账户用款额度/银行存款等（按照发生的相关税费等）

　　无偿调拨净资产（按照其差额）

如果无偿调入无形资产在调出方的账面价值为零，单位（调入方）在进行财务会计处理时，则应当按照该项资产在调出方的账面余额，借记本科目，按照该项资产在调出方已经计提的摊销金额（与资产账面余额相等），贷记“无形资产累计摊销”科目；按照支付的相关税费等，借记“其他费用”科目，贷记“零余额账户用款额度”“银行存款”等科目。

借：无形资产（按照调出方账面余额）

　贷：无形资产累计摊销

借：其他费用（按照支付的相关税费等）

　贷：零余额账户用款额度/银行存款等

如果无偿调入无形资产在调出方的账面余额为名义金额，单位（调入方）在进行财务会计处理时，则应当按照名义金额，借记本科目，贷记“无偿调拨净资产”科目；按照支付的相关税费等，借记“其他费用”科目，贷记“零余额账户用款额度”“银行存款”等科目。

借：无形资产

　贷：无偿调拨净资产

借：其他费用（按照支付的相关税费）

　贷：零余额账户用款额度/银行存款等

【例12-90】某单位从兄弟单位无偿调入一项×专利技术，对方单位账面价值为30万元，调入过程中花费各项费用共计1万元。款项均通过财政直接支付方式付讫。（不考虑税）

借：无形资产——×专利技术　310 000

　贷：财政拨款收入　10 000

　　无偿调拨净资产　300 000

假设无偿调入的专利技术已摊销完毕，账面价值为零，调出方共计摊销50万元，则账务处理应如下：

借：无形资产——×专利技术　500 000

　贷：无形资产累计摊销　500 000

借：其他费用　10 000

　贷：财政拨款收入　10 000

假设无偿调入的专利技术以名义金额计价，则账务处理应如下：

借：无形资产——×专利技术　1

　贷：无偿调拨净资产　1

借：其他费用　10 000

　贷：财政拨款收入　10 000

6.置换取得的无形资产，参照“库存物品”科目中置换取得库存物品的相关规定进行账务处理。

（二）与无形资产有关的后续支出账务处理

1.符合无形资产确认条件的后续支出

（1）为增加无形资产的使用效能对其进行升级改造或扩展其功能时，如需暂停对无形资产进行摊销，按照无形资产的账面价值，借记“在建工程”科目，按照无形资产已摊销金额，借记“无形资产累计摊销”科目，按照无形资产的账面余额，贷记本科目。无形资产后续支出符合无形资产确认条件的，按照支出的金额，借记“在建工程”科目［需暂停摊销的］，贷记“财政拨款收入”“零余额账户用款额度”“银行存款”等科目。暂停摊销的无形资产升级改造或扩展功能等完成交付使用时，按照在建工程成本，借记本科目，贷记“在建工程”科目。

①转入改造时：

借：在建工程（按照无形资产的账面价值）

　　无形资产累计摊销（按照无形资产已摊销金额）

　贷：无形资产（按照无形资产的账面余额）

②发生后续支出时：

借：在建工程

　贷：财政拨款收入/零余额账户用款额度/银行存款等

③改造完成交付使用时：

借：无形资产

　贷：在建工程

【例 12-91】某单位为增加使用效能对×无形资产进行升级改造，改造过程中该项无形资产需要暂停摊销。该项无形资产原值为 1 000 万元，已累计摊销 200 万元。改造过程中支付人员薪酬 20 万元，领用材料 29 万元，支付其他费用 32 万元。薪酬通过财政直接支付，其他费用通过财政授权支付。已改造完成交付使用。

（1）将该项无形资产转入改造时：

	借方	贷方
借：在建工程——×无形资产	8 000 000	
无形资产累计摊销	2 000 000	
贷：无形资产		10 000 000

（2）发生后续支出时：

	借方	贷方
借：在建工程——×无形资产	810 000	
贷：应付职工薪酬		200 000
零余额账户用款额度		320 000
库存物品		290 000
借：应付职工薪酬	200 000	
贷：财政拨款收入		200 000

（3）改造完成交付使用时：

	借方	贷方
借：无形资产	8 810 000	
贷：在建工程——×无形资产		8 810 000

（2）为增加无形资产的使用效能对其进行升级改造或扩展其功能时，无须暂停对无形资产进行摊销的，按照支出的金额，借记本科目，贷记“财政拨款收入”“零余额账户用款额度”“银行存款”等科目。

借：无形资产

　贷：财政拨款收入/零余额账户用款额度/银行存款等

【例 12-92】假设【例 12-91】中改造过程中该项无形资产不需要暂停摊销。该项无形资产原值为 1 000 万元，已累计摊销 200 万元。改造过程中支付人员薪酬 20 万元，领用材料 29 万元，支付其他费用 32 万元。薪酬通过财政直接支付，其他费用通过财政授权支付。已改造完成交付使用。

	借方	贷方
借：无形资产	810 000	
贷：应付职工薪酬		200 000
零余额账户用款额度		320 000
库存物品		290 000
借：应付职工薪酬	200 000	
贷：财政拨款收入		200 000

2.不符合无形资产确认条件的后续支出

为保证无形资产正常使用发生的日常维护等支出，借记“业务活动费用”“单位管理费用”等科目，贷记“财政拨款收入”“零余额账户用款额度”“银行存款”等科目。

借：业务活动费用/单位管理费用等

　贷：财政拨款收入/零余额账户用款额度/银行存款等

【例12-93】某事业单位为保证网络系统正常使用，对其进行日常维护，发生维护费用7万元，通过财政授权支付。维护过程中领用材料2 000元。该系统属于单位管理领域。

借：单位管理费用	72 000	
贷：零余额账户用款额度		70 000
库存物品		2 000

（三）处置无形资产的账务处理

处置方式不同则账务处理不同，具体如下：

1.报经批准出售、转让无形资产，按照被出售、转让无形资产的账面价值，借记“资产处置费用”科目，按照无形资产已计提的摊销金额，借记“无形资产累计摊销”科目，按照无形资产账面余额，贷记本科目；同时，按照收到的价款，借记“银行存款”等科目，按照处置过程中发生的相关费用，贷记“银行存款”等科目，按照其差额，贷记“应缴财政款”（按照规定应上缴无形资产转让净收入的）或“其他收入”（按照规定将无形资产转让收入纳入本单位预算管理的）科目。

借：资产处置费用（按照被出售、转让无形资产的账面价值）

　无形资产累计摊销（按照无形资产已计提的摊销金额）

　贷：无形资产（按照无形资产账面余额）

同时，

借：银行存款等（按照收到的价款）

　贷：银行存款等（按照处置过程中发生的相关费用）

　　应缴财政款（按照规定应上缴无形资产转让净收入的）/其他收入（按照规定将无形资产转让收入纳入本单位预算管理的）（按照其差额）

【例12-94】某单位将一项不需用的无形资产对外出售，该无形资产账面原值为26万元，已累计摊销10万元，取得销售收入18万元存入银行，用现金支付相关费用800元。按照规定转让收入应上缴财政。（不考虑税）

借：资产处置费用	160 000	
无形资产累计摊销	100 000	
贷：无形资产		260 000
同时，		
借：银行存款	180 000	
贷：库存现金		800
应缴财政款		179 200

假设按照规定无形资产转让收入纳入本单位预算管理，账务处理如下：

借：资产处置费用	160 000	
无形资产累计摊销	100 000	

贷：无形资产　　260 000

同时，

借：银行存款　　180 000

贷：库存现金　　800

其他收入　　179 200

2.报经批准对外捐赠无形资产，按照无形资产已计提的摊销金额，借记“无形资产累计摊销”科目，按照被处置无形资产账面余额，贷记本科目，按照捐赠过程中发生的归属于捐出方的相关费用，贷记“银行存款”等科目，按照其差额，借记“资产处置费用”科目。

借：无形资产累计摊销（按照无形资产已计提的摊销金额）

资产处置费用（按照其差额）

贷：无形资产（按照被处置无形资产账面余额）

银行存款等（按照捐赠过程中发生的归属于捐出方的相关费用）

【例12-95】某单位根据上级部门指示，将一项无形资产对外捐赠，该项无形资产账面原值为50万元，已累计摊销20万元，捐赠过程中发生相关费用8 000元，由本单位承担且通过财政授权支付方式支付。

借：资产处置费用　　308 000

无形资产累计摊销　　200 000

贷：无形资产　　500 000

零余额账户用款额度　　8 000

3.报经批准无偿调出无形资产，按照无形资产已计提的摊销金额，借记“无形资产累计摊销”科目，按照被处置无形资产账面余额，贷记本科目，按照其差额，借记“无偿调拨净资产”科目；同时，按照无偿调出过程中发生的归属于调出方的相关费用，借记“资产处置费用”科目，贷记“银行存款”等科目。

借：无偿调拨净资产（按照其差额）

无形资产累计摊销（按照无形资产已计提的摊销金额）

贷：无形资产（按照被处置无形资产账面余额）

同时，按照捐赠过程中发生的归属于捐出方的相关费用：

借：资产处置费用

贷：银行存款等

【例12-96】某单位根据上级部门规定将一项无形资产无偿调给某兄弟单位，该项无形资产账面原值为50万元，已累计摊销20万元，调出过程中发生相关费用8 000元，由本单位承担且通过财政授权方式支付。

借：无偿调拨净资产　　300 000

无形资产累计摊销　　200 000

贷：无形资产　　500 000

借：资产处置费用　　8 000

贷：零余额账户用款额度　　8 000

4.报经批准置换换出无形资产，参照“库存物品”科目中置换换入库存物品的规定进行账务处理。

5.无形资产预期不能为单位带来服务潜力或经济利益，按照规定报经批准核销时，按照待核销无形资产的账面价值，借记“资产处置费用”科目，按照已计提摊销金额，借记“无形资产累计摊销”科目，按照无形资产的账面余额，贷记本科目。

借：资产处置费用（按照待核销无形资产的账面价值）

　　无形资产累计摊销（按照已计提摊销金额）

　贷：无形资产（按照无形资产的账面余额）

【例12-97】某单位在资产清理时发现某项无形资产预期不能给本单位带来服务潜力，该无形资产账面原值为80万元，已累计摊销70万元。经申报批准，予以核销。

借：资产处置费用	100 000	
无形资产累计摊销	700 000	
贷：无形资产		800 000

（四）无形资产清查盘点的账务处理

单位应当定期对无形资产进行清查盘点，每年至少盘点一次。单位资产清查盘点过程中发现的无形资产盘盈、盘亏等，参照“固定资产”科目相关规定进行账务处理。

无形资产涉及增值税业务的，相关账务处理参见“应交增值税”科目。

三、无形资产累计摊销

“无形资产累计摊销”科目核算单位对使用年限有限的无形资产计提的累计摊销。无形资产累计摊销增加时记贷方，减少时记借方，期末贷方余额反映单位计提的无形资产摊销累计数。本科目应当按照所对应无形资产的明细分类进行明细核算。

1.按月对无形资产进行摊销时，按照应摊销金额，借记“业务活动费用”“单位管理费用”“加工物品”“在建工程”等科目，贷记本科目。

借：业务活动费用/单位管理费用/加工物品/在建工程等

　贷：无形资产累计摊销

【例12-98】某单位某月对本单位无形资产进行摊销，共计摊销100万元，其中用于主要业务活动的有40万元，用于行政及后勤管理的有20万元，用于自行加工物品的有15万元，用于在建项目的有25万元。

借：业务活动费用	400 000	
单位管理费用	200 000	
加工物品	150 000	
在建工程	250 000	
贷：无形资产累计摊销		1 000 000

2.经批准处置无形资产时，按照所处置无形资产的账面价值，借记“资产处置费用”“无偿调拨净资产”“待处理财产损溢”等科目，按照已计提摊销金额，借记本科目，按照无形资产的账面余额，贷记“无形资产”科目。

借：资产处置费用/无偿调拨净资产/待处理财产损溢等（按照所处置无形资产的账面价值）

　　无形资产累计摊销（按照已计提摊销金额）

贷：无形资产（按照无形资产的账面余额）

无形资产处置涉及“无形资产累计摊销”科目的账务参见“无形资产”科目相关账务处理。

四、研发支出

“研发支出”科目核算单位自行研究开发项目研究阶段和开发阶段发生的各项支出。研发支出的增加记借方，减少记贷方，期末借方余额反映单位预计能达到预定用途的研究开发项目在开发阶段发生的累计支出数。本科目应当按照自行研究开发项目，分别“研究支出”“开发支出”进行明细核算。建设项目中的软件研发支出，应当通过“在建工程”科目核算，不通过本科目核算。

为了加强单位自行研究开发无形资产的管理，新的政府会计制度设置了资产类科目“研发支出”，并将研究开发划分为研究阶段和开发阶段，分别对两个阶段发生的支出做出了不同的账务处理规定，具体区别见表12-5。

表12-5　　**单位自行研究开发无形资产不同阶段账务处理对比表**

<table>
<tr><th rowspan="2">阶段</th><th rowspan="2">支出发生时</th><th rowspan="2">月末</th><th colspan="4">年终</th></tr>
<tr><th colspan="2">年终项目未完成</th><th colspan="2">年终前项目已完成</th></tr>
<tr><td>研究阶段</td><td>借：研发支出——研究支出
贷：财政拨款收入等</td><td>借：相关费用科目
贷：研发支出——研究支出</td><td colspan="2">同月末账务处理</td><td colspan="2">项目完成当月月末已处理完毕</td></tr>
<tr><td rowspan="2">开发阶段</td><td rowspan="2">借：研发支出——开发支出
贷：财政拨款收入等</td><td rowspan="2">不作会计处理</td><td rowspan="2">评估是否能达到预定用途</td><td>若能，则不作账务处理</td><td rowspan="2">是否达到预定用途形成无形资产</td><td>达到，则：
借：无形资产
贷：研发支出——开发支出</td></tr>
<tr><td>若不能，则：
借：相关费用
贷：研发支出——开发支出</td><td>未达到，则：
借：相关费用
贷：研发支出——开发支出</td></tr>
</table>

研发支出主要账务处理具体如下：

1.自行研究开发项目研究阶段的支出，应当先在本科目归集。按照从事研究及其辅助活动人员计提的薪酬，研究活动领用的库存物品，发生的与研究活动相关的管理费、间接费和其他各项费用，借记本科目（研究支出），贷记“应付职工薪酬”“库存物品”“财政拨款收入”“零余额账户用款额度”“固定资产累计折旧”“银行存款”等科目。期（月）末，应当将本科目归集的研究阶段的支出金额转入当期费用，借记“业务活动费用”等科目，贷记本科目（研究支出）。

（1）研究阶段发生各项支出时：

借：研发支出——研究支出

贷：应付职工薪酬/库存物品/财政拨款收入/零余额账户用款额度/固定资产累计折旧/银行存款等

（2）期（月）末时：

借：业务活动费用等

贷：研发支出——研究支出

2.自行研究开发项目开发阶段的支出，先通过本科目进行归集。按照从事开发及其辅助活动人员计提的薪酬，开发活动领用的库存物品，发生的与开发活动相关的管理费、间接费和其他各项费用，借记本科目（开发支出），贷记“应付职工薪酬”“库存物品”“财政拨款收入”“零余额账户用款额度”“固定资产累计折旧”“银行存款”等科目。自行研究开发项目完成，达到预定用途形成无形资产的，按照本科目归集的开发阶段的支出金额，借记“无形资产”科目，贷记本科目（开发支出）。单位应于每年年度终了评估研究开发项目是否能达到预定用途，如预计不能达到预定用途（如无法最终完成开发项目并形成无形资产的），应当将已发生的开发支出金额全部转入当期费用，借记“业务活动费用”等科目，贷记本科目（开发支出）。

（1）开发阶段发生各项支出时：

借：研发支出——开发支出

贷：应付职工薪酬/库存物品/财政拨款收入/零余额账户用款额度/固定资产累计折旧/银行存款等

（2）自行研究开发项目完成，达到预定用途形成无形资产时：

借：无形资产

贷：研发支出——开发支出

（3）年度终了评估预计不能达到预定用途时：

借：业务活动费用等

贷：研发支出——开发支出

自行研究开发项目时涉及增值税业务的，相关账务处理参见“应交增值税”科目。

【例12-99】某单位为提高主要业务活动工作效率，拟自行研发一项×专利技术，计划研发期为3年，其中研究阶段2年，开发阶段1年，该研发项目立项时间为2022年3月1日。研发过程具体费用情况如下：（1）2022年2月拨付研发启动资金8万元（银行存款转账支付）；（2）2022年3月用启动资金购买研发用电脑等设备，共计7万元；（3）从2022年3月起每月10日发放专职研发人员薪酬5万元（财政直接支付）；（4）从2022年3月起每月平均领用材料费1 500元、发生其他费用3 000元（先用启动资金支付，余下的通过财政授权支付）；（5）研发专用设备累计折旧每月600元。（不考虑税）

（1）2022年2月预付启动资金时：

	借方	贷方
借：预付账款——自行研发×专利技术	80 000	
贷：银行存款		80 000

（2）2022年3月：

①购买电脑等设备。

	借方	贷方
借：固定资产——电脑等	70 000	
贷：预付账款——自行研发×专利技术		70 000

②发放薪酬。

	借方	贷方
借：研发支出——研究支出	50 000	
贷：财政拨款收入		50 000

③领用材料。

借：研发支出——研究支出 1 500

贷：库存物品 1 500

④发生其他费用。

借：研发支出——研究支出 3 000

贷：预付账款——自行研发×专利技术 3 000

⑤研发专用设备折旧。

借：研发支出——研究支出 600

贷：固定资产累计折旧 600

⑥月末将研究支出转费用。

借：业务活动费用 55 100

贷：研发支出——研究支出 55 100

（3）2022年4月、5月：

除了无购买电脑等设备业务分录外，其余均同3月的业务分录。

（4）2022年6月：

除了发生其他费用的业务变为以下分录外，其余均同4月、5月的业务分录。

借：研发支出——研究支出 3 000

贷：预付账款——自行研发×专利技术 1 000

零余额账户用款额度 2 000

（5）2022年7月：

除了发生其他费用的业务变为以下分录外，其余均同4月、5月的业务分录。

借：研发支出——研究支出 3 000

贷：零余额账户用款额度 3 000

（6）从2022年8月开始到2024年2月，所有的业务分录均同2022年7月的业务分录。

（7）2024年3月进入开发阶段：

①发放薪酬。

借：研发支出——开发支出 50 000

贷：财政拨款收入 50 000

②领用材料。

借：研发支出——开发支出 1 500

贷：库存物品 1 500

③发生其他费用。

借：研发支出——开发支出 3 000

贷：零余额账户用款额度 3 000

④研发专用设备折旧。

借：研发支出——开发支出 600

贷：固定资产累计折旧 600

（8）2024年4—11月的业务分录同2024年3月的业务分录。

（9）2024年12月：

除了4—11月的五笔业务分录外，还需根据对研发专利技术成功与否的评估结果作相应的业务分录。

如果评估结果是预计不能达到预定用途的专利技术，则作分录：

借：业务活动费用　551 000

　贷：研发支出——开发支出　551 000

如果评估结果是预计能达到预定用途的专利技术，则不作分录。

（10）2025年1月、2月的业务分录同2024年3月的业务分录。

（11）2025年3月，如果研发成功取得专利技术，则作分录：

借：无形资产——×专利技术　661 200

　贷：研发支出——开发支出　661 200

如果研发不成功，则作分录：

借：业务活动费用　661 200

　贷：研发支出——开发支出　661 200

研发支出中无法区分研究阶段和开发阶段，或没有进入开发阶段就取得专利技术的业务参照【例12-88】。

第七节　投资类资产的核算

本节主要介绍事业单位各类投资的确认、计量、管理要求，以及与投资相关的“短期投资”“长期债券投资”“长期股权投资”3个科目的核算要求与方法。

一、投资概述

（一）投资的定义及分类

投资是指单位按规定以货币资金、实物资产、无形资产等方式形成的债权或股权投资。

投资分为短期投资和长期投资。短期投资是指单位取得的持有时间不超过1年（含1年）的投资。长期投资是指单位取得的除短期投资以外的债权和股权性质的投资，长期投资又分为长期债权投资和长期股权投资。

（二）短期投资管理规定

（1）短期投资在取得时，应当按照实际成本（包括购买价款和相关税费，下同）作为初始投资成本。取得时，实际支付价款中包含的已到付息期但尚未领取的利息也应计入短期投资初始成本中。

（2）收到实际支付价款中包含的已到付息期但尚未领取的利息时，应当冲减短期投资成本。

（3）短期投资持有期间的利息，应当于实际收到利息时确认为投资收益。

（4）期末，短期投资应当按照账面余额计量。

（5）单位按规定出售或到期收回短期投资，应当将收到的价款扣除短期投资账面余额和相关税费后的差额计入投资损益。

注意：短期投资的任何利息均不通过“应收利息”科目进行核算。

（三）长期债券投资管理规定

（1）长期债券投资在取得时，应当按照实际成本作为初始投资成本。取得时，实际支付价款中包含的已到付息期但尚未领取的债券利息，应当单独确认为应收利息，不计入长期债券投资初始投资成本。

（2）长期债券投资持有期间，应当按期以票面金额与票面利率计算确认利息收入。对于分期付息、一次还本的长期债券投资，应当将计算确定的应收未收利息确认为应收利息，计入投资收益；对于一次还本付息的长期债券投资，应当将计算确定的应收未收利息计入投资收益，并增加长期债券投资的账面余额。

（3）单位按规定出售或到期收回长期债券投资，应当将实际收到的价款扣除长期债券投资账面余额和相关税费后的差额计入投资损益。

单位进行除债券以外的其他债权投资，参照长期债券投资进行会计处理。

（四）长期股权投资管理规定

1.长期股权投资初始计量

长期股权投资在取得时，应当按照实际成本作为初始投资成本。长期股权投资取得方式不同则计量方法也不同，具体如下：

（1）以支付现金取得的长期股权投资，按照实际支付的全部价款（包括购买价款和相关税费）作为实际成本。实际支付价款中包含的已宣告但尚未发放的现金股利，应当单独确认为应收股利，不计入长期股权投资初始投资成本。

（2）以现金以外的其他资产置换取得的长期股权投资，其成本按照换出资产的评估价值加上支付的补价或减去收到的补价，加上换入长期股权投资发生的其他相关支出确定。

（3）接受捐赠的长期股权投资，其成本按照有关凭据注明的金额加上相关税费确定；没有相关凭据可供取得，但按规定经过资产评估的，其成本按照评估价值加上相关税费确定；没有相关凭据可供取得、也未经资产评估的，其成本比照同类或类似资产的市场价格加上相关税费确定。不能采用名义金额进行计价。

（4）无偿调入的长期股权投资，其成本按照调出方账面价值加上相关税费确定。

（5）以未入账的无形资产取得的长期股权投资，其成本按照评估价值加相关税费确定。

2.长期股权投资持有期间的管理

长期股权投资在持有期间，通常应当采用权益法进行核算。单位无权决定被投资单位的财务和经营政策或无权参与被投资单位的财务和经营政策决策的，应当采用成本法进行核算。成本法是指投资按照投资成本计量的方法。权益法是指投资最初以投资成本计量，以后根据政府单位在被投资单位所享有的所有者权益份额的变动对投资的账面余额进行调整的方法。

（1）在成本法下，长期股权投资的账面余额通常保持不变，但追加或收回投资时，应当相应调整其账面余额。长期股权投资持有期间，被投资单位宣告分派的现金股利或利润，单位应当按照宣告分派的现金股利或利润中属于本单位应享有的份额确认为投资收益。

（2）采用权益法的，按照如下原则进行会计处理：

① 单位取得长期股权投资后，对于被投资单位所有者权益的变动，应当按照不同情

况分别处理：一是按照应享有或应分担的被投资单位实现的净损益的份额，确认为投资损益，同时调整长期股权投资的账面余额。二是按照被投资单位宣告分派的现金股利或利润计算应享有的份额，确认为应收股利，同时减少长期股权投资的账面余额。三是按照被投资单位除净损益和利润分配以外的所有者权益变动的份额，确认为净资产，同时调整长期股权投资的账面余额。

② 单位确认被投资单位发生的净亏损，应当以长期股权投资的账面余额减记至零为限，单位负有承担额外损失义务的除外。被投资单位发生净亏损，但以后年度又实现净利润的，单位应当在其收益分享额弥补未确认的亏损分担额等后，恢复确认投资收益。

3.成本法与权益法的转换

（1）权益法转成本法。单位因处置部分长期股权投资等原因无权再决定被投资单位的财务和经营政策或者参与被投资单位的财务和经营政策决策的，应当对处置后的剩余股权投资改按成本法核算，并以该剩余股权投资在权益法下的账面余额作为按照成本法核算的初始投资成本。其后，被投资单位宣告分派现金股利或利润时，属于已计入投资账面余额的部分，作为成本法下长期股权投资成本的收回，冲减长期股权投资的账面余额。

（2）成本法转权益法。单位因追加投资等原因对长期股权投资的核算从成本法改为权益法的，应当自有权决定被投资单位的财务和经营政策或者参与被投资单位的财务和经营政策决策时，按成本法下长期股权投资的账面余额加上追加投资的成本作为按照权益法核算的初始投资成本。

4.长期股权投资处置的管理

单位按规定报经批准处置长期股权投资，应当冲减长期股权投资的账面余额，并按规定将处置价款扣除相关税费后的余额作应缴款项处理，或者按规定将处置价款扣除相关税费后的余额与长期股权投资账面余额的差额计入当期投资损益。

采用权益法核算的长期股权投资，因被投资单位除净损益和利润分配以外的所有者权益变动而将应享有的份额计入净资产的，处置该项投资时，还应当将原计入净资产的相应部分转入当期投资损益。

二、短期投资

“短期投资”科目核算事业单位按照规定取得的，持有时间不超过 1 年（含 1 年）的投资。短期投资的增加记借方，减少记贷方，期末借方余额反映事业单位持有短期投资的成本。本科目应当按照投资的种类等进行明细核算。

（一）取得短期投资

按照确定的投资成本，借记本科目，贷记“银行存款”等科目。收到取得投资时实际支付价款中包含的已到付息期但尚未领取的利息，按照实际收到的金额，借记“银行存款”科目，贷记本科目。

（1）取得投资时：

借：短期投资

　　贷：银行存款等

（2）收到实际支付价款中包含的利息时：

借：银行存款

贷：短期投资

（二）持有短期投资

收到短期投资持有期间的利息，按照实际收到的金额，借记"银行存款"科目，贷记"投资收益"科目。

借：银行存款

　贷：投资收益

（三）出售短期投资或到期收回短期投资

出售短期投资或到期收回短期投资，按照实际收到的金额，借记"银行存款"科目，按照出售或收回短期投资的账面余额，贷记本科目，按照其差额，借记或贷记"投资收益"科目。

借：银行存款（按实际收到的金额）

　贷：短期投资（按出售或收回短期投资的账面余额）

借或贷：投资收益（按其差额）

短期投资涉及增值税业务的，相关账务处理参见"应交增值税"科目。

【例12-100】某事业单位用货币资金购买国库券1 000张，每张以110元买进，另需支付已到付息期但尚未领取的利息1 500元，共支付价款11.15万元，另支付佣金、税费等1 800元。债券面值10万元，距到期尚有6个月，该批国库券年利率为6%，每季度支付一次利息。持有3个月后，该单位因急需资金将持有的该批国库券出售，取得价款12万元。所有款项均通过银行转账进行。（不考虑税）

（1）买入国库券时：

借：短期投资——国库券　　113 300

　贷：银行存款　　113 300

（2）收到支付价款中包含的利息时：

借：银行存款　　1 500

　贷：短期投资——国库券　　1 500

（3）取得债券利息时：

借：银行存款　　1 500

　贷：投资收益　　1 500

（4）卖出国库券时：

借：银行存款　　120 000

　贷：短期投资——国库券　　111 800

　　　投资收益　　8 200

三、长期债券投资

"长期债券投资"科目核算事业单位按照规定取得的，持有时间超过1年（不含1年）的债券投资。长期债券投资的增加记借方，减少记贷方，期末借方余额反映事业单位持有的长期债券投资的价值。本科目应当设置"成本"和"应计利息"明细科目，并按照债券投资的种类进行明细核算。

（一）取得长期债券投资

取得长期债券投资应当以其实际成本作为投资成本。取得的长期债券投资，按照确定的投资成本，借记本科目（成本），按照支付的价款中包含的已到付息期但尚未领取的利息，借记“应收利息”科目，按照实际支付的金额，贷记“银行存款”等科目。实际收到取得债券时所支付价款中包含的已到付息期但尚未领取的利息时，借“银行存款”科目，贷记“应收利息”科目。

（1）取得投资时：

借：长期债券投资——成本（按照确定的投资成本）

　　应收利息（按照支付的价款中包含的已到付息期但尚未领取的利息）

　贷：银行存款等（按照实际支付的金额）

（2）收到实际支付价款中包含的利息时：

借：银行存款

　贷：应收利息

（二）持有长期债券投资

持有期间，按期以债券票面金额与票面利率计算确认利息收入时，如为到期一次还本付息的债券投资，借记本科目（应计利息），贷记“投资收益”科目；如为分期付息、到期一次还本的债券投资，借记“应收利息”科目，贷记“投资收益”科目。收到分期支付的利息时，按照实收的金额，借记“银行存款”等科目，贷记“应收利息”科目。

（1）按期计算确认利息时：

借：长期债券投资——应计利息（到期一次还本付息债券）

　　应收利息（分期付息、到期一次还本债券）

　贷：投资收益

（2）收到分期支付的利息时：

借：银行存款等

　贷：应收利息

（三）到期收回长期债券投资

到期收回长期债券投资，按照实际收到的金额，借记“银行存款”科目，按照长期债券投资的账面余额，贷记本科目，按照相关应收利息金额，贷记“应收利息”科目，按照其差额，贷记“投资收益”科目。

借：银行存款（按照实际收到的金额）

　贷：长期债券投资（按照长期债券投资的账面余额）

　　　应收利息（按照相关应收利息金额）

　　　投资收益（按照其差额）

【例 12-101】某事业单位购入期限为3年，面值为50万元的国债，购入时支付价款54万元，其包含已到付息期但尚未领取的利息3万元，另支付手续费2 000元。该国债年利率为6%，每年支付一次利息。3年后该债券到期收回本息。所有款项均通过银行转账进行。（不考虑税）

（1）取得投资时：

借：长期债券投资　　　　512 000

借：应收利息 30 000

贷：银行存款 542 000

（2）收到支付价款中包含的利息时：

借：银行存款 30 000

贷：应收利息 30 000

（3）第1年、第2年分别计算确认利息时：

借：应收利息 30 000

贷：投资收益 30 000

（4）第1年、第2年分别收到利息时：

借：银行存款 30 000

贷：应收利息 30 000

（5）到期收回本息时：

借：银行存款 530 000

贷：长期债券投资 512 000

投资收益 18 000

【例12-102】假设【例12-101】中购买的国债是到期一次还本付息的债券，3年后该债券一次收回本息。

（1）取得投资时：

借：长期债券投资——成本 512 000

应收利息 30 000

贷：银行存款 542 000

（2）收到支付价款中包含的利息时：

借：银行存款 30 000

贷：应收利息 30 000

（3）第1年、第2年分别计算确认利息时：

借：长期债券投资——应计利息 30 000

贷：投资收益 30 000

（4）到期一次收回本息时：

借：银行存款 590 000

贷：长期债券投资——成本 512 000

——应计利息 60 000

投资收益 18 000

（四）对外出售长期债券投资

按照实际收到的金额，借记“银行存款”科目，按照长期债券投资的账面余额，贷记本科目，按照已记入“应收利息”科目但尚未收取的金额，贷记“应收利息”科目，按照其差额，贷记或借记“投资收益”科目。

借：银行存款（按照实际收到的金额）

贷：长期债券投资（按照长期债券投资的账面余额）

应收利息（按照已记入“应收利息”科目但尚未收取的金额）

贷或借：投资收益（按照其差额）

【例12-103】假设【例12-101】中的债券持有1年后，对外出售，取得价款55万元，其中包含已确认利息但尚未领取的利息3万元。（不考虑税）

借：银行存款　550 000
　贷：长期债券投资　512 000
　　应收利息　30 000
　　投资收益　8 000

长期债券投资涉及增值税业务的，相关账务处理参见“应交增值税”科目。

四、长期股权投资

“长期股权投资”科目核算事业单位按照规定取得的，持有时间超过1年（不含1年）的股权性质的投资。长期股权投资的增加记借方，减少记贷方，期末借方余额反映事业单位持有的长期股权投资的价值。本科目应当按照被投资单位和长期股权投资取得方式等进行明细核算。长期股权投资采用权益法核算的，还应当按照“成本”“损益调整”“其他权益变动”设置明细科目，进行明细核算。

（一）取得长期股权投资

应当按照其实际成本作为初始投资成本，取得方式不同则规定不同，具体如下：

1.以现金取得的长期股权投资，按照确定的投资成本，借记本科目或本科目（成本），按照支付的价款中包含的已宣告但尚未发放的现金股利，借记“应收股利”科目，按照实际支付的全部价款，贷记“银行存款”等科目。实际收到取得投资时所支付价款中包含的已宣告但尚未发放的现金股利时，借记“银行存款”科目，贷记“应收股利”科目。

（1）取得投资时：

借：长期股权投资（成本法）/长期股权投资——成本（权益法）（按照确定的投资成本）
　　应收股利（按照支付的价款中包含的已宣告但尚未发放的现金股利）
　贷：银行存款（按照实际支付的金额）

（2）收到实际支付价款中包含的现金股利时：

借：银行存款
　贷：应收股利

【例12-104】某事业单位以货币资金800万元投入某企业，取得长期股权性质的投资，800万元款项中有50万元为已宣告但尚未发放的现金股利，款项通过银行存款转账支付。根据该项投资占被投资方的比重只能采用成本法核算。

借：长期股权投资　7 500 000
　　应收股利　500 000
　贷：银行存款　8 000 000

2.以现金以外的其他资产置换取得的长期股权投资，参照“库存物品”科目中置换取得库存物品的相关规定进行账务处理。

3.以未入账的无形资产取得的长期股权投资，按照评估价值加相关税费作为投资成本，借记本科目，按照发生的相关税费，贷记“银行存款”“其他应交税费”等科目，按其差额，贷记“其他收入”科目。

借：长期股权投资（按照评估价值加相关税费作为投资成本）

　贷：银行存款/其他应交税费等（按照发生的相关税费）

　　其他收入（按照其差额）

【例12-105】某事业单位以一项未入账的无形资产对某企业进行投资，该项无形资产评估价值为70万元，另发生专家评估费等费用7万元，款项通过银行存款转账支付。（不考虑税）

借：长期股权投资	770 000	
贷：银行存款		70 000
其他收入		700 000

4.接受捐赠的长期股权投资，按照确定的投资成本，借记本科目或“本科目——成本”，按照发生的相关税费，贷记“银行存款”等科目，按照其差额，贷记“捐赠收入”科目。

借：长期股权投资（成本法）/长期股权投资——成本（权益法）（按照确定的投资成本）

　贷：银行存款等（按照发生的相关税费）

　　捐赠收入（按照其差额）

【例12-106】某事业单位接受某公司捐赠的长期股权投资，捐赠方提供的原始凭据注明该项投资价值为1 000万元，该项投资占被投资方的比重决定了本单位可以参与某公司的财务和经营决策。接受捐赠过程中本单位承担相关费用共计10万元，通过银行存款转账支付。（不考虑税）

借：长期股权投资——成本	10 100 000	
贷：银行存款		100 000
捐赠收入		10 000 000

5.无偿调入的长期股权投资，按照确定的投资成本，借记本科目或本科目（成本），按照发生的相关税费，贷记“银行存款”等科目，按照其差额，贷记“无偿调拨净资产”科目。

借：长期股权投资（成本法）/长期股权投资——成本（权益法）（按照确定的投资成本）

　贷：银行存款等（按照发生的相关税费）

　　无偿调拨净资产（按照其差额）

【例12-107】某事业单位接受兄弟单位无偿调入的长期股权投资一项，该项投资调出时的账面价值为500万元，调出过程中由本单位承担费用5万元，款项已通过银行存款转账支付。该项投资只能采用成本法核算。

借：长期股权投资	5 000 000	
贷：银行存款		50 000
无偿调拨净资产		4 950 000

（二）持有长期股权投资

持有期间，应当按照规定采用成本法或权益法进行核算。

1.采用成本法核算。

被投资单位宣告发放现金股利或利润时，按照应收的金额，借记“应收股利”科目，贷记“投资收益”科目。收到现金股利或利润时，按照实际收到的金额，借记“银行存款”等科目，贷记“应收股利”科目。

（1）被投资单位宣告发放现金股利或利润时：

借：应收股利

　贷：投资收益

（2）收到现金股利或利润时：

借：银行存款等

　贷：应收股利

【例 12-108】某事业单位进行股权投资的企业宣告发放利润10万元，10日后收到款项存入银行，该项股权投资采用成本法核算。

（1）宣告发放利润时：

借：应收股利　　100 000

　贷：投资收益　　100 000

（2）收到利润时：

借：银行存款　　100 000

　贷：应收股利　　100 000

2.采用权益法核算。

（1）被投资单位实现净利润的，按照应享有的份额，借记本科目（损益调整），贷记“投资收益”科目。被投资单位发生净亏损的，按照应分担的份额，借记“投资收益”科目，贷记本科目（损益调整），但以本科目的账面余额减记至零为限。发生亏损的被投资单位以后年度又实现净盈利的，按照收益分享额弥补未确认的亏损分担额等后的金额，借记本科目（损益调整），贷记“投资收益”科目。

①实现净盈利的，按照应享有的份额：

借：长期股权投资——损益调整

　贷：投资收益

②发生净亏损的，按照应分担的份额：

借：投资收益

　贷：长期股权投资——损益调整（但以本科目的账面余额减记至零为限）

③发生亏损的被投资单位以后年度又实现净盈利，按照收益分享额弥补未确认的亏损分担额等后的金额：

借：长期股权投资——损益调整

　贷：投资收益

（2）被投资单位宣告分派现金股利或利润的，按照应享有的份额，借记“应收股利”科目，贷记本科目（损益调整）。

借：应收股利

　贷：长期股权投资——损益调整

（3）被投资单位发生除净损益和利润分配以外的所有者权益变动的，按照应享有或应分担的份额，借记或贷记“权益法调整”科目，贷记或借记本科目（其他权益变动）。

借或贷：权益法调整

贷或借：长期股权投资——其他权益变动

【例 12-109】假设【例 12-106】中接受捐赠的该项股权投资占被投资方的比重为30%。被投资方2021年实现净利润1 200万元，随后宣告发放股利，并于1个月后款项到账存入银行；2022年、2023年由于管理不善和经济不景气，连续两年出现净亏损共计3 500万元，导致股价下跌引起所有者权益变动，本单位应分担的份额为40万元；2024年实现扭亏为盈，当年实现净利润1 000万元。

（1）2021年实现净利润时：

借：长期股权投资——损益调整　3 600 000

　贷：投资收益　3 600 000

（2）宣告发放股利时：

借：应收股利　3 600 000

　贷：长期股权投资——损益调整　3 600 000

（3）收到股利时：

借：银行存款　3 600 000

　贷：应收股利　3 600 000

（4）2022年、2023年发生净亏损时：

借：投资收益　10 100 000

　贷：长期股权投资——损益调整　10 100 000

注：按照实际业务情况，应该根据2022年、2023年各年发生的净亏损分别记一笔业务分录，本教材为了简化把两笔分录合在一起。

（5）股价下跌时：

借：权益法调整　400 000

　贷：长期股权投资——其他权益变动　400 000

（6）2024年实现扭亏为盈时：

先用本单位应分享的300万元弥补未确认的亏损分担额40万元（1 050-1 010），余额为260万元（300-40）。

借：长期股权投资——损益调整　2 600 000

　贷：投资收益　2 600 000

3.成本法与权益法的转换。

（1）单位因处置部分长期股权投资等原因而对处置后的剩余股权投资由权益法改按成本法核算的，应当按照权益法下本科目账面余额作为成本法下本科目账面余额（成本）。其后，被投资单位宣告分派现金股利或利润时，属于单位已计入投资账面余额的部分，按照应分得的现金股利或利润份额，借记“应收股利”科目，贷记本科目。

①转换时：

借：长期股权投资

　贷：长期股权投资——成本

　　　　　　　　　——损益调整

　　　　　　　　　——其他权益变动

②转换宣告分红时：

借：应收股利

贷：长期股权投资（属于单位已计入投资账面余额的部分）

投资收益（属于单位未计入投资账面余额的部分）

【例12-110】假设本单位将【例12-106】中的长期股权投资处置了500万元后占被投资方的比重仅为15%，则对该项投资核算由权益法改为成本法。处置后，该项长期股权投资各明细科目贷方余额分别为：损益调整30万元，成本510万元，其他权益变动26万元。处置后，被投资方宣告发放股利，本单位应分享额度为90万元，其中30万元之前已计入长期股权投资（不考虑税，本案例与【例12-109】无关。暂不考虑处置500万元的业务分录）

（1）处置后权益法转成本法时：

	借方	贷方
借：长期股权投资	5 660 000	
贷：长期股权投资——成本		5 100 000
——损益调整		300 000
——其他权益变动		260 000

（2）处置后宣告发放股利时：

	借方	贷方
借：应收股利	900 000	
贷：长期股权投资		300 000
投资收益		600 000

（2）单位因追加投资等原因对长期股权投资的核算从成本法改为权益法的，应当按照成本法下本科目账面余额与追加投资成本的合计金额，借记本科目（成本），按照成本法下本科目账面余额，贷记本科目，按照追加投资的成本，贷记“银行存款”等科目。

借：长期股权投资——成本（按照合计数）

贷：长期股权投资（按照成本法下本科目账面余额）

银行存款等（按照追加投资的成本）

【例12-111】假设【例12-104】中的事业单位追加投资700万元，追加后占被投资方的比重为25%，决定了本单位可以参与某公司的财务和经营决策。追加款已通过银行存款转账支付。

	借方	贷方
借：长期股权投资——成本	14 500 000	
贷：长期股权投资		7 500 000
银行存款		7 000 000

（三）处置长期股权投资

1.按照规定报经批准出售（转让）长期股权投资时，应当区分长期股权投资取得方式分别进行处理。

（1）处置以现金取得的长期股权投资，按照实际取得的价款，借记“银行存款”等科目，按照被处置长期股权投资的账面余额，贷记本科目，按照尚未领取的现金股利或利润，贷记“应收股利”科目，按照发生的相关税费等支出，贷记“银行存款”等科目，按照借贷方差额，借记或贷记“投资收益”科目。

借：银行存款等（按照实际取得的价款）

贷：长期股权投资（按照被处置长期股权投资的账面余额）

应收股利（按照尚未领取的现金股利或利润）

银行存款等（按照发生的相关税费等支出）

借或贷：投资收益（按照借贷方差额）

【例 12-112】假设【例 12-104】中的事业单位将其以货币资金购买的长期股权性质投资对外出让，收到款项 850 万元，其中包含已宣告但尚未发放的现金股利 60 万元，出让过程中发生专家咨询费等费用 1.7 万元，款项已通过银行转账支付和收讫。(不考虑税)

	借方	贷方
借：银行存款	8 500 000	
贷：长期股权投资		7 500 000
应收股利		600 000
银行存款		17 000
投资收益		383 000

（2）处置以现金以外的其他资产取得的长期股权投资，按照被处置长期股权投资的账面余额，借记“资产处置费用”科目，贷记本科目；同时，按照实际取得的价款，借记“银行存款”等科目，按照尚未领取的现金股利或利润，贷记“应收股利”科目，按照发生的相关税费等支出，贷记“银行存款”等科目，按照贷方差额，贷记“应缴财政款”科目。按照规定将处置时取得的投资收益纳入本单位预算管理的，应当按照所取得价款大于被处置长期股权投资账面余额、应收股利账面余额和相关税费等支出合计的差额，贷记“投资收益”科目。

借：资产处置费用

贷：长期股权投资

同时，

①按照规定将处置时取得的投资收益上缴财政的：

借：银行存款等（按照实际取得的价款）

贷：应收股利（按照尚未领取的现金股利或利润）

银行存款等（按照发生的相关税费等支出）

应缴财政款（按照贷方差额）

②按照规定将处置时取得的投资收益纳入本单位预算管理的：

借：银行存款（按照实际取得价款）

贷：应收股利（按照尚未领取的现金股利或利润）

银行存款等（按照支付的相关税费等）

投资收益（按照取得价款扣减投资账面余额、应收股利和相关税费等后的差额）

应缴财政款（按照贷方差额）

【例 12-113】假设【例 12-107】中的事业单位处置其无偿调入的该项长期股权投资，取得总价款 600 万元，其中包含已宣告但未发放的现金股利 60 万元。另外，处置过程中发生评估费等费用 1.2 万元。款项均通过银行转账进行。根据规定该项投资转让净收益应上缴财政。(不考虑税)

	借方	贷方
借：资产处置费用	5 000 000	
贷：长期股权投资		5 000 000

同时，

借：银行存款　6 000 000

　贷：应收股利　600 000

　　银行存款　12 000

　　应缴财政款　5 388 000

【例 12-114】假设【例 12-113】中处置该项投资的投资收益按照规定纳入本单位预算管理。

借：资产处置费用　5 000 000

　贷：长期股权投资　5 000 000

同时，

借：银行存款　6 000 000

　贷：应收股利　600 000

　　银行存款　12 000

　　投资收益　388 000

　　应缴财政款　5 000 000

2.因被投资单位破产清算等原因，有确凿证据表明长期股权投资发生损失，按照规定报经批准后予以核销时，按照予以核销的长期股权投资的账面余额，借记“资产处置费用”科目，贷记本科目。

借：资产处置费用

　贷：长期股权投资

【例 12-115】假设【例 12-107】中的事业单位所持有的无偿调入长期股权投资，由于被投资方管理不善申请破产，且有确凿证据表明该项长期股权投资发生了损失，经批准现将其予以全部核销。

借：资产处置费用　5 000 000

　贷：长期股权投资　5 000 000

3.报经批准置换转出长期股权投资时，参照“库存物品”科目中置换换入库存物品的规定进行账务处理。

4.采用权益法核算的长期股权投资的处置，除进行上述账务处理外，还应结转原直接计入净资产的相关金额，借记或贷记“权益法调整”科目，贷记或借记“投资收益”科目。

借或贷：权益法调整

　贷或借：投资收益

【例 12-116】前文【例 12-110】中处置该投资时，除了该案例中的业务分录外，还应对其他权益变动进行处理。因此，对【例 12-110】的业务分录补充如下：

借：权益法调整　260 000

　贷：投资收益　260 000

长期股权投资涉及增值税业务的，相关账务处理参见“应交增值税”科目。

第八节　管理类资产的核算

本节主要介绍单位直接管理或受托管理资产的确认、计量、管理要求，以及相关联的“政府储备物资”“公共基础设施”“公共基础设施累计折旧（摊销）”“受托代理资产”“文物资源”　“保障性住房”“保障性住房累计折旧”7个科目核算要求和方法。

一、政府储备物资

（一）政府储备物资的定义及范围

政府储备物资是指单位为满足实施国家安全与发展战略、进行抗灾救灾、应对公共突发事件等特定公共需求而控制的，同时具有下列特征的有形资产：

（1）在应对可能发生的特定事件或情形时动用；

（2）其购入、存储保管、更新（轮换）、动用等由政府及相关部门发布的专门管理制度规范。

政府储备物资包括战略及能源物资、抢险抗灾救灾物资、农产品、医药物资和其他重要商品物资，通常情况下由单位委托承储单位存储。

企业以及纳入企业财务管理体系的事业单位接受政府委托收储并按企业会计准则核算的储备物资，不属于本范围。

（二）政府储备物资的确认

1.确认条件

政府储备物资同时满足下列条件的，应当予以确认：

（1）与该政府储备物资相关的服务潜力很可能实现或者经济利益很可能流入政府会计主体；

（2）该政府储备物资的成本或者价值能够可靠地计量。

2.确认主体

通常情况下，符合确认条件的政府储备物资，应当由按规定对其负有行政管理职责的单位予以确认。

这里的行政管理职责主要指提出或拟订收储计划、更新（轮换）计划、动用方案等。相关行政管理职责由不同单位行使的政府储备物资，由负责提出收储计划的单位予以确认。

对政府储备物资不负有行政管理职责但接受委托具体负责执行其存储保管等工作的单位，应当将受托代储的政府储备物资作为受托代理资产核算。

（三）政府储备物资的计量

政府储备物资的计量包括初始计量和后续计量。

1.初始计量

政府储备物资在取得时应当按照成本进行初始计量，具体如下：

（1）购入的政府储备物资，其成本包括购买价款和本单位承担的相关税费、运输费、装卸费、保险费、检测费以及使政府储备物资达到目前场所和状态所发生的归属于政府储备物资成本的其他支出。

（2）委托加工的政府储备物资，其成本包括委托加工前物料成本、委托加工的成本（如委托加工费以及按规定应计入委托加工政府储备物资成本的相关税费等）以及政府会计主体承担的使政府储备物资达到目前场所和状态所发生的归属于政府储备物资成本的其他支出。

（3）接受捐赠的政府储备物资，其成本按照有关凭据注明的金额加上本单位承担的相关税费、运输费等确定；没有相关凭据可供取得，但按规定经过资产评估的，其成本按照评估价值加上本单位承担的相关税费、运输费等确定；没有相关凭据可供取得、也未经资产评估的，其成本比照同类或类似资产的市场价格加上本单位承担的相关税费、运输费等确定。不能采用名义金额确定政府储备物资成本。

（4）接受无偿调入的政府储备物资，其成本按照调出方账面价值加上归属于本单位的相关税费、运输费等确定。

（5）盘盈的政府储备物资，其成本按照有关凭据注明的金额确定；没有相关凭据，但按规定经过资产评估的，其成本按照评估价值确定；没有相关凭据、也未经资产评估的，其成本按照重置成本确定。

在初始计量中，下列各项不计入政府储备物资成本：

（1）仓储费用；

（2）日常维护费用；

（3）不能归属于使政府储备物资达到目前场所和状态所发生的其他支出。

2.后续计量

单位应当根据实际情况采用先进先出法、加权平均法或者个别计价法确定政府储备物资发出的成本。计价方法一经确定，不得随意变更。

对于性质和用途相似的政府储备物资，单位应当采用相同的成本计价方法确定发出物资的成本。

对于不能替代使用的政府储备物资、为特定项目专门购入或加工的政府储备物资，单位通常应采用个别计价法确定发出物资的成本。

（1）因动用而发出。因动用而发出无须收回的政府储备物资的，应当在发出物资时将其账面余额予以转销，计入当期费用；因动用而发出需要收回或者预期可能收回的政府储备物资的，应当在按规定的质量验收标准收回物资时，将未收回物资的账面余额予以转销，计入当期费用。

（2）因变动而调拨。因行政管理主体变动等原因而将政府储备物资调拨给其他单位的，应当在发出物资时将其账面余额予以转销。

（3）对外销售。对外销售政府储备物资的，应当在发出物资时将其账面余额转销计入当期费用，并按规定确认相关销售收入或将销售取得的价款大于所承担的相关税费等后的差额作应缴款项处理。

（4）轮换。采取销售采购方式对政府储备物资进行更新（轮换）的，应当将物资轮出视为物资销售，并进行相应的账务处理；将物资轮入视为物资采购，并进行相应的账务处理。

（5）报废、毁损。政府储备物资报废、毁损的，应当按规定报经批准后将报废、毁损的政府储备物资的账面余额予以转销，确认应收款项（确定追究相关赔偿责任的）或计入当期费用（因储存年限到期报废或非人为因素致使报废、毁损的）；同时，将报废、毁损过程中取得的残值变价收入扣除本单位承担的相关费用后的差额按规定作应缴款项处理（差额为净收益时）或计入当期费用（差额为净损失时）。

（6）盘亏。政府储备物资盘亏的，应当按规定报经批准后将盘亏的政府储备物资的账面余额予以转销，确定追究相关赔偿责任的，确认应收款项；属于正常耗费或不可抗力因素造成的，计入当期费用。

（四）政府储备物资的账务处理

“政府储备物资”科目核算单位控制的政府储备物资的成本。政府储备物资的增加记借方，减少记贷方，期末借方余额反映政府储备物资的成本。本科目应当按照政府储备物资的种类、品种、存放地点等进行明细核算。单位根据需要，可在本科目下设置“在库”“发出”等明细科目进行明细核算。

对政府储备物资不负有行政管理职责但接受委托具体负责执行其存储保管等工作的单位，其受托代储的政府储备物资应当通过“受托代理资产”科目核算，不通过本科目核算。

1.取得政府储备物资

（1）购入的政府储备物资验收入库，按照确定的成本，借记本科目，贷记“财政拨款收入”“零余额账户用款额度”“银行存款”等科目。

借：政府储备物资

　贷：财政拨款收入/零余额账户用款额度/银行存款等

【例 12-117】某单位购入一批政府储备物资，价款为100万元，增值税为13万元，运杂费为1万元。通过财政直接支付方式付讫款项。另外，为储存该批物资，用银行存款支付仓库租赁费2万元。该批物资已验收入库。

	借方	贷方
借：政府储备物资	1 140 000	
贷：财政拨款收入		1 140 000
借：业务活动费用	20 000	
贷：银行存款		20 000

（2）涉及委托加工政府储备物资业务的，相关账务处理参照“加工物品”科目。

（3）接受捐赠的政府储备物资验收入库，按照确定的成本，借记本科目，按照单位承担的相关税费、运输费等，贷记 “零余额账户用款额度”“银行存款”等科目，按照其差额，贷记“捐赠收入”科目。

借：政府储备物资（按照确定的成本）

　贷：零余额账户用款额度/银行存款等（按照单位承担的相关税费、运输费等）

　　捐赠收入（按照其差额）

【例 12-118】某单位接受捐赠政府储备物资一批，由于没有相关凭证和经济评估，按照同类或类似物资的市场价格确认为56 000元，另用银行存款支付运杂费1 000元。该物资已验收入库。

	借方	贷方
借：政府储备物资	57 000	
贷：银行存款		1 000
捐赠收入		56 000

（4）接受无偿调入的政府储备物资验收入库，按照确定的成本，借记本科目，按照单位承担的相关税费、运输费等，贷记“零余额账户用款额度”“银行存款”等科目，按照其差额，贷记“无偿调拨净资产”科目。

借：政府储备物资（按照确定的成本）

　　贷：零余额账户用款额度/银行存款等（按照单位承担的相关税费、运输费等）

　　　　无偿调拨净资产（按照其差额）

【例12-119】某单位接受上级单位无偿调入的政府储备物资一批，上级单位调出时其账面价值为56 000元，另本单位用银行存款支付运杂费1 000元。该物资已验收入库。

借：政府储备物资	57 000	
贷：银行存款		1 000
无偿调拨净资产		56 000

2.发出政府储备物资

（1）因动用而发出无须收回的政府储备物资的，按照发出物资的账面余额，借记“业务活动费用”科目，贷记本科目。因动用而发出需要收回或者预期可能收回的政府储备物资的，在发出物资时，按照发出物资的账面余额，借记本科目（发出），贷记本科目（在库）；按照规定的质量验收标准收回物资时，按照收回物资原账面余额，借记本科目（在库），按照未收回物资的原账面余额，借记“业务活动费用”科目，按照物资发出时登记在本科目所属“发出”明细科目中的余额，贷记本科目（发出）。

①发出无须收回的政府储备物资时：

借：业务活动费用

　　贷：政府储备物资

②发出需要收回或者预期可能收回的政府储备物资时：

借：政府储备物资——发出

　　贷：政府储备物资——在库

③按照规定的质量验收标准收回物资时：

借：政府储备物资——在库（按照收回物资原账面余额）

　　业务活动费用（按照未收回物资的原账面余额）

　　贷：政府储备物资——发出（按照物资发出时登记在本科目所属“发出”明细科目中的余额）

【例12-120】某单位发出一批无须收回的政府储备救灾物资，该批物资的账面余额为35万元。另外，因救灾动用一批需要收回的政府储备的简易设备，发出时该批设备的账面余额为69万元。救灾任务完成收回该批简易设备，收回的设备中符合规定质量标准的数量占发出时的2/3，其余1/3或无法收回或不符合规定质量标准。

（1）发出无须收回物资时：

借：业务活动费用	350 000	
贷：政府储备物资		350 000

（2）发出需要收回物资时：

借：政府储备物资——发出	690 000	
贷：政府储备物资——在库		690 000

（3）收回时：

借：政府储备物资——在库 460 000

业务活动费用 230 000

贷：政府储备物资——发出 690 000

（2）因行政管理主体变动等原因而将政府储备物资调拨给其他单位的，按照无偿调出政府储备物资的账面余额，借记“无偿调拨净资产”科目，贷记本科目。

借：无偿调拨净资产

贷：政府储备物资

【例12-121】某单位将一批账面价值为34 000元的政府储备物资无偿调拨给其他单位，另用现金支付运输费用600元。

借：无偿调拨净资产 34 000

贷：政府储备物资 34 000

借：资产处置费用 600

贷：库存现金 600

（3）对外销售政府储备物资并将销售收入纳入单位预算统一管理的，发出物资时，按照发出物资的账面余额，借记“业务活动费用”科目，贷记本科目；实现销售收入时，按照确认的收入金额，借记“银行存款”“应收账款”等科目，贷记“事业收入”等科目。对外销售政府储备物资并按照规定将销售净收入上缴财政的，发出物资时，按照发出物资的账面余额，借记“资产处置费用”科目，贷记本科目；取得销售价款时，按照实际收到的款项金额，借记“银行存款”等科目，按照发生的相关税费等，贷记“银行存款”等科目，按照销售价款大于所承担的相关税费等后的差额，贷记“应缴财政款”科目。

①对外销售政府储备物资并将销售收入纳入单位预算统一管理的：

发出时：

借：业务活动费用

贷：政府储备物资

实现销售收入时：

借：银行存款/应收账款等

贷：事业收入等

②对外销售政府储备物资并按照规定将销售净收入上缴财政的：

发出时：

借：资产处置费用

贷：政府储备物资

取得销售价款时：

借：银行存款等（按照实际收到的款项金额）

贷：银行存款等（按照发生的相关税费等）

应缴财政款（按照销售价款大于所承担的相关税费等后的差额）

【例12-122】某事业单位报经批准将一批不需继续储备的物资进行出售，该批物资账面余额为100万元。取得销售收入60万元，发生相关费用9 000元。按规定销售收入纳入本单位预算管理。

借：业务活动费用　　1 000 000

　贷：政府储备物资　　1 000 000

借：银行存款　　600 000

　贷：银行存款　　9 000

　　事业收入　　591 000

假设上述单位按规定销售收入应上缴财政，则：

借：资产处置费用　　1 000 000

　贷：政府储备物资　　1 000 000

借：银行存款　　600 000

　贷：银行存款　　9 000

　　应缴财政款　　591 000

3.清查盘点政府储备物资

单位应当定期对政府储备物资进行清查盘点，每年至少盘点一次。对于发生的政府储备物资盘盈、盘亏或者报废、毁损，应当先记入“待处理财产损溢”科目，按照规定报经批准后及时进行后续账务处理。

（1）盘盈的政府储备物资，按照确定的入账成本，借记本科目，贷记“待处理财产损溢”科目。

借：政府储备物资

　贷：待处理财产损溢

（2）盘亏或者毁损、报废的政府储备物资，按照待处理政府储备物资的账面余额，借记“待处理财产损溢”科目，贷记本科目。

借：待处理财产损溢

　贷：政府储备物资

【例12-123】某单位在年底盘存时，盘盈政府储备物资一批，该批物资同类物资的市价为30万元。盘亏政府储备物资一批，其账面余额为45万元。

借：政府储备物资　　300 000

　贷：待处理财产损溢　　300 000

借：待处理财产损溢　　450 000

　贷：政府储备物资　　450 000

二、公共基础设施

（一）公共基础设施的定义及范围

公共基础设施是指单位为满足社会公共需求而控制的，同时具有以下特征的有形资产：

（1）是一个有形资产系统或网络的组成部分；

（2）具有特定用途；

（3）一般不可移动。

公共基础设施主要包括市政基础设施（如城市道路、桥梁、隧道、公交场站、路灯、广场、公园绿地、室外公共健身器材，以及环卫、排水、供水、供电、供气、供热、污水处理、垃圾处理系统等)、交通基础设施(如公路、航道、港口等)、水利基础设施(如大坝、堤防、水闸、泵站、渠道等)和其他公共基础设施。

下列各项不属于公共基础设施规范范畴:

(1)独立于公共基础设施、不构成公共基础设施使用不可缺少组成部分的管理维护用房屋建筑物、设备、车辆等。

(2)属于文物资源的公共基础设施。

(3)采用政府和社会资本合作模式(即PPP模式)形成的公共基础设施。

(二)公共基础设施的确认

1.确认条件

公共基础设施同时满足下列条件的,应当予以确认:

(1)与该公共基础设施相关的服务潜力很可能实现或者经济利益很可能流入政府会计主体。

(2)该公共基础设施的成本或者价值能够可靠地计量。

2.确认主体

通常情况下,符合规定的公共基础设施:①应当由按规定对其负有管理维护职责的单位予以确认;②多个单位共同管理维护的公共基础设施,应当由对该资产负有主要管理维护职责或者承担后续主要支出责任的单位予以确认;③分为多个组成部分由不同单位分别管理维护的公共基础设施,应当由各个单位分别对其负责管理维护的公共基础设施的相应部分予以确认;④负有管理维护公共基础设施职责的单位通过政府购买服务方式委托企业或其他会计主体代为管理维护公共基础设施的,该公共基础设施应当由委托方予以确认。

3.确认时间

通常情况下,对于自建或外购的公共基础设施,应当在该项公共基础设施验收合格并交付使用时确认;对于无偿调入、接受捐赠的公共基础设施,应当在开始承担该项公共基础设施管理维护职责时确认。

4.确认中的特殊规定:分类和分部分确认

(1)单位应当根据公共基础设施提供公共产品或服务的性质或功能特征对其进行分类确认。公共基础设施的各组成部分具有不同使用年限或者以不同方式提供公共产品或服务,适用不同折旧率或折旧方法且可以分别确定各自原价的,应当分别将各组成部分确认为该类公共基础设施的一个单项公共基础设施。

(2)单位在购建公共基础设施时,能够分清购建成本中的构筑物部分与土地使用权部分的,应当将其中的构筑物部分和土地使用权部分分别确认为公共基础设施;不能分清购建成本中的构筑物部分与土地使用权部分的,应当整体确认为公共基础设施。

(3)公共基础设施在使用过程中发生的后续支出,符合确认条件的,应当计入公共基础设施成本;不符合确认条件的,应当在发生时计入当期费用。通常情况下,为增加公共基础设施使用效能或延长其使用年限而发生的改建、扩建等后续支出,应当计入公共基础设施成本;为维护公共基础设施的正常使用而发生的日常维修、养护等后续支出,应当计入当期费用。

（三）公共基础设施的计量

1.初始计量

公共基础设施在取得时应当按照成本进行初始计量，具体如下：

（1）自行建造的公共基础设施，其成本包括完成批准的建设内容所发生的全部必要支出，包括建筑安装工程投资支出、设备投资支出、待摊投资支出和其他投资支出。

在原有公共基础设施基础上进行改建、扩建等建造活动后的公共基础设施，其成本按照原公共基础设施账面价值加上改建、扩建等建造活动发生的支出，再扣除公共基础设施被替换部分的账面价值后的金额确定。

为建造公共基础设施借入的专门借款的利息，属于建设期间发生的，计入该公共基础设施在建工程成本；不属于建设期间发生的，计入当期费用。

已交付使用但尚未办理竣工决算手续的公共基础设施，应当按照估计价值入账，待办理竣工决算后再按照实际成本调整原来的暂估价值。

（2）接受无偿调入的公共基础设施，其成本按照该项公共基础设施在调出方的账面价值加上归属于调入方的相关费用确定。但是，无偿调入公共基础设施在调出方的账面价值为零（即已经按制度规定提足折旧或摊销），单位（调入方）应当将调入过程中其承担的相关税费等计入当期费用，不计入调入公共基础设施的初始入账成本。

（3）接受捐赠的公共基础设施，其成本按照有关凭据注明的金额加上相关费用确定；没有相关凭据可供取得，但按规定经过资产评估的，其成本按照评估价值加上相关费用确定；没有相关凭据可供取得、也未经资产评估的，其成本比照同类或类似资产的市场价格加上相关费用确定。不能采用名义金额确定成本。

如受赠的系旧的公共基础设施，在确定其初始入账成本时应当考虑该项资产的新旧程度。

（4）外购的公共基础设施，其成本包括购买价款、相关税费以及公共基础设施交付使用前所发生的可归属于该项资产的运输费、装卸费、安装费和专业人员服务费等。

对于包括不同组成部分的公共基础设施，其只有总成本、没有单项组成部分成本的，可以按照各单项组成部分同类或类似资产的成本或市场价格比例对总成本进行分配，分别确定公共基础设施中各单项组成部分的成本。

（5）盘盈的公共基础设施，其成本按照有关凭证注明的金额确定；没有相关凭证、但按照规定经过资产评估的，其成本按照评估价值确定；没有相关凭证、也未经过评估的，其成本按照重置成本确定。

2.后续计量

后续计量包括折旧（或摊销）和处置两方面。

（1）公共基础设施的折旧或摊销。单位应当对公共基础设施计提折旧，但单位持续进行良好的维护使得其性能得到永久维持的公共基础设施和确认为公共基础设施的单独计价入账的土地使用权除外。

①公共基础设施应计提的折旧总额为其成本，计提公共基础设施折旧时不考虑预计净残值。应当对暂估入账的公共基础设施计提折旧，实际成本确定后不需调整原已计提的折旧额。

②应当根据公共基础设施的性质和使用情况，合理确定公共基础设施的折旧年限。

单位确定公共基础设施折旧年限，应当考虑下列因素：一是设计使用年限或设计基准期；二是预计实现服务潜力或提供经济利益的期限；三是预计有形损耗和无形损耗；四是法律或者类似规定对资产使用的限制。

公共基础设施的折旧年限一经确定，不得随意变更。

对于接受无偿调入、捐赠的公共基础设施，应当考虑该项资产的新旧程度，按照其尚可使用的年限计提折旧。

③一般应当采用年限平均法或者工作量法计提公共基础设施折旧。在确定公共基础设施的折旧方法时，应当考虑与公共基础设施相关的服务潜力或经济利益的预期实现方式。公共基础设施折旧方法一经确定，不得随意变更。

④公共基础设施应当按月计提折旧，并计入当期费用。当月增加的公共基础设施，当月开始计提折旧；当月减少的公共基础设施，当月不再计提折旧。

⑤处于改建、扩建等建造活动期间的公共基础设施，应当暂停计提折旧。

因改建、扩建等原因而延长公共基础设施使用年限的，应当按照重新确定的公共基础设施的成本和重新确定的折旧年限计算折旧额，不需调整原已计提的折旧额。

⑥公共基础设施提足折旧后，无论能否继续使用，均不再计提折旧；已提足折旧的公共基础设施，可以继续使用的，应当继续使用，并规范实物管理。提前报废的公共基础设施，不再补提折旧。

⑦对于确认为公共基础设施的单独计价入账的土地使用权，应当按照无形资产的相关规定进行摊销。

（2）公共基础设施的处置。按规定报经批准无偿调出、对外捐赠公共基础设施的，应当将公共基础设施的账面价值予以转销，无偿调出、对外捐赠中发生的归属于调出方、捐出方的相关费用应当计入当期费用。公共基础设施报废或遭受重大毁损的，应当在报经批准后将公共基础设施账面价值予以转销，并将报废、毁损过程中取得的残值变价收入扣除相关费用后的差额按规定作应缴款项处理（差额为净收益时）或计入当期费用（差额为净损失时）。

（四）公共基础设施的账务处理

“公共基础设施”科目核算单位控制的公共基础设施的原值。公共基础设施增加记借方，减少记贷方，期末借方余额反映公共基础设施的原值。本科目应当按照公共基础设施的类别、项目等进行明细核算。

单位应当根据行业主管部门对公共基础设施的分类规定，制定适合本单位管理的公共基础设施目录、分类方法，作为进行公共基础设施核算的依据。

1.取得公共基础设施

（1）自行建造的公共基础设施完工交付使用时，按照在建工程的成本，借记本科目，贷记“在建工程”科目。

借：公共基础设施

　　贷：在建工程

【例12-124】某行政单位自行建设的公共照明设施已完工交付使用，该项目工程总造价为240万元。

借：公共基础设施——公共照明设施　　　　2 400 000

贷：在建工程 2 400 000

已交付使用但尚未办理竣工决算手续的公共基础设施，按照估计价值入账，待办理竣工决算后再按照实际成本调整原来的暂估价值。

（2）接受其他单位无偿调入的公共基础设施，按照确定的成本，借记本科目，按照发生的归属于调入方的相关费用，贷记"财政拨款收入""零余额账户用款额度""银行存款"等科目，按照其差额，贷记"无偿调拨净资产"科目。

借：公共基础设施（按照确定的成本）

贷：财政拨款收入/零余额账户用款额度/银行存款等（按照发生的归属于调入方的相关费用）

无偿调拨净资产（按照其差额）

注：①无偿调入的公共基础设施成本无法可靠取得的，应当设置备查簿对该公共基础设施进行登记，待成本能够可靠确定后按照规定及时入账。对于调拨过程中发生的归属于本单位的相关税费、运输费等，按照发生金额，借记"其他费用"科目，贷记"财政拨款收入""零余额账户用款额度""银行存款"等科目。

借：其他费用

贷：财政拨款收入/零余额账户用款额度/银行存款等

②无偿调入的公共基础设施在调出方的账面价值为零的，单位（调入方）在进行财务会计处理时，应当按照该项资产在调出方的账面余额，借记本科目，按照该项资产在调出方已经计提的折旧或摊销金额（与资产账面余额相等），贷记"公共基础设施累计折旧（摊销）"科目；按照支付的相关税费等，借记"其他费用"科目，贷记"零余额账户用款额度""银行存款"等科目。

【例12-125】某单位接受兄弟单位无偿调入的公共基础设施一项，该设施调出方账面价值为1 000万元，调入过程中本单位承担相关费用共计10万元，通过财政授权支付方式付款。（不考虑税）

借：公共基础设施 10 100 000

贷：零余额账户用款额度 100 000

无偿调入净资产 10 000 000

若基础设施无法可靠确定其价值，调入方只能先通过备查簿登记该设施，待成本能可靠计量时再按照规定入账。（不考虑税）

调入设施时的分录如下：

借：其他费用 100 000

贷：零余额账户用款额度 100 000

若基础设施的账面价值为零，已累计折旧1亿元，则分录如下：

借：公共基础设施 100 000 000

贷：公共基础设施累计折旧（摊销） 100 000 000

借：其他费用 100 000

贷：零余额账户用款额度 100 000

（3）接受捐赠的公共基础设施，按照确定的成本，借记本科目，按照发生的相关费用，贷记"财政拨款收入""零余额账户用款额度""银行存款"等科目，按照其差额，贷记"捐赠收入"科目。

借：公共基础设施（按照确定的成本）

贷：财政拨款收入/零余额账户用款额度/银行存款等（按照发生的归属于捐入方的相关费用）

捐赠收入（按照其差额）

注：接受捐赠的公共基础设施成本无法可靠取得的，应当设置备查簿对该公共基础设施进行登记，待成本能够可靠确定后按照规定及时入账。对于捐赠过程中发生的归属于本单位的相关税费、运输费等，按照发生金额，借记“其他费用”科目，贷记“财政拨款收入”“零余额账户用款额度”“银行存款”等科目。

借：其他费用

贷：财政拨款收入/零余额账户用款额度/银行存款等

【例12-126】某单位接受捐赠公共基础设施，通过评估该公共基础设施价值为550万元，接受过程中由本单位负担相关杂费共计6万元，通过银行存款转账支付。（不考虑税）

借：公共基础设施　5 560 000

贷：银行存款　60 000

捐赠收入　5 500 000

若公共基础设施的价值无法可靠计量，先在备查簿中登记，待确定成本后再按规定进行账务处理。

接受捐赠时的分录如下：

借：其他费用　60 000

贷：银行存款　60 000

（4）外购的公共基础设施，按照确定的成本，借记本科目，贷记“财政拨款收入”“零余额账户用款额度”“银行存款”等科目。

借：公共基础设施

贷：财政拨款收入/零余额账户用款额度/银行存款等

【例12-127】某单位通过财政直接支付购买一项公共基础设施，共支付760万元。（不考虑税）

借：公共基础设施　7 600 000

贷：财政拨款收入　7 600 000

2.与公共基础设施有关的后续支出

（1）资本性支出。

将公共基础设施转入改建、扩建时，按照公共基础设施的账面价值，借记“在建工程”科目，按照公共基础设施已计提折旧，借记“公共基础设施累计折旧（摊销）”科目，按照公共基础设施的账面余额，贷记本科目。

借：在建工程（按照公共基础设施的账面价值）

公共基础设施累计折旧（摊销）（按照公共基础设施已计提折旧）

贷：公共基础设施（按照公共基础设施的账面余额）

为增加公共基础设施使用效能或延长其使用年限而发生的改建、扩建等后续支出，借记“在建工程”科目，贷记“财政拨款收入”“零余额账户用款额度”“银行存款”等科目。

借：在建工程

贷：财政拨款收入/零余额账户用款额度/银行存款等

公共基础设施改建、扩建完成，竣工验收交付使用时，按照在建工程成本，借记本科目，贷记“在建工程”科目。

借：公共基础设施

贷：在建工程

（2）费用性支出。

为保证公共基础设施正常使用发生的日常维修等支出，借记“业务活动费用”“单位管理费用”等科目，贷记“财政拨款收入”“零余额账户用款额度”“银行存款”等科目。

借：业务活动费用/单位管理费用等

贷：财政拨款收入/零余额账户用款额度/银行存款等

【例 12-128】某单位对一项公共基础设施进行改扩建，该设施账面余额为1 200万元，已计提折旧600万元。改扩建过程中购买工程材料等120万元并全部领用完，支付工程费30万元，另发生其他相关费用10万元。所有费用均通过财政直接支付方式付款。改扩建工程已完成，设施已交付使用。

（1）将设施转入改扩建时：

	借方	贷方
借：在建工程	6 000 000	
公共基础设施累计折旧（摊销）	6 000 000	
贷：公共基础设施		12 000 000

（2）购买基建材料时：

	借方	贷方
借：工程物资	1 200 000	
贷：财政拨款收入		1 200 000

（3）领用基建材料时：

	借方	贷方
借：在建工程	1 200 000	
贷：工程物资		1 200 000

（4）支付工程费时：

	借方	贷方
借：在建工程	300 000	
贷：财政拨款收入		300 000

（5）发生其他相关费用时：

	借方	贷方
借：在建工程	100 000	
贷：财政拨款收入		100 000

（6）设施交付使用时：

	借方	贷方
借：公共基础设施	7 600 000	
贷：在建工程		7 600 000

3.处置公共基础设施

按照规定报经批准处置公共基础设施，分别以下情况处理：

（1）报经批准对外捐赠公共基础设施，按照公共基础设施已计提的折旧或摊销，借记“公共基础设施累计折旧（摊销）”科目，按照被处置公共基础设施账面余额，贷记本科目，按照捐赠过程中发生的归属于捐出方的相关费用，贷记“银行存款”等科目，按照其差额，借记“资产处置费用”科目。

借：公共基础设施累计折旧（摊销）（按照公共基础设施已计提的折旧或摊销）
　　资产处置费用（按照其差额）
　贷：公共基础设施（按照被处置公共基础设施账面余额）
　　　银行存款等（按照捐赠过程中发生的归属于捐出方的相关费用）

【例 12-129】某单位经批准对外捐赠一项公共基础设施，该项公共基础设施的账面余额为900万元，已计提折旧300万元，捐赠过程中本单位承担相关费用共计3万元，已通过财政授权支付方式付款。

	借方	贷方
借：资产处置费用	6 030 000	
公共基础设施累计折旧（摊销）	3 000 000	
贷：零余额账户用款额度		30 000
公共基础设施		9 000 000

（2）报经批准无偿调出公共基础设施，按照公共基础设施已计提的折旧或摊销，借记“公共基础设施累计折旧（摊销）”科目，按照被处置公共基础设施账面余额，贷记本科目，按照其差额，借记“无偿调拨净资产”科目；同时，按照无偿调出过程中发生的归属于调出方的相关费用，借记“资产处置费用”科目，贷记“银行存款”等科目。

借：公共基础设施累计折旧（摊销）（按照公共基础设施已计提的折旧或摊销）
　　无偿调拨净资产（按照其差额）
　贷：公共基础设施（按照被处置公共基础设施账面余额）

同时，按照无偿调出过程中发生的归属于调出方的相关费用：

借：资产处置费用
　贷：银行存款

【例 12-130】某单位经批准将一项公共基础设施无偿调拨给其他兄弟单位，该项设施账面余额1 000万元，已计提折旧100万元，调出过程中本单位承担相关费用10万元，已通过财政授权支付方式付款。

	借方	贷方
借：无偿调拨净资产	9 000 000	
公共基础设施累计折旧（摊销）	1 000 000	
贷：公共基础设施		10 000 000
同时，		
借：资产处置费用	100 000	
贷：零余额账户用款额度		100 000

4.清查盘点公共基础设施

单位应当定期对公共基础设施进行清查盘点。

对于发生的公共基础设施盘盈、盘亏、毁损或报废，应当先记入“待处理财产损溢”科目，按照规定报经批准后及时进行后续账务处理。

（1）盘盈的公共基础设施，按照确定的入账成本，借记本科目，贷记“待处理财产损溢”科目。

借：公共基础设施
　贷：待处理财产损溢

注：盘盈的公共基础设施成本无法可靠取得的，单位应当设置备查簿进行登记，待成本确定后按照规定及时入账。

【例 12-131】某单位在盘查公共基础设施时，盘盈一项公共基础设施，该设施经专家评估，价值为 260 万元。后经批准，转入本单位公共基础设施。该设施是以前年度取得的。

（1）盘盈时：

借：公共基础设施　　2 600 000

　贷：待处理财产损溢　　2 600 000

（2）报经批准处理时：

借：待处理财产损溢　　2 600 000

　贷：以前年度盈余调整　　2 600 000

（2）盘亏、毁损或报废的公共基础设施，按照待处置公共基础设施的账面价值，借记“待处理财产损溢”科目，按照已计提折旧或摊销，借记“公共基础设施累计折旧（摊销）”科目，按照公共基础设施的账面余额，贷记本科目。

借：待处理财产损溢（按照待处置公共基础设施的账面价值）

　　公共基础设施累计折旧（摊销）（按照已计提折旧或摊销）

　贷：公共基础设施（按照公共基础设施的账面余额）

【例 12-132】某单位盘查公共基础设施时，盘亏一项公共基础设施，该设施账面余额为 600 万元，已计提折旧 400 万元，盘查过程中，变卖残料取得收入 10 万元，另发生清理等费用 15 万元。款项均通过银行转账进行。（不考虑税）

（1）发生盘亏时：

借：待处理财产损溢——待处理财产价值　　2 000 000

　　公共基础设施累计折旧（摊销）　　4 000 000

　贷：公共基础设施　　6 000 000

（2）报经批准转销时：

借：资产处置费用　　2 000 000

　贷：待处理财产损溢——待处理财产价值　　2 000 000

（3）取得变价收入时：

借：银行存款　　100 000

　贷：待处理财产损溢——处理净收入　　100 000

（4）发生清理费用时：

借：待处理财产损溢——处理净收入　　150 000

　贷：银行存款　　150 000

（5）处理完毕清理账目时：

借：资产处置费用　　50 000

　贷：待处理财产损溢——处理净收入　　50 000

三、公共基础设施累计折旧（摊销）

“公共基础设施累计折旧（摊销）”科目核算单位计提的公共基础设施累计折旧和累

计摊销。本科目增加记贷方，减少记借方，期末贷方余额反映单位提取的公共基础设施折旧和摊销的累计数。本科目应当按照所对应公共基础设施的明细分类进行明细核算。

（一）按月计提公共基础设施折旧

按月计提公共基础设施折旧时，按照应计提的折旧额，借记“业务活动费用”科目，贷记本科目。

借：业务活动费用

　贷：公共基础设施累计折旧（摊销）

（二）按月摊销公共基础设施

按月对确认为公共基础设施的单独计价入账的土地使用权进行摊销时，按照应计提的摊销金额，借记“业务活动费用”科目，贷记本科目。

借：业务活动费用

　贷：公共基础设施累计折旧（摊销）

【例12-133】某单位5月对其新增加的公共基础设施进行折旧，并对该设施单独计价入账的土地使用权一并进行摊销。本单位按照规定计算本月应计提折旧5万元，土地使用权应计提摊销3万元。

借：业务活动费用	80 000	
贷：公共基础设施累计折旧（摊销）——设施累计折旧		50 000
——土地使用权累计摊销		30 000

（三）处置公共基础设施涉及折旧（摊销）业务

处置公共基础设施时，按照所处置公共基础设施的账面价值，借记“资产处置费用”“无偿调拨净资产”“待处理财产损溢”等科目，按照已提取的折旧和摊销金额，借记本科目，按照公共基础设施账面余额，贷记“公共基础设施”科目。

借：资产处置费用/无偿调拨净资产/待处理财产损溢等（按照所处置公共基础设施的账面价值）

　公共基础设施累计折旧（摊销）（按照已提取的折旧和摊销金额）

　贷：公共基础设施（按照公共基础设施账面余额）

公共基础设施处置过程中涉及公共基础设施累计折旧（摊销）的业务案例详见各处置方式下有关公共基础设施的业务案例。

四、文物资源

“文物资源”科目核算由单位承担管理收藏职责的文物资源。文物资源的增加记借方，减少记贷方，本科目“成本”明细科目的期末借方余额反映以成本计量的文物资源成本，“名义金额”明细科目的期末借方余额反映以名义金额计量的文物资源数量。

本科目应当按照文物资源的类型、计量属性等进行明细核算。具体为，根据文物资源的类型设置“可移动文物”“不可移动文物”“其他藏品”一级明细科目；根据文物资源的计量属性设置“成本”“名义金额”二级明细科目；对于可移动文物和其他藏品，根据文物资源的入藏状态，设置“待入藏”“馆藏”“借出”三级明细科目。对于认定为不可移动文物的公共基础设施，其三级及以下明细科目设置可参照公共基础设施有关规定执行。

单位为满足自身开展业务活动或其他活动需要而控制的文物和陈列品，应当通过“固定资产”科目核算，不通过本科目核算。且“固定资产”科目下的原“文物和陈列品”明细科目调整为“陈列品”明细科目。

（一）文物资源的界定

政府会计准则所称的文物资源，是指按照《中华人民共和国文物保护法》等有关法律、行政法规规定，被认定为文物的有形资产，以及考古发掘品、尚未被认定为文物的古籍和按照文物征集尚未入藏的征集物。

下列各项不属于文物资源：

（1）博物馆、纪念馆、公共图书馆等用于提供公共文化服务，且未被认定为文物的建筑物、场地、设备等。

（2）公共图书馆的普通馆藏文献等。

（二）文物资源的确认

文物资源的确认主体为对其承担管理收藏职责的单位。

确认时间分情况而定：

（1）通常情况下，对于购买、调拨、接受捐赠、依法接收、指定保管等方式取得的文物资源，应当在取得时对其予以确认。

（2）对于考古发掘取得的发掘品，应当在其数量、形态稳定时予以确认，通常不晚于提交考古发掘报告之日。

（3）对于考古发现的古遗址、古墓葬等，应当将文物行政部门发布文物认定公告之日作为确认时点。

（4）因文物认定等原因将现有其他相关资产重分类为文物资源的，应当在相关文物认定手续办理完毕时将其确认为文物资源。

另外，单位应当至少在每年年末对借入但尚未归还的文物资源进行核查，根据核查结果将其作为受托代理资产予以确认。

（三）文物资源的计量

应当按照成本对文物资源进行初始计量；对于成本无法可靠取得的文物资源，应当按照名义金额计量。

1.初始计量

（1）依法征集购买取得的文物资源，应当按照购买价款确定其成本。以一笔款项征集购买多项没有单独标价的文物资源，应当按照系统、合理的方法对购买价款进行分配，分别确定各项文物资源的成本。

（2）通过调拨、依法接收、指定保管等方式取得的文物资源，其成本应当按照该文物资源在调出方的账面价值予以确定。调出方未将该文物资源入账或账面价值为零的（即已按制度规定提足折旧的，下同），应当按照成本无法可靠取得的文物资源进行会计处理。

（3）单位控制的其他相关资产重分类为文物资源的，其成本应当按照该资产原账面价值予以确定。资产原账面价值为零的，应当按照成本无法可靠取得的文物资源进行会计处理。

（4）因盘点、普查等方式盘盈的文物资源，有相关凭据的，其成本按照凭据注明的金额予以确定；没有相关凭据的，应当按照成本无法可靠取得的文物资源进行会计处理。

（5）通过考古发掘、接受捐赠等方式取得文物资源的，应当按照成本无法可靠取得的文物资源进行会计处理。在接受捐赠过程中按照规定向捐赠人支付物质奖励的，在发生时计入当期费用。

（6）单位为取得文物资源发生的相关支出，包括文物资源入藏前发生的保险费、运输费、装卸费以及专业人员服务费等，应当在发生时计入当期费用。

2.后续计量

文物资源不计提折旧。

（1）单位对于文物资源本体的修复修缮等相关保护支出，应当在发生时计入当期费用。

（2）单位对于文物资源安防、消防及防雷等保护性设施建设支出，以及对于文物资源本体以外的预防性保护、数字化保护等支出，符合相关资产确认条件的，应当计入固定资产等其他相关资产成本。

（3）单位按照规定报经批准调出文物资源的，应当将该文物资源的账面价值予以转销，将调出中发生的归属于调出方的相关支出计入当期费用。

（4）文物资源报经文物行政部门批准被依法拆除或者因不可抗力等因素发生毁损、丢失的，单位应当在按照规定程序核查处理后确认文物资源灭失时，将该文物资源账面价值予以转销。

（5）文物资源撤销退出后仍作为其他资产进行管理的，应当按照该文物资源的账面价值将其重分类为其他资产。

（四）新旧衔接账务处理

1.关于新旧会计科目衔接的账务处理

在《政府会计准则第11号——文物资源》（以下简称11号准则）首次执行日，应当将原“文物文化资产”科目余额转入“文物资源”科目中，并作新旧衔接账务处理。

（1）对于已在“文物资源”科目核算且属于11号准则适用范围的资产，无须对其账面价值进行调整。

（2）对于已在“文物资源”科目核算、但不属于11号准则适用范围的资产，应当在首次执行日按照该资产的账面价值：

借：固定资产等

　贷：文物资源

2.关于新旧衔接时相关资产重分类为文物资源的账务处理

对于按照11号准则规定应当确认为文物资源、但已确认为固定资产等其他资产的，应当在首次执行日分情况处理。

（1）资产原账面价值不为零的：

借：文物资源（按照该资产的账面价值）

　　固定资产累计折旧等（按照相关科目的账面余额）

　贷：固定资产等

（2）资产原账面价值为零的：

在转销原资产相关科目余额的同时，按照名义金额：

借：文物资源

　贷：累计盈余

对于按照名义金额计量的文物资源，可根据实际管理情况确定文物资源的实物数量单位，如处、件、件/套（下同）。

3.关于存量未入账文物资源的账务处理

对于属于11号准则适用范围但尚未入账的存量文物资源，应当在首次执行日：

（1）有原始凭据的，按照有关原始凭据注明的金额确定其初始入账成本：

借：文物资源

　贷：累计盈余

（2）没有相关凭据可供取得的，按照名义金额：

借：文物资源

　贷：累计盈余

4.关于已借入但未入账文物资源的账务处理

对于已借入但未入账的文物资源，单位应当在首次执行日按照该文物资源在借出方的账面价值：

借：受托代理资产

　贷：受托代理负债

（五）初始确认的账务处理

取得方式不同，账务处理不同。

1.征集购买

通过征集购买方式取得的文物资源，应当按照购买价款：

借：文物资源——馆藏（取得后直接入藏的）

　　　　——待入藏（取得后暂未入藏的）

　贷：财政拨款收入/银行存款等

暂未入藏的，待办理完成入藏手续后：

借：文物资源——馆藏

　贷：文物资源——待入藏

通过其他方式取得文物资源且尚未入藏的，参照上述规定进行账务处理。

2.调入、依法接收、指定保管

通过调入、依法接收、指定保管等方式取得的文物资源，应当按照确定的成本或名义金额：

借：文物资源

　贷：无偿调拨净资产

3.考古发掘、接受捐赠

对于考古发掘、接受捐赠等方式取得的文物资源，应当按照名义金额入账：

借：文物资源

　贷：累计盈余/捐赠收入等

4.其他资产重分类为文物资源

其他资产重分类为文物资源的：

借：文物资源（按照该资产的账面价值）

　　固定资产累计折旧等（按照相关资产科目余额）

贷：固定资产等（按照相关资产科目余额）

资产原账面价值为零的，在转销原资产相关科目余额的同时，按照名义金额：

借：文物资源

贷：累计盈余

5.盘盈

文物资源发生盘盈的，应当按照确定的成本或名义金额：

借：文物资源

贷：待处理财产损溢

按照规定报经批准处理后：

（1）属于本年度取得的文物资源，应当按照当年新取得文物资源的情形进行账务处理：

借：待处理财产损溢

贷：捐赠收入/无偿调拨净资产/累计盈余等

（2）属于以前年度取得的文物资源，应当按照前期差错进行账务处理：

借：待处理财产损溢

贷：以前年度盈余调整

6.为取得文物资源发生的相关支出的账务处理

为取得文物资源发生的相关支出，包括文物资源入藏前发生的保险费、运输费、装卸费、专业人员服务费，以及按规定向捐赠人支付的物质奖励等，应当按照实际发生的费用：

借：业务活动费用等

贷：财政拨款收入/银行存款等

（六）文物资源保护、利用的账务处理

1.文物资源本体修复修缮支出的账务处理

对于文物资源本体的修复修缮等相关保护支出，应当按照实际发生的费用：

借：业务活动费用

贷：财政拨款收入/银行存款/库存物品等

2.文物资源借出和借入的账务处理

（1）将已入藏的文物资源借给外单位的，应当至少在每年年末核查尚未收回的文物资源，按照账面价值：

借：文物资源——借出

贷：文物资源——馆藏

在借出的文物资源收回时作相反会计分录。

（2）从外单位借入文物资源的，应当至少在每年年末核查尚未归还的文物资源，按照该文物资源在借出方的账面价值：

借：受托代理资产

贷：受托代理负债

在归还借入的文物资源时作相反会计分录。

（七）文物资源调出、撤销退出的账务处理

发生文物资源调出、撤销退出等情形的，应当分以下情况进行账务处理：

1.文物资源调出

报经批准无偿调出文物资源的，按照调出的文物资源的账面价值：

借：无偿调拨净资产

　贷：文物资源

按照无偿调出过程中发生的归属于调出方的相关支出：

借：资产处置费用

　贷：财政拨款收入/银行存款等

2.文物资源被依法拆除或发生毁损、丢失

文物资源报经文物行政部门批准被依法拆除或者因不可抗力等因素毁损、丢失的：

（1）确认灭失时：

在按照规定程序核查处理后确认文物资源灭失时，按照该文物资源的账面价值：

借：待处理财产损溢

　贷：文物资源

（2）报经批准予以核销时：

借：资产处置费用

　贷：待处理财产损溢

（3）取得净收入时：

在按照规定程序核查处理过程中依法取得净收入的，应当按照收到的金额：

借：银行存款等

　贷：其他收入

（4）发生净支出时：

发生净支出的，按照实际支出净额：

借：资产处置费用

　贷：银行存款等

3.文物资源重分类为其他资产

文物资源撤销退出后仍作为其他资产进行管理的，应当按照该文物资源的账面价值：

借：固定资产等

　贷：文物资源

五、保障性住房

"保障性住房"科目核算单位为满足社会公共需求而控制的保障性住房的原值。保障性住房的增加记借方，减少记贷方，期末借方余额反映保障性住房的原值。本科目应当按照保障性住房的类别、项目等进行明细核算。

（一）取得保障性住房

保障性住房在取得时，应当按其成本入账。

1.外购的保障性住房，其成本包括购买价款、相关税费以及可归属于该项资产达到预定用途前所发生的其他支出。

外购的保障性住房，按照确定的成本，借记本科目，贷记“财政拨款收入”“零余额账户用款额度”“银行存款”等科目。

借：保障性住房

　贷：财政拨款收入/零余额账户用款额度/银行存款等

2.自行建造的保障性住房交付使用时，按照在建工程成本，借记本科目，贷记“在建工程”科目。

借：保障性住房

　贷：在建工程

已交付使用但尚未办理竣工决算手续的保障性住房，按照估计价值入账，待办理竣工决算后再按照实际成本调整原来的暂估价值。

3.接受其他单位无偿调入的保障性住房，其成本按照该项资产在调出方的账面价值加上归属于调入方的相关费用确定。

无偿调入的保障性住房，按照确定的成本，借记本科目，按照发生的归属于调入方的相关费用，贷记“零余额账户用款额度”“银行存款”等科目，按照其差额，贷记“无偿调拨净资产”科目。

借：保障性住房（按照确定的成本）

　贷：零余额账户用款额度/银行存款等（按照发生的归属于调入方的相关费用）

　　无偿调拨净资产（按照其差额）

4.接受捐赠、融资租赁取得的保障性住房，参照“固定资产”科目相关规定进行处理。

（二）与保障性住房有关的后续支出

这方面参照“固定资产”科目相关规定进行处理。

（三）出租保障性住房

按照规定出租保障性住房并将出租收入上缴同级财政的，应按收取的租金金额，借“银行存款”等科目，贷记“应缴财政款”科目。

借：银行存款等

　贷：应缴财政款

（四）处置保障性住房

按照规定报经批准处置保障性住房的，应当分别以下情况处理：

1.报经批准无偿调出保障性住房，按照保障性住房已计提的折旧，借记“保障性住房累计折旧”科目，按照被处置保障性住房账面余额，贷记本科目，按照其差额，借记“无偿调拨净资产”科目；同时，按照无偿调出过程中发生的归属于调出方的相关费用，借记“资产处置费用”科目，贷记“银行存款”等科目。

借：无偿调拨净资产（按照其差额）

　　保障性住房累计折旧（按照保障性住房已计提的折旧）

　贷：保障性住房（按照被处置保障性住房账面余额）

同时，按照无偿调出过程中发生的归属于调出方的相关费用：

借：资产处置费用

　贷：银行存款等

2.报经批准出售保障性住房，按照被出售保障性住房的账面价值，借记“资产处置费用”科目，按照保障性住房已计提的折旧，借记“保障性住房累计折旧”科目，按照保障性住房账面余额，贷记本科目；同时，按照收到的价款，借记“银行存款”等科目，按照出售过程中发生的相关费用，贷记“银行存款”等科目，按照其差额，贷记“应缴财政款”科目。

借：资产处置费用（按照被出售保障性住房的账面价值）
　　保障性住房累计折旧（按照保障性住房已计提的折旧）
　贷：保障性住房（按照保障性住房账面余额）

同时，

借：银行存款等（按照收到的价款）
　贷：银行存款等（按照出售过程中发生的相关费用）
　　应缴财政款（按照其差额）

（五）清查盘点保障性住房

单位应当定期对保障性住房进行清查盘点。对于发生的保障性住房盘盈、盘亏、毁损或报废等，参照“固定资产”科目相关规定进行账务处理。

六、保障性住房累计折旧

“保障性住房累计折旧”科目核算单位计提的保障性住房的累计折旧。本科目的增加记贷方，减少记借方，期末贷方余额反映单位计提的保障性住房折旧累计数。本科目应当按照所对应保障性住房的类别进行明细核算。

单位应当参照固定资产的相关规定，按月对其控制的保障性住房计提折旧。

（一）按月计提保障性住房折旧

这方面按照应计提的折旧额，借记“业务活动费用”科目，贷记本科目。

借：业务活动费用
　贷：保障性住房累计折旧

（二）报经批准处置保障性住房

这方面按照所处置保障性住房的账面价值，借记“资产处置费用”“无偿调拨净资产”“待处理财产损溢”等科目，按照已计提折旧，借记本科目，按照保障性住房的账面余额，贷记“保障性住房”科目。

借：资产处置费用/无偿调拨净资产/待处理财产损溢等（按照所处置保障性住房的账面价值）
　　保障性住房累计折旧（按照已计提折旧）
　贷：保障性住房（按照保障性住房的账面余额）

保障性住房账务处理业务的案例参照公共基础设施及固定资产相关业务案例。

七、受托代理资产

“受托代理资产”科目核算单位接受委托方委托管理的各项资产，包括受托指定转赠的物资、受托存储保管的物资、单位管理的罚没物资等的成本。受托代理资产的增加记借方，减少记贷方，期末借方余额反映单位受托代理实物资产的成本。本科目应当按照资产的种类和委托人进行明细核算；属于转赠资产的，还应当按照受赠人进行明细核算。

单位收到的受托代理资产为现金和银行存款的，不通过本科目核算，应当通过“库存现金”“银行存款”科目进行核算。

（一）受托转赠物资

1.接受委托人委托需要转赠给受赠人的物资，其成本按照有关凭据注明的金额确定。接受委托转赠的物资验收入库，按照确定的成本，借记本科目，贷记“受托代理负债”科目。

借：受托代理资产

　贷：受托代理负债

受托协议约定由受托方承担相关税费、运输费等的，还应当按照实际支付的相关税费、运输费等金额，借记“其他费用”科目，贷记“银行存款”等科目。

借：其他费用

　贷：银行存款等

2.将受托转赠物资交付受赠人时，按照转赠物资的成本，借记“受托代理负债”科目，贷记本科目。

借：受托代理负债

　贷：受托代理资产

3.转赠物资的委托人取消了对捐赠物资的转赠要求，且不再收回捐赠物资的，应当将转赠物资转为单位的存货、固定资产等。按照转赠物资的成本，借记“受托代理负债”科目，贷记本科目；同时，借记“库存物品”“固定资产”等科目，贷记“其他收入”科目。

借：受托代理负债

　贷：受托代理资产

同时，

借：库存物品/固定资产等

　贷：其他收入

【例12-134】某行政单位接受委托，将10台电脑转赠给某小学。委托单位提供的发票上注明10台电脑价款共计40 000元，增值税5 200元。该单位收下电脑先入库保管，1个月后将该批电脑转赠给指定小学，并自行承担运输费300元，用现金支付。

（1）收到电脑入库时：

借：受托代理资产　　45 200

　贷：受托代理负债　　45 200

（2）转赠时：

借：受托代理负债　　45 200

　贷：受托代理资产　　45 200

借：其他费用　　300

　贷：库存现金　　300

【例12-135】假设【例12-134】中，受托电脑由于种种原因无法捐出，委托单位取消转赠要求，且不再收回该批转赠电脑，经报批确定为本单位资产。

借：受托代理负债　　45 200

贷：受托代理资产 45 200

借：固定资产 45 200

贷：其他收入 45 200

（二）受托存储保管物资

1.接受委托人委托存储保管的物资，其成本按照有关凭据注明的金额确定。接受委托储存的物资验收入库，按照确定的成本，借记本科目，贷记“受托代理负债”科目。

借：受托代理资产

贷：受托代理负债

2.发生由受托单位承担的与受托存储保管的物资相关的运输费、保管费等费用时，按照实际发生的费用金额，借记“其他费用”等科目，贷记“银行存款”等科目。

借：其他费用等

贷：银行存款等

3.根据委托人要求交付或发出受托存储保管的物资时，按照发出物资的成本，借记“受托代理负债”科目，贷记本科目。

借：受托代理负债

贷：受托代理资产

受托存储保管物资的会计处理参照受托转赠的业务案例。

（三）罚没物资

1.取得罚没物资时，其成本按照有关凭据注明的金额确定。罚没物资验收（入库），按照确定的成本，借记本科目，贷记“受托代理负债”科目。罚没物资成本无法可靠确定的，单位应当设置备查簿进行登记。

借：受托代理资产

贷：受托代理负债

2.按照规定处置或移交罚没物资时，按照罚没物资的成本，借记“受托代理负债”科目，贷记本科目。处置时取得款项的，按照实际取得的款项金额，借记“银行存款”等科目，贷记“应缴财政款”等科目。

借：受托代理负债

贷：受托代理资产

处置取得款项时，

借：银行存款等

贷：应缴财政款等

单位受托代理的其他实物资产，参照本科目有关受托转赠物资、受托存储保管物资的规定进行账务处理。

罚没物资的会计处理参照受托转赠的业务案例。

第九节 待摊待处理类资产的核算

本节主要介绍单位“待摊费用”“长期待摊费用”“待处理财产损溢”3个科目的核算要求和方法。

一、待摊费用

“待摊费用”科目核算单位已经支付，但应当由本期和以后各期分别负担的分摊期在1年以内（含1年）的各项费用，如预付航空保险费、预付租金等。待摊费用的增加记借方，减少记贷方，期末借方余额反映单位各种已支付但尚未摊销的分摊期在1年以内（含1年）的费用。本科目应当按照待摊费用种类进行明细核算。

摊销期限在1年以上的租入固定资产改良支出和其他费用，应当通过“长期待摊费用”科目核算，不通过本科目核算。

待摊费用应当在其受益期限内分期平均摊销，如预付航空保险费应在保险的有效期内、预付租金应在租赁期内分期平均摊销，计入当期费用。

（一）发生待摊费用

发生待摊费用时，按照实际预付的金额，借记本科目，贷记“财政拨款收入”“零余额账户用款额度”“银行存款”等科目。

借：待摊费用

　贷：财政拨款收入/零余额账户用款额度/银行存款等

（二）分期摊销

按照受益期限分期平均摊销时，按照摊销金额，借记“业务活动费用”“单位管理费用”“经营费用”等科目，贷记本科目。

借：业务活动费用/单位管理费用/经营费用等

　贷：待摊费用

【例12-136】某行政单位按年购买车辆保险费用，某月一次性支付一年保险费共计5.4万元，通过财政直接支付方式付款，当月开始摊销每月保险费用。

（1）支付保险费用时：

借：待摊费用——待摊车辆保险费	54 000	
贷：财政拨款收入		54 000

（2）摊销本月费用时：

借：业务活动费用——车辆保险费	4 500	
贷：待摊费用——待摊车辆保险费		4 500

其他月份摊销时同分录（2）。

（三）发生不能使单位受益情况

如果某项待摊费用已经不能使单位受益，应当将其摊余金额一次全部转入当期费用。按照摊销金额，借记“业务活动费用”“单位管理费用”“经营费用”等科目，贷记本科目。

借：业务活动费用/单位管理费用/经营费用等

　贷：待摊费用

【例12-137】假设【例12-136】中4个月后有一车辆提前报废，该辆车摊余保险费为3 600元，按照规定一次性转销。

借：业务活动费用——车辆保险费	3 600	
贷：待摊费用——待摊车辆保险费		3 600

二、长期待摊费用

"长期待摊费用"科目核算单位已经支出，但应由本期和以后各期负担的分摊期限在1年以上（不含1年）的各项费用，如以经营租赁方式租入的固定资产发生的改良支出等。长期待摊费用的增加记借方，减少记贷方，期末借方余额反映单位尚未摊销完毕的长期待摊费用。本科目应当按照费用项目进行明细核算。

（一）发生长期待摊费用

发生长期待摊费用时，按照支出金额，借记本科目，贷记"财政拨款收入""零余额账户用款额度""银行存款"等科目。

借：长期待摊费用

　贷：财政拨款收入/零余额账户用款额度/银行存款等

（二）分期摊销

按照受益期间摊销长期待摊费用时，按照摊销金额，借记"业务活动费用""单位管理费用""经营费用"等科目，贷记本科目。

借：业务活动费用/单位管理费用/经营费用等

　贷：长期待摊费用

（三）发生不能使单位受益情况

如果某项长期待摊费用已经不能使单位受益，应当将其摊余金额一次全部转入当期费用。按照摊销金额，借记"业务活动费用""单位管理费用""经营费用"等科目，贷记本科目。

借：业务活动费用/单位管理费用/经营费用等

　贷：长期待摊费用

【例12-138】某事业单位对一幢租入的房屋进行改良，改良过程中发生净支出120万元，改良过程中发生的支出均通过银行存款转账支付。该房屋用于非独立核算的经营活动。经研究决定，该笔改良支出分3年摊销。

（1）发生改良支出时：

借：长期待摊费用　　1 200 000

　贷：银行存款　　1 200 000

（2）每年摊销时：

借：经营费用　　400 000

　贷：长期待摊费用　　400 000

假设【例12-138】中，改良后的第二年，由于各种原因，该房屋拟拆除，经研究决定，推销余额一次摊销。

借：经营费用　　800 000

　贷：长期待摊费用　　800 000

三、待处理财产损溢

"待处理财产损溢"科目核算单位在资产清查过程中查明的各种资产盘盈、盘亏和报废、毁损的价值。发生资产溢余时，待处理财产损溢记贷方；发生资产损失时，待处理财产损溢记借方；期末如为借方余额，反映尚未处理完毕的各种资产的净损失；期末如为贷方余额，反映尚未处理完毕的各种资产净溢余。年末，经批准处理后，本科目一般应无余额。

“待处理财产损溢”科目应当按照待处理的资产项目进行明细核算；对于在资产处理过程中取得收入或发生相关费用的项目，还应当设置“待处理财产价值”“处理净收入”明细科目，进行明细核算。

单位资产清查中查明的资产盘盈、盘亏、报废和毁损，一般应当先记入本科目，按照规定报经批准后及时进行账务处理。年末结账前一般应处理完毕。

待处理财产损溢的主要账务处理如下：

（一）账款核对时发现的库存现金短缺或溢余

1.进行每日账款核对时，发现现金短缺或溢余，属于现金短缺的，按照实际短缺的金额，借记本科目，贷记“库存现金”科目；属于现金溢余的，按照实际溢余的金额，借记“库存现金”科目，贷记本科目。

①属于现金短缺的，按照实际短缺的金额：

借：待处理财产损溢

　贷：库存现金

②属于现金溢余的，按照实际溢余的金额：

借：库存现金

　贷：待处理财产损溢

2.如为现金短缺，属于应由责任人赔偿或向有关人员追回的，借记“其他应收款”科目，贷记本科目；属于无法查明原因的，报经批准核销时，借记“资产处置费用”科目，贷记本科目。

①属于应由责任人赔偿或向有关人员追回的：

借：其他应收款

　贷：待处理财产损溢

②属于无法查明原因的，报经批准核销时：

借：资产处置费用

　贷：待处理财产损溢

3.如为现金溢余，属于应支付给有关人员或单位的，借记本科目，贷记“其他应付款”科目；属于无法查明原因的，报经批准后，借记本科目，贷记“其他收入”科目。

①属于应支付给有关人员或单位的：

借：待处理财产损溢

　贷：其他应付款

②属于无法查明原因的，报经批准后：

借：待处理财产损溢

　贷：其他收入

（二）资产清查过程中发现相关资产盘盈、盘亏或报废、毁损

资产清查过程中发现的存货、固定资产、无形资产、公共基础设施、政府储备物资、文物资源、保障性住房等各种资产盘盈、盘亏或报废、毁损。

1.盘盈的各类资产

（1）转入待处理资产时，按照确定的成本，借记“库存物品”“固定资产”“无形资产”“公共基础设施”“政府储备物资”“文物资源”“保障性住房”等科目，贷记本科目。

借：库存物品/固定资产/无形资产/公共基础设施/政府储备物资/文物资源/保障性住房等

　贷：待处理财产损溢

（2）按照规定报经批准后处理时，对于盘盈的流动资产，借记本科目，贷记“单位管理费用”（事业单位）或“业务活动费用”（行政单位）科目。对于盘盈的非流动资产，如属于本年度取得的，按照当年新取得相关资产进行账务处理；如属于以前年度取得的，按照前期差错处理，借记本科目，贷记“以前年度盈余调整”科目。

①对于盘盈的流动资产：

借：待处理财产损溢

　贷：单位管理费用（事业单位）/业务活动费用（行政单位）

②对于盘盈的非流动资产：

如属于本年度取得的，按照当年新取得相关资产进行账务处理。

如属于以前年度取得的，按照前期差错处理：

借：待处理财产损溢

　贷：以前年度盈余调整

2.盘亏或者毁损、报废的各类资产

（1）转入待处理资产时，借记本科目（待处理财产价值）（盘亏、毁损、报废固定资产、无形资产、公共基础设施、保障性住房的，还应借记“固定资产累计折旧”“无形资产累计摊销”“公共基础设施累计折旧（摊销）”“保障性住房累计折旧”科目），贷记“库存物品”“固定资产”“无形资产”“公共基础设施”“政府储备物资”“文物资源”“保障性住房”“在建工程”等科目。涉及增值税业务的，相关账务处理参见“应交增值税”科目。

借：待处理财产损溢——待处理财产价值

固定资产累计折旧/无形资产累计摊销/公共基础设施累计折旧（摊销）/保障性住房累计折旧（盘亏、毁损、报废固定资产、无形资产、公共基础设施、保障性住房）

　贷：库存物品/固定资产/无形资产/公共基础设施/政府储备物资/文物资源/保障性住房/在建工程等

涉及增值税业务的，相关账务处理参见“应交增值税”科目。

（2）报经批准处理时，借记“资产处置费用”科目，贷记本科目（待处理财产价值）。

借：资产处置费用

　贷：待处理财产损溢——待处理财产价值

（3）处理毁损、报废实物资产过程中取得的残值或残值变价收入、保险理赔和过失人赔偿等，借记“库存现金”“银行存款”“库存物品”“其他应收款”等科目，贷记本科目（处理净收入）；处理毁损、报废实物资产过程中发生的相关费用，借记本科目（处理净收入)，贷记“库存现金”“银行存款”等科目。

①处理过程中取得收入等：

借：库存现金/银行存款/库存物品/其他应收款等

贷：待处理财产损溢——处理净收入

②处理过程中发生相关费用：

借：待处理财产损溢——处理净收入

贷：库存现金/银行存款等

(4) 处理收支结清，如果处理收入大于相关费用，按照处理收入减去相关费用后的净收入，借记本科目（处理净收入），贷记“应缴财政款”等科目；如果处理收入小于相关费用，按照相关费用减去处理收入后的净支出，借记“资产处置费用”科目，贷记本科目(处理净收入)。

①如果处理收入大于相关费用：

借：待处理财产损溢——处理净收入

贷：应缴财政款等

②如果处理收入小于相关费用：

借：资产处置费用

贷：待处理财产损溢——处理净收入

“待处理财产损溢”科目的核算案例参见各相关资产科目的例题。

思考与练习题

一、思考题

1.单位资产有哪些？

2.单位资产的确认和计量有哪些具体规定？

3.单位库存现金的日常管理有哪些规定？

4.单位银行存款的日常管理有哪些规定？

5.单位年末余额注销程序及相关账务处理是怎样的？

6.什么是备用金制度？

7.单位接受捐赠、无偿调入的存货，其成本计价方式有什么不同？

8.单位盘盈存货的计价方式有哪几种？

9.什么是单位固定资产？有哪些类别？

10.单位固定资产有哪些管理要求？

11.单位固定资产的确认原则有哪些？

12.单位盘盈固定资产的计价方式有哪些？其选择原则是怎样的？

13.单位各类资产的累计折旧有哪些规定和说明？

14.单位无形资产摊销的规定有哪些？

15.单位公共基础设施的成本计价方式有哪些？

16.单位政府储备物资的成本计价方式有哪些？

二、单项选择题

1.单位库存现金结算时，若发生现金短缺，应首先记入（　　）科目。

A.“其他收入”　　B.“其他应收款”

C.“行政支出”　　D.“待处理财产损溢”

2.单位库存现金发现溢余时，如果经查明属于应支付给有关人员的款项，进行账务处理时，贷方记入（　　）科目。

A.“待处理财产损溢”　　B.“其他应付款”

C.“其他应收款”　　D.“其他收入”

3.行政单位外币业务出现汇兑收益时，其差额记入（　　）科目。

A.“其他收入”　　B.“行政支出”　　C.“其他支出”　　D.“其他应付款”

4.年终单位国库集中支付余额注销后，（　　）账户应无余额。

A.“财政拨款收入”　　B.“银行存款”

C.“零余额账户用款额度”　　D.“库存现金”

5.单位记“零余额账户用款额度”增加时，依据的原始凭证是（　　）。

A.银行拨款凭证　　B.财政国库拨款凭证

C.财政授权支付额度到账通知书　　D.预算审批表

6.单位收到商业汇票时，借方记入（　　）科目。

A.“应收票据”　　B.“应收账款”　　C.“银行存款”　　D.“应付账款”

7.单位购买存货，应当在（　　）时开始确认存货。

A.支付货款或开出商业汇票　　B.取得购货发票

C.到达存放地点并验收　　D.对方发货

8.单位购入的不构成相关硬件不可缺少组成部分的软件，应当作为（　　）核算。

A.无形资产　　B.固定资产　　C.存货　　D.在建工程

9.单位自行开发无形资产，研究阶段发生支出时，应（　　）。

A.计入无形资产成本　　B.直接计入当期费用

C.计入研发支出　　D.计入在建工程

10.单位与公共基础设施配套使用的修理设备、工具器具、车辆等动产，作为管理公共基础设施行政单位的（　　）核算。

A.公共基础设施　　B.在建工程　　C.存货　　D.固定资产

11.单位与公共基础设施配套、供行政单位在公共基础设施管理中自行使用的房屋和构筑物等，能够与公共基础设施分开核算的，作为单位的（　　）核算。

A.公共基础设施　　B.在建工程　　C.存货　　D.固定资产

12.境外某单位购买具有所有权的土地，（　　）。

A.作为无形资产进行核算　　B.作为固定资产进行核算

C.作为政府储备物资进行核算　　D.不需核算

13.单位固定资产、公共基础设施计提折旧时，不考虑（　　）。

A.成本　　B.预计净残值　　C.折旧年限　　D.使用期限

14.负责采购并拥有储备物资调拨权力的行政单位将政府储备物资交由其他行政单位（简称“代储单位”）代为储存的，代储单位将受托代储的政府储备物资作为（　　）

核算。

A.政府储备物资　　B.存货　　C.受托代理资产　　D.待偿债净资产

三、多项选择题

1.由单位直接控制，供社会公众使用的（　　）也属于单位核算的资产。

A.政府储备物资　　B.城市交通设施　　C.公共照明设施　　D.其他公共设施

2.单位银行存款未达账项有（　　）。

A.单位已入账、银行未入账的收入事项　　B.单位已入账、银行未入账的付出事项

C.银行已入账、单位未入账的收入事项　　D.银行已入账、单位未入账的付出事项

3.单位可以提取现金的银行账户有（　　）。

A.银行存款账户　　B.财政零余额账户

C.单位零余额账户　　D.财政专户

4.单位年末国库集中支付余额应予以注销，在注销的账务处理中，需要注销的余额种类有（　　）。

A.直接支付预算数大于实际支出数的差额

B.直接支付预算数大于下达额度数的差额

C.授权支付预算数大于下达额度数的差额

D.授权支付下达额度数大于实际支出数的差额

5.“财政应返还额度”科目应设置（　　）明细科目。

A.“财政直接支付”　　B.“财政授权支付”

C.“传统支付”　　D.以上都不是

6.下列属于行政单位“应收账款”科目核算范围的有（　　）。

A.出租资产应收的款项　　B.出售物资应收的款项

C.收到的商业汇票　　D.应从财政获得的拨款

7.单位应收账款核销，应该满足的条件有（　　）。

A.根据经验判断无法收回　　B.有确凿证据无法收回

C.逾期3年或以上　　D.按规定报批

8.“其他应收款”科目核算单位除应收账款、预付账款以外的其他各项应收及暂付款项，包括（　　）。

A.职工预借的差旅费　　B.拨付给内部有关部门的备用金

C.应向职工收取的垫付水电费　　D.应向职工收取的其他垫付款项

9.单位采用定额备用金制度时，下列业务中不属于“其他应收款”科目核算范围的有（　　）。

A.核发备用金　　B.使用备用金后报销支出

C.补拨备用金　　D.取消备用金制度

10.单位购买物资记入“库存物品”科目时，必须满足的条件有（　　）。

A.批量购入　　B.为耗用而储存

C.非固定资产类物资　　D.零星购买

11.单位存货发出时，根据实际情况可选用（　　）确定发出存货的实际成本，其计价方法一经确定，不得随意变更。

A.先进先出法　B.先进后出法　C.加权平均法　D.个别计价法

12.单位可以计提折旧的资产有（　　）。

A.固定资产　B.委托代理资产　C.公共基础设施　D.政府储备物资

13.单位一般可以选用（　　）计提累计折旧。

A.年限平均法　B.双倍余额递减法　C.年数总和法　D.工作量法

14.单位不能计提折旧的固定资产有（　　）。

A.文物及陈列品　B.图书、档案

C.动植物　D.以名义金额入账的固定资产

15.下列单位资产处理方式中，需要通过“待处理财产损溢”科目进行核算的有（　　）。

A.资产的对外捐赠、无偿调出　B.资产的出售

C.资产的报废、毁损　D.资产的盘盈、盘亏

第十二章即测即评

四、业务分录题

某单位20××年发生以下经济业务，请编写各经济业务的相关财务会计分录。

1.从单位零余额账户提取现金5万元。

2.单位职工李四出差预借差旅费8 000元。

3.李四出差回来报销差旅费，实际花费8 500元，收回借条并补发李四500元现金。

4.零星购买打印纸2袋，花费现金60元。

5.接受委托代理捐赠现金业务一笔，收到受托代理现金10万元，3天后将该笔现金代为捐出。

6.某日进行现金结算时，发现现金短缺200元，待查明原因。

7.第6题中现金短缺问题经核查，其中150元属于本单位职工少缴款，予以补收；50元无法查明原因，经批准予以核销。

8.某日终了结算现金时，发现现金溢余300元，待查明原因。

9.第8题中现金溢余问题经核查，其中120元为应发未发本单位职工现金，予以补发；180元无法查明原因，经批准予以处理。

10.接受委托代理业务，收到代理的银行存款200万元，1周后将受托代理的200万元银行存款支付给指定对象。

11.其他收入账户收到2万美元存入银行，当天汇率为6.20。

12.用美元支付外国专家劳务费，通过银行存款转账支付5 000美元，当天汇率为6.18。

13.1月初恢复上年注销的财政授权支付余额，其中恢复预算数与下达额度数的差额为20万元，恢复下达额度数与实际支出数的差额为15万元。

14.1月用以前年度财政直接支付额度支付外聘专家劳务费6 000元。

15. 出租本单位礼堂给某单位，约定租金2 000元，租金未收到。1周后接到银行通知，收到租金2 000元。

16. 车改时，将本单位2辆公用小轿车拍卖，原价50万元，已提折旧20万元，取得拍卖收入15万元，款项1个月后才到账。

17. 与某公司签订购货合同，按照合同规定预付价款20万元的20%。1个月后货物验收入库，并支付余款。

18. 收到两笔预付账款退款共计10万元，其中以前年度预付款8万元，本年度预付款2万元，两笔预付款均是财政直接支付。

19. 一笔20万元的应收账款已逾期3年，有确凿证据表明无法收回，经批准予以核销。

20. 一笔8万元的预付账款已逾期3年，有确凿证据表明无法收回，经批准予以核销。

21. 以前年度已核销的预付账款5万元又收回，该笔预付账款属于非财政资金拨款。

22. 某事业单位（一般纳税人）从事经营活动对外销售商品一批，发票上注明价款65 000元，税款8 450元。款项7天后才收讫。(不考虑税)

23. 其他应收款12 000元符合核销条件，经批准予以核销。

24. 第23题中已核销的其他应收款又收回8 000元。

25. 通过财政直接支付购入一批存货，增值税发票注明价款10万元，增值税13 000元，运费1 000元，存货已验收入库。

26. 将经评估的存货30 000元换取某企业的材料一批，需要支付补价3 000元，另支付运输费500元。所有款项均采用财政授权支付，材料已验收入库。

27. 接受捐赠的材料一批，该批材料成本没有相关凭据可供取得也未经评估，其同类或类似存货的市场价格无法可靠取得，用现金支付运费800元。材料已验收入库。

28. 委托某加工企业加工一批存货，提供加工材料价值为78 000元，通过零余额账户支付加工费21 000元，并支付运费1 800元。该存货已加工完成，并已验收入库。

29. 领用材料一批，按加权平均成本计价48 500元。

30. 将不需用材料无偿调给兄弟单位使用，该材料实际成本为12 000元，并用现金支付运费200元。

31. 销售一批不需用材料，材料成本为55 000元，取得销售价款32 000元。

32. 报废一批价值为9 000元的低值易耗品，取得变价收入1 000元，支付清理费用200元。所有交易均为现金支付。

33. 一般纳税人的事业单位通过财政直接支付购入不需要安装的设备一台，价款为35 000元，税款为4 550元，运杂费为500元。该设备已验收合格。

34. 不需纳税的行政单位通过财政授权支付购入需安装设备一台，价款为50 000元，税款为6 500元，运费为1 000元，安装调试费为800元。该设备已安装完成交付使用。

35. 一般纳税人的事业单位通过财政直接支付购入设备一台，价款为80 000元，税款为10 400元，运杂费为1 500元，收到供应商开具的全额发票一张。该设备质保期为1年，购入时扣除质保金5 000元。

36. 自行建造办公楼一栋，已完工交付使用，但尚未办理移交手续，先按暂估价3 200万元入账。1个月后，该工程办理了决算手续，工程实际造价3 250万元。

37. 购入某植物进行培植，购入成本为120 000元，在该植物未成熟期间发生培育费10 000元，所有款项均通过银行存款转账支付。该植物已达到可使用状态。

38. 为改善办公条件，决定对一栋旧房进行改建，该旧房原价800万元，累计折旧300万元。为房屋改造分期购进各种材料（非政府采购）共计324 000元，支付人工费用共计180 000元。工程改造完成已交付使用。

39. 用一辆汽车换取其他单位专用设备，该汽车估价350 000元，支付对方补价2 000元，另支付运费300元。

40. 将不需用的电脑10台变价出售，每台原价6 000元、已提折旧2 800元、取得变价收入200元。

41. 进行某项新的信息系统工程建设，在建设过程中计算机软硬件的支出为35万元（软件与硬件不可分割），网络技术、数据库等软件系统建设支出总计67万元。系统已完工交付使用。所有费用均以财政直接支付方式付讫。

42. 购入专利一项，该专利买价30万元，通过财政直接支付28万元，余款未付。

43. 委托软件公司开发软件，合同约定总开发费用为30万元，开发前预付3万元，开发完成款项付清。通过银行存款转账支付所有款项。

44. 自创专用权一项，在试验开发阶段发生支出共计39 000元，开发成功申请专利时，发生申请费用1 500元、律师费用3 500元。通过财政授权支付方式付款。

45. 用一栋旧房产置换一处土地使用权，该房产评估价为1 200万元，账面原值600万元，已计提折旧400万元，支付给对方补价800万元，发生财产登记等各种费用80万元。置换手续均已完成，款项均以财政直接支付方式付讫。

46. 接受捐赠一项专利技术，凭据上注明该专利技术价值35万元，调入过程中花费各项税费共计1.8万元。款项通过财政直接支付方式付讫。

47. 将一项不需用的无形资产对外出售，该项无形资产账面原值76万元，已累计摊销40万元，取得销售收入27万元。

48. 将一项无形资产捐赠给外单位，该项无形资产账面原值80万元，已累计摊销30万元，调出过程中发生相关费用9 000元。通过财政授权方式支付款项。

49. 购入一批政府储备物资，价款为200万元，增值税为26万元，运杂费为1万元，款项通过财政直接支付方式付讫。另外，为储存该批物资，用银行存款支付仓库租赁费2万元。该批物资已验收入库。

50. 接受上级单位无偿调入的政府储备物资一批，由于没有相关凭据也未经评估，按照同类或类似物资的市场价格确认为84 000元，另用银行存款转账支付运杂费1 000元。该批物资已验收入库。

51. 将一批价值为24 000元的政府储备物资捐赠给某社会福利院，另用现金支付运输费500元。

52. 经批准将一批需储备的物资进行出售，该批物资账面余额为90万元。取得销售收入30万元，发生相关费用5 000元。

53. 自行建设的公共照明设施已完工交付使用，该项目工程总造价为500万元。

54. 接受委托将10台电脑转赠给某小学。委托单位提供的发票标明10台电脑价款为45 000元，增值税为5 850元。该单位收下电脑先入库保管，1个月后将该批电脑代赠给指定小学，并自行承担运输费500元，用现金支付。

55. 第53题中受托电脑由于种种原因无法捐出，委托单位取消转赠要求，且不再收回该批转赠电脑，经报批确定为本单位资产。

56. 年终盘点库存材料，发现盘盈A材料8 000元，盘亏B材料6 700元，经报单位领导批准予以核销。

57. 年末根据代理银行提供的对账单，本年财政授权支付预算数为200万元，下达额度数为170万元，实际支出数为160万元，作注销余额账务处理。

58. 年末注销本年度财政直接支付预算指标数与财政直接支付实际支出数差额150万元。

第十三章

单位负债的核算

☞ 学习目的

通过本章的学习，掌握单位会计各类负债的科目设置、管理要求及核算方法。

第一节　单位负债概述

一、单位负债的概念及分类

单位负债是指单位过去的经济业务或者事项形成的，预期会导致经济资源流出单位的现时义务。

现时义务是指单位在现行条件下已承担的义务。未来发生的经济业务或者事项形成的义务不属于现时义务，不应当确认为负债。

单位的负债按照流动性，分为流动负债和非流动负债。其中，流动负债是指预计在1年内（含1年）偿还的负债，包括应付及预收款项、应付职工薪酬、应缴款项等。非流动负债是指流动负债以外的负债，包括长期应付款、应付政府债券和政府依法担保形成的债务等。

单位的负债按照确定性分为偿还时间与金额基本确定的负债和由或有事项形成的预计负债。偿还时间与金额基本确定的负债按照单位的业务性质及风险程度，又分为融资活动形成的举借债务及其应付利息、运营活动形成的应付及预收款项和暂收性负债。其中：

（1）举借债务是指单位通过融资活动，从银行或其他金融机构等借入的债务。

（2）应付及预收款项是指单位在运营活动中形成的应当支付而尚未支付的款项及预先收到但尚未实现收入的款项，包括应付职工薪酬、应付账款、预收款项、应交税费和其他应付未付款项。

（3）暂收性负债是指单位暂时收取，随后应做上缴、退回、转拨等处理的款项。暂收性负债主要包括应缴财政款和其他暂收款项。

二、单位负债的确认及计量

（一）确认条件

负债定义的义务，在同时满足以下条件时，确认为负债：

（1）履行该义务很可能导致含有服务潜力或者经济利益的经济资源流出单位。

（2）该义务的金额能够可靠地计量。

（二）确认时间

不同类别的负债确认时间也不同，具体如下：

（1）对于举借债务，应当在与债权人签订借款合同或协议并取得举借资金时确认为负债。

（2）对于应付及预收款项，又按具体款项分别确定确认时间：应付职工薪酬在计算出应支付的职工薪酬时确认；应付账款应当在取得资产、接受劳务，或外包工程完成规定进度时确认；预收款项应当在收到预收款项时确认；应交税金应当在发生应税事项导致承担纳税义务时确认；其他应付未付款项应当在有关政策已明确其承担支出责任，或者其他情况下相关义务满足负债的定义和确认条件时确认。

（3）对于暂收性负债，应当在实际收到相关款项时予以确认。

（三）计量属性及应用原则

负债的计量属性主要包括历史成本、现值和公允价值。

在历史成本计量下，负债按照因承担现时义务而实际收到的款项或者资产的金额，或者承担现时义务的合同金额，或者按照为偿还负债预期需要支付的现金计量。

在现值计量下，负债按照预计期限内需要偿还的未来净现金流出量的折现金额计量。

在公允价值计量下，负债按照市场参与者在计量日发生的有序交易中，转移负债所需支付的价格计量。

单位在对负债进行计量时，一般应当采用历史成本。采用现值、公允价值计量的，应当保证所确定的负债金额能够持续、可靠计量。

三、负债管理与核算的特殊规定

（一）举借债务

1.举借债务确认的规定

举借债务初始确认为负债时，应当按照实际发生额计量。对于借入款项，初始确认为负债时应当按照借款本金计量；借款本金与取得的借款资金的差额应当计入当期费用。

2.举借债务利息的规定

应当按照借款本金和合同或协议约定的利率按期计提举借债务的利息。对于属于流动负债的举借债务以及属于非流动负债的分期付息、一次还本的举借债务，应当将计算确定的应付未付利息确认为流动负债，计入应付利息；对于其他举借债务，应当将计算确定的应付未付利息确认为非流动负债，计入相关非流动负债的账面余额。

3.举借债务借款费用的规定

借款费用是指单位因举借债务而发生的利息及其他相关费用，包括借款利息、辅助费用以及因外币借款而发生的汇兑差额等。其中，辅助费用是指单位在举借债务过程中发生的手续费、佣金等费用。根据不同情况将因举借债务发生的借款费用分别计入工程成本或当期费用。

（1）为购建固定资产等工程项目借入专门借款的，对于发生的专门借款费用，应当按照借款费用减去尚未动用的借款资金产生的利息收入后的金额，属于工程项目建设期间发生的，计入工程成本；不属于工程项目建设期间发生的，计入当期费用。

工程项目建设期间是指自工程项目开始建造起至交付使用时止的期间。

（2）工程项目建设期间发生非正常中断且中断时间连续超过3个月（含3个月）的，应当将非正常中断期间的借款费用计入当期费用。如果中断是使工程项目达到交付使用所必需的程序，则中断期间所发生的借款费用仍应计入工程成本。

（3）因举借债务所发生的非专门借款所发生的借款费用，应当计入当期费用。

（二）应付及预收款项

除因辞退等原因给予职工的补偿外，单位应当在职工为其提供服务的会计期间，将应支付的职工薪酬确认为负债，计入当期费用。下列情况除外：

（1）应由自制物品负担的职工薪酬，计入自制物品成本。

（2）应由工程项目负担的职工薪酬，计入工程成本或当期费用。

（3）应由自行研发项目负担的职工薪酬，在研究阶段发生的，计入当期费用；在开发阶段发生并且最终形成无形资产的，计入无形资产成本。

按照有关规定为职工缴纳的医疗保险费、养老保险费、职业年金等社会保险费和住房公积金，应当在职工为其提供服务的会计期间，根据有关规定加以计算并确认为负债，具体比照应付职工薪酬的规定处理。

因辞退等原因给予职工的补偿，应当于相关补偿金额报经批准时确认为负债，并计入当期费用。

（三）预计负债

1.或有事项

或有事项是指由过去的经济业务或者事项形成的，其结果须由某些未来事项的发生或不发生才能决定的不确定事项。未来事项是否发生不在单位控制范围内。常见的或有事项主要包括未决诉讼或未决仲裁、对外国政府或国际经济组织贷款的担保、承诺（补贴、代偿）、自然灾害或公共事件的救助等。

2.最佳估计数

预计负债应当按照履行相关现时义务所需支出的最佳估计数进行初始计量。

所需支出存在一个连续范围，且该范围内各种结果发生的可能性是相同的，最佳估计数应当按照该范围内的中间值确定。

在其他情形下，最佳估计数应当分别下列情况确定：（1）或有事项涉及单个项目的，按照最可能发生金额确定；（2）或有事项涉及多个项目的，按照各种可能结果及相关概率计算确定。

单位在确定最佳估计数时，一般应当综合考虑与或有事项有关的风险、不确定性等因素。

3.第三方补偿

清偿预计负债所需支出预期全部或部分由第三方补偿的，补偿金额只有在基本确定能够收到时才能作为资产单独确认。确认的补偿金额不应当超过预计负债的账面余额。

4.预计负债调整

应当在报告日对预计负债的账面余额进行复核。有确凿证据表明该账面余额不能真实反映当前最佳估计数的，应当按照当前最佳估计数对该账面余额进行调整。履行该预计负债的相关义务不是很可能导致经济资源流出单位时，应当将该预计负债的账面余额予以转销。

5.预计负债排除项

不应当将下列与或有事项相关的义务确认为负债，但应当进行披露：

（1）过去的经济业务或者事项形成的潜在义务，其存在须通过未来不确定事项的发生或不发生予以证实，未来事项是否发生不在单位控制范围内。潜在义务是指结果取决于不确定未来事项的可能义务。

（2）过去的经济业务或者事项形成的现时义务，履行该义务不是很可能导致经济资源流出单位或者该义务的金额不能可靠计量。

四、单位财务会计负债类科目及核算内容

单位财务会计负债类科目及核算内容见表13-1。

表13-1　单位财务会计负债类科目及核算内容

序号	科目编号	科目名称	核算内容
1	2001	短期借款	核算事业单位经批准向银行或其他金融机构等借入的期限在1年内（含1年）的各种借款
2	2101	应交增值税	核算单位按照税法规定计算应缴纳的增值税
3	2102	其他应交税费	核算单位按照税法等规定计算应缴纳的除增值税以外的各种税费，包括城市维护建设税、教育费附加、地方教育附加、车船税、房产税、城镇土地使用税和企业所得税等
4	2103	应缴财政款	核算单位取得或应收的按照规定应当上缴财政的款项，包括应缴国库的款项和应缴财政专户的款项
5	2201	应付职工薪酬	核算单位按照有关规定应付给职工（含长期聘用人员）及为职工支付的各种薪酬，包括基本工资、国家统一规定的津贴补贴、规范津贴补贴（绩效工资）、改革性补贴、社会保险费（如职工基本养老保险费、职业年金、基本医疗保险费等）、住房公积金等
6	2301	应付票据	核算事业单位因购买材料、物资等而开出、承兑的商业汇票，包括银行承兑汇票和商业承兑汇票
7	2302	应付账款	核算单位因购买物资、接受服务、开展工程建设等而应付的偿还期限在1年以内（含1年）的款项

续表

序号	科目编号	科目名称	核算内容
8	2303	应付政府补贴款	核算负责发放政府补贴的行政单位，按照规定应当支付给政府补贴接受者的各种政府补贴款
9	2304	应付利息	核算事业单位按照合同约定应支付的借款利息，包括短期借款、分期付息到期还本的长期借款等应支付的利息
10	2305	预收账款	核算事业单位预先收取但尚未结算的款项
11	2307	其他应付款	核算单位除应交增值税、其他应交税费、应缴财政款、应付职工薪酬、应付票据、应付账款、应付政府补贴款、应付利息、预收账款以外，其他各项偿还期限在1年内（含1年）的应付及暂收款项，如收取的押金、存入保证金、已经报销但尚未偿还银行的本单位公务卡欠款等
12	2401	预提费用	核算单位预先提取的已经发生但尚未支付的费用，如预提租金费用等
13	2501	长期借款	核算事业单位经批准向银行或其他金融机构等借入的期限超过1年（不含1年）的各种借款本息
14	2502	长期应付款	核算单位发生的偿还期限超过1年（不含1年）的应付款项，如以融资租赁方式取得固定资产应付的租赁费等
15	2601	预计负债	核算单位对因或有事项所产生的现时义务而确认的负债，如对未决诉讼等确认的负债
16	2901	受托代理负债	核算单位接受委托取得受托代理资产时形成的负债

第二节 暂收及应付类款项的核算

本节主要介绍“应交增值税”“其他应交税费”“应缴财政款”“应付职工薪酬”“应付票据”“应付账款”“应付政府补贴款”“应付利息”“预收账款”“其他应付款”“长期应付款”11个负债类科目的核算要求及方法。

一、应交增值税

“应交增值税”科目核算单位按照税法规定计算应缴纳的增值税。应交增值税的增加记贷方，减少记借方，期末如为贷方余额，反映单位应交未交的增值税；期末如为借方余额，反映单位尚未抵扣或多缴的增值税。

（一）应交增值税明细科目设置

1.一般纳税人明细科目设置要求（如图13-1所示）

应当在本科目下设置“应交税金”“未交税金”“预交税金”“待抵扣进项税额”“待认证进项税额”“待转销项税额”“简易计税”“转让金融商品应交增值税”“代扣代交增值税”等明细科目。

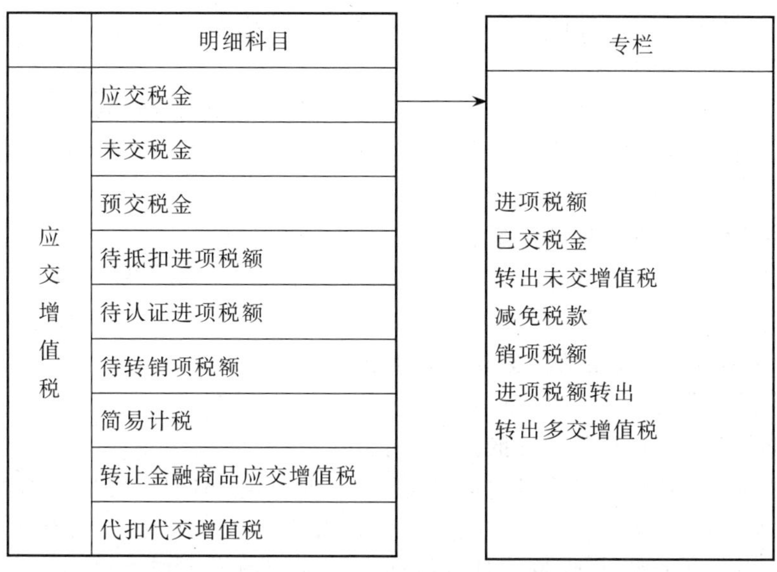

图13-1　一般纳税人明细科目及专栏设置情况

（1）“应交税金”明细账内应当设置“进项税额”“已交税金”“转出未交增值税”“减免税款”“销项税额”“进项税额转出”“转出多交增值税”等专栏。其中：“进项税额”专栏，记录单位购进货物、加工修理修配劳务、服务、无形资产或不动产而支付或负担的、准予从当期销项税额中抵扣的增值税额；“已交税金”专栏，记录单位当月已缴纳的应交增值税额；“转出未交增值税”和“转出多交增值税”专栏，分别记录一般纳税人月度终了转出当月应缴未缴或多缴的增值税额；“减免税款”专栏，记录单位按照现行增值税制度的规定准予减免的增值税额；“销项税额”专栏，记录单位销售货物、加工修理修配劳务、服务、无形资产或不动产应收取的增值税额；“进项税额转出”专栏，记录单位购进货物，加工修理修配劳务、服务、无形资产或不动产等发生非正常损失以及其他原因而不应从销项税额中抵扣、按照规定转出的进项税额。

（2）“未交税金”明细科目，核算单位月度终了从“应交税金”或“预交税金”明细科目转入当月应缴未缴、多缴或预缴的增值税额，以及当月缴纳以前期间未缴的增值税额。

（3）“预交税金”明细科目，核算单位转让不动产、提供不动产经营租赁服务等，以及其他按照现行增值税制度的规定应预缴的增值税额。

（4）“待抵扣进项税额”明细科目，核算单位已取得增值税扣税凭证并经税务机关认证，按照现行增值税制度的规定准予以后期间从销项税额中抵扣的进项税额。

（5）“待认证进项税额”明细科目，核算单位由于未经税务机关认证而不得从当期销项税额中抵扣的进项税额，包括：一般纳税人已取得增值税扣税凭证并按规定准予从销项税额中抵扣，但尚未经税务机关认证的进项税额；一般纳税人已申请稽核但尚未取得稽核相符结果的海关缴款书进项税额。

（6）“待转销项税额”明细科目，核算单位销售货物、加工修理修配劳务、服务、无形资产或不动产，已确认相关收入（或利得）但尚未发生增值税纳税义务而需于以后期间确认为销项税额的增值税额。

（7）“简易计税”明细科目，核算单位采用简易计税方法发生的增值税计提、扣减、预缴、缴纳等业务。

（8）“转让金融商品应交增值税”明细科目，核算单位转让金融商品发生的增值税额。

（9）“代扣代交增值税”明细科目，核算单位购进在境内未设经营机构的境外单位或个人在境内的应税行为代扣代缴的增值税。

2.小规模纳税人明细科目设置要求

小规模纳税人只须在本科目下设置“转让金融商品应交增值税”“代扣代交增值税”明细科目即可。

（二）一般纳税人应交增值税主要账务处理

1.单位取得资产或接受劳务等业务

（1）采购等业务进项税额允许抵扣。

单位购买用于增值税应税项目的资产或服务等时，按照应计入相关成本费用或资产的金额，借记“业务活动费用”“在途物品”“库存物品”“工程物资”“在建工程”“固定资产”“无形资产”等科目，按照当月已认证的可抵扣增值税额，借记本科目（应交税金——进项税额），按照当月未认证的可抵扣增值税额，借记本科目（待认证进项税额），按照应付或实际支付的金额，贷记“应付账款”“应付票据”“银行存款”“零余额账户用款额度”等科目。发生退货的，如原增值税专用发票已经过认证，应根据税务机关开具的红字增值税专用发票作相反的会计分录；如原增值税专用发票未做认证，应将发票退回并作相反的会计分录。

（2）采购等业务进项税额不得抵扣。

单位购进资产或服务等，用于简易计税方法计税项目、免征增值税项目、集体福利或个人消费等，其进项税额按照现行增值税制度的规定不得从销项税额中抵扣的，取得增值税专用发票时，应按照增值税发票注明的金额，借记相关成本费用或资产科目，按照待认证的增值税进项税额，借记本科目（待认证进项税额），按照实际支付或应付的金额，贷记“银行存款”“应付账款”“零余额账户用款额度”等科目。经税务机关认证为不可抵扣进项税时，借记本科目（应交税金——进项税额）科目，贷记本科目（待认证进项税额），同时，将进项税额转出，借记相关成本费用科目，贷记本科目（应交税金——进项税额转出）。

（3）购进不动产或不动产在建工程按照规定进项税额分年抵扣。

单位取得应税项目为不动产或者不动产在建工程，其进项税额按照现行增值税制度规定自取得之日起分2年从销项税额中抵扣的，应当按照取得成本，借记“固定资产”“在建工程”等科目，按照当期可抵扣的增值税额，借记本科目（应交税金——进项税额），按照以后期间可抵扣的增值税额，借记本科目（待抵扣进项税额），按照应付或实际支付的金额，贷记“应付账款”“应付票据”“银行存款”“零余额账户用款额度”等科目。尚未抵扣的进项税额待以后期间允许抵扣时，按照允许抵扣的金额，借记本科目（应交税金——进项税额），贷记本科目（待抵扣进项税额）。

（4）进项税额抵扣情况发生改变。

单位因发生非正常损失或改变用途等，原已计入进项税额、待抵扣进项税额或待认证进项税额，但按照现行增值税制度规定不得从销项税额中抵扣的，借记“待处理财产损溢”“固定资产”“无形资产”等科目，贷记本科目（应交税金——进项税额转出）、本科目（待抵扣进项税额）或本科目（待认证进项税额）；原不得抵扣且未抵扣进项税额的固定资产、无形资产等，因改变用途等用于允许抵扣进项税额的应税项目的，应按照允许抵扣的进项税额，借记本科目（应交税金——进项税额），贷记“固定资产”“无形资产”等科目。固定资产、无形资产等经上述调整后，应按照调整后的账面价值在剩余尚可使用年限内计提折旧或摊销。

单位购进时已全额计入进项税额的货物或服务等转用于不动产在建工程的，对于结转以后期间的进项税额，应借记本科目（待抵扣进项税额），贷记本科目（应交税金——进项税额转出）。

（5）购买方作为扣缴义务人。

按照现行增值税制度的规定，境外单位或个人在境内发生应税行为，在境内未设有经营机构的，以购买方为增值税扣缴义务人。境内一般纳税人购进服务或资产时，按照应计入相关成本费用或资产的金额，借记“业务活动费用”“在途物品”“库存物品”“工程物资”“在建工程”“固定资产”“无形资产”等科目，按照可抵扣的增值税额，借记本科目（应交税金——进项税额），按照应付或实际支付的金额，贷记“银行存款”“应付账款”等科目，按照应代扣代缴的增值税额，贷记本科目（代扣代交增值税）。实际缴纳代扣代缴增值税时，按照代扣代缴的增值税额，借记本科目（代扣代交增值税），贷记“银行存款”“零余额账户用款额度”等科目。

2.单位销售资产或提供服务等业务

（1）销售资产或提供服务业务。

单位销售货物或提供服务，应当按照应收或已收的金额，借记“应收账款”“应收票据”“银行存款”等科目，按照确认的收入金额，贷记“经营收入”“事业收入”等科目，按照现行增值税制度的规定计算的销项税额（或采用简易计税方法计算的应纳增值税额），贷记本科目（应交税金——销项税额）或本科目（简易计税）。发生销售退回的，应根据按照规定开具的红字增值税专用发票作相反的会计分录。

按照制度及相关政府会计准则确认收入的时点早于按照增值税制度确认增值税纳税义务发生时点的，应将相关销项税额记入本科目（待转销项税额），待实际发生纳税义务时再转入本科目（应交税金——销项税额）或本科目（简易计税）。

按照增值税制度确认增值税纳税义务发生时点早于按照《政府会计制度——行政事业单位会计科目和报表》及相关政府会计准则确认收入的时点的，应按照应纳增值税额，借记“应收账款”科目，贷记本科目（应交税金——销项税额）或本科目（简易计税）。

（2）金融商品转让按照规定以盈亏相抵后的余额作为销售额。

金融商品实际转让月末，如产生转让收益，则按照应纳税额，借记“投资收益”科目，贷记本科目（转让金融商品应交增值税）；如产生转让损失，则按照可结转下月抵扣税额，借记本科目（转让金融商品应交增值税），贷记“投资收益”科目。缴纳增值税时，应借记本科目（转让金融商品应交增值税），贷记“银行存款”等科目。年末，本科目（转让金融商品应交增值税）如有借方余额，则借记“投资收益”科目，贷记本科目（转让金融商品应交增值税）。

3.月末转出多缴增值税和未缴增值税

月度终了，单位应当将当月应缴未缴或多缴的增值税自“应交税金”明细科目转入“未交税金”明细科目。对于当月应缴未缴的增值税，借记本科目（应交税金——转出未交增值税），贷记本科目（未交税金）；对于当月多缴的增值税，借记本科目（未交税金），贷记本科目（应交税金——转出多交增值税）。

4.缴纳增值税

（1）缴纳当月应缴增值税。

单位缴纳当月应缴的增值税，借记本科目（应交税金——已交税金），贷记“银行存款”等科目。

（2）缴纳以前期间未缴增值税。

单位缴纳以前期间未缴的增值税，借记本科目（未交税金），贷记“银行存款”等科目。

（3）预缴增值税。

单位预缴增值税时，借记本科目（预交税金），贷记“银行存款”等科目。月末，单位应将“预交税金”明细科目余额转入“未交税金”明细科目，借记本科目（未交税金），贷记本科目（预交税金）。

（4）减免增值税。

对于当期直接减免的增值税，借记本科目（应交税金——减免税款），贷记“业务活动费用”“经营费用”等科目。

按照现行增值税制度的规定，单位初次购买增值税税控系统专用设备支付的费用以及缴纳的技术维护费允许在增值税应纳税额中全额抵减的，按照规定抵减的增值税应纳税额，借记本科目（应交税金——减免税款），贷记“业务活动费用”“经营费用”等科目。

增值税一般纳税人应交增值税主要账务处理汇总表见表13-2。

表13-2 **增值税一般纳税人应交增值税主要账务处理汇总表**

1.取得应税资产或接受劳务等业务	（1）采购等业务进项税额允许抵扣	借：业务活动费用/在途物品/库存物品/工程物资/在建工程/固定资产/无形资产等 应交增值税——应交税金（进项税额）［当月已认证可抵扣］ 应交增值税——待认证进项税额［当月未认证可抵扣］ 贷：银行存款/零余额账户用款额度等［实际支付的金额］/ 应付票据［开出并承兑的商业汇票］/ 应付账款等［应付的金额］
	（2）发生退货的	根据税务机关开具的红字增值税专用发票［已认证的］或退回专用发票［未认证的］，作相反的分录
	（3）采购等业务进项税额不得抵扣（用于简易计税、免征增值税项目、集体福利或个人消费等）	借：业务活动费用/在途物品/库存物品/工程物资/在建工程/固定资产/无形资产等 应交增值税——待认证进项税额［当月未认证可抵扣］ 贷：银行存款/零余额账户用款额度等［实际支付的金额］/ 应付票据［开出并承兑的商业汇票］/ 应付账款等［应付的金额］

续表

1. 取得应税资产或接受劳务等业务	(4) 经税务机关认证为不可抵扣进项税额时	借：应交增值税——应交税金（进项税额） 　贷：应交增值税——待认证进项税额 同时， 借：业务活动费用等 　贷：应交增值税——应交税金（进项税额转出）
	(5) 购进应税不动产或在建工程按规定分年抵扣进项税额的	借：固定资产/在建工程等 　　应交增值税——应交税金（进项税额）［当期可抵扣］ 　　应交增值税——待抵扣进项税额［以后期间可抵扣］ 　贷：银行存款/零余额账户用款额度等［实际支付的金额］/ 　　　应付票据［开出并承兑的商业汇票］/ 　　　应付账款等［应付的金额］
	(6) 尚未抵扣的进项税额以后期间抵扣时	借：应交增值税——应交税金（进项税额） 　贷：应交增值税——待抵扣进项税额
	(7) 购进属于增值税应税项目的资产后，发生非正常损失或改变用途的	借：待处理财产损溢/固定资产/无形资产等［按照现行增值税制度规定不得从销项税额中抵扣的进项税额］ 　贷：应交增值税——应交税金（进项税额转出）/ 　　　应交增值税——待认证进项税额/ 　　　应交增值税——待抵扣进项税额
	(8) 原不得抵扣且未抵扣进项税额的固定资产、无形资产等，因改变用途等用于允许抵扣进项税额的应税项目	借：应交增值税——应交税金（进项税额）［可以抵扣的进项税额］ 　贷：固定资产/无形资产等
	(9) 购进时已全额计入进项税额的货物或服务等转用于不动产在建工程的，对于结转以后期间的进项税额	借：应交增值税——待抵扣进项税额 　贷：应交增值税——应交税金（进项税额转出）
	(10) 购进资产或服务时作为扣缴义务人	借：业务活动费用/在途物品/库存物品/工程物资/固定资产/无形资产等 　　应交增值税——应交税金（进项税额）［当期可抵扣］ 　贷：银行存款等［实际支付的金额］/ 　　　应付账款等［应付的金额］ 　　　应交增值税——代扣代交增值税
	(11) 实际缴纳代扣代缴增值税时	借：应交增值税——代扣代交增值税 　贷：银行存款/零余额账户用款额度等

续表

<table>
<tr><td rowspan="8">2.销售应税产品或提供应税服务等业务</td><td colspan="2">(1) 销售应税产品或提供应税服务时</td><td>借：银行存款/应收账款/应收票据等［包含增值税的价款总额］
贷：事业收入/经营收入等［扣除增值税销项税额后的价款］
应交增值税——应交税金（销项税额）/
应交增值税——简易计税</td></tr>
<tr><td colspan="2">(2) 发生销货退回的</td><td>根据按规定开具的红字增值税专用发票作相反会计分录</td></tr>
<tr><td colspan="2">(3) 会计确认收入时点早于税制时点时</td><td>销货时，税额部分：贷：应交增值税——待转销项税额
实际发生纳税义务时：
借：应交增值税——待转销项税额
贷：应交增值税——应交税金（销项税额）/
应交增值税——简易计税</td></tr>
<tr><td colspan="2">(4) 税制确认收入时点早于会计时点时</td><td>按应纳增值税额：
借：应收账款
贷：应交增值税——应交税金（销项税额）/
应交增值税——简易计税</td></tr>
<tr><td rowspan="4">(5) 金融商品转让</td><td>产生收益</td><td>借：投资收益［按净收益计算的应纳增值税］
贷：应交增值税——转让金融商品应交增值税</td></tr>
<tr><td>产生损失</td><td>借：应交增值税——转让金融商品应交增值税
贷：投资收益［按净损失计算的应纳增值税］</td></tr>
<tr><td>缴纳增值税时</td><td>借：应交增值税——转让金融商品应交增值税
贷：银行存款等</td></tr>
<tr><td>年末如有借方余额</td><td>借：投资收益
贷：应交增值税——转让金融商品应交增值税</td></tr>
<tr><td rowspan="2">3.月末转出多缴和未缴增值税</td><td colspan="2">(1) 月末转出本月未缴增值税</td><td>借：应交增值税——应交税金（转出未交增值税）
贷：应交增值税——未交税金</td></tr>
<tr><td colspan="2">(2) 月末转出本月多缴增值税</td><td>借：应交增值税——未交税金
贷：应交增值税——应交税金（转出多交增值税）</td></tr>
<tr><td rowspan="5">4. 缴纳增值税</td><td colspan="2">(1) 本月缴纳本月增值税时</td><td>借：应交增值税——应交税金（已交税金）
贷：银行存款/零余额账户用款额度等</td></tr>
<tr><td colspan="2">(2) 本月缴纳以前期间未缴增值税</td><td>借：应交增值税——未交税金
贷：银行存款/零余额账户用款额度等</td></tr>
<tr><td rowspan="2">(3) 按规定预缴增值税</td><td>预缴时</td><td>借：应交增值税——预交税金
贷：银行存款/零余额账户用款额度等</td></tr>
<tr><td>月末</td><td>借：应交增值税——未交税金
贷：应交增值税——预交税金</td></tr>
<tr><td colspan="2">(4) 当期直接减免的增值税应纳税额或按规定抵减税控系统费及技术维护费</td><td>借：应交增值税——应交税金（减免税款）
贷：业务活动费用/经营费用等</td></tr>
</table>

（三）小规模纳税人应缴增值税主要账务处理

1.单位取得资产或接受劳务等业务

（1）购买应税资产或服务等。

小规模纳税人购买资产或服务等时不能抵扣增值税，发生的增值税计入资产成本或相关成本费用。

单位购买用于增值税应税项目的资产或服务等时，按照价款和增值税额合计金额，借记“业务活动费用”“在途物品”“库存物品”“工程物资”“在建工程”“固定资产”“无形资产”等科目，贷记“应付账款”“应付票据”“银行存款”“零余额账户用款额度”等科目。

（2）购买方作为扣缴义务人。

单位购买用于增值税应税项目的资产或服务等时，按照价款和增值税额合计金额，借记“业务活动费用”“在途物品”“库存物品”“工程物资”“在建工程”“固定资产”“无形资产”等科目，按照应付或实际支付的金额，贷记“银行存款”“应付账款”等科目，按照应代扣代缴的增值税额，贷记本科目（代扣代交增值税）。实际缴纳代扣代缴增值税时，按照代扣代缴的增值税额，借记本科目（代扣代交增值税），贷记“银行存款”“零余额账户用款额度”等科目。

2.单位销售资产或提供服务等业务

单位销售货物或提供服务等时，应当按照应收或已收的金额，借记“应收账款”“应收票据”“银行存款”等科目，按照确认的收入金额，贷记“经营收入”“事业收入”等科目，按照现行增值税制度的规定采用简易计税方法计算的应纳增值税额，贷记本科目。

3.单位缴纳增值税

（1）缴纳当月应缴纳的增值税。

单位缴纳当月应缴纳的增值税，借记本科目，贷记“银行存款”等科目。

（2）缴纳以前期间未缴纳的增值税。

单位缴纳以前期间未缴纳的增值税，借记本科目，贷记“银行存款”等科目。

4.单位减免增值税

对于当期直接减免的增值税，借记本科目，贷记“业务活动费用”“经营费用”等科目。

按照现行增值税制度的规定，单位初次购买增值税税控系统专用设备支付的费用以及缴纳的技术维护费允许在增值税应纳税额中全额抵减的，按照规定抵减的增值税应纳税额，借记本科目，贷记“业务活动费用”“经营费用”等科目。

增值税小规模纳税人应交增值税主要账务处理汇总表见表13-3。

二、其他应交税费

“其他应交税费”科目核算单位按照税法等规定计算应缴纳的除增值税以外的各种税费，包括城市维护建设税、教育费附加、地方教育附加、车船税、房产税、城镇土地使用税和企业所得税等。其他应交税费的增加记贷方，减少记借方，期末如为贷方余额，反映单位应缴未缴的除增值税以外的税费金额；期末如为借方余额，反映单位多缴纳的除增值税以外的税费金额。本科目应当按照应缴纳的税费种类进行明细核算。

表 13-3　　**增值税小规模纳税人应交增值税主要账务处理汇总表**

<table>
<tr><td rowspan="2">1. 取得应税资产或接受劳务等业务</td><td colspan="2">(1) 购进应税资产或服务等时</td><td>借：业务活动费用/在途物品/库存物品等［按价税合计金额］
　贷：银行存款等［实际支付的金额］/
　　应付票据［开出并承兑的商业汇票］/
　　应付账款等［应付的金额］</td></tr>
<tr><td colspan="2">(2) 购进资产或服务等时作为扣缴义务人</td><td>借：在途物品/库存物品/固定资产/无形资产等
　贷：应付账款/银行存款等
　　应交增值税——代扣代交增值税
　　实际缴纳增值税时参见一般纳税人的账务处理</td></tr>
<tr><td rowspan="5">2.销售应税资产或提供应税服务等业务</td><td colspan="2">(1) 销售资产或提供服务等时</td><td>借：银行存款/应收账款/应收票据［包含增值税的价款总额］
　贷：事业收入/经营收入等［扣除增值税金额后的价款］
　　应交增值税</td></tr>
<tr><td rowspan="4">(2) 金融商品转让</td><td>产生收益</td><td>借：投资收益［按净收益计算的应纳增值税］
　贷：应交增值税——转让金融商品应交增值</td></tr>
<tr><td>产生损失</td><td>借：应交增值税——转让金融商品应交增值税
　贷：投资收益［按净损失计算的应纳增值税］</td></tr>
<tr><td>实际缴纳时</td><td rowspan="2">参照一般纳税人</td></tr>
<tr><td>年末如有借方余额</td></tr>
<tr><td colspan="3">3.缴纳增值税时（缴纳当月应缴税额或以前未缴税额）</td><td>借：应交增值税
　贷：银行存款等</td></tr>
<tr><td colspan="3">4.减免增值税（直接减免税额或按规定抵减税控系统费及技术维护费）</td><td>借：应交增值税
　贷：业务活动费用/经营费用等</td></tr>
</table>

单位代扣代缴的个人所得税，也通过本科目核算。

单位应缴纳的印花税不需要预提应交税费，直接通过“业务活动费用”“单位管理费用”“经营费用”等科目核算，不通过本科目核算。

(一) 发生各项非企业所得税其他应交税费纳税义务

发生城市维护建设税、教育费附加、地方教育附加、车船税、房产税、城镇土地使用税等纳税义务的，按照税法规定计算的应缴税费金额，借记“业务活动费用”“单位管理费用”“经营费用”等科目，贷记本科目（应交城市维护建设税、应交教育费附加、应交地方教育附加、应交车船税、应交房产税、应交城镇土地使用税等）。

借：业务活动费用/单位管理费用/经营费用等

　贷：其他应交税费——应交城市维护建设税/应交教育费附加/应交地方教育附加/应交车船税/应交房产税/应交城镇土地使用税等

(二) 计算应代扣代缴个人所得税

按照税法规定计算应代扣代缴职工（含长期聘用人员）的个人所得税，借记“应付职工薪酬”科目，贷记本科目（应交个人所得税）。

借：应付职工薪酬

　贷：其他应交税费——应交个人所得税

按照税法规定计算应代扣代缴支付给职工（含长期聘用人员）以外人员劳务费的个人所得税，借记“业务活动费用”“单位管理费用”等科目，贷记本科目（应交个人所得税）。

借：业务活动费用/单位管理费用等

　贷：其他应交税费——应交个人所得税

（三）发生企业所得税纳税义务

发生企业所得税纳税义务的，按照税法规定计算的应交所得税额，借记“所得税费用”科目，贷记本科目（单位应交所得税）。

借：所得税费用

　贷：其他应交税费——单位应交所得税

（四）实际缴纳其他应交税费

单位实际缴纳上述各种税费时，借记本科目（应交城市维护建设税、应交教育费附加、应交地方教育附加、应交车船税、应交房产税、应交城镇土地使用税、应交个人所得税、单位应交所得税等），贷记“财政拨款收入”“零余额账户用款额度”“银行存款”等科目。

借：其他应交税费——应交城市维护建设税/应交教育费附加/应交地方教育附加/应交车船税/应交房产税/应交城镇土地使用税/应交个人所得税/单位应交所得税等

　贷：财政拨款收入/零余额账户用款额度/银行存款等

三、应缴财政款

“应缴财政款”科目核算单位取得或应收的按照规定应当上缴财政的款项，包括应缴国库的款项和应缴财政专户的款项。应缴财政款的增加记贷方，减少记借方，期末贷方余额反映单位应当上缴财政但尚未缴纳的款项。年终清缴后，本科目一般应无余额。本科目应当按照应缴财政款项的类别进行明细核算。

单位按照税法等有关规定应当缴纳的各种税费，通过“应交增值税”“其他应交税费”科目核算，不通过本科目核算。

（一）取得或应收按照规定应上缴财政的款项

单位取得或应收按照规定应上缴财政的款项时，借记“银行存款”“应收账款”等科目，贷记本科目。

借：银行存款/应收账款等

　贷：应缴财政款

（二）处置资产取得的应上缴财政的处置净收入

单位处置资产取得的应上缴财政的处置净收入的账务处理，参见“待处理财产损溢”等科目。

（三）上缴应缴财政的款项

单位上缴应缴财政的款项时，按照实际上缴的金额，借记本科目，贷记“银行存款”科目。

借：应缴财政款

　贷：银行存款

【例13-1】某行政单位发放许可证照，收取工本费、手续费15 760元，款项已送存银行。

借：银行存款　　15 760

　　贷：应缴财政款——行政性收费收入　　15 760

【例13-2】接【例13-1】，填列"缴款书"，将上述款项上缴国库。

借：应缴财政款——行政性收费收入　　15 760

　　贷：银行存款　　15 760

四、应付职工薪酬

"应付职工薪酬"科目核算单位按照有关规定应付给职工（含长期聘用人员）及为职工支付的各种薪酬，包括基本工资、国家统一规定的津贴补贴、规范津贴补贴（绩效工资）、改革性补贴、社会保险费（如职工基本养老保险费、职业年金、基本医疗保险费等）、住房公积金等。应付职工薪酬的增加记贷方，减少记借方，期末贷方余额反映单位应付未付的职工薪酬。

本科目应当根据国家有关规定按照"基本工资"（含离退休费）、"国家统一规定的津贴补贴""规范津贴补贴（绩效工资）""改革性补贴""社会保险费""住房公积金"和"其他个人收入"等进行明细核算。其中，"社会保险费""住房公积金"明细科目核算内容包括单位从职工工资中代扣代缴的社会保险费、住房公积金，以及单位为职工计算缴纳的社会保险费、住房公积金。

（一）计算确认当期应付职工薪酬（含单位为职工计算缴纳的社会保险费、住房公积金）

1.计提从事专业及其辅助活动人员的职工薪酬，借记"业务活动费用""单位管理费用"等科目，贷记本科目。

借：业务活动费用/单位管理费用等

　　贷：应付职工薪酬

2.计提应由在建工程、加工物品、自行研发无形资产负担的职工薪酬，借记"在建工程""加工物品""研发支出"等科目，贷记本科目。

借：在建工程/加工物品/研发支出等

　　贷：应付职工薪酬

3.计提从事专业及其辅助活动之外的经营活动人员的职工薪酬，借记"经营费用"科目，贷记本科目。

借：经营费用

　　贷：应付职工薪酬

4.因解除与职工的劳动关系而给予的补偿，借记"单位管理费用"等科目，贷记本科目。

借：单位管理费用等

　　贷：应付职工薪酬

（二）向职工支付工资、津贴补贴等薪酬

向职工支付工资、津贴补贴等薪酬时，按照实际支付的金额，借记本科目，贷记"财政拨款收入""零余额账户用款额度""银行存款"等科目。

借：应付职工薪酬

　贷：财政拨款收入/零余额账户用款额度/银行存款等

（三）代扣款项

（1）按照税法规定代扣职工个人所得税时，借记本科目（基本工资），贷记“其他应交税费——应交个人所得税”科目。

借：应付职工薪酬——基本工资

　贷：其他应交税费——应交个人所得税

（2）从应付职工薪酬中代扣为职工垫付的水电费、房租等费用时，按照实际扣除的金额，借记本科目（基本工资），贷记“其他应收款”等科目。

借：应付职工薪酬——基本工资

　贷：其他应收款等

（3）从应付职工薪酬中代扣社会保险费和住房公积金，按照代扣的金额，借记本科目（基本工资），贷记本科目（社会保险费/住房公积金）。

借：应付职工薪酬——基本工资

　贷：应付职工薪酬——社会保险费/住房公积金

（四）缴纳职工社会保险费和住房公积金

按照国家有关规定缴纳职工社会保险费和住房公积金时，按照实际支付的金额，借记本科目（社会保险费/住房公积金），贷记“财政拨款收入”“零余额账户用款额度”“银行存款”等科目。

借：应付职工薪酬——社会保险费/住房公积金

　贷：财政拨款收入/零余额账户用款额度/银行存款等

（五）从应付职工薪酬中支付的其他款项

从应付职工薪酬中支付的其他款项，借记本科目，贷记“零余额账户用款额度”“银行存款”等科目。

借：应付职工薪酬

　贷：零余额账户用款额度/银行存款等

【例 13-3】某行政单位通过财政直接支付方式向职工发放工资，应发工资总额为400 000元，代扣个人所得税15 000元，代扣社会保险费12 000，代扣住房公积金12 000元，代扣水电费8 600元，实际向职工支付352 400元；同时开出“缴款书”，上缴代扣的个人所得税、社会保险费、住房公积金、水电费。

（1）计算应付工资时：

	借方	贷方
借：业务活动费用	400 000	
贷：应付职工薪酬		400 000

（2）确认代扣款时：

	借方	贷方
借：应付职工薪酬——基本工资	47 600	
贷：其他应交税费——应交个人所得税		15 000
应付职工薪酬——住房公积金		12 000
——社会保险费		12 000
其他应付款——水电费		8 600

（3）支付工资时：

借：应付职工薪酬 352 400

贷：财政拨款收入 352 400

（4）缴纳代扣的个人所得税、住房公积金、社会保险费、水电费时：

借：其他应交税费——应交个人所得税 15 000

应付职工薪酬——住房公积金 12 000

——社会保险费 12 000

其他应付款——水电费 8 600

贷：财政拨款收入 47 600

【例 13-4】接【例 13-3】，该行政单位按照规定比例计算应承担的职工社会保险费12 000元，住房公积金12 000元，并通过财政直接支付方式支付该笔款项。

（1）按规定计算时：

借：业务活动费用 24 000

贷：应付职工薪酬——社会保险费 12 000

——住房公积金 12 000

（2）支付款项时：

借：应付职工薪酬——社会保险费 12 000

——住房公积金 12 000

贷：财政拨款收入 24 000

【例 13-5】某事业单位计算发放当期职工工资，计算出从事专业业务活动职工工资总额为100万元，行政管理及后勤职工工资总额为120万元，从事自行加工物品职工工资总额为20万元，工程项目建设职工工资总额为50万元，自行开发无形资产职工工资总额为10万元，经营活动职工工资总额为8万元。除了经营活动工资通过银行存款支付外，其余均通过财政授权支付方式支付。（不考虑代扣代缴事项）

（1）计算出应发工资时：

借：业务活动费用 1 000 000

单位管理费用 1 200 000

加工物品——自行加工 200 000

在建工程 500 000

研发支出 100 000

经营费用 80 000

贷：应付职工薪酬 3 080 000

（2）支付时：

借：应付职工薪酬 3 080 000

贷：零余额账户用款额度 3 000 000

银行存款 80 000

五、应付票据

“应付票据”科目核算事业单位因购买材料、物资等而开出、承兑的商业汇票，包括银行承兑汇票和商业承兑汇票。应付票据的增加记贷方，减少记借方，期末贷方余额反映事业单位开出、承兑的尚未到期的应付票据金额。本科目应当按照债权人进行明细核算。

单位应当设置"应付票据备查簿"，详细登记每一应付票据的种类、号数、出票日期、到期日、票面金额、交易合同号、收款人姓名或单位名称，以及付款日期和金额等。应付票据到期结清票款后，应当在备查簿内逐笔注销。

（一）开出、承兑商业汇票及以商业汇票抵付应付款

（1）开出、承兑商业汇票时，借记"库存物品""固定资产"等科目，贷记本科目。

借：库存物品/固定资产等

　贷：应付票据

（2）以商业汇票抵付应付账款时，借记"应付账款"科目，贷记本科目。

借：应付账款

　贷：应付票据

【例13-6】某事业单位为了开展专业业务活动购买甲材料一批，开出4个月到期的带息银行承兑汇票一张，面值4万元，月利率为0.5%，同时支付银行承兑汇票手续费50元，甲材料已验收入库。

（1）开出汇票时：

借：库存物品——甲材料　　40 000

　贷：应付票据　　40 000

（2）支付银行承兑汇票手续费时：

借：业务活动费用　　50

　贷：银行存款　　50

（二）支付银行承兑汇票的手续费

支付银行承兑汇票的手续费时，借记"业务活动费用""经营费用"等科目，贷记"银行存款""零余额账户用款额度"等科目。

借：业务活动费用/经营费用等

　贷：银行存款/零余额账户用款额度等

该项内容的例解参见【例13-6】。

（二）商业汇票到期

商业汇票到期时，应当分别以下情况处理：

（1）收到银行支付到期票据的付款通知时，借记本科目，贷记"银行存款"科目。

借：应付票据

　贷：银行存款

（2）银行承兑汇票到期，单位无力支付票款的，按照应付票据账面余额，借记本科目，贷记"短期借款"科目。

借：应付票据

　贷：短期借款

（3）商业承兑汇票到期，单位无力支付票款的，按照应付票据账面余额，借记本科目，贷记"应付账款"科目。

借：应付票据

贷：应付账款

涉及增值税业务的，相关账务处理参见“应交增值税”科目。

【例13-7】接【例13-6】，该事业单位开出的银行承兑汇票到期，收到银行支付汇票本息的付款通知。

借：应付票据 40 000

其他费用（40 000×0.5%×4） 800

贷：银行存款 40 800

【例13-8】接【例13-6】，该事业单位开出的银行承兑汇票到期，但该事业单位无力支付票款。

借：应付票据 40 000

其他费用（40 000×0.5%×4） 800

贷：短期借款 40 800

【例13-9】某事业单位（一般纳税人）为开展经营活动购入B材料一批，价款为6万元，增值税发票注明税款7 800元，开出为期90天无息的商业承兑汇票一张，材料已验收入库，增值税进项税额全部认证为可抵扣。

借：库存物品——B材料 60 000

应交增值税——应交税金（进项税额） 7 800

贷：应付票据 67 800

【例13-10】接【例13-9】，该事业单位开出的商业承兑汇票到期，但该事业单位无力偿付款项。

借：应付票据 67 800

贷：应付账款 67 800

六、应付账款

“应付账款”科目核算单位因购买物资、接受服务、开展工程建设等而应付的偿还期限在1年以内（含1年）的款项。应付账款增加记贷方，减少记借方，期末贷方余额反映单位尚未支付的应付账款金额。

本科目应当按照债权人进行明细核算。对于建设项目，还应设置“应付器材款”“应付工程款”等明细科目，并按照具体项目进行明细核算。

（一）收到资产或服务但尚未付款

收到所购材料、物资、设备或服务以及确认完成工程进度但尚未付款时，根据发票及账单等有关凭证，按照应付未付款项的金额，借记“库存物品”“固定资产”“在建工程”等科目，贷记本科目。

借：库存物品/固定资产/在建工程等

贷：应付账款

【例13-11】某事业单位（一般纳税人）为开展专业业务活动从A公司购买材料一批，价款为8 000元，增值税为1 040元，材料已验收入库，款项尚未支付，进项税额已认证为可抵扣。

借：库存物品 8 000

借：应交增值税——应交税金（进项税额）　1 040

　贷：应付账款——A公司　9 040

（二）偿付应付账款

偿付应付账款时，按照实际支付的金额，借记本科目，贷记“财政拨款收入”“零余额账户用款额度”“银行存款”等科目。

借：应付账款

　贷：财政拨款收入/零余额账户用款额度/银行存款等

【例13-12】接【例13-11】，该事业单位通过单位零余额账户支付该笔材料欠款。

借：应付账款　9 040

　贷：零余额账户用款额度　9 040

（三）开出、承兑商业汇票抵付应付账款

开出、承兑商业汇票抵付应付账款时，借记本科目，贷记“应付票据”科目。

借：应付账款

　贷：应付票据

【例13-13】接【例13-11】，该事业单位开出一张9 040元的商业汇票，抵付A公司的材料欠款。

借：应付账款——A公司　9 040

　贷：应付票据　9 040

（四）无法偿付或债权人豁免偿还的应付账款

无法偿付或债权人豁免偿还的应付账款，应当按照规定报经批准后进行账务处理。经批准核销时，借记本科目，贷记“其他收入”科目。

借：应付账款

　贷：其他收入

核销的应付账款应在备查簿中保留登记。

【例13-14】接【例13-11】，A公司豁免了该事业单位的材料欠款9 040元。

借：应付账款——A公司　9 040

　贷：其他收入　9 040

涉及增值税业务的，相关账务处理参见“应交增值税”科目。

七、应付政府补贴款

“应付政府补贴款”科目核算负责发放政府补贴的行政单位，按照规定应当支付给政府补贴接受者的各种政府补贴款。应付政府补贴款的增加记贷方，减少记借方，期末贷方余额反映行政单位应付未付的政府补贴金额。

本科目应当按照应支付的政府补贴种类进行明细核算。单位还应当根据需要按照补贴接受者进行明细核算，或者建立备查簿对补贴接受者予以登记。

（一）发生应付政府补贴

发生应付政府补贴时，按照依规定计算确定的应付政府补贴金额，借记“业务活动费用”科目，贷记本科目。

借：业务活动费用

贷：应付政府补贴款

（二）支付应付政府补贴款

支付应付政府补贴款时，按照支付金额，借记本科目，贷记“零余额账户用款额度”“银行存款”等科目。

借：应付政府补贴款

贷：零余额账户用款额度/银行存款等

【例 13-15】某行政单位根据国家规定，月初确认发放政府补贴 36 000元，月末通过财政授权支付方式发放政府补贴。

（1）确认时：

借：业务活动费用　　36 000

贷：应付政府补贴款　　36 000

（2）发放时：

借：应付政府补贴款　　36 000

贷：零余额账户用款额度　　36 000

八、应付利息

“应付利息”科目核算事业单位按照合同约定应支付的借款利息，包括短期借款、分期付息到期还本的长期借款等应支付的利息。应付利息的增加记贷方，减少记借方，期末贷方余额反映事业单位应付未付的利息金额。本科目应当按照债权人等进行明细核算。

（一）借入的专门借款的利息

为建造固定资产、公共基础设施等借入的专门借款的利息，属于建设期间发生的，按期计提利息费用时，按照计算确定的金额，借记“在建工程”科目，贷记本科目；不属于建设期间发生的，按期计提利息费用时，按照计算确定的金额，借记“其他费用”科目，贷记本科目。

（1）属于建设期间发生的：

借：在建工程

贷：应付利息

（2）不属于建设期间发生的：

借：其他费用

贷：应付利息

（二）其他借款的利息

对于其他借款，按期计提利息费用时，按照计算确定的金额，借记“其他费用”科目，贷记本科目。

借：其他费用

贷：应付利息

（三）实际支付应付利息

实际支付应付利息时，按照支付的金额，借记本科目，贷记“银行存款”等科目。

借：应付利息

贷：银行存款等

“应付利息”科目例解参见“短期借款”“长期借款”科目的相关例题。

九、预收账款

“预收账款”科目核算事业单位预先收取但尚未结算的款项。预收账款的增加记贷方，减少记借方，期末贷方余额反映事业单位预收但尚未结算的款项金额。本科目应当按照债权人进行明细核算。

（一）预收款项

从付款方预收款项时，按照实际预收的金额，借记“银行存款”等科目，贷记本科目。

借：银行存款等
　贷：预收账款

【例 13-16】某事业单位（一般纳税人）在开展经营活动中，与B公司签订销货合同一份，销售一批产品给B公司，价税合计113 000元。根据合同约定，预收B公司交易总额20%的款项，款项已存入银行。

	借方	贷方
借：银行存款	22 600	
贷：预收账款——B公司		22 600

（二）确认有关收入

确认有关收入时，按照预收账款账面余额，借记本科目，按照应确认的收入金额，贷记“事业收入”“经营收入”等科目，按照付款方补付或退回付款方的金额，借记或贷记“银行存款”等科目。

借：预收账款（按照预收账款账面余额）
　贷：事业收入/经营收入等（按照应确认的收入金额）
借或贷：银行存款等（按照付款方补付或退回付款方的金额）

【例 13-17】接【例 13-16】，该事业单位按合同约定已交货给B公司，B公司已验收入库。余款已到账。

	借方	贷方
借：预收账款——B公司	22 600	
银行存款	90 400	
贷：经营收入		100 000
应交增值税——应交税金（销项税额）		13 000

（三）无法偿付或债权人豁免偿还的预收账款

无法偿付或债权人豁免偿还的预收账款，应当按照规定报经批准后进行账务处理。经批准核销时，借记本科目，贷记“其他收入”科目。

借：预收账款
　贷：其他收入

核销的预收账款应在备查簿中保留登记。

涉及增值税业务的，相关账务处理参见“应交增值税”科目。

【例 13-18】接【例 13-16】，假设B公司不再需要购买该事业单位的产品，经协商合同不再履行，B公司豁免了该事业单位预收的款项。

	借方	贷方
借：预收账款——B公司	22 600	

贷：其他收入　22 600

十、其他应付款

“其他应付款”科目核算单位除应交增值税、其他应交税费、应缴财政款、应付职工薪酬、应付票据、应付账款、应付政府补贴款、应付利息、预收账款以外，其他各项偿还期限在1年内（含1年）的应付及暂收款项，如收取的押金、存入保证金、已经报销但尚未偿还银行的本单位公务卡欠款等。其他应付款增加记贷方，减少记借方，期末贷方余额反映单位尚未支付的其他应付款金额。本科目应当按照其他应付款的类别以及债权人等进行明细核算。

同级政府财政部门预拨的下期预算款和没有纳入预算的暂付款项，以及采用实拨资金方式通过本单位转拨给下属单位的财政拨款，也通过本科目核算。

（一）发生其他应付及暂收款项

（1）发生其他应付及暂收款项时，借记“银行存款”等科目，贷记本科目。

借：银行存款等

贷：其他应付款

【例13-19】某事业单位销售包装物应回收的产品给某公司，根据合同约定，收取包装物押金3 000元存入银行。

借：银行存款　3 000

贷：其他应付款　3 000

（2）支付（或退回）其他应付及暂收款项时，借记本科目，贷记“银行存款”等科目。

借：其他应付款

贷：银行存款等

【例13-20】接【例13-19】，某公司交回包装物，该事业单位退回押金。

借：其他应付款　3 000

贷：银行存款　3 000

（3）将暂收款项转为收入时，借记本科目，贷记“事业收入”等科目。

借：其他应付款

贷：事业收入等

【例13-21】接【例13-19】，由于包装物被损坏无法收回，将收取的包装物押金转为经营收入。（不考虑税）

借：其他应付款　3 000

贷：经营收入　3 000

（二）发生同级财政预拨下期预算款、没有纳入预算的暂付款、实拨方式转拨款

1.同级财政预拨下期预算款和没有纳入预算的暂付款项

收到同级政府财政部门预拨的下期预算款和没有纳入预算的暂付款项，按照实际收到的金额，借记“银行存款”等科目，贷记本科目；待到下一预算期或批准纳入预算时，借记本科目，贷记“财政拨款收入”科目。

（1）收到款项时：

借：银行存款等
　贷：其他应付款
（2）待到下一预算期或批准纳入预算时：
借：其他应付款
　贷：财政拨款收入
【例 13-22】某单位本期收到同级财政部门预拨的下期预算款20万元存入银行。
（1）本期收到款项时：
借：银行存款　200 000
　贷：其他应付款　200 000
（2）到下一预算期时：
借：其他应付款　200 000
　贷：财政拨款收入　200 000
2.采用实拨方式转拨款
采用实拨资金方式通过本单位转拨给下属单位的财政拨款，按照实际收到的金额，借记“银行存款”科目，贷记本科目；向下属单位转拨财政拨款时，按照转拨的金额，借记本科目，贷记“银行存款”科目。
（1）收到转拨款项时：
借：银行存款
　贷：其他应付款
（2）向下属单位转拨财政拨款时，按照转拨的金额作相反分录。
【例 13-23】某单位收到同级财政实拨的应转拨附属单位的款项35万元。
（1）收到转拨款时：
借：银行存款　350 000
　贷：其他应付款　350 000
（2）转拨给附属单位时：
借：其他应付款　350 000
　贷：银行存款　350 000
（三）发生公务卡款项
本单位公务卡持卡人报销时，按照审核报销的金额，借记“业务活动费用”“单位管理费用”等科目，贷记本科目；偿还公务卡欠款时，借记本科目，贷记“零余额账户用款额度”等科目。
（1）持卡人报销时：
借：业务活动费用/单位管理费用等
　贷：其他应付款
（2）偿还公务卡欠款时：
借：其他应付款
　贷：零余额账户用款额度等
【例 13-24】某事业单位职工报销公务卡费用共计20 000元，其中业务活动费用12 000元，行政管理费用8 000元。在还款期限内偿还公务卡欠款，还款均通过财政授权支付方式支付。

(1) 持卡人报销时:

借：业务活动费用　　12 000

　　单位管理费用　　8 000

　贷：其他应付款　　20 000

(2) 偿还公务卡欠款时:

借：其他应付款　　20 000

　贷：零余额账户用款额度　　20 000

(四) 发生质保金款项

涉及质保金形成其他应付款的，相关账务处理参见“固定资产”科目。

(五) 无法偿付或债权人豁免偿还的其他应付款项

无法偿付或债权人豁免偿还的其他应付款项，应当按照规定报经批准后进行账务处理。经批准核销时，借记本科目，贷记“其他收入”科目。

借：其他应付款

　贷：其他收入

核销的其他应付款应在备查簿中保留登记。

【例 13-25】由于债权人不明无法偿付，某事业单位一笔2 500元的其他应付款经报批予以核销。

借：其他应付款　　2 500

　贷：其他收入　　2 500

十一、长期应付款

“长期应付款”科目核算单位发生的偿还期限超过1年(不含1年)的应付款项，如以融资租赁方式取得固定资产应付的租赁费等。长期应付款的增加记贷方，减少记借方，期末贷方余额反映单位尚未支付的长期应付款金额。本科目应当按照长期应付款的类别以及债权人进行明细核算。

(一) 发生长期应付款

发生长期应付款时，借记“固定资产”“在建工程”等科目，贷记本科目。

借：固定资产/在建工程等

　贷：长期应付款

【例 13-26】某事业单位以分期付款的方式购入不需安装的设备一台，该设备总价款为80万元，合同约定分4年付清，每年付20万元。设备已运回交付使用。在购买过程中另用银行存款转账支付各项运杂费，共计2 800元。

借：固定资产　　802 800

　贷：长期应付款　　800 000

　　　银行存款　　2 800

(二) 支付长期应付款

支付长期应付款时，按照实际支付的金额，借记本科目，贷记“财政拨款收入”“零余额账户用款额度”“银行存款”等科目。

借：长期应付款

　贷：财政拨款收入/零余额账户用款额度/银行存款等

【例 13-27】接【例 13-26】，该事业单位每年通过银行存款转账形式偿付货款 20 万元。

借：长期应付款　　200 000

　贷：银行存款　　200 000

（三）无法偿付或债权人豁免偿还的长期应付款

无法偿付或债权人豁免偿还的长期应付款，应当按照规定报经批准后进行账务处理。经批准核销时，借记本科目，贷记“其他收入”科目。

借：长期应付款

　贷：其他收入

核销的长期应付款应在备查簿中保留登记。

【例 13-28】接【例 13-26】，该事业单位偿付 3 次货款后，销售商豁免了其余款。

借：长期应付款　　200 000

　贷：其他收入　　200 000

（四）涉及质保金形成长期应付款

涉及质保金形成长期应付款的，相关账务处理参见“固定资产”科目。

涉及增值税业务的，相关账务处理参见“应交增值税”科目。

第三节　借款及其他负债类款项的核算

本节主要介绍“短期借款”“长期借款”“预提费用”“预计负债”“受托代理负债”5 个负债类科目的核算要求及方法。

一、短期借款

“短期借款”科目核算事业单位经批准向银行或其他金融机构等借入的期限在 1 年内（含 1 年）的各种借款。短期借款的增加记贷方，减少记借方，期末贷方余额反映事业单位尚未偿还的短期借款本金。本科目应当按照债权人和借款种类进行明细核算。

（一）借入各种短期借款

借入各种短期借款时，按照实际借入的金额，借记“银行存款”科目，贷记本科目。

借：银行存款

　贷：短期借款

【例 13-29】某事业单位在开展事业活动中出现临时性资金周转困难，决定向银行借入款项 20 万元，借款期限为 6 个月，月利率为 0.5%，到期还本付息。

借：银行存款　　200 000

　贷：短期借款　　200 000

（二）银行承兑汇票到期无力偿还

银行承兑汇票到期，本单位无力支付票款的，按照应付票据的账面余额，借记“应付票据”科目，贷记本科目。

借：应付票据
　贷：短期借款

【例13-30】某事业单位签发的10万元银行承兑汇票到期，本单位无力支付票款，银行承兑10万元给收款人。

借：应付票据　　100 000
　贷：短期借款　　100 000

（三）归还短期借款

归还短期借款时，借记本科目，贷记“银行存款”科目。

借：短期借款
　贷：银行存款

【例13-31】接【例13-29】，本单位向银行借入的短期借款到期，归还借款本金及利息。

借：短期借款　　200 000
　其他费用（200 000×0.5%×6）　　6 000
　贷：银行存款　　206 000

二、长期借款

“长期借款”科目核算事业单位经批准向银行或其他金融机构等借入的期限超过1年（不含1年）的各种借款本息。长期借款的增加记贷方，减少记借方，期末贷方余额反映事业单位尚未偿还的长期借款本息金额。

本科目应当设置“本金”和“应计利息”明细科目，并按照贷款单位和贷款种类进行明细核算。对于建设项目借款，还应按照具体项目进行明细核算。

（一）借入各项长期借款

借入各项长期借款时，按照实际借入的金额，借记“银行存款”科目，贷记本科目（本金）。

借：银行存款
　贷：长期借款——本金

【例13-32】某事业单位经批准从银行借入一笔3年期借款，金额为5 000万元，年利率为4.75%。

借：银行存款　　50 000 000
　贷：长期借款——本金　　50 000 000

（二）计提专门借款利息

为建造固定资产、公共基础设施等应支付的专门借款利息，按期计提利息时，分别以下情况处理：

（1）属于工程项目建设期间发生的利息，计入工程成本，按照计算确定的应支付的利息金额，借记“在建工程”科目，贷记“应付利息”科目。

借：在建工程
　贷：应付利息

（2）属于工程项目完工交付使用后发生的利息，计入当期费用，按照计算确定的应支付的利息金额，借记“其他费用”科目，贷记“应付利息”科目。

借：其他费用

　贷：应付利息

【例 13-33】假设【例 13-32】中的借款是为建造房屋而借入，借款的前两年为项目工程建设期，第二年年末项目已完工交付使用，该项借款为分期付息、到期还本。

（1）计提第一年、第二年利息时：

	借方	贷方
借：在建工程——×房屋	2 375 000	
贷：应付利息		2 375 000

（2）计提第三年利息时：

	借方	贷方
借：其他费用	2 375 000	
贷：应付利息		2 375 000

（3）支付各年利息时：

	借方	贷方
借：应付利息	2 375 000	
贷：银行存款		2 375 000

（三）计提其他长期借款的利息

按期计提其他长期借款的利息时，按照计算确定的应支付的利息金额，借记“其他费用”科目，贷记“应付利息”科目［分期付息、到期还本借款的利息］或本科目（应计利息）［到期一次还本付息借款的利息］。

借：其他费用

　贷：应付利息（分期付息、到期还本借款的利息）/长期借款——应计利息（到期一次还本付息借款的利息）

【例 13-34】假设【例 13-32】中的借款是一般性借款，还款方式为到期一次还本付息。

（1）计提各年利息时：

	借方	贷方
借：其他费用	2 375 000	
贷：长期借款——应计利息		2 375 000

（2）到期还本付息时：

	借方	贷方
借：长期借款——本金	50 000 000	
——应计利息	7 125 000	
贷：银行存款		57 125 000

（四）到期归还长期借款本金、利息

到期归还长期借款本金、利息时，借记本科目（本金/应计利息），贷记“银行存款”科目。

借：长期借款——本金/应计利息

　贷：银行存款

三、预提费用

“预提费用”科目核算单位预先提取的已经发生但尚未支付的费用，如预提租金费用等。预提费用增加记贷方，减少记借方，期末贷方余额反映单位已预提但尚未支付的各项费用。

本科目应当按照预提费用的种类进行明细核算。对于提取的项目间接费用或管理费，应当在本科目下设置“项目间接费用或管理费”明细科目，并按项目进行明细核算。

事业单位按规定从科研项目收入中提取的项目间接费用或管理费，也通过本科目核算。

事业单位计提的借款利息费用，通过“应付利息”“长期借款”科目核算，不通过本科目核算。

（一）项目间接费用或管理费

（1）按规定从科研项目收入中提取项目间接费用或管理费时，按照提取的金额，借记“单位管理费用”科目，贷记本科目（项目间接费用或管理费）。

借：单位管理费用

　贷：预提费用——项目间接费用或管理费

（2）实际使用计提的项目间接费用或管理费时，按照实际支付的金额，借本科目（项目间接费用或管理费），贷记“银行存款”“库存现金”等科目。

借：预提费用——项目间接费用或管理费

　贷：银行存款/库存现金等

【例13-35】某事业单位对科研项目提取项目间接费用或管理费的比例为3%，某科研项目收入总额为20万元。某次实际使用计提管理费2 000元。

（1）计提项目间接费用或管理费时：

借：单位管理费用　　6 000

　贷：预提费用——项目间接费用或管理费　　6 000

（2）实际使用时：

借：预提费用——项目间接费用或管理费　　2 000

　贷：银行存款　　2 000

（二）其他预提费用

（1）按期预提租金等费用时，按照预提的金额，借记“业务活动费用”“单位管理费用”“经营费用”等科目，贷记本科目。

借：业务活动费用/单位管理费用/经营费用等

　贷：预提费用

（2）实际支付款项时，按照支付的金额，借记本科目，贷记“零余额账户用款额度”“银行存款”等科目。

借：预提费用

　贷：零余额账户用款额度/银行存款等

【例13-36】某行政单位3月份为9月份计划举行的×活动预提场地租金费用9万元，9月份活动按期举行，并于当月支付租金，通过财政授权支付。

（1）3月份预提租金时：

借：业务活动费用　　90 000

　贷：预提费用——×活动场地租金　　90 000

（2）9月份支付租金时：

借：预提费用——×活动场地租金　　90 000

　贷：零余额账户用款额度　　90 000

四、预计负债

“预计负债”科目核算单位对因或有事项所产生的现时义务而确认的负债，如对未决诉讼等确认的负债。预计负债增加记贷方，减少记借方，期末贷方余额反映单位已确认但尚未支付的预计负债金额。本科目应当按照预计负债的项目进行明细核算。

（一）确认预计负债

确认预计负债时，按照预计的金额，借记“业务活动费用”“经营费用”“其他费用”等科目，贷记本科目。

借：业务活动费用/经营费用/其他费用等

　贷：预计负债

（二）实际偿付预计负债

实际偿付预计负债时，按照偿付的金额，借记本科目，贷记“银行存款”“零余额账户用款额度”等科目。

借：预计负债

　贷：银行存款/零余额账户用款额度等

（三）调整预计负债

根据确凿证据需要对已确认的预计负债账面余额进行调整的，按照调整增加的金额，借记有关科目，贷记本科目；按照调整减少的金额，借记本科目，贷记有关科目。

（1）调整增加金额：

借：有关科目

　贷：预计负债

（2）调整减少金额：

借：预计负债

　贷：有关科目

【例13-37】某行政单位4月因专业业务活动与某企业发生×诉讼事件，根据专家评估，本单位很可能因该诉讼事件承担9 800元的负债。5月有确凿证据表明专家低估了该项负债，低估金额约1 200元。7月诉讼结束，本单位实际支付应该承担负债为10 000元，通过财政授权支付。

（1）4月发生诉讼事件预计负债时：

借：业务活动费用　　9 800

　贷：预计负债——×诉讼事件　　9 800

（2）5月调整预计负债时：

借：业务活动费用　　1 200

　贷：预计负债——×诉讼事件　　1 200

（3）7月支付负债时：

借：预计负债——×诉讼事件　　11 000

　贷：零余额账户用款额度　　10 000

贷：业务活动费用　　1 000

五、受托代理负债

"受托代理负债"科目核算单位接受委托取得受托代理资产时形成的负债。受托代理负债的增加记贷方，减少记借方，期末贷方余额反映单位尚未交付或发出受托代理资产形成的受托代理负债金额。

本科目的账务处理参见"受托代理资产""库存现金""银行存款"等科目。

"受托代理负债"科目的例解参见第十二章"受托代理资产""库存现金""银行存款"等科目相关例题。

思考与练习题

一、思考题

1.什么是单位负债？其包括哪些内容？

2.单位负债的核算有什么特点？

3.单位有哪些代扣代缴款项？如何核算？

4.单位的受托代理负债是如何形成的？

5.单位应交增值税的明细科目有哪些，其中应交税金的专栏有哪些？

6.什么是单位的预计负债？确认预计负债应满足哪些条件？

7.什么是单位的预提费用？

8.单位确认负债应满足的条件有哪些？

二、单项选择题

1.单位处置国有资产产生的处置净收入，应转入（　　）科目。

A."应缴国库款"　　B."应缴财政款"

C."应缴税费"　　D."其他应付款"

2.单位按照国家税法等有关规定应当缴纳除增值税之外的各种税费，通过（　　）科目核算。

A."应缴税费"　　B."应缴财政款"　　C."其他应付款"　　D."其他应交税费"

3.单位代扣代缴的个人所得税，通过（　　）科目核算。

A."其他应交税费"　　B."应缴财政款"　　C."其他应付款"　　D."预收账款"

4.单位从本单位职工应付职工薪酬扣取住房公积金时，记入（　　）科目。

A."预收账款"　　B."应缴财政款"　　C."其他应付款"　　D."应付职工薪酬"

5.下列税种发生应缴税款时，不需要通过"其他应交税费"科目核算的是（　　）。

A.增值税　　B.土地增值税　　C.印花税　　D.房产税

6.单位无法偿付或债权人豁免偿还的应付账款，按照规定报经批准后进行账务处理时，贷记（　　）科目。

A."其他收入"　　B."营业外收入"

C."应缴财政款"　　D."待处理财产损溢"

7.下列属于单位非流动负债的是（　　）。

A.应付账款　　B.受托代理负债　　C.长期应付款　　D.应缴财政款

8.事业单位签发的商业汇票到期时，如果本单位无力支付票款，商业承兑汇票和银行承兑汇票的应付票款（　　）科目。

A.都转入“应付账款”　　B.都转入“短期借款”

C.都转入“其他应付款”　　D.转入不同

三、多项选择题

1.单位确认债务的条件有（　　）。

A.履行该义务很可能导致含有服务潜力的经济资源流出本单位

B.履行该义务可能导致含有经济利益的经济资源流出本单位

C.金额能够可靠地计量

D.可以估算出价值

2.下列款项中，属于单位取得的按照规定应当上缴财政的有（　　）。

A.罚没收入　　B.行政事业性收费

C.政府性基金　　D.国有资产处置净收入

3.下列事项中，属于单位“其他应付款”科目核算范围的有（　　）。

A.收取的押金、保证金　　B.未纳入行政单位预算管理的转拨资金

C.代扣代缴职工社会保险费　　D.代扣代缴职工住房公积金

4.下列业务中，属于单位“受托代理负债”科目核算范围的有（　　）。

A.受托代理现金　　B.受托代理银行存款

C.受托代理存货　　D.受托代理其他资产

5.下列业务发生时，借记“受托代理资产”科目，贷记“受托代理负债”科目的有（　　）。

A.受托代理现金　　B.受托代理银行存款

C.受托代理存货　　D.受托代理其他资产

6.单位的应付职工薪酬是指单位应付未付的职工工资、津贴补贴等，包括（　）等。

A.基本工资　　B.绩效工资

C.国家统一规定的津贴补贴　　D.社会保险费

7.单位的长期应付款是指事业单位发生的偿还期限超过1年（不含1年）的应付款项，主要包括（　　）发生的长期应付款项。

A.融资租赁租入固定资产　　B.分期付款购入固定资产

C.经营租赁租入固定资产　　D.长期贷款购入固定资产

8.单位通过“应付职工薪酬”科目核算应付职工社会保险费时，资金来源包括（　　）。

A.从本单位职工工资中扣缴　　B.从本单位预算资金中支付

C.由财政统一安排　　D.其他

9.下列属于“预提费用”科目核算范围的有（　　）。

A.预提租金费用

B.预提项目间接费用或管理费用

C.预提利息

D.事业单位从科研项目收入中预提间接费用或管理费用

10.通过“预计负债”科目进行核算时，必须同时满足的条件有（　　）。

A.因或有事项导致的义务　　B.因确定事项导致的义务

C.属于现时义务　　D.属于或有义务

第十三章即测即评

四、业务分录题

某单位20××年发生以下业务，请编写各经济业务财务会计的相关会计分录。

1.发放许可证照，通过银行代收工本费、手续费共计23万元。

2.填列“缴款书”，将第1题的款项上缴国库。

3.将持有的一项专用权以80 000元出售，该项收入适用增值税征收率3%，城建税税率7%，教育费附加率3%。所有款项均通过银行存款转账支付。

4.将一间暂时闲置的房屋出租给外单位使用，合同约定每月租金为8 000元，通过银行转账收取。该项收入适用增值税征收率5%，城建税税率7%，教育费附加率3%。

5.通过财政直接支付向外请专家支付劳务费10 000万元，代扣个人所得税2 000元。

6.通过财政直接支付方式向职工发放工资800 000元，代扣个人所得税30 000元，代扣住房公积金12 000元，代扣水电费8 600元，实际向职工支付749 400元；同时开出“缴款书”，上缴个人所得税和住房公积金。

7.某事业单位（一般纳税人）购买材料一批，价款为80万元，增值税为10.4万元，运杂费为1万元。材料已验收入库，款项10天后才予以支付，付款方式为财政直接支付。

8.根据国家规定，月初确认发放政府补贴38万元，月末通过财政直接支付发放该笔政府补贴。

9.借给外单位专用设备一台，收到该单位用现金交来的押金600元，10天后该单位使用完毕归还设备时一并退还押金。

10.一笔3 000元的其他应付款债权人豁免了该笔债务，作转账处理。

11.为开展业务活动以分期付款方式购入设备一台，设备共需支付价款100万元，合同规定付款期限为5年，每年年末支付设备款20万元，通过授权支付方式支付。

12.假设第11题付完4年设备款后，债权人豁免了余款，作债务销账处理。

13.某事业单位为开展经营活动购置一台专用车辆，按税法的规定，应缴纳车船税1 500元。

14.将一闲置的门面对外出租，年租金为6万元，取得当年租金收入。按税法的规定实行从租计征房产税，税率为12%。

15.5月计算本月应发放本单位职工薪酬，计算出应发放工资总额为380 000元，其中基本工资300 000元，地方津贴补贴40 000元，其他个人收入40 000元。基本工资中，在职人员221 000元，离休人员19 000元，退休人员60 000元；地方津贴补贴中，在职人员25 000元，离休人员3 500元，退休人员11 500元；其他个人收入中，在职人员33 000元，离休人员3 000元，退休人员4 000元。

16.通过财政直接支付5月工资326 500元，代扣代缴个人所得税11 000元，代扣各类保险费6 500元，代扣个人住房公积金36 000元。1周后，将代扣各款项通过财政直接支付方式拨付给各管理机构。

17.按照规定比例计算发放5月职工工资时，本单位应承担的职工社会保险费为6 500元，住房公积金为36 000元。通过财政授权支付方式支付该笔款项。

18.某事业单位为开展专业活动购买甲材料一批，开出3个月到期的带息银行承兑汇票一张，面值为8万元，月利率为0.5%，同时支付银行承兑汇票手续费100元。

19.某事业单位（一般纳税人）为开展经营活动购入乙材料一批，价款为10万元，增值税发票注明税款为13 000元，开出为期90天无息的商业承兑汇票一张。

20.支付第18题、第19题到期的商业汇票到期款项。

21.某事业单位（一般纳税人）为开展事业活动从A公司购买材料一批，价款为90 000元，增值税为11 700元，材料已验收入库，款项尚未支付。

22.开出无息商业汇票一张，抵付第21题应付款项。

23.第22题商业汇票到期，本单位仍无力偿付货款，A公司给予债务豁免。

24.某事业单位（一般纳税人）在开展经营活动中，与B公司签订销货合同一份，销售一批产品给B公司，价税合计226 000元。根据合同约定，先预收B公司交易总额20%的款项，款项已存入银行。

25.发出第24题产品给B公司，B公司已验收入库，并补付了余款。

26.销售包装物应回收的产品给C公司，根据合同约定，收取包装押金5 000元存入银行。

27.第26题C公司由于管理不善损坏了部分包装物，表明不再收回押金。

28.以分期付款的方式购入需要安装的设备一台，该设备总价款为120万元，合同约定分5年付清，每年付24万元。设备已运回，在购买过程中另用银行存款支付各项运杂费共计2 800元。安装完成，发生安装费用1万元，用银行存款转账付讫。

第十四章 单位财务会计收入的核算

☞ 学习目的

通过本章的学习，掌握单位财务会计各类收入的科目设置、管理要求及核算方法。

第一节 财务会计收入概述

一、财务收入的定义及分类

收入是指报告期内导致单位净资产增加的、含有服务潜力或者经济利益的经济资源的流入。

按照取得方式分为转移性收入和自收收入。转移性收入包括财政拨款收入、上级补助收入、附属单位上缴收入、非同级财政拨款收入等；自收收入包括事业收入、经营收入、投资收益、捐赠收入、利息收入、租金收入、其他收入等。

按照资金性质分为财政性收入和非财政性收入。财政性收入包括财政拨款收入、上级补助收入、附属单位上缴收入、非同级财政拨款收入、事业收入等；非财政性收入包括经营收入、投资收益、捐赠收入、利息收入、租金收入、其他收入等。

二、财务收入的确认

收入的确认应当同时满足以下条件：

（1）与收入相关的含有服务潜力或者经济利益的经济资源很可能流入单位；

（2）含有服务潜力或者经济利益的经济资源流入会导致单位资产增加或者负债减少；

（3）流入金额能够可靠地计量。

三、单位财务会计收入类科目及核算内容

单位财务会计收入类科目及核算内容见表14-1。

表14-1　　单位财务会计收入类科目及核算内容

序号	科目编号	科目名称	核算内容
1	4001	财政拨款收入	核算单位从同级政府财政部门取得的各类财政拨款
2	4101	事业收入	核算事业单位开展专业业务活动及其辅助活动实现的收入，不包括从同级政府财政部门取得的各类财政拨款
3	4201	上级补助收入	核算事业单位从主管部门和上级单位取得的非财政拨款收入
4	4301	附属单位上缴收入	核算事业单位取得的附属独立核算单位按照有关规定上缴的收入
5	4401	经营收入	核算事业单位在专业业务活动及其辅助活动之外开展非独立核算经营活动取得的收入
6	4601	非同级财政拨款收入	核算单位从非同级政府财政部门取得的经费拨款，包括从同级政府其他部门取得的横向转拨财政款、从上级或下级政府财政部门取得的经费拨款等
7	4602	投资收益	核算事业单位股权投资和债券投资所实现的收益或发生的损失
8	4603	捐赠收入	核算单位接受其他单位或者个人捐赠取得的收入
9	4604	利息收入	核算单位取得的银行存款利息收入
10	4605	租金收入	核算单位经批准利用国有资产出租取得并按照规定纳入本单位预算管理的租金收入
11	4609	其他收入	核算单位取得的除财政拨款收入、事业收入、上级补助收入、附属单位上缴收入、经营收入、非同级财政拨款收入、投资收益、捐赠收入、利息收入、租金收入以外的各项收入，包括现金盘盈收入、按照规定纳入单位预算管理的科技成果转化收入、行政单位收回已核销的其他应收款、无法偿付的应付及预收款项、置换换出资产评估增值等

四、相近收入科目辨析

（一）财政拨款收入、非同级财政拨款收入、上级补助收入、事业收入

财政拨款收入是指单位从同级政府财政部门取得的各类财政拨款。

非同级财政拨款收入是指单位从非同级政府财政部门取得的经费拨款，包括从同级政府其他部门取得的横向转拨财政款、从上级或下级政府财政部门取得的经费拨款等。

上级补助收入是指事业单位从主管部门和上级单位取得的非财政拨款收入。

事业收入是指事业单位开展专业业务活动及其辅助活动实现的收入，因开展科研及其辅助活动从非同级政府财政部门取得的经费拨款，不包括从同级政府财政部门取得的各类财政拨款。

1.财政拨款收入与非同级财政拨款收入

两者的相同点有：（1）都是既适用于行政单位又适用于事业单位的收入类科目；（2）都属于转移性质的收入；（3）在资金性质上均属于财政拨款。

两者的主要区别在于直接拨款方不同，前者的直接拨款方为同级政府财政部门，即接受拨款的单位与直接拨款的财政部门属于同一级政府的直属单位，两者所属的部门预算被同一级人民代表大会审查批准，例如，教育部某直属A高校的同级政府财政部门为财政

部，财政部给A高校的直接财政拨款即为财政拨款收入；后者的直接拨款方不是同级政府财政部门，其直接拨款方包括同级政府其他部门、上级政府财政部门、下级政府财政部门三类，例如，教育部作为直接拨款方转拨财政部给教育部直属A高校作为一般经费款时，直接拨款方为教育部，虽然教育部与A高校是同一级政府的直属单位，但教育部不是财政部门，因此该项财政拨款属于非同级财政拨款收入。再比如，教育部直属A高校接受其所在地某省政府财政厅的经费拨款，由于直接拨款方为地方政府财政部门，而A高校属于中央政府部委附属院校，因此，该拨款为非同级财政拨款收入。

2.非同级财政拨款收入与上级补助收入

两者的相同点有：（1）都是转移性质的收入；（2）其直接拨款方都不是同级政府财政部门。

两者的主要区别有：（1）适用范围不同。前者适用于行政单位和事业单位，后者仅适用于事业单位。（2）资金属性不同。前者属于财政拨款，不是直接拨款方控制的资金，而是其转拨的资金，后者属于非财政拨款收入，是直接拨款方控制的资金，由其决策分配给受款方。例如，教育部转拨给其直属A高校的一般经费款，该拨款属于财政拨款，但不属于教育部控制，因此属于非同级财政拨款收入范畴；教育部直接分配并拨付给A高校的非财政拨款，属于上级补助收入范畴。（3）直接拨款方的范围不同。前者包括同级政府其他部门、上级政府财政部门和下级政府财政部门，后者仅包括其主管部门和上级单位。

3.非同级财政拨款收入与事业收入

两者的相同点在于直接拨款方都不是同级政府财政部门，且直接拨款方中均有同级政府其他部门。

两者的不同点主要有：（1）来源不同。前者属于转移性质的收入，是来自其他单位的拨款，后者属于自收收入，是本单位开展专业业务活动及其辅助活动实现的收入。（2）适用范围不同。前者适用于行政单位和事业单位；后者仅适用于事业单位。

4个收入类科目的辨析参见图14-1。

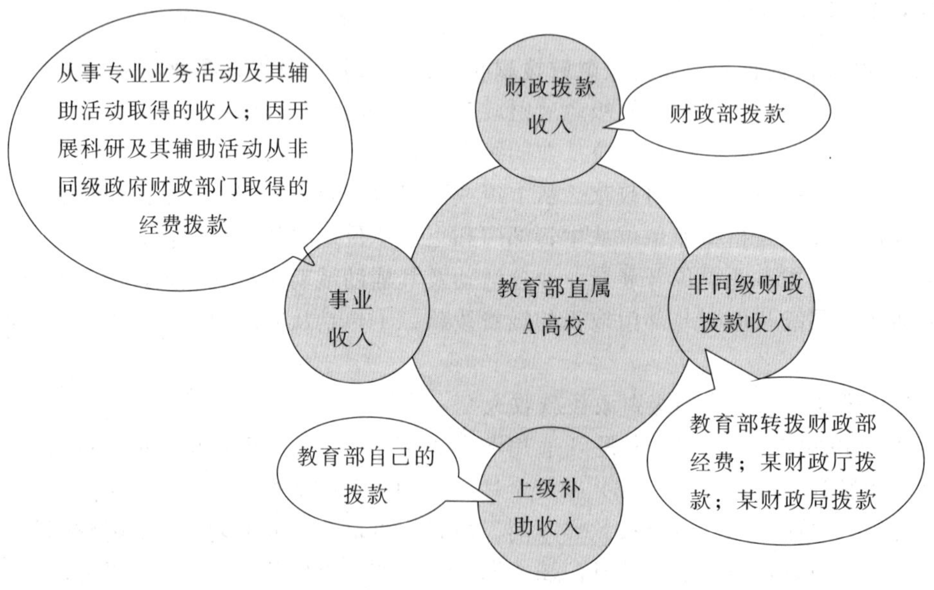

图14-1　4个收入类科目辨析

（二）经营收入与附属单位上缴收入

经营收入是指事业单位在专业业务活动及其辅助活动之外开展非独立核算经营活动取得的收入。

附属单位上缴收入是指事业单位取得的附属独立核算单位按照有关规定上缴的收入。

两者的相同点主要在于都只适用于事业单位。

两者的区别是主要来源不同。前者属于自收收入，来源于本单位经营活动取得的收入，后者属于转移性质的收入，来源于下属单位上缴的收入。

第二节 转移性收入

本节主要介绍“财政拨款收入”“上级补助收入”“附属单位上缴收入”“非同级财政拨款收入”的核算要求及方法。

一、财政拨款收入

“财政拨款收入”科目核算单位从同级政府财政部门取得的各类财政拨款。财政拨款收入的增加记贷方，减少记借方，平时余额在贷方，期末①结转后应无余额。本科目可按照一般公共预算财政拨款、政府性基金预算财政拨款等拨款种类进行明细核算。

同级政府财政部门预拨的下期预算款和没有纳入预算的暂付款项，以及采用实拨资金方式通过本单位转拨给下属单位的财政拨款，通过“其他应付款”科目核算，不通过本科目核算。

（一）财政直接支付方式下

1.根据收到的“财政直接支付入账通知书”及相关原始凭证，按照通知书中的直接支付入账金额，借记“库存物品”“固定资产”“业务活动费用”“单位管理费用”“应付职工薪酬”等科目，贷记本科目。

借：库存物品/固定资产/业务活动费用/单位管理费用/应付职工薪酬等

　贷：财政拨款收入

2.年末，根据本年度财政直接支付预算指标数与当年财政直接支付实际支付数的差额，借记“财政应返还额度——财政直接支付”科目，贷记本科目。

借：财政应返还额度——财政直接支付

　贷：财政拨款收入

【例 14-1】某单位根据代理银行转来的“财政直接支付入账通知书”及相关原始凭证，支付职工工资 1 200 000 元。

	借方	贷方
借：应付职工薪酬	1 200 000	
贷：财政拨款收入		1 200 000

【例 14-2】根据预算，某单位本年度财政直接支付预算数为 520 万元，当年财政直接支付实际支出数为 480 万元。

① 这里的期末一般指月末。根据政府会计准则及制度的规定，单位会计的财务会计的会计期间至少包括月度和年度，其收入类和费用类会计科目的期末转账发生在每月月末；而单位会计的预算会计的会计期间一般只有年度，其预算收入类和预算支出类会计科目的期末转账发生在每年年末。

借：财政应返还额度——财政直接支付　　400 000

　贷：财政拨款收入　　400 000

（二）财政授权支付方式下

1.根据收到的“财政授权支付额度到账通知书”，按照通知书中的授权支付额度，借记“零余额账户用款额度”科目，贷记本科目。

借：零余额账户用款额度

　贷：财政拨款收入

2.年末，本年度财政授权支付预算指标数大于零余额账户用款额度下达数的，根据未下达的用款额度，借记“财政应返还额度——财政授权支付”科目，贷记本科目。

借：财政应返还额度——财政授权支付

　贷：财政拨款收入

财政授权支付方式下“财政拨款收入”科目的例解详见“零余额账户用款额度”“财政应返还额度”科目。

（三）其他方式下

收到财政拨款收入时，按照实际收到的金额，借记“银行存款”等科目，贷记本科目。

借：银行存款等

　贷：财政拨款收入

【例14-3】某单位收到现金账户开户银行转来的收款通知，收到同级政府财政部门拨入的一笔行政运行经费35万元。

借：银行存款　　350 000

　贷：财政拨款收入　　350 000

（四）因差错更正或购货退回等发生国库直接支付款项退回的

1.属于以前年度支付的款项，按照退回金额，借记“财政应返还额度——财政直接支付”科目，贷记“以前年度盈余调整”“库存物品”等科目。

借：财政应返还额度——财政直接支付

　贷：以前年度盈余调整/库存物品等

2.属于本年度支付的款项，按照退回金额，借记本科目，贷记“业务活动费用”“库存物品”等科目。

借：财政拨款收入

　贷：业务活动费用/库存物品等

【例14-4】某单位发生购货退回事项，共收到退回款项40万元，其中25万元属于上一年度支付的18万元的库存物品和7万元的劳务款项，15万元属于本年支付的10万元的库存物品和5万元的劳务款项。

借：财政应返还额度——财政直接支付　　250 000

　　财政拨款收入　　150 000

　贷：以前年度盈余调整　　70 000

　　　业务活动费用　　50 000

　　　库存物品　　280 000

（五）期末

期末，将本科目本期发生额转入本期盈余，借记本科目，贷记“本期盈余”科目。

借：财政拨款收入

　贷：本期盈余

涉及增值税业务的，相关账务处理参见“应交增值税”科目。

【例 14-5】某月末，某单位“财政拨款收入”账户贷方余额为260万元，全部进行结转。

借：财政拨款收入　　2 600 000

　贷：本期盈余　　2 600 000

二、上级补助收入

“上级补助收入”科目核算事业单位从主管部门和上级单位取得的非财政拨款收入。上级补助收入增加记贷方，减少记借方，平时余额在贷方，期末结转后应无余额。本科目应当按照发放补助单位、补助项目等进行明细核算。

（一）平时

1.确认上级补助收入时，按照应收或实际收到的金额，借记“其他应收款”“银行存款”等科目，贷记本科目。

借：其他应收款/银行存款等

　贷：上级补助收入

2.实际收到应收的上级补助款时，按照实际收到的金额，借记“银行存款”等科目，贷记“其他应收款”科目。

借：银行存款等

　贷：其他应收款

【例 14-6】某事业单位6月初按照政策规定确认应收上级单位补助收入100万元，7月初收到该笔款项并存入银行。

（1）6月初确认收入时：

借：其他应收款　　1 000 000

　贷：上级补助收入　　1 000 000

（2）7月初收到款项时：

借：银行存款　　1 000 000

　贷：其他应收款　　1 000 000

（二）期末

期末，将本科目本期发生额转入本期盈余，借记本科目，贷记“本期盈余”科目。

借：上级补助收入

　贷：本期盈余

【例 14-7】某事业单位某月进行月末结账，将“上级补助收入”账户的贷方余额800万元全部进行结转。

借：上级补助收入　　8 000 000

　贷：本期盈余　　8 000 000

三、附属单位上缴收入

“附属单位上缴收入”科目核算事业单位取得的附属独立核算单位按照有关规定上缴的收入。附属单位上缴收入增加记贷方，减少记借方，平时余额在贷方，期末结转后应无余额。本科目应当按照附属单位、缴款项目等进行明细核算。

（一）平时

1.确认附属单位上缴收入时，按照应收或收到的金额，借记“其他应收款”“银行存款”等科目，贷记本科目。

借：其他应收款/银行存款等

　贷：附属单位上缴收入

2.实际收到应收附属单位上缴款时，按照实际收到的金额，借记“银行存款”等科目，贷记“其他应收款”科目。

借：银行存款等

　贷：其他应收款

【例 14-8】某事业单位确认应收独立核算的附属A单位上缴收入39万元，10天后收到款项存入银行。

（1）确认收入时：

借：其他应收款——A单位　　390 000

　贷：附属单位上缴收入　　390 000

（2）收到款项时：

借：银行存款　　390 000

　贷：其他应收款　　390 000

（二）期末

期末，将本科目本期发生额转入本期盈余，借记本科目，贷记“本期盈余”科目。

借：附属单位上缴收入

　贷：本期盈余

【例 14-9】某事业单位某月进行月末结账，将“附属单位上缴收入”账户的贷方余额190万元全部进行结转。

借：附属单位上缴收入　　1 900 000

　贷：本期盈余　　1 900 000

四、非同级财政拨款收入

“非同级财政拨款收入”科目核算单位从非同级政府财政部门取得的经费拨款，包括从同级政府其他部门取得的横向转拨财政款、从上级或下级政府财政部门取得的经费拨款等。非同级财政拨款收入的增加记贷方，减少记借方，平时余额在贷方，期末结转后应无余额。本科目应当按照本级横向转拨财政款和非本级财政拨款进行明细核算，并按照收入来源进行明细核算。

事业单位因开展科研及其辅助活动从非同级政府财政部门取得的经费拨款，应当通过“事业收入——非同级财政拨款”科目核算，不通过本科目核算。

（一）平时

1.确认非同级财政拨款收入时，按照应收或实际收到的金额，借记“其他应收款”“银行存款”等科目，贷记本科目。

借：其他应收款/银行存款等

贷：非同级财政拨款收入

2.实际收到应收非同级财政拨款时，按照实际收到的金额，借记“银行存款”等科目，贷记“其他应收款”科目。

借：银行存款等

贷：其他应收款

【例 14-10】某行政单位收到科技厅拨来的科研经费45万元，款项已存入银行。

借：银行存款 450 000

贷：非同级财政拨款收入 450 000

【例 14-11】某事业单位收到上级单位转拨的财政款200万元，其中150万元用于科研项目及其辅助活动，50万元属于一般性经费拨款。

借：银行存款 2 000 000

贷：非同级财政拨款收入 500 000

事业收入——非同级财政拨款 1 500 000

（二）期末

期末，将本科目本期发生额转入本期盈余，借记本科目，贷记“本期盈余”科目。

借：非同级财政拨款收入

贷：本期盈余

【例 14-12】某单位某月进行月末结账，将“非同级财政拨款收入”账户贷方余额300万元全部进行结转。

借：非同级财政拨款收入 3 000 000

贷：本期盈余 3 000 000

第三节 自收收入

本节主要介绍“事业收入”“经营收入”“投资收益”“捐赠收入”“利息收入”“租金收入”“其他收入”科目的核算要求及方法。

一、事业收入

“事业收入”科目核算事业单位开展专业业务活动及其辅助活动实现的收入，因开展科研及其辅助活动从非同级政府财政部门取得的经费拨款，不包括从同级政府财政部门取得的各类财政拨款。事业收入的增加记贷方，减少记借方，平时余额在贷方，期末结转后应无余额。本科目应当按照事业收入的类别、来源等进行明细核算。对于因开展科研及其辅助活动从非同级政府财政部门取得的经费拨款，应当在本科目下单设“非同级财政拨款”明细科目进行核算。

（一）采用财政专户返还方式管理的事业收入

1.实现应上缴财政专户的事业收入时，按照实际收到或应收的金额，借记“银行存款”“应收账款”等科目，贷记“应缴财政款”科目。

借：银行存款/应收账款等

　贷：应缴财政款

2.向财政专户上缴款项时，按照实际上缴的款项金额，借记“应缴财政款”科目，贷记“银行存款”等科目。

借：应缴财政款

　贷：银行存款等

3.收到从财政专户返还的事业收入时，按照实际收到的返还金额，借记“银行存款”等科目，贷记本科目。

借：银行存款等

　贷：事业收入

【例14-13】某事业单位采用财政专户返还方式管理事业收入，9月收到应缴入财政专户的款项50万元，几天后上缴财政专户，10月收到财政专户返还的款项48万元。

（1）取得款项时：

借：银行存款　500 000

　贷：应缴财政款　500 000

（2）上缴专户时：

借：应缴财政款　500 000

　贷：银行存款　500 000

（3）收到返还款时：

借：银行存款　480 000

　贷：事业收入　480 000

（二）采用预收款方式确认的事业收入

1.实际收到预收款项时，按照收到的款项金额，借记“银行存款”等科目，贷记“预收账款”科目。

借：银行存款等

　贷：预收账款

2.按合同完成进度确认事业收入时，按照基于合同完成进度计算的金额，借记“预收账款”科目，贷记本科目。

借：预收账款

　贷：事业收入

【例14-14】某事业单位对于×项目的建设采用预收款方式，根据合同进度确认事业收入，合同确立的项目建设资金总额为500万元，每完成总工作量的20%结算一次收入。合同确立后，收到项目资金并存入银行。项目开工后1个月后达到20%的进度。

（1）收到项目资金时：

借：银行存款　5 000 000

　贷：预收账款——×项目　5 000 000

（2）完工进度达到20%时：

借：预收账款——×项目　　1 000 000

　贷：事业收入　　1 000 000

（三）采用应收款方式确认的事业收入

1.根据合同完成进度计算本期应收的款项，借记“应收账款”科目，贷记本科目。

借：应收账款

　贷：事业收入

2.实际收到款项时，借记“银行存款”等科目，贷记“应收账款”科目。

借：银行存款等

　贷：应收账款

【例14-15】某事业单位对于×项目的建设采用应收款方式，根据合同进度确认事业收入，合同确立的项目建设资金总额为500万元，每完成总工作量的20%结算一次收入。项目开工1个月后达到20%的完工进度进行结算，几天后收到结算款项100万元存入银行。

（1）按照合同进度确认时：

借：应收账款——×项目　　1 000 000

　贷：事业收入　　1 000 000

（2）实际收到款项时：

借：银行存款　　1 000 000

　贷：应收账款——×项目　　1 000 000

（四）其他方式下确认的事业收入

其他方式下，按照实际收到的金额，借记“银行存款”“库存现金”等科目，贷记本科目。

借：银行存款/库存现金等

　贷：事业收入

【例14-16】某事业单位对于某项目的建设采用直接收到款项方式，根据合同进度确认事业收入，合同确立的项目建设资金总额为500万元，每完成总工作量的20%结算一次收入。项目开工1个月后完工进度达到20%，进行结算，收到款项存入银行。

借：银行存款　　1 000 000

　贷：事业收入　　1 000 000

（五）期末

期末，将本科目本期发生额转入本期盈余，借记本科目，贷记“本期盈余”科目。

借：事业收入

　贷：本期盈余

涉及增值税业务的，相关账务处理参见“应交增值税”科目。

【例14-17】某事业单位某月进行月末结账，将“事业收入”账户的贷方余额980万元全部结转。

借：事业收入　　9 800 000

　贷：本期盈余　　9 800 000

二、经营收入

“经营收入”科目核算事业单位在专业业务活动及其辅助活动之外开展非独立核算经营活动取得的收入。经营收入的增加记贷方，减少记借方，平时余额在贷方，期末结转后应无余额。本科目应当按照经营活动类别、项目和收入来源等进行明细核算。

经营收入应当在提供服务或发出存货，同时收讫价款或者取得索取价款的凭据时，按照实际收到或应收的金额予以确认。

（一）平时

实现经营收入时，按照确定的收入金额，借记“银行存款”“应收账款”“应收票据”等科目，贷记本科目。

借：银行存款/应收账款/应收票据等

　贷：经营收入

【例 14-18】某事业单位（小规模纳税人）从事经营活动对外提供应税劳务，取得含税收入8 240元，增值税为240元。款项已存入银行。

	借方	贷方
借：银行存款	8 240	
贷：经营收入		8 000
应交增值税		240

【例 14-19】某事业单位（一般纳税人）从事经营活动对外销售产品一批，增值税专用发票上注明价款9 000元，增值税1 170元。款项已存入银行。

	借方	贷方
借：银行存款	10 170	
贷：经营收入		9 000
应交增值税——应交税金（销项税额）		1 170

（二）期末

期末，将本科目本期发生额转入本期盈余，借记本科目，贷记“本期盈余”科目。

借：经营收入

　贷：本期盈余

涉及增值税业务的，相关账务处理参见“应交增值税”科目。

【例 14-20】某事业单位某月进行月末结账，将“经营收入”账户的贷方余额65万元全部进行结转。

	借方	贷方
借：经营收入	650 000	
贷：本期盈余		650 000

三、投资收益

“投资收益”科目核算事业单位股权投资和债券投资所实现的收益或发生的损失。投资收益增加记贷方，减少记借方，平时余额在贷方，期末结转后应无余额。本科目应当按照投资的种类等进行明细核算。

（一）收到短期投资持有期间的利息

收到短期投资持有期间的利息，按照实际收到的金额，借记“银行存款”科目，贷记“投资收益”科目。

借：银行存款

贷：投资收益

（二）出售或到期收回短期债券本息

出售或到期收回短期债券本息，按照实际收到的金额，借记“银行存款”科目，按照出售或收回短期投资的成本，贷记“短期投资”科目，按照其差额，贷记或借记本科目。

借：银行存款（按照实际收到的金额）

贷：短期投资（按照出售或收回短期投资的成本）

贷或借：投资收益（按照其差额）

（三）持有长期债券投资

1.持有的分期付息、一次还本的长期债券投资，按期确认利息收入时，按照计算确定的应收未收利息，借记“应收利息”科目，贷记本科目。

借：应收利息

贷：投资收益

2.持有的到期一次还本付息的债券投资，按期确认利息收入时，按照计算确定的应收未收利息，借记“长期债券投资——应计利息”科目，贷记本科目。

借：长期债券投资——应计利息

贷：投资收益

（四）出售长期债券投资或到期收回长期债券投资本息

出售长期债券投资或到期收回长期债券投资本息，按照实际收到的金额，借记“银行存款”等科目，按照债券初始投资成本和已计未收利息金额，贷记“长期债券投资——成本/应计利息”科目（到期一次还本付息债券）或“长期债券投资”“应收利息”科目（分期付息债券），按照其差额，贷记或借记本科目。

借：银行存款等（按照实际收到的金额）

贷：长期债券投资——成本/应计利息（到期一次还本付息债券）/长期债券投资/应收利息（分期付息债券）（按照债券初始投资成本和已计未收利息金额）

贷或借：投资收益（按照其差额）

（五）长期股权投资持有期间

1.采用成本法核算的长期股权投资持有期间，被投资单位宣告分派现金股利或利润时，按照宣告分派的现金股利或利润中属于单位应享有的份额，借记“应收股利”科目，贷记本科目。

借：应收股利

贷：投资收益

2.采用权益法核算的长期股权投资持有期间，按照应享有或应分担的被投资单位实现的净损益的份额，借记或贷记“长期股权投资——损益调整”科目，贷记或借记本科目；被投资单位发生净亏损，但以后年度又实现净利润的，单位在其收益分享额弥补未确认的亏损分担额等后，恢复确认投资收益，借记“长期股权投资——损益调整”科目，贷记本科目。

（1）发生净损益：

借或贷：长期股权投资——损益调整

贷或借：投资收益

（2）扭亏为盈恢复确认投资收益：

借：长期股权投资——损益调整

贷：投资收益

（六）按照规定处置长期股权投资

有关投资收益的账务处理，参见“长期股权投资”科目。

“投资收益”科目的例解参见“短期投资”“长期债券投资”“长期股权投资”科目的相关例题。

（七）期末

期末，将本科目本期发生额转入本期盈余，借记或贷记本科目，贷记或借记“本期盈余”科目。

借或贷：投资收益

贷或借：本期盈余

涉及增值税业务的，相关账务处理参见“应交增值税”科目。

【例 14-21】某事业单位某月进行月末结账，“投资收益”账户为贷方余额78万元，全部进行结转。

借：投资收益　　780 000

贷：本期盈余　　780 000

四、捐赠收入

“捐赠收入”科目核算单位接受其他单位或者个人捐赠取得的收入。捐赠收入增加记贷方，减少记借方，平时余额在贷方，期末结转后应无余额。本科目应当按照捐赠资产的用途和捐赠单位等进行明细核算。

（一）接受捐赠的货币资金

接受捐赠的货币资金，按照实际收到的金额，借记“银行存款”“库存现金”等科目，贷记本科目。

借：银行存款/库存现金等

贷：捐赠收入

（二）接受捐赠的存货、固定资产等非现金资产

接受捐赠的存货、固定资产等非现金资产，按照确定的成本，借记“库存物品”“固定资产”等科目，按照发生的相关税费、运输费等，贷记“银行存款”等科目，按照其差额，贷记本科目。

借：库存物品/固定资产等（按照确定的成本）

贷：银行存款等（按照发生的相关税费、运输费等）

捐赠收入（按照其差额）

（三）接受捐赠的资产按照名义金额入账

接受捐赠的资产按照名义金额入账的，按照名义金额，借记“库存物品”“固定资产”等科目，贷记本科目；同时，按照发生的相关税费、运输费等，借记“其他费用”科目，贷记“银行存款”等科目。

借：库存物品/固定资产等
　贷：捐赠收入
借：其他费用
　贷：银行存款等

“捐赠收入”科目的例解参见“库存现金”“银行存款”“库存物品”“固定资产”等资产类科目接受捐赠的相关业务例题。

（四）期末

期末，将本科目本期发生额转入本期盈余，借记本科目，贷记“本期盈余”科目。

借：捐赠收入
　贷：本期盈余

【例 14-22】某单位某月进行月末结账，“捐赠收入”账户为贷方余额120万元，全部进行结转。

借：捐赠收入　　1 200 000
　贷：本期盈余　　1 200 000

五、利息收入

“利息收入”科目核算单位取得的银行存款利息收入。利息收入的增加记贷方，减少记借方，平时余额在贷方，期末结转后应无余额。

（一）平时

取得银行存款利息时，按照实际收到的金额，借记“银行存款”科目，贷记本科目。

借：银行存款
　贷：利息收入

【例 14-23】某事业单位接到其开户行通知，本期银行存款利息已计提并转入单位账户，共计5 000元。

借：银行存款　　5 000
　贷：利息收入　　5 000

（二）期末

将本科目本期发生额转入本期盈余，借记本科目，贷记“本期盈余”科目。

借：利息收入
　贷：本期盈余

【例 14-24】某事业单位某月进行月末结账，将“利息收入”账户的所有贷方余额180万元全部结转。

借：利息收入　　1 800 000
　贷：本期盈余　　1 800 000

六、租金收入

“租金收入”科目核算单位经批准利用国有资产出租取得并按照规定纳入本单位预算管理的租金收入。租金收入的增加记贷方，减少记借方，平时余额在贷方，期末结转后应无余额。本科目应当按照出租国有资产类别和收入来源等进行明细核算。

（一）国有资产出租收入

国有资产出租收入，应当在租赁期内各个期间按照直线法予以确认。

1.采用预收租金方式的，预收租金时，按照收到的金额，借记“银行存款”等科目，贷记“预收账款”科目；分期确认租金收入时，按照各期租金金额，借记“预收账款”科目，贷记本科目。

（1）预收租金时：

借：银行存款等

　贷：预收账款

（2）分期确认租金收入时：

借：预收账款

　贷：租金收入

【例 14-25】某事业单位经批准将对外出租国有资产取得的租金纳入单位预算管理。采用预收租金的方式对外出租固定资产，取得1年租金120 000元，已存入银行。从租出之日起按月确认租金收入。（不考虑税）

（1）收到租金时：

借：银行存款　　120 000

　贷：预收账款　　120 000

（2）按月确认收入时：

借：预收账款　　10 000

　贷：租金收入　　10 000

2.采用后付租金方式的，每期确认租金收入时，按照各期租金金额，借记“应收账款”科目，贷记本科目；收到租金时，按照实际收到的金额，借记“银行存款”等科目，贷记“应收账款”科目。

（1）每期确认租金收入时：

借：应收账款

　贷：租金收入

（2）收到租金时：

借：银行存款等

　贷：应收账款

【例 14-26】某事业单位经批准将对外出租国有资产取得的租金纳入单位预算管理。采用后付租金的方式对外出租固定资产，合同约定1年租金120 000元，每半年支付一次租金。从租出之日起按月确认租金收入。（不考虑税）

（1）按月确认收入时：

借：应收账款　　10 000

　贷：租金收入　　10 000

（2）每半年收到租金时：

借：银行存款　　60 000

　贷：应收账款　　60 000

3.采用分期收取租金方式的，每期收取租金时，按照租金金额，借记“银行存款”等科目，贷记本科目。

借：银行存款等

　贷：租金收入

【例 14-27】某事业单位经批准将对外出租国有资产取得的租金纳入单位预算管理。采用分期收取租金的方式对外出租固定资产，合同约定1年租金120 000元。从租出之日起按月收取租金并确认租金收入。(不考虑税)

借：银行存款　　10 000

　贷：租金收入　　10 000

（二）期末

期末，将本科目本期发生额转入本期盈余，借记本科目，贷记“本期盈余”科目。

借：租金收入

　贷：本期盈余

涉及增值税业务的，相关账务处理参见“应交增值税”科目。

【例 14-28】某单位某月进行月末结账，“租金收入”账户贷方余额为20万元，全部结转。

借：租金收入　　200 000

　贷：本期盈余　　200 000

七、其他收入

“其他收入”科目核算单位取得的除财政拨款收入、事业收入、上级补助收入、附属单位上缴收入、经营收入、非同级财政拨款收入、投资收益、捐赠收入、利息收入、租金收入以外的各项收入，包括现金盘盈收入、按照规定纳入单位预算管理的科技成果转化收入、行政单位收回已核销的其他应收款、无法偿付的应付及预收款项、置换换出资产评估增值等。其他收入的增加记贷方，减少记借方，平时余额在贷方，期末结转后应无余额。本科目应当按照其他收入的类别、来源等进行明细核算。

（一）现金盘盈收入

每日现金账款核对中发现的现金溢余，属于无法查明原因的部分，报经批准后，借记“待处理财产损溢”科目，贷记本科目。

借：待处理财产损溢

　贷：其他收入

现金盘盈收入例解参见【例12-6】。

（二）科技成果转化收入

单位科技成果转化取得的收入，按照规定留归本单位的，按照所取得收入扣除相关费用之后的净收益，借记“银行存款”等科目，贷记本科目。

借：银行存款等

　贷：其他收入

【例 14-29】某单位按照规定将科技成果转化取得的收入留归本单位。6月转化一项科技成果取得收入100万元，转化过程中发生各项费用共计35万元。(不考虑税)

借：银行存款　　650 000

贷：其他收入 650 000

（三）收回已核销的其他应收款

行政单位已核销的其他应收款在以后期间收回的，按照实际收回的金额，借记“银行存款”等科目，贷记本科目。

借：银行存款等

贷：其他收入

行政单位收回已核销的其他应收款例解参见【例12-34】。

（四）无法偿付的应付及预收款项

无法偿付或债权人豁免偿还的应付账款、预收账款、其他应付款及长期应付款，借记“应付账款”“预收账款”“其他应付款”“长期应付款”等科目，贷记本科目。

借：应付账款/预收账款/其他应付款/长期应付款等

贷：其他收入

无法偿付的预收及应付款项导致的有关其他收入的例解参见第十三章相关预收及应付款科目例题。

（五）置换换出资产评估增值

资产置换过程中，换出资产评估增值的，按照评估价值高于资产账面价值或账面余额的金额，借记有关科目，贷记本科目。

借：有关科目

贷：其他收入

具体账务处理参见“库存物品”等科目。

以未入账的无形资产取得的长期股权投资，按照评估价值加相关税费作为投资成本，借记“长期股权投资”科目，按照发生的相关税费，贷记“银行存款”“其他应交税费”等科目，按其差额，贷记本科目。

借：长期股权投资（按照评估价值加相关税费作为投资成本）

贷：银行存款/其他应交税费等（按照发生的相关税费）

其他收入（按照其差额）

置换导致其他收入业务的例解参见第十二章相关资产置换例题。

（六）确认（一）至（五）以外的其他收入

按照应收或实际收到的金额，借记“其他应收款”“银行存款”“库存现金”等科目，贷记本科目。

借：其他应收款/银行存款/库存现金等

贷：其他收入

【例14-30】某行政单位取得一笔性质不明的收入10万元存入银行，先记入“其他应付款”账户，后经确认应记入“其他收入”账户。

（1）取得收入时：

借：银行存款 100 000

贷：其他应付款 100 000

（2）确认账户时：

借：其他应付款 100 000

贷：其他收入　　100 000

（七）期末

期末，将本科目本期发生额转入本期盈余，借记本科目，贷记“本期盈余”科目。

借：其他收入

　贷：本期盈余

涉及增值税业务的，相关账务处理参见“应交增值税”科目。

【例14-31】某单位某月进行月末结账，将“其他收入”账户的所有贷方余额180万元全部结转。

借：其他收入　　1 800 000

　贷：本期盈余　　1 800 000

思考与练习题

一、思考题

1.什么是单位的财务收入？其包括哪些内容？

2.单位财政拨款收入明细科目有哪些设置规定？

3.如何辨析单位各相近收入科目？

4.单位财务收入的确认条件有哪些？

二、单项选择题

1.单位的财务收入一般应在（　　）时予以确认。

A.收到款项　　B.确定收款权　　C.预算审批　　D.资金预计流入

2.上级单位向所属单位转拨的非同级财政拨款资金，上级单位财务会计记入（　　）科目。

A.“非同级财政拨款收入”　　B.“财政拨款收入”

C.“其他应付款”　　D.“对附属单位补助费用”

3.（　　）不属于单位非同级财政拨款收入的直接拨款方。

A.同级政府财政部门　　B.同级政府横向转拨单位

C.上级政府财政部门　　D.下级政府财政部门

4.单位财政直接支付方式下，根据收到的（　　）及相关原始凭证作财政拨款收入和相关支出账。

A.财政直接支付额度到账通知书　　B.财政直接支付入账通知书

C.国库划款凭证　　D.直接支付命令书

5.单位财务会计月末结账，所有的收入科目不分性质均转入（　　）科目。

A.“累计盈余”　　B.“本期盈余”

C.“本年盈余分配”　　D.“其他结余”

三、多项选择题

1.单位依法取得的下列资金中，属于其收入的有（　　）。

A.罚没收入　　B.捐赠收入　　C.财政预算资金　　D.其他收入

2.单位取得下列收入中，属于其他收入核算范围的有（　　）。

A.现金盘盈收入

B.按照规定纳入单位预算管理的科技成果转化收入

C.无法偿付的应付及预收款项

D.置换换出资产评估增值

3.单位“其他收入”科目应当按照其他收入的（　　）进行明细核算。

A.类别　　B.来源单位　　C.项目资金　　D.非项目资金

4.属于事业单位“事业收入”科目核算范围的有（　　）。

A.专业业务活动取得的收费收入　　B.专业业务活动的辅助活动取得的收入

C.从非同级财政部门取得的经费拨款　　D.从非同级财政部门取得的科研项目经费

5.下列属于行政单位财务收入的有（　　）。

A.财政拨款收入　　B.非同级财政拨款收入

C.投资收益　　D.其他收入

第十四章即测即评

四、业务分录题

某单位20××年发生下列经济业务，请编写各经济业务的财务会计相关会计分录。

1.根据代理银行转来的“财政直接支付入账通知书”及相关原始凭证，支付本单位职工工资57万元。

2.收到现金账户的开户银行转来的收款通知，收到财政部门拨入的一笔行政运行经费23万元。

3.收到上级主管部门拨入的科研专项费用18万元，其中8万元属于应转拨给附属单位的科研经费，该项资金未纳入本单位预算。

4.通过财政授权支付某专家讲座费4 000元，代扣个人所得税640元，实际支付专家讲座费3 360元。

5.某事业单位（一般纳税人）通过财政直接支付方式购买专业业务活动甲材料一批，价款为85 000元，增值税为11 050元，运杂费为850元。材料已验收入库。

6.收到代理银行转来的“财政授权支付额度到账通知书”，财政授权支付用款额度为540万元。

7.从同级财政部门收到非国库集中支付的补助资金23万元，款项已存入银行。

8.收到上级单位拨来的非财政补助资金110万元，款项已存入银行。

9.收到独立核算的附属甲单位上缴的管理费8万元，款项已存入银行。

10.收到从财政专户返还的事业收入34万元，款项已存入银行。

11.收到不需要上缴财政专户的事业收入12万元，款项已存入银行。

12.某事业单位从事经营活动中，对外销售产品一批，增值税专用发票上注明价款56 000元，增值税7 280元，款项已存入银行。

13. 接到开户行通知，本期银行存款利息已计提并转入单位账户，共计67 000元。

14. 对外出租国有固定资产，取得租金20万元，款项已存入银行，经批准该租金纳入单位预算管理。

15. 接受C公司捐款120万元，款项已存入银行。

16. 本年度财政直接支付预算数为780万元，年末当年财政直接支付实际支出数为700万元，作余额注销账务处理。

17. 月末进行结账时，各收入科目的余额情况为："财政拨款收入"科目贷方余额450万元；"非同级财政拨款收入"科目贷方余额120万元；"事业收入"贷方余额180万元；"经营收入"贷方余额230万元；"投资收益"借方余额30万元；"捐赠收入"贷方余额90万元；"利息收入"贷方余额23万元；"租金收入"贷方余额3万元；"其他收入"科目贷方余额8万元。

第十五章 单位财务会计费用的核算

☞ 学习目的

通过本章的学习，掌握单位财务会计各类费用的科目设置、管理要求及核算方法。

第一节 财务会计费用概述

一、费用的定义及分类

费用是指报告期内导致政府会计主体净资产减少的、含有服务潜力或者经济利益的经济资源的流出。

费用按照产生方式分消耗性费用、转移性费用和其他类费用。

消耗性费用包括业务活动费用、单位管理费用、经营费用、资产处置费用等；转移性费用包括上缴上级费用和对附属单位补助费用；其他类费用包括所得税费用、其他费用等。

二、费用的确认

费用的确认应当同时满足以下条件：

（1）与费用相关的含有服务潜力或者经济利益的经济资源很可能流出政府会计主体；

（2）含有服务潜力或者经济利益的经济资源流出会导致政府会计主体资产减少或者负债增加；

（3）流出金额能够可靠地计量。

三、单位财务会计费用类科目及核算内容

单位财务会计费用类科目及核算内容见表15-1。

表 15-1　　单位财务会计费用类科目及核算内容

序号	科目编号	科目名称	核算内容
1	5001	业务活动费用	核算单位为实现其职能目标，依法履职或开展专业业务活动及其辅助活动所发生的各项费用
2	5101	单位管理费用	核算事业单位本级行政及后勤管理部门开展管理活动发生的各项费用，包括单位行政及后勤管理部门发生的人员经费、公用经费、资产折旧（摊销）等费用，以及由单位统一负担的离退休人员经费、工会经费、诉讼费、中介费等
3	5201	经营费用	核算事业单位在专业业务活动及其辅助活动之外开展非独立核算经营活动发生的各项费用
4	5301	资产处置费用	核算单位经批准处置资产时发生的费用，包括转销的被处置资产价值，以及在处置过程中发生的相关费用或者处置收入小于相关费用形成的净支出。资产处置的形式按照规定包括无偿调拨、出售、出让、转让、置换、对外捐赠、报废、毁损以及货币性资产损失核销等
5	5401	上缴上级费用	核算事业单位按照财政部门和主管部门的规定上缴上级单位款项发生的费用
6	5501	对附属单位补助费用	核算事业单位用财政拨款收入之外的收入对附属单位补助发生的费用
7	5801	所得税费用	核算有企业所得税缴纳义务的事业单位按规定缴纳企业所得税所形成的费用
8	5901	其他费用	核算单位发生的除业务活动费用、单位管理费用、经营费用、资产处置费用、上缴上级费用、附属单位补助费用、所得税费用以外的各项费用，包括利息费用、坏账损失、罚没支出、现金资产捐赠支出以及相关税费、运输费等

第二节　消耗性费用

本节主要介绍“业务活动费用”“单位管理费用”“经营费用”“资产处置费用”科目的核算要求及方法。

一、业务活动费用

“业务活动费用”科目核算单位为实现其职能目标，依法履职或开展专业业务活动及其辅助活动所发生的各项费用。业务活动费用的增加记借方，减少记贷方，平时余额在借方，期末结转后应无余额。本科目应当按照项目、服务或者业务类别、支付对象等进行明细核算。

为了满足成本核算需要，本科目下还可按照“工资福利费用”“商品和服务费用”“对个人和家庭的补助费用”“对企业补助费用”“固定资产折旧费”“无形资产摊销费”“公共基础设施折旧（摊销）费”“保障性住房折旧费”“计提专用基金”等成本项目设置明细科目，归集能够直接计入业务活动或采用一定方法计算后计入业务活动的费用。

（一）为履职或开展业务活动人员计提的薪酬

为履职或开展业务活动人员计提的薪酬，按照计算确定的金额，借记本科目，贷记“应付职工薪酬”科目。

借：业务活动费用

　贷：应付职工薪酬

【例 15-1】某单位计提专业业务活动及其辅助活动人员本月薪酬，计算出应发薪酬总额为 178 万元。

	借方	贷方
借：业务活动费用——工资福利费用	1 780 000	
贷：应付职工薪酬		1 780 000

（二）为履职或开展业务活动发生的外部人员劳务费

为履职或开展业务活动发生的外部人员劳务费，按照计算确定的金额，借记本科目，按照代扣代缴个人所得税的金额，贷记“其他应交税费——应交个人所得税”科目，按照扣税后应付或实际支付的金额，贷记“其他应付款”“财政拨款收入”“零余额账户用款额度”“银行存款”等科目。

借：业务活动费用（按照计算确定的金额）

　贷：其他应交税费——应交个人所得税（按照代扣代缴个人所得税的金额）

　　其他应付款/财政拨款收入/零余额账户用款额度/银行存款等（按照扣税后应付或实际支付的金额）

【例 15-2】某单位为开展专业业务活动，支付外部专家费 5 000 元，代扣个人所得税 800 元，通过财政授权支付实际支付专家 4 200 元。

	借方	贷方
借：业务活动费用——商品和服务费用	5 000	
贷：零余额账户用款额度		4 200
其他应交税费——应交个人所得税		800

（三）为履职或开展业务活动领用库存物品，以及动用发出相关政府储备物资

为履职或开展业务活动领用库存物品，以及动用发出相关政府储备物资，按照领用库存物品或发出相关政府储备物资的账面余额，借记本科目，贷记“库存物品”“政府储备物资”科目。

借：业务活动费用

　贷：库存物品/政府储备物资

【例 15-3】某单位为开展专业业务活动，领用库存材料一批用于日常办公，成本为 8 000 元，领用政府储备物资一批，成本为 100 000 元。

	借方	贷方
借：业务活动费用——商品和服务费用	108 000	
贷：库存物品		8 000
政府储备物资		100 000

（四）计提折旧、摊销

为履职或开展业务活动所使用的固定资产、无形资产以及为所控制的公共基础设施、保障性住房计提的折旧、摊销，按照计提金额，借记本科目，贷记“固定资产累计折旧”“无形资产累计摊销”“公共基础设施累计折旧（摊销）”“保障性住房累计折旧”科目。

借：业务活动费用

　贷：固定资产累计折旧/无形资产累计摊销/公共基础设施累计折旧（摊销）/保障性住房累计折旧

【例 15-4】某单位为开展业务活动使用的固定资产，当月计提折旧20万元。

借：业务活动费用——固定资产折旧费　200 000

　贷：固定资产累计折旧　200 000

（五）为履职或开展业务活动发生其他应交税费

为履职或开展业务活动发生的城市维护建设税、教育费附加、地方教育附加、车船税、房产税、城镇土地使用税等，按照计算确定应缴纳的金额，借记本科目，贷记“其他应交税费”等科目。

借：业务活动费用

　贷：其他应交税费等

【例 15-5】某单位为开展业务活动，发生应交城市维护建设税7万元，教育费附加3万元，地方教育附加3 000元。

借：业务活动费用　103 000

　贷：其他应交税费——应交城市维护建设税　70 000

　　　　　　　　——应交教育费附加　30 000

　　　　　　　　——应交地方教育附加　3 000

（六）为履职或开展业务活动发生其他各项费用

为履职或开展业务活动发生其他各项费用时，按照费用确认金额，借记本科目，贷记“财政拨款收入”“零余额账户用款额度”“银行存款”“应付账款”“其他应付款”“其他应收款”等科目。

借：业务活动费用

　贷：财政拨款收入/零余额账户用款额度/银行存款/应付账款/其他应付款/其他应收款等

【例 15-6】某单位支付开展业务活动职工困难补助金80万元，采用财政授权支付方式支付。

借：业务活动费用——对个人和家庭的补助费用　800 000

　贷：零余额账户用款额度　800 000

（七）按照规定从收入中提取专用基金并计入费用

按照规定从收入中提取专用基金并计入费用的，一般按照预算会计下基于预算收入计算提取的金额，借记本科目，贷记“专用基金”科目。

借：业务活动费用

　贷：专用基金

国家另有规定的，从其规定。

【例 15-7】某事业单位按照规定从事业收入中提取专用基金25万元。

借：业务活动费用——计提专用基金 250 000

　贷：专用基金 250 000

（八）发生当年购货退回等业务冲销业务活动费用

发生当年购货退回等业务，对于已计入本年业务活动费用的，按照收回或应收的金额，借记“财政拨款收入”“零余额账户用款额度”“银行存款”“其他应收款”等科目，贷记本科目。

借：财政拨款收入/零余额账户用款额度/银行存款/其他应收款等

　贷：业务活动费用

购货退回冲销业务例解参见【例14-4】。

（九）期末

将本科目本期发生额转入本期盈余，借记“本期盈余”科目，贷记本科目。

借：本期盈余

　贷：业务活动费用

【例15-8】某单位某月进行月末结账，“业务活动费用”科目借方余额为305万元，全部结转。

借：本期盈余 3 050 000

　贷：业务活动费用 3 050 000

二、单位管理费用

“单位管理费用”科目核算事业单位本级行政及后勤管理部门开展管理活动发生的各项费用，包括单位行政及后勤管理部门发生的人员经费、公用经费、资产折旧（摊销）等费用，以及由单位统一负担的离退休人员经费、工会经费、诉讼费、中介费等。单位管理费用的增加记借方，减少记贷方，平时余额在借方，期末结转后应无余额。本科目应当按照项目、费用类别、支付对象等进行明细核算。

为了满足成本核算需要，本科目下还可按照“工资福利费用”“商品和服务费用”“对个人和家庭的补助费用”“固定资产折旧费”“无形资产摊销费”等成本项目设置明细科目，归集能够直接计入单位管理活动或采用一定方法计算后计入单位管理活动的费用。

（一）为管理活动人员计提的薪酬

为管理活动人员计提的薪酬，按照计算确定的金额，借记本科目，贷记“应付职工薪酬”科目。

借：单位管理费用

　贷：应付职工薪酬

【例15-9】某事业单位计提行政管理和后勤人员薪酬，计算出应付金额120万元。

借：单位管理费用——工资福利费用 1 200 000

　贷：应付职工薪酬 1 200 000

（二）为开展管理活动发生的外部人员劳务费

为开展管理活动发生的外部人员劳务费，按照计算确定的费用金额，借记本科目，按照代扣代缴个人所得税的金额，贷记“其他应交税费——应交个人所得税”科目，按照扣税后应付或实际支付的金额，贷记“其他应付款”“财政拨款收入”“零余额账户用款额度”“银行存款”等科目。

借：单位管理费用（按照计算确定的费用金额）

贷：其他应交税费——应交个人所得税（按照代扣代缴个人所得税的金额）

其他应付款/财政拨款收入/零余额账户用款额度/银行存款等（按照扣税后应付或实际支付的金额）

【例15-10】某事业单位为开展管理活动支付外部人员劳务费，应付总金额8 000元，代扣个人所得税1 280元，实际支付6 720元，通过银行存款转账支付。

借：单位管理费用——商品和服务费用 8 000

贷：其他应交税费——应交个人所得税 1 280

银行存款 6 720

（三）开展管理活动内部领用库存物品

开展管理活动内部领用库存物品，按照领用物品实际成本，借记本科目，贷记“库存物品”科目。

借：单位管理费用

贷：库存物品

【例15-11】某事业单位为开展管理活动领用库存物品，成本为3 000元。

借：单位管理费用——商品和服务费用 3 000

贷：库存物品 3 000

（四）为管理活动所使用固定资产、无形资产计提的折旧、摊销

为管理活动所使用固定资产、无形资产计提的折旧、摊销，按照应提折旧、摊销额，借记本科目，贷记“固定资产累计折旧”“无形资产累计摊销”科目。

借：单位管理费用

贷：固定资产累计折旧/无形资产累计摊销

【例15-12】某事业单位计提管理活动用固定资产折旧，当月应提折旧总额为30万元。

借：单位管理费用——固定资产折旧费 300 000

贷：固定资产累计折旧 300 000

（五）为开展管理活动发生其他应交税费

为开展管理活动发生城市维护建设税、教育费附加、地方教育附加、车船税、房产税、城镇土地使用税等，按照计算确定应缴纳的金额，借记本科目，贷记“其他应交税费”等科目。

借：单位管理费用

贷：其他应交税费

【例15-13】某事业单位为开展管理活动，发生应交城市维护建设税21万元，教育费附加9万元，地方教育附加9 000元，车船税23万元，房产税12万元。

借：单位管理费用 659 000

贷：其他应交税费——应交城市维护建设税 210 000

——应交教育费附加 90 000

——应交地方教育附加 9 000

——应交车船税 230 000

——应交房产税 120 000

（六）为开展管理活动发生的其他各项费用

为开展管理活动发生的其他各项费用，按照费用确认金额，借记本科目，贷记“财政拨款收入”“零余额账户用款额度”“银行存款”“其他应付款”“其他应收款”等科目。

借：单位管理费用

　贷：财政拨款收入/零余额账户用款额度/银行存款/其他应付款/其他应收款等

【例 15-14】某事业单位为开展管理活动，发生中介费2 000元，通过银行存款转账支付。

	借方	贷方
借：单位管理费用	2 000	
贷：银行存款		2 000

（七）发生当年购货退回等业务冲销费用

发生当年购货退回等业务，对于已计入本年单位管理费用的，按照收回或应收的金额，借记“财政拨款收入”“零余额账户用款额度”“银行存款”“其他应收款”等科目，贷记本科目。

借：财政拨款收入/零余额账户用款额度/银行存款/其他应收款等

　贷：单位管理费用

【例 15-15】某事业单位发生开展管理活动购货退回业务，退回当年财政直接支付方式购入存货，价值为32万元，退货业务已办讫。

	借方	贷方
借：财政拨款收入	320 000	
贷：单位管理费用——商品和服务费用		320 000

（八）期末

在期末，将本科目本期发生额转入本期盈余，借记“本期盈余”科目，贷记本科目。

借：本期盈余

　贷：单位管理费用

【例 15-16】某事业单位某月进行月末结账，“单位管理费用”科目借方余额为350万元，全部结转。

	借方	贷方
借：本期盈余	3 500 000	
贷：单位管理费用		3 500 000

三、经营费用

“经营费用”科目核算事业单位在专业业务活动及其辅助活动之外开展非独立核算经营活动发生的各项费用。经营费用的增加记借方，减少记贷方，平时余额在借方，期末结转后应无余额。本科目应当按照经营活动类别、项目、支付对象等进行明细核算。

为了满足成本核算需要，本科目下还可按照“工资福利费用”“商品和服务费用”“对个人和家庭的补助费用”“固定资产折旧费”“无形资产摊销费”等成本项目设置明细科目，归集能够直接计入单位经营活动或采用一定方法计算后计入单位经营活动的费用。

（一）为经营活动人员计提的薪酬

为经营活动人员计提的薪酬，按照计算确定的金额，借记本科目，贷记“应付职工薪酬”科目。

借：经营费用

　贷：应付职工薪酬

【例15-17】某事业单位计提经营活动人员薪酬，应发总金额60万元。

借：经营费用——工资福利费用　　600 000

　贷：应付职工薪酬　　600 000

（二）开展经营活动领用或发出库存物品

开展经营活动领用或发出库存物品，按照物品实际成本，借记本科目，贷记“库存物品”科目。

借：经营费用

　贷：库存物品

【例15-18】某事业单位为开展经营活动领用材料一批，成本为10万元。

借：经营费用——商品和服务费用　　100 000

　贷：库存物品　　100 000

（三）为经营活动所使用固定资产、无形资产计提的折旧、摊销

为经营活动所使用固定资产、无形资产计提的折旧、摊销，按照应提折旧、摊销额，借记本科目，贷记“固定资产累计折旧”“无形资产累计摊销”科目。

借：经营费用

　贷：固定资产累计折旧/无形资产累计摊销

【例15-19】某事业单位某月计提折旧，为经营活动所使用的固定资产应提折旧总额35万元。

借：经营费用——固定资产折旧费　　350 000

　贷：固定资产累计折旧　　350 000

（四）开展经营活动发生其他应交税费

开展经营活动发生城市维护建设税、教育费附加、地方教育附加、车船税、房产税、城镇土地使用税等，按照计算确定应缴纳的金额，借记本科目，贷记“其他应交税费”等科目。

借：经营费用

　贷：其他应交税费等

其他应交税费例解参照单位管理费用相关例题。

（五）发生与经营活动相关的其他各项费用

发生与经营活动相关的其他各项费用时，按照费用确认金额，借记本科目，贷记“银行存款”“其他应付款”“其他应收款”等科目。

借：经营费用

　贷：银行存款/其他应付款/其他应收款等

涉及增值税业务的，相关账务处理参见“应交增值税”科目。

【例15-20】某事业单位为开展经营活动，发生其他零星费用共计8万元，通过银行存款转账支付。

借：经营费用　　80 000

　贷：银行存款　　80 000

（六）发生当年购货退回等业务冲销费用

发生当年购货退回等业务，对于已计入本年经营费用的，按照收回或应收的金额，借记“银行存款”“其他应收款”等科目，贷记本科目。

借：银行存款/其他应收款等

贷：经营费用

【例 15-21】某事业单位发生经营活动，购买材料退回，收回材料款共计49万元，该批材料属于当年购买业务，通过银行存款转账支付。

借：银行存款　　490 000

贷：经营费用——商品和服务费用　　490 000

（七）期末

将本科目本期发生额转入本期盈余，借记“本期盈余”科目，贷记本科目。

借：本期盈余

贷：经营费用

【例 15-22】某事业单位某月进行月末结账，“经营费用”科目的借方余额共计178万元，全部结转。

借：本期盈余　　1 780 000

贷：经营费用　　1 780 000

四、资产处置费用

“资产处置费用”科目核算单位经批准处置资产时发生的费用，包括转销的被处置资产价值，以及在处置过程中发生的相关费用或者处置收入小于相关费用形成的净支出。

资产处置费用的增加记借方，减少记贷方，平时余额在借方，期末结转后应无余额。本科目应当按照处置资产的类别、资产处置的形式等进行明细核算。

资产处置的形式按照规定包括无偿调拨、出售、出让、转让、置换、对外捐赠、报废、毁损以及货币性资产损失核销等。

单位在资产清查中查明的资产盘亏、毁损以及资产报废等，应当先通过“待处理财产损溢”科目进行核算，再将处理资产价值和处理净支出计入本科目。

短期投资、长期股权投资、长期债券投资的处置，按照相关资产科目的规定进行账务处理。

（一）不通过“待处理财产损溢”科目核算的资产处置

1.按照规定报经批准处置资产时，按照处置资产的账面价值，借记本科目（处置固定资产、无形资产、公共基础设施、保障性住房的，还应借记“固定资产累计折旧”“无形资产累计摊销”“公共基础设施累计折旧（摊销）”“保障性住房累计折旧”科目），按照处置资产的账面余额，贷记“库存物品”“固定资产”“无形资产”“公共基础设施”“政府储备物资”“文物资源”“保障性住房”“其他应收款”“在建工程”等科目。

借：资产处置费用（按照处置资产的账面价值）

固定资产累计折旧/无形资产累计摊销/公共基础设施累计折旧（摊销）/保障性住房累计折旧（处置固定资产、无形资产、公共基础设施、保障性住房）

贷：库存物品/固定资产/无形资产/公共基础设施/政府储备物资/文物资源/保障性住房/其他应收款/在建工程等（按照处置资产的账面余额）

2.处置资产过程中仅发生相关费用的，按照实际发生金额，借记本科目，贷记“银行存款”“库存现金”等科目。

借：资产处置费用

贷：银行存款/库存现金等

3.处置资产过程中取得收入的，按照取得的价款，借记“库存现金”“银行存款”等科目，按照处置资产过程中发生的相关费用，贷记“库存现金”“银行存款”等科目，按照其差额，借记本科目或贷记“应缴财政款”等科目。

借：库存现金/银行存款等（按照取得的价款）

资产处置费用（按照借差）

贷：库存现金/银行存款等（按照处置资产过程中发生的相关费用）

应缴财政款等（按照贷差）

涉及增值税业务的，相关账务处理参见“应交增值税”科目。

（二）通过“待处理财产损溢”科目核算的资产处置

1.单位账款核对中发现的现金短缺，属于无法查明原因的，报经批准核销时，借记本科目，贷记“待处理财产损溢”科目。

借：资产处置费用

贷：待处理财产损溢

2.单位资产清查过程中盘亏或者毁损、报废的存货、固定资产、无形资产、公共基础设施、政府储备物资、文物资源、保障性住房等，报经批准处理时，按照处理资产价值，借记本科目，贷记“待处理财产损溢——待处理财产价值”科目。处理收支结清时，处理过程中所取得收入小于所发生相关费用的，按照相关费用减去处理收入后的净支出，借记本科目，贷记“待处理财产损溢——处理净收入”科目。

（1）报经批准时：

借：资产处置费用（按照处理资产价值）

贷：待处理财产损溢——待处理财产价值

（2）收支结清时收入小于费用的：

借：资产处置费用

贷：待处理财产损溢——处理净收入

“资产处置费用”科目业务属于单位资产处置过程中的相关核算内容，其例解参见第十二章各相关资产的处置例题。

（三）期末

在期末，将本科目本期发生额转入本期盈余，借记“本期盈余”科目，贷记本科目。

借：本期盈余

贷：资产处置费用

【例15-23】某单位某月进行月末结账，“资产处置费用”科目借方余额为45万元，全部结转。

借：本期盈余　　450 000

贷：资产处置费用 450 000

第三节 转移性费用及其他类费用

本节主要介绍"上缴上级费用""对附属单位补助费用""所得税费用""其他费用"科目的核算要求及方法。

一、上缴上级费用

"上缴上级费用"科目核算事业单位按照财政部门和主管部门的规定上缴上级单位款项发生的费用。上缴上级费用的增加记借方，减少记贷方，平时余额在借方，期末结转后应无余额。本科目应当按照收缴款项单位、缴款项目等进行明细核算。

（一）单位发生上缴上级支出

单位发生上缴上级支出的，按照实际上缴的金额或者按照规定计算出应当上缴上级单位的金额，借记本科目，贷记"银行存款""其他应付款"等科目。

借：上缴上级费用

贷：银行存款/其他应付款等

【例 15-24】某事业单位根据规定上缴上级单位款项 5 000 元，款项通过银行存款转账支付。

借：上缴上级费用 5 000

贷：银行存款 5 000

（二）期末

在期末，将本科目本期发生额转入本期盈余，借记"本期盈余"科目，贷记本科目。

借：本期盈余

贷：上缴上级费用

【例 15-25】某事业单位某月进行月末结账，将"上缴上级费用"账户的借方余额 53 万元全部结转。

借：本期盈余 530 000

贷：上缴上级费用 530 000

二、对附属单位补助费用

"对附属单位补助费用"科目核算事业单位用财政拨款收入之外的收入对附属单位补助发生的费用。对附属单位补助费用的增加记借方，减少记贷方，平时余额在借方，期末结转后应无余额。本科目应当按照接受补助单位、补助项目等进行明细核算。

（一）单位发生对附属单位补助支出

单位发生对附属单位补助支出的，按照实际补助的金额或者按照规定计算出应当对附属单位补助的金额，借记本科目，贷记"银行存款""其他应付款"等科目。

借：对附属单位补助费用

贷：银行存款/其他应付款等

【例 15-26】某事业单位对附属单位拨付补助款 24 000 元，款项通过银行存款转账支付。

借：对附属单位补助费用　　24 000

　贷：银行存款　　24 000

（二）期末

在期末，将本科目本期发生额转入本期盈余，借记“本期盈余”科目，贷记本科目。

借：本期盈余

　贷：对附属单位补助费用

【例 15-27】某事业单位某月进行月末结账，将“对附属单位补助费用”账户的借方余额76万元全部结转。

借：本期盈余　　760 000

　贷：对附属单位补助费用　　760 000

三、所得税费用

“所得税费用”科目核算有企业所得税缴纳义务的事业单位按规定缴纳企业所得税所形成的费用。所得税费用增加记借方，减少记贷方，平时余额在借方，期末结转后应无余额。

（一）发生企业所得税纳税义务

发生企业所得税纳税义务的，按照税法规定计算的应交税金数额，借记本科目，贷记“其他应交税费——单位应交所得税”科目。实际缴纳时，按照缴纳金额，借记“其他应交税费——单位应交所得税”科目，贷记“银行存款”科目。

（1）发生纳税义务时：

借：所得税费用

　贷：其他应交税费——单位应交所得税

（2）实际缴纳时：

借：其他应交税费——单位应交所得税

　贷：银行存款

【例 15-28】某事业单位按照税法规定，计算出应交所得税金额为15万元，几日后通过银行存款转账缴纳。

（1）发生纳税义务时：

借：所得税费用　　150 000

　贷：其他应交税费——单位应交所得税　　150 000

（2）实际缴纳时：

借：其他应交税费——单位应交所得税　　150 000

　贷：银行存款　　150 000

（二）年末

年末，将本科目本年发生额转入本期盈余，借记“本期盈余”科目，贷记本科目。

借：本期盈余

　贷：所得税费用

【例 15-29】某事业单位年末结转所得税费用，“所得税费用”科目的借方余额总计15

万元，全部结转。

借：本期盈余　　150 000

　贷：所得税费用　　150 000

四、其他费用

“其他费用”科目核算单位发生的除业务活动费用、单位管理费用、经营费用、资产处置费用、上缴上级费用、附属单位补助费用、所得税费用以外的各项费用，包括利息费用、坏账损失、罚没支出、现金资产捐赠支出以及相关税费、运输费等。其他费用的增加记借方，减少记贷方，平时余额在借方，期末结转后应无余额。本科目应当按照其他费用的类别等进行明细核算。

单位发生的利息费用较多的，可以单独设置“5701利息费用”科目。

（一）利息费用

按期计算确认借款利息费用时，按照计算确定的金额，借记“在建工程”科目或本科目，贷记“应付利息”“长期借款——应计利息”科目。

借：在建工程/其他费用

　贷：应付利息/长期借款——应计利息

【例15-30】某事业单位支付银行一般性贷款利息2 000元，由银行直接从本单位账户扣除。

借：其他费用——利息费用　　2 000

　贷：银行存款　　2 000

（二）坏账损失

年末，事业单位按照规定对收回后不需上缴财政的应收账款和其他应收款计提坏账准备时，按照计提金额，借记本科目，贷记“坏账准备”科目；冲减多提的坏账准备时，按照冲减金额，借记“坏账准备”科目，贷记本科目。

（1）计提坏账准备时：

借：其他费用

　贷：坏账准备

（2）冲减多提的坏账准备时：

借：坏账准备

　贷：其他费用

发生坏账损失产生的其他费用例解参见【例12-35】。

（三）罚没支出

单位发生罚没支出的，按照实际缴纳或应当缴纳的金额，借记本科目，贷记“银行存款”“库存现金”“其他应付款”等科目。

借：其他费用

　贷：银行存款/库存现金/其他应付款等

【例15-31】某单位由于违反规定接受罚款处罚，应当缴纳罚金3 000元，罚金还未支付。

借：其他费用——罚没支出　　3 000

贷：其他应付款　3 000

（四）现金资产捐赠

单位对外捐赠现金资产的，按照实际捐赠的金额，借记本科目，贷记“银行存款”“库存现金”等科目。

借：其他费用

　贷：银行存款/库存现金等

【例 15-32】某事业单位在某次救灾中捐出现金30万元，款项通过银行存款转账支付。

借：其他费用——捐赠支出　300 000

　贷：银行存款　300 000

（五）其他相关费用

1.单位接受捐赠（或无偿调入）以名义金额计量的存货、固定资产、无形资产，以及成本无法可靠取得的公共基础设施、文物资源等发生的相关税费、运输费等，按照实际支付的金额，借记本科目，贷记“财政拨款收入”“零余额账户用款额度”“银行存款”“库存现金”等科目。

借：其他费用

　贷：财政拨款收入/零余额账户用款额度/银行存款/库存现金等

2.单位发生的与受托代理资产相关的税费、运输费、保管费等，按照实际支付或应付的金额，借记本科目，贷记“零余额账户用款额度”“银行存款”“库存现金”“其他应付款”等科目。

借：其他费用

　贷：零余额账户用款额度/银行存款/库存现金/其他应付款

其他相关业务例解参见第十二章相关资产相应例题。

（六）期末

在期末，将本科目本期发生额转入本期盈余，借记“本期盈余”科目，贷记本科目。

借：本期盈余

　贷：其他费用

【例 15-33】某事业单位某月进行月末结账，将“其他费用”账户的借方余额5 800元全部结转。

借：本期盈余　5 800

　贷：其他费用　5 800

思考与练习题

一、思考题

1.什么是单位费用？其内容有哪些？

2.单位费用的确认条件有哪些？

3.为了成本核算的需要，单位可以对业务活动费用等消耗性费用科目设置哪些明细科目？

4.“其他费用”科目如何进行明细核算？

5.“其他费用”科目的核算内容有哪些？

二、单项选择题

1.单位购入下列物资中，直接列费用的是（　　）。

A.即买即用的零星办公用品　　B.为耗用而储存的办公用品

C.图书　　D.动植物

2.单位购入下列物资中，在领用时列费用的是（　　）。

A.即买即用的零星办公用品　　B.为耗用而储存的办公用品

C.保障性住房　　D.固定资产

3.事业单位下列项目中，不属于主要业务及其辅助活动范围的是（　　）。

A.对外开培训班　　B.本单位非独立核算食堂

C.本单位职工活动室　　D.开展公务活动

4.单位下列项目中，属于“其他费用”科目核算范围的是（　　）。

A.现金短缺无法查明原因　　B.罚没支出

C.非现金资产捐赠　　D.资产处置损失

5.下列费用类科目中，在年末转账的是（　　）。

A.业务活动费用　　B.经营费用　　C.资产处置费用　　D.所得税费用

三、多项选择题

1.事业单位下列事项属于“单位管理费用”科目核算范围的有（　　）。

A.工会经费　　B.中介费

C.诉讼费　　D.专业业务活动费

2.事业单位下列事项中，属于“其他费用”科目核算范围的有（　　）。

A.利息费用　　B.坏账损失

C.现金资产捐赠支出　　D.相关税费、运输费

3.单位“业务活动费用”科目可以设置的明细科目有（　　）。

A.工资福利费用　　B.商品和服务费用

C.对个人和家庭的补助费用　　D.固定资产折旧费

4.单位可以设置工资福利费用明细科目的费用科目有（　　）。

A.业务活动费用　　B.单位管理费用

C.经营费用　　D.其他费用

5.下列各项中，属于事业单位转移性费用科目的有（　　）。

A.单位管理费用　　B.上缴上级费用

C.资产处置费用　　D.对附属单位补助费用

第十五章即测即评

四、业务分录题

某事业单位（一般纳税人）20××年发生以下经济业务，请编写各经济业务财务会计的相关会计分录。

1. 计提专业业务活动人员本月薪酬，计算出应发薪酬总额为200万元。

2. 开展专业业务活动及其辅助活动，领用材料一批用于日常办公，成本为3 000元。

3. 开展专业业务活动，通过单位零余额账户支付专家税后劳务费3 600元。

4. 计提经营活动人员4月薪酬，计算出应发薪酬总额为42万元。

5. 从事经营活动，领用办公用品，实际成本为2 300元。

6. 从事经营活动，销售产成品一批，价款为17 000元，增值税为2 210元。该批产成品成本为9 000元。货款已存入银行。

7. 从事经营活动，发生资料打印费2 000元。

8. 支付银行一般性贷款利息2 300元，由银行直接从本单位账户扣除。

9. 在某次救灾中捐出现金45万元，款项通过银行存款转账支付。

10. 接受外单位捐赠设备一台，捐赠单位提供的凭据上注明设备价值30 000元，本单位承担运杂费300元，用现金支付。

11. 根据规定上缴上级单位管理费8 000元，款项通过银行存款转账支付。

12. 对附属单位拨付补助款50万元，款项通过银行存款转账支付。

13. 月末进行结账时，各费用科目余额分别为："业务活动费用"科目73万元；"单位管理费用"科目35万元；"经营费用"科目47万元；"其他费用"科目8万元；"上缴上级费用"科目7万元；"对附属单位补助费用"科目5万元。

第十六章 单位净资产的核算

☞ **学习目的**

通过本章的学习，掌握单位财务会计各类净资产的科目设置、管理要求及核算方法。

第一节 净资产概述

一、净资产的定义及分类

净资产是指单位资产扣除负债后的净额。

净资产金额取决于资产和负债的计量。

净资产按照形态分为盈余类和基金及其他类。其中，盈余类包括累计盈余、本期盈余、本年盈余分配、以前年度盈余调整等；基金及其他类包括专用基金、权益法调整、无偿调拨净资产等。

二、单位财务会计净资产类科目及核算内容

单位财务会计净资产类科目及核算内容见表16-1。

表16-1　　单位财务会计净资产类科目及核算内容

序号	科目编号	科目名称	核算内容
1	3001	累计盈余	核算单位历年实现的盈余扣除盈余分配后滚存的金额，以及因无偿调入调出资产产生的净资产变动额。按照规定上缴、缴回、单位间调剂结转结余资金产生的净资产变动额，以及对以前年度盈余的调整金额，也通过本科目核算
2	3101	专用基金	核算事业单位按照规定提取或设置的具有专门用途的净资产，主要包括职工福利基金、科技成果转化基金等
3	3201	权益法调整	核算事业单位持有的长期股权投资采用权益法核算时，按照被投资单位除净损益和利润分配以外的所有者权益变动份额调整长期股权投资账面余额而计入净资产的金额
4	3301	本期盈余	核算单位本期各项收入、费用相抵后的余额
5	3302	本年盈余分配	核算单位本年度盈余分配的情况和结果
6	3401	无偿调拨净资产	核算单位无偿调入或调出非现金资产所引起的净资产变动金额
7	3501	以前年度盈余调整	核算单位本年度发生的调整以前年度盈余的事项，包括本年度发生的重要前期差错更正涉及调整以前年度盈余的事项

第二节　盈余类科目

本节主要介绍“本期盈余”“本年盈余分配”“以前年度盈余调整”“累计盈余”4个净资产类科目的核算要求及方法。①

一、本期盈余

“本期盈余”科目核算单位本期各项收入、费用相抵后的余额。本期盈余的增加记贷方，减少记借方，期末如为贷方余额，反映单位自年初至当期期末累计实现的盈余；如为借方余额，反映单位自年初至当期期末累计发生的亏损，年末结账后应无余额。

（一）期末

1.将各收入类科目的本期发生额转入本期盈余，借记“财政拨款收入”“事业收入”“上级补助收入”“附属单位上缴收入”“经营收入”“非同级财政拨款收入”“投资收益”“捐赠收入”“利息收入”“租金收入”“其他收入”科目，贷记本科目。

借：财政拨款收入/事业收入/上级补助收入/附属单位上缴收入/经营收入/非同级财政拨款收入/投资收益/捐赠收入/利息收入/租金收入/其他收入

　贷：本期盈余

2.将各费用类科目本期发生额转入本期盈余，借记本科目，贷记“业务活动费用”

① 由于财务会计的净资产与预算会计的预算结余在年末具有较强的关联性，因此在本章介绍财务会计净资产科目的例解中采用双会计核算模式，有一些例解需要结合第十九章内容。

“单位管理费用”“经营费用”“所得税费用”“资产处置费用”“上缴上级费用”“对附属单位补助费用”“其他费用”科目。

借：本期盈余

贷：业务活动费用/单位管理费用/经营费用/所得税费用/资产处置费用/上缴上级费用/对附属单位补助费用/其他费用

“本期盈余”科目的期末转账案例参见第十四章各收入类科目、第十五章各费用类科目的期末转账业务例题。

（二）年末

在年末，完成上述结转后，将本科目余额转入“本年盈余分配”科目，借记或贷记本科目，贷记或借记“本年盈余分配”科目。

借或贷：本期盈余

贷或借：本年盈余分配

【例16-1】某事业单位年末结转时，“本期盈余”科目为贷方余额，共计560万元，全部结转。

财务会计	预算会计
借：本期盈余 5 600 000 贷：本年盈余分配 5 600 000	—

二、本年盈余分配

“本年盈余分配”科目核算单位本年度盈余分配的情况和结果。本年盈余分配的增加记贷方，减少记借方，年末结账后应无余额。

（一）年末转入本期盈余余额

年末，将“本期盈余”科目余额转入本科目，借记或贷记“本期盈余”科目，贷记或借记本科目。

借或贷：本期盈余

贷或借：本年盈余分配

例解参见【例16-1】。

（二）年末提取专用基金

年末，根据有关规定从本年度非财政拨款结余或经营结余中提取专用基金的，按照预算会计下计算的提取金额，借记本科目，贷记“专用基金”科目。

借：本年盈余分配

贷：专用基金

【例16-2】接【例16-1】，事业单位完成收支结转及结余结转后，按照规定提取职工福利基金，提取比例为40%，共提取66万元。

财务会计	预算会计
借：本年盈余分配 660 000 贷：专用基金 660 000	借：非财政拨款结余分配 660 000 贷：专用结余 660 000

（三）年末转出

年末，按照规定完成上述（一）、（二）处理后，将本科目余额转入累计盈余，借记或贷记本科目，贷记或借记“累计盈余”科目。

借或贷：本年盈余分配

　贷或借：累计盈余

【例16-3】接【例16-2】，上述事业单位完成结转及提取专用基金后，将“本年盈余分配”科目的余额转入“累计盈余”科目。

财务会计	预算会计
借：本年盈余分配　　4 940 000 　贷：累计盈余　　4 940 000	—

三、以前年度盈余调整

“以前年度盈余调整”科目核算单位本年度发生的调整以前年度盈余的事项，包括本年度发生的重要前期差错更正涉及调整以前年度盈余的事项。以前年度盈余调整增加记贷方，减少记借方，结转后应无余额。

（一）调整以前年度收入

调整增加以前年度收入时，按照调整增加的金额，借记有关科目，贷记本科目。调整减少的，作相反会计分录。

（1）调增收入：

借：有关科目

　贷：以前年度盈余调整

（2）调减收入作相反会计分录。

【例16-4】某单位2023年10月有一笔2023年12月的预拨财政款10万元。2024年经审计，该单位当年12月未确认为收入入账，按规定应进行调整。

财务会计	预算会计
借：其他应付款　　100 000 　贷：以前年度盈余调整　　100 000	借：资金结存——货币资金　　100 000 　贷：财政拨款结余——年初余额调整　　100 000

（二）调整以前年度费用

调整增加以前年度费用时，按照调整增加的金额，借记本科目，贷记有关科目。调整减少的，作相反会计分录。

（1）调增费用：

借：以前年度盈余调整

　贷：有关科目

（2）调减费用作相反会计分录。

【例16-5】某单位某年9月审计检查时发现单位在上一年1月购入的一批已达到固定资产标准的办公设备全部计入“业务活动费用”账户，金额为120万元，按规定应进行调整（该办公设备使用年限为10年）。

财务会计	预算会计
调整上一年1月凭证： 借：固定资产——办公设备　　1 200 000 　贷：以前年度盈余调整　　1 200 000 补提12个月折旧： 借：以前年度盈余调整　　120 000 　贷：固定资产累计折旧　　120 000	—

（三）盘盈的各种非流动资产

盘盈的各种非流动资产，报经批准后处理时，借记“待处理财产损溢”科目，贷记本科目。

借：待处理财产损溢

　贷：以前年度盈余调整

【例16-6】某事业单位在年末固定资产清查盘存中，盘盈设备一台（属于上一年度取得的），该设备同类产品市场价格为5万元。

财务会计	预算会计
转入待处理时： 借：固定资产——×设备　　50 000 　贷：待处理财产损溢　　50 000 报经批准处理时： 借：待处理财产损溢　　50 000 　贷：以前年度盈余调整　　50 000	—

（四）结转本科目

经上述调整后，应将本科目的余额转入累计盈余，借记或贷记“累计盈余”科目，贷记或借记本科目。

借或贷：累计盈余

　贷或借：以前年度盈余调整

【例16-7】事业单位完成以前年度盈余调整后，将“以前年度盈余调整”科目的余额119万元转入“累计盈余”课科目。

财务会计	预算会计
借：以前年度盈余调整　　1 190 000 　贷：累计盈余　　1 190 000	—

四、累计盈余

“累计盈余”科目核算单位历年实现的盈余扣除盈余分配后滚存的金额，以及因无偿调入调出资产产生的净资产变动额。按照规定上缴、缴回、单位间调剂结转结余资金产生的净资产变动额，以及对以前年度盈余的调整金额，也通过本科目核算。累计盈余增加记贷方，减少记借方，期末余额反映单位未分配盈余（或未弥补亏损）的累计数以及截至上年末无偿调拨净资产变动的累计数，年末余额反映单位未分配盈余（或未弥补亏损）以及无偿调拨净资产变动的累计数。

（一）年末将本年盈余分配余额转入累计盈余

年末，将“本年盈余分配”科目的余额转入累计盈余，借记或贷记“本年盈余分配”科目，贷记或借记本科目。

借或贷：本年盈余分配

　贷或借：累计盈余

例解参见【例16-3】。

（二）年末，将无偿调拨净资产余额转入累计盈余

年末，将“无偿调拨净资产”科目的余额转入累计盈余，借记或贷记“无偿调拨净资产”科目，贷记或借记本科目。

借或贷：无偿调拨净资产

　贷或借：累计盈余

例解参见【例16-14】。

（三）调整结转结余资金

1.按照规定上缴财政拨款结转结余、缴回非财政拨款结转资金、向其他单位调出财政拨款结转资金时，按照实际上缴、缴回、调出金额，借记本科目，贷记“财政应返还额度”“零余额账户用款额度”“银行存款”等科目。

借：累计盈余

　贷：财政应返还额度/零余额账户用款额度/银行存款等

例解参见【例19-4】【例19-5】【例19-10】【例19-15】。

2.按照规定从其他单位调入财政拨款结转资金时，按照实际调入金额，借记“零余额账户用款额度”“银行存款”等科目，贷记本科目。

借：零余额账户用款额度/银行存款等

　贷：累计盈余

例解参见【例19-3】。

（四）将以前年度盈余调整余额转入本科目

将“以前年度盈余调整”科目的余额转入本科目时，借记或贷记“以前年度盈余调整”科目，贷记或借记本科目。

借或贷：以前年度盈余调整

　贷或借：累计盈余

例解参见【例16-7】。

（五）使用专用基金购置固定资产、无形资产

按照规定使用专用基金购置固定资产、无形资产的，按照固定资产、无形资产成本金额，借记“固定资产”“无形资产”科目，贷记“银行存款”等科目；同时，按照专用基金使用金额，借记“专用基金”科目，贷记本科目。

借：固定资产/无形资产（按照资产成本金额）

　贷：银行存款等

同时，

借：专用基金（按照专用基金使用金额）

　贷：累计盈余

例解参见【例16-12】【例16-13】。

第三节　基金及其他类科目

本节主要介绍“专用基金”“无偿调拨净资产”“权益法调整”等3个净资产类科目的核算要求及方法。

一、专用基金

“专用基金”科目核算事业单位按照规定提取或设置的具有专门用途的净资产，主要包括职工福利基金、科技成果转换基金等。专用基金的增加记贷方，减少记借方，期末贷方余额反映事业单位累计提取或设置的尚未使用的专用基金。本科目应当按照专用基金的类别进行明细核算。

（一）年末从结余中计提专用基金

年末，根据有关规定从本年度非财政拨款结余或经营结余中提取专用基金的，按照预算会计下计算的提取金额，借记“本年盈余分配”科目，贷记本科目。

借：本年盈余分配

　贷：专用基金

例解参见【例16-2】。

（二）从收入中提取专用基金

根据有关规定从收入中提取专用基金并计入费用的，一般按照预算会计下基于预算收入计算提取的金额，借记“业务活动费用”等科目，贷记本科目。

借：业务活动费用等

　贷：专用基金

国家另有规定的，从其规定。

【例16-8】某事业单位按照规定从事业预算收入中计提专用基金用于主要业务活动及其辅助活动经费来源，本次共计提45万元。

财务会计	预算会计
借：业务活动费用　450 000 　贷：专用基金　450 000	—

（三）设置其他专用基金

根据有关规定设置的其他专用基金，按照实际收到的基金金额，借记“银行存款”等科目，贷记本科目。

借：银行存款等

　贷：专用基金

【例16-9】某事业单位根据有关规定设置专用基金，实际收到基金金额36万元，款项已存入银行。

财务会计	预算会计
借：银行存款　　360 000 　贷：累计盈余　　360 000	—

(四) 使用专用基金

1.按照规定使用从非财政拨款结余或经营结余中提取的专用基金时[①]，应当在财务会计下借记“业务活动费用”等费用科目，贷记“银行存款”等科目，并在有关费用科目的明细核算或辅助核算中注明“使用专用基金”；同时，在预算会计下借记“事业支出”等预算支出科目，贷记“资金结存”科目，并在有关预算支出科目的明细核算或辅助核算中注明“使用专用结余”。

财务会计：

借：业务活动费用等——使用专用基金

　贷：银行存款等

预算会计：

借：事业支出等——使用专用结余

　贷：资金结存

【例16-10】某事业单位按照规定使用从结余中提取的专用基金支付业务活动劳务费3 000元，款项已付。(不考虑税)

财务会计	预算会计
借：业务活动费用——使用专用基金　3 000 　贷：银行存款　　3 000	借：事业支出——使用专用结余　　3 000 　贷：资金结存——货币资金　　3 000

事业单位应当在期末将有关费用中使用专用基金的本期发生额转入专用基金，在财务会计下借记“专用基金”科目，贷记“业务活动费用”等科目；在年末将有关预算支出中使用专用结余的本年发生额转入专用结余，在预算会计下借记“专用结余”科目，贷记“事业支出”等科目。

财务会计期末，按照本期发生额，

借：专用基金

　贷：业务活动费用等——使用专用基金

预算会计年末，按照本年发生额，

借：专用结余

　贷：事业支出等——使用专用结余

2.使用从收入中提取的专用基金时，财务会计借记本科目，贷记“银行存款”等科目，同时，预算会计借记“事业支出”等科目，贷记“资金结存”科目。

财务会计：

借：专用基金

　贷：银行存款等

同时，预算会计：

① 财政部2022年9月公布的《政府会计准则制度解释第5号》对使用从非财政拨款结余或经营结余中提取的专用基金时的账务处理有所调整，此部分内容根据5号解释进行了修改。

借：事业支出等

　　贷：资金结存

【例16-11】某事业单位按照规定使用从预算收入中提取的专用基金支付劳务费5 000元，款项已付。（不考虑税）

财务会计		预算会计	
借：专用基金	5 000	借：事业支出	5 000
贷：银行存款	5 000	贷：资金结存——货币资金	5 000

3.使用提取的专用基金购置固定资产、无形资产的，按照固定资产、无形资产成本金额，借记“固定资产”“无形资产”科目，贷记“银行存款”等科目。同时，按照专用基金使用金额，借记本科目，贷记“累计盈余”科目。

借：固定资产/无形资产

　　贷：银行存款等

同时，

借：专用基金

　　贷：累计盈余

【例16-12】某事业单位按照规定使用从结余中提取的专用基金购买一专用设备，共支付12万元，款项已付。（不考虑税）

财务会计		预算会计	
借：固定资产	120 000	借：专用结余	120 000
贷：银行存款	120 000	贷：资金结存——货币资金	120 000
借：专用基金	120 000		
贷：累计盈余	120 000		

【例16-13】某事业单位按照规定使用从预算收入中提取的专用基金购买一专用技术，共支付20万元，款项已付。（不考虑税）

财务会计		预算会计	
借：无形资产	200 000	借：事业支出	200 000
贷：银行存款	200 000	贷：资金结存——货币资金	200 000
借：专用基金	200 000		
贷：累计盈余	200 000		

二、权益法调整

“权益法调整”科目核算事业单位持有的长期股权投资采用权益法核算时，按照被投资单位除净损益和利润分配以外的所有者权益变动份额调整长期股权投资账面余额而计入净资产的金额。权益法调整增加记贷方，减少记借方，期末余额反映事业单位在被投资单位除净损益和利润分配以外的所有者权益变动中累积享有（或分担）的份额。本科目应当按照被投资单位进行明细核算。

（一）年末其他权益变动

年末，按照被投资单位除净损益和利润分配以外的所有者权益变动应享有（或应分担）的份额，借记或贷记“长期股权投资——其他权益变动”科目，贷记或借记本科目。

借或贷：长期股权投资——其他权益变动

　贷或借：权益法调整

例解参见【例12-109】。

（二）处置长期股权投资核销该投资权益法调整

采用权益法核算的长期股权投资，因被投资单位除净损益和利润分配以外的所有者权益变动而将应享有（或应分担）的份额计入单位净资产的，处置该项投资时，按照原计入净资产的相应部分金额，借记或贷记本科目，贷记或借记“投资收益”科目。

借或贷：权益法调整

　贷或借：投资收益

例解参见【例12-116】。

三、无偿调拨净资产

“无偿调拨净资产”科目核算单位无偿调入或调出非现金资产所引起的净资产变动金额。无偿调拨净资产增加记贷方，减少记借方，年末结账后应无余额。

（一）无偿调入资产

按照规定取得无偿调入的存货、长期股权投资、固定资产、无形资产、公共基础设施、政府储备物资、文物资源、保障性住房等，按照确定的成本，借记“库存物品”“长期股权投资”“固定资产”“无形资产”“公共基础设施”“政府储备物资”“文物资源”“保障性住房”等科目，按照调入过程中发生的归属于调入方的相关费用，贷记“零余额账户用款额度”“银行存款”等科目，按照其差额，贷记本科目。

借：库存物品/长期股权投资/固定资产/无形资产/公共基础设施/政府储备物资/文物资源/保障性住房等（按照确定的成本）

　贷：零余额账户用款额度/银行存款等（按照调入过程中发生的归属于调入方的相关费用）

　　无偿调拨净资产（按照其差额）

（二）无偿调出资产

按照规定经批准无偿调出存货、长期股权投资、固定资产、无形资产、公共基础设施、政府储备物资、文物资源、保障性住房等，按照调出资产的账面余额或账面价值，借记本科目，按照固定资产累计折旧、无形资产累计摊销、公共基础设施累计折旧或摊销、保障性住房累计折旧的金额，借记“固定资产累计折旧”“无形资产累计摊销”“公共基础设施累计折旧（摊销）”“保障性住房累计折旧”科目，按照调出资产的账面余额，贷记“库存物品”“长期股权投资”“固定资产”“无形资产”“公共基础设施”“政府储备物资”“文物资源”“保障性住房”等科目；同时，按照调出过程中发生的归属于调出方的相关费用，借记“资产处置费用”科目，贷记“零余额账户用款额度”“银行存款”等科目。

借：无偿调拨净资产（按照调出资产的账面余额或账面价值）

　固定资产累计折旧/无形资产累计摊销/公共基础设施累计折旧（摊销）/保障性住

房累计折旧（按照固定资产累计折旧、无形资产累计摊销、公共基础设施累计折旧或摊销、保障性住房累计折旧的金额）

贷：库存物品/长期股权投资/固定资产/无形资产/公共基础设施/政府储备物资/文物资源/保障性住房等（按照调出资产的账面余额）

同时，

借：资产处置费用（按照调出过程中发生的归属于调出方的相关费用）

贷：零余额账户用款额度/银行存款等

无偿调拨净资产调入调出案例参见第十二章各相关资产调入调出例题。

（三）年末结转

年末，将本科目余额转入累计盈余，借记或贷记本科目，贷记或借记“累计盈余”科目。

借或贷：无偿调拨净资产

贷或借：累计盈余

【例 16-14】某单位年末结转时，“无偿调拨净资产”科目为贷方余额，计 76 万元，全部予以结转。

财务会计	预算会计
借：无偿调拨净资产 760 000 贷：累计盈余 760 000	—

思考与练习题

一、思考题

1.什么是单位净资产？其内容有哪些？

2.单位净资产的计量取决于什么？

3.年末结转完成后，单位净资产有哪些账户的余额一般不为零？

4.年末结转完成后，单位净资产有哪些账户的余额一般为零？

5.事业单位按照规定计提专用基金时，具体计提金额根据什么来确定？

6.事业单位影响“累计盈余”金额大小的账户有哪些？请写出相应的双会计分录。

二、单项选择题

1.单位会计科目中不属于单位净资产科目的是（　　）。

A.专用结余　　B.专用基金　　C.本期盈余　　D.权益法调整

2.事业单位计提和使用专用基金业务中，（　　）预算会计不做账务处理。

A.从结余中计提专用基金　　B.从预算收入中计提专用基金

C.使用从结余中计提的专用基金　　D.使用从预算收入中计提的专用基金

3.单位年末结转完成后，（　　）科目一般无余额。

A.无偿调拨净资产　　B.累计盈余

C.权益法调整　　D.专用基金

4.单位年末结转完成后，（　　）科目一般有余额。

A.无偿调拨净资产　　B.累计盈余

C.本期盈余　　D.以前年度盈余调整

5.下列净资产科目中不属于行政单位适用范围的是（　　）。

A.本期盈余　　B.累计盈余　　C.无偿调拨净资产　　D.专用基金

三、多项选择题

1.单位年末结转过程中，下列结转业务会影响到“累计盈余”科目余额的有（　　）。

A.无偿调拨净资产　　B.以前年度盈余调整

C.本年盈余分配　　D.本期盈余

2.单位下列净资产科目中，属于盈余类的有（　　）。

A.本期盈余　　B.累计盈余　　C.本年盈余分配　　D.权益法调整

3.单位下列净资产科目中，适用于行政单位的有（　　）。

A.本期盈余　　B.本年盈余分配　　C.累计盈余　　D.以前年度盈余调整

4.单位下列净资产科目中，仅适用于事业单位的有（　　）。

A.专用基金　　B.本年盈余分配　　C.权益法调整　　D.以前年度盈余调整

第十六章即测即评

四、业务分录题

某事业单位20××年发生以下经济业务，请编写各经济业务财务会计和预算会计的相关会计分录。

1.年末结转时，“本期盈余”“无偿调拨净资产”“以前年度盈余调整”科目的均为贷方余额，金额分别是154万元、23万元、31万元，请分别予以结转。

2.单位按照规定对当年的本年盈余分配计提专用基金，金额为20万元。

3.单位按照规定从当年预算收入中计提专用基金，金额为34万元。

4.单位按照规定设置专用基金，收到资金100万元存入银行。

5.使用专用基金购买劳务9万元、购买设备26万元，这些基金均来自结余计提的专用基金。

6.假设第5题中的专用基金均来自预算收入计提的专用基金。

7.假设第5题中的专用基金均来自按规定设置的专用基金。

8.单位计提基金等完成后，“本年盈余分配”科目为贷方余额87万元，请予以结转。

第十七章

单位预算收入的核算

☞ 学习目的

通过本章的学习，掌握单位预算会计各类预算收入的科目设置、管理要求及核算方法。

第一节 预算收入概述

一、预算收入的定义及分类

预算收入是指单位在预算年度内依法取得并纳入预算管理的现金流入。这里的现金是指广义的现金，准确地说，是指不同形态的预算资金，包括单位实有的货币资金、财政授权支付的用款额度、财政直接支付的转账资金等。

预算收入按照取得方式分转移性收入和自收收入。其中，转移性收入包括财政拨款预算收入、上级补助预算收入、附属单位上缴预算收入、非同级财政拨款预算收入等；自收收入包括事业预算收入、经营预算收入、债务预算收入、投资预算收益、其他预算收入等。

二、预算收入的确认

预算收入一般在实际收到时予以确认，以实际收到的金额计量。

预算收入与财务会计收入的确认不同，主要区别有：（1）确认的会计基础不同。预算收入确认的会计基础是收付实现制；财务会计收入确认的会计基础是权责发生制。（2）确认时要求满足的条件不同。预算收入以实际收到为确认条件；财务会计收入必须同时满足三个条件（详见第十四章财务会计收入的确认条件）。（3）确认的金额不同。预算收入以实际收到的金额的确认；财务会计收入以应该收到的金额确认。

三、单位预算会计预算收入类科目及核算内容

单位预算会计预算收入类科目及核算内容见表 17-1。

表 17-1　　单位预算会计预算收入类科目及核算内容

序号	科目编号	科目名称	核算内容
1	6001	财政拨款预算收入	核算单位从同级政府财政部门取得的各类财政拨款
2	6101	事业预算收入	核算事业单位开展专业业务活动及其辅助活动取得的现金流入，以及因开展科研及其辅助活动从非同级政府财政部门取得的经费拨款
3	6201	上级补助预算收入	核算事业单位从主管部门和上级单位取得的非财政补助现金流入
4	6301	附属单位上缴预算收入	核算事业单位取得的附属独立核算单位按照有关规定上缴的现金流入
5	6401	经营预算收入	核算事业单位在专业业务活动及其辅助活动之外开展非独立核算经营活动取得的现金流入
6	6501	债务预算收入	核算事业单位按照规定从银行和其他金融机构等借入的、纳入部门预算管理的、不以财政资金作为偿还来源的债务本金
7	6601	非同级财政拨款预算收入	核算单位从非同级政府财政部门取得的财政拨款，包括本级横向转拨财政款和非本级财政拨款
8	6602	投资预算收益	核算事业单位取得的按照规定纳入部门预算管理的属于投资收益性质的现金流入，包括股权投资收益、出售或收回债券投资所取得的收益和债券投资利息收入
9	6609	其他预算收入	核算单位除财政拨款预算收入、事业预算收入、上级补助预算收入、附属单位上缴预算收入、经营预算收入、债务预算收入、非同级财政拨款预算收入、投资预算收益之外的纳入部门预算管理的现金流入，包括捐赠预算收入、利息预算收入、租金预算收入、现金盘盈收入等

各预算收入类科目的辨析参照第十四章财务会计相应收入类科目的辨析。

第二节　转移性预算收入

本节主要介绍“财政拨款预算收入”“上级补助预算收入”“附属单位上缴预算收入”“非同级财政拨款预算收入”4个预算收入类科目的核算要求及方法。[①]

① 财务会计科目讲解至第十六章已全部完成，从第十七章开始，预算会计科目的例解中采用双会计做账模式。

一、财政拨款预算收入

“财政拨款预算收入”科目核算单位从同级政府财政部门取得的各类财政拨款。财政拨款预算收入增加记贷方，减少记借方，平时余额在贷方，年末结转后应无余额。

本科目应当设置“基本支出”和“项目支出”两个明细科目，并按照《政府收支分类科目》中“支出功能分类科目”的项级科目进行明细核算；同时，在“基本支出”明细科目下按照“人员经费”和“日常公用经费”进行明细核算，在“项目支出”明细科目下按照具体项目进行明细核算。

有一般公共预算财政拨款、政府性基金预算财政拨款等两种或两种以上财政拨款的单位，还应当按照财政拨款的种类进行明细核算。

（一）财政直接支付方式下

1.平时

单位根据收到的“财政直接支付入账通知书”及相关原始凭证，按照通知书中的直接支付金额，借记“行政支出”“事业支出”等科目，贷记本科目。

借：行政支出/事业支出等

　贷：财政拨款预算收入

【例 17-1】某单位通过财政直接支付购入一批B材料，总价款为113 000元，运杂费为2 000元，材料已验收入库。（不考虑税）

财务会计	预算会计
借：库存物品——B材料　115 000 　贷：财政拨款收入　115 000	借：行政支出/事业支出　115 000 　贷：财政拨款预算收入　115 000

【例 17-2】某单位购入专利一项，该专利买价20万元，通过财政直接支付15万元，余款未付。（不考虑税）

财务会计	预算会计
借：无形资产　200 000 　贷：财政拨款收入　150 000 　　应付账款　50 000	借：行政支出/事业支出　150 000 　贷：财政拨款预算收入　150 000

【例 17-3】某单位接受捐赠一项×专利技术，凭据上注明该项专利技术价值30万元，捐入过程中花费各项费用共计1万元，款项通过财政直接支付方式付讫。（不考虑税）

财务会计	预算会计
借：无形资产——×专利技术　310 000 　贷：财政拨款收入　10 000 　　捐赠收入　300 000	借：其他支出　10 000 　贷：财政拨款预算收入　10 000

【例 17-4】某单位从兄弟单位无偿调入一项×专利技术，对方单位账面价值为30万元，调入过程中花费各项费用共计1万元，款项通过财政直接支付方式付讫。（不考虑税）

财务会计			预算会计		
借：无形资产——×专利技术	310 000		借：其他支出	10 000	
贷：财政拨款收入		10 000	贷：财政拨款预算收入		10 000
无偿调拨净资产		300 000			

【例 17-5】某单位购入一批政府储备物资，价款为100万元，增值税为13万元，运杂费为1万元。款项通过财政直接支付方式付讫。另外，为储存该批物资，用银行存款支付仓库租赁费2万元。该批物资已验收入库。

财务会计			预算会计		
借：政府储备物资	1 140 000		借：行政支出/事业支出	1 160 000	
贷：财政拨款收入		1 140 000	贷：财政拨款预算收入		1 140 000
借：业务活动费用	20 000		资金结存——货币资金		20 000
贷：银行存款		20 000			

【例 17-6】某单位通过财政直接支付购买一公共基础设施，共支付760万元。(不考虑税)

财务会计			预算会计		
借：公共基础设施	7 600 000		借：行政支出/事业支出	7 600 000	
贷：财政拨款收入		7 600 000	贷：财政拨款预算收入		7 600 000

【例 17-7】某单位对一公共基础设施进行改扩建，该设施账面余额为1 200万元，已计提折旧600万元。改扩建过程中购买工程材料等120万元并全部领用完，支付工程费30万元。所有款项均通过财政直接支付方式付讫。改扩建工程已完成，设施已交付使用。

(1) 将设施转入改扩建时：

财务会计			预算会计
借：在建工程	6 000 000		—
公共基础设施累计折旧（摊销）	6 000 000		
贷：公共基础设施		12 000 000	

(2) 购买基建材料时：

财务会计			预算会计		
借：工程物资	1 200 000		借：行政支出/事业支出	1 200 000	
贷：财政拨款收入		1 200 000	贷：财政拨款预算收入		1 200 000

(3) 领用基建材料时：

财务会计			预算会计
借：在建工程	1 200 000		—
贷：工程物资		1 200 000	

（4）支付工程费时：

财务会计	预算会计
借：在建工程 300 000 贷：财政拨款收入 300 000	借：行政支出/事业支出 300 000 贷：财政拨款预算收入 300 000

（5）设施交付使用时：

财务会计	预算会计
借：公共基础设施 7 500 000 贷：在建工程 7 500 000	—

【例 17-8】某行政单位按年购买车辆保险费用，某月一次性支付一年保险费共计 5.4 万元，通过财政直接支付方式付款，当月开始摊销每月保险费用。

（1）支付保险费用时：

财务会计	预算会计
借：待摊费用——待摊车辆保险费 54 000 贷：财政拨款收入 54 000	借：行政支出 540 000 贷：财政拨款预算收入 540 000

（2）摊销本月费用时：

财务会计	预算会计
借：业务活动费用——车辆保险费 4 500 贷：待摊费用——待摊车辆保险费 4 500	—

2.年末

根据本年度财政直接支付预算指标数与当年财政直接支付实际支出数的差额，借记“资金结存——财政应返还额度”科目，贷记本科目。

借：资金结存——财政应返还额度

贷：财政拨款预算收入

【例 17-9】某事业单位年度终了时，本年度财政直接支付预算指标数与当年直接支付实际支出数的差额为30万元。

财务会计	预算会计
借：财政应返还额度——财政直接支付 300 000 贷：财政拨款收入 300 000	借：资金结存——财政应返还额度 300 000 贷：财政拨款预算收入 300 000

（二）财政授权支付方式下

1.平时

单位根据收到的“财政授权支付额度到账通知书”，按照通知书中的授权支付额度，借记“资金结存——零余额账户用款额度”科目，贷记本科目。

借：资金结存——零余额账户用款额度

贷：财政拨款预算收入

【例 17-10】某单位收到“财政授权支付额度到账通知书”，通知书列明额度为500万元。

财务会计	预算会计
借：零余额账户用款额度　5 000 000 　贷：财政拨款收入　5 000 000	借：资金结存——零余额账户用款额度　5 000 000 　贷：财政拨款预算收入　5 000 000

2.年末

单位本年度财政授权支付预算指标数大于零余额账户用款额度下达数的，按照两者差额，借记“资金结存——财政应返还额度”科目，贷记本科目。

借：资金结存——财政应返还额度

　贷：财政拨款预算收入

【例 17-11】年末，某单位当年的财政授权支付用款额度预算数为20万元，已下达给代理银行单位零余额账户用款额度为18万元，单位实际使用额度为17万元。

该单位未收到下达用款额度2万元，未使用财政授权支付用款额度1万元。

财务会计	预算会计
借：财政应返还额度——财政授权支付 20 000 　贷：财政拨款收入——财政授权支付　20 000 借：财政应返还额度——财政授权支付 10 000 　贷：零余额账户用款额度——财政授权支付 10 000	借：资金结存——财政应返还额度　20 000 　贷：财政拨款预算收入　20 000 借：资金结存——财政应返还额度　10 000 　贷：资金结存——零余额账户用款额度　10 000

（三）其他方式下

1.收到本期预算拨款

单位按照本期预算收到财政拨款预算收入时，按照实际收到的金额，借记“资金结存——货币资金”科目，贷记本科目。

借：资金结存——货币资金

　贷：财政拨款预算收入

【例 17-12】某单位收到现金账户开户银行转来的收款通知，收到同级政府财政部门拨入的一笔行政运行经费35万元。

财务会计	预算会计
借：银行存款　350 000 　贷：财政拨款收入　350 000	借：资金结存——货币资金　350 000 　贷：财政拨款预算收入　350 000

2.收到下期预算拨款

单位收到下期预算的财政预拨款，应当在下个预算期，按照预收的金额，借记“资金结存——货币资金”科目，贷记本科目。

借：资金结存——货币资金

　贷：财政拨款预算收入

注：本期收到下期预算的财政拨款时预算会计不做账。

【例17-13】某单位6月收到现金账户开户银行转来的收款通知，收到同级政府财政部门拨入的一笔行政运行经费35万元，该笔经费属于预拨的7月预算款。

（1）6月收到款项时：

财务会计	预算会计
借：银行存款　350 000 　贷：其他应付款　350 000	—

（2）7月初：

财务会计	预算会计
借：其他应付款　350 000 　贷：财政拨款收入　350 000	借：资金结存——货币资金　350 000 　贷：财政拨款预算收入　350 000

（四）因差错更正、购货退回等退回款项

因差错更正、购货退回等发生国库直接支付款项退回的，属于本年度支付的款项，按照退回金额，借记本科目，贷记“行政支出”“事业支出”等科目。

借：财政拨款预算收入

　贷：行政支出/事业支出等

【例17-14】某单位发生开展专业业务活动的购货退回事项，共收到退回款项40万元，其中25万元属于上一年度支付的18万元的库存物品和7万元的劳务款项，15万元属于本年支付的10万元的库存物品和5万元的劳务款项。

（1）收到属于上一年度的退回款项时：

财务会计	预算会计
借：财政应返还额度——财政直接支付 　250 000 　贷：库存物品　180 000 　　以前年度盈余调整　70 000	借：资金结存——财政应返还额度　250 000 　贷：财政拨款结余　250 000

（2）收到属于本年度的退回款项时：

财务会计	预算会计
借：财政拨款收入　150 000 　贷：业务活动费用　50 000 　　库存物品　100 000	借：财政拨款预算收入　150 000 　贷：行政支出/事业支出　150 000

（五）年末

在年末，将本科目本年发生额转入财政拨款结转，借记本科目，贷记“财政拨款结转——本年收支结转”科目。

借：财政拨款预算收入

　贷：财政拨款结转——本年收支结转

【例17-15】某单位年末结账时，“财政拨款预算收入”科目贷方余额为1 200万元，全部予以结转。

财务会计	预算会计
—	借：财政拨款预算收入 12 000 000 贷：财政拨款结转——本年收支结转 12 000 000

二、上级补助预算收入

“上级补助预算收入”科目核算事业单位从主管部门和上级单位取得的非财政补助现金流入。上级补助预算收入增加记贷方，减少记借方，平时余额在贷方，年末结转后应无余额。

本科目应当按照发放补助单位、补助项目、《政府收支分类科目》中“支出功能分类科目”的项级科目等进行明细核算。上级补助预算收入中如有专项资金收入，还应按照具体项目进行明细核算。

（一）平时

收到上级补助预算收入时，按照实际收到的金额，借记“资金结存——货币资金”科目，贷记本科目。

借：资金结存——货币资金

贷：上级补助预算收入

【例 17-16】某事业单位6月初按照政策规定确认应收上级单位补助收入100万元，7月初收到该笔款项并存入银行。

（1）6月初确认收到入时：

财务会计	预算会计
借：其他应收款 1 000 000 贷：上级补助收入 1 000 000	—

（2）7月初收到款项时：

财务会计	预算会计
借：银行存款 1 000 000 贷：其他应收款 1 000 000	借：资金结存——货币资金 1 000 000 贷：上级补助预算收入 1 000 000

（二）年末

1.将本科目本年发生额中的专项资金收入转入非财政拨款结转，借记本科目下各专项资金收入明细科目，贷记“非财政拨款结转——本年收支结转”科目。

借：上级补助预算收入——各专项资金收入明细科目

贷：非财政拨款结转——本年收支结转

2.将本科目本年发生额中的非专项资金收入转入其他结余，借记本科目下各非专项资金收入明细科目，贷记“其他结余”科目。

借：上级补助预算收入——各非专项资金收入明细科目

贷：其他结余

【例 17-17】某单位年末结账时，“上级补助预算收入”科目贷方余额为560万元，其中专项资金为320万元，非专项资金为240万元，全部予以结转。

财务会计	预算会计
—	借：上级补助预算收入——×专项　3 200 000 　贷：非财政拨款结转——本年收支结转　3 200 000 借：上级补助预算收入——×资金　2 400 000 　贷：其他结余　2 400 000

三、附属单位上缴预算收入

“附属单位上缴预算收入”科目核算事业单位取得的附属独立核算单位根据有关规定上缴的现金流入。附属单位上缴预算收入的增加记贷方，减少记借方，平时余额在贷方，年末结转后应无余额。

本科目应当按照附属单位、缴款项目、《政府收支分类科目》中“支出功能分类科目”的项级科目等进行明细核算。附属单位上缴预算收入中如有专项资金收入，还应按照具体项目进行明细核算。

（一）平时

收到附属单位缴来款项时，按照实际收到的金额，借记“资金结存——货币资金”科目，贷记本科目。

借：资金结存——货币资金

　贷：附属单位上缴预算收入

【例 17-18】某事业单位确认应收独立核算的附属A单位上缴收入39万元，10天后收到款项存入银行。

（1）确认收入时：

财务会计	预算会计
借：其他应收款——A单位　390 000 　贷：附属单位上缴收入　390 000	—

（2）收到款项时：

财务会计	预算会计
借：银行存款　390 000 　贷：其他应收款　390 000	借：资金结存——货币资金　390 000 　贷：附属单位上缴预算收入　390 000

（二）年末

1.将本科目本年发生额中的专项资金收入转入非财政拨款结转，借记本科目下各专项资金收入明细科目，贷记“非财政拨款结转——本年收支结转”科目。

借：附属单位上缴预算收入——各专项资金收入明细科目

　贷：非财政拨款结转——本年收支结转

2.将本科目本年发生额中的非专项资金收入转入其他结余，借记本科目下各非专项资金收入明细科目，贷记“其他结余”科目。

借：附属单位上缴预算收入——各非专项资金收入明细科目

　贷：其他结余

【例 17-19】某事业单位年末结转时，“附属单位上缴预算收入”科目贷方余额为230万元，其中专项资金为160万元，非专项资金为70万元，全部予以结转。

财务会计	预算会计
—	借：附属单位上缴预算收入——×专项 1 600 000 贷：非财政拨款结转——本年收支结转 1 600 000 借：附属单位上缴预算收入——×资金 700 000 贷：其他结余 700 000

四、非同级财政拨款预算收入

“非同级财政拨款预算收入”科目核算单位从非同级政府财政部门取得的财政拨款，包括本级横向转拨财政款和非本级财政拨款。非同级财政拨款预算收入的增加记贷方，减少记借方，平时余额在贷方，年末结转后应无余额。

本科目应当按照非同级财政拨款预算收入的类别、来源、《政府收支分类科目》中“支出功能分类科目”的项级科目等进行明细核算。非同级财政拨款预算收入中如有专项资金收入，还应按照具体项目进行明细核算。

对于因开展科研及其辅助活动从非同级政府财政部门取得的经费拨款，应当通过“事业预算收入——非同级财政拨款”科目进行核算，不通过本科目核算。

（一）平时

取得非同级财政拨款预算收入时，按照实际收到的金额，借记“资金结存——货币资金”科目，贷记本科目。

借：资金结存——货币资金

贷：非同级财政拨款预算收入

【例 17-20】某行政单位收到科技委拨来的科研经费45万元，款项已存入银行。

财务会计	预算会计
借：银行存款 450 000 贷：非同级财政拨款收入 450 000	借：资金结存——货币资金 450 000 贷：非同级财政拨款预算收入 450 000

【例 17-21】某事业单位收到上级单位转拨的财政款200万元，其中150万元用于科研项目及其辅助活动，50万元属于一般性经费拨款。

财务会计	预算会计
借：银行存款 2 000 000 贷：非同级财政拨款收入 500 000 事业收入——非同级财政拨款 1 500 000	借：资金结存——货币资金 2 000 000 贷：非同级财政拨款预算收入 500 000 事业预算收入——非同级财政拨款 1 500 000

（二）年末

1.将本科目本年发生额中的专项资金收入转入非财政拨款结转，借记本科目下各专项资金收入明细科目，贷记“非财政拨款结转——本年收支结转”科目。

借：非同级财政拨款预算收入——各专项资金收入明细科目

贷：非财政拨款结转——本年收支结转

2.将本科目本年发生额中的非专项资金收入转入其他结余，借记本科目下各非专项资金收入明细科目，贷记“其他结余”科目。

借：非同级财政拨款预算收入——各非专项资金收入明细科目

贷：其他结余

【例17-22】某单位年末结转时，“非同级财政拨款预算收入”科目贷方余额为340万元，其中专项资金为200万元，非专项资金为140万元，全部予以结转。

财务会计	预算会计
—	借：非同级财政拨款预算收入——×专项 2 000 000 贷：非财政拨款结转——本年收支结转 2 000 000 借：非同级财政拨款预算收入——×资金 1 400 000 贷：其他结余 1 400 000

第三节 自收性预算收入

本节主要介绍“事业预算收入”“经营预算收入”“债务预算收入”“投资预算收益”“其他预算收入”5个收入类科目的核算要求及方法。

一、事业预算收入

“事业预算收入”科目核算事业单位开展专业业务活动及其辅助活动取得的现金流入。事业预算收入增加记贷方，减少记借方，平时余额在贷方，年末结转后应无余额。

事业单位因开展科研及其辅助活动从非同级政府财政部门取得的经费拨款，也通过本科目核算。

本科目应当按照事业预算收入类别、项目、来源、《政府收支分类科目》中“支出功能分类科目”项级科目等进行明细核算。对于因开展科研及其辅助活动从非同级政府财政部门取得的经费拨款，应当在本科目下单设“非同级财政拨款”明细科目进行明细核算；事业预算收入中如有专项资金收入，还应按照具体项目进行明细核算。

（一）采用财政专户返还方式管理的事业预算收入

收到从财政专户返还的事业预算收入时，按照实际收到的返还金额，借记“资金结存——货币资金”科目，贷记本科目。

借：资金结存——货币资金

贷：事业预算收入

【例17-23】某事业单位采用财政专户返还方式管理事业收入，9月收到应缴入财政专户的款项50万元，几天后上缴财政专户，10月收到财政专户返还的款项48万元。

（1）取得款项时：

财务会计	预算会计
借：银行存款 500 000 贷：应缴财政款 500 000	—

（2）上缴专户时：

财务会计	预算会计
借：应缴财政款 500 000 贷：银行存款 500 000	—

（3）收到返还款时：

财务会计	预算会计
借：银行存款 480 000 贷：事业收入 480 000	借：资金结存——货币资金 480 000 贷：事业预算收入 480 000

（二）收到其他事业预算收入

收到其他事业预算收入时，按照实际收到的款项金额，借记“资金结存——货币资金”科目，贷记本科目。

借：资金结存——货币资金

贷：事业预算收入

【例17-24】某事业单位对于×项目的建设采用预收款方式，根据合同进度确认事业收入，合同确立的项目建设资金总额为500万元，每完成总工作量的20%结算一次收入。合同确立后，收到项目资金并存入银行。项目开工后1个月后达到20%的进度。

（1）收到项目资金时：

财务会计	预算会计
借：银行存款 5 000 000 贷：预收账款——×项目 5 000 000	—

（2）完工进度达到20%时：

财务会计	预算会计
借：预收账款——×项目 1 000 000 贷：事业收入 1 000 000	借：资金结存——货币资金 1 000 000 贷：事业预算收入 1 000 000

【例17-25】某事业单位对于×项目的建设采用应收款方式，根据合同进度确认事业收入，合同确立的项目建设资金总额为500万元，每完成总工作量的20%结算一次收入。项目开工1个月后达到20%的完工进度进行结算，几天后收到结算款项100万元存入银行。

（1）按照合同进度确认时：

财务会计	预算会计
借：应收账款——×项目 1 000 000 贷：事业收入 1 000 000	—

（2）实际收到款项时：

财务会计	预算会计
借：银行存款 1 000 000 贷：应收账款——×项目 1 000 000	借：资金结存——货币资金 1 000 000 贷：事业预算收入 1 000 000

【例 17-26】某事业单位对于某项目的建设采用直接收到款项方式，根据合同进度确认事业收入，合同确立的项目建设资金总额为500万元，每完成总工作量的20%结算一次收入。项目开工1个月后完工进度达到20%，进行结算，收到款项存入银行。

财务会计	预算会计
借：银行存款　　1 000 000 　贷：事业收入　　1 000 000	借：资金结存——货币资金　　1 000 000 　贷：事业预算收入　　1 000 000

（三）年末

1.将本科目本年发生额中的专项资金收入转入非财政拨款结转，借记本科目下各专项资金收入明细科目，贷记“非财政拨款结转——本年收支结转”科目。

借：事业预算收入——各专项资金收入明细科目

　贷：非财政拨款结转——本年收支结转

2.将本科目本年发生额中的非专项资金收入转入其他结余，借记本科目下各非专项资金收入明细科目，贷记“其他结余”科目。

借：事业预算收入——各非专项资金收入明细科目

　贷：其他结余

【例 17-27】某事业单位年末结转时，“事业预算收入”科目贷方余额为780万元，其中专项资金为580万元，非专项资金为200万元，全部予以结转。

财务会计	预算会计
—	借：事业预算收入——×专项　　5 800 000 　贷：非财政拨款结转——本年收支结转　　5 800 000 借：事业预算收入——×资金　　2 000 000 　贷：其他结余　　2 000 000

二、经营预算收入

“经营预算收入”科目核算事业单位在专业业务活动及其辅助活动之外开展非独立核算经营活动取得的现金流入。经营预算收入的增加记贷方，减少记借方，平时余额在贷方，年末结转后应无余额。

本科目应当按照经营活动类别、项目、《政府收支分类科目》中“支出功能分类科目”的项级科目等进行明细核算。

（一）平时

收到经营预算收入时，按照实际收到的金额，借记“资金结存——货币资金”科目，贷记本科目。

借：资金结存——货币资金

　贷：经营预算收入

【例 17-28】某事业单位（小规模纳税人）从事经营活动中对外提供应税劳务，取得含税收入8 240元，增值税税率为3%。款项已存入银行。

财务会计	预算会计
借：银行存款　　8 240 　贷：经营收入　　8 000 　　　应交增值税　　240	借：资金结存——货币资金　　8 240 　贷：经营预算收入　　8 240

【例 17-29】某事业单位（一般纳税人）从事经营活动中对外销售产品一批，增值税专用发票上注明价款9 000元，增值税1 170元。款项已存入银行。

财务会计	预算会计
借：银行存款　10 170 　贷：经营收入　9 000 　　应交增值税——应交税金（销项税额）1 170	借：资金结存——货币资金　10 170 　贷：经营预算收入　10 170

（二）年末

将本科目本年发生额转入经营结余，借记本科目，贷记“经营结余”科目。

借：经营预算收入

　贷：经营结余

【例 17-30】某事业单位年末结转时，“经营预算收入”科目贷方余额为300万元，全部予以结转。

财务会计	预算会计
—	借：经营预算收入　3 000 000 　贷：经营结余　3 000 000

三、债务预算收入

“债务预算收入”科目核算事业单位按照规定从银行和其他金融机构等借入的、纳入部门预算管理的、不以财政资金作为偿还来源的债务本金。债务预算收入的增加记贷方，减少记借方，平时余额在贷方，年末结转后应无余额。

本科目应当按照贷款单位、贷款种类、《政府收支分类科目》中“支出功能分类科目”的项级科目等进行明细核算。债务预算收入中如有专项资金收入，还应按照具体项目进行明细核算。

（一）平时

借入各项短期或长期借款时，按照实际借入的金额，借记“资金结存——货币资金”科目，贷记本科目。

借：资金结存——货币资金

　贷：债务预算收入

【例 17-31】某事业单位在开展事业活动中出现临时性资金周转困难，决定向银行借入款项20万元，借款期限为6个月，月利率为0.5%，到期还本付息。

财务会计	预算会计
借：银行存款　200 000 　贷：短期借款　200 000	借：资金结存——货币资金　200 000 　贷：债务预算收入　200 000

【例 17-32】某事业单位经批准从银行借入一笔3年期借款，金额为5 000万元，年利率为4.75%。

财务会计	预算会计
借：银行存款　50 000 000 　贷：长期借款——本金　50 000 000	借：资金结存——货币资金　50 000 000 　贷：债务预算收入　50 000 000

（二）年末

1.将本科目本年发生额中的专项资金收入转入非财政拨款结转，借记本科目下各专项资金收入明细科目，贷记“非财政拨款结转——本年收支结转”科目。

借：债务预算收入——各专项资金收入明细科目

　贷：非财政拨款结转——本年收支结转

2.将本科目本年发生额中的非专项资金收入转入其他结余，借记本科目下各非专项资金收入明细科目，贷记“其他结余”科目。

借：债务预算收入——各非专项资金收入明细科目

　贷：其他结余

【例17-33】某事业单位年末结转时，“债务预算收入”科目贷方余额为9 800万元，其中专项资金为9 000万元，非专项资金为800万元，全部予以结转。

财务会计	预算会计
—	借：债务预算收入——×专项　90 000 000 　贷：非财政拨款结转——本年收支结转　90 000 000 借：债务预算收入——×资金　8 000 000 　贷：其他结余　8 000 000

四、投资预算收益

“投资预算收益”科目核算事业单位取得的按照规定纳入部门预算管理的属于投资收益性质的现金流入，包括股权投资收益、出售或收回债券投资所取得的收益和债券投资利息收入。投资预算收益的增加记贷方，减少记借方，平时余额在贷方，年末结转后应无余额。

本科目应当按照《政府收支分类科目》中“支出功能分类科目”的项级科目等进行明细核算。

（一）出售或到期收回短期、长期债券

1.属于本年度取得的短期、长期债券，按照实际取得的价款或实际收到的本息金额，借记“资金结存——货币资金”科目，按照取得债券时“投资支出”科目的发生额，贷记“投资支出”科目，按照其差额，贷记或借记本科目。

借：资金结存——货币资金（按照实际取得的价款或实际收到的本息金额）

　贷：投资支出（按照取得债券时“投资支出”科目的发生额）

　贷或借：投资预算收益（按照其差额）

2.属于以前年度取得的短期、长期债券，按照实际取得的价款或实际收到的本息金额，借记“资金结存——货币资金”科目，按照取得债券时“投资支出”科目的发生额，贷记“其他结余”科目，按照其差额，贷记或借记本科目。

借：资金结存——货币资金（按照实际取得的价款或实际收到的本息金额）

　贷：其他结余（按照取得债券时“投资支出”科目的发生额）

　贷或借：投资预算收益（按照其差额）

3.出售、转让以货币资金取得的长期股权投资的，其账务处理参照出售或到期收回债券投资。

“投资预算收益”科目的例解参见“投资支出”的相关例题。

（二）持有的短期投资以及分期付息、一次还本的长期债券投资收到利息

持有的短期投资以及分期付息、一次还本的长期债券投资收到利息时，按照实际收到的金额，借记“资金结存——货币资金”科目，贷记本科目。

借：资金结存——货币资金

　贷：投资预算收益

（三）持有长期股权投资取得被投资单位分派的现金股利或利润

持有长期股权投资取得被投资单位分派的现金股利或利润时，按照实际收到的金额，借记“资金结存——货币资金”科目，贷记本科目。

借：资金结存——货币资金

　贷：投资预算收益

【例 17-34】某事业单位进行股权投资的企业宣告发放利润10万元，10日后收到款项存入银行，该项股权投资采用成本法核算。

（1）宣告时：

财务会计	预算会计
借：应收股利　100 000 　贷：投资收益　100 000	—

（2）收到利润时：

财务会计	预算会计
借：银行存款　100 000 　贷：应收股利　100 000	借：资金结存——货币资金　100 000 　贷：投资预算收益　100 000

（四）出售、转让以非货币性资产取得的长期股权投资

出售、转让以非货币性资产取得的长期股权投资时，按照实际取得的价款扣减支付的相关费用和应缴财政款后的余额（按照规定纳入单位预算管理的），借记“资金结存——货币资金”科目，贷记本科目。

借：资金结存——货币资金

　贷：投资预算收益

【例 17-35】前文【例 12-107】的事业单位处置其无偿调入的该项长期股权投资，取得总价款600万元，其中包含已宣告发放但未领取的现金股利60万元。另外，处置过程中发生评估费等费用1.2万元。款项均通过银行存款转账。根据规定该项投资转让净收益应上缴财政。(不考虑税)

财务会计	预算会计
借：资产处置费用　5 000 000 　贷：长期股权投资　5 000 000 同时， 借：银行存款　6 000 000 　贷：应收股利　600 000 　　银行存款　12 000 　　应缴财政款　5 388 000	—

【例 17-36】假设【例 12-113】中处置该项投资的投资收益按照规定纳入本单位预算管理。

财务会计	预算会计
借：资产处置费用 5 000 000 　贷：长期股权投资 5 000 000 同时， 借：银行存款 6 000 000 　贷：应收股利 600 000 　　　银行存款 12 000 　　　投资收益 388 000 　　　应缴财政款 5 000 000	借：资金结存——货币资金 388 000 　贷：投资预算收益 388 000

（五）年末

将本科目本年发生额转入其他结余，借记或贷记本科目，贷记或借记“其他结余”科目。

借或贷：投资预算收益

　贷或借：其他结余

【例 17-37】某事业单位年末结转时，“投资预算收益”科目贷方余额为90万元，全部予以结转。

财务会计	预算会计
—	借：投资预算收益 900 000 　贷：其他结余 900 000

五、其他预算收入

“其他预算收入”科目核算单位除财政拨款预算收入、事业预算收入、上级补助预算收入、附属单位上缴预算收入、经营预算收入、债务预算收入、非同级财政拨款预算收入、投资预算收益之外的纳入部门预算管理的现金流入，包括捐赠预算收入、利息预算收入、租金预算收入、现金盘盈收入等。其他预算收入的增加记贷方，减少记借方，平时余额在贷方，年末结转后应无余额。

本科目应当按照其他收入类别、《政府收支分类科目》中“支出功能分类科目”的项级科目等进行明细核算。其他预算收入中如有专项资金收入，还应按照具体项目进行明细核算。

单位发生的捐赠预算收入、利息预算收入、租金预算收入金额较大或业务较多的，可单独设置“6603捐赠预算收入”“6604利息预算收入”“6605租金预算收入”等科目。

（一）接受捐赠现金资产、收到银行存款利息、收到资产承租人支付的租金

接受捐赠现金资产、收到银行存款利息、收到资产承租人支付的租金时，按照实际收到的金额，借记“资金结存——货币资金”科目，贷记本科目。

借：资金结存——货币资金

　贷：其他预算收入

【例17-38】某事业单位接到其开户行通知，本期银行存款利息已计提并转入单位账户，共计5 000元。

财务会计			预算会计		
借：银行存款	5 000		借：资金结存——货币资金	5 000	
贷：利息收入		5 000	贷：其他预算收入		5 000

【例17-39】某事业单位经批准对外出租国有资产取得的租金纳入单位预算管理。采用分期收取租金的方式对外出租固定资产，合同约定1年租金120 000元。从租出之日起按月收取租金并确认租金收入。（不考虑税）

财务会计			预算会计		
借：银行存款	10 000		借：资金结存——货币资金	10 000	
贷：租金收入		10 000	贷：其他预算收入		10 000

（二）发现现金溢余

每日现金账款核对中如发现现金溢余，按照溢余的现金金额，借记“资金结存——货币资金”科目，贷记本科目。经核实，属于应支付给有关个人和单位的部分，按照实际支付的金额，借记本科目，贷记“资金结存——货币资金”科目。

（1）现金溢余发生时：

借：资金结存——货币资金

　贷：其他预算收入

（2）经核实，属于应支付给有关个人和单位的部分：

借：其他预算收入

　贷：资金结存——货币资金

【例17-40】某单位盘点库存现金时发现库存现金的实际数比账面数多出80元，尚未查明原因。经核查，发现80元长款中有50元是由于支付现金时少付了，支付给相关方，30元无法查明原因，经批准作无主款处理。

（1）发现长款时：

财务会计			预算会计		
借：库存现金	80		借：资金结存——货币资金	80	
贷：待处理财产损溢		80	贷：其他预算收入		80

（2）核查后：

财务会计			预算会计		
借：待处理财产损溢	80		借：其他预算收入	50	
贷：其他收入		30	贷：资金结存——货币资金		50
其他应付款		50			
借：其他应付款	50				
贷：库存现金		50			

（三）收到其他预算收入

收到其他预算收入时，按照收到的金额，借记“资金结存——货币资金”科目，贷记本科目。

借：资金结存——货币资金

　贷：其他预算收入

【例 17-41】某行政单位取得一笔性质不明的收入 10 万元存入银行，先记入“其他应付款”科目，后经确认应记入课“其他收入”科目。

（1）取得收入时：

财务会计	预算会计
借：银行存款 100 000 　贷：其他应付款 100 000	—

（2）确认账户时：

财务会计	预算会计
借：其他应付款 100 000 　贷：其他收入 100 000	借：资金结存——货币资金 100 000 　贷：其他预算收入 100 000

（四）年末

1.将本科目本年发生额中的专项资金收入转入非财政拨款结转，借记本科目下各专项资金收入明细科目，贷记“非财政拨款结转——本年收支结转”科目。

借：其他预算收入——各专项资金收入明细科目

　贷：非财政拨款结转——本年收支结转

2.将本科目本年发生额中的非专项资金收入转入其他结余，借记本科目下各非专项资金收入明细科目，贷记“其他结余”科目。

借：其他预算收入——各非专项资金收入明细科目

　贷：其他结余

【例 17-42】某单位年末结转时，“其他预算收入”科目贷方余额为 45 万元，其中专项资金为 30 万元，非专项资金为 15 万元，全部予以结转。

财务会计	预算会计
—	借：其他预算收入——×专项 300 000 　贷：非财政拨款结转——本年收支结转 300 000 借：其他预算收入——×资金 150 000 　贷：其他结余 150 000

思考与练习题

一、思考题

1.什么是单位的预算收入？其包括哪些内容？

2.单位财政拨款预算收入明细科目有哪些设置规定？

3.如何辨析单位各相近预算收入科目？

4.单位预算收入与财务收入的确认条件、核算基础有什么不同?

5.单位其他预算收入核算内容主要有哪些?

二、单项选择题

1.单位的预算收入一般应在（　　）时予以确认。

A.收到款项　B.确定收款权　C.预算审批　D.资金预计流入

2.上级单位向所属单位转拨的非同级财政拨款资金，上级单位预算会计记入（　　）科目。

A.“非同级财政拨款预算收入”　B.“财政拨款预算收入”

C.“其他应付款”　D.以上都不对

3.（　　）不属于单位非同级财政拨款预算收入的直接拨款方。

A.同级政府财政部门　B.同级政府横向转拨单位

C.上级政府财政部门　D.下级政府财政部门

4.单位财政直接支付方式下，根据收到的（　　）及相关原始凭证作财政拨款预算收入和相关支出账。

A.财政直接支付额度到账通知书　B.财政直接支付入账通知书

C.国库划款凭证　D.直接支付命令书

5.单位预算会计的收入在（　　）结账，进行收入结转。

A.月末　B.季末　C.旬末　D.年末

三、多项选择题

1.属于单位预算会计核算范围的预算收入必须同时满足（　　）。

A.纳入单位预算管理　B.现金流入

C.资源流入　D.权利流入

2.单位取得下列收入中，属于其他预算收入核算范围的有（　　）。

A.捐赠收入　B.利息收入　C.租金收入　D.现金溢余

3.单位预算会计年末收支结转时，转入“其他结余”科目的事项有（　　）。

A.经营预算收入　B.投资预算收益

C.事业预算收入的非专项资金　D.其他预算收入专项资金

4.属于事业单位“事业预算收入”科目核算范围的有（　　）。

A.专业业务活动取得的收费收入　B.专业业务活动的辅助活动取得的收入

C.从非同级财政部门取得的经费拨款　D.从非同级财政部门取得的科研项目经费

5.下列资金在收到时，预算会计不做账的有（　　）。

A.预拨的下期经费　B.未纳入预算的经费拨款

C.所属单位的转拨款　D.受托代理的库存现金

第十七章即测即评

四、业务分录题

某单位20××年发生下列经济业务，请编写各经济业务的双会计分录。

1. 根据代理银行转来的“财政直接支付入账通知书”及相关原始凭证，支付本单位职工工资57万元。

2. 收到现金账户的开户银行转来的收款通知，收到财政部门拨入的一笔行政运行经费23万元。

3. 收到上级主管部门拨入的科研专项费用18万元，其中8万元属于应转拨给附属单位的科研经费，该项资金未纳入本单位预算。

4. 通过财政授权支付某专家讲座费4 000元，代扣代缴个人所得税640元，实际支付专家讲座费3 360元。

5. 某事业单位（一般纳税人）通过财政直接支付方式购买专业业务活动甲材料一批，价款为85 000元，增值税为11 050元，运杂费为850元。材料已验收入库。

6. 收到代理银行转来的“财政授权支付额度到账通知书”，授权支付用款额度为540万元。

7. 从同级财政部门收到非国库集中支付的补助资金23万元，款项已存入银行。

8. 收到上级单位拨来的非财政补助资金110万元，款项已存入银行。

9. 收到独立核算的附属甲单位上缴的管理费8万元，款项已存入银行。

10. 收到从财政专户返还的事业收入34万元，款项已存入银行。

11. 收到不需要上缴财政专户的事业收入12万元存入银行。

12. 某事业单位从事经营活动中，对外销售产品一批，增值税专用发票上注明价款56 000元，增值税7 280元，款项已存入银行。

13. 接到开户行通知，本期银行存款利息已计提并转入单位账户，共计67 000元。

14. 对外出租国有固定资产，取得租金20万元，已存入银行，经批准该租金纳入单位预算管理。

15. 接受C公司捐款120万元，款项已存入银行。

16. 本年度财政直接支付预算数为780万元，年末当年财政直接支付实际支出数为700万元，作余额注销账务处理。

17. 年末进行结账时，各收入科目的余额情况为：“财政拨款预算收入”科目贷方余额4 500万元；“非同级财政拨款预算收入”科目贷方余额1 200万元；“事业预算收入”科目贷方余额1 800万元；“经营预算收入”科目贷方余额2 300万元；“投资预算收益”科目借方余额300万元；“其他预算收入”科目贷方余额80万元。

第十八章

单位预算支出的核算

☞ **学习目的**

通过本章的学习，掌握单位预算会计各类预算支出的科目设置、管理要求及核算方法。

第一节　预算支出概述

一、预算支出的定义及分类

预算支出是指单位在预算年度内依法发生并纳入预算管理的现金流出。这里的现金与第十七章预算收入定义中的现金一样，属于广义的现金。

预算支出按照流出性质分消耗性支出和转移性支出。消耗性支出包括行政支出、事业支出、经营支出、投资支出、债务还本支出、其他支出等；转移性支出包括上缴上级支出和对附属单位补助支出。

二、预算支出的确认

预算支出一般在实际支付时予以确认，以实际支付的金额计量。

预算支出与财务会计费用的确认不同，主要区别有：（1）确认的会计基础不同。预算支出是收付实现制；财务会计费用是权责发生制。（2）确认时要求满足的条件不同。预算支出以实际支付金额为确认条件；财务会计费用必须同时满足三个条件（详见第十五章财务会计费用的确认条件）。（3）确认的金额不同。预算支出以实际支付的金额确认；财务会计费用以应该支付的金额确认。

三、单位预算会计预算支出类科目及核算内容

单位预算会计预算支出类科目及核算内容见表18-1。

表 18-1　单位预算会计预算支出类科目及核算内容

序号	科目编号	科目名称	核算内容
1	7101	行政支出	核算行政单位履行其职责实际发生的各项现金流出
2	7201	事业支出	核算事业单位开展专业业务活动及其辅助活动实际发生的各项现金流出
3	7301	经营支出	核算事业单位在专业业务活动及其辅助活动之外开展非独立核算经营活动实际发生的各项现金流出
4	7401	上缴上级支出	核算事业单位按照财政部门和主管部门的规定上缴上级单位款项发生的现金流出
5	7501	对附属单位补助支出	核算事业单位用财政拨款预算收入之外的收入对附属单位补助发生的现金流出
6	7601	投资支出	核算事业单位以货币资金对外投资发生的现金流出
7	7701	债务还本支出	核算事业单位偿还自身承担的纳入预算管理的从金融机构举借的债务本金的现金流出
8	7901	其他支出	核算单位除行政支出、事业支出、经营支出、上缴上级支出、对附属单位补助支出、投资支出、债务还本支出以外的各项现金流出，包括利息支出、对外捐赠现金支出、现金盘亏损失、接受捐赠（调入）和对外捐赠（调出）非现金资产发生的税费支出、资产置换过程中发生的相关税费支出、罚没支出等

第二节　消耗性预算支出

本节主要介绍“行政支出”“事业支出”“经营支出”　“投资支出”“债务还本支出”“其他支出”6个预算支出类科目的核算要求及方法。

一、行政支出

“行政支出”科目核算行政单位履行其职责实际发生的各项现金流出。行政支出的增加记借方，减少记贷方，平时余额在借方，年末结转后应无余额。

本科目应当分别按照“财政拨款支出”“非财政专项资金支出”和“其他资金支出”，“基本支出”和“项目支出”等进行明细核算，并按照《政府收支分类科目》中“支出功能分类科目”的项级科目进行明细核算；“基本支出”和“项目支出”明细科目下应当按照《政府收支分类科目》中“部门预算支出经济分类科目”的款级科目进行明细核算，同时在“项目支出”明细科目下按照具体项目进行明细核算。

有一般公共预算财政拨款、政府性基金预算财政拨款等两种或两种以上财政拨款的行政单位，还应当在“财政拨款支出”明细科目下按照财政拨款的种类进行明细核算。

对于预付款项，可通过在本科目下设置“待处理”明细科目进行核算，待确认具体支出项目后再转入本科目下相关明细科目。年末结账前，应将本科目“待处理”明细科目余额全部转入本科目下相关明细科目。

（一）支付单位职工薪酬

1.向单位职工个人支付薪酬时，按照实际支付的金额，借记本科目，贷记“财政拨款预算收入”“资金结存”科目。

借：行政支出

　贷：财政拨款预算收入/资金结存

2.按照规定代扣代缴个人所得税以及代扣代缴或为职工缴纳职工社会保险费、住房公积金等时，按照实际缴纳的金额，借记本科目，贷记“财政拨款预算收入”“资金结存”科目。

借：行政支出

　贷：财政拨款预算收入/资金结存

说明：预算会计发生支出时，支付方式不同贷方科目的选择不同，具体为：(1) 财政直接支付下，选择“财政拨款预算收入”科目；(2) 财政授权支付下，选择“资金结存——零余额账户用款额度”科目[①]；(3) 银行存款转账、现金及其他货币资金支付下，选择“资金结存——货币资金”。本教材后文类似选择同此说明。

【例 18-1】某行政单位通过财政直接支付方式向职工发放工资，算得应发工资总额为400 000元，代扣个人所得税15 000元，代扣社会保险费12 000元，代扣住房公积金12 000元，代扣水电费8 600元，实际向职工支付352 400元；同时开出“缴款书”，缴纳个人所得税、住房公积金、社会保险费和水电费。

(1) 计算应付工资时：

财务会计	预算会计
借：业务活动费用——商品和服务费用 400 000 　贷：应付职工薪酬 400 000	—

(2) 确认代扣款时：

财务会计	预算会计
借：应付职工薪酬——基本工资 47 600 　贷：其他应交税费——应交个人所得税 15 000 　　应付职工薪酬——住房公积金 12 000 　　　——社会保险费 12 000 　　其他应付款——水电费 8 600	—

(3) 支付工资时：

财务会计	预算会计
借：应付职工薪酬 352 400 　贷：财政拨款收入 352 400	借：行政支出 352 400 　贷：财政拨款预算收入 352 400

① 根据《政府会计准则制度解释第5号》相关规定，实行预算管理一体化的单位不再区分财政直接支付和财政授权支付，取消“零余额账户用款额度”科目。因此，财政授权支付方式下，预算会计仍选择“财政拨款预算收入”科目。

（4）缴纳税金、社会保险费、住房公积金、水电费时：

财务会计	预算会计
借：其他应交税费——应交个人所得税 15 000 应付职工薪酬——住房公积金 12 000 ——社会保险费 12 000 其他应付款——水电费 8 600 贷：财政拨款收入 47 600	借：行政支出 47 600 贷：财政拨款预算收入 47 600

（二）支付外部人员劳务费

按照实际支付给外部人员个人的金额，借记本科目，贷记“财政拨款预算收入”“资金结存”科目。

借：行政支出

贷：财政拨款预算收入/资金结存

按照规定代扣代缴个人所得税时，按照实际缴纳的金额，借记本科目，贷记“财政拨款预算收入”“资金结存”科目。

借：行政支出

贷：财政拨款预算收入/资金结存

【例18-2】某行政单位为开展专业业务活动，支付外部专家费5 000元，代扣个人所得税800元，通过财政授权支付实际支付专家4 200元。

（1）向外部专家支付劳务费时：

财务会计	预算会计
借：业务活动费用——商品和服务费用 5 000 贷：零余额账户用款额度 4 200 其他应交税费——应交个人所得税 800	借：行政支出 4 200 贷：资金结存——零余额账户用款额度 4 200

（2）缴纳代扣个人所得税时：

财务会计	预算会计
借：其他应交税费——应交个人所得税 800 贷：零余额账户用款额度 800	借：行政支出 800 贷：资金结存——零余额账户用款额度 800

实行预算管理一体化的单位【例18-2】账务处理如下①：

（1）向外部专家支付劳务费时：

财务会计	预算会计
借：业务活动费用——商品和服务费用 5 000 贷：财政拨款收入 4 200 其他应交税费——应交个人所得税 800	借：行政支出 4 200 贷：财政拨款预算收入 4 200

（2）缴纳代扣个人所得税时：

① 本教材后文的财政授权支付方式账务处理均参照此处预算管理一体化单位的补充说明。后文不再作出说明。

财务会计	预算会计
借：其他应交税费——应交个人所得税　800 　贷：财政拨款收入　800	借：行政支出　800 　贷：财政拨款预算收入　800

（三）支付购买货物款项

为购买存货、固定资产、无形资产等以及在建工程支付相关款项时，按照实际支付的金额，借记本科目，贷记“财政拨款预算收入”“资金结存”科目。

借：行政支出

　贷：财政拨款预算收入/资金结存

【例 18-3】某行政单位购入A材料一批，货款已付，还未验收入库。该批材料采购成本为560 000元。7日后材料运达并验收入库，运输过程中发生运费1 000元，保险费用及其他相关支出共计3 000元。所有费用均通过财政授权支付方式支付。(不考虑税)

（1）购入A材料时：

财务会计	预算会计
借：在途物品——A材料　560 000 　贷：零余额账户用款额度　560 000	借：行政支出　560 000 　贷：资金结存——零余额账户用款额度　560 000

（2）到达验收入库时：

财务会计	预算会计
借：库存物品——A材料　564 000 　贷：零余额账户用款额度　4 000 　　在途物品——A材料　560 000	借：行政支出　4 000 　贷：资金结存——零余额账户用款额度　4 000

（四）支付预付款项

1.发生预付账款时，按照实际支付的金额，借记本科目，贷记“财政拨款预算收入”“资金结存”科目。

借：行政支出

　贷：财政拨款预算收入/资金结存

【例 18 4】某行政单位采用预付款方式向某公司购入存货一批，按合同规定通过零余额账户预付货款2万元的50%。3日收到存货并验收入库后补付余款。(不考虑税)

（1）预付货款时：

财务会计	预算会计
借：预付账款——×公司　10 000 　贷：零余额账户用款额度　10 000	借：行政支出　10 000 　贷：资金结存——零余额账户用款额度　10 000

（2）确认存货补付余款时：

财务会计	预算会计
借：库存物品　20 000 　贷：预付账款——×公司　10 000 　　零余额账户用款额度　10 000	借：行政支出　10 000 　贷：资金结存——零余额账户用款额度　10 000

2.对于暂付款项，在支付款项时可不做预算会计处理，待结算或报销时，按照结算或报销的金额，借记本科目，贷记“资金结存”科目。

借：行政支出

　贷：资金结存

【例18-5】某行政单位职工张三某日预借出差款5 000元，该笔款项通过零余额账户办理。3日后出差归来报销4 800元，交回现金200元。

（1）预借出差款时：

财务会计	预算会计
借：其他应收款——张三　5 000 　贷：零余额账户用款额度　5 000	—

（2）出差归来报账时：

财务会计	预算会计
借：业务活动费用——商品和服务费用　4 800 　库存现金　200 　贷：其他应收款——张三　5 000	借：行政支出　4 800 　贷：资金结存——零余额账户用款额度　4 800

（五）发生其他各项支出

发生其他各项支出时，按照实际支付的金额，借记本科目，贷记“财政拨款预算收入”“资金结存”科目。

借：行政支出

　贷：财政拨款预算收入/资金结存

（六）发生当年支出收回

因购货退回等发生款项退回，或者发生差错更正的，属于当年支出收回的，按照收回或更正金额，借记“财政拨款预算收入”“资金结存”科目，贷记本科目。

借：财政拨款预算收入/资金结存

　贷：行政支出

例解参见【例17-14】。

（七）年末结转

1.年末，将本科目本年发生额中的财政拨款支出转入财政拨款结转，借记“财政拨款结转——本年收支结转”科目，贷记本科目下各财政拨款支出明细科目。

借：财政拨款结转——本年收支结转

　贷：行政支出——各财政拨款支出明细科目

2.年末，将本科目本年发生额中的非财政专项资金支出转入非财政拨款结转，借记“非财政拨款结转——本年收支结转”科目，贷记本科目下各非财政专项资金支出明细科目。

借：非财政拨款结转——本年收支结转

　贷：行政支出——各非财政专项资金支出明细科目

3.年末，将本科目本年发生额中的其他资金支出（非财政非专项资金支出）转入其他结余，借记“其他结余”科目，贷记本科目下其他资金支出明细科目。

借：其他结余

　贷：行政支出——其他资金支出明细科目

【例 18-6】某行政单位年末结转时，“行政支出”科目借方余额为1 270万元，其中，财政拨款支出为890万元，非财政专项资金支出为260万元，其他资金支出为120万元，全部予以结转。

财务会计	预算会计
—	借：财政拨款结转——本年收支结转　8 900 000 　贷：行政支出——财政拨款支出　8 900 000 借：非财政拨款结转——本年收支结转　2 600 000 　贷：行政支出——非财政专项资金支出——×专项　2 600 000 借：其他结余　1 200 000 　贷：行政支出——其他资金支出——×资金　1 200 000

二、事业支出

“事业支出”科目核算事业单位开展专业业务活动及其辅助活动实际发生的各项现金流出。事业支出增加记借方，减少记贷方，平时余额在借方，年末结转后，本科目应无余额。

单位发生教育、科研、医疗、行政管理、后勤保障等活动的，可在本科目下设置相应的明细科目进行核算，或单设“7201教育支出”“7202科研支出”“7203医疗支出”“7204行政管理支出”“7205后勤保障支出”等一级会计科目进行核算。

本科目应当分别按照“财政拨款支出”“非财政专项资金支出”“其他资金支出”“基本支出”“项目支出”等进行明细核算，并按照《政府收支分类科目》中“支出功能分类科目”的项级科目进行明细核算；“基本支出”和“项目支出”明细科目下应当按照《政府收支分类科目》中“部门预算支出经济分类科目”的款级科目进行明细核算，同时在“项目支出”明细科目下按照具体项目进行明细核算。

有一般公共预算财政拨款、政府性基金预算财政拨款等两种或两种以上财政拨款的事业单位，还应当在“财政拨款支出”明细科目下按照财政拨款的种类进行明细核算。

对于预付款项，可通过在本科目下设置“待处理”明细科目进行明细核算，待确认具体支出项目后再转入本科目下相关明细科目。年末结账前，应将本科目“待处理”明细科目余额全部转入本科目下相关明细科目。

（一）支付单位职工（经营部门职工除外）薪酬

1.向单位职工个人支付薪酬时，按照实际支付的数额，借记本科目，贷记“财政拨款预算收入”“资金结存”科目。

借：事业支出

　贷：财政拨款预算收入/资金结存

2.按照规定代扣代缴个人所得税以及代扣代缴或为职工缴纳职工社会保险费、住房公积金等时，按照实际缴纳的金额，借记本科目，贷记“财政拨款预算收入”“资金结存”科目。

借：事业支出

贷：财政拨款预算收入/资金结存

（二）为开展专业业务活动及其辅助活动支付外部人员劳务费

1.按照实际支付给外部人员个人的金额，借记本科目，贷记“财政拨款预算收入”“资金结存”科目。

借：事业支出

贷：财政拨款预算收入/资金结存

2.按照规定代扣代缴个人所得税时，按照实际缴纳的金额，借记本科目，贷记“财政拨款预算收入”“资金结存”科目。

借：事业支出

贷：财政拨款预算收入/资金结存

（三）为开展专业业务活动及其辅助活动购买货物款项

开展专业业务活动及其辅助活动过程中为购买存货、固定资产、无形资产等以及在建工程支付相关款项时，按照实际支付的金额，借记本科目，贷记“财政拨款预算收入”“资金结存”科目。

借：事业支出

贷：财政拨款预算收入/资金结存

（四）开展专业业务活动及其辅助活动过程中发生预付款项

1.开展专业业务活动及其辅助活动过程中发生预付账款时，按照实际支付的金额，借记本科目，贷记“财政拨款预算收入”“资金结存”科目。

借：事业支出

贷：财政拨款预算收入/资金结存

2.对于暂付款项，在支付款项时可不做预算会计处理，待结算或报销时，按照结算或报销的金额，借记本科目，贷记“资金结存”科目。

借：事业支出

贷：资金结存

（五）开展专业业务活动及其辅助活动缴纳相关税费及发生其他各项支出

开展专业业务活动及其辅助活动过程中缴纳的相关税费以及发生的其他各项支出，按照实际支付的金额，借记本科目，贷记“财政拨款预算收入”“资金结存”科目。

借：事业支出

贷：财政拨款预算收入/资金结存

（六）开展专业业务活动及其辅助活动发生当年支出收回

开展专业业务活动及其辅助活动过程中因购货退回等发生款项退回，或者发生差错更正的，属于当年支出收回的，按照收回或更正金额，借记“财政拨款预算收入”“资金结存”科目，贷记本科目。

借：财政拨款预算收入/资金结存

贷：事业支出

（七）年末结转

1.年末，将本科目本年发生额中的财政拨款支出转入财政拨款结转，借记“财政拨款结转——本年收支结转”科目，贷记本科目下各财政拨款支出明细科目。

借：财政拨款结转——本年收支结转

　贷：事业支出——各财政拨款支出明细科目

2.年末，将本科目本年发生额中的非财政专项资金支出转入非财政拨款结转，借记“非财政拨款结转——本年收支结转”科目，贷记本科目下各非财政专项资金支出明细科目。

借：非财政拨款结转——本年收支结转

　贷：事业支出——各非财政专项资金支出明细科目

3.年末，将本科目本年发生额中的其他资金支出（非财政非专项资金支出）转入其他结余，借记“其他结余”科目，贷记本科目下其他资金支出明细科目。

借：其他结余

　贷：事业支出——其他资金支出明细科目

“事业支出”科目的核算原理及要求同“行政支出”科目，其例解参见“行政支出”科目的各相关例题。

三、经营支出

“经营支出”科目核算事业单位在专业业务活动及其辅助活动之外开展非独立核算经营活动实际发生的各项现金流出。经营支出增加记借方，减少记贷方，平时余额在借方，年末结转后应无余额。

本科目应当按照经营活动类别、项目、《政府收支分类科目》中“支出功能分类科目”的项级科目和“部门预算支出经济分类科目”的款级科目等进行明细核算。

对于预付款项，可通过在本科目下设置“待处理”明细科目进行明细核算，待确认具体支出项目后再转入本科目下相关明细科目。年末结账前，应将本科目“待处理”明细科目余额全部转入本科目下相关明细科目。

（一）支付经营部门职工薪酬

1.向职工个人支付薪酬时，按照实际发生的金额，借记本科目，贷记“资金结存”科目。

借：经营支出

　贷：资金结存

2.按照规定代扣代缴个人所得税以及代扣代缴或为职工缴纳职工社会保险费、住房公积金时，按照实际缴纳的金额，借记本科目，贷记“资金结存”科目。

借：经营支出

　贷：资金结存

【例18-7】某事业单位计提经营活动人员薪酬，应发总金额60万元，应代扣代缴个人所得税12 000元，代扣代缴社会保险费24 000元、住房公积金21 000元。另，应为职工缴纳社会保险费24 000元、住房公积金21 000元。所有款项均通过银行存款转账支付。

（1）计提应发工薪时：

财务会计	预算会计
借：经营费用——工资福利费用　600 000 　贷：应付职工薪酬　600 000	—

（2）代扣个人所得税等款项时：

财务会计	预算会计
借：应付职工薪酬——基本工资　57 000 　贷：其他应交税费——应交个人所得税　12 000 　　应付职工薪酬——社会保险费　24 000 　　　　——住房公积金　21 000	—

（3）计提为职工缴纳的社会保险费、住房公积金时：

财务会计	预算会计
借：经营费用　45 000 　贷：应付职工薪酬——社会保险费　24 000 　　　　——住房公积金　21 000	—

（4）支付工薪时：

财务会计	预算会计
借：应付职工薪酬　543 000 　贷：银行存款　543 000	借：经营支出　543 000 　贷：资金结存——货币资金　543 000

（5）缴纳代扣个人所得税等款项时：

财务会计	预算会计
借：其他应交税费——应交个人所得税　12 000 　应付职工薪酬——社会保险费　48 000 　　——住房公积金　42 000 　贷：银行存款　102 000	借：经营支出　102 000 　贷：资金结存——货币资金　102 000

（二）为经营活动支付外部人员劳务费

按照实际支付给外部人员个人的金额，借记本科目，贷记“资金结存”科目。

借：经营支出

　贷：资金结存

按照规定代扣代缴个人所得税时，按照实际缴纳的金额，借记本科目，贷记“资金结存”科目。

借：经营支出

　贷：资金结存

【例18-8】某事业单位为开展经营活动支付外部人员劳务费，应付总金额为8 000元，代扣个人所得税1 280元，实际支付6 720元，通过银行存款转账支付。

（1）支付劳务费并代扣个人所得税时：

财务会计	预算会计
借：经营费用——商品和服务费用　8 000 　贷：其他应交税费——应交个人所得税　1 280 　　银行存款　6 720	借：经营支出　6 720 　贷：资金结存——货币资金　6 720

（2）支付代扣的个人所得税时：

财务会计	预算会计
借：其他应交税费——应交个人所得税 1 280 　贷：银行存款 1 280	借：经营支出 1 280 　贷：资金结存——货币资金 1 280

（三）开展经营活动过程中支付购货款项

开展经营活动过程中为购买存货、固定资产、无形资产等以及在建工程支付相关款项时，按照实际支付的金额，借记本科目，贷记“资金结存”科目。

借：经营支出

　贷：资金结存

【例18-9】某事业单位购买经营活动用材料，成本为35 000元，材料已验收入库，款项通过银行存款已转账支付。（不考虑税）

财务会计	预算会计
借：库存物品 35 000 　贷：银行存款 35 000	借：经营支出 35 000 　贷：资金结存——货币资金 35 000

（四）开展经营活动过程中发生预付款项

1.开展经营活动过程中发生预付账款时，按照实际支付的金额，借记本科目，贷记“资金结存”科目。

借：经营支出

　贷：资金结存

2.对于暂付款项，在支付款项时可不做预算会计处理，待结算或报销时，按照结算或报销的金额，借记本科目，贷记“资金结存”科目。

借：经营支出

　贷：资金结存

开展经营活动过程中发生预付款项的例解参见“行政支出”科目相关例题。

（五）因开展经营活动缴纳相关税费及发生其他各项支出

因开展经营活动缴纳的相关税费以及发生的其他各项支出，按照实际支付的金额，借记本科目，贷记“资金结存”科目。

借：经营支出

　贷：资金结存

【例18-10】某事业单位开展经营活动产生城市维护建设税21万元，教育费附加9万元，地方教育附加9 000元，车船税23万元，房产税12万元。

（1）计提应交税费时：

财务会计	预算会计
借：经营费用 659 000 　贷：其他应交税费——应交城市维护建设税 210 000 　　　　　　　　——应交教育费附加 90 000 　　　　　　　　——应交地方教育附加 9 000 　　　　　　　　——应交车船税 230 000 　　　　　　　　——应交房产税 120 000	—

（2）缴纳税费时：

财务会计	预算会计
借：其他应交税费——应交城市维护建设税 210 000 ——应交教育费附加 90 000 ——应交地方教育附加 9 000 ——应交车船税 230 000 ——应交房产税 120 000 贷：银行存款 659 000	借：经营支出 659 000 贷：资金结存——货币资金 659 000

（六）开展经营活动中发生当年支出收回

开展经营活动中因购货退回等发生款项退回，或者发生差错更正的，属于当年支出收回的，按照收回或更正金额，借记“资金结存”科目，贷记本科目。

借：资金结存

　贷：经营支出

【例 18-11】某事业单位发生经营活动购买材料退回业务，收回材料款共计 49 万元，该批材料属于当年购买业务，通过银行存款转账支付。

财务会计	预算会计
借：银行存款 490 000 贷：经营费用——商品和服务费用 490 000	借：经营支出 490 000 贷：资金结存——货币资金 490 000

（七）年末结转

年末，将本科目本年发生额转入经营结余，借记“经营结余”科目，贷记本科目。

借：经营结余

　贷：经营支出

【例 18-12】某事业单位年末结转时，“经营支出”科目借方余额为 190 万元，全部予以结转。

财务会计	预算会计
—	借：经营结余 1 900 000 贷：经营支出 1 900 000

四、投资支出

“投资支出”科目核算事业单位以货币资金对外投资发生的现金流出。投资支出的增加记借方，减少记贷方，平时余额在借方，年末结转后应无余额。本科目应当按照投资类型、投资对象、《政府收支分类科目》中“支出功能分类科目”的项级科目和“部门预算支出经济分类科目”的款级科目等进行明细核算。

（一）以货币资金对外投资

以货币资金对外投资时，按照投资金额和所支付的相关税费金额的合计数，借记本科目，贷记“资金结存”科目。

借：投资支出

　贷：资金结存

（二）处置以货币资金取得的对外投资

1.出售、对外转让或到期收回本年度以货币资金取得的对外投资的，如果按规定将投资收益纳入单位预算，按照实际收到的金额，借记“资金结存”科目，按照取得投资时“投资支出”科目的发生额，贷记本科目，按照其差额，贷记或借记“投资预算收益”科目；如果按规定将投资收益上缴财政的，按照取得投资时“投资支出”科目的发生额，借记“资金结存”科目，贷记本科目。

（1）如果按规定将投资收益纳入单位预算：

借：资金结存（按照实际收到的金额）

　贷：投资支出（按照取得投资时“投资支出”科目的发生额）

　贷或借：投资预算收益（按照其差额）

（2）如果按规定将投资收益上缴财政：

借：资金结存

　贷：投资支出（按照取得投资时“投资支出”科目的发生额）

2.出售、对外转让或到期收回以前年度以货币资金取得的对外投资的，如果按规定将投资收益纳入单位预算，按照实际收到的金额，借记“资金结存”科目，按照取得投资时“投资支出”科目的发生额，贷记“其他结余”科目，按照其差额，贷记或借记“投资预算收益”科目；如果按规定将投资收益上缴财政的，按照取得投资时“投资支出”科目的发生额，借记“资金结存”科目，贷记“其他结余”科目。

（1）如果按规定将投资收益纳入单位预算：

借：资金结存（按照实际收到的金额）

　贷：其他结余（按照取得投资时“投资支出”科目的发生额）

　贷或借：投资预算收益（按照其差额）

（2）如果按规定将投资收益上缴财政：

借：资金结存

　贷：其他结余（按照取得投资时“投资支出”科目的发生额）

【例18-13】某事业单位用货币资金购买国库券1 000张，每张110元买进，另需支付已到付息期但尚未领取的利息1 500元给卖方，共支付价款11.15万元，另支付佣金、税费等1 800元。债券面值10万元，距到期尚有6个月，该批国库券年利率为6%，每季度支付一次利息。持有3个月后，因急需资金将持有的该批国库券出售，取得价款12万元。所有款项均通过银行存款转账进行。（不考虑税）

（1）买入国库券时：

财务会计	预算会计
借：短期投资——国库券　113 300 　贷：银行存款　113 300	借：投资支出　113 300 　贷：资金结存——货币资金　113 300

（2）收到支付价款中已到付息期未领取利息时：

财务会计	预算会计
借：银行存款　　1 500 　贷：短期投资——国库券　　1 500	借：资金结存——货币资金　　1 500 　贷：投资支出　　1 500

（3）取得债券利息时：

财务会计	预算会计
借：银行存款　　1 500 　贷：投资收益　　1 500	借：资金结存——货币资金　　1 500 　贷：投资预算收益　　1 500

（4）卖出国库券时：

财务会计	预算会计
借：银行存款　　120 000 　贷：短期投资——国库券　　111 800 　　　投资收益　　8 200	如果按照规定投资收益纳入单位预算： 借：资金结存——货币资金　　120 000 　贷：投资支出　　111 800 　　　投资预算收益　　8 200 如果按照规定投资收益上缴财政： 借：资金结存——货币资金　　111 800 　贷：投资支出　　111 800

如果【例18-13】中，国库券的出售时间为第二年，则卖出国库券时所有预算会计的分录中，将“投资支出”科目换成“其他结余”科目即可。

（三）年末结转

年末，将本科目本年发生额转入其他结余，借记“其他结余”科目，贷记本科目。

借：其他结余

　贷：投资支出

【例18-14】某事业单位年末结转时，“投资支出”科目借方余额为300万元，全部予以结转。

财务会计	预算会计
—	借：其他结余　　3 000 000 　贷：投资支出　　3 000 000

五、债务还本支出

“债务还本支出”科目核算事业单位偿还自身承担的纳入预算管理的从金融机构举借的债务本金的现金流出。债务还本支出的增加记借方，减少记借方，平时余额在借方，年末结转后应无余额。本科目应当按照贷款单位、贷款种类、《政府收支分类科目》中“支出功能分类科目”的项级科目和“部门预算支出经济分类科目”的款级科目等进行明细核算。

（一）偿还各项短期或长期借款

偿还各项短期或长期借款时，按照偿还的借款本金，借记本科目，贷记“资金结存”科目。

借：债务还本支出
　贷：资金结存

【例 18-15】接【例 13-29】，向银行借入的短期借款到期，归还借款本金及利息。

财务会计			预算会计		
借：短期借款	200 000		借：债务还本支出	200 000	
其他费用——利息费用	6 000		其他支出	6 000	
贷：银行存款		206 000	贷：资金结存——货币资金		206 000

（二）年末结转

年末，将本科目本年发生额转入其他结余，借记“其他结余”科目，贷记本科目。

借：其他结余
　贷：债务还本支出

【例 18-16】某事业单位年末结转时，“债务还本”科目支出余额为260万元，全部予以结转。

财务会计	预算会计		
—	借：其他结余	2 600 000	
	贷：债务还本支出		2 600 000

六、其他支出

“其他支出”科目核算单位除行政支出、事业支出、经营支出、上缴上级支出、对附属单位补助支出、投资支出、债务还本支出以外的各项现金流出，包括利息支出、对外捐赠现金支出、现金盘亏损失、接受捐赠（调入）和对外捐赠（调出）非现金资产发生的税费支出、资产置换过程中发生的相关税费支出、罚没支出等。其他支出的增加记借方，减少记贷方，平时余额在借方，年末结转后应无余额。本科目应当按照其他支出的类别，“财政拨款支出”、“非财政专项资金支出”和“其他资金支出”，《政府收支分类科目》中“支出功能分类科目”的项级科日和“部门预算支出经济分类科日”的款级科目等进行明细核算。其他支出中如有专项资金支出，还应按照具体项目进行明细核算。

有一般公共预算财政拨款、政府性基金预算财政拨款等两种或两种以上财政拨款的事业单位，还应当在“财政拨款支出”明细科目下按照财政拨款的种类进行明细核算。

单位发生利息支出、捐赠支出等其他支出金额较大或业务较多的，可单独设置“7902利息支出”“7903捐赠支出”等科目。

（一）利息支出

支付银行借款利息时，按照实际支付金额，借记本科目，贷记“资金结存”科目。

借：其他支出
　贷：资金结存

【例 18-17】某事业单位支付银行一般性贷款利息2 000元，由银行直接从本单位银行存款账户扣除。

财务会计	预算会计
借：其他费用——利息费用 2 000 贷：银行存款 2 000	借：其他支出 2 000 贷：资金结存——货币资金 2 000

（二）对外捐赠现金资产

对外捐赠现金资产时，按照捐赠金额，借记本科目，贷记“资金结存——货币资金”科目。

借：其他支出

贷：资金结存——货币资金

【例 18-18】某事业单位在某次救灾中捐出现金30万元，款项通过银行存款转账支付。

财务会计	预算会计
借：其他费用——捐赠支出 300 000 贷：银行存款 300 000	借：其他支出 300 000 贷：资金结存——货币资金 300 000

（三）现金盘亏损失

每日现金账款核对中如发现现金短缺，按照短缺的现金金额，借记本科目，贷记“资金结存——货币资金”科目。经核实，属于应当由有关人员赔偿的，按照收到的赔偿金额，借记“资金结存——货币资金”科目，贷记本科目。

（1）发现现金短缺时：

借：其他支出

贷：资金结存——货币资金

（2）经核实，属于应当由有关人员赔偿的，收到赔偿金额时：

借：资金结存——货币资金：

贷：其他支出

【例 18-19】某单位月末盘点库存现金时发现实际库存数比账面结余数少了120元，原因尚未查明。经反复核查，无法查明原因，经批准作费用处理。

（1）发现短款时：

财务会计	预算会计
借：待处理财产损溢 120 贷：库存现金 120	借：其他支出 120 贷：资金结存——货币资金 120

（2）批准核销时：

财务会计	预算会计
借：资产处置费用 120 贷：待处理财产损溢 120	—

如果查明原因应由责任人赔偿或向有关人员追回时：

财务会计	预算会计
借：其他应收款 120 贷：待处理财产损溢 120	—

责任人赔偿或向有关人员追回120元现金时：

财务会计	预算会计
借：库存现金 120 　贷：其他应收款 120	借：资金结存——货币资金 120 　贷：其他支出 120

（四）接受捐赠（无偿调入）和对外捐赠（无偿调出）非现金资产发生的税费支出

接受捐赠（无偿调入）非现金资产发生的归属于捐入方（调入方）的相关税费、运输费等，以及对外捐赠（无偿调出）非现金资产发生的归属于捐出方（调出方）的相关税费、运输费等，按照实际支付金额，借记本科目，贷记“资金结存”科目。

借：其他支出

　贷：资金结存

【例18-20】某事业单位接受外单位捐赠电脑20台，发票单据注明每台电脑4 500元。该单位自行负担运杂费1 000元，通过银行存款转账支付。

财务会计	预算会计
借：固定资产——电脑 91 000 　贷：捐赠收入 90 000 　　银行存款 1 000	借：其他支出 1 000 　贷：资金结存——货币资金 1 000

（五）资产置换过程中发生的相关税费支出

资产置换过程中发生的相关税费，按照实际支付金额，借记本科目，贷记“资金结存”科目。

借：其他支出

　贷：资金结存

【例18-21】某单位用一台旧机器与其他单位置换E材料一批，该机器原值600 000元，已计提折旧400 000元，经专家评估其价值为250 000元。置换过程中另发生其他相关支出40 000元，不涉及补价，置换材料已验收入库。（不考虑税）

财务会计	预算会计
借：库存物品——E材料 290 000 　固定资产累计折旧 400 000 　贷：固定资产——×机器 600 000 　　银行存款 40 000 　　其他收入 50 000	借：其他支出 40 000 　贷：资金结存——货币资金 40 000

（六）其他支出

发生罚没等其他支出时，按照实际支出金额，借记本科目，贷记“资金结存”科目。

借：其他支出

　贷：资金结存

【例18-22】某单位由于违反规定接受罚款处罚，缴纳罚金3 000元，通过银行存款转账支付。

财务会计	预算会计
借：其他费用——罚没支出　3 000 　贷：其他应付款　3 000	借：其他支出——罚没支出　3 000 　贷：资金结存——货币资金　3 000

（七）年末结转

1.年末，将本科目本年发生额中的财政拨款支出转入财政拨款结转，借记“财政拨款结转——本年收支结转”科目，贷记本科目下各财政拨款支出明细科目。

借：财政拨款结转——本年收支结转

　贷：其他支出——各财政拨款支出明细科目

2.年末，将本科目本年发生额中的非财政专项资金支出转入非财政拨款结转，借记“非财政拨款结转——本年收支结转”科目，贷记本科目下各非财政专项资金支出明细科目。

借：非财政拨款结转——本年收支结转

　贷：其他支出——各非财政专项资金支出明细科目

3.年末，将本科目本年发生额中的其他资金支出（非财政非专项资金支出）转入其他结余，借记“其他结余”科目，贷记本科目下各其他资金支出明细科目。

借：其他结余

　贷：其他支出——各其他资金支出明细科目

【例 18-23】某单位年末结转时，“其他支出”科目借方余额为45万元，其中，财政拨款支出为20万元，非财政专项资金支出为15万元，其他资金支出为10万元，全部予以结转。

财务会计	预算会计
—	借：财政拨款结转——本年收支结转　200 000 　贷：其他支出——财政拨款支出　200 000 借：非财政拨款结转——本年收支结转　150 000 　贷：其他支出——非财政专项资金支出——×专项　150 000 借：其他结余　100 000 　贷：其他支出——其他资金支出——×资金　100 000

第三节 转移性支出

本节主要介绍“上缴上级支出”“对附属单位补助支出”两个预算支出类科目的核算要求及方法。

一、上缴上级支出

“上缴上级支出”科目核算事业单位按照财政部门和主管部门的规定上缴上级单位款项发生的现金流出。上缴上级支出的增加记借方，减少记贷方，平时余额在借方，年末结转后应无余额。本科目应当按照收缴款项单位、缴款项目、《政府收支分类科目》中“支出功能分类科目”的项级科目和“部门预算支出经济分类科目”的款级科目等进行明细核算。

（一）平时

按照规定将款项上缴上级单位的，按照实际上缴的金额，借记本科目，贷记“资金结存”科目。

借：上缴上级支出

　贷：资金结存

【例18-24】某事业单位根据规定上缴上级单位款项5 000元，款项通过银行存款转账支付。

财务会计		预算会计	
借：上缴上级费用	5 000	借：上缴上级支出	5 000
贷：银行存款	5 000	贷：资金结存——货币资金	5 000

（二）年末结转

年末，将本科目本年发生额转入其他结余，借记“其他结余”科目，贷记本科目。

借：其他结余

　贷：上缴上级支出

【例18-25】某事业单位年末结转时，“上缴上级支出”科目借方余额为29万元，全部予以结转。

财务会计	预算会计	
—	借：其他结余	290 000
	贷：上缴上级支出	290 000

二、对附属单位补助支出

“对附属单位补助支出”科目核算事业单位用财政拨款预算收入之外的收入对附属单位补助发生的现金流出。对附属单位补助支出的增加记借方，减少记贷方，平时余额在借方，年末结转后应无余额。本科目应当按照接受补助单位、补助项目、《政府收支分类科目》中“支出功能分类科目”的项级科目和“部门预算支出经济分类科目”的款级科目等进行明细核算。

（一）平时

发生对附属单位补助支出的，按照实际补助的金额，借记本科目，贷记“资金结存”科目。

借：对附属单位补助支出

　贷：资金结存

【例18-26】某事业单位对附属单位拨付补助款24 000元，款项通过银行存款转账支付。

财务会计		预算会计	
借：对附属单位补助费用	24 000	借：对附属单位补助支出	24 000
贷：银行存款	24 000	贷：资金结存——货币资金	24 000

（二）年末结转

年末，将本科目本年发生额转入其他结余，借记“其他结余”科目，贷记本科目。

借：其他结余

　贷：对附属单位补助支出

【例 18-27】某事业单位年末结转时，"对附属单位补助支出"科目借方余额为 38 万元，全部予以结转。

财务会计	预算会计
—	借：其他结余　380 000 　贷：对附属单位补助支出　380 000

思考与练习题

一、思考题

1.什么是单位预算支出？其内容有哪些？

2.单位预算支出的确认条件有哪些？与单位费用的确认条件相比，有哪些不同？

3.行政支出和事业支出明细科目的设置有哪些规定？

4."其他支出"科目如何进行明细核算？

5."其他支出"科目的核算内容有哪些？

二、单项选择题

1.下列预算支出科目中适用于行政单位的有（　　）。

A.债务还本支出　B.投资支出　C.其他支出　D.经营支出

2.下列预算支出科目中既适用于行政单位又适用于事业单位的是（　　）。

A.债务还本支出　B.投资支出　C.其他支出　D.经营支出

3.事业单位下列项目中，不属于专业业务及其辅助活动范围的是（　　）。

A.对外开培训班　B.本单位非独立核算食堂

C.本单位职工活动室　D.开展公务活动

4.单位下列项目中，属于"投资支出"科目核算范围的是（　　）。

A.以现金资产对外投资　B.以固定资产对外投资

C.以无形资产对外投资　D.以委托代理资产对外投资

5.单位预算支出科目在（　　）进行结转。

A.月末　B.季末　C.年末　D.旬末

三、多项选择题

1.单位下列事项属于"其他支出"科目核算范围的有（　　）。

A.对外捐赠现金支出　B.现金盘亏

C.资产置换过程中发生的相关税费支出　D.罚没支出

2.事业单位"债务还本支出"科目核算的资金必须同时满足（　　）条件。

A.偿还的债务资金是从银行等金融机构借贷本金

B.债务资金纳入单位预算

C.偿还资金来源属于非财政拨款

D.偿还资金来源于财政拨款

3.年末结转时需要区分资金性质的预算支出科目有（　　）。

A.行政支出　　B.事业支出　　C.经营支出　　D.其他支出

4.年末结转时不区分资金性质的预算支出科目有（　　）。

A.经营支出　　B.其他支出　　C.上缴上级支出　　D.投资支出

5.下列各项中，属于单位消耗性预算支出科目的有（　　）。

A.行政支出　　B.事业支出　　C.债务还本支出　　D.其他支出

第十八章即测即评

四、业务分录题

某事业单位（一般纳税人）20××年发生以下经济业务，请编写各经济业务双会计分录。

1. 计提专业业务活动人员本月薪酬，计算出应发薪酬总额为200万元。

2. 开展专业业务及其辅助活动，领取材料一批用于日常办公，成本为3 000元。

3. 开展专业业务活动，通过单位零余额账户支付专家费3 600元（税后）。

4. 计提经营活动人员4月薪酬，计算出应发薪酬总额为42万元。

5. 从事经营活动，领用办公用品，实际成本为2 300元。

6. 从事经营活动，销售产成品一批，价款为17 000元，增值税为2 210元。该批产成品成本为9 000元。货款已存入银行。

7. 从事经营活动，发生资料打印费2 000元。

8. 支付银行一般性贷款利息2 300元，由银行直接从本单位银行存款账户扣除。

9. 在某次救灾中捐出现金45万元，款项通过银行存款转账支付。

10. 接受外单位捐赠设备一台，捐赠单位提供的凭据上注明设备价值30 000元，本单位承担运杂费300元，用现金支付。

11. 根据规定上缴上级单位管理费8 000元，款项通过银行存款转账支付。

12. 对附属单位拨付补助款50万元，款项通过银行存款转账支付。

13. 年末进行结账时，各预算支出科目余额分别为："事业支出"科目730万元；"经营支出"科目470万元；"其他支出"科目80万元；"债务还本支出"科目100万元；"上缴上级支出"科目70万元；"对附属单位补助支出"科目5万元；"投资支出"科目680万元。

第十九章 单位预算结余的核算

☞ 学习目的

通过本章的学习，掌握单位预算会计各类预算结余的科目设置、管理要求及核算方法。

第一节 预算结余概述

一、预算结余的定义及内容

预算结余是指单位预算年度内预算收入扣除预算支出后的资金余额，以及历年滚存的资金余额。

这里的预算结余是指广义的结余，包括结余资金和结转资金。结余资金是指年度预算执行终了，预算收入实际完成数扣除预算支出和结转资金后剩余的资金。结转资金是指预算安排项目的支出年终尚未执行完毕或者因故未执行，且下年需要按原用途继续使用的资金。

二、预算结余的分类

预算结余根据资金的性质可以分为资金结存、财政拨款结转结余和非财政拨款结转结余。

资金结存专门用来反映单位预算收入、预算支出、调整等活动所引起的单位预算资金的变化与结存情况的科目。

财政拨款结转结余是指同级财政拨款收支相抵后的资金余额及滚存情况，包括财政拨款结转和财政拨款结余。

非财政拨款结转结余是指不是同级财政拨款形成的收支相抵后的资金余额及滚存情况，包括非财政拨款结转、经营结余、其他结余、非财政拨款结余分配、专用结余、非财政拨款结余等。

三、预算结余的管理

预算结余的管理主要是指单位结转结余的管理，包括财政拨款结转结余和非财政拨款结转结余的管理。

单位的结转结余根据来源可以分为同级政府财政部门的财政拨款资金和不是同级政府财政部门的拨款；根据资金用途分又可以分为专项资金和非专项资金。因此，单位结转结余的管理分是否财政拨款资金和是否专项资金而有不同的规定。

（1）同级财政拨款中的一般经费结余和未完工项目资金结余通过“财政拨款结转”科目进行核算；财政拨款中的项目资金如果完成当年预算工作目标或因故终止，剩余的财政拨款资金则通过“财政拨款结余”科目进行核算。

（2）同级财政拨款之外的各项收支，专项资金通过“非财政拨款结转”科目进行核算，非专项资金先通过“其他结余”科目进行核算，最后转入“非财政拨款结余”科目进行核算。

（3）事业单位经营活动发生的各项收支，不分是否专项资金都先通过“经营结余”科目进行核算，如果“经营结余”科目出现借方余额，则不作进一步的结转，待以后年度通过经营盈利进行弥补，如果“经营结余”科目出现贷方余额，则进一步结转入“非财政拨款结余分配”科目，分配完毕后，最后转入“非财政拨款结余”科目进行核算。

单位预算结余管理主要关系如图19-1、图19-2、图19-3所示。

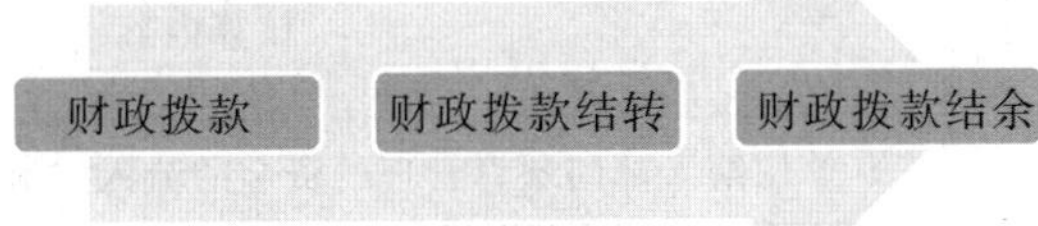

图19-1　单位财政拨款结转结余管理关系图

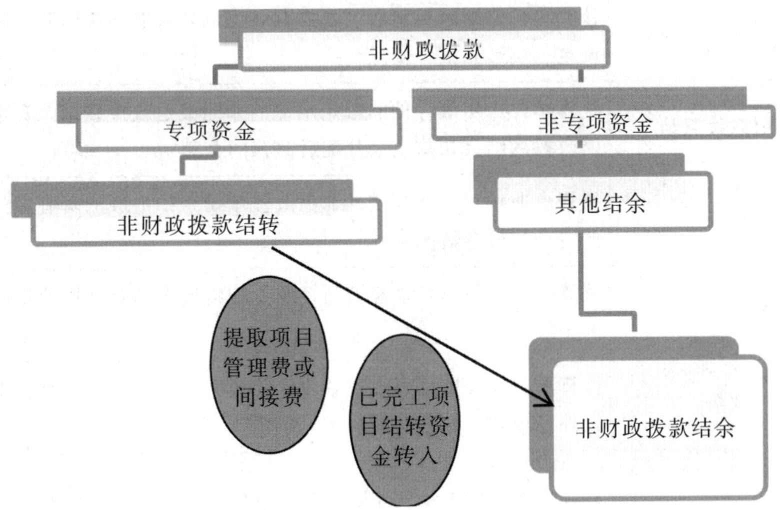

图19-2　行政单位非财政拨款结转结余管理关系图

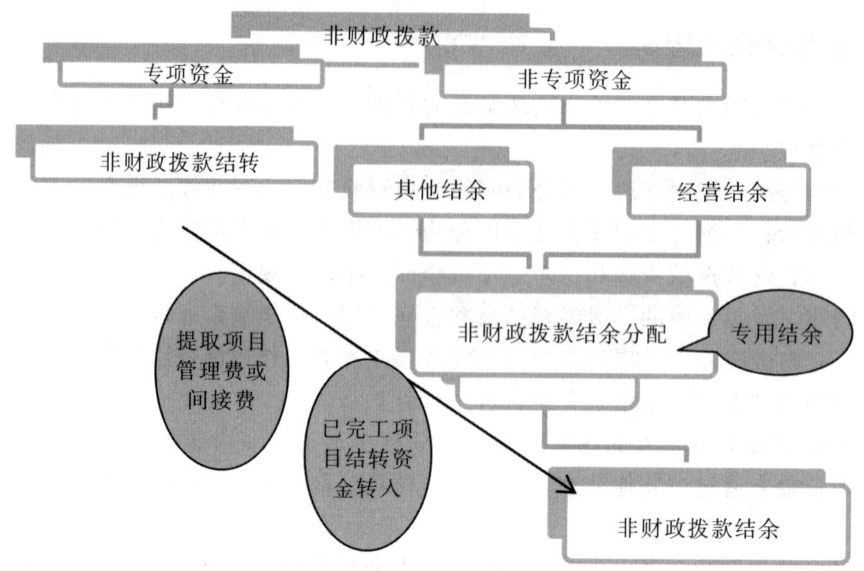

图 19-3　事业单位非财政拨款结转结余管理关系图

四、单位预算会计预算结余类科目及核算内容

单位预算会计预算结余类科目及核算内容见表 19-1。

表 19-1　单位预算会计预算结余类科目及核算内容

序号	科目编号	科目名称	核算内容
1	8001	资金结存	核算单位纳入部门预算管理的资金的流入、流出、调整和滚存等情况
2	8101	财政拨款结转	核算单位取得的同级财政拨款结转资金的调整、结转和滚存情况
3	8102	财政拨款结余	核算单位取得的同级财政拨款项目支出结余资金的调整、结转和滚存情况
4	8201	非财政拨款结转	核算单位除财政拨款收支、经营收支以外各非同级财政拨款专项资金的调整、结转和滚存情况
5	8202	非财政拨款结余	核算单位历年滚存的非限定用途的非同级财政拨款结余资金，主要为非财政拨款结余扣除结余分配后滚存的金额
6	8301	专用结余	核算事业单位按照规定从非财政拨款结余中提取的具有专门用途的资金的变动和滚存情况
7	8401	经营结余	核算事业单位本年度经营活动收支相抵后余额弥补以前年度经营亏损后的余额
8	8501	其他结余	核算单位本年度除财政拨款收支、非同级财政专项资金收支和经营收支以外各项收支相抵后的余额
9	8701	非财政拨款结余分配	核算事业单位本年度非财政拨款结余分配的情况和结果

第二节 资金结存

本节介绍“资金结存”科目核算要求及方法。

一、资金结存科目核算范围

现行政府会计制度设置“资金结存”科目，专门用来反映单位预算收入、预算支出、调整等活动所引起的单位资金的变化与结存情况。

“资金结存”科目核算单位纳入部门预算管理的资金的流入、流出、调整和滚存等情况。资金结存增加在借方，减少在贷方，年末借方余额反映单位预算资金的累计滚存情况。

二、资金结存明细科目设置规定

（一）“零余额账户用款额度”①

“零余额账户用款额度”明细科目核算实行国库集中支付的单位根据财政部门批复的用款计划收到和支用的零余额账户用款额度。

年末结账后，本明细科目应无余额。

（二）“货币资金”

“货币资金”明细科目核算单位以库存现金、银行存款、其他货币资金形态存在的资金。

本明细科目年末借方余额反映单位尚未使用的货币资金。

（三）“财政应返还额度”

“财政应返还额度”明细科目核算实行国库集中支付的单位可以使用的以前年度财政直接支付资金额度和财政应返还的财政授权支付资金额度。

本明细科目下可设置“财政直接支付”“财政授权支付”两个明细科目②进行明细核算。

本明细科目年末借方余额反映单位应收财政返还的资金额度。

三、资金结存的主要账务处理

（一）收入类活动导致资金结存变化

1.财政授权支付方式下，单位根据代理银行转来的“财政授权支付额度到账通知书”，按照通知书中的授权支付额度，借记本科目（零余额账户用款额度），贷记“财政拨款预算收入”科目。

借：资金结存——零余额账户用款额度

　贷：财政拨款预算收入

2.以国库集中支付以外的其他支付方式取得预算收入时，按照实际收到的金额，借记

---

① 实行预算管理一体化的单位，资金结存不设置“零余额账户用款额度”明细科目。

② 实行预算管理一体化的单位，“财政应返还额度”明细科目下不再设置“财政直接支付”“财政授权支付”明细科目。

本科目（货币资金），贷记“财政拨款预算收入”“事业预算收入”“经营预算收入”等科目。

借：资金结存——货币资金

贷：财政拨款预算收入/事业预算收入/经营预算收入等

（二）支出类活动导致的资金结存变化

1.财政授权支付方式下，发生相关支出时，按照实际支付的金额，借记“行政支出”“事业支出”等科目，贷记本科目（零余额账户用款额度）。

借：行政支出/事业支出等

贷：资金结存——零余额账户用款额度

2.从零余额账户提取现金时，借记本科目（货币资金），贷记本科目（零余额账户用款额度）。

借：资金结存——货币资金

贷：资金结存——零余额账户用款额度

退回现金时，作相反会计分录。

3.使用以前年度财政直接支付额度发生支出时，按照实际支付金额，借记“行政支出”“事业支出”等科目，贷记本科目（财政应返还额度）。

借：行政支出/事业支出等

贷：资金结存——财政应返还额度

【例19-1】某单位3月使用本年年初恢复的财政直接支付注销额度购买专业业务活动用材料一批，总金额35万元，材料已验收入库。（不考虑税）

财务会计	预算会计
借：库存物品　　350 000 贷：财政应返还额度——财政直接支付　　350 000	借：行政支出/事业支出　　350 000 贷：资金结存——财政应返还额度　　350 000

4.国库集中支付以外的其他支付方式下，发生相关支出时，按照实际支付的金额，借记“事业支出”“经营支出”等科目，贷记本科目（货币资金）。

借：事业支出/经营支出等

贷：资金结存——货币资金

“资金结存”科目在以上“（一）（二）”业务中的其他业务例解参见相应的预算收入类和预算支出类科目相关例题。

（三）年末结转结余调整导致的资金结存变化

1.按照规定上缴财政拨款结转结余资金或注销财政拨款结转结余资金额度的，按照实际上缴资金数额或注销的资金额度数额，借记“财政拨款结转——归集上缴”或“财政拨款结余——归集上缴”科目，贷记本科目（财政应返还额度、零余额账户用款额度、货币资金）。

借：财政拨款结转——归集上缴/财政拨款结余——归集上缴

贷：资金结存——财政应返还额度/零余额账户用款额度/货币资金

归集上缴业务参见【例19-5】。

2.按规定向原资金拨入单位缴回非财政拨款结转资金的，按照实际缴回资金数额，借记“非财政拨款结转——缴回资金”科目，贷记本科目（货币资金）。

借：非财政拨款结转——缴回资金

　贷：资金结存——货币资金

缴回资金业务参见【例 19-15】。

3.收到从其他单位调入的财政拨款结转资金的，按照实际调入资金数额，借记本科目（财政应返还额度、零余额账户用款额度、货币资金），贷记“财政拨款结转——归集调入”科目。

借：资金结存——财政应返还额度/零余额账户用款额度/货币资金

　贷：财政拨款结转——归集调入

归集调入业务参见【例 19-3】。

（四）使用专用基金导致的资金结存变化

按照规定使用从结余和预算收入中提取的专用基金时，按照实际支付金额，借记“事业支出”等科目，贷记本科目（货币资金）。

借：事业支出等

　贷：资金结存——货币资金

使用专用基金导致的结存变化业务参见【例 16-10】至【例 16-13】、【例 19-24】。

（五）因退回支付款项或收回货币资金导致的资金结存变化

1.因购货退回、发生差错更正等退回国库直接支付、授权支付款项，或者收回货币资金的，属于本年度支付的，借记“财政拨款预算收入”科目或本科目（零余额账户用款额度、货币资金），贷记相关支出科目。

借：财政拨款预算收入/资金结存——零余额账户用款额度/货币资金

　贷：相关支出科目

购货退回业务参见【例 17-14】【例 18-11】。

2.因购货退回、发生差错更正等退回国库直接支付、授权支付款项，或者收回货币资金的，属于以前年度支付的，借记本科目（财政应返还额度、零余额账户用款额度、货币资金），贷记“财政拨款结转”“财政拨款结余”“非财政拨款结转”“非财政拨款结余”科目。

借：资金结存——财政应返还额度/零余额账户用款额度/货币资金

　贷：财政拨款结转/财政拨款结余/非财政拨款结转/非财政拨款结余

退回款项业务参见【例 16-4】【例 19-2】【例 19-27】【例 19-28】。

（六）缴税导致的资金结存变化

有企业所得税缴纳义务的事业单位缴纳所得税时，按照实际缴纳金额，借记“非财政拨款结余——累计结余”科目，贷记本科目（货币资金）。

借：非财政拨款结余——累计结余

　贷：资金结存——货币资金

缴税导致资金结存变化业务参见【例 19-26】。

（七）年末注销财政直接支付额度导致的资金结存变化

根据本年度财政直接支付预算指标数与当年财政直接支付实际支出数的差额，借记本科目（财政应返还额度），贷记“财政拨款预算收入”科目。

借：资金结存——财政应返还额度

　贷：财政拨款预算收入

年末注销直接支付额度导致结存变化业务参见【例17-9】。

（八）注销及恢复财政授权支付额度导致的资金结存变化

1.年末注销

年末，单位依据代理银行提供的对账单作注销额度的相关账务处理，借记本科目（财政应返还额度），贷记本科目（零余额账户用款额度）；本年度财政授权支付预算指标数大于零余额账户用款额度下达数的，根据未下达的用款额度，借记本科目（财政应返还额度），贷记“财政拨款预算收入”科目。

（1）单位依据代理银行提供的对账单作注销额度的相关账务处理：

借：资金结存——财政应返还额度

　贷：资金结存——零余额账户用款额度

（2）本年度财政授权支付预算指标数大于零余额账户用款额度下达数：

借：资金结存——财政应返还额度

　贷：财政拨款预算收入

年末注销或恢复授权支付额度导致结存变化业务参见【例17-11】。

2.年初恢复

下年初，单位依据代理银行提供的额度恢复到账通知书作恢复额度的相关账务处理，借记本科目（零余额账户用款额度），贷记本科目（财政应返还额度）。单位收到财政部门批复的上年末未下达零余额账户用款额度的，借记本科目（零余额账户用款额度），贷记本科目（财政应返还额度）。

（1）单位依据代理银行提供的额度恢复到账通知书作恢复额度的相关账务处理：

借：资金结存——零余额账户用款额度

　贷：资金结存——财政应返还额度

（2）单位收到财政部门批复的上年末未下达零余额账户用款额度的：

借：资金结存——零余额账户用款额度

　贷：资金结存——财政应返还额度

年末恢复财政授权支付额度导致结存变化业务参见【例12-13】，并扩展为以下双会计模式：

财务会计	预算会计
借：零余额账户用款额度　20 000 　贷：财政应返还额度——财政授权支付　20 000 借：零余额账户用款额度　10 000 　贷：财政应返还额度——财政授权支付　10 000	借：资金结存——零余额账户用款额度 　30 000 　贷：资金结存——财政应返还额度　30 000

说明：根据《政府会计准则制度解释第4号》相关规定，财政国库集中支付结余不再按权责发生制列支的市县级预算单位，年末不再进行上述（七）、（八）条内容的账务处理。

第三节　财政拨款结转结余

本节主要介绍“财政拨款结转”和“财政拨款结余”两个预算结余类科目的核算要求及方法。

一、财政拨款结转

“财政拨款结转”科目核算单位取得的同级财政拨款结转资金的调整、结转和滚存情况。财政拨款结转的增加记贷方，减少记借方，年末贷方余额反映单位滚存的财政拨款结转资金数额。

（一）财政拨款结转明细科目设置要求

分以下三种情况分别设置明细科目：

1.与会计差错更正、以前年度支出收回相关的明细科目

设置“年初余额调整”明细科目核算因发生会计差错更正、以前年度支出收回等原因，需要调整财政拨款结转的金额。年末结账后，本明细科目应无余额。

2.与财政拨款调拨业务相关的明细科目

设置“归集调入”明细科目核算按照规定从其他单位调入财政拨款结转资金时，实际调增的额度数额或调入的资金数额。年末结账后，本明细科目应无余额。

设置“归集调出”明细科目核算按照规定向其他单位调出财政拨款结转资金时，实际调减的额度数额或调出的资金数额。年末结账后，本明细科目应无余额。

设置“归集上缴”明细科目核算按照规定上缴财政拨款结转资金时，实际核销的额度数额或上缴的资金数额。年末结账后，本明细科目应无余额。

设置“单位内部调剂”明细科目核算经财政部门批准对财政拨款结余资金改变用途，调整用于本单位其他未完成项目等的调整金额。年末结账后，本明细科目应无余额。

3.与年末财政拨款结转业务相关的明细科目

设置“本年收支结转”明细科目核算单位本年度财政拨款收支相抵后的余额。年末结账后，本明细科目应无余额。

设置“累计结转”明细科目核算单位滚存的财政拨款结转资金。本明细科目年末贷方余额反映单位财政拨款滚存的结转资金数额。

此外，“财政拨款结转”科目应当设置“基本支出结转”“项目支出结转”两个明细科目，并在“基本支出结转”明细科目下按照“人员经费”“日常公用经费”进行明细核算，在“项目支出结转”明细科目下按照具体项目进行明细核算；同时，“财政拨款结转”科目应按照《政府收支分类科目》中“支出功能分类科目”的相关科目进行明细核算。

有一般公共预算财政拨款、政府性基金预算财政拨款等两种或两种以上财政拨款的，还应当在“财政拨款结转”科目下按照财政拨款的种类进行明细核算。

（二）财政拨款结转主要账务处理

1.与会计差错更正、以前年度支出收回相关的账务处理

（1）因发生会计差错更正退回以前年度国库直接支付、授权支付款项或财政性货币资

金，或者因发生会计差错更正增加以前年度国库直接支付、授权支付支出或财政性货币资金支出，属于以前年度财政拨款结转资金的，借记或贷记“资金结存——财政应返还额度/零余额账户用款额度/货币资金”科目，贷记或借记本科目（年初余额调整）。

借或贷：资金结存——财政应返还额度/零余额账户用款额度/货币资金

贷或借：财政拨款结转——年初余额调整

（2）因购货退回、预付款项收回等发生以前年度支出又收回国库直接支付、授权支付款项或收回财政性货币资金，属于以前年度财政拨款结转资金的，借记“资金结存——财政应返还额度/零余额账户用款额度/货币资金”科目，贷记本科目（年初余额调整）。

借：资金结存——财政应返还额度/零余额账户用款额度/货币资金

贷：财政拨款结转——年初余额调整

【例 19-2】某单位上年度11月购入一批存货，款项价税共计11 300元，于订立合同时通过零余额账户用款额度预付金额2 260元。本年度3月存货到达后，经验收发现存在严重的质量问题，经与供应方协商，对方同意退货，款项已退回。

财务会计	预算会计
借：零余额账户用款额度　2 260 贷：预付账款　2 260	借：资金结存——零余额账户用款额度　2 260 贷：财政拨款结转——年初余额调整　2 260

2.与财政拨款结转结余资金调整业务相关的账务处理

（1）按照规定从其他单位调入财政拨款结转资金的，按照实际调增的额度数额或调入的资金数额，借记“资金结存——财政应返还额度/零余额账户用款额度/货币资金”科目，贷记本科目（归集调入）。

借：资金结存——财政应返还额度/零余额账户用款额度/货币资金

贷：财政拨款结转——归集调入

【例 19-3】某单位年终结账后，取得主管部门归集调入的财政拨款结转资金300 000元，以弥补C项目建设资金的不足，款项存入银行存款账户。

财务会计	预算会计
借：银行存款　300 000 贷：累计盈余　300 000	借：资金结存——货币资金　300 000 贷：财政拨款结转——归集调入　300 000

（2）按照规定向其他单位调出财政拨款结转资金的，按照实际调减的额度数额或调出的资金数额，借记本科目（归集调出），贷记“资金结存——财政应返还额度/零余额账户用款额度/货币资金”科目。

借：财政拨款结转——归集调出

贷：资金结存——财政应返还额度/零余额账户用款额度/货币资金

【例 19-4】某单位进行年终结账后，按照规定向某兄弟单位调出财政拨款结转资金23万元，通过银行存款转账拨款。

财务会计	预算会计
借：累计盈余　230 000 　贷：银行存款　230 000	借：财政拨款结转——归集调出　230 000 　贷：资金结存——货币资金　230 000

（3）按照规定上缴财政拨款结转资金或注销财政拨款结转资金额度的，按照实际上缴资金数额或注销的资金额度数额，借记本科目（归集上缴），贷记“资金结存——财政应返还额度/零余额账户用款额度/货币资金”科目。

借：财政拨款结转——归集上缴

　贷：资金结存——财政应返还额度/零余额账户用款额度/货币资金

【例19-5】某单位进行年终结账后，按照财政部门要求将财政拨款中结转的基本支出资金5 000元予以上缴，该笔拨款以财政直接支付方式拨付。

财务会计	预算会计
借：累计盈余　5 000 　贷：财政应返还额度　5 000	借：财政拨款结转——归集上缴　5 000 　贷：资金结存——财政应返还额度　5 000

（4）经财政部门批准对财政拨款结余资金改变用途，调整用于本单位基本支出或其他未完成项目支出的，按照批准调剂的金额，借记“财政拨款结余——单位内部调剂”科目，贷记本科目（单位内部调剂）。

借：财政拨款结余——单位内部调剂

　贷：财政拨款结转——单位内部调剂

【例19-6】某单位有一个未能完成的项目，为了保证这一项目的圆满完成，经同级财政部门批准，将已完成项目的结余资金100 000元用于调剂该未完成项目。

财务会计	预算会计
—	借：财政拨款结余——单位内部调剂　100 000 　贷：财政拨款结转——单位内部调剂　100 000

3.与年末财政拨款结转和结余业务相关的账务处理

（1）年末，将财政拨款预算收入本年发生额转入本科目，借记“财政拨款预算收入”科目，贷记本科目（本年收支结转）。

借：财政拨款预算收入

　贷：财政拨款结转——本年收支结转

年末收支结转的例解参见【例17-15】。

（2）年末，将各项支出中财政拨款支出本年发生额转入本科目，借记本科目（本年收支结转），贷记各项支出（财政拨款支出）科目。

借：财政拨款结转——本年收支结转

　贷：各项支出——财政拨款支出

年末收支结转的例解参见【例18-6】。

（3）年末冲销有关明细科目余额，将本科目（本年收支结转、年初余额调整、归集调入、归集调出、归集上缴、单位内部调剂）余额转入本科目（累计结转）。结转后，本科目除“累计结转”明细科目外，其他明细科目应无余额。

【例19-7】接【例19-2】至【例19-6】，上述单位在完成财政拨款结转各项调整后，进行明细科目余额冲销，假设“本年收支结转”明细科目贷方余额为200万元。

财务会计	预算会计
—	借：财政拨款结转——单位内部调剂　100 000 ——本年收支结转　2 000 000 ——归集调入　300 000 ——年初余额调整　2 260 贷：财政拨款结转——归集上缴　5 000 ——归集调出　230 000 ——累计结转　2 167 260

（4）年末完成上述结转后，应当对财政拨款结转各明细项目执行情况进行分析，按照有关规定将符合财政拨款结余性质的项目余额转入财政拨款结余，借记本科目（累计结转），贷记“财政拨款结余——结转转入”科目。

借：财政拨款结转——累计结转

　贷：财政拨款结余——结转转入

【例19-8】上述单位完成【例19-7】结转后，对财政拨款结转项目进行分析，发现已完工项目结转余额为26万元，将其转入财政拨款结余。

财务会计	预算会计
—	借：财政拨款结转——累计结转　260 000 贷：财政拨款结余——结转转入　260 000

二、财政拨款结余

“财政拨款结余”科目核算单位取得的同级财政拨款项目支出结余资金的调整、结转和滚存情况。财政拨款结余增加记贷方，减少记借方，年末贷方余额反映单位滚存的财政拨款结余资金数额。

（一）财政拨款结余明细科目设置要求

分以下三种情况分别设置：

1.与会计差错更正、以前年度支出收回相关的明细科目

设置“年初余额调整”明细科目核算因发生会计差错更正、以前年度支出收回等原因，需要调整财政拨款结余的金额。年末结账后，本明细科目应无余额。

2.与财政拨款结余资金调整业务相关的明细科目

设置“归集上缴”明细科目核算按照规定上缴财政拨款结余资金时，实际核销的额度数额或上缴的资金数额。年末结账后，本明细科目应无余额。

设置“单位内部调剂”明细科目核算经财政部门批准对财政拨款结余资金改变用途，调整用于本单位其他未完成项目等的调整金额。年末结账后，本明细科目应无余额。

3.与年末财政拨款结余业务相关的明细科目

设置“结转转入”明细科目核算单位按照规定转入财政拨款结余的财政拨款结转资金。年末结账后，本明细科目应无余额。

设置“累计结余”明细科目核算单位滚存的财政拨款结余资金。本明细科目年末贷方余额反映单位财政拨款滚存的结余资金数额。

设置“财政拨款结余”科目还应当按照具体项目、《政府收支分类科目》中“支出功能分类科目”的相关科目等进行明细核算。

有一般公共预算财政拨款、政府性基金预算财政拨款等两种或两种以上财政拨款的，还应当在“财政拨款结余”科目下按照财政拨款的种类进行明细核算。

（二）财政拨款结余主要账务处理

1.与会计差错更正、以前年度支出收回相关的账务处理

（1）因发生会计差错更正退回以前年度国库直接支付、授权支付款项或财政性货币资金，或者因发生会计差错更正增加以前年度国库直接支付、授权支付支出或财政性货币资金支出，属于以前年度财政拨款结余资金的，借记或贷记“资金结存——财政应返还额度/零余额账户用款额度/货币资金”科目，贷记或借记本科目（年初余额调整）。

借或贷：资金结存——财政应返还额度/零余额账户用款额度/货币资金

　贷或借：财政拨款结余——年初余额调整

【例19-9】某单位发现上年度已完工项目应支付的一笔2 500元的费用还未偿付，现通过财政授权支付方式进行补付。

财务会计	预算会计
借：累计盈余　2 500 　贷：零余额账户用款额度　2 500	借：财政拨款结余——年初余额调整　2 500 　贷：资金结存——零余额账户用款额度　2 500

（2）因购货退回、预付款项收回等发生以前年度支出又收回国库直接支付、授权支付款项或收回财政性货币资金，属于以前年度财政拨款结余资金的，借记“资金结存——财政应返还额度/零余额账户用款额度/货币资金”科目，贷记本科目（年初余额调整）。

借：资金结存——财政应返还额度/零余额账户用款额度/货币资金

　贷：财政拨款结余——年初余额调整

2.与财政拨款结余资金调整业务相关的账务处理

（1）经财政部门批准，对财政拨款结余资金改变用途，调整用于本单位基本支出或其他未完成项目支出的，按照批准调剂的金额，借记本科目（单位内部调剂），贷记“财政拨款结转——单位内部调剂”科目。

借：财政拨款结余——单位内部调剂

　贷：财政拨款结转——单位内部调剂

单位内部调剂业务参见【例19-6】。

（2）按照规定上缴财政拨款结余资金或注销财政拨款结余资金额度的，按照实际上缴资金数额或注销的资金额度数额，借记本科目（归集上缴），贷记“资金结存——财政应返还额度/零余额账户用款额度/货币资金”科目。

借：财政拨款结余——归集上缴

贷：资金结存——财政应返还额度/零余额账户用款额度/货币资金

【例19-10】某单位按照规定上缴财政拨款结余资金，实际上缴金额9万元，以零余额账户用款额度的方式上缴。

财务会计	预算会计
借：累计盈余 90 000 贷：零余额账户用款额度 90 000	借：财政拨款结余——归集上缴 90 000 贷：资金结存——零余额账户用款额度 90 000

3.与年末财政拨款结转和结余业务相关的账务处理

（1）年末，对财政拨款结转各明细项目执行情况进行分析，按照有关规定将符合财政拨款结余性质的项目余额转入财政拨款结余，借记“财政拨款结转——累计结转”科目，贷记本科目（结转转入）。

借：财政拨款结转——累计结转

贷：财政拨款结余——结转转入

累计转入业务参见【例19-8】。

（2）年末冲销有关明细科目余额。将本科目（年初余额调整、归集上缴、单位内部调剂、结转转入）余额转入本科目（累计结余）。结转后，本科目除“累计结余”明细科目外，其他明细科目应无余额。

【例19-11】接【例19-6】、【例19-8】至【例19-10】，上述单位完成相关结转后，进行有关明细科目余额冲销。

财务会计	预算会计
—	借：财政拨款结余——结转转入 260 000 贷：财政拨款结余——归集上缴 90 000 ——单位内部调剂 10 000 ——年初余额调整 2 500 ——累计结余 157 500

第四节 非财政拨款结转结余类

本节主要介绍“非财政拨款结转”“经营结余”“其他结余” “非财政拨款结余分配”“专用结余”“非财政拨款结余”6个预算支出类科目的核算要求及方法。

一、非财政拨款结转

“非财政拨款结转”科目核算单位除财政拨款收支、经营收支以外各非同级财政拨款专项资金的调整、结转和滚存情况。非财政拨款结转的增加记贷方，减少记借方，年末贷方余额反映单位滚存的非同级财政拨款专项结转资金数额。

（一）非财政拨款结转明细科目设置要求

设置“年初余额调整”明细科目，核算因发生会计差错更正、以前年度支出收回等原因，需要调整非财政拨款结转的资金。年末结账后，本明细科目应无余额。

设置“缴回资金”明细科目，核算按照规定缴回非财政拨款结转资金时，实际缴回的资金数额。年末结账后，本明细科目应无余额。

设置“项目间接费用或管理费”明细科目，核算单位取得的科研项目预算收入中，按照规定计提项目间接费用或管理费的数额。年末结账后，本明细科目应无余额。

设置“本年收支结转”明细科目，核算单位本年度非同级财政拨款专项收支相抵后的余额。年末结账后，本明细科目应无余额。

设置“累计结转”明细科目，核算单位滚存的非同级财政拨款专项结转资金。本明细科目年末贷方余额反映单位非同级财政拨款滚存的专项结转资金数额。

“非财政拨款结转”科目还应当按照具体项目、《政府收支分类科目》中“支出功能分类科目”的相关科目等进行明细核算

（二）非财政拨款结转主要账务处理

1.按照规定从科研项目预算收入中提取项目管理费或间接费时，按照提取金额，借记本科目（项目间接费用或管理费），贷记“非财政拨款结余——项目间接费用或管理费”科目。

借：非财政拨款结转——项目间接费用或管理费

　贷：非财政拨款结余——项目间接费用或管理费

【例19-12】某单位按照规定从科研项目预算收入中提取项目管理费或间接费用，共计50万元，全部属于业务活动费用核算范围内的业务。

财务会计	预算会计
借：业务活动费用　500 000 　贷：预提费用　500 000	借：非财政拨款结转——项目间接费用或管理费　500 000 　贷：非财政拨款结余——项目间接费用或管理费　500 000

2.因会计差错更正收到或支出非同级财政拨款货币资金，属于非财政拨款结转资金的，按照收到或支出的金额，借记或贷记“资金结存——货币资金”科目，贷记或借记本科目（年初余额调整）。

借或贷：资金结存——货币资金

　贷或借：非财政拨款结转——年初余额调整

【例19-13】某单位发现上年度其他资金应付未付的一笔经费支出3 000元，现通过银行账户予以转账补付。

财务会计	预算会计
借：累计盈余　3 000 　贷：银行存款　3 000	借：非财政拨款结转——年初余额调整　3 000 　贷：资金结存——货币资金　3 000

3.因收回以前年度支出等收到非同级财政拨款货币资金，属于非财政拨款结转资金的，按照收到的金额，借记“资金结存——货币资金”科目，贷记本科目（年初余额调整）。

借：资金结存——货币资金

　贷：非财政拨款结转——年初余额调整

【例19-14】某单位上年度11月预付账款购买存货的业务，由于存货验收时不合格，经协商终止购买合同，并退还预付账款2 000元，退款交回银行账户。

财务会计	预算会计
借：银行存款 2 000 贷：累计盈余 2 000	借：资金结存——货币资金 2 000 贷：非财政拨款结转——年初余额调整 2 000

4.按照规定缴回非财政拨款结转资金的，按照实际缴回资金数额，借记本科目（缴回资金），贷记“资金结存——货币资金”科目。

借：非财政拨款结转——缴回资金

贷：资金结存——货币资金

【例19-15】某单位对其他资金项目执行情况进行分析，其中一项目已经完成，按照原项目资金出资单位的要求将剩余资金20 000元缴回出资方，款项已通过银行存款转账支付。

财务会计	预算会计
借：累计盈余 20 000 贷：银行存款 20 000	借：非财政拨款结转——缴回资金 20 000 贷：资金结存——货币资金 20 000

5.年末收支转账

（1）年末，将事业预算收入、上级补助预算收入、附属单位上缴预算收入、非同级财政拨款预算收入、债务预算收入、其他预算收入本年发生额中的专项资金收入转入本科目，借记“事业预算收入”“上级补助预算收入”“附属单位上缴预算收入”“非同级财政拨款预算收入”“债务预算收入”“其他预算收入”科目下各专项资金收入明细科目，贷记本科目（本年收支结转）。

借：事业预算收入/上级补助预算收入/附属单位上缴预算收入/非同级财政拨款预算收入/债务预算收入/其他预算收入——各专项资金收入明细科目

贷：非财政拨款结转——本年收支结转

（2）年末将行政支出、事业支出、其他支出本年发生额中的非财政拨款专项资金支出转入本科目，借记本科目（本年收支结转），贷记“行政支出”“事业支出”“其他支出”科目下各非财政拨款专项资金支出明细科目。

借：非财政拨款结转——本年收支结转

贷：行政支出/事业支出/其他支出——各非财政拨款专项资金支出明细科目

年末收支结转业务参见第十七章、第十八章相关例题。

6.年末冲销有关明细科目余额

将本科目（年初余额调整、项目间接费用或管理费、缴回资金、本年收支结转）余额转入本科目（累计结转）。结转后，本科目除“累计结转”明细科目外，其他明细科目应无余额。

【例19-16】接【例19-12】至【例19-15】，上述单位完成各项结转后进行年末有关明细科目冲销，“本年收支结转”明细科目贷方余额为180万元。

财务会计	预算会计
—	借：非财政拨款结转——本年收支结转 1 800 000 贷：非财政拨款结转——缴回资金 20 000 ——项目间接费用或管理费 500 000 ——年初余额调整 1 000 ——累计结转 1 279 000

7.年末完成上述结转后，应当对非财政拨款专项结转资金各项目情况进行分析，将留归本单位使用的非财政拨款专项（项目已完成）剩余资金转入非财政拨款结余，借记本科目（累计结转），贷记“非财政拨款结余——结转转入”科目。

借：财政拨款结转——累计结转

　贷：非财政拨款结余——结转转入

【例19-17】上述单位完成【例19-16】结转后，按照规定对非财政拨款专项结转资金项目进行分析，将项目已完成并将剩余资金留归本单位使用的非财政拨款专项资金共计30万元转入非财政拨款结余。

财务会计	预算会计
—	借：非财政拨款结转——累计结转 300 000 　贷：非财政拨款结余——结转转入 300 000

二、经营结余

“经营结余”科目核算事业单位本年度经营活动收支相抵后余额弥补以前年度经营亏损后的余额。经营结余增加记贷方，减少记借方，年末结账后，一般无余额，如为借方余额，反映事业单位累计发生的经营亏损。本科目可以按照经营活动类别进行明细核算。

（一）年末收支转账

1.年末，将经营预算收入本年发生额转入本科目，借记“经营预算收入”科目，贷记本科目。

借：经营预算收入

　贷：经营结余

2.年末，将经营支出本年发生额转入本科目，借记本科目，贷记“经营支出”科目。

借：经营结余

　贷：经营支出

经营收支结转业务参见第十七章、第十八章

（二）结算盈余

年末，完成上述（一）结转后，分以下情况处理：

1.如本科目为贷方余额，将本科目贷方余额转入“非财政拨款结余分配”科目，借记本科目，贷记“非财政拨款结余分配”科目。

借：经营结余

　贷：非财政拨款结余分配

【例19-18】某事业单位“经营收支”科目年末结转后为贷方余额，共计140.9万元，继续结转转入“非财政补助结余分配”科目。

财务会计	预算会计
—	借：经营结余 1 409 000 　贷：非财政补助结余分配 1 409 000

2.如本科目为借方余额，为经营亏损，不予结转。

三、其他结余

“其他结余”科目核算单位本年度除财政拨款收支、非同级财政专项资金收支和经营收支以外各项收支相抵后的余额。其他结余增加记贷方，减少记借方，年末结账后应无余额。

（一）年末收支转账

1.将事业预算收入、上级补助预算收入、附属单位上缴预算收入、非同级财政拨款预算收入、债务预算收入、其他预算收入本年发生额中的非专项资金收入以及投资预算收益本年发生额转入本科目，借记“事业预算收入”“上级补助预算收入”“附属单位上缴预算收入”“非同级财政拨款预算收入”“债务预算收入”“其他预算收入”科目下各非专项资金收入明细科目和“投资预算收益”科目，贷记其他结余（“投资预算收益”科目本年发生额为借方净额时，借记其他结余，贷记“投资预算收益”科目）。

借：事业预算收入——非专项资金收入
　　上级补助预算收入——非专项资金收入
　　附属单位上缴预算收入——非专项资金收入
　　非同级财政拨款预算收入——非专项资金收入
　　债务预算收入——非专项资金收入
　　其他预算收入——非专项资金收入
　　投资预算收益（若为贷方净额）
　贷：其他结余
借：其他结余
　贷：投资预算收益（若为借方净额）

2.将行政支出、事业支出、其他支出本年发生额中的非同级财政、非专项资金支出，以及上缴上级支出、对附属单位补助支出、投资支出、债务还本支出本年发生额转入本科目，借记其他结余，贷记“行政支出”“事业支出”“其他支出”科目下各非同级财政、非专项资金支出明细科目和“上缴上级支出”“对附属单位补助支出”“投资支出”“债务还本支出”科目。

借：其他结余
　贷：行政支出——其他资金支出
　　　事业支出——其他资金支出
　　　其他支出——其他资金支出
　　　上缴上级支出
　　　对附属单位补助支出
　　　投资支出
　　　债务还本支出

各预算收支年末结转业务参见第十七章、第十八章各相关预算收支科目年末结转例题。

（二）年末结算盈余

年末，完成上述（一）结转后，分行政、事业单位分别处理：

1.行政单位将本科目余额转入“非财政拨款结余——累计结余”科目，当本科目为贷方余额时，借记本科目，贷记“非财政拨款结余——累计结余”科目；当本科目为借方余额时，借记“非财政拨款结余——累计结余”，贷记本科目。

（1）当本科目为贷方余额时：

借：其他结余

　贷：非财政拨款结余——累计结余

（2）当本科目为借方余额时：

借：非财政拨款结余——累计结余

　贷：其他结余

【例 19-19】假设某行政单位完成年末收支结转后，“其他结余”科目为贷方余额，计34万元，作进一步的结转。

财务会计	预算会计
—	借：其他结余　340 000 　贷：非财政拨款结余——累计结余　340 000

2.事业单位将本科目余额转入“非财政拨款结余分配”科目。当本科目为贷方余额时，借记本科目，贷记“非财政拨款结余分配”科目；当本科目为借方余额时，借记“非财政拨款结余分配”科目，贷记本科目。

（1）当本科目为贷方余额时：

借：其他结余

　贷：非财政拨款结余分配

（2）当本科目为借方余额时：

借：非财政拨款结余分配

　贷：其他结余

【例 19-20】某事业单位完成年末收支结转后，“其他结余”科目为贷方余额，计67万元，作进一步结转。

财务会计	预算会计
—	借：其他结余　670 000 　贷：非财政拨款结余分配　670 000

四、非财政拨款结余分配

“非财政拨款结余分配”科目核算事业单位本年度非财政拨款结余分配的情况和结果。非财政拨款结余分配的增加记贷方，减少记借方，年末结账后应无余额。

（一）结余转入

1.年末，将“其他结余”科目余额转入本科目，当“其他结余”科目为贷方余额时，借记“其他结余”科目，贷记本科目；当“其他结余”科目为借方余额时，借记本科目，贷记“其他结余”科目。

（1）当“其他结余”科目为贷方余额时：

借：其他结余

　贷：非财政拨款结余分配

（2）当“其他结余”科目为借方余额时，作相反的分录。

2.年末，将“经营结余”科目贷方余额转入本科目，借记“经营结余”科目，贷记本科目。

借：经营结余

　贷：非财政拨款结余分配

【例19-21】某事业单位完成年末收支结转后，“经营结余”科目为贷方余额，计98万元，作进一步结转。

财务会计	预算会计
—	借：经营结余　980 000 　贷：非财政拨款结余分配　980 000

（二）提取专用基金

根据有关规定提取专用基金的，按照提取的金额，借记本科目，贷记“专用结余”科目。

借：非财政拨款结余分配

　贷：专用结余

【例19-22】某事业单位完成收支结转及结余结转后，按照规定提取职工福利基金，提取比例40%，共提取66万元。

财务会计	预算会计
借：本年盈余分配　660 000 　贷：专用基金　660 000	借：非财政拨款结余分配　660 000 　贷：专用结余　660 000

（三）结余分配余额转账

年末，按照规定完成上述（一）至（二）处理后，将本科目余额转入非财政拨款结余。

1.当本科目为借方余额时，借记“非财政拨款结余——累计结余”科目，贷记本科目。

借：非财政拨款结余——累计结余

　贷：非财政拨款结余分配

2.当本科目为贷方余额时，借记本科目，贷记“非财政拨款结余——累计结余”科目。

借：非财政拨款结余分配

　贷：非财政拨款结余——累计结余

【例19-23】某事业单位将完成结转和提取专用基金后的“非财政拨款结余分配”科目余额32万元作进一步的结转。

财务会计	预算会计
—	借：非财政拨款结余分配　320 000 　贷：非财政拨款结余——累计结余　320 000

五、专用结余

“专用结余”科目核算事业单位按照规定从非财政拨款结余中提取的具有专门用途的资金的变动和滚存情况。专用结余增加记贷方，减少记借方，年末贷方余额反映事业单位从非同级财政拨款结余中提取的专用基金的累计滚存数额。本科目应当按照专用结余的类别进行明细核算。

（一）提取专用基金

根据有关规定从本年度非财政拨款结余或经营结余中提取基金的，按照提取金额，借记“非财政拨款结余分配”科目，贷记本科目。

借：非财政拨款结余分配

　贷：专用结余

提取专用基金的例解参见【例19-22】。

（二）使用专用基金

根据规定使用从非财政拨款结余或经营结余中提取的专用基金时，按照使用金额，借记本科目，贷记“资金结存——货币资金”科目。

借：专用结余

　贷：资金结存——货币资金

【例19-24】某事业单位使用从非财政拨款结余中提取的专用基金购买服务，通过银行存款转账支付10万元。

财务会计	预算会计
借：专用基金　100 000 　贷：银行存款　100 000	借：专用结余　100 000 　贷：资金结存——货币资金　100 000

六、非财政拨款结余

“非财政拨款结余”科目核算单位历年滚存的非限定用途的非同级财政拨款结余资金，主要为非财政拨款结余扣除结余分配后滚存的金额。非财政拨款结余增加记贷方，减少记借方，年末贷方余额反映单位非同级财政拨款结余资金的累计滚存数额。

（一）非财政拨款结余明细科目设置要求

设置“年初余额调整”明细科目核算因发生会计差错更正、以前年度支出收回等原因，需要调整非财政拨款结余的资金。年末结账后，本明细科目应无余额。

设置“项目间接费用或管理费”明细科目核算单位取得的科研项目预算收入中，按照规定计提的项目间接费用或管理费数额。年末结账后，本明细科目应无余额。

设置“结转转入”明细科目核算按照规定留归单位使用，由单位统筹调配，纳入单位非财政拨款结余的非同级财政拨款专项剩余资金。年末结账后，本明细科目应无余额。

设置“累计结余”明细科目核算单位历年滚存的非同级财政拨款、非专项结余资金。本明细科目年末贷方余额反映单位非同级财政拨款滚存的非专项结余资金数额。

“非财政拨款结余”科目还应当按照《政府收支分类科目》中“支出功能分类科目”的相关科目进行明细核算。

（二）非财政拨款结余主要账务处理

1.按照规定从科研项目预算收入中提取项目管理费或间接费时，借记“非财政拨款结转——项目间接费用或管理费”科目，贷记本科目（项目间接费用或管理费）。

借：非财政拨款结转——项目间接费用或管理费

　贷：非财政拨款结余——项目间接费用或管理费

【例19-25】某事业单位对科研项目提取项目间接费用或管理费的比例为3%，某科研项目收入总额为20万元。某次实际使用计提管理费2 000元。

（1）计提项目间接费用或管理费时：

财务会计	预算会计
借：单位管理费用　6 000 　贷：预提费用——项目间接费用或管理费　6 000	借：非财政拨款结转——项目间接费用或管理费　6 000 　贷：非财政拨款结余——项目间接费用或管理费　6 000

（2）实际使用时：

财务会计	预算会计
借：预提费用——项目间接费用或管理费 2 000 　贷：银行存款　2 000	借：事业支出　2 000 　贷：资金结存——货币资金　2 000

2.有企业所得税缴纳义务的事业单位实际缴纳企业所得税时，按照缴纳金额，借记本科目（累计结余），贷记“资金结存——货币资金”科目。

借：非财政拨款结余——累计结余

　贷：资金结存——货币资金

【例19-26】某事业单位按照税法规定计算出应交所得税金额为15万元，几日后通过银行存款转账缴纳。

（1）发生纳税义务时：

财务会计	预算会计
借：所得税费用　150 000 　贷：其他应交税费——单位应交所得税　150 000	—

（2）实际缴纳时：

财务会计	预算会计
借：其他应交税费——单位应交所得税　150 000 　贷：银行存款　150 000	借：非财政拨款结余——累计结余　150 000 　贷：资金结存——货币资金　150 000

3.因会计差错更正收到或支出非同级财政拨款货币资金，属于非财政拨款结余资金的，按照收到或支出的金额，借记或贷记“资金结存——货币资金”科目，贷记或借记本科目（年初余额调整）。

借或贷：资金结存——货币资金

　贷或借：非财政拨款结余——年初余额调整

【例19-27】某单位在清理账务时，发现去年一笔因项目完工需要缴回出资方的20万元（属于非财政拨款结余资金），误做成留归本单位使用了，现予以更正，并将款项转账给出资方。

财务会计	预算会计
借：以前年度盈余调整　　200 000 　贷：银行存款　　200 000	借：非财政拨款结余——年初余额调整　　200 000 　贷：资金结存——货币资金　　200 000

4.因收回以前年度支出等收到非同级财政拨款货币资金，属于非财政拨款结余资金的，按照收到的金额，借记“资金结存——货币资金”科目，贷记本科目（年初余额调整）。

借：资金结存——货币资金

　贷：非财政拨款结余——年初余额调整

【例19-28】某单位进行账务审计时，发现去年的一笔金额为3 500元的非财政专项经费支出（属于非财政拨款结余资金）不合规定，现予以收回，资金已存入银行。

财务会计	预算会计
借：银行存款　　3 500 　贷：以前年度盈余调整　　3 500	借：资金结存——货币资金　　3 500 　贷：非财政拨款结余——年初余额调整　　3 500

5.年末，将留归本单位使用的非财政拨款专项（项目已完成）剩余资金转入本科目，借记“非财政拨款结转——累计结转”科目，贷记本科目（结转转入）。

借：非财政拨款结转——累计结转

　贷：非财政拨款结余——结转转入

具体账务处理参见【例19-17】。

6.年末冲销有关明细科目余额。将本科目（年初余额调整、项目间接费用或管理费、结转转入）余额结转入本科目（累计结余）。结转后，本科目除“累计结余”明细科目外，其他明细科目应无余额。

【例19-29】接【例19-17】【例19-25】【例19-27】【例19-28】，上述单位在完成各项业务后，将各项余额结转入累计结余明细科目。

财务会计	预算会计
—	借：非财政拨款结余——项目间接费用或管理费　　6 000 　　　　　　　　　　——结转转入　　300 000 　贷：非财政拨款结余——年初余额调整　　196 500 　　　　　　　　　　——累计结余　　109 500

7.年末。

(1) 事业单位将“非财政拨款结余分配”科目余额转入非财政拨款结余。“非财政拨款结余分配”科目为借方余额的，借记本科目（累计结余），贷记“非财政拨款结余分配”科目；“非财政拨款结余分配”科目为贷方余额的，借记“非财政拨款结余分配”科目，贷记本科目（累计结余）。

①“非财政拨款结余分配”科目为借方余额的：

借：非财政拨款结余——累计结余

　贷：非财政拨款结余分配

②“非财政拨款结余分配”科目为贷方余额的，作相反的分录。

具体账务处理参见【例 19-23】。

(2) 行政单位将“其他结余”科目余额转入非财政拨款结余。“其他结余”科目为借方余额的，借记本科目（累计结余），贷记“其他结余”科目；“其他结余”科目为贷方余额的，借记“其他结余”科目，贷记本科目（累计结余）。

①“其他结余”科目为借方余额的：

借：非财政拨款结余——累计结余

　贷：其他结余

②“其他结余”科目为贷方余额的，作相反的分录。

具体账务处理参见【例 19-19】。

思考与练习题

一、思考题

1.什么是单位预算结余？其内容有哪些？

2.简述单位预算结余的管理要求。

3.简述单位“资金结存”科目核算范围及使用。

4.简述单位“财政拨款结转”“财政拨款结余”科目的明细科目设置规定。

5.简述单位“非财政拨款结转”“非财政拨款结余”科目的明细科目设置规定。

6.简述事业单位专用结余与专用基金的关系。

7.简要画出行政单位年末各结转结余的结转流程图。

8.简要画出事业单位年末各结转结余的结转流程图。

二、单项选择题

1.单位会计科目中属于单位预算结余科目的是（　　）。

A.“专用结余”　　B.“专用基金”　　C.“本期盈余”　　D.“权益法调整”

2.事业单位计提和使用专用基金业务中，（　　）预算会计不做账务处理。

A.从结余中计提专用基金　　B.从预算收入中计提专用基金

C.使用从结余中计提的专用基金　　D.使用从预算收入中计提的专用基金

3.单位年末结转完成后，（　　）科目一般无余额。

A.“财政拨款结转”　　B.“财政拨款结余”

C.“其他结余”　　D.“非财政拨款结余”

4.单位年末结转完成后，(　　)科目一般有余额。

A.“非财政拨款结余”　　B.“其他结余”

C.“经营结余”　　D.“非财政拨款结余分析”

5.下列预算结余类科目中不属于行政单位适用范围的是(　　)。

A.财政拨款结转　　B.财政拨款结余　　C.专用结余　　D.非财政拨款结转

三、多项选择题

1.下列资金属于非财政拨款结余核算范围的有(　　)。

A.从专项资金计提项目间接费用或管理费

B.行政单位结转其他结余余额

C.已完工项目的非财政拨款结转资金

D.事业单位结转其他结余余额

2.下列预算结余类科目中，仅适用于事业单位的有(　　)。

A.非财政拨款结余　　B.专用结余　　C.非财政拨款结余分配　　D.经营结余

3.下列预算结余类科目中，适用于行政单位的有(　　)。

A.非财政拨款结余　　B.专用结余　　C.非财政拨款结转　　D.经营结余

4.单位下列预算结余类明细科目中，适用于“财政拨款结转”科目的有(　　)。

A.本年收支结转　　B.缴回资金　　C.年初余额调整　　D.结转转入

5.单位下列预算结余类明细科目中，适用于“财政拨款结余”科目的有(　　)。

A.本年收支结转　　B.缴回资金　　C.年初余额调整　　D.结转转入

6.单位下列预算结余类明细科目中，适用于“非财政拨款结转”科目的有(　　)。

A.本年收支结转　　B.缴回资金　　C.年初余额调整　　D.结转转入

7.单位下列预算结余类明细科目中，适用于“非财政拨款结余”科目的有(　　)。

A.本年收支结转　　B.缴回资金　　C.年初余额调整　　D.结转转入

第十九章即测即评

四、业务分录题

(一)某事业单位20××年发生以下经济业务，请编写各经济业务财务会计和预算会计的相关会计分录。

1.某事业单位对非财政拨款结转资金各项目进行分析，发现已完成项目的项目剩余资金为23万元，其中20万元按规定应缴回原专项资金拨款单位，3万元按规定留归本单位使用。

2.期末收支转账完成后，“其他结余”科目的贷方余额为9万元，“经营结余”科目的贷方余额为78万元，全部转入“非财政拨款结余分配”科目。

3.计提所得税，适用税率为25%。

4.计提职工福利基金，提取率为20%。

5.结转“非财政拨款结余分配”科目余额。

6. 年度事业收入为180万元，经营收入为120万元，按规定提取修购基金，事业收入、经营收入的提取比例分别为5%和6%。

7. 用修购基金购买设备一台，该设备价款总计5万元。设备已交付使用。（不考虑税）

（二）某行政单位20××年发生以下经济业务，请编写各经济业务财务会计与预算会计的相关会计分录。

1. 上年度11月购入一批存货，款项价税共计22 600元，于订立合同时，通过零余额账户用款额度预付金额4 520元。本年度3月存货到达后经验收发现存在严重的质量问题，经与供应方协商，对方同意退货，款项已退回。

2. 接到财政部门的通知，将其他单位结余的财政资金50万元调拨给本单位以弥补资金的不足。

3. 按照财政部门要求，将财政直接支付方式下的上年度财政拨款结余资金23万元上缴财政部门。

4. 有一未完工项目，为了保证这一项目的圆满完成，经同级财政部门批准，将已完成项目的结余资金72万元用于调剂该未完成项目。

5. 年终，“财政拨款预算收入”总账贷方余额为780万元，其中基本支出财政拨款330万元，项目支出财政拨款450万元；“行政支出”总账借方余额为860万元，其中基本支出中财政拨款支出360万元，项目支出中财政拨款支出500万元，对以上科目进行结转。

6. 年末将各账户转账后，对各项目执行情况进行分析，按照有关规定将符合财政拨款结余性质的项目余额32万元进行结转。

7. 年末，将第1～6题财政拨款结转各明细账进行冲销，转入累计结转。

8. 发现上年度已完工项目已支付的一笔5 300元支出不合规定，现予以收回，存入单位零余额账户。

9. 发现上年度已完工项目应支付的一笔2 900元费用还未支付，现通过财政授权支付方式进行补付。

10. 接到财政部门通知，将符合财政拨款结余性质的某项目的剩余资金91万元上缴，该笔款项属于财政授权支付事项。

11. 年末，将第8～10题“财政拨款结余”科目的各明细账进行冲销，转入“累计结余”明细科目。

12. 发现上年度其他资金应付未付的一笔经费支出3 100元，现通过银行存款账户予以转账补付。

13. 对非财政拨款专项资金项目执行情况进行分析，其中一项目已经完成，按照原项目资金出资单位的要求，将剩余资金23万元缴回出资方。

14. 对非财政拨款专项资金项目执行情况进行分析，其中一项目已经完成，按照原项目资金出资单位的要求，将剩余资金3万元留给本单位用于非项目资金。

15. 经研究决定，用非财政拨款结余23万元补充某项目资金。

第二十章 单位会计报告

☞ **学习目的**

通过本章的学习，掌握单位年终清理、年终结账、会计报表格式及编制要求及内容，掌握转账分录、会计报表的汇总、财务报告与决算报告的区别、报表附注中应披露的内容、差异调节表的填制。

第一节 单位会计报告概述

一、单位会计报告的组成

根据政府会计基本准则的要求，各单位应当编制决算报告和财务报告。因此，单位会计报告应由决算报告和财务报告组成。

决算报告是综合反映单位年度预算收支执行结果的文件。其目标是向决算报告使用者提供与单位预算执行情况有关的信息，综合反映单位预算收支的年度执行结果，有助于决算报告使用者进行监督和管理，并为编制后续年度预算提供参考和依据。决算报告应当包括决算报表和其他应当在决算报告中反映的相关信息与资料。

决算报告使用者包括各级人民代表大会及其常务委员会、各级政府及其有关部门、政府会计主体自身、社会公众和其他利益相关者。

财务报告是反映单位某一特定日期的财务状况和某一会计期间的运行情况与现金流量等信息的文件。其目标是向财务报告使用者提供与单位的财务状况、运行情况（含运行成本，下同）和现金流量等有关信息，反映单位公共受托责任履行情况，有助于财务报告使用者做出决策或者进行监督和管理。财务报告应当包括财务报表和其他应当在财务报告中披露的相关信息与资料。

财务报告使用者包括各级人民代表大会常务委员会、债权人、各级政府及其有关部门、政府会计主体自身和其他利益相关者。

二、单位会计报表的分类与编制要求

（一）单位会计报表分类

单位会计报表按照所属性质，可以分为财务报表和预算会计报表。其中，财务报表是对单位财务状况、运行情况和现金流量等信息的结构性表述。财务报表包括会计报表和附注。预算会计报表是对单位预算收入、预算支出和预算结余情况等信息的表述。

单位会计报表按照内容，可以分为资产负债表、收入费用表、净资产变动表、现金流量表、预算收入支出表、预算结转结余变动表和财政拨款预算收入支出表。

单位会计报表按照编报时间，可以分为月度报表和年度报表。月度报表简称月报，是指按照月度编制的会计报表；年度报表简称年报，是指按照年度编制的会计报表。

单位会计报表按照编报层次分类，可以分为本单位报表和合并报表。本单位报表是反映各预算单位财务状况、运行情况和现金流量，以及预算执行情况和资金活动情况的报表。合并报表是各主管部门对本单位和所属单位的报表进行汇总后编制的报表。按照预算级次，基层会计单位只编制本级会计报表；二级会计单位和主管会计单位在编制本级报表的基础上，再编报合并报表。

单位会计报表组成及编制期等详细信息见表20-1。

表20-1 **单位会计报表组成及编制期**

编号	报表名称	编制期
	财务报表	
会政财01表	资产负债表	月度、年度
会政财02表	收入费用表	月度、年度
会政财03表	净资产变动表	年度
会政财04表	现金流量表	年度
	附注	年度
	预算会计报表	
会政预01表	预算收入支出表	年度
会政预02表	预算结转结余变动表	年度
会政预03表	财政拨款预算收入支出表	年度

（二）单位会计报表编制要求

单位应当按照下列规定编制财务报表和预算会计报表，具体如下：

（1）财务报表的编制主要以权责发生制为基础，以单位财务会计核算生成的数据为准；预算会计报表的编制主要以收付实现制为基础，以单位预算会计核算生成的数据为准。

（2）财务报表由会计报表及其附注构成。会计报表一般包括资产负债表、收入费用表和净资产变动表。单位可根据实际情况自行选择编制现金流量表。

（3）预算会计报表至少包括预算收入支出表、预算结转结余变动表和财政拨款预算收入支出表。

（4）单位应当至少按照年度编制财务报表和预算会计报表。

（5）单位应当根据制度规定编制真实、完整的财务报表和预算会计报表，不得违反制度规定随意改变财务报表和预算会计报表的编制基础、编制依据、编制原则和方法，不得随意改变制度规定的财务报表和预算会计报表有关数据的会计口径。

（6）财务报表和预算会计报表应当根据登记完整、核对无误的账簿记录和其他有关资料编制，做到数字真实、计算准确、内容完整、编报及时。

（7）财务报表和预算会计报表应当由单位负责人和主管会计工作的负责人、会计机构负责人（会计主管人员）签字并盖章。

第二节　单位会计报表的编制

一、会计报表编制前的准备工作

由于新的政府会计要求单位会计期间至少分为年度和月度，而且资产负债表和收入费用表的编制期包括月度和年度，因此会计报表编制前的准备工作分为月度报表编制前的准备工作和年度报表编制前的准备工作。

（一）月度报表编制前的准备工作

月度报表编制前的准备工作主要是指期末结转，单位在编制月度财务报表前，应对财务会计的收入和费用类账户进行期末结转。

期末结转是指期末将财务会计收入类科目和费用类科目的本期发生额分别转入本期盈余，编制结转分录。结转时，借记收入类科目，贷记“本期盈余”科目；借记“本期盈余”科目，贷记费用类科目。具体结转分录详见本教材第十六章关于“本期盈余”科目的讲解。

（二）年度报表编制前的准备工作

年度终了，单位要将日常的会计核算资料归集汇总，为编制年度决算和财务报告做好前期准备工作。准备工作的重要环节就是做好年终清理和结账。

1.年终清理

单位在年度终了前，应当根据财政部门或主管部门的决算编审工作要求，对各项预算收支账目、往来款项、货币资金和财产物资进行全面的清理结算，并在此基础上办理年度结账，编报决算。

（1）清理核对年度预算资金的预算收支和各项缴拨款项。单位在年度终了前，对财政部门、上级单位和所属单位之间的全部预算数（包括追加、追减和上下划拨数）以及应上缴、拨补的款项等，都应按规定逐笔进行清理和结算，保证上下级之间的年度预算数，领拨经费数和上缴、下拨数保持一致。真实、准确地反映预算资金实际情况，为编制年度决算报告作准备。为了准确反映各项预算收支数额，凡属本年度的应拨、应缴款项，应在12月31日之前汇达对方。实行分级管理、分级核算的单位，对所属二级单位的拨款，应截止到12月25日，逾期者一般不再下拨。对于实行国库集中支付的单位，应将财政预算数与财政实际下达数进行核对，应按预算数确认本年度的预算收入。

（2）清理核对各项预算收支款项。在年终结账之前，凡属本年度的各项预算收入，均应及时入账。本年度的各项应缴款项，要在年终前全部上缴。凡属本年度的各项支出，都应按规定的用途和使用范围，如实列报。单位的年终决算，一律以截止到12月31日的实际预算收支为准。

（3）清理结算往来账项。为了真实、准确、合理地反映单位财产的实有数，在年终结账之前，应清理各种往来账项，并结清各种往来账项。应收的款项要如数收回并入账，应付的款项要如数偿付并入账，按规定应转作各项预算收入的账项或应转作各项支出的账项要及时转入有关账户，其目的是将这些预算收支编入本年决算之中。总之，对各种债权、债务关系，要及时清理并进行款项的结算。如果有清理不完的往来账项，应分析具体原因，在决算报告中予以说明。

（4）清理核对货币资产。单位在年度终了前，要与开户银行核对账目。银行存款账面余额要同银行对账单核对相符；库存现金账面余额要同库存现金实际数核对相符。

（5）清理盘点财产物资。单位在年终结账之前，应对各项财产物资进行实地盘点清查。如发现有盘盈、盘亏的情况，应及时查明原因，按规定做出会计处理，并及时调整账面记录，做到账实相符、账账相符，使年终决算报告能够真实反映该单位的财产物资情况。

2.年终结账

单位在年终清理的基础上进行年终结账。年终结账包括年终转账、结清旧账和记入新账。

（1）年终转账。年终转账主要是财务会计在期末转账的基础上相应净资产科目的进一步结转，以及预算会计预算收支科目的年终转账。账目核对无误后，首先计算出各账户借方或贷方的12月份合计数和全年累计数，结出12月末的余额，再将应对冲结转的各预算收支账户的余额按年终转账办法，填制12月31日的记账凭单办理结账冲转。

（2）结清旧账。将转账后无余额的账户结出全年总累计数，然后在下面画双红线，表示本账户全部结清。对年终有余额的账户，在“全年累计数”下行的“摘要”栏内注明“结转下年”字样，再在下面画双红线，表示年终余额转入新账，旧账结束。

（3）记入新账。根据本年度各账户余额，编制年终决算的“资产负债表”和有关明细表。将表列各账户的年终余额数（不编制记账凭单），直接记入下年度相应的各有关账户，并在“摘要”栏注明“上年结转”字样，以区别下年度发生数。

二、单位预算会计年终转账冲转程序

（一）行政单位预算会计年终转账冲转程序

行政单位业务比较单纯，资金来源渠道也不多，主要靠财政拨款，因此其年终转账的程序要简单一些，如图20-1所示。

行政单位预算会计年终转账冲转工作，区分财政拨款预算收支和非财政拨款预算收支分别进行。

1.财政拨款预算收支的冲转

财政拨款预算收支的冲转主要有以下四步：

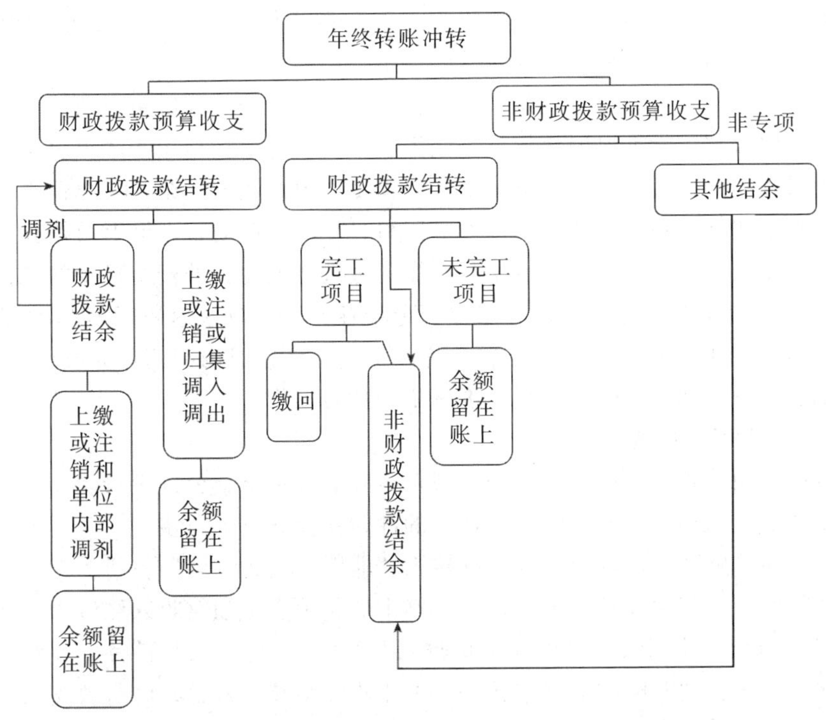

图20-1　行政单位预算会计年终转账冲转程序图

第一步，将财政拨款预算收支转入“财政拨款结转”科目。①期末，将财政拨款预算收入本期发生额结转入“财政拨款结转”科目，借记“财政拨款预算收入——基本支出/项目支出”科目，贷记“财政拨款结转——本年收支结转”科目；②将行政支出、其他支出中的财政拨款支出本期发生额结转入“财政拨款结转”科目，借记“财政拨款结转——本年收支结转”科目，贷记“行政支出——财政拨款支出——基本支出/项目支出”或“行政支出——基本支出/项目支出——财政拨款支出”科目和“其他支出”科目财政拨款支出下各相应明细科目。

第二步，财政拨款结转资金调整。财政拨款结转资金调整指归集上缴或注销、归集调入、归集调出等。①按照规定上缴财政拨款结转资金或注销财政拨款结转额度的，按照实际上缴资金数额或注销资金额度数额，借记“财政拨款结转——归集上缴”科目，贷记“资金结存——财政应返还额度/零余额账户用款额度/货币资金”科目。②按照规定从其他单位调入财政拨款结转资金的，按照实际调增的额度数额或调入的资金数额，借记“资金结存——财政应返还额度/零余额账户用款额度/货币资金”科目，贷记”财政拨款结转——归集调入”科目。③按照规定向其他单位调出财政拨款结转资金的，按照实际调减的额度数额或调出的资金数额，借记“财政拨款结转——归集调出”科目，贷记“资金结存——财政应返还额度/零余额账户用款额度/货币资金”科目。归集上缴或注销或归集调入、调出完成，对不符合财政拨款结余性质的“财政拨款结转”科目余额，留在账上不再作进一步的冲转工作。

第三步，将符合财政拨款结余性质的项目余额转入“财政拨款结余”科目。年末，完成上述第一、二步结转后，应当对财政拨款各明细项目执行情况进行分析，按照有关规定将符合财政拨款结余性质的项目余额转入“财政拨款结余”科目，借记“财政拨款结转——累计结转”科目，贷记“财政拨款结余——结转转入”科目。

第四步，财政拨款结余资金调整。财政拨款结余资金调整是归集上缴或注销和单位内部调剂。①经财政部门批准对财政拨款结余资金改变用途，调整用于本单位基本支出或其他未完成项目支出的，按照批准调剂的金额，借记“财政拨款结余——单位内部调剂”科目，贷记“财政拨款结转——单位内部调剂”科目。②按照规定上缴财政拨款结余资金或注销财政拨款结余资金额度的，按照实际上缴资金数额或注销的资金额度数额，借记“财政拨款结余——归集上缴”科目，贷记“资金结存——财政应返还额度/零余额账户用款额度/货币资金”科目。同财政拨款结转一样，上缴、注销或内部调剂完成，“财政拨款结余”科目如有余额，则留在账上不再作进一步的冲转工作。

2.非财政拨款预算收支的冲转

非财政拨款预算收支的冲转要区分专项资金和非专项资金分别进行。

（1）专项资金的冲转。非财政专项资金的冲转主要有以下三步：

第一步，将非财政专项资金预算收支转入“非财政拨款结转”科目。期末，将非同级财政拨款预算收入、其他预算收入本期发生额中的专项资金预算收入结转入“非财政拨款结转”科目，借记“非同级财政拨款预算收入”“其他预算收入”科目下各专项资金预算收入明细科目，贷记“非财政拨款结转——本年收支结转”科目；将行政支出、其他支出本期发生额中的非财政专项资金支出结转入“非财政拨款结转”科目，借记“非财政拨款结转——本年收支结转”科目，贷记“行政支出——非财政专项资金支出”或“行政支出——项目支出——非财政专项资金支出”“其他支出”科目下各专项资金支出明细科目。

第二步，提取科研项目管理费或间接费。按照规定从科研项目预算收入中提取项目管理费或间接费时，按照提取金额，借记“非财政拨款结转——项目间接费用或管理费”科目，贷记“非财政拨款结余——项目间接费用或管理费”科目。

第三步，分析非财政拨款专项结转资金各项目的情况，区分已完工项目和未完工项目分别处理。年末，完成上述第一步、第二步后，应当对非财政拨款专项结转资金各项目情况进行分析，区分已完工项目和未完工项目分别处理。

① 已完工项目余额。对于已完工项目的项目剩余资金又区分不同情况进行相应处理。将已完工项目的项目剩余资金区分以下情况处理：缴回原专项资金拨入单位的，借记“非财政拨款结转——×项目——缴回资金”科目，贷记“资金结存——货币资金”科目；留归本单位使用的，借记“非财政拨款结转——×项目——累计结转”科目，贷记“非财政拨款结余——结转转入”科目。

② 未完工项目余额。对于未完工项目的余额仍留在“非财政拨款结转”科目账上，不再作进一步的冲转工作。

（2）非专项资金的冲转。非财政拨款的非专项资金的冲转主要有以下两步：

第一步，非专项资金预算收支转入相关结余科目。期末，将非同级财政拨款预算收入、其他预算收入本期发生额中的非专项资金预算收入结转入“其他结余”科目，借记“非同级财政拨款预算收入”“其他预算收入”科目下各非专项资金预算收入明细科目，贷记“其他结余”科目；将行政支出、其他支出本期发生额中的非财政非专项资金支出结转入“其他结余”科目，借记“其他结余”科目，贷记“行政支出——其他资金支出”或

“行政支出——基本支出/项目支出——其他资金支出”科目、“其他支出”科目下各非专项资金支出明细科目。

第二步，将其他结余余额转入“非财政拨款结余”科目。完成上述第一步的预算收支结转后，将“其他结余”科目余额结转入“非财政拨款结余”科目，借记“事业结余”科目，贷记“非财政拨款结余”科目。

（二）事业单位预算会计年终转账冲转程序

与行政单位和财政总会计相比，事业单位预算会计办理年终转账冲转的程序要复杂得多，如图20-2所示。

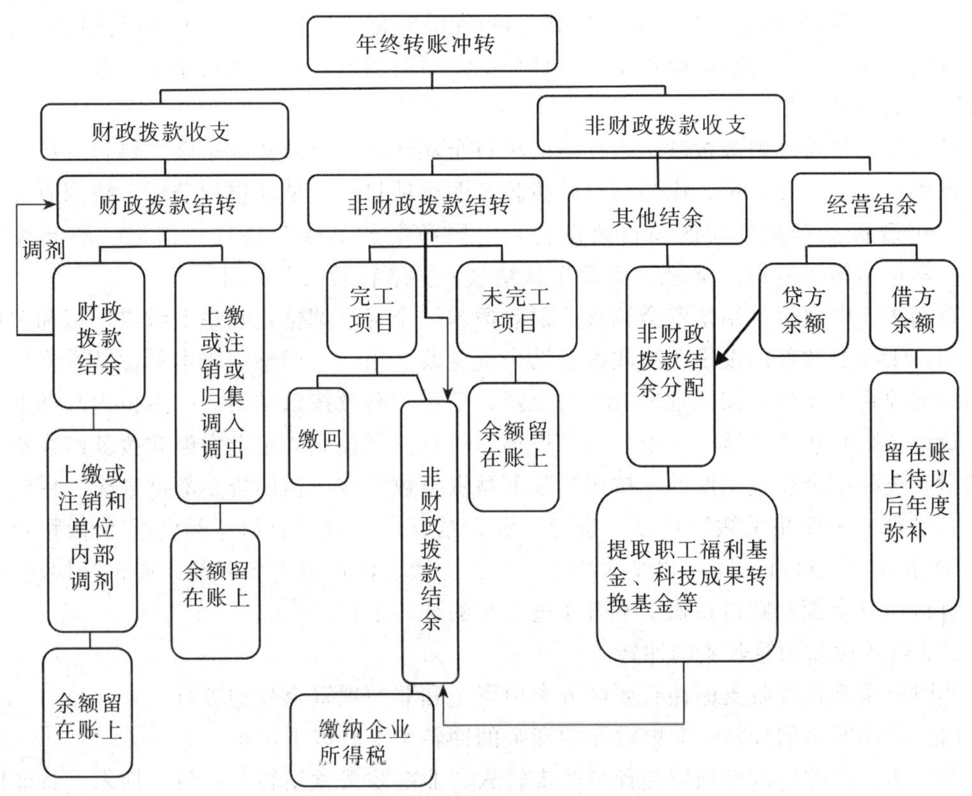

图20-2　事业单位预算会计年终转账冲转程序图

事业单位预算会计年终转账冲转工作，也区分财政拨款预算收支和非财政拨款预算收支分别进行。

1.财政拨款预算收支的冲转

财政拨款预算收支的冲转主要有以下四步：

第一步，将财政拨款预算收支转入“财政拨款结转”科目。①期末，将财政拨款预算收入本期发生额结转入“财政拨款结转”科目，借记“财政拨款预算收入——基本支出/项目支出”科目，贷记“财政拨款结转——本年收支结转”科目；②将事业支出、其他支出中的财政拨款支出本期发生额结转入“财政拨款结转”科目，借记“财政拨款结转——本年收支结转”科目，贷记“事业支出——财政拨款支出——基本支出/项目支出”或“事业支出——基本支出/项目支出——财政拨款支出”科目和“其他支出”科目财政拨款支出下各相应明细科目。

第二步，财政拨款结转资金调整。财政拨款结转资金调整指归集上缴或注销、归集调入、归集调出等。①按照规定上缴财政拨款结转资金或注销财政拨款结转额度的，按照实际上缴资金数额或注销资金额度数额，借记“财政拨款结转——归集上缴”科目，贷记“资金结存——财政应返还额度/零余额账户用款额度/货币资金”科目。②按照规定从其他单位调入财政拨款结转资金的，按照实际调增的额度数额或调入的资金数额，借记“资金结存——财政应返还额度/零余额账户用款额度/货币资金”科目，贷记“财政拨款结转——归集调入”科目。③按照规定向其他单位调出财政拨款结转资金的，按照实际调减的额度数额或调出的资金数额，借记“财政拨款结转——归集调出”科目，贷记“资金结存——财政应返还额度/零余额账户用款额度/货币资金”科目。归集上缴或注销或归集调入、调出完成，对不符合财政拨款结余性质的“财政拨款结转”科目余额，留在账上不再作进一步的冲转工作。

第三步，将符合财政拨款结余性质的项目余额转入“财政拨款结余”科目。年末，完成上述第一、二步结转后，应当对财政拨款各明细项目执行情况进行分析，按照有关规定将符合财政拨款结余性质的项目余额转入“财政拨款结余”科目，借记“财政拨款结转——累计结转”科目，贷记“财政拨款结余——结转转入”科目。

第四步，财政拨款结余资金调整。财政拨款结余资金调整是归集上缴或注销和单位内部调剂。①经财政部门批准对财政拨款结余资金改变用途，调整用于本单位基本支出或其他未完成项目支出的，按照批准调剂的金额，借记“财政拨款结余——单位内部调剂”科目，贷记“财政拨款结转——单位内部调剂”科目。②按照规定上缴财政拨款结余资金或注销财政拨款结余资金额度的，按照实际上缴资金数额或注销的资金额度数额，借记“财政拨款结余——归集上缴”科目，贷记“资金结存——财政应返还额度/零余额账户用款额度/货币资金”科目。同财政拨款结转一样，上缴、注销或内部调剂完成，“财政拨款结余”科目如有余额，则留在账上不再作进一步的冲转工作。

2.非财政拨款预算收支的冲转

非财政拨款预算收支的冲转要区分专项资金和非专项资金分别进行。

（1）专项资金的冲转。非财政专项资金的冲转主要有以下三步：

第一步，将非财政专项资金预算收支转入“非财政拨款结转”科目。期末，将非同级财政拨款预算收入、事业预算收入、上级拨款预算收入、附属单位上缴预算收入、债务预算收入、其他预算收入本期发生额中的专项资金预算收入结转入“非财政拨款结转”科目，借记“非同级财政拨款预算收入”“事业预算收入”“上级拨款预算收入”“附属单位上缴预算收入”“债务预算收入”“其他预算收入”科目下各专项资金预算收入明细科目，贷记“非财政拨款结转——本年收支结转”科目；将事业支出、其他支出本期发生额中的非财政专项资金支出结转入“非财政拨款结转”科目，借记“非财政拨款结转——本年收支结转”科目，贷记“事业支出——非财政专项资金支出”或“事业支出——项目支出——非财政专项资金支出”“其他支出”科目下各专项资金支出明细科目。

第二步，提取科研项目管理费或间接费。按照规定从科研项目预算收入中提取项目管理费或间接费时，按照提取金额，借记“非财政拨款结转——项目间接费用或管理费”科目，贷记“非财政拨款结余——项目间接费用或管理费”科目。

第三步，分析非财政拨款专项结转资金各项目的情况，区分已完工项目和未完工项目分别处理。年末，完成上述第一、二步后，应当对非财政拨款专项结转资金各项目情况进行分析，区分已完工项目和未完工项目分别处理。

① 已完工项目余额。对于已完工项目的项目剩余资金又区分不同情况进行相应处理。将已完工项目的项目剩余资金区分以下情况处理：缴回原专项资金拨入单位的，借记“非财政拨款结转——×项目——缴回资金”科目，贷记“资金结存——货币资金”科目；留归本单位使用的，借记“非财政拨款结转——×项目”科目，贷记“非财政拨款结余”科目。

② 未完工项目余额。对于未完工项目的余额仍留在“非财政拨款结转”科目账上，不再作进一步的冲转工作。

(2) 非专项资金的冲转。非财政拨款的非专项资金的冲转主要有以下五步：

第一步，非专项资金预算收支转入相关结余科目。非财政拨款的非专项资金预算收支的冲转又区分为事业活动、经营活动，分别转入“其他结余”和“经营结余”科目。

① 事业活动中的非专项资金预算收支转入“其他结余”科目。期末，将非同级财政拨款预算收入、事业预算收入、上级拨款预算收入、附属单位上缴预算收入、债务预算收入、其他预算收入本期发生额中的非专项资金预算收入结转入“其他结余”科目，借记“非同级财政拨款预算收入”“事业预算收入”“上级拨款预算收入”“附属单位上缴预算收入”“债务预算收入”“其他预算收入”科目下各非专项资金预算收入明细科目和“投资预算收益”科目，贷记“其他结余”科目（投资预算收益为借方余额时，借记“其他结余”科目，贷记“投资预算收益”科目）；将事业支出、其他支出本期发生额中的非财政非专项资金支出，以及对附属单位拨款支出、上缴上级支出的本期发生额结转入“其他结余”科目，借记“其他结余”科目，贷记“事业支出——其他资金支出”或“事业支出——基本支出/项目支出——其他资金支出”科目、“其他支出”科目下各非专项资金支出明细科目以及“对附属单位拨款支出”“上缴上级支出”“投资支出”“债务还本支出”科目。

② 经营活动预算收支转入“经营结余”科目。期末，将经营预算收入本期发生额结转入“经营结余”科目，借记“经营预算收入”科目，贷记“经营结余”科目；将经营支出本期发生额结转入“经营结余”科目，借记“经营结余”科目，贷记“经营支出”科目。

第二步，将结余余额转入“非财政拨款结余分配”科目。完成上述第一步的预算收支结转后，“其他结余”和“经营结余”科目区分情况转入“非财政拨款结余分配”科目。

① 对于“其他结余”科目。年末，完成第一步预算收支期末结转后，将“其他结余”科目余额结转入“非财政拨款结余分配”科目，借记或贷记“其他结余”科目，贷记或借记“非财政拨款结余分配”科目。

② 对于“经营结余”科目。年末，完成第一步预算收支期末结转后，如“经营结余”科目为贷方余额，则将“经营结余”科目余额结转入“非财政拨款结余分配”科目，借记“经营结余”科目，贷记“非财政拨款结余分配”科目；如“经营结余”科目为借方余额，为经营亏损，不予结转，留在账上待以后年度用经营结余进行弥补亏损。

第三步，对非财政拨款结余进行分配。将“其他结余”和“经营结余”科目的相关余额转入“非财政拨款结余分配”科目后，对结余进行分配。按照有关规定提取职工福利基金等专用基金的，按照提取的金额，借记“非财政拨款结余分配”科目，贷记“专用结余”科目。

第四步，未分配结余转入“非财政拨款结余”科目。年末，按规定完成上述分配处理后，将“非财政拨款结余分配”科目余额结转入非财政拨款结余，借记或贷记“非财政拨款结余分配”科目，贷记或借记“非财政拨款结余——累计结余”科目。

第五步，缴纳企业所得税。有企业所得税缴纳义务的事业单位实际缴纳企业所得税时，按照缴纳金额，借记“非财政拨款结余——累计结余”科目，贷记“资金结存——货币资金”科目。

三、单位财务报表的编制

财务报表是对单位财务状况、运行情况和现金流量等信息的结构性表述，包括会计报表和附注。单位财务报表的编制和汇总形成财务报告，财务报告包括财务报表和其他应当在财务报告中披露的相关信息与资料。单位财务报表的编制主要以权责发生制为基础，以财务会计核算生成的数据为准。

单位财务报表包括资产负债表、收入费用表、净资产变动表、现金流量表和附注。

（一）资产负债表

资产负债表是指反映单位在某一特定日期全部资产、负债和净资产情况的财务会计报表。资产负债表应当按照资产、负债和净资产分类列示，其中资产和负债应当分为流动资产和非流动资产、流动负债和非流动负债列示，见表20-2。

表20-2　**资产负债表**①　会政财01表

编制单位：　年　月　日　单位：元

资产	期末余额	年初余额	负债和净资产	期末余额	年初余额
流动资产：			流动负债：		
货币资金			短期借款		
短期投资			应交增值税		
财政应返还额度			其他应交税费		
应收票据			应缴财政款		
应收账款净额			应付职工薪酬		
预付账款			应付票据		
应收股利			应付账款		
应收利息			应付政府补贴款		
其他应收款净额			应付利息		
存货			预收账款		
待摊费用			其他应付款		
一年内到期的非流动资产			预提费用		
其他流动资产			一年内到期的非流动负债		

① 本表已根据《政府会计准则制度解释第5号》相关规定作出了修改。

续表

资产	期末余额	年初余额	负债和净资产	期末余额	年初余额
流动资产合计			其他流动负债		
非流动资产：			流动负债合计		
长期股权投资			非流动负债：		
长期债券投资			长期借款		
固定资产原值			长期应付款		
减：固定资产累计折旧			预计负债		
固定资产净值			其他非流动负债		
工程物资			非流动负债合计		
在建工程			受托代理负债		
无形资产原值			负债合计		
减：无形资产累计摊销					
无形资产净值					
研发支出					
公共基础设施原值					
减：公共基础设施累计折旧（摊销）					
公共基础设施净值					
政府储备物资					
文物资源					
其中：以成本计量					
以名义金额计量					
保障性住房原值					
减：保障性住房累计折旧			净资产：		
保障性住房净值			累计盈余		
长期待摊费用			专用基金		
待处理财产损溢			权益法调整		
其他非流动资产			无偿调拨净资产*		—
非流动资产合计			本期盈余*		—
受托代理资产			净资产合计		
资产总计			负债和净资产总计		

注：“*”标识项目为月报项目，年报中不需列示。

1.资产负债表“年初余额”栏内各项数字，应当根据上年年末资产负债表“期末余额”栏内数字填列。如果本年度资产负债表规定的项目的名称和内容同上年度不一致，应当对上年年末资产负债表项目的名称和数字按照本年度的规定进行调整，将调整后数字填入资产负债表“年初余额”栏内。如果本年度单位发生了因前期差错更正、会计政策变更等调整以前年度盈余的事项，还应当对“年初余额”栏中的有关项目金额进行相应调整。

2.资产负债表中“资产总计”项目期末（年初）余额应当与“负债和净资产总计”项目期末（年初）余额相等。

3.资产负债表“期末余额”栏各项目的内容和填列方法：

（1）资产类项目的内容和填列方法。

①“货币资金”项目，反映单位期末库存现金、银行存款、零余额账户用款额度、其他货币资金的合计数。本项目应当根据“库存现金”“银行存款”“零余额账户用款额度”“其他货币资金”科目的期末余额的合计数填列；若单位存在通过“库存现金”“银行存款”科目核算的受托代理资产还应当按照前述合计数扣减“库存现金”“银行存款”科目下“受托代理资产”明细科目的期末余额后的金额填列。

②“短期投资”项目，反映事业单位期末持有的短期投资账面余额。本项目应当根据“短期投资”科目的期末余额填列。

③“财政应返还额度”项目，反映单位期末财政应返还额度的金额。本项目应当根据“财政应返还额度”科目的期末余额填列。

④“应收票据”项目，反映事业单位期末持有的应收票据的票面金额。本项目应当根据“应收票据”科目的期末余额填列。

⑤“应收账款净额”项目，反映单位期末尚未收回的应收账款减去已计提的坏账准备后的净额。本项目应当根据“应收账款”科目的期末余额，减去“坏账准备”科目中对应收账款计提的坏账准备的期末余额后的金额填列。

⑥“预付账款”项目，反映单位期末预付给商品或者劳务供应单位的款项。本项目应当根据“预付账款”科目的期末余额填列。

⑦“应收股利”项目，反映事业单位期末因股权投资而应收取的现金股利或应当分得的利润。本项目应当根据“应收股利”科目的期末余额填列。

⑧“应收利息”项目，反映事业单位期末因债券投资等而应收取的利息。事业单位购入的到期一次还本付息的长期债券投资持有期间应收的利息，不包括在本项目内。本项目应当根据“应收利息”科目的期末余额填列。

⑨“其他应收款净额”项目，反映单位期末尚未收回的其他应收款减去已计提的坏账准备后的净额。本项目应当根据“其他应收款”科目的期末余额减去“坏账准备”科目中对其他应收款计提的坏账准备的期末余额后的金额填列。

⑩“存货”项目，反映单位期末存储的存货的实际成本。本项目应当根据“在途物品”“库存物品”“加工物品”科目的期末余额的合计数填列。

⑪“待摊费用”项目，反映单位期末已经支出，但应当由本期和以后各期负担的分摊期在一年以内（含一年）的各项费用。本项目应当根据“待摊费用”科目的期末余额填列。

⑫“一年内到期的非流动资产”项目，反映单位期末非流动资产项目中将在1年内（含一年）到期的金额，如事业单位将在一年内（含一年）到期的长期债券投资金额。本

项目应当根据“长期债券投资”等科目的明细科目的期末余额分析填列。

⑬“其他流动资产”项目，反映单位期末除资产负债表中上述各项之外的其他流动资产的合计金额。本项目应当根据有关科目期末余额的合计数填列。

⑭“流动资产合计”项目，反映单位期末流动资产的合计数。本项目应当根据资产负债表中“货币资金”“短期投资”“财政应返还额度”“应收票据”“应收账款净额”“预付账款”“应收股利”“应收利息”“其他应收款净额”“存货”“待摊费用”“一年内到期的非流动资产”“其他流动资产”项目金额的合计数填列。

⑮“长期股权投资”项目，反映事业单位期末持有的长期股权投资的账面余额。本项目应当根据“长期股权投资”科目的期末余额填列。

⑯“长期债券投资”项目，反映事业单位期末持有的长期债券投资的账面余额。本项目应当根据“长期债券投资”科目的期末余额减去其中将于一年内（含一年）到期的长期债券投资余额后的金额填列。

⑰“固定资产原值”项目，反映单位期末固定资产的原值。本项目应当根据“固定资产”科目的期末余额填列。

“固定资产累计折旧”项目，反映单位期末固定资产已计提的累计折旧金额。本项目应当根据“固定资产累计折旧”科目的期末余额填列。

“固定资产净值”项目，反映单位期末固定资产的账面价值。本项目应当根据“固定资产”科目期末余额减去“固定资产累计折旧”科目期末余额后的金额填列。

⑱“工程物资”项目，反映单位期末为在建工程准备的各种物资的实际成本。本项目应当根据“工程物资”科目的期末余额填列。

⑲“在建工程”项目，反映单位期末所有的建设项目工程的实际成本。本项目应当根据“在建工程”科目的期末余额填列。

⑳“无形资产原值”项目，反映单位期末无形资产的原值。本项目应当根据“无形资产”科目的期末余额填列。

“无形资产累计摊销”项目，反映单位期末无形资产已计提的累计摊销金额。本项目应当根据“无形资产累计摊销”科目的期末余额填列。

“无形资产净值”项目，反映单位期末无形资产的账面价值。本项目应当根据“无形资产”科目期末余额减去“无形资产累计摊销”科目期末余额后的金额填列。

㉑“研发支出”项目，反映单位期末正在进行的无形资产开发项目开发阶段发生的累计支出数。本项目应当根据“研发支出”科目的期末余额填列。

㉒“公共基础设施原值”项目，反映单位期末控制的公共基础设施的原值。本项目应当根据“公共基础设施”科目的期末余额填列。

“公共基础设施累计折旧（摊销）”项目，反映单位期末控制的公共基础设施已计提的累计折旧和累计摊销金额。本项目应当根据“公共基础设施累计折旧（摊销）”科目的期末余额填列。

“公共基础设施净值”项目，反映单位期末控制的公共基础设施的账面价值。本项目应当根据“公共基础设施”科目期末余额减去“公共基础设施累计折旧（摊销）”科目期末余额后的金额填列。

㉓“政府储备物资”项目，反映单位期末控制的政府储备物资的实际成本。本项目应

当根据“政府储备物资”科目的期末余额填列。

㉔“文物资源”项目，反映单位期末控制的文物资源的成本。本项目应当根据“文物资源”科目的期末余额填列。

㉕“保障性住房原值”项目，反映单位期末控制的保障性住房的原值。本项目应当根据“保障性住房”科目的期末余额填列。

“保障性住房累计折旧”项目，反映单位期末控制的保障性住房已计提的累计折旧金额。本项目应当根据“保障性住房累计折旧”科目的期末余额填列。

“保障性住房净值”项目，反映单位期末控制的保障性住房的账面价值。本项目应当根据“保障性住房”科目期末余额减去“保障性住房累计折旧”科目期末余额后的金额填列。

㉖“长期待摊费用”项目，反映单位期末已经支出，但应由本期和以后各期负担的分摊期限在一年以上（不含一年）的各项费用。本项目应当根据“长期待摊费用”科目的期末余额填列。

㉗“待处理财产损溢”项目，反映单位期末尚未处理完毕的各种资产的净损失或净溢余。本项目应当根据“待处理财产损溢”科目的期末借方余额填列；如“待处理财产损溢”科目期末为贷方余额，以“-”号填列。

㉘“其他非流动资产”项目，反映单位期末除资产负债表中上述各项之外的其他非流动资产的合计数。本项目应当根据有关科目的期末余额合计数填列。

㉙“非流动资产合计”项目，反映单位期末非流动资产的合计数。本项目应当根据资产负债表中“长期股权投资”“长期债券投资”“固定资产净值”“工程物资”“在建工程”“无形资产净值”“研发支出”“公共基础设施净值”“政府储备物资”“文物资源”“保障性住房净值”“长期待摊费用”“待处理财产损溢”“其他非流动资产”项目金额的合计数填列。

㉚“受托代理资产”项目，反映单位期末受托代理资产的价值。本项目应当根据“受托代理资产”科目的期末余额与“库存现金”“银行存款”科目下“受托代理资产”明细科目的期末余额的合计数填列。

㉛“资产总计”项目，反映单位期末资产的合计数。本项目应当根据资产负债表中“流动资产合计”“非流动资产合计”“受托代理资产”项目金额的合计数填列。

（2）负债类项目的内容和填列方法。

① “短期借款”项目，反映事业单位期末短期借款的余额。本项目应当根据“短期借款”科目的期末余额填列。

② “应交增值税”项目，反映单位期末应缴未缴的增值税税额。本项目应当根据“应交增值税”科目的期末余额填列；如“应交增值税”科目期末为借方余额，以“-”号填列。

③ “其他应交税费”项目，反映单位期末应缴未缴的除增值税以外的税费金额。本项目应当根据“其他应交税费”科目的期末余额填列；如“其他应交税费”科目期末为借方余额，以“-”号填列。

④ “应缴财政款”项目，反映单位期末应当上缴财政但尚未缴纳的款项。本项目应当根据“应缴财政款”科目的期末余额填列。

⑤“应付职工薪酬”项目，反映单位期末按有关规定应付给职工及为职工支付的各种薪酬。本项目应当根据“应付职工薪酬”科目的期末余额填列。

⑥“应付票据”项目，反映事业单位期末应付票据的金额。本项目应当根据“应付票据”科目的期末余额填列。

⑦“应付账款”项目，反映单位期末应当支付但尚未支付的偿还期限在一年以内（含一年）的应付账款的金额。本项目应当根据“应付账款”科目的期末余额填列。

⑧“应付政府补贴款”项目，反映负责发放政府补贴的行政单位期末按照规定应当支付给政府补贴接受者的各种政府补贴款余额。本项目应当根据“应付政府补贴款”科目的期末余额填列。

⑨“应付利息”项目，反映事业单位期末按照合同约定应支付的借款利息。事业单位到期一次还本付息的长期借款利息不包括在本项目内。本项目应当根据“应付利息”科目的期末余额填列。

⑩“预收账款”项目，反映事业单位期末预先收取但尚未确认收入和实际结算的款项余额。本项目应当根据“预收账款”科目的期末余额填列。

⑪“其他应付款”项目，反映单位期末其他各项偿还期限在一年内（含一年）的应付及暂收款项余额。本项目应当根据“其他应付款”科目的期末余额填列。

⑫“预提费用”项目，反映单位期末已预先提取的已经发生但尚未支付的各项费用。本项目应当根据“预提费用”科目的期末余额填列。

⑬“一年内到期的非流动负债”项目，反映单位期末将于一年内（含一年）偿还的非流动负债的余额。本项目应当根据“长期应付款”“长期借款”等科目的明细科目的期末余额分析填列。

⑭“其他流动负债”项目，反映单位期末除资产负债表中上述各项之外的其他流动负债的合计数。本项目应当根据有关科目的期末余额的合计数填列。

⑮“流动负债合计”项目，反映单位期末流动负债合计数。本项目应当根据资产负债表“短期借款”“应交增值税”“其他应交税费”“应缴财政款”“应付职工薪酬”“应付票据”“应付账款”“应付政府补贴款”“应付利息”“预收账款”“其他应付款”“预提费用”“一年内到期的非流动负债”“其他流动负债”项目金额的合计数填列。

⑯“长期借款”项目，反映事业单位期末长期借款的余额。本项目应当根据“长期借款”科目的期末余额减去其中将于一年内（含一年）到期的长期借款余额后的金额填列。

⑰“长期应付款”项目，反映单位期末长期应付款的余额。本项目应当根据“长期应付款”科目的期末余额减去其中将于一年内（含一年）到期的长期应付款余额后的金额填列。

⑱“预计负债”项目，反映单位期末已确认但尚未偿付的预计负债的余额。本项目应当根据“预计负债”科目的期末余额填列。

⑲“其他非流动负债”项目，反映单位期末除资产负债表中上述各项之外的其他非流动负债的合计数。本项目应当根据有关科目的期末余额合计数填列。

⑳“非流动负债合计”项目，反映单位期末非流动负债合计数。本项目应当根据资产负债表中“长期借款”“长期应付款”“预计负债”“其他非流动负债”项目金额的合计

数填列。

“受托代理负债”项目，反映单位期末受托代理负债的金额。本项目应当根据“受托代理负债”科目的期末余额填列。

“负债合计”项目，反映单位期末负债的合计数。本项目应当根据资产负债表中“流动负债合计”“非流动负债合计”“受托代理负债”项目金额的合计数填列。

（3）净资产类项目的内容和填列方法。

① “累计盈余”项目，反映单位期末未分配盈余（或未弥补亏损）以及无偿调拨净资产变动的累计数。本项目应当根据“累计盈余”科目的期末余额填列。

② “专用基金”项目，反映事业单位期末累计提取或设置但尚未使用的专用基金余额。本项目应当根据“专用基金”科目的期末余额填列。

③ “权益法调整”项目，反映事业单位期末在被投资单位除净损益和利润分配以外的所有者权益变动中累积享有的份额。本项目应当根据“权益法调整”科目的期末余额填列。如“权益法调整”科目期末为借方余额，以“-”号填列。

④ “无偿调拨净资产”项目，反映单位本年度截至报告期期末无偿调入的非现金资产价值扣减无偿调出的非现金资产价值后的净值。本项目仅在月度报表中列示，年度报表中不列示。月度报表中本项目应当根据“无偿调拨净资产”科目的期末余额填列；“无偿调拨净资产”科目期末为借方余额时，以“-”号填列。

⑤ “本期盈余”项目，反映单位本年度截至报告期期末实现的累计盈余或亏损。本项目仅在月度报表中列示，年度报表中不列示。月度报表中本项目应当根据“本期盈余”科目的期末余额填列；“本期盈余”科目期末为借方余额时，以“-”号填列。

⑥ “净资产合计”项目，反映单位期末净资产合计数。本项目应当根据资产负债表中“累计盈余”“专用基金”“权益法调整”“无偿调拨净资产”［月度报表］“本期盈余”［月度报表］项目金额的合计数填列。

⑦ “负债和净资产总计”项目，应当按照资产负债表中“负债合计”“净资产合计”项目金额的合计数填列。

（二）收入费用表

收入费用表是指反映单位在某一会计期间内发生的收入、费用及当期盈余情况的财务会计报表。收入费用表应当按照本期收入、本期费用的构成和本期盈余情况分项列示。收入费用表（月报）见表20-3。

1.收入费用表“本月数”栏反映各项目的本月实际发生数。编制年度收入费用表时，应当将本栏改为“本年数”，反映本年度各项目的实际发生数。

收入费用表“本年累计数”栏反映各项目自年初至报告期期末的累计实际发生数。编制年度收入费用表时，应当将本栏改为“上年数”，反映上年度各项目的实际发生数，“上年数”栏应当根据上年年度收入费用表中“本年数”栏内所列数字填列。

如果本年度收入费用表规定的项目的名称和内容同上年度不一致，应当对上年度收入费用表项目的名称和数字按照本年度的规定进行调整，将调整后的金额填入本年度收入费用表的“上年数”栏内。

如果本年度单位发生了因前期差错更正、会计政策变更等调整以前年度盈余的事项，还应当对年度收入费用表中“上年数”栏中的有关项目金额进行相应调整。

表20-3 **收入费用表（月报）** 会政财02表

编制单位： 年 月 单位：元

项目	本月数	本年累计数
一、本期收入		
（一）财政拨款收入		
其中：政府性基金收入		
（二）事业收入		
（三）上级补助收入		
（四）附属单位上缴收入		
（五）经营收入		
（六）非同级财政拨款收入		
（七）投资收益		
（八）捐赠收入		
（九）利息收入		
（十）租金收入		
（十一）其他收入		
二、本期费用		
（一）业务活动费用		
（二）单位管理费用		
（三）经营费用		
（四）资产处置费用		
（五）上缴上级费用		
（六）对附属单位补助费用		
（七）所得税费用		
（八）其他费用		
三、本期盈余		

2.收入费用表“本月数”栏各项目的内容和填列方法

（1）“本期收入”栏各项目的内容和填列方法。

①“本期收入”项目，反映单位本期收入总额。本项目应当根据收入费用表中“财政拨款收入”“事业收入”“上级补助收入”“附属单位上缴收入”“经营收入”“非同级财政拨款收入”“投资收益”“捐赠收入”“利息收入”“租金收入”“其他收入”项目金额的合计数填列。

②“财政拨款收入”项目，反映单位本期从同级政府财政部门取得的各类财政拨款。本项目应当根据“财政拨款收入”科目的本期发生额填列。

"政府性基金收入"项目，反映单位本期取得的财政拨款收入中属于政府性基金预算拨款的金额。本项目应当根据"财政拨款收入"相关明细科目的本期发生额填列。

③"事业收入"项目，反映事业单位本期开展专业业务活动及其辅助活动实现的收入。本项目应当根据"事业收入"科目的本期发生额填列。

④"上级补助收入"项目，反映事业单位本期从主管部门和上级单位收到或应收的非财政拨款收入。本项目应当根据"上级补助收入"科目的本期发生额填列。

⑤"附属单位上缴收入"项目，反映事业单位本期收到或应收的独立核算的附属单位按照有关规定上缴的收入。本项目应当根据"附属单位上缴收入"科目的本期发生额填列。

⑥"经营收入"项目，反映事业单位本期在专业业务活动及其辅助活动之外开展非独立核算经营活动实现的收入。本项目应当根据"经营收入"科目的本期发生额填列。

⑦"非同级财政拨款收入"项目，反映单位本期从非同级政府财政部门取得的财政拨款，不包括事业单位因开展科研及其辅助活动从非同级财政部门取得的经费拨款。本项目应当根据"非同级财政拨款收入"科目的本期发生额填列。

⑧"投资收益"项目，反映事业单位本期股权投资和债券投资所实现的收益或发生的损失。本项目应当根据"投资收益"科目的本期发生额填列；如为投资净损失，以"-"号填列。

⑨"捐赠收入"项目，反映单位本期接受捐赠取得的收入。本项目应当根据"捐赠收入"科目的本期发生额填列。

⑩"利息收入"项目，反映单位本期取得的银行存款利息收入。本项目应当根据"利息收入"科目的本期发生额填列。

⑪"租金收入"项目，反映单位本期经批准利用国有资产出租取得并按规定纳入本单位预算管理的租金收入。本项目应当根据"租金收入"科目的本期发生额填列。

⑫"其他收入"项目，反映单位本期取得的除以上收入项目外的其他收入的总额。本项目应当根据"其他收入"科目的本期发生额填列。

（2）"本期费用"栏各项目的内容和填列方法。

①"本期费用"项目，反映单位本期费用总额。本项目应当根据收入费用表中"业务活动费用""单位管理费用""经营费用""资产处置费用""上缴上级费用""对附属单位补助费用""所得税费用""其他费用"项目金额的合计数填列。

②"业务活动费用"项目，反映单位本期为实现其职能目标，依法履职或开展专业业务活动及其辅助活动所发生的各项费用。本项目应当根据"业务活动费用"科目本期发生额填列。

③"单位管理费用"项目，反映事业单位本期本级行政及后勤管理部门开展管理活动发生的各项费用，以及由单位统一负担的离退休人员经费、工会经费、诉讼费、中介费等。本项目应当根据"单位管理费用"科目的本期发生额填列。

④"经营费用"项目，反映事业单位本期在专业业务活动及其辅助活动之外开展非独立核算经营活动发生的各项费用。本项目应当根据"经营费用"科目的本期发生额填列。

⑤"资产处置费用"项目，反映单位本期经批准处置资产时转销的资产价值以及在处置过程中发生的相关费用或者处置收入小于处置费用形成的净支出。本项目应当根据"资产处置费用"科目的本期发生额填列。

⑥"上缴上级费用"项目，反映事业单位按照规定上缴上级单位款项发生的费用。

本项目应当根据“上缴上级费用”科目的本期发生额填列。

⑦ “对附属单位补助费用”项目，反映事业单位用财政拨款收入之外的收入对附属单位补助发生的费用。本项目应当根据“对附属单位补助费用”科目的本期发生额填列。

⑧ “所得税费用”项目，反映有企业所得税缴纳义务的事业单位本期计算应交纳的企业所得税。本项目应当根据“所得税费用”科目的本期发生额填列。

⑨ “其他费用”项目，反映单位本期发生的除以上费用项目外的其他费用的总额。本项目应当根据“其他费用”科目的本期发生额填列。

（3）“本期盈余”项目的内容和填列方法。

“本期盈余”项目，反映单位本期收入扣除本期费用后的净额。本项目应当根据收入费用表中“本期收入”项目金额减去“本期费用”项目金额后的金额填列；如为负数，以“-”号填列。

（三）净资产变动表[①]

净资产变动表是指反映单位在某一会计年度内净资产项目变动情况的财务会计报表。净资产变动表按照上年年末余额、以前年度盈余调整、本年年初余额、本年变动金额和本年年末余额分别填列，见表20-4。

表20-4　**净资产变动表**　会政财03表

编制单位：　年　单位：元

项目	累计盈余	专用基金	权益法调整	净资产合计
一、上年年末余额				
二、以前年度盈余调整（减少以“-”号填列）				
三、本年年初余额				
四、本年变动金额（减少以“-”号填列）				
（一）本年盈余			—	
（二）无偿调拨净资产		—	—	
（三）归集调整预算结转结余		—	—	
（四）提取或设置专用基金			—	
其中：从预算收入中提取	—		—	
从预算结余中提取			—	
设置的专用基金	—		—	
（五）使用专用基金			—	
（六）权益法调整	—	—		
（七）会计政策变更		—	—	
（八）其他				
五、本年年末余额				

注：“—”标识单元格不需填列。

① 本表根据《政府会计准则制度解释第7号》相关规定进行了修改和调整。

净资产变动表反映本年度各项目的实际变动数。净资产变动表各项目的内容和填列方法：

（1）“上年年末余额”行，反映单位净资产各项目上年年末的余额。本行各项目应当根据“累计盈余”“专用基金”“权益法调整”科目上年年末余额填列。

（2）“以前年度盈余调整”行，反映单位本年度调整以前年度盈余的事项对累计盈余进行调整的金额。本行“累计盈余”项目应当根据本年度“以前年度盈余调整”科目转入“累计盈余”科目的金额填列；如调整减少累计盈余，以“-”号填列。

（3）“本年年初余额”行，反映经过以前年度盈余调整后，单位净资产各项目的本年年初余额。本行“累计盈余”“专用基金”“权益法调整”项目应当根据其各自在“上年年末余额”和“以前年度盈余调整”行对应项目金额的合计数填列。

（4）“本年变动金额”行，反映单位净资产各项目本年变动总金额。本行“累计盈余”“专用基金”“权益法调整”项目应当根据其各自在“本年盈余”“无偿调拨净资产”“归集调整预算结转结余”“提取或设置专用基金”“使用专用基金”“权益法调整”行对应项目金额的合计数填列。

（5）“本年盈余”行，反映单位本年发生的收入、费用对净资产的影响。本行“累计盈余”项目应当根据年末由“本期盈余”科目转入“本年盈余分配”科目的金额填列；如转入时借记“本年盈余分配”科目，则以“-”号填列。事业单位在编制净资产变动表时，“本年盈余”行“专用基金”项目应当根据本年使用从非财政拨款结余或经营结余中提取的专用基金时直接计入费用的金额，以“-”号填列。

（6）“无偿调拨净资产”行，反映单位本年无偿调入、调出非现金资产事项对净资产的影响。本行“累计盈余”项目应当根据年末由“无偿调拨净资产”科目转入“累计盈余”科目的金额填列；如转入时借记“累计盈余”科目，则以“-”号填列。

（7）“归集调整预算结转结余”行，反映单位本年财政拨款结转结余资金归集调入、归集上缴或调出，以及非财政拨款结转资金缴回对净资产的影响。本行“累计盈余”项目应当根据“累计盈余”科目明细账记录分析填列；如归集调整减少预算结转结余，则以“-”号填列。

（8）“提取或设置专用基金”行，反映单位本年提取或设置专用基金对净资产的影响。本行“累计盈余”项目应当根据“从预算结余中提取”行“累计盈余”项目的金额填列。本行“专用基金”项目应当根据“从预算收入中提取”“从预算结余中提取”“设置的专用基金”行“专用基金”项目金额的合计数填列。

“从预算收入中提取”行，反映单位本年从预算收入中提取专用基金对净资产的影响。本行“专用基金”项目应当通过对“专用基金”科目明细账记录的分析，根据本年按有关规定从预算收入中提取基金的金额填列。

“从预算结余中提取”行，反映单位本年根据有关规定从本年度非财政拨款结余或经营结余中提取专用基金对净资产的影响。本行“累计盈余”“专用基金”项目应当通过对“专用基金”科目明细账记录的分析，根据本年按有关规定从本年度非财政拨款结余或经营结余中提取专用基金的金额填列；本行“累计盈余”项目以“-”号填列。

“设置的专用基金”行，反映单位本年根据有关规定设置的其他专用基金对净资产的影响。本行“专用基金”项目应当通过对“专用基金”科目明细账记录的分析，根据本年按有关规定设置的其他专用基金的金额填列。

(9)“使用专用基金”行，反映单位本年按规定使用专用基金对净资产的影响。本行“累计盈余”“专用基金”项目应当通过对“专用基金”科目明细账记录的分析，根据本年按规定使用专用基金的金额填列；本行“专用基金”项目以“-”号填列。事业单位在填制净资产变动表时，“使用专用基金”行“专用基金”项目应当根据本年使用专用基金时直接冲减专用基金余额的金额填列。

(10)“权益法调整”行，反映单位本年按照被投资单位除净损益和利润分配以外的所有者权益变动份额而调整长期股权投资账面余额对净资产的影响。本行“权益法调整”项目应当根据“权益法调整”科目本年发生额填列；若本年净发生额为借方时，以“-”号填列。

(11)“会计政策变更”行，反映单位本年除以前年度盈余调整以外，因会计政策变更对净资产的影响。

(12)“其他”行，反映单位按照政府会计准则制度规定，除本年盈余、无偿调拨净资产、归集调整预算结转结余、提取或设置专用基金、使用专用基金、权益法调整、会计政策变更以外的对净资产的影响，包括划转撤并调整，以考古发掘方式取得文物资源，使用计提的科研项目间接费用或管理费购买固定资产、无形资产等情况对净资产的影响。

(13)“本年年末余额”行，反映单位本年各净资产项目的年末余额。本行“累计盈余”“专用基金”“权益法调整”项目应当根据其各自在“本年年初余额”“本年变动金额”行对应项目金额的合计数填列。

(14) 净资产变动表各行“净资产合计”项目，应当根据所在行“累计盈余”“专用基金”“权益法调整”项目金额的合计数填列。

(四) 现金流量表

现金流量表是指反映单位在某一会计年度内现金流入和流出信息的财务会计报表。现金流量表所指的现金，是指单位的库存现金以及其他可以随时用于支付的款项，包括库存现金、可以随时用于支付的银行存款、其他货币资金、零余额账户用款额度、财政应返还额度，以及通过财政直接支付方式支付的款项。现金流量表所指的现金流量，是指现金的流入和流出。现金流量表应当按照日常活动、投资活动、筹资活动等的现金流量分别反映，见表20-5。

表20-5　**现金流量表**　会政财04表

编制单位：　年　单位：元

项目	本年金额	上年金额
一、日常活动产生的现金流量：		
财政基本支出拨款收到的现金		
财政非资本性项目拨款收到的现金		
事业活动收到的除财政拨款以外的现金		
收到的其他与日常活动有关的现金		
日常活动的现金流入小计		
购买商品、接受劳务支付的现金		

续表

项目	本年金额	上年金额
支付给职工以及为职工支付的现金		
支付的各项税费		
支付的其他与日常活动有关的现金		
日常活动的现金流出小计		
日常活动产生的现金流量净额		
二、投资活动产生的现金流量：		
收回投资收到的现金		
取得投资收益收到的现金		
处置固定资产、无形资产、公共基础设施等收回的现金净额		
收到的其他与投资活动有关的现金		
投资活动的现金流入小计		
购建固定资产、无形资产、公共基础设施等支付的现金		
对外投资支付的现金		
上缴处置固定资产、无形资产、公共基础设施等净收入支付的现金		
支付的其他与投资活动有关的现金		
投资活动的现金流出小计		
投资活动产生的现金流量净额		
三、筹资活动产生的现金流量：		
财政资本性项目拨款收到的现金		
取得借款收到的现金		
收到的其他与筹资活动有关的现金		
筹资活动的现金流入小计		
偿还借款支付的现金		
偿还利息支付的现金		
支付的其他与筹资活动有关的现金		
筹资活动的现金流出小计		
筹资活动产生的现金流量净额		
四、汇率变动对现金的影响额		
五、现金净增加额		

1.现金流量表“本年金额”栏反映各项目的本年实际发生数。现金流量表“上年金额”栏反映各项目的上年实际发生数，应当根据上年现金流量表中“本年金额”栏内所列数字填列。

2.单位应当采用直接法编制现金流量表。

3.现金流量表“本年金额”栏各项目的填列方法：

（1）日常活动产生的现金流量。

①“财政基本支出拨款收到的现金”项目，反映单位本年接受财政基本支出拨款取得的现金。本项目应当根据“零余额账户用款额度”“财政拨款收入”“银行存款”等科目及其明细科目的记录分析填列。

②“财政非资本性项目拨款收到的现金”项目，反映单位本年接受除用于购建固定资产、无形资产、公共基础设施等资本性项目以外的财政项目拨款取得的现金。本项目应当根据“银行存款”“零余额账户用款额度”“财政拨款收入”等科目及其明细科目的记录分析填列。

③“事业活动收到的除财政拨款以外的现金”项目，反映事业单位本年开展专业业务活动及其辅助活动取得的除财政拨款以外的现金。本项目应当根据“库存现金”“银行存款”“其他货币资金”“应收账款”“应收票据”“预收账款”“事业收入”等科目及其明细科目的记录分析填列。

④“收到的其他与日常活动有关的现金”项目，反映单位本年收到的除以上项目之外的与日常活动有关的现金。本项目应当根据“库存现金”“银行存款”“其他货币资金”“上级补助收入”“附属单位上缴收入”“经营收入”“非同级财政拨款收入”“捐赠收入”“利息收入”“租金收入”“其他收入”等科目及其明细科目的记录分析填列。

⑤“日常活动的现金流入小计”项目，反映单位本年日常活动产生的现金流入的合计数。本项目应当根据现金流量表中“财政基本支出拨款收到的现金”“财政非资本性项目拨款收到的现金”“事业活动收到的除财政拨款以外的现金”“收到的其他与日常活动有关的现金”项目金额的合计数填列。

⑥“购买商品、接受劳务支付的现金”项目，反映单位本年在日常活动中用于购买商品、接受劳务支付的现金。本项目应当根据“库存现金”“银行存款”“财政拨款收入”“零余额账户用款额度”“预付账款”“在途物品”“库存物品”“应付账款”“应付票据”“业务活动费用”“单位管理费用”“经营费用”等科目及其明细科目的记录分析填列。

⑦“支付给职工以及为职工支付的现金”项目，反映单位本年支付给职工以及为职工支付的现金。本项目应当根据“库存现金”“银行存款”“零余额账户用款额度”“财政拨款收入”“应付职工薪酬”“业务活动费用”“单位管理费用”“经营费用”等科目及其明细科目的记录分析填列。

⑧“支付的各项税费”项目，反映单位本年用于缴纳日常活动相关税费而支付的现金。本项目应当根据“库存现金”“银行存款”“零余额账户用款额度”“应交增值税”“其他应交税费”“业务活动费用”“单位管理费用”“经营费用”“所得税费用”等科目及其明细科目的记录分析填列。

⑨“支付的其他与日常活动有关的现金”项目，反映单位本年支付的除上述项目之外与日常活动有关的现金。本项目应当根据“库存现金”“银行存款”“零余额账户用款额

度”“财政拨款收入”“其他应付款”“业务活动费用”“单位管理费用”“经营费用”“其他费用”等科目及其明细科目的记录分析填列。

⑩“日常活动的现金流出小计”项目，反映单位本年日常活动产生的现金流出的合计数。本项目应当根据现金流量表中“购买商品、接受劳务支付的现金”“支付给职工以及为职工支付的现金”“支付的各项税费”“支付的其他与日常活动有关的现金”项目金额的合计数填列。

⑪“日常活动产生的现金流量净额”项目，应当按照现金流量表中“日常活动的现金流入小计”项目金额减去“日常活动的现金流出小计”项目金额后的金额填列；如为负数，以“-”号填列。

（2）投资活动产生的现金流量。

①“收回投资收到的现金”项目，反映单位本年出售、转让或者收回投资收到的现金。本项目应该根据“库存现金”“银行存款”“短期投资”“长期股权投资”“长期债券投资”等科目的记录分析填列。

②“取得投资收益收到的现金”项目，反映单位本年因对外投资而收到被投资单位分配的股利或利润，以及收到投资利息而取得的现金。本项目应当根据“库存现金”“银行存款”“应收股利”“应收利息”“投资收益”等科目的记录分析填列。

③“处置固定资产、无形资产、公共基础设施等收回的现金净额”项目，反映单位本年处置固定资产、无形资产、公共基础设施等非流动资产所取得的现金，减去为处置这些资产而支付的有关费用之后的净额。由于自然灾害所造成的固定资产等长期资产损失而收到的保险赔款收入，也在本项目反映。本项目应当根据“库存现金”“银行存款”“待处理财产损溢”等科目的记录分析填列。

④“收到的其他与投资活动有关的现金”项目，反映单位本年收到的除上述项目之外与投资活动有关的现金。对于金额较大的现金流入，应当单列项目反映。本项目应当根据“库存现金”、“银行存款”等有关科目的记录分析填列。

⑤“投资活动的现金流入小计”项目，反映单位本年投资活动产生的现金流入的合计数。本项目应当根据现金流量表中“收回投资收到的现金”“取得投资收益收到的现金”“处置固定资产、无形资产、公共基础设施等收回的现金净额”“收到的其他与投资活动有关的现金”项目金额的合计数填列。

⑥“购建固定资产、无形资产、公共基础设施等支付的现金”项目，反映单位本年购买和建造固定资产、无形资产、公共基础设施等非流动资产所支付的现金；融资租入固定资产支付的租赁费不在本项目反映，在筹资活动的现金流量中反映。本项目应当根据“库存现金”“银行存款”“固定资产”“工程物资”“在建工程”“无形资产”“研发支出”“公共基础设施”“保障性住房”等科目的记录分析填列。

⑦“对外投资支付的现金”项目，反映单位本年为取得短期投资、长期股权投资、长期债券投资而支付的现金。本项目应当根据“库存现金”“银行存款”“短期投资”“长期股权投资”“长期债券投资”等科目的记录分析填列。

⑧“上缴处置固定资产、无形资产、公共基础设施等净收入支付的现金”项目，反映本年单位将处置固定资产、无形资产、公共基础设施等非流动资产所收回的现金净额予以上缴财政所支付的现金。本项目应当根据“库存现金”“银行存款”“应缴财政款”等科

目的记录分析填列。

⑨“支付的其他与投资活动有关的现金”项目，反映单位本年支付的除上述项目之外与投资活动有关的现金。对于金额较大的现金流出，应当单列项目反映。本项目应当根据“库存现金”“银行存款”等有关科目的记录分析填列。

⑩“投资活动的现金流出小计”项目，反映单位本年投资活动产生的现金流出的合计数。本项目应当根据现金流量表中“购建固定资产、无形资产、公共基础设施等支付的现金”“对外投资支付的现金”“上缴处置固定资产、无形资产、公共基础设施等净收入支付的现金”“支付的其他与投资活动有关的现金”项目金额的合计数填列。

⑪“投资活动产生的现金流量净额”项目，应当按照现金流量表中“投资活动的现金流入小计”项目金额减去“投资活动的现金流出小计”项目金额后的金额填列；如为负数，以“-”号填列。

（3）筹资活动产生的现金流量。

①“财政资本性项目拨款收到的现金”项目，反映单位本年接受用于购建固定资产、无形资产、公共基础设施等资本性项目的财政项目拨款取得的现金。本项目应当根据“银行存款”“零余额账户用款额度”“财政拨款收入”等科目及其明细科目的记录分析填列。

②“取得借款收到的现金”项目，反映事业单位本年举借短期、长期借款所收到的现金。本项目应当根据“库存现金”“银行存款”“短期借款”“长期借款”等科目记录分析填列。

③“收到的其他与筹资活动有关的现金”项目，反映单位本年收到的除上述项目之外与筹资活动有关的现金。对于金额较大的现金流入，应当单列项目反映。本项目应当根据“库存现金”“银行存款”等有关科目的记录分析填列。

④“筹资活动的现金流入小计”项目，反映单位本年筹资活动产生的现金流入的合计数。本项目应当根据现金流量表中“财政资本性项目拨款收到的现金”“取得借款收到的现金”“收到的其他与筹资活动有关的现金”项目金额的合计数填列。

⑤“偿还借款支付的现金”项目，反映事业单位本年偿还借款本金所支付的现金。本项目应当根据“库存现金”“银行存款”“短期借款”“长期借款”等科目的记录分析填列。

⑥“偿付利息支付的现金”项目，反映事业单位本年支付的借款利息等。本项目应当根据“库存现金”“银行存款”“应付利息”“长期借款”等科目的记录分析填列。

⑦“支付的其他与筹资活动有关的现金”项目，反映单位本年支付的除上述项目之外与筹资活动有关的现金，如融资租入固定资产所支付的租赁费。本项目应当根据“库存现金”“银行存款”“长期应付款”等科目的记录分析填列。

⑧“筹资活动的现金流出小计”项目，反映单位本年筹资活动产生的现金流出的合计数。本项目应当根据现金流量表中“偿还借款支付的现金”“偿付利息支付的现金”“支付的其他与筹资活动有关的现金”项目金额的合计数填列。

⑨“筹资活动产生的现金流量净额”项目，应当按照现金流量表中“筹资活动的现金流入小计”项目金额减去“筹资活动的现金流出小计”项目金额后的金额填列；如为负数，以“-”号填列。

（4）“汇率变动对现金的影响额”项目，反映单位本年外币现金流量折算为人民币时，所采用的现金流量发生日的汇率折算的人民币金额与外币现金流量净额按期末汇率折算的人民币金额之间的差额。

（5）“现金净增加额”项目，反映单位本年现金变动的净额。本项目应当根据现金流量表中“日常活动产生的现金流量净额”“投资活动产生的现金流量净额”“筹资活动产生的现金流量净额”和“汇率变动对现金的影响额”项目金额的合计数填列；如为负数，以“-”号填列。

（五）附注

附注是对在会计报表中列示的项目所作的进一步说明，以及对未能在会计报表中列示项目的说明。附注是财务报表的重要组成部分。凡对报表使用者的决策有重要影响的会计信息，不论政府会计制度是否有明确规定，单位均应当充分披露。附注主要包括下列内容：

1.单位的基本情况。单位应当简要披露其基本情况，包括单位主要职能、主要业务活动、所在地、预算管理关系等。

2.会计报表编制基础。

3.遵循政府会计准则、制度的声明。

4.重要会计政策和会计估计。单位应当采用与其业务特点相适应的具体会计政策，并充分披露报告期内采用的重要会计政策和会计估计，主要包括以下内容：

（1）会计期间。

（2）记账本位币，外币折算汇率。

（3）坏账准备的计提方法。

（4）存货类别、发出存货的计价方法、存货的盘存制度，以及低值易耗品和包装物的摊销方法。

（5）长期股权投资的核算方法。

（6）固定资产分类、折旧方法、折旧年限和年折旧率；融资租入固定资产的计价和折旧方法。

（7）无形资产的计价方法；使用寿命有限的无形资产，其使用寿命估计情况；使用寿命不确定的无形资产，其使用寿命不确定的判断依据；单位内部研究开发项目划分研究阶段和开发阶段的具体标准。

（8）公共基础设施的分类、折旧（摊销）方法、折旧（摊销）年限，以及确定依据。

（9）政府储备物资分类，以及确定其发出成本所采用的方法。

（10）保障性住房的分类、折旧方法、折旧年限。

（11）其他重要的会计政策和会计估计。

（12）本期发生重要会计政策和会计估计变更的，变更的内容和原因、受其重要影响的报表项目名称和金额、相关审批程序，以及会计估计变更开始适用的时点。

5.会计报表重要项目说明。单位应当按照资产负债表和收入费用表项目列示顺序，采用文字和数据描述相结合的方式披露重要项目的明细信息。报表重要项目的明细金额合计，应当与报表项目金额相衔接。另外，单位应当在附注中对净资产变动表重要项目作进一步披露，包括以前年度盈余调整事项的说明、专用基金的类别、“（八）其他”项目的构成等。报表重要项目说明应包括但不限于下列内容：

（1）货币资金的披露格式见表20-6。

表 20-6　货币资金的披露格式

项　目	期末余额	年初余额
库存现金		
银行存款		
其他货币资金		
合计		

（2）应收账款按照债务人类别披露的格式见表 20-7。

表 20-7　应收账款按照债务人类别披露的格式

债务人类别	期末余额	年初余额
政府会计主体：		
部门内部单位		
单位 1		
⋮		
部门外部单位		
单位 1		
⋮		
其他：		
单位 1		
⋮		
合计		

注：①“部门内部单位”是指纳入单位所属部门财务报告合并范围的单位（下同）。②有应收票据、预付账款、其他应收款的，可比照应收账款进行披露。

（3）存货的披露格式见表 20-8。

表 20-8　存货的披露格式

存货种类	期末余额	年初余额
1.		
⋮		
合计		

（4）其他流动资产的披露格式见表 20-9。

表 20-9　其他流动资产的披露格式

项目	期末余额	年初余额
1.		
⋮		
合计		

注：有长期待摊费用、其他非流动资产的，可比照其他流动资产进行披露。

（5）长期投资。

①长期债券投资的披露格式见表20-10。

表20-10 长期债券投资的披露格式

债券发行主体	年初余额	本期增加额	本期减少额	期末余额
1.				
⋮				
合计				

注：有短期投资的，可比照长期债券投资进行披露。

②长期股权投资的披露格式见表20-11。

表20-11 长期股权投资的披露格式

被投资单位	核算方法	年初余额	本期增加额	本期减少额	期末余额
1.					
⋮					
合计					

③当期发生的重大投资净损益项目、金额及原因。

（6）固定资产。

①固定资产的披露格式见表20-12。

表20-12 固定资产的披露格式

项目	年初余额	本期增加额	本期减少额	期末余额
一、原值合计				
其中：房屋和构筑物				
设备				
文物和陈列品				
图书和档案				
家具和用具				
特种动植物				
二、累计折旧合计				
其中：房屋和构筑物				
设备				
家具和用具				
三、账面价值合计				
其中：房屋和构筑物				
设备				
文物和陈列品				
图书和档案				
家具和用具				
特种动植物				

②已提足折旧的固定资产名称、数量等情况。

③出租、出借固定资产以及固定资产对外投资等情况。

（7）在建工程的披露格式见表20-13。

表20-13　在建工程的披露格式

项目	年初余额	本期增加额	本期减少额	期末余额
1.				
⋮				
合计				

（8）无形资产

①各类无形资产的披露格式见表20-14。

表20-14　各类无形资产的披露格式

项目	年初余额	本期增加额	本期减少额	期末余额
一、原值合计				
1.				
⋮				
二、累计摊销合计				
1.				
⋮				
三、账面价值合计				
1.				
⋮				

②计入当期损益的研发支出金额、确认为无形资产的研发支出金额。

③无形资产出售、对外投资等处置情况。

（9）公共基础设施。

① 公共基础设施的披露格式见表20-15。

表20-15　公共基础设施的披露格式

项目	年初余额	本期增加额	本期减少额	期末余额
原值合计				
市政基础设施				
1.				
⋮				
交通基础设施				
1.				
⋮				
水利基础设施				
1.				

续表

项目	年初余额	本期增加额	本期减少额	期末余额
⋮				
其他				
⋮				
累计折旧合计				
市政基础设施				
1.				
⋮				
交通基础设施				
1.				
⋮				
水利基础设施				
1.				
⋮				
其他				
⋮				
账面价值合计				
市政基础设施				
1.				
⋮				
交通基础设施				
1.				
⋮				
水利基础设施				
1.				
⋮				
其他				
⋮				

② 确认为公共基础设施的单独计价入账的土地使用权的账面余额、累计摊销额及变动情况。

③ 已提取折旧继续使用的公共基础设施的名称、数量等。

(10) 政府储备物资的披露格式见表20-16。

表 20-16　　**政府储备物资的披露格式**

物资类别	年初余额	本期增加额	本期减少额	期末余额
1.				
⋮				
合计				

注：如单位有因动用而发出需要收回或者预期可能收回、但期末尚未收回的政府储备物资，应当单独披露其期末账面余额。

（11）应当披露与文物资源有关的信息有：各类文物资源期初、期末数量和本期增减变动情况（见表 20-17-1）；各类以成本计量的文物资源账面余额的期初、期末数和本期增减变动情况，以及当期发生的文物资源征集支出（见表 20-17-2）；当期发生的文物资源本体修复修缮情况；文物资源的借用、调出、撤销退出等情况（见表 20-17-3）。

表 20-17-1　　**各类文物资源实物量情况**

项目	年初数	本期增加数	本期减少数	期末数
不可移动文物				
……				
可移动文物				
……				
其中：待入藏征集物				
其他藏品				
……				
其中：待入藏征集物				
其中：名义金额计量的文物资源				
不可移动文物				
……				
可移动文物				
……				
其中：待入藏征集物				
其他藏品				
……				
其中：待入藏征集物				

注：①政府会计主体可根据需要按照国家级、省级、市县级、未核定文保单位披露不可移动文物的构成情况；按照一级、二级、三级、一般、未定级披露可移动文物的构成情况（下同）。②政府会计主体可根据实际管理情况确定文物资源的实物数量单位，如处、件、件/套。

表 20-17-2　　各类以成本计量的文物资源价值量有关情况

项目	年初余额	本期增加额	本期减少额	期末余额
不可移动文物				
……				
可移动文物				
……				
其中：待入藏征集物				
其他藏品				
……				
其中：待入藏征集物				

注：政府会计主体应当披露当期为征集文物资源所支付的购买价款和捐赠奖金。

表 20-17-3　　文物资源借用情况

项目	实物数量	金额
借出但期末未收回的文物资源		
借入但期末未归还的文物资源		

表 20-17-4　　本年度文物资源调出、撤销退出等情况

项目	实物数量	金额
调出		
依法拆除		
因不可抗力等原因毁损、丢失		
重分类转出		

此外，政府会计主体可以根据需要披露与文物资源相关的文化创意产品的研发支出和收入等情况。

（12）受托代理资产的披露格式见表 20-18。

表 20-18　　受托代理资产的披露格式

资产类别	年初余额	本期增加额	本期减少额	期末余额
货币资金				
受托转赠物资				
受托存储保管物资				
罚没物资				
其他				
合计				

（13）应付账款按照债权人类别披露的格式见表20-19。

表20-19　　应付账款按照债权人类别披露的格式

债权人类别	期末余额	年初余额
政府会计主体：		
部门内部单位		
单位1		
⋮		
部门外部单位		
单位1		
⋮		
其他：		
单位1		
⋮		
合计		

注：有应付票据、预收账款、其他应付款、长期应付款的，可比照应付账款进行披露。

（14）其他流动负债的披露格式见表20-20。

表20-20　　其他流动负债的披露格式

项目	期末余额	年初余额
1.		
⋮		
合计		

注：有预计负债、其他非流动负债的，可比照其他流动负债进行披露。

（15）长期借款

①长期借款按照债权人披露的格式见表20-21。

表20-21　　长期借款按照债权人披露的格式

债权人	期末余额	年初余额
1.		
⋮		
合计		

注：有短期借款的，可比照长期借款进行披露。

②单位有基建借款的，应当分基建项目披露长期借款年初数、本年变动数、年末数及到期期限。

（16）事业收入按照收入来源的披露格式见表20-22。

表 20-22 **事业收入按照收入来源的披露格式**

收入来源	本期发生额	上期发生额
来自财政专户管理资金		
本部门内部单位		
单位 1		
⋮		
本部门以外同级政府单位		
单位 1		
⋮		
其他		
单位 1		
⋮		
合计		

（17）非同级财政拨款收入按收入来源的披露格式见表 20-23。

表 20-23 **非同级财政拨款收入按收入来源的披露格式**

收入来源	本期发生额	上期发生额
本部门以外同级政府单位		
单位 1		
⋮		
本部门以外非同级政府单位		
单位 1		
⋮		
合计		

（18）其他收入按照收入来源的披露格式见表 20-24。

表 20-24 **其他收入按照收入来源的披露格式**

收入来源	本期发生额	上期发生额
本部门内部单位		
单位 1		
⋮		
本部门以外同级政府单位		
单位 1		
⋮		
本部门以外非同级政府单位		
单位 1		
⋮		
其他		
单位 1		
⋮		
合计		

（19）业务活动费用。

①按经济分类的披露格式见表20-25。

表20-25　**按经济分类的披露格式**

项　目	本期发生额	上期发生额
工资福利费用		
商品和服务费用		
对个人和家庭的补助费用		
对企业补助费用		
固定资产折旧费		
无形资产摊销费		
公共基础设施折旧（摊销）费		
保障性住房折旧费		
计提专用基金		
⋮		
合计		

注：有单位管理费用、经营费用的，可比照（业务活动费用）此表进行披露。

②按支付对象的披露格式见表20-26。

表20-26　**按支付对象的披露格式**

支付对象	本期发生额	上期发生额
本部门内部单位		
单位1		
⋮		
本部门以外同级政府单位		
单位1		
⋮		
其他		
单位1		
⋮		
合计		

注：有单位管理费用、经营费用的，可比照（业务活动费用）此表进行披露。

（20）其他费用按照类别披露的格式见表20-27。

表20-27　**其他费用按照类别披露的格式**

费用类别	本期发生额	上期发生额
利息费用		
坏账损失		
罚没支出		
⋮		
合计		

（21）本期费用按照经济分类的披露格式见表20-28。

表20-28 **本期费用按照经济分类的披露格式**

项目	本年数	上年数
工资福利费用		
商品和服务费用		
对个人和家庭的补助费用		
对企业补助费用		
固定资产折旧费		
无形资产摊销费		
公共基础设施折旧（摊销）费		
保障性住房折旧费		
计提专用基金		
所得税费用		
资产处置费用		
上缴上级费用		
对附属单位补助费用		
其他费用		
本期费用合计		

注：单位在按照《政府会计制度——行政事业单位会计科目和报表》规定编制收入费用表的基础上，可以根据需要按照此表披露的内容编制收入费用表。

6.本年盈余与预算结余的差异情况说明。

为了反映单位财务会计与预算会计因核算基础和核算范围不同所产生的本年盈余数与本年预算结余数之间的差异，单位应当按照重要性原则，对本年度发生的各类影响收入（预算收入）和费用（预算支出）的业务进行适度归并与分析，披露将年度预算收入支出表中“本年预算收支差额”调节为年度收入费用表中“本期盈余”的信息。本年盈余与预算结余的差异情况说明的披露格式见表20-29。

7.其他重要事项说明。

（1）资产负债表日存在的重要或有事项说明。没有重要或有事项的，也应说明。

（2）名义金额计量的资产名称、数量等情况，以及以名义金额计量理由的说明。

（3）通过债务资金形成的固定资产、公共基础设施、保障性住房等资产的账面价值、使用情况、收益情况及与此相关的债务偿还情况等的说明。

（4）重要资产置换、无偿调入（出）、捐入（出）、报废、重大毁损等情况的说明。

（5）事业单位将单位内部独立核算单位的会计信息纳入本单位财务报表情况的说明。

（6）政府会计具体准则中要求附注披露的其他内容。

（7）有助于理解和分析单位财务报表需要说明的其他事项。

表20-29 本年盈余与预算结余的差异情况说明的披露格式

项目	金额
一、本年预算结余（本年预算收支差额）	
二、差异调节	
（一）重要事项的差异	
加：1.当期确认为收入但没有确认为预算收入	
（1）应收款项、预收账款确认的收入	
（2）接受非货币性资产捐赠确认的收入	
2.当期确认为预算支出但没有确认为费用	
（1）支付应付款项、预付账款的支出	
（2）为取得存货、政府储备物资等计入物资成本的支出	
（3）为购建固定资产等的资本性支出	
（4）偿还借款本息支出	
减：1.当期确认为预算收入但没有确认为收入	
（1）收到应收款项、预收账款确认的预算收入	
（2）取得借款确认的预算收入	
2.当期确认为费用但没有确认为预算支出	
（1）发出存货、政府储备物资等确认的费用	
（2）计提的折旧费用和摊销费用	
（3）确认的资产处置费用（处置资产价值）	
（4）应付款项、预付账款确认的费用	
（二）其他事项差异	
三、本年盈余（本年收入与费用的差额）	

四、单位预算会计报表的编制

单位预算会计报表是对单位年度预算收支执行情况信息的结构性描述。单位预算会计报表的编制与汇总形成决算报告。决算报告的编制主要以收付实现制为基础，以预算会计核算生成的数据为准。

单位预算会计报表包括预算收入支出表、预算结转结余变动表和财政拨款预算收入支出表。

（一）预算收入支出表

预算收入支出表是指反映单位在某一会计年度内各项预算收入、预算支出和预算收支差额情况的预算会计报表。预算收入支出表按照本年预算收入、本年预算支出分项填列。预算收入支出表见表20-30。

表20-30 预算收入支出表 会政预01表

编制单位： 年 单位：元

项 目	本年数	上年数
一、本年预算收入		
（一）财政拨款预算收入		
其中：政府性基金收入		
（二）事业预算收入		
（三）上级补助预算收入		
（四）附属单位上缴预算收入		
（五）经营预算收入		
（六）债务预算收入		
（七）非同级财政拨款预算收入		
（八）投资预算收益		
（九）其他预算收入		
其中：利息预算收入		
捐赠预算收入		
租金预算收入		
二、本年预算支出		
（一）行政支出		
（二）事业支出		
（三）经营支出		
（四）上缴上级支出		
（五）对附属单位补助支出		
（六）投资支出		
（七）债务还本支出		
（八）其他支出		
其中：利息支出		
捐赠支出		
三、本年预算收支差额		

1.预算收入支出表“本年数”栏反映各项目的本年实际发生数。预算收入支出表“上年数”栏反映各项目上年度的实际发生数，应当根据上年度预算收入支出表中“本年数”栏内所列数字填列。如果本年度预算收入支出表规定的项目的名称和内容同上年度不一致，应当对上年度预算收入支出表项目的名称和数字按照本年度的规定进行调整，将调整后金额填入本年度预算收入支出表的“上年数”栏。

2.预算收入支出表“本年数”栏各项目的内容和填列方法：

（1）本年预算收入。

①“本年预算收入”项目，反映单位本年预算收入总额。本项目应当根据预算收入支出表中“财政拨款预算收入”“事业预算收入”“上级补助预算收入”“附属单位上缴预算收入”“经营预算收入”“债务预算收入”“非同级财政拨款预算收入”“投资预算收益”“其他预算收入”项目金额的合计数填列。

②“财政拨款预算收入”项目，反映单位本年从同级政府财政部门取得的各类财政拨款。本项目应当根据“财政拨款预算收入”科目的本年发生额填列。

“政府性基金收入”项目，反映单位本年取得的财政拨款收入中属于政府性基金预算拨款的金额。本项目应当根据“财政拨款预算收入”相关明细科目的本年发生额填列。

③“事业预算收入”项目，反映事业单位本年开展专业业务活动及其辅助活动取得的预算收入。本项目应当根据“事业预算收入”科目的本年发生额填列。

④“上级补助预算收入”项目，反映事业单位本年从主管部门和上级单位取得的非财政补助预算收入。本项目应当根据“上级补助预算收入”科目的本年发生额填列。

⑤“附属单位上缴预算收入”项目，反映事业单位本年收到的独立核算的附属单位按照有关规定上缴的预算收入。本项目应当根据“附属单位上缴预算收入”科目的本年发生额填列。

⑥“经营预算收入”项目，反映事业单位本年在专业业务活动及其辅助活动之外开展非独立核算经营活动取得的预算收入。本项目应当根据“经营预算收入”科目的本年发生额填列。

⑦“债务预算收入”项目，反映事业单位本年按照规定从金融机构等借入的、纳入部门预算管理的债务预算收入。本项目应当根据“债务预算收入”的本年发生额填列。

⑧“非同级财政拨款预算收入”项目，反映单位本年从非同级政府财政部门取得的财政拨款。本项目应当根据“非同级财政拨款预算收入”科目的本年发生额填列。

⑨“投资预算收益”项目，反映事业单位本年取得的按规定纳入单位预算管理的投资收益。本项目应当根据“投资预算收益”科目的本年发生额填列。

⑩“其他预算收入”项目，反映单位本年取得的除上述收入以外的纳入单位预算管理的各项预算收入。本项目应当根据“其他预算收入”科目的本年发生额填列。

“利息预算收入”项目，反映单位本年取得的利息预算收入。本项目应当根据“其他预算收入”科目的明细记录分析填列。单位单设“利息预算收入”科目的，应当根据“利息预算收入”科目的本年发生额填列。

“捐赠预算收入”项目，反映单位本年取得的捐赠预算收入。本项目应当根据“其他预算收入”科目明细账记录分析填列。单位单设“捐赠预算收入”科目的，应当根据“捐赠预算收入”科目的本年发生额填列。

“租金预算收入”项目，反映单位本年取得的租金预算收入。本项目应当根据“其他预算收入”科目明细账记录分析填列。单位单设“租金预算收入”科目的，应当根据“租金预算收入”科目的本年发生额填列。

（2）本年预算支出。

①“本年预算支出”项目，反映单位本年预算支出总额。本项目应当根据预算收入支出表中“行政支出”“事业支出”“经营支出”“上缴上级支出”“对附属单位补助支出”“投资支出”“债务还本支出”和“其他支出”项目金额的合计数填列。

②“行政支出”项目，反映行政单位本年履行职责实际发生的支出。本项目应当根据“行政支出”科目的本年发生额填列。

③“事业支出”项目，反映事业单位本年开展专业业务活动及其辅助活动发生的支出。本项目应当根据“事业支出”科目的本年发生额填列。

④“经营支出”项目，反映事业单位本年在专业业务活动及其辅助活动之外开展非独立核算经营活动发生的支出。本项目应当根据“经营支出”科目的本年发生额填列。

⑤“上缴上级支出”项目，反映事业单位本年按照财政部门和主管部门的规定上缴上级单位的支出。本项目应当根据“上缴上级支出”科目的本年发生额填列。

⑥“对附属单位补助支出”项目，反映事业单位本年用财政拨款收入之外的收入对附属单位补助发生的支出。本项目应当根据“对附属单位补助支出”科目的本年发生额填列。

⑦“投资支出”项目，反映事业单位本年以货币资金对外投资发生的支出。本项目应当根据“投资支出”科目的本年发生额填列。

⑧“债务还本支出”项目，反映事业单位本年偿还自身承担的纳入预算管理的从金融机构举借的债务本金的支出。本项目应当根据“债务还本支出”科目的本年发生额填列。

⑨“其他支出”项目，反映单位本年除以上支出以外的各项支出。本项目应当根据“其他支出”科目的本年发生额填列。

“利息支出”项目，反映单位本年发生的利息支出。本项目应当根据“其他支出”科目明细账记录分析填列。单位单设“利息支出”科目的，应当根据“利息支出”科目的本年发生额填列。

“捐赠支出”项目，反映单位本年发生的捐赠支出。本项目应当根据“其他支出”科目明细账记录分析填列。单位单设“捐赠支出”科目的，应当根据“捐赠支出”科目的本年发生额填列。

（3）本年预算收支差额。

“本年预算收支差额”项目，反映单位本年各项预算收支相抵后的差额。本项目应当根据预算收入支出表中“本期预算收入”项目金额减去“本期预算支出”项目金额后的金额填列；如相减后金额为负数，以“-”号填列。

（二）预算结转结余变动表

预算结转结余变动表反映单位在某一会计年度内预算结转结余的变动情况的预算会计报表。预算结转结余变动表按照年初预算结转结余、年初余额调整、本年变动金额、年末预算结转结余分别填列。预算结转结余变动表见表20-31。

表20-31　　**预算结转结余变动表**　　会政预02表

编制单位：　　年　　单位：元

项　目	本年数	上年数
一、年初预算结转结余		
（一）财政拨款结转结余		
（二）其他资金结转结余		
二、年初余额调整（减少以"-"号填列）		
（一）财政拨款结转结余		
（二）其他资金结转结余		
三、本年变动金额（减少以"-"号填列）		
（一）财政拨款结转结余		
1.本年收支差额		
2.归集调入		
3.归集上缴或调出		
（二）其他资金结转结余		
1.本年收支差额		
2.缴回资金		
3.使用专用结余		
4.支付所得税		
四、年末预算结转结余		
（一）财政拨款结转结余		
1.财政拨款结转		
2.财政拨款结余		
（二）其他资金结转结余		
1.非财政拨款结转		
2.非财政拨款结余		
3.专用结余		
4.经营结余（如有余额，以"-"号填列）		

1.预算结转结余表"本年数"栏反映各项目的本年实际发生数。预算结转结余表"上年数"栏反映各项目的上年实际发生数，应当根据上年度预算结转结余变动表中"本年数"栏内所列数字填列。如果本年度预算结转结余变动表规定的项目的名称和内容同上年

度不一致，应当对上年度预算结转结余变动表项目的名称和数字按照本年度的规定进行调整，将调整后金额填入本年度预算结转结余变动表的“上年数”栏。

2. 预算结转结余表中“年末预算结转结余”项目金额等于“年初预算结转结余”“年初余额调整”“本年变动金额”三个项目的合计数。

3. 预算结转结余表“本年数”栏各项目的内容和填列方法：

（1）“年初预算结转结余”项目，反映单位本年预算结转结余的年初余额。本项目应当根据本项目下“财政拨款结转结余”“其他资金结转结余”项目金额的合计数填列。

①“财政拨款结转结余”项目，反映单位本年财政拨款结转结余资金的年初余额。本项目应当根据“财政拨款结转”“财政拨款结余”科目本年年初余额合计数填列。

②“其他资金结转结余”项目，反映单位本年其他资金结转结余的年初余额。本项目应当根据“非财政拨款结转”“非财政拨款结余”“专用结余”“经营结余”科目本年年初余额的合计数填列。

（2）“年初余额调整”项目，反映单位本年预算结转结余年初余额调整的金额。本项目应当根据本项目下“财政拨款结转结余”“其他资金结转结余”项目金额的合计数填列。

①“财政拨款结转结余”项目，反映单位本年财政拨款结转结余资金的年初余额调整金额。本项目应当根据“财政拨款结转”“财政拨款结余”科目下“年初余额调整”明细科目的本年发生额的合计数填列；如调整减少年初财政拨款结转结余，以“-”号填列。

②“其他资金结转结余”项目，反映单位本年其他资金结转结余的年初余额调整金额。本项目应当根据“非财政拨款结转”“非财政拨款结余”科目下“年初余额调整”明细科目的本年发生额的合计数填列；如调整减少年初其他资金结转结余，以“-”号填列。

（3）“本年变动金额”项目，反映单位本年预算结转结余变动的金额。本项目应当根据本项目下“财政拨款结转结余”“其他资金结转结余”项目金额的合计数填列。

①“财政拨款结转结余”项目，反映单位本年财政拨款结转结余资金的变动。本项目应当根据本项目下“本年收支差额”“归集调入”“归集上缴或调出”项目金额的合计数填列。

“本年收支差额”项目，反映单位本年财政拨款资金收支相抵后的差额。本项目应当根据“财政拨款结转”科目下“本年收支结转”明细科目本年转入的预算收入与预算支出的差额填列；差额为负数的，以“-”号填列。

“归集调入”项目，反映单位本年按照规定从其他单位归集调入的财政拨款结转资金。本项目应当根据“财政拨款结转”科目下“归集调入”明细科目的本年发生额填列。

“归集上缴或调出”项目，反映单位本年按照规定上缴的财政拨款结转结余资金及按照规定向其他单位调出的财政拨款结转资金。本项目应当根据“财政拨款结转”“财政拨款结余”科目下“归集上缴”明细科目，以及“财政拨款结转”科目下“归集调出”明细科目本年发生额的合计数填列，以“-”号填列。

②“其他资金结转结余”项目，反映单位本年其他资金结转结余的变动。本项目应当根据本项目下“本年收支差额”“缴回资金”“使用专用结余”“支付所得税”项目金额的

合计数填列。

“本年收支差额”项目，反映单位本年除财政拨款外的其他资金收支相抵后的差额。本项目应当根据“非财政拨款结转”科目下“本年收支结转”明细科目、“其他结余”科目、“经营结余”科目本年转入的预算收入与预算支出的差额的合计数填列；如为负数，以“-”号填列。事业单位在编制预算结转结余变动表时，“三、本年变动金额”中“其他资金结转结余”项目下的“本年收支差额”项目，应当根据“非财政拨款结转”科目下“本年收支结转”明细科目、“其他结余”科目、“经营结余”科目、“专用结余”科目本年转入的预算收入与预算支出的差额的合计数填列。

“缴回资金”项目，反映单位本年按照规定缴回的非财政拨款结转资金。本项目应当根据“非财政拨款结转”科目下“缴回资金”明细科目本年发生额的合计数填列，以“-”号填列。

“使用专用结余”项目，反映本年事业单位根据规定使用从非财政拨款结余或经营结余中提取的专用基金的金额。本项目应当根据“专用结余”科目明细账中本年使用专用结余业务的发生额填列，以“-”号填列。自2023年度起，事业单位在编制预算结转结余变动表时，“三、本年变动金额”中“其他资金结转结余”项目下不再设置“使用专用结余”项目。

“支付所得税”项目，反映有企业所得税缴纳义务的事业单位本年实际缴纳的企业所得税金额。本项目应当根据“非财政拨款结余”明细账中本年实际缴纳企业所得税业务的发生额填列，以“-”号填列。

（4）“年末预算结转结余”项目，反映单位本年预算结转结余的年末余额。本项目应当根据本项目下“财政拨款结转结余”“其他资金结转结余”项目金额的合计数填列。

①“财政拨款结转结余”项目，反映单位本年财政拨款结转结余的年末余额。本项目应当根据本项目下“财政拨款结转”“财政拨款结余”项目金额的合计数填列。

本项目下“财政拨款结转”“财政拨款结余”项目，应当分别根据“财政拨款结转”“财政拨款结余”科目的本年年末余额填列。

②“其他资金结转结余”项目，反映单位本年其他资金结转结余的年末余额。本项目应当根据本项目下“非财政拨款结转”“非财政拨款结余”“专用结余”“经营结余”项目金额的合计数填列。

本项目下“非财政拨款结转”“非财政拨款结余”“专用结余”“经营结余”项目，应当分别根据“非财政拨款结转”“非财政拨款结余”“专用结余”“经营结余”科目的本年年末余额填列。

（三）财政拨款预算收入支出表

财政拨款预算收入支出表是指反映单位本年财政拨款预算资金收入、支出及相关变动具体情况的预算会计报表。财政拨款预算收入支出表按一般公共预算财政拨款和政府性基金预算财政拨款分别填列。财政拨款预算收入支出表见表20-32。

1.财政拨款预算收入支出表“项目”栏内各项目，应当根据单位取得的财政拨款种类分项设置。其中“项目支出”项目下，根据每个项目设置；单位取得除一般公共财政预算拨款和政府性基金预算拨款以外的其他财政拨款的，应当按照财政拨款种类增加相应的资金项目及其明细项目。

表20-32 **财政拨款预算收入支出表** 会政预03表

编制单位： 年 单位：元

项目	年初财政拨款结转结余		调整年初财政拨款结转结余	本年归集调入	本年归集上缴或调出	单位内部调剂		本年财政拨款收入	本年财政拨款支出	年末财政拨款结转结余	
	结转	结余				结转	结余			结转	结余
一、一般公共预算财政拨款											
（一）基本支出											
1.人员经费											
2.日常公用经费											
（二）项目支出											
1.××项目											
2.××项目											
⋮											
二、政府性基金预算财政拨款											
（一）基本支出											
1.人员经费											
2.日常公用经费											
（二）项目支出											
1.××项目											
2.××项目											
⋮											
总计											

2.财政拨款预算收入支出表各栏及其对应项目的内容和填列方法：

（1）“年初财政拨款结转结余”栏中各项目，反映单位年初各项财政拨款结转结余的金额。各项目应当根据“财政拨款结转”“财政拨款结余”及其明细科目的年初余额填列。本栏中各项目的数额应当与上年度财政拨款预算收入支出表中“年末财政拨款结转结余”栏中各项目的数额相等。

（2）“调整年初财政拨款结转结余”栏中各项目，反映单位对年初财政拨款结转结余的调整金额。各项目应当根据“财政拨款结转”“财政拨款结余”科目下“年初余额调整”科目及其明细科目的本年发生额填列；如调整减少年初财政拨款结转结余，以“-”

号填列。

（3）“本年归集调入”栏中各项目，反映单位本年按规定从其他单位调入的财政拨款结转资金金额。各项目应当根据“财政拨款结转”科目下“归集调入”科目及其明细科目的本年发生额填列。

（4）“本年归集上缴或调出”栏中各项目，反映单位本年按规定实际上缴的财政拨款结转结余资金，及按照规定向其他单位调出的财政拨款结转资金金额。各项目应当根据“财政拨款结转”“财政拨款结余”科目下“归集上缴”科目和“财政拨款结转”科目下“归集调出”科目及其明细科目的本年发生额填列，以“-”号填列。

（5）“单位内部调剂”栏中各项目，反映单位本年财政拨款结转结余资金在单位内部不同项目等之间的调剂金额。各项目应当根据“财政拨款结转”和“财政拨款结余”科目下的“单位内部调剂”科目及其明细科目的本年发生额填列；对单位内部调剂减少的财政拨款结余金额，以“-”号填列。

（6）“本年财政拨款收入”栏中各项目，反映单位本年从同级财政部门取得的各类财政预算拨款金额。各项目应当根据“财政拨款预算收入”科目及其明细科目的本年发生额填列。

（7）“本年财政拨款支出”栏中各项目，反映单位本年发生的财政拨款支出金额。各项目应当根据“行政支出”“事业支出”等科目及其明细科目本年发生额中的财政拨款支出数的合计数填列。

（8）“年末财政拨款结转结余”栏中各项目，反映单位年末财政拨款结转结余的金额。各项目应当根据“财政拨款结转”“财政拨款结余”科目及其明细科目的年末余额填列。

第三节　单位会计报表的审核与分析

一、会计报表的审核

会计报表的审核是指对编制的会计报表进行审查和核对。单位编制会计报表以后，应认真、仔细地做好审核工作，确认准确无误后才能上报。作为上级单位或主管部门对所属单位上报的会计报表，也应进行一次审核，以确保会计报表的完整与准确。会计报表的审核主要包括政策性审核和技术性审核两方面。

1.政策性审核。政策性审核主要是审查单位会计报表中反映的预算执行情况和资金收支是否符合国家财经方针政策、法规制度和预算任务，有无违反财经纪律的现象。

（1）行政单位审核的内容包括：①收入的审核。重点审查各项收入的取得是否符合政策性规定，预算资金的取得是否符合预算和用款计划，其他收入的取得是否符合有关规定，应缴财政款是否及时、足额上缴，是否存在截留挪用现象等。②支出的审核。重点审查各项支出是否按预算和计划执行，有无违反国家统一规定的开支范围和开支标准现象以及违反其他财务制度的现象，是否做到专款专用，是否存在乱拉资金、乱上计划外项目、盲目扩大基建规模的问题等。

（2）事业单位的审核内容。①收入方面着重审核：第一，各项收入的取得是否符合有关财经法规的规定，应缴财政款是否及时足额上缴国库，有无截留；第二，事业单位开展的各项业务活动取得的收入是否合法、合规；第三，是否将社会效益放在首位并有利于本单位事业的健康发展；第四，取得的各项收入是否依法纳税等。②支出方面着重审核的内容：第一，各项开支是否严格执行国家财政政策和财务制度并遵守财经纪律；第二，是否按照计划、预算规定的范围和开支标准办理支出；第三，安排的各项支出是否合理、有效，有无挪用、转移资金及各种浪费现象；第四，各项支出结构是否合理，是否保证了正常业务开支的需要等。

2.技术性审核。技术性审核主要审核会计报表的数字是否正确，表内有关项目是否完整，有关数字之间的钩稽关系是否正确，有无漏报和错报的情况，报表上各项签章是否齐全等。

二、财务分析

（一）财务分析的概念及内容

财务分析是依据会计核算资料和其他有关信息资料，对单位财务活动过程及结果进行的研究、分析和评价。

财务分析的内容包括预算编制与执行情况、收入支出状况、人员增减情况、资产使用情况等：

1.分析单位预算的编制和执行情况。该项内容主要是分析单位的预算编制是否符合国家有关方针政策和财务制度规定、事业计划和工作任务的要求，是否贯彻了量力而行、尽力而为的原则，预算编制的计算依据是否充分可靠；在预算执行过程中，分析预算执行进度与事业计划进度是否一致，与以前各期相比，有无特殊变化及变化的原因。

2.分析资产、负债的构成及资产使用情况。该项内容主要是分析单位的资产构成是否合理，固定资产的保管和使用是否恰当，账实是否相符，各种材料有无超定额储备，有无资产流失等问题；分析单位房屋建筑物和设备等固定资产利用情况；分析流动资产周转情况；分析负债来源是否符合规定，负债水平是否合理以及负债构成情况等。通过分析，及时发现存在的问题，有针对性地采取措施，保证资产的合理有效使用。

3.分析收入、支出情况及经费自给水平。该项内容主要针对事业单位。一方面要了解掌握单位的各项收入是否符合有关规定，是否执行了国家规定的收费标准，是否完成了核定的收入计划，各项应缴收入收费是否及时足额上缴，超收或短收的主客观因素是什么，是否有能力增加收入；另一方面要了解掌握各项支出是否按进度进行，是否按规定的用途、标准使用，支出结构是否合理等，找出支出管理中存在的问题，提出加强管理的措施，以节约支出，提高资金使用效益。在分析收入、支出有关情况的同时，要分析单位经费自给水平，以及单位组织收入的能力和满足经常性支出的程度，分析经费自给率和变化情况及原因。

4.分析定员定额情况。该项内容主要是分析单位人员是否控制在国家核定的编制以内，有无超编人员，超编的原因是什么，内部人员安排是否合理；分析单位各项支出定额是否完善，是否先进合理，定额执行情况如何等。

5.分析财务管理情况。该项内容主要是分析单位各项财务管理制度是否健全，各项管理措施是否符合国家有关规定和单位的实际情况，措施落实情况怎样；同时，要找出存在的问题，进一步健全与完善各项财务规章制度和管理措施，提高财务管理水平。

（二）行政单位财务分析的指标

行政单位财务分析的指标主要有支出增长率、当年预算支出完成率、人均开支、项目支出占总支出的比率、人员支出占总支出的比率、公用支出占总支出的比率、人均办公使用面积、人车比例等。

1.支出增长率，衡量行政单位支出的增长水平。其计算公式为：

支出增长率=（本期支出总额÷上期支出总额-1）×100%

2.当年预算支出完成率，衡量行政单位当年支出总预算及分项预算完成的程度。其计算公式为：

当年预算支出完成率=年终执行数÷（年初预算数±年中预算调整数）×100%

年终执行数不含上年结转和结余支出数。

3.人均开支，衡量行政单位人均年消耗经费水平。其计算公式为：

人均开支=本期支出数÷本期平均在职人员数×100%

4.项目支出占总支出的比率，衡量行政单位的支出结构。其计算公式为：

项目支出比率=本期项目支出数÷本期支出总数×100%

5.人员支出、公用支出占总支出的比率，衡量行政单位的支出结构。其计算公式为：

人员支出比率=本期人员支出数÷本期支出总数×100%

公用支出比率=本期公用支出数÷本期支出总数×100%

6.人均办公使用面积，衡量行政单位办公用房配备情况。其计算公式为：

人均办公使用面积=本期末单位办公用房使用面积÷本期末在职人员数

7.人车比例，衡量行政单位公务用车配备情况。其计算公式为：

人车比例=本期末在职人员数÷本期末公务用车实有数

行政单位可以根据其业务特点，增加财务分析指标。

（三）事业单位财务分析的指标

事业单位财务分析指标包括预算收入和支出完成率、人员支出与公用支出占事业支出的比率、人均基本支出、资产负债率等。主管部门和事业单位可以根据本单位的业务特点增加财务分析指标。

1.预算收入和支出完成率，衡量事业单位收入和支出总预算及分项预算完成的程度。其计算公式为：

预算收入完成率=年终执行数÷（年初预算数±年中预算调整数）×100%

上述公式中，年终执行数不含上年结转和结余收入数。

预算支出完成率=年终执行数÷（年初预算数±年中预算调整数）×100%

上述公式中，年终执行数不含上年结转和结余支出数。

预算收入和支出完成率越高，说明预算执行情况越好，但会受客观环境的影响，应具体情况具体分析。

2.人员支出与公用支出占事业支出的比率，衡量事业单位事业支出结构。其计算公式为：

人员支出比率=人员支出÷事业支出×100%

公用支出比率=公用支出÷事业支出×100%

从总体上看，人员支出比率不宜过高；否则，会减少公用支出，从而导致不利于事业单位发展的结果。

3.人均基本支出，衡量事业单位按照实际在编人数平均的基本支出水平。其计算公式为：

人均基本支出=（基本支出-离退休人员支出）÷实际在编人数

人均基本支出应当根据客观情况的变化而有所变化，保持一个科学合理的水平。

4.资产负债率，衡量事业单位利用债权人提供资金开展业务活动的能力，以及反映债权人提供资金的安全保障程度。其计算公式为：

资产负债率=负债总额÷资产总额×100%

从事业单位的主体性质上看，资产负债率保持在一个较低的比例，较为合适。

（四）财务分析方法

会计报表的财务分析方法主要有比较分析法、比率分析法和因素分析法。

1.比较分析法。比较分析法是指将两个或两个以上相关指标（可比指标）进行对比，测算出相互间的差异，从中进行分析找出问题的一种方法。这种分析方法是为了说明财务信息的数量关系与数量差异，为进一步的分析指明方向。这种比较可以是将实际与预算相比，可以是将本期与历史同期相比，也可以是将本单位与同业其他单位相比。运用比较分析法，可以看到实际执行情况与既定标准的差距，但要找到形成差距的原因，还要结合其他分析方法。所以，这种分析方法一般不单独采用。

2.比率分析法。比率分析法是指将两个经济内容相同或者相关的指标以除法的形式计算相对数分析的一种方法。这种分析方法通过计算有关比率指标发现指标之间的相互关系，掌握事物发展的规律。比率分析又分为相关比率分析、构成比率分析和趋势比率分析。

3.因素分析法。因素分析法是指在几个相互联系的因素中，以数值来测定各个因素的变动对总差异影响程度的一种方法。这种分析方法是为了分析几个相关因素对某一财务指标的影响程度，通过逐个替换找出影响程度最大的因素，一般要借助差异分析的方法。

第四节 单位合并财务报表的编制

根据新的政府会计准则规定，在完成本单位财务报表的编制后，属于上级单位、主管部门的单位还应编制合并财务报表，本节主要介绍部门（单位）合并财务报表编制和列报的相关规定。

一、部门（单位）合并财务报表的定义及组成

合并财务报表是指反映合并主体和其全部被合并主体形成的报告主体整体财务状况与运行情况的财务报表。其中，合并主体是指有一个或一个以上被合并主体的单位。合并主体通常也是合并财务报表的编制主体，被合并主体是指符合本准则规定的纳入合并主体合并范围的单位。

部门（单位）合并财务报表是指以政府部门（单位）本级作为合并主体，将部门（单位）本级及合并范围内全部被合并主体的财务报表进行合并后形成的，反映部门（单位）整体财务状况与运行情况的财务报表。部门（单位）合并财务报表是政府部门财务报告的

主要组成部分。部门（单位）合并财务报表由部门（单位）负责编制。

部门（单位）合并财务报表的合并范围一般应当以财政预算拨款关系为基础予以确定。有下级预算单位的部门（单位）为合并主体，其下级预算单位为被合并主体。合并主体应当将其全部被合并主体纳入合并财务报表的合并范围。部门（单位）所属的企业不纳入部门（单位）合并财务报表的合并范围。

部门（单位）合并财务报表至少包括：（1）合并资产负债表；（2）合并收入费用表；（3）附注。

二、部门（单位）合并财务报表合并要求及程序

（一）合并要求

合并财务报表应当以合并主体和其被合并主体的财务报表为基础，根据其他有关资料加以编制。

合并财务报表应当以权责发生制为基础编制。合并主体和其合并范围内被合并主体个别财务报表应当采用权责发生制基础编制，按规定未采用权责发生制基础编制的，应当先调整为权责发生制基础的财务报表，再由合并主体进行合并。

编制合并财务报表时，应当将合并主体和其全部被合并主体视为一个会计主体，遵循政府会计准则制度规定的统一的会计政策。合并范围内合并主体、被合并主体个别财务报表未遵循政府会计准则制度规定的统一会计政策的，应当先调整为遵循政府会计准则制度规定的统一会计政策的财务报表，再由合并主体进行合并。

（二）合并程序

编制合并财务报表的程序主要包括：

（1）根据合并要求，对需要进行调整的个别财务报表进行调整，以调整后的个别财务报表作为编制合并财务报表的基础。

（2）将合并主体和被合并主体个别财务报表中的资产、负债、净资产、收入和费用项目进行逐项合并。

（3）抵销合并主体和被合并主体之间、被合并主体相互之间发生的债权债务、收入费用等内部业务或事项对财务报表的影响。

（三）合并主体与被合并主体调整

（1）对于在报告期内因划转而纳入合并范围的被合并主体，合并主体应当将其报告期内的收入、费用项目金额包括在本期合并收入费用表的本期数中，合并资产负债表的期初数不作调整。对于在报告期内因划转而不再纳入合并范围的被合并主体，其报告期内的收入、费用项目金额不包括在本期合并收入费用表的本期数中，合并资产负债表的期初数不作调整。合并主体应当确保划转双方的会计处理协调一致，确保不重复、不遗漏，并在合并财务报表附注中对划转情况及其影响进行充分披露。

（2）在报告期内，被合并主体撤销的，其期初资产、负债和净资产项目金额应当包括在合并资产负债表的期初数中，其期初至撤销日的收入、费用项目金额应当包括在本期合并收入费用表的本期数中，其期初至撤销日的收入、费用项目金额所引起的净资产变动金额应当包括在合并资产负债表的期末数中。

（四）被合并主体应提供的材料

在编制合并财务报表时，被合并主体除了应当向合并主体提供财务报表外，还应当提供下列有关资料：

（1）采用的与政府会计准则制度规定的统一的会计政策不一致的会计政策及其影响金额。

（2）其与合并主体、其他被合并主体之间发生的所有内部业务或事项的相关资料。

（3）编制合并财务报表所需要的其他资料。

三、部门（单位）合并财务报表的编制

部门（单位）合并资产负债表应当以部门（单位）本级和其被合并主体符合合并要求的个别资产负债表或合并资产负债表为基础，在抵销内部业务或事项对合并资产负债表的影响后，由部门（单位）本级合并编制。

（一）合并资产负债表

1.内部业务抵销

编制部门（单位）合并资产负债表时，需要抵销的内部业务或事项包括：

（1）部门（单位）本级和其被合并主体之间、被合并主体相互之间的债权（含应收款项坏账准备，下同）、债务项目。

（2）部门（单位）本级和其被合并主体之间、被合并主体相互之间其他业务或事项对部门（单位）合并资产负债表的影响。

2.单列信息内容

部门（单位）合并资产负债表中的资产类、负债类、净资产类至少应当单独列示反映信息的项目具体如下：

（1）资产类，包括货币资金、短期投资、财政应返还额度、应收票据、应收账款净额、预付账款、应收股利、应收利息、其他应收款净额、存货、待摊费用、一年内到期的非流动资产、其他流动资产、长期股权投资、长期债券投资、固定资产净值、工程物资、在建工程、无形资产净值、研发支出、公共基础设施净值、政府储备物资、文物资源、保障性住房净值、长期待摊费用、待处理财产损溢、其他非流动资产、受托代理资产。

此外，部门（单位）合并资产负债表中的资产类应当包括流动资产、非流动资产的合计项目。

（2）负债类，包括短期借款、应交增值税、其他应交税费、应缴财政款、应付职工薪酬、应付票据、应付账款、应付政府补贴款、应付利息、预收款项、其他应付款、预提费用、一年内到期的非流动负债、其他流动负债、长期借款、长期应付款、预计负债、其他非流动负债、受托代理负债。

此外，部门（单位）合并资产负债表中的负债类应当包括流动负债、非流动负债和负债的合计项目。

（3）净资产类，包括累计盈余、专用基金、权益法调整。

此外，部门（单位）合并资产负债表中的净资产类应当包括净资产的合计项目。

部门（单位）合并资产负债表应当列示资产总计项目、负债和净资产总计项目。

部门（单位）合并资产负债表的格式参见表20-2或表20-33。

表 20-33

资产负债表

编制单位： 年 月 日 单位：元

项 目	期末余额	年初余额
流动资产		
货币资金		
短期投资		
财政应返还额度		
应收票据		
应收账款净额		
预付账款		
应收股利		
应收利息		
其他应收款净额		
存货		
待摊费用		
一年内到期的非流动资产		
其他流动资产		
流动资产合计		
非流动资产		
长期股权投资		
长期债券投资		
固定资产原值		
减：固定资产累计折旧		
固定资产净值		
工程物资		
在建工程		
无形资产原值		
减：无形资产累计摊销		
无形资产净值		
研发支出		
公共基础设施原值		
减：公共基础设施累计折旧（摊销）		
公共基础设施净值		
政府储备物资		
文物资源		
保障性住房原值		
减：固定资产累计折旧		
保障性住房净值		

续表

项　目	期末余额	年初余额
长期待摊费用		
待处理财产损溢		
其他非流动资产		
非流动资产合计		
受托代理资产		
资产总计		
流动负债		
短期借款		
应交增值税		
其他应交税费		
应缴财政款		
应付职工薪酬		
应付票据		
应付账款		
应付政府补贴款		
应付利息		
预收账款		
其他应付款		
预提费用		
一年内到期的非流动负债		
其他流动负债		
流动负债合计		
非流动负债		
长期借款		
长期应付款		
预计负债		
其他非流动负债		
非流动负债合计		
受托代理负债		
负债合计		
净资产		
累计盈余		
专用基金		
权益法调整		
净资产合计		
负债和净资产总计		

（二）合并收入费用表

部门（单位）合并收入费用表应当以部门（单位）本级和其被合并主体符合合并要求的个别收入费用表或合并收入费用表为基础，在抵销内部业务或事项对合并收入费用表的影响后，由部门（单位）本级合并编制。

编制部门（单位）合并收入费用表时，需要抵销的内部业务或事项包括部门（单位）本级和其被合并主体之间、被合并主体相互之间的收入、费用项目。

部门（单位）合并收入费用表中的收入，应当按照收入来源进行分类列示。

部门（单位）合并收入费用表中的收入类、费用类至少应当单独列示反映信息的项目具体如下：

（1）收入类，包括财政拨款收入、事业收入、经营收入、非同级财政拨款收入、投资收益、捐赠收入、利息收入、租金收入等。

此外，部门（单位）合并收入费用表中的收入类应当包括收入的合计项目。

（2）费用类，包括工资福利费用、商品和服务费用、对个人和家庭补助费用、对企事业单位补贴费用、固定资产折旧费用、无形资产摊销费用、公共基础设施折旧（摊销）费用、保障性住房折旧费用、计提专用基金、所得税费用、资产处置费用等。

此外，部门（单位）合并收入费用表中的费用类应当包括费用的合计项目。部门（单位）合并收入费用表中的费用，应当按照费用的性质进行分类列示。

部门（单位）合并收入费用表应当列示本期盈余项目。本期盈余是指部门（单位）某一会计期间收入合计金额减去费用合计金额后的差额。

部门（单位）合并收入费用表的格式见表20-34。

表20-34　　合并收入费用表

编制单位：　　年　　单位：元

项　目	本年数	上年数
一、本期收入		
（一）财政拨款收入		
（二）事业收入		
其中：非同级财政拨款收入		
（三）上级补助收入*		
（四）附属单位上缴收入*		
（五）经营收入		
（六）非同级财政拨款收入		
（七）投资收益		
（八）捐赠收入		
（九）利息收入		
（十）租金收入		
（十一）其他收入		
二、本期费用		

续表

项　目	本年数	上年数
（一）工资福利费用		
（二）商品和服务费用		
（三）对个人和家庭补助费用		
（四）对企事业单位补贴费用		
（五）固定资产折旧费用		
（六）无形资产摊销费用		
（七）公共基础设施折旧（摊销）费用		
（八）保障性住房折旧费用		
（九）计提专用基金		
（十）所得税费用		
（十一）资产处置费用		
（十二）上缴上级费用*		
（十三）对附属单位补助费用*		
（十四）其他费用		
三、本期盈余		

注：①本表中“本期费用”各项目应当根据个别财务报表附注中“本期费用按经济分类的披露格式”所提供的信息合并填列。②编制部门（单位）合并收入费用表时，标*项目原则上应抵销完毕，金额为零。

（三）合并财务报表附注

合并财务报表附注一般应当披露下列信息：

（1）合并财务报表的编制基础。

（2）遵循政府会计准则制度的声明。

（3）合并财务报表的合并主体、被合并主体清单。

（4）合并主体、被合并主体个别财务报表所采用的编制基础，所采用的与政府会计准则制度规定不一致的会计政策，编制合并财务报表时的调整情况及其影响。

（5）本期增加、减少被合并主体的基本情况及影响。

（6）合并财务报表重要项目明细信息及说明。

（7）未在合并财务报表中列示但对报告主体财务状况和运行情况有重大影响的事项的说明。

（8）需要说明的其他事项。

思考与练习题

一、思考题

1.简述单位会计报告的组成。

2.简述单位会计报表的分类及编制要求。

3.单位会计报表编制前有哪些准备工作？

4.简述行政单位年终转账冲转程序。

5.简述事业单位年终转账冲转程序。

6.单位的财务报表附注应当至少披露哪些内容？

7.简述本年盈余和本年预算结余差异调节表。

8.什么是单位的财务分析？包括哪些内容？

9.行政单位有哪些财务分析指标？

10.事业单位有哪些财务分析指标？

11.什么是单位合并财务报表？合并要求和程序有哪些？

12.简述单位合并财务报表的组成及各组成的内容。

二、单项选择题

1.下列报表中属于静态报表的是（　　）。

A.资产负债表　　B.收入支出表　　C.财政拨款收入支出表　　D.收入费用表

2.下列项目中，在单位资产负债表年报中没有的是（　　）。

A.货币资金　　B.零余额账户用款额度

C.财政应返还额度　　D.应收票据

3.单位会计报表不包括（　　）。

A.资产负债表　　B.收入费用表

C.利润表　　D.财政拨款预算收入支出表

4.部门（单位）合并财务报表的合并范围一般应当以（　　）为基础予以确定。

A.行政隶属关系　　B.财政预算拨款关系

C.业务往来关系　　D.监督与被监督关系

5.部门（单位）所属的企业（　　）部门（单位）合并财务报表的合并范围。

A.纳入　　B.不纳入

C.根据情况确定是否纳入　　D.以上都不对

三、多项选择题

1.单位会计报告由（　　）组成。

A.财务报告　　B.决算报告　　C.预算报告　　D.附注

2.单位财务报告是反映单位某一特定日期的财务状况和某一会计期间的运行情况和现金流量等信息的文件，包括（　　）。

A.财务报表　　B.财务情况说明书　　C.会计报表　　D.附注

3.单位财务报表是对单位财务状况、运行情况和现金流量等信息的结构性表述，由（　　）构成。

A.财务报表　　B.财务情况说明书　　C.会计报表　　D.附注

4.预算会计报表是对单位预算收入、预算支出和预算结余情况等信息的表述，由（　　）构成。

A.资产负债表　　B.预算收入支出表

C.财政拨款预算收入支出表　　D.预算结转结余变动表

5.单位资产负债表反映单位在某一特定日期全部（　　）情况。

A.资产　　B.负债　　C.净资产　　D.收支

6.单位的资产负债表分为（　　）。

A.旬报　　B.月报　　C.季报　　D.年报

7.单位收入费用表反映单位在某一会计期间内发生的情况单位（　　）的情况。

A.收入　　B.费用　　C.支出　　D.当期盈余

8.（　　）项目仅在月报中列示，不在年报中列示。

A.“无偿调拨净资产”　　B.“本期盈余”

C.“专用基金”　　D.“权益法调整”

9.单位净资产变动表是指反映单位在某一会计年度内净资产项目变动情况的报表，按照（　　）分别填列。

A.上年年末余额　　B.以前年度盈余调整

C.本年年初余额　　D.本年变动金额和本年年初余额

10.现金流量表是指反映单位在某一会计年度内现金流入和流出信息的报表。现金流量表所指的现金，是指单位的库存现金以及其他可以随时用于支付的款项，包括库存现金、可以随时用于支付的（　　）。

A.银行存款

B.零余额账户用款额度

C.其他货币资金

D.财政应返还额度及通过财政直接支付方式支付的款项

11.预算收入支出表反映单位在某一会计年度内（　　）的情况。

A.各项预算收入　　B.各项预算支出　　C.各项预算结余　　D.预算收支差额

12.部门（单位）合并财务报表至少包括（　　）。

A.合并资产负债表　　B.合并收入费用表

C.合并的现金流量表　　D.附注

13.现金流量表应当按照（　　）等活动的现金流量分别反映。

A.日常活动　　B.投资活动　　C.筹资活动　　D.其他活动

第二十章即测即评

四、综合训练题

阐述单位会计年终结转中财务会计结转程序和预算会计的冲转程序，并写出相应的账务处理方式。

参考文献

［1］财政部. 关于印发《财政总会计制度》的通知（财库〔2022〕41号）［EB/OL］.（2022-11-18）［2024-11-27］. http://www.mof.gov.cn/gkml/caizhengwengao/wg2022/wg202212/202304/t20230407_3877733.htm.

［2］财政部. 中华人民共和国财政部令第78号——政府会计准则——基本准则［EB/OL］.（2015-10-23）［2024-11-27］. https://tfs.mof.gov.cn/caizhengbuling/201511/t20151102_1536662.htm.

［3］财政部. 关于印发《政府会计准则第1号——存货》等4项具体准则的通知（财会〔2016〕12号）［EB/OL］.（2016-07-06）［2024-11-27］. https://kjs.mof.gov.cn/zhengcefabu/201607/t20160714_2357356.htm.

［4］财政部. 关于印发《政府会计准则第5号——公共基础设施》的通知（财会〔2017〕11号）［EB/OL］.（2017-04-17）［2024-05-31］. https://kjs.mof.gov.cn/zhengcefabu/201704/t20170425_2586955.htm.

［5］财政部. 关于印发《政府会计准则第6号——政府储备物资》的通知（财会〔2017〕23号）［EB/OL］.（2017-07-28）［2024-11-27］. https://kjs.mof.gov.cn/zhengcefabu/201708/t20170803_2665602.htm.

［6］财政部. 关于印发《政府会计制度——行政事业单位会计科目和报表》的通知（财会〔2017〕25号）［EB/OL］.（2017-10-24）［2024-11-27］. https://kjs.mof.gov.cn/zhengcefabu/201711/t20171109_2746877.htm.

［7］财政部. 关于印发《政府会计准则第7号——会计调整》的通知（财会〔2018〕28号）［EB/OL］.（2018-10-21）［2024-11-27］. https://kjs.mof.gov.cn/zhengcefabu/201810/t20181031_3058858.htm.

［8］财政部. 关于印发《政府会计准则第8号——负债》的通知（财会〔2018〕31号）［EB/OL］.（2018-11-19）［2024-11-27］. https://kjs.mof.gov.cn/zhengcefabu/201811/t20181115_3069973.htm.

［9］财政部. 关于印发《政府会计准则第9号——财务报表编制和列报》的通知（财会〔2018〕37号）［EB/OL］.（2018-12-26）［2024-11-27］. https://kjs.mof.gov.cn/zhengcefabu/201812/t20181229_3111340.htm.

［10］财政部. 中华人民共和国财政部令第108号——事业单位财务规则［EB/OL］.（2012-01-07）［2024-11-27］. https://tfs.mof.gov.cn/caizhengbuling/202201/t20220118_3783061.htm.

［11］财政部. 中华人民共和国财政部令第113号——行政单位财务规则［EB/OL］.（2023-01-28）［2024-11-27］. http://www.mof.gov.cn/jrttts/202302/t20230208_3865599.

htm.

［12］财政部. 关于印发《增值税会计处理规定》的通知（〔2016〕22号）［EB/OL］.（2016-12-03）［2024-11-27］. https：//kjs. mof. gov. cn/zhengcefabu/201612/t20161212_2479869.htm.

［13］国家税务总局. 关于发布《纳税人转让不动产增值税征收管理暂行办法》的公告（国家税务总局公告 2016 年第 14 号）［EB/OL］.（2016-03-31）［2024-03-13］. http：//www.chinatax.gov.cn/n810341/n810755/c2061553/content.html.

［14］财政部、国家税务总局. 关于调整增值税税率的通知（财税〔2018〕32号）［EB/OL］.（2018-04-04）［2024-11-27］. https：//szs. mof. gov. cn/zhengcefabu/201804/t20180404_2862283.htm.

［15］财政部、税务总局、海关总署. 关于深化增值税改革有关政策的公告（财政部 税务总局 海关总署公告 2019 年第 39 号）［EB/OL］.（2019-03-20）［2024-05-18］. https：//szs.mof.gov.cn/zhengcefabu/201903/t20190320_3200168.htm.

［16］财政部. 关于印发政府会计准则制度解释第 1 号的通知（财会〔2019〕13号）［EB/OL］.（2019-07-06）［2024-07-23］. https：//kjs. mof. gov. cn/zhengcefabu/201907/t20190723_3305846.htm.

［17］财政部.关于印发政府会计准则制度解释第 2 号的通知（财会〔2019〕24号）［EB/OL］.（2019-12-17）［2024-11-27］. http：//www. mof. gov. cn/gkml/caizhengwengao/wg201901/wg201912/202005/t20200522_3518370.htm.

［18］财政部.关于印发政府会计准则制度解释第 3 号的通知（财会〔2020〕15号）［EB/OL］.（2020-10-20）［2024-11-27］. http：//www. mof. gov. cn/gkml/caizhengwengao/202001wg/wg202010/202102/t20210203_3653898.htm.

［19］财政部.关于印发政府会计准则制度解释第 4 号的通知（财会〔2021〕33号）［EB/OL］.（2021-12-22）［2024-11-27］. http：//www. mof. gov. cn/gkml/caizhengwengao/202206/t20220608_3816556.htm.

［20］财政部.关于印发政府会计准则制度解释第 5 号的通知（财会〔2022〕25号）［EB/OL］.（2022-09-21）［2024-11-27］. http：//www. mof. gov. cn/gkml/caizhengwengao/wg2022/wg202211/202301/t20230111_3862831.htm.

［21］财政部.关于印发政府会计准则制度解释第 6 号的通知（财会〔2023〕18号）［EB/OL］.（2023-10-20）［2024-01-10］. http：//www. mof. gov. cn/gkml/caizhengwengao/wg2023/wg202310/202401/t20240110_3925581.htm.

［22］财政部.关于印发政府会计准则制度解释第 7 号的通知（财会〔2023〕32号）［EB/OL］.（2024-11-27）［2024-01-26］. http：//kjs. mof. gov. cn/zhengcefabu/202401/t20240126_3927362.htm.

［23］财政部. 关于印发《政府会计准则第 10 号——政府和社会资本合作项目合同应用指南》的通知（财会〔2020〕19号）［EB/OL］.（2020-12-17）［2024-11-27］. http：//www.mof.gov.cn/gkml/caizhengwengao/202001wg/wg202012/202105/t20210514_3702125.htm.

［24］财政部. 关于印发《政府会计准则第 11 号——文物资源》及其应用指南的通知（财会〔2023〕19号）［EB/OL］.（2023-10-20）［2024-11-27］. http：//kjs.mof.gov.cn/

zhengcefabu/202311/t20231107_3914974.htm.

［25］财政部.关于进一步加强财政总会计核算管理有关事项的通知（财库〔2024〕23号）［EB/OL］.（2024-10-18）［2024-11-28］. https：//gks. mof. gov. cn/guizhangzhidu/202410/t20241028_3946409.htm.

［26］周曙光.国家治理视域下政府会计课程思政建设［J］.新会计，2024（9）：4-8.